ཉིང་ཁྲིའི་ས་ཁོངས་རིག་གནས་དཔེ་ཚོགས།

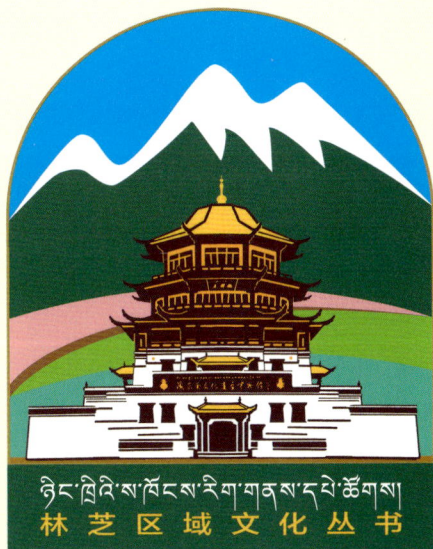

ཉིང་ཁྲིའི་ས་ཁོངས་རིག་གནས་དཔེ་ཚོགས།
林芝区域文化丛书

林芝山水文化

主 编 普布多吉 副主编 丹增 格桑

上卷

人民出版社

图书在版编目（CIP）数据

林芝山水文化（全三卷）/ 普布多吉 主编 . —北京：人民出版社，2018.5
（林芝区域文化丛书）
ISBN 978 - 7 - 01 - 019056 - 3

I. ①林… II. ①普… III. ①山 - 文化 - 林芝地区②水 - 文化 - 林芝地区
 IV. ① K928.3 ② K928.4

中国版本图书馆 CIP 数据核字（2018）第 046838 号

林芝山水文化（全三卷）
LINZHI SHANSHUI WENHUA

主编：普布多吉　副主编：丹　增　格　桑

组　　稿：任　超　于　青
执　　行：侯俊智
责任编辑：侯　春　陈建萍
编辑助理：乔姝媛　许　姗
装帧设计：宁成春
美术编辑：肖　辉
责任校对：孙寒霜　刘　青　夏玉婵
责任印制：孙亚澎
出　　品：图典分社
出版发行：人 民 出 版 社
经　　销：新华书店
邮　　购：人民东方图书销售中心（电话：010–65250042、65289539）
印　　刷：北京雅昌艺术印刷有限公司
版　　次：2018 年 5 月第 1 版　2018 年 5 月北京第 1 次印刷
开　　本：710 毫米 × 1000 毫米　1/16
印　　张：61.75
彩色插页：8
字　　数：770 千字
定　　价：340.00 元

苯日神山山脚下的秋景（曲尼多吉／摄）

波密贡托杰神山（普布多吉／摄）

举行神山祭祀活动、祈愿风调雨顺（普布多吉／摄）

波密祭祀神山时的护法与武士扮相（格桑／摄）

西巴卓玛日神山（普布多吉／摄）

朱拉湿地（普布多吉／摄）

民间战神颂祷舞（格桑／摄）

举行转山祭祀活动时的歌舞比赛（普布多吉／摄）

梅里雪山卡瓦嘎布峰（扎西仁增／摄）

察隅乃钦岗热神山背面（普布多吉／摄）

雅鲁藏布大峡谷蛇形大拐弯（曲尼多吉／摄）

钦拉天措神山远景（林芝市朗县旅游局／提供）

波密嘎朗风光（扎西洛布／摄）

朱拉沟峨贡山草甸（普布多吉／摄）

波密桃花沟（扎西洛布／摄）

察隅卓贡雄风光 （普布多吉／摄）

西藏自治区政协副主席、林芝市政协主席桑杰扎巴（左二），林芝市市长旺堆（左一）莅临《林芝区域文化丛书》总编室视察工作（曲尼多吉／摄）

《林芝山水文化》编撰人员踏遍林芝山水，深入偏远村寨（普布多吉／摄）

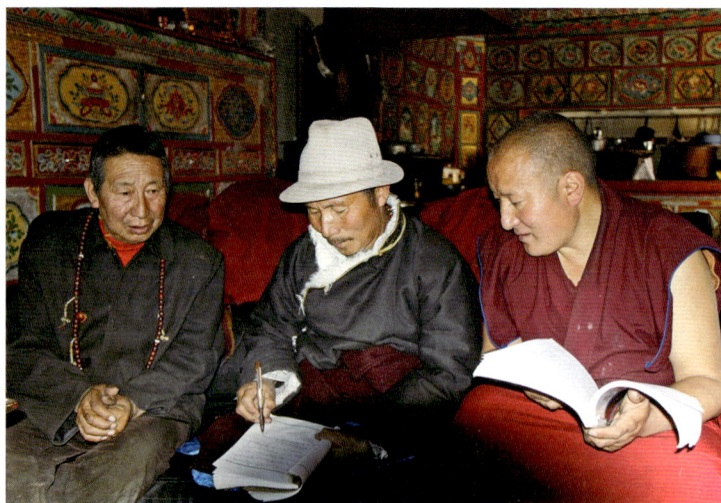

波密县山水文化收集人员在寺庙收集资料（普布多吉 / 摄）

《林芝山水文化》编撰人员在墨脱县徒步搜集资料（桑杰仁增 / 摄）

总　序

白玛朗杰

（中国人民政治协商会议西藏自治区委员会副主席兼
西藏自治区社会科学院院长）

　　盛世修书，传承文明，惠泽世人。在全国上下推进社会主义文化
大发展、大繁荣的大好形势下，林芝市委、市政府为挖掘文化资源，
提升林芝的文化软实力，于 2014 年启动《林芝区域文化丛书》（以下
简称《丛书》）编撰工作，涉及 8 个方面，藏、汉文共计 16 部，即《林
芝史话》《林芝当代历史变迁》《林芝民间故事》《林芝民歌精选》《林
芝名胜古迹》《林芝山水文化》《林芝民俗文化》《林芝地名历史文化
释义》。林芝举全市之力，聚多方之智，融史料之精，五易其稿，始
成此书。这是林芝文化事业发展中的一件大事，足以载入史册。特表
祝贺！

　　林芝物华天宝，人杰地灵。工布文化独具特色，源远流长。我曾
有幸在兹耕耘数年，一直以来不敢淡忘。《丛书》面世，凝结了全体
编撰人员的万千心血：足行千里，书翻万卷，伏案耕耘，殚精竭虑。
这种对历史负责、对人民负责、对事业负责、对后人负责的精神，当
与《丛书》同存。在《丛书》编撰过程中，西藏自治区社科院有幸参
与其中，能为《丛书》编撰略尽绵薄，甚感宽慰。

用马克思主义观点认识林芝、研究林芝，功在当代，利在千秋；保护林芝文化精粹，传承林芝文化优点，繁荣林芝文化发展，责无旁贷，义不容辞。

《丛书》是一面棱镜，全方位、多角度透视林芝的历史、文化、社会、政治、经济等各个层面，为世人认知林芝提供了系统、科学、准确的资料。同时，《丛书》中有关革命传统、爱国主义等内容，将对推动社会主义核心价值观教育产生积极影响。

愿《丛书》为认识过去、服务现在、展望未来发挥更大作用！

目　录

《林芝山水文化》编辑室

主　　编　普布多吉

副主编　丹　增　格　桑

常务编辑　曲尼多吉

编辑人员　索　　朗　次旦曲吉　次仁旦珍

收集人员　塔　尔　杰　拉巴德庆　普布加措

　　　　　卓玛央宗　洛桑顿珠　次　　仁

　　　　　索　　朗　扎西仁增　曲尼多吉

　　　　　吉　　梅

*

《林芝山水文化》翻译（藏译汉）人员
（以下审定人员按汉语拼音字母顺序排列）

次仁卓嘎　达宝次仁　德庆多吉　克珠群佩

尼　　玛　尼玛顿珠　伍金加参　阎　生　权

*

《林芝山水文化》（汉文版）审定人员
（以下审定人员按汉语拼音字母顺序排列）

次仁旦珍　丹　　增（林芝市朗县）格　　桑

洛　　桑　洛桑平措　普布多吉　曲尼多吉

索　　朗　阎　生　权

前 言

　　所谓山水文化，本质上是人们与自然山水和谐统一的结果，是人类精神世界的扩展和延伸。

　　生活在藏东南林芝市的藏族、门巴族、珞巴族和僜人，历史悠久、文化源长。据考古发现，早在四五千年前，林芝境内就有人类活动。

　　中华民族天人合一的思想，为林芝的山水文化奠定了坚实的文化基础；藏东南的美丽风光和自然条件，为林芝的山水文化提供了优秀的地域平台；多种的信仰崇拜为林芝的山水文化积累了深厚的内涵，特别是苯教和藏传佛教文化的传播为林芝的山水文化增添了独有的特色——林芝的山水文化宗教特色明显，是古代藏族人民对自然界的认识与敬畏的思想产物。

　　当前，林芝市已经成为备受西藏自治区内外，以及国内外关注和向往的旅游胜地，并被誉为"西藏高原璀璨的明珠""西藏江南""东方瑞士""生物多样性的基因宝库""世界旅游目的地""人间仙境"。为什么此地的生态资源未受到人类的大破坏与污染？这与在此地繁衍生息的人们对生态的保护、对生命的爱惜及保持生态平衡的观念与传统密切相关。正如藏族谚语所说："每一个地方都有各自不同的习俗，每一位上师都出自不同的门派。"不管是哪一个民族、哪一片地域或哪一个村落，都有自己的生态观念和生态保护传统。藏民族作为一个虔诚信仰宗教的民族，不论是山水文化，还是山水保护，在各民族中都是特色突出的。

藏民族的传统宇宙观认为，宇宙是自然界、神界和人间三位一体的，即上面是神界，中间是人间，下面是龙界；而且，这三界是互相依存、互相联系的自然整体。为此，产生了热爱大自然、尊重大自然、保护大自然，甚至连自己的身躯都回馈大自然的习俗。远古时期，藏民族的祖先们，因为对大自然的活动与反应缺乏深刻的认识，无法解释日月的升落、四季的变换、刮风下雨、闪电雷鸣等自然现象，对地震、塌方、冰雹、泥石流以及毒蛇猛兽带来的灾害也无法预防和应对，所以认为，自然界具有一种超自然力量的主宰者——神灵。这也是藏族人民早期的世界观。西藏原始宗教即苯教出现后，在理论上进一步发展了神灵观，在实践上拓展了神灵范围。例如，地方有地方神、族有族神、家有家神，与之对应的山、水、树、岩等等都各有其灵，并广泛盛行祭祀山水各神灵的民间习俗，衍生出丰富多彩、独具特色的山水文化。

佛教传入西藏后，提倡生命至高无上、一切生命平等和天人合一等思想，进一步丰富了人们的神灵观，从而形成了不乱捕乱杀野生动物、不乱开乱挖原野、不乱采乱伐花草树木、不玷污湖泊水源、不污染空气等良好的民族文化传统。这些文化传统对于保护西藏的生态平衡与秀美山水，起到了积极的作用。

林芝的山水文化有祖先对世界观的昭示，有对佛教思想的宣传，但更多的还是人民对家乡山水的深情礼赞，因此也可以说是重要的民族精神遗产，对其进行挖掘、收集和整理，是我们崇高的历史责任。

林芝市自然资源丰富，为我们深入贯彻落实习近平总书记关于加强生态文明建设、强化"绿水青山就是金山银山"的意识和努力走向社会主义生态文明时代的一系列指示精神提供了优越条件。以保护生态为前提，推动旅游业发展，已成为林芝全市各族人民的共识。山水文化作为旅游的重要载体，对其认真整理，是促进旅游业发展的基础性工程。

　　基于上述认识，从 2014 年起，林芝组织专门班子，对所辖一区六县流散与流传在民间的山水文化进行了收集与整理，在此基础上编纂出版了《林芝山水文化》一书，奉献给广大读者。

　　本书的形成，凝聚了《林芝区域文化丛书》总编室工作人员和一区六县资料收集者的心血，也离不开西藏自治区社会科学院领导及专家的有力指导和鼎力支持，在此深表谢意。

　　本书共分为上、中、下三卷，以林芝市每个区县为单位分若干篇，根据每一篇的内容又分若干章、节。需要特别说明的是，各篇皆以区县为单位，篇以下大多是按江河流域划分章；但因受林芝市地形地貌特征的影响，有的区县并不完全以江河流域分章，为了保留各区县的特色，个别篇是以神山圣湖、乡镇为单位划分章的，这些篇分别是上卷的察隅县，中卷的波密县、墨脱县，下卷的米林县。

　　还需注意的是，嘎瓦隆一地跨波密和墨脱两县，其南面属于墨脱县，北面属于波密县，因此在两县皆出现了关于嘎瓦隆的介绍，内容上有所交叉。

　　同时，祭文、供赞文是林芝山水文化中很重要的一部分，其中大部分是民间创作、代代相传，具有研究林芝古代社会形态、宗教信仰、生活追求、民间习俗等方面的参考价值。因而，本书收录了大量祭文、供赞文，其中一部分根据当地人的口述整理而成，为的是保留当地民间文化的原貌。参考文献均列在各卷最后作参考。

　　受编辑者水平和能力有限、时间仓促、缺乏经验等诸多因素的影响，本书存在诸多不足；同时，书中的大部分资料来源于民间千百年的积累，难免存在带有宗教色彩甚至迷信的东西。诸如此类，望广大读者鉴别是非，并对错漏之处批评指正。

普布多吉

2017 年 6 月于林芝

概　述

一、林芝区域内的神山圣水

被称为地球第三极、世界屋脊的青藏高原雄立于亚洲中部，这里雪山环绕、冰川林立，孕育了无数条江河湖泊，成为亚洲诸大江大河之源，因而有"亚洲水塔"之誉，正如中国藏学研究中心副总干事洛桑·灵智多吉所概括，青藏高原堪称"万山之宗、百川之祖、动物之乡、生态之源"。而山川俊美、河流纵横的林芝，素来享有"雪域明珠""西藏江南""植物基因库""人间仙境"等美誉。

俯瞰林芝大地，山川如织，江河如梭。雅鲁藏布江、尼洋河、帕隆藏布江、察隅河、怒江等江河穿梭于喜马拉雅山脉、念青唐古拉山系和横断山脉的崇山深谷之中，浩浩荡荡，直泻印度洋。这些江河流

林芝市全景图　栾远春摄

遥望南迦巴瓦峰　普布多吉摄

域，孕育和滋养出了神秘而独特的林芝工布、塔布、娘布、波密（波窝）和藏族、珞巴族、门巴族、僜人等民族的民俗文化。东西走向的喜马拉雅山脉将印度洋暖湿气流隔断于南坡，产生了林芝独特的亚热带和温带雨林气候；与喜马拉雅山脉大体平行的念青唐古拉山系则成为西藏东南部林芝和西北部那曲、拉萨和东部昌都等地之间的屏障，使得灿烂丰富的工布文化得以在桃花源一般的林芝大地繁衍传承。其中，美丽的巴松措（又称措高湖）、秀丽的苯日神山、雄奇的南迦巴瓦峰和加拉白垒峰等神山圣湖以它们的传奇故事作为载体，记录和承载着林芝人对大自然的敬畏和与大自然和谐相处的独特的生态观、生命观和价值观——生命万物都是有情的、平等的，主张尊重自然、尊重生命，共生共存、和谐相处。

作为藏文化的母亲河，雅鲁藏布江由西向东，在林芝境内贯穿朗县、米林县、巴宜区、墨脱县，一路吸纳百川、汇聚万流，在巴宜区更章乡扎曲村、门中村境内突然掉头向南，横穿墨脱县，流入南亚后成为印度和孟加拉国的主要河流布拉马普特拉河。

在林芝境内几万平方公里的流域中，雅鲁藏布江孕育和滋养出了

2

林芝灿烂的塔布、工布、门巴、珞巴等文化。作为这些民族民俗文化的载体之一，它流经的地方神山林立，圣湖棋布：扎日莎巴神山（朗县）、拉多藏湖（朗县）、拉多拉苏卡神山（朗县）、吐蕃时期大族钦氏家族的护法大神钦拉天措（朗县勃勃郎雪山）、仁布神水（朗县）、卓玛日神山（米林县）、扎贡神山（米林县）、南迦巴瓦峰（米林县）、加拉白垒峰（米林县）、卓玛日神山（墨脱县）、贡堆诸佛总集金刚萨埵宫（墨脱县）、玛米措曲神山（墨脱县）、贡堆神湖（墨脱县）等罗列其左右，串出一串明丽的山水明珠。

与雅鲁藏布江大体平行的尼洋河，发源于林芝市工布江达县和拉萨市交界的米拉山西侧的措姆梁拉雪山，沿着林芝西北部念青唐古拉山系的崇山峻岭蜿蜒而出，在林芝县则拉岗宗附近注入雅鲁藏布江。河流全长为306公里，上游是林芝市工布江达县娘蒲、加兴等地。在历史上，尼洋河曾是西藏吐蕃时期大族娘部落的故地，因此在藏语中称为娘曲藏布，"尼洋河"是藏语的汉语音译。在尼洋河流域中，主要有马松措以及巴松三岩神山系列、措木及日神湖、比日神山①、工布苯日神山等一系列神山圣湖，见证着千百年来娘布和工布的兴衰荣辱与沧桑变化。

林芝东面的波密县，人称"雪域瑞士""冰川之乡""桃花世界"，是吐蕃赞普故里。波密文化的母亲河帕隆藏布源于昌都市八宿县然乌湖，由东向西横穿波密全境，吸纳曲宗河、波堆藏布、易贡河等主要支流，在波密县通麦、巴宜区交界处与东久河交汇，然后突然横穿冈日嘎布山掉头向南，与雅鲁藏布江汇流。在它近300公里的流域，雄伟的米堆冰川、松宗桑多白日神山、栋亚神水、嘎朗拉措神湖、玉日神山群、则普冰川、卡钦冰川、若果冰川等罗列长河左右，化为一尊尊神祇，护佑着这片神奇的土地，孕育出独特灿烂的波密文化，也培育出了传承近千年的古西藏吐蕃王朝赞普之祖。

---

① 比日神山，又称仁钦崩日山，亦译作聚宝山。

察隅河是双支流河，主流桑昂曲林河起源于察隅县与昌都八宿县接壤的德木拉雪山，由西北向东南，从德木拉雪山至下察隅段，被称作桑昂曲林河，流至下察隅塔玛附近，与起源于上察隅镇贡日嘎布山的贡日嘎布河汇流，下察隅以下的流段被称为察隅河，全长290余公里。在它的流域中，主要神山圣湖有竹瓦根镇乃钦果拉神山、卓贡雄神山群、玉色神湖、巴普神湖、上察隅乃萨神山等。东部的怒江在察隅县古拉乡和昌都左贡县交界处流入并一路由北向南，流域以戎赞卡瓦嘎布神山为主，周围分布着阎王秤砣山、戎赞卡瓦嘎布神山的女儿峰、邬坚白玛神山等神山系列，使得怒江流域的察瓦龙成为一处人间秘境。

二、林芝群众转神山圣湖的民俗

林芝百姓崇尚自然，而且擅长将自己对自然的敬畏、与天地和谐相处的理念转化成形式多样、内容丰富的转神山圣湖活动。在这片神奇的土地上，人们以神山圣湖为载体，以祭山媚神为手段，给这些山水赋予了远古祖先的灵魂，让这些山水带着祖先或勇猛，或刚烈，或敦厚，或忠良的鲜明的性格特征，永远屹立于天地之间，护佑着子子孙孙；同时也用这种手段，让远古的、不见于史载的漫长历史文化基因得以传承下来。

林芝是一处多元文化相融合的区域，从大体上来说，沿着几大江河流域，可分为以下几个小文化区域：雅鲁藏布江流域与山南市加查县接壤的朗县为下塔布文化区域，雅鲁藏布江中游米林、墨脱以及尼洋河下游的巴宜区为工布和门巴、珞巴文化区域，尼洋河上游的工布江达县娘蒲、加兴、金达等地为娘布文化区域，林芝东部的帕隆藏布流域为波密文化区域，察隅河与怒江流域为包括珞巴族和僜人的察隅文化区域。

由于林芝处在深山峡谷之中，过去交通极为落后，因此形成了林芝三里不同风、十里不同俗的现象，这种现状也影响着人们对神山圣

经幡飘扬之地——鲁朗　栾远春摄

湖的祭拜模式。他们或煨桑①默祭，或载歌载舞，或骑射演武，或请高僧作法。祭祀转神山圣湖的时间也不尽相同，但大多会选择农闲季节。

处在塔布文化圈的朗县，在中古时期属于吐蕃十二邦之一钦氏家族的领地。位于朗县金东、东嘎、拉多三乡交界的钦拉天措神山，原本是钦氏家族的护佑神祇。由于钦氏家族是和吐蕃王室联姻的传统家族，吐蕃王朝赞普仲年岱乌的王后钦萨·鲁杰恩莫措、堆松芒布杰的王妃钦萨·赞玛脱、赤松德赞的王妃钦萨·拉莫赞等数名王妃和钦·芒博杰、钦·杰斯修丁等几代将相都出于斯，他们在吐蕃王朝的发展和扩张征伐过程中功勋显赫，钦氏外戚的势力在雪域高原上盛极一时，因此，原作为钦氏家神的钦拉天措成为吐蕃王室每年必须祭拜的吐蕃战神和牧神。至今，朗县金东乡一带的群众还有着每年隆重举行名为"阿布参博"的宗教仪轨，祭拜钦拉天措神山的风俗。每年藏历正月十五日清晨，在一名长老的带领下，青年男子们都穿上盛装，

---

①　煨桑，是藏族习俗，以烧柏枝等形式，供祭土地神、护法等供养对境。

5

骑着五彩哈达装饰的骏马，带着酒食、肉类、瓜果等祭品，浩浩荡荡前往钦拉天措神山脚下的祭祀谷，举行祭食、献舞、说唱、赛马等祭祀活动。西藏和平解放前，西藏噶厦政府在每年祭祀时，都要派官方代表参加盛会，以示对祭祀活动的重视和对祖先神灵的敬畏。

尼洋河上游的工布江达县巴松措是林芝最大的神湖，巴松措的名称来源于它周边的嘎伊米堆拉伊扎、乃隆多杰扎、当玛赞吉扎三座岩石神山，巴松措在藏语中意为三岩湖。据传，在莲花生大师入藏降魔之时，罗刹女热恰能萨逃至米堆圣地。莲花生大师在此地降伏此罗刹女的过程中，发现此地周围的三座岩山俱为菩萨修行的秘境，于是将此地加持为佛教圣地。三座神山，上游为嘎伊米堆拉伊扎，是观世音菩萨的修行地；中游为乃隆多杰扎，是金刚手的修行地；下游为当玛赞吉扎，是文殊菩萨的修行地。在每年的藏历四月至五月期间，各地民众都会云集于此，祈福求安。神山附近的牧民甚至在入冬休牧之后，举家搬至神山之中转山祈福。

米林县的雪卡瀑布　普布多吉摄

作为藏区四大神山之一的工布苯日神山，位于尼洋河下游与雅鲁藏布江交汇的巴宜区米瑞乡境内。当地人一般都会在每年藏历四月到六月期间集中转苯日神山。除此之外，作为西藏苯教祖师顿巴辛绕·米沃切大师唯一加持过的苯教神山，苯日神山在五省区藏区苯教徒心中也有着无与伦比的神圣地位。它主要的转山时间为藏历马年。每隔12年，工布苯日神山都会迎来来自西藏自治区昌都、那曲及四川、青海、云南、甘肃藏区苯教徒的朝拜。届时，在百余公里的转山路上，行人如织，络绎不绝，百里帐幔。人数最多的时候，三排转山队伍首尾相接，非常热闹。与其他地方的转神山圣湖习俗不同的是，转苯日神山必须按逆时针方向转。民间传说认为，这是因为，按顺时针方向转神山是顺着苯教始祖顿巴辛绕·米沃切大师的足迹，永远也不会赶上始祖，按逆时针方向转神山，若有缘，即可以在路途上遇见始祖，而能够获得大圆满之成就。另一种说法是，在装佛像或佛塔内藏时，佛像或佛塔内的中轴柱上要缠带有咒语的经文，用以让泥塑或者铜铸的佛像与佛塔具备佛的慈悲本性。根据苯教习俗，苯教寺院佛塔和佛像的内藏经文由卷首向卷尾卷，而且正面页朝外，这样，经卷就朝着逆时针方向卷，因此，转苯教寺庙和神山时，有按逆时针方向转祭的习俗。

除此之外，比较具有特色的还有苯日拜鹰节。苯日神山作为苯教神山，至今还保留着原始的自然崇拜遗风。每年藏历四月三十日的拜鹰节便是其中最具特色的祭奠活动。据说，苯日神山半山腰上的苯教寺庙色迦更钦寺，建于757年。经历千年的风云之后，随着藏传佛教的广泛传播与发展，苯教在藏区很多地方逐渐没落。后来，苯教高僧多增·日巴珠色大师来到此地，朝拜顿巴辛绕·米沃切大师灵魂所托的苯日神山，却看到昔日香火鼎盛的色迦更钦寺因种种原因变得香客稀少，寺庙荒凉萧瑟、毫无生机。想着苯教的逐渐没落，众生仍在苦海挣扎，大师慈心大发，于是决心在这里修缮该寺庙，重振苯教。为此，他访遍各门派求取真经，终成一代名师，色迦更钦寺也因为大师

春到林芝 普布多吉摄

的名声而香火旺盛起来。然而没过多久，大师因疾而终。临终前，他将寺庙僧人和部分村落的信徒叫到病榻前，嘱咐说："我去世后，寺庙诸事都要按照先前的规定运行，努力将苯教发扬光大。我的灵魂将附在顿巴辛绕·米沃切大师加持的苯日神山之上。以后每年，我都会化成100只雄鹰飞回来看望你们和我的寺庙。"说完，大师就圆寂了。这天，是藏历四月三十日。

按照大师遗言，翌年藏历四月三十日那天，寺庙僧人和周边信徒点起桑烟，祭奠大师。这时，果真有100只雄鹰从苯日神山的东面飞来，绕寺飞了三圈，然后向西南方向飞去。从此，后人们为了纪念多增·日巴珠色大师，将每年的这一天定为纪念日，而那100只雄鹰每年也会如期而至。此后，每逢这一天，周边的善男信女都会穿上节日盛装，从四面八方来到这里，摆台对歌，煨桑祈祷，迎接神鹰的到来，向神鹰们说明寺庙的情况，并向苯日神山众神祈祷，未来的一年能风调雨顺、五谷丰登、人畜平安。

而与苯日神山相隔仅 20 余公里处，是据传莲花生大师加持过的比日神山，这座神山位于巴宜区八一镇东北面。由于是莲花生大师亲自加持点化，其灵性常在，因此，人们除了在藏历四月煨桑转祭以外，在闲暇时间随时可以转祭，此处也成了附近人们日常的精神寄托之地、游赏风景之处。

　　林芝市八一镇西南 70 余公里处，是米林县南伊沟。这里曾经是喜马拉雅山脉南麓的珞巴族和当地藏族传统的边贸区，还是藏族与珞巴族两族文化的交融区。这种文化的交融也体现在扎贡神山的转祭活动中。据传，在 8 世纪中叶，藏医祖师宇妥·云丹贡布曾经在扎贡沟研习医药，并且在半山腰上的仙女洞开设藏医传习班。祖师一边研习，一边授课，并以此为基础，总结了西藏各族主要是藏族劳动人民丰富的临床实践经验，同时吸收了印度和我国内地的医药学精华，主持编著藏医学经典著作《四部医典》，成为藏医学的大成就者。后世的人们为纪念大师对藏医学作出的杰出贡献，将其奉为药神予以祭奠。从此，扎贡沟既是转拜杂日神山的门户，又是藏医学的圣地。每年藏历的五月五日，周边的善男信女，特别是从事藏医药工作者都会到扎贡沟转山祭奠。

　　又据《唐东杰波传》记载，600 多年前，西藏藏戏始祖、著名的铁桥大师唐东杰波曾经在扎贡沟修行过，从扎贡沟南面的诺布日山上

山村美景　栾远春摄

9

掘矿炼铁，用于修桥造福；苦修佛学，用以普度众生；拓展藏戏，为百姓祈神。大师看到米林一带为龙及地祇所害，常年来要么连日暴雨，洪涝成灾；要么连年无雨，旱灾横行，颗粒无收。为镇压龙和地祇之害，大师创出南伊的亚久嘎巴舞①，并予以加持。此舞据说涝时可以排云除雾，旱时又可以用来求雨解旱。至今，每到藏历四月，还保持着跳亚久嘎巴舞祭祀山神、缅怀唐东杰波大师的习俗。

据传，唐东杰波曾经从南伊沟翻越东拉山口，到珞瑜的玛尼岗地区传扬佛法，同时也把先进的冶铁技术传入珞瑜地区。当地珞巴族为纪念唐东杰波，把他奉为扎贡沟众山神之首，每年冬春之交都会到扎贡沟煨桑祭祀，因此，至今还保留着禁止在沟内大声喧哗、禁止在神山周边从事狩猎活动、禁止在篝火内焚烧皮毛等不洁之物等等富有原始万物有灵信仰特色的习俗。

从米林县向东行90余公里，沿雅鲁藏布江向南翻过多雄拉雪山，就进入人间秘境墨脱。墨脱据传是莲花生大师加持和隐藏于人间的十六大秘境之宗。因受印度洋暖湿气流的影响，墨脱县呈热带雨林气候。沿着雅鲁藏布江由北向南的走向，贡堆神山系列的众神山在其两岸星罗棋布。据伏藏经《莲花秘境现见解脱指南》（《སྦས་ཡུལ་བདག་བཀོད་ཀྱི་མཐར་ཡིག》）记载，西藏西南珞瑜地区的地形如罗刹女仰卧。该地妖魔横行，民不聊生。当年，莲花生大师到西藏南部传教收魔，在此地驻修3年零3个月又3天。其间，他收服危害此地的罗刹及各种妖魔，保此地一方平安。同时，在莲花秘境中，明妃曼达罗（སྨན་མཛེས་མ）修成彩虹不灭之身，空行母益西措杰②（ཨ་ནན་འགྲོ་ཡེ་ཤེས་མཚོ

---

① 亚久，意为牦牛尾巴；嘎巴是舞蹈。亚久嘎巴舞是西藏林芝市米林县南伊珞巴民族乡南伊村的一种传统祈福舞蹈。相传，唐东杰波在南伊沟掘藏冶铁时，看到当地群众常年为龙和地祇所害，为了镇压龙和地祇之害，创出此舞。传说，他在母亲腹中怀孕达60年之久，故生出来是白胡子、白眉毛、白头发的婴孩，所以每跳此舞时，舞者为纪念他，就用白色牦牛尾做成发套戴在头上，故称亚久嘎巴舞。

② 益西措杰，是莲花生大师被从古印度迎请到西藏后，吐蕃赞普献给莲花生大师的西藏妃子，也是西藏古代有名的修行女。

ཀྱིས）成就亘古不变之身。当莲花生大师俯瞰西南罗刹之地珞瑜时，北部的墨脱形如盛开的八瓣莲花，瑞气凝空，祥云环绕，空行母自聚于其空。大师心中欢喜，认为这里是弘扬佛教的圣地，故而取名白玛圭，意为盛开的莲花，并以三时佛之慧，加持于白玛圭。除此之外，莲花生大师还加持了以墨脱白玛圭为中心、辐射四面的众神山，其中最有名的是贡堆多森颇章神山、达帕神山、玛米措丘、布达尔次崩、卓玛拉神山、白玛希日等大小 13 座神山。这些大大小小的神山又构成多吉帕姆女神仰躺的轮廓，因此，藏区信众有在猪年前往墨脱转众神山的习俗。

　　由墨脱县向北翻越嘎隆拉雪山，就是波密县。波密县处于我国最大的两个山系念青唐古拉山脉东段和喜马拉雅山脉东端之间，因其特殊的地理经纬，众多的古冰川处于波密县境内，因此，波密也称林芝古冰川之乡。层峦叠嶂的群山，塑造出众多的神山圣湖，其中最著名的是松宗镇的桑朵白日神山群。据传，桑朵白日神山群主要有东方护法多杰追伦（རོ་རྗེ་སྒྲོལ་ལོག）、西方护法曲登统瓦让追（མཆོད་རྟེན་མཐོང་བ་རང་གྲོལ）、北方护法伊格朱珠（ཨི་གེ་འབྲུ་ དྲུག）、南方护法拉姆绰捏坚（ལྷ་ མོ་ཁྲོ་གཉེར་ཅན）四座主神山，为该地的远古神祇。后来，高僧益西多吉大师、嘉村宁布大师、索南伦珠大师在此地随缘而聚。根据伏藏授

墨脱县雅鲁藏布江流域美景　普布多吉摄

如诗如画的波密山水风光　普布多吉摄

记，三位高僧又点化出了四座神山，它们分别为东面的东宗乃卜神山（ཨཆུང་རྫོང་གནས་པོ།）、南面的贡托杰神山（དགུང་ཐོག་རྒྱལ།）、西面的朵格颇拉神山（དོ་གེ་ཕོ་ཟླ།）、北面的帕雄扎拉噶布神山（པ་གཤོང་བྲག་ཟླ་དཀར་པོ།），这四位神祇亦为该地四方护法。这些远古神祇在这里世代守护着波密一方水土和一方百姓。每年藏历的五月十日，周边信众会集中到松宗寺前面的达嘎姆塘坝子上，朝着桑朵白日神山群煨桑，并请僧尼念经祈福之后，还会举行赛马及跳战神舞等活动，来彰显在桑朵白日众神护佑下，波密男儿的彪悍、强健与勇敢，以此来达到媚神驱魔的目的。

到藏历五月十五日，在桑朵白日神山群北面的多吉乡西巴村，又会举行独具波密地方特色的斗熊节活动，祭祀桑朵白日众神之一的白度母神山。一大早，周边的善男信女们身着节日盛装，背着彩缎包着的经卷，手捧着艾草香柏、五色经幡、点心供物，来到西巴村半山腰上的祭祀点，点起桑烟，向白度母神山及众山神祈福，祈求众神护佑风调雨顺、众生平安。而后，作为娱众媚神的节目，斗熊舞就会应时出场。七名壮汉扮演黑熊，三名青年扮演猎人，他们一边赶着七头黑熊，做着开枪、射箭的动作，一边以各种滑稽动作和幽默笑话来逗乐周围观众。

斗熊舞的前身是一种叫《乞丐和狗》的逗乐戏。据传有一年，人

12

们按传统习惯在西巴山上祭山，表演《乞丐和狗》这个逗乐节目。这时，一条黑斑大猎狗从树林里追出七头黑熊，在人们惊愕的目光中穿越大家正在娱乐的坝子，跑进坝子另一端的树林中。人们感到非常惊奇，猜不透这是凶兆还是吉兆。于是，当地长老就委托寺庙住持，将此情况汇报给五世达赖喇嘛阿旺罗桑嘉措，并请谕旨。五世达赖喇嘛闻知后，认为这是吉祥之兆，于是降下谕旨："这是众山神因你们祈祷祭祀而愉悦的吉兆。那条追赶黑熊的猎狗是众神护法的化身，而那七头黑熊则是当地鬼魅的化身。护法驱鬼魅，是你们五谷丰登、人畜平安的吉祥预兆。你们今后祭祀众山神，应当以猎人斗熊为舞。"从此，该地转山祭祀神山时，形成跳斗熊舞媚神的习俗，并保留至今。

由波密县向东南行290余公里，就到了察隅县。察隅县境内山高谷深，江河纵横，如夜空缀星般的神山圣湖点缀其间。其中，最为有名的是处于滇藏交界处的戎赞卡瓦嘎布神山，即梅里雪山。卡瓦嘎布神山是藏区四大神山之一。传说，此山原先属于苯教护法大神，后来为莲花生大师所点化，成为千佛神聚、万教归宗的佛教神山。于是，每到金秋时节，就会有大量的信徒来此地转山祈福。而羊年是卡瓦嘎

尼洋河流域风景　曲尼多吉摄

察隅县的卓贡忿怒金刚神山　普布多吉摄

布之神的诞生之年，届时，五省区藏区信徒都从各地不远千里来此转
山祭拜。

众多的媚神祭祀习俗，一方面把民族记忆中的原始祖先塑造成可
以传之于后代的神祇，成为传承地域文化的载体；另一方面，通过崇
山媚湖的诸多活动，最大程度地以雪域民族特有的智慧，表达和体现
天人合一、崇尚自然、与万物和谐共处的朴素理念，为在高原之上守
护住我们赖以生存的脆弱的自然生态发挥了巨大作用。

第一篇

巴宜区

第 一 章

巴宜区山水文化概述

第 一 节　地理位置

巴宜区位于西藏自治区东南部，地理坐标为北纬 29°38′—30°15′、东经 93°27′—95°17′之间，位于尼洋河畔、雅鲁藏布江之南。平均海拔约为 3000 米，境内海拔相对高度差为 1600—6000 米，其中，最高处位于东久乡与米林县的接壤地段，海拔达 6000 米。境内的最高山峰为加拉白垒峰，海拔 7294 米；海拔最低处是巴玉村，仅有 1600米。辖区面积 10238 平方公里，

巴宜区鲁朗景区　普布多吉摄

东西177.2公里，南北98.6公里。巴宜区政府驻地八一镇距离拉萨市406公里。至2013年年底，巴宜区共有农户3784户、人口17864人；当年地区生产总值是39.99亿元，财政收入为8877万元，农村经济总收入33727.18元；农牧区的人均纯收入为10268元，其中现金收入达8214.4元。

巴宜区东邻墨脱县，南接米林县，西部和西北部与工布江达县交接，北部和东北部与波密县相连。喜马拉雅山脉与念青唐古拉山支脉犹如两条从天而降的玉龙躺卧在巴宜区南北两侧，自西向东与横断山脉相连。北部的东、西两侧形成了整个西藏自治区西南部纵横交错的沟壑，位于巴宜区西南部的尼洋河南岸一带即为雅鲁藏布江中游的峡谷地区。

第 二 节　山水文化资源

巴宜区位于喜马拉雅山脉和念青唐古拉山支脉间的峡谷地带，雅鲁藏布江、尼洋河、帕隆藏布江三条江河流经此处，滋养孕育出巴宜区独特丰富的文化传统。境内遍布的造型奇异的雪山名岳，被赋予了不同的称谓，承载着深厚的文化内涵。如，被称为阎罗天成像①的加拉巴东山，扬名西

---

① 天成像，指岩石、水面等处自然出现的神像、咒文等事物。

东久河　格桑摄

藏自治区内外的南迦巴瓦峰、加拉白垒峰、塔卧降魔山洞、苯日神山以及布久三寺庙三圣地等。境内有被传为魔山的哈相杠杠山；有嘉村宁布上师的伏藏圣地、无量光佛天成像的聂玛拉日山，由门域·东措热巴大师开启圣地之门，可显现各种神奇幻影的门朗措姆湖；有可清晰看见各种身、手、头、脚等印记，岩内可传来鼓、螺号、唢呐及铃铛等各种奇特宗教法器声音的门错噶；还有风景如画的开朗·桑杰林巴大师的掘藏之所普磨日山。

总之，巴宜区境内遍布着由各种花草点缀而风景迷人的石山、草山及林山。各种动物自由自在地生活于此，其中有豹、黑熊、棕熊、猴子、鹿、麝獐、黄羊、野猪、羚牛、水獭、狐狸等。此外，还有鹦鹉、大雁、画眉鸟、杜鹃、白松鸡、麻鸡、天鹅等。所有山谷、乡村与牧场被花草所覆盖，金色的土地非常肥沃。农产品种类繁多，主要有小麦、青稞、豌豆、荞麦、油菜籽、蚕豆等，还出产各种蔬菜。

第三节　朝圣祭祀传统

巴宜区境内著名的宗教圣山有苯日神山、比日神山、门乃日山和聂玛拉日神山。其中，苯日神山每年冬季吸引来自西藏昌都、那曲以及青海玉树藏族自治州等地的大批朝圣者。而每逢十二年轮中的马年，按照藏传佛教的传统，有转阿里冈仁布切和苯日神山的习俗，故朝圣者尤众。朝圣者们通常做好前期的各项准备，妥善安排时间，从而可以连续转

山十余次。此外，在转山途中有挂经幡、焚香祭拜的传统。也有个别信徒放弃一至两年内的所有生产劳动而专心于转山朝拜，可以转山几百次甚至上千次。

巴宜区境内的信教群众在每年藏历四月十日、十五日，五月十日及六月四日，有转苯日神山的传统习俗。而比日神山，虽无特定的转山年等说法，却是巴宜区境内信教群众在藏历吉日里前

工布祭祀神山活动　普布多吉摄

往朝拜的主要去处。在每年的藏历六月四日之后，信教群众有前往附近圣湖朝拜的习俗。这是因为境内的湖泊都分布在平均海拔4500米以上的山上，到了藏历六月，湖面的冰雪完全消融，这时，才能够按照宗教传统进行观湖朝拜。

雅鲁藏布江流域的山水文化

雅鲁藏布江在古文献内又被称为亚恰藏布①。其上流被称作马泉河，在向东流经日喀则时，又被称为约茹藏布江。在日喀则，年楚河汇入其内流往拉萨的曲水县后，在曲水县境内，又与拉萨河汇聚流向山南。生活在山南雅砻一带的人们将其称作雅鲁藏布江。关于雅鲁藏布江的源头，以前认为主要有两处，一处是位于日喀则市仲巴县境内称为杰马央宗的冰川，另一处是发源于喜马拉雅山脉的库比河。此外，还有其他不同的说法。依据近期科考结果，现如今把杰马央宗冰川公认为雅鲁藏布江的正源。在杰马央宗形成的面积巨大的冰渍物，为河流提供了充沛的水源。在其周围因冰川作用形成了星罗棋布的冰湖群，在杰马央宗水源方圆 35 公里内就有大小不等的 14 处冰渍湖。

雅鲁藏布江位于仲巴县南面的上游段，在山脉中间延绵不断地自西向东流淌，其海拔在 4600—4800 米之间，周围有不计其数的溪流汇入其中。从仲巴县到林芝市米林县派镇是雅鲁藏布江的中游段，这一段江水常常蜿蜒流淌于拥挤的山地之间，两岸通常是悬崖峭壁。在其最狭窄

---

① 亚恰藏布，亚恰，意为自最高峰流下之水；藏布，意为大型河流。

流淌在巴宜区境内的尼洋河　次仁尼玛摄

处，两岸的距离只有 100 多米，而水面宽度不足 100 米，两岸距离较宽的地方才有 5000—6000 米。雅鲁藏布江中游部分有年楚河、拉萨河以及林芝境内的尼洋河三条主要支流。其他小支流就

雅鲁藏布江与尼洋河交汇处风景　格桑摄

不计其数了，例如，在其流经米林县派镇至排龙沟南端时，排龙河的水也汇入其中。之后，在围着南迦巴瓦峰绕过一道马蹄形大急弯后，经过墨脱县往南流入印度境内，流向境外之处在很多西藏史籍内被描述成"工布之水遗失"。到了印度境内时被称为布拉马普特拉河，意为"梵天之子"，最终注入孟加拉湾，是亚洲的主要大河之一，全长为2900公里。在我国西藏自治区境内的长度是2091公里，流域面积为23.8万平方公里，是世界上海拔最高的大河之一。

在雅鲁藏布江的下游段，分布有巴宜区布久乡的3个村、米瑞乡的11个村以及更章门巴民族乡的2个村（门仲、扎曲），是巴宜区的粮仓与水果主产地。由于江河两岸地势低洼、土地肥沃，这一带不仅成为巴宜区的主要产粮区，还是种植苹果等各种水果的重要基地，享誉西藏自治区内外的嘎玛苹果就产自布久乡嘎玛村附近的嘎玛农场。由于江水湿气的滋润，江河以南植物茂密，整座山被森林所覆盖；而地处河水以北的地段和山峰因湿气流动较少，山脚下鲜见树木，半山腰才分布有阔叶树等灌木丛林，而山顶上则是松树林。苯日神山、哈相杠杠山、塔卧神山就在这一地区。

第 一 节 苯日神山的历史与朝圣文化

一、苯日神山

典籍载：

像好雍容百望不厌身，

恰似妙音娓娓语动听，

遍知一切无为离戏意，

三密①无尽祖师辛绕②尊。

无造离戏普贤密意力，

幻化万千无阻可现呈，

---

① 三密，藏传佛教所指身、语、意三密。

② 辛绕，苯教的祖师，也称顿巴辛绕。顿巴乃祖师、圣人之意；辛绕为其名；其全名为顿巴辛绕·米沃切。"辛"，又用来称呼苯教的成就师。

苯日神山全景　普布多吉摄

无障情器世间诚圆满，

普度众生苯日人颂赞。

苯日神山位于巴宜区政府驻地以东25公里的林芝镇和米瑞乡的交界处，地理坐标为北纬29°34′、东经94°28′。其最高处海拔为4700米，属于念青唐古拉山脉。其东面是南迦巴瓦峰，南面有鲁旺日山，北面为念拉赞楚山，西面则有魔山哈相杠杠山。

苯日神山乃藏区四大神山之一。1330年，由苯教成就大师多增·日巴珠色开启了苯日神山的山门①。该山不仅在苯教徒心目中是重要的神山，也受佛教信徒的虔诚膜拜。多增·日巴珠色对朝山祭祀的功德和方法做了详细记述，并在山中留有不计其数的身印、手印、脚印等，供后来者膜拜与缅怀，以坚定信念、增长信心。该神山不同于藏区其他神山之处为：佛教徒在朝拜时，与苯教徒一样按逆时针方向转山。转山路程为60公里，一般需要两天的时间。

关于苯日神山的形成，有云：

世界好似大坛城，

雪域曼陀罗如银，

吉庭②犹如松石堡，

---

① 开启山门，指按一定宗教仪轨使山具有神力、灵气。

② 吉庭，地名，全称为米域吉庭。

神山胜似黄金瓶。
在此黄金瓶四方，
聚宝山如花插瓶，
此宝原居大食国，
因缘来到雪域境。
人间吉庭汲恩泽，
幻化神山庄严呈，
苯日山为意化果，
世间慈悲力是因。
化自祖师辛绕意，
其状看似海螺形，
顶上如有大鹏鸟①，
调伏妖魔邪见人，
右缩左伸盛怒相，
好似坐垫升吉庭。
圣山挺拔如法座，
聚宝山似花插瓶，
左右前后在盘旋，
五彩宫上焰照临。

苯日神山的朝拜转山习俗分为转大圈、小圈以及后圈三个部分。转小圈也称作"神山正面朝拜"，路线为从斯普出发，先后经过卡森姆（仙女石）、达则、帮纳、曲廓、米域吉塘天葬台、工域直纳、玉荣增、米瑞山、神舞脚印、宗琼寺、曲龙囊（曲龙泉水）、仙日德丹、恰蔡懂、糌甘懂，回到出发地斯普。转大圈是从斯普出发后，经过卡森姆、达则、帮纳、曲廓、米域吉塘天葬台、工域直纳、玉荣增、米瑞山、神舞脚印、拉加巴、崩定喀、曲多彭、仙日德丹、恰蔡懂、糌甘懂，最后回到斯普。所谓转后圈的路线则是从斯普出发，路经卡森姆、达则、帮纳、曲廓、米域吉塘天葬台、工域直纳、玉荣增、米瑞山，再经德木垄巴、德木山坡、鲁朗，最后翻过色季拉山回到斯普。这是一条从西往东，并沿着山路曲折绕回的漫长的朝圣路。

二、日巴珠色开启苯日神山山门

开启苯日神山山门者日巴珠色，是贤劫辛绕达拉梅拔②转世。莲花生大师的预言称：

---

① 大鹏鸟，即藏语中的"琼"，通常被译作大鹏鸟，但也有学者从其文化内涵提出它与大鹏鸟的差异。

② 达拉梅拔，相传是大食（今伊朗）的一位成就师。

苯日神山南部的转经路线　普布多吉摄

开启苯日神山门，
有待明者珠色名，
手持锋利魔咒石，
化解战乱救生灵，
万众领入解脱道，
祈则获益有缘人。

苯教上师达拉的转世得道者珠色出生在多康达雪，属"玛惹"氏族，父名贡确格，母为阿江鲁库玛，生于金虎年（1290 年）。

他 8 岁时，取名为仁钦贝；13 岁入苯门，得名珠色；14 岁至 19 岁，闭关念修金刚橛；后前往打箭炉、木雅①等地拜学，在打箭炉的拉姆孜，于成就师日巴西绕索南贝处潜修三年苯教经典，虽三过家门而不入，游遍卫藏的修行道场，受得不计其数的灌顶要诀。"日巴"为藏族姓氏，是由上师日巴西绕索南贝把自己的姓氏赐给弟子珠色而得名，因此，"珠色"被称为"日巴珠色"。后来，日巴珠色前往神山圣湖修行地，证得不可思议的觉悟；又至后藏的杰玛央宗，拜见辛绕祖师的大足印，求取四灌顶，虔诚祈祷，生起顿超悟境；随后前往布日艾丹，获得殊胜如实证悟，悟性与天同高。在游遍神山圣湖后，玛吉斯巴女神授记曰：若往工布谷底，有意化圣山苯日。此圣地如辛绕祖师来到蕃地一样历史悠久，但因苯教历经兴衰沧桑，直至 1330 年还无人知晓。彼时，日巴珠色按照授记来到此

---

① 木雅，一般指今四川甘孜藏族自治州兴隆县一带。

地，起先在尼洋河一处名为松堆玉浦的地方修行了三年，亲见静猛持明诸神面，获得诸多授记，成为苯教护法圣主，降伏了破坏苯教教法的众妖魔。尤其是世间之母化作一虎，带领他开启神山之门，使其回忆神山的殊胜及缘由。开启神山山门至今已680余年。

日巴珠色大师来到形如忿怒明王般形姿绰约的神山一角，在一棵大树后面的岩洞内潜心修行。这个岩洞，即为现今位于达则寺右侧的珠色修行洞。大师念修忿怒明王和金刚橛等本尊法，获忿怒明王等诸神的授记。尤其是白衣世间母现身言道："圣人谛听，若献共与不共之成就，大江①右旋之处显殊胜，兴建神庙广收众弟子，神山之史详尽世人知。"说毕，消失得无影无踪。根据诸神旨意，大师自尼洋河右旋处得到一棵白色檀香树，用以建造一尊白衣世间母神像，作为色迦更钦寺的主尊。色迦更钦寺的泉水由白衣龙后地母所献，在色迦更钦寺背后，至今仍可见。后由本地龙女附赠一泉水②。

后又建造修行道场与僧舍，完工之初便聚集了来自各地的百余僧人。后来，逐步扩建了其他庙堂，身、语、意三所依也得到极大发展，使这一带留下了尊者修行时的无数大手印、大足印和身体印迹等无量证道迹象。为神、人、阿修罗和鲁③等讲授有相、无相及十善法的苯教，向世间业行净与不净的众生明示五十余世本生。又有《莲师授记九言》载："称之苯日的大神山，亦称拉日江多山，又称仁钦崩巴山④，此山中有天成辛绕之像，四面是四大伏藏，诸伏藏无法寻得直至机缘成熟之时。东面伏藏位于达龙顶，北面伏藏藏于色莫塘，西面伏藏位于念赤顶，南面伏藏藏于

---

① 大江，指尼洋河。

② 该处泉水，是早前位于色迦更钦寺南面的一处泉水。

③ 鲁，常指龙，但与汉文化中的龙王不完全一致。

④ 仁钦崩巴山，亦译作聚宝山。在藏语里，仁钦崩巴山（苯日神山）和仁钦崩日山（比日神山）都是"聚宝山"的意思，只是译法不同而已。

工域直纳地。所谓念赤顶之地，犹如九地腾空中，如顿巴辛绕之身形，拉日江多之右侧，便有苯日大神山。"苯日神山与魔山又如经教中所言真实存在，有说"神山体态婀娜如松柏而魔山低矮如被砍断的栎树"。又有记载称："达拉梅巴之心传弟子，隐修名龙①者，便化三身②饶益众生，年届八十之时利生尽，结缘众生引向殊胜地。"大师此生的化机已尽，为使执常众生修苯法，遂显示入灭相。如此，弘苯利生事业广大优异，此身亲自度化的雪域众生已尽，于是80余岁时融化于苯界。为了将来继续摄受此地化机，作为化机积累二资粮的福田，尊者答应于藏历四月十三日化为雄鹰前来。这就是现今色迦更钦寺内的"甲结"③。正如先贤所言："祖师教法圆满土，生为世间调伏者，方便引导诸众生。"还说，日巴珠色大师没有转世灵童。

---

① 龙，珠色之"珠"，为龙之意。
② 三身，即法身、报身、化身。
③ 甲结，拜鹰之意。

三、苯日神山的内外庄严

《苯教志·如意树》记载："外是如意聚宝富足山，内是秘密空行刹土殿，绝密显现极乐之精要。"指明了外部寻常人所见、内部观修行者所见、秘密大圣人所见。首先，细说外部寻常人所见，正如前者所载："上霞神仙虹云之宫殿，中生人与辛④之虔诚心，下有海之龙王供净水。"神山所在的地方正如各种汉藏典籍所言，是块风水绝佳而圆满之地。

四季如春而清净明朗，苯日神山的中央犹如须弥，雄伟而神圣，为周围群山所恭敬地围绕。山前流淌的尼洋河如虔诚之徒，五体投地而向神山朝拜。雅鲁藏布江则恭候着远道而来的信徒。山腰郁郁葱葱的林海，在风儿呼啸过后不停地摇摆，如同向一切虔诚之人招手，欢迎来此朝拜积累福德资粮。碧绿的草丛，被各种鲜艳的花朵点缀；忙碌的蜂群，盘旋在花蕊间，并齐颂赞歌。而

---

④ 辛，指苯教的教职人员。

空中众神，则变幻云之华盖和多彩霓虹殿，以作供奉。川谷中流淌不息的八功德泉水，喝一口清甜解渴、沁人心脾，并可除却所有业障而令人心生喜悦。在山下，虔诚的善男信女们为洗脱罪业而口诵经咒，沿着转经之路连绵不绝，如同流水。无数天成洞穴成为遁世修行者的清闲居所，使他们在和颜悦色中收获成就以及和平的善业。神山顶上常有云雾缭绕，犹如面戴轻纱的丽人忽隐忽现，令人神往。总之，苯日神山神奇而祥和之貌令世人称奇而心生景仰。

苯日神山的内部神力和福德的殊胜方面，有诸佛菩萨及持明成就大师的身印、手印和脚印，以及无数法印和埋下的诸多伏藏珍宝。以东炯①等苯教四善巧者为主的诸位大师，在神山的东、西、南、北、中五个秘洞进行加持和修行，留有永恒的法印。在神山东面的达龙修行洞内修习息业成就法，地下埋藏了珍贵的息业苯教经典，并留有不变的雍仲

符号②。洞内还有四善巧者和达拉等先贤的脚印和身印。在神山北面的罗刹修行洞内修习增业成就法，留有增业苯教的典籍和具光晶石像，以及能增长寿命、福气的伏藏，并以法轮作为印记。在神山西面的恰迪修行洞内修习忿怒怀业成就法，调伏八部鬼神，埋藏麦日密宗③经典作伏藏，留有圣洁的莲花做法印。可拜见景嚓玛琼④的身印和大足印。在神山南面的日光修行洞内修习诛业成就法，征服世间凶恶的众鬼神，竖起雍仲苯教的胜幢，广泛利益三界众生。作为伏藏，将苯教的内外密法典籍、五种威猛的神像、五双金刚橛和密宗所用六只颅器埋藏于地下，以宝炽燃作为法印。内有萨让梅拔⑤和李修大仁⑥的身、手、脚之印记。在位于神山中部的桑哇阳宗修行洞，内建象征息、增、怀、诛四事业的曼陀

---

① 东炯，象雄时期的苯教大师。

② 雍仲符号，也称万字符。西藏的宗教符号"卍"，象征永恒。

③ 麦日密宗，相传为"象雄甲鲁（虹身）24人"所修密法。

④ 景嚓玛琼，象雄时期的苯教大师。

⑤ 萨让梅拔，波斯的成就大师。

⑥ 李修大仁，象雄时期的苯教大师。

罗，修习秘诀。法界众神现虚空，空界忿怒现天空，酬谢地母护法神，邀请五伏藏神等藏地众女神，并命令她们做护法神。东炯、觉门杰钦、李修大仁等大师将内外密的苯教经典《总集法库》《八界密乘十万普贤精要九部》等九部，以及纯净的晶石具光像七尊、婆罗门颅器和具光药匣等埋藏于密岩涅罗旁边，以高高的宝幢和雍仲符号留作法印。洞内有四善巧者、觉萨苯母[1]、大食三贤者、慕杂杰梅等留下的身印、手印、脚印等圣迹。

洞的右方有遍知辛绕祖师和参丹邱琼的脚印。右下方则是君臣25人[2]和白热杂纳的脚印，以及空行母的传颂字"ཨཱཿ"。左下方依次为天成的大鹏鸟，贝苯托楚[3]、李修大仁、五部空行母和大食三成就者的身、手、脚的印记。洞上方还有天然生成的无量普贤佛父佛母和阿嘎[4]。另有一处可消除麻风、脓疖等皮肤病的泉水。

综上所述，以五处修行洞为主的苯日神山，乃无量宝藏的聚积，可谓藏地诸多殊胜圣地之一。

---

[1] 觉萨苯母，吐蕃初期的苯教女大师。

[2] 相传，吐蕃时期请莲花生大师为赞普及臣僚教授秘法，其中得到正果的有25人。

[3] 贝苯托楚，是西藏苯教的历史人物。

[4] 阿嘎，是苯教的另一称谓，也指白色"阿"字。

苯日神山的八功德泉水　普布多吉摄

关于苯日神山东、西、南、北、中五个方位的不同土地神有个传说。相传，东方之王称念杰，一身白色君王装束，头缠帝王巾，身着锦缎显尊贵，身边围绕的七个随从各向其敬献一根白色藤鞭。苯日神山北边的山神谓娘拉赞楚，一身红色赞[1]的装束，头戴钢盔，身披黄金甲，身边七个随从敬献血鸡取悦之。西方神是黑魔阿卓，一身黑色的魔装，头顶黑色帽子，身着黑色绸缎，外套虎皮背心，七个臣子各献一支铁箭。南方之主为医药绿光母[2]，医者装束呈绿色，头顶金色发髻，身穿白色丝绸，随从七人手捧绿鹦鹉。中部之主叫拉辛雍仲则，一身黄色年[3]的装束，头缠丝巾，身着奇装，随从们为其贡献七只艳丽的孔雀。

四、苯日神山转山祭拜

对于前往苯日神山进行转

苯日神山的石刻苯教八字真言　普布多吉摄

山、祭拜等广积资粮的殊胜功德，《苯日神山志》称：

一望殊胜地，不坠三恶趣。
迈入殊胜地，此生诸障毕。
万事遂心愿，来世五具齐。
膜拜且饮水，可证福禄依。
来世再投胎，必为持明级。
坐禅或纪念，三身得圆满。
终登菩萨地，诞生极乐地。

关于神山的灵验又讲道："寿命权势财源均获得，一切愿望实现汝所期，凶敌怨咒以及战之苦，祈祷解救诸灾得解

---

[1]　红色赞，西藏民间信仰中的天神。
[2]　绿光母，绿光医药女神、天女玉炜曼。
[3]　黄色年，是西藏民间信仰中常出现在山、湖一带的神鬼，"年"有时写作"念"。

脱。"如前所述，虔心祭拜此神山，祈祷发愿，有助于延长寿命、消灾得安、辟邪保佑、福禄双收、解脱病痛、报恩双亲、清净犯戒诸罪等。总之，就算犯有五无间罪亦可洗脱重生。在虔心朝拜后，可出现业障清净征兆，生起各类悟境：获殊胜体验，自明自显；母子光相遇；显现本尊之容；可看见光亮虹宫；发现药草和鲜花；发觉天成的文字；可嗅出从未有过的清香；每到吉日，听闻各种法器之声；梦兆吉祥等。凡此种种，将现各种吉祥的暖相。

在转山次数和相对应的意义，以及不同资质的信徒转山获得的不同功德方面，又有细致的分析与说法。转苯日神山1圈可消除逆缘，2圈能入道，3圈得解脱，4圈能渡轮回苦海，5圈得殊胜授记，6圈成就资粮道，7圈消除烦恼障，8圈消除所知障，9圈获神通，10圈得圆满道，11圈成就自身利益，12圈成就利他事业，13圈得遍智法轮之地。对于不同资质的信徒转山修行所化现的功德而言，有贤者曾说，上根者心怀悲智双运而虔诚地转山1圈，其功德犹如念诵50亿遍六字真言；通晓三宝原理而深信因果的中根信徒转山1圈，犹如念诵25亿遍；仅知善恶取舍之理的下根者虔诚地转山1圈，犹如念诵13亿遍；而只识身、语、意的下下根者转山1圈的功德，也犹如念诵六字真言7亿遍。除此之外，证十地，多的要转13圈，少的要转10圈。而上根弟子转13圈的功德犹如念诵六字真言650亿遍，中根弟子犹如325亿遍，下根弟子犹如169亿遍，下下根者也犹如91亿遍。尤其是在马年、马月转山的功德，为常年的3倍之多。

在苯日神山周围还有诸多寺庙以及寺庙遗址，如董恭·旦巴伦珠所建的达则雍仲林寺、古顿·墨朗扎西主持建造的达珠雍仲噶蔡林寺、楚西·雍仲崔成所建的宗穹顶寺、结日·米久建参建造的吉日寺、琼珠·雍仲平措主持建造的更巴顶寺，以及巴·次旺炜色建造的森莫塔则寺等。

五、辛绕祖师加持苯日神山

在苯教辛绕祖师根据众生的不同种类和根器，化现出各类化身及净土，从事饶益众生事业之时，曾有源自凶恶诅咒的魔君恰巴拉仁①，变幻种种神通阻碍辛绕祖师的利益众生事业，但是未造成大碍。

彼时，有七位逃脱的魔子，是恰巴拉仁的属下。他们从辛绕祖师出生地卧莫垄仁偷走了七匹神骑，赶往工布地区。为寻得神骑，更为降伏众魔，解救被恶魔桎梏的众生，在辛年②20岁、人间2000岁之时，辛绕祖师在其四位著名弟子的簇拥下，足踏飞箭，越过卫藏之地来到工布一带。群魔设置各种路障，变化出雪山冰川试图围困辛绕祖师。在工域的巴吉山上，辛绕祖师实施神通降伏众妖，并为仁钦崩日山（聚宝山，今比日神山）加持赐福，山水神奇地喷涌出具有八功

德的泉水，周围奇迹般长出万树之王——雅鲁藏布江巨柏，四方留下不变的印记。辛绕祖师在巴吉山上留下的足迹至今可见。后来，恶魔又变化出一座恐怖的大山置于辛绕祖师面前，阻断道路。辛绕祖师以左手小拇指举起大山放置在一边，取名为拉日江多山。在此山旁边，辛绕祖师以清净、明亮之心，化出形似矛尖、聚满珍宝的山峰。辛绕祖师的意化神山木日木巴，乃群峰的精髓。据苯教经典《塞米经》记载，顿巴辛绕·米沃切为此山取名曰苯日神山。其外形具有象征息、增、怀、诛四事业，以及忿怒之神腾空、尊胜父母空乐双运的特点。

后来，又有魔女变化的年轻、美貌女子前来给辛绕祖师敬献有毒的饮食。辛绕祖师口诵"阿屯堆，墓若坠，卡迪息"解毒咒9遍而食之，非但没有被毒死，身上还开出鲜艳的花朵，使魔王恰巴拉仁之母等众魔女心生敬畏而皈依苯教，转生为百名美丽的天女。该地就取名为色木苯唐，有魔女入法之意，现今称为

---

① 恰巴拉仁，是西藏上古时期的传说人物。

② 辛年，苯教"辛"的纪年法。

位于苯日神山的森钦白玛，即莲花巨舟山　巴宜区政协提供

"卡斯木"。辛绕祖师继续前去寻找所失神骑之时，又有一群妖魔身披铠甲、手握兵器，呼啸着向辛绕祖师奔来。辛绕祖师双眼流出的怜悯的泪水化作一虎一狮，响彻云霄的怒吼震响了大地，群魔惊慌失措地散去。达森意为虎狮之意，即今天的达孜。辛绕祖师随之率众前往颇章则拉岗，众魔向工昌戎（今大峡谷）逃亡。恰巴拉仁内心不服，不久又使尽魔法变化出两座磐石，阻挡辛绕祖师一行。而辛绕祖师移来一座大山将磐石压垮，进而站立在大山之巅俯视魔君。

恰巴拉仁挥刀砍山，溢出黑色魔泉。辛绕祖师手指大地，引来碧绿的神泉水。[①] 为进行报

复，恰巴拉仁又让一处江河倒流而使河水泛滥、万物受灾。辛绕祖师变化出一叶莲花舟，使众生乘坐莲花舟而免于涂炭。江河之神见状心生敬仰，纷纷皈依辛绕祖师，汹涌的河水也缓缓流淌。辛绕祖师在花瓣雨和彩虹的辉映下前行。一群魔兵拜倒于他的脚下，献上虔诚信仰的礼赞，并把此地称为"森钦白玛"，即莲花巨舟之意，是现今称为"懂白玛"的地方。

在其余众魔劳累而困苦之时，辛绕祖师说："我若动用武器，你等毙命无疑。可立起靶子一试。"众魔在远处竖立了九层铁制的盾牌。辛绕祖师举起铁弓箭，右脚力踩磐石一射。铁箭击穿了九层盾牌，并刺入了对面的山体。此时，工萨赤江（即工布公主）掏出白绸缠绕箭杆，并拔出献给

① 神魔斗法而变幻出不同山水，使这一带称为曲阔札，意为"水旋岩"，现为西藏林芝市巴宜区曲古村一带。

了辛绕祖师。在射箭的地方，留有舞步的印记和辛绕祖师的珍贵足印。竖立箭靶的地方叫"本仲"，意为靶场，为今米瑞乡的本仲村。被辛绕祖师之箭击穿的山体处，出现了一个泉眼，流出的泉水被称为"达张泉水"①，据说是在江河对岸的"白拉"之地。

此事之后，众魔因恐惧而哭泣和哀嚎。辛绕祖师心生慈悲，为断除众魔绝望的哀嚎，用自己的四颗尖牙变化出大小四只白螺，拿在手中吹起螺号，使大千世界充满着优美的螺号之音，断除了众魔的哀嚎声，使一方魔兵又归入其门下。这让恰巴拉仁极为愤怒，他让黑暗笼罩皈依辛绕祖师的魔兵，实施神通致使地动

山摇，空中的刀箭如雨而降。这时，辛绕祖师的慈悲之力唤起了天神之师。瞬间，空中挤满了天兵天将，兵器和雷雹如繁星笼罩大地。众魔见状纷纷败下阵来，逃往工昌戎，剩下的都成为辛绕祖师的信徒。因天兵神将威武地矗立于山顶，光彩夺目，此山也被称为"拉日江多"，为神山高墙之意。

剩下的魔兵都藏在工昌戎一个叫那扎的地方。辛绕祖师的神兵捕获了恰巴拉仁之父杰拉托杰，名字又以"杰拉托增"或"大瓦杰增"②著称。恰巴拉仁深知不敌辛绕祖师，最终也皈依了辛绕祖师倡导的教法。辛绕祖师收服

---

① 达张泉水，意为箭引之泉。

② 大瓦应为地名，杰增有执掌权力之意。大瓦杰增之名疑与其为大瓦之地的小王有关。

色贡草坝 普布多吉摄

了工布魔王，夺得了达瓦门日城堡。之后，辛绕祖师及其随从由则拉拔瓦宫殿右侧来到鞑哇尼吾德[①]，丢失的七匹神骑随同马具被顺利奉还。工尊德木[②]手持一株甘露树根，主持议起七匹神骑以及工布之地皈依辛绕祖师的吉祥事宜。随后，工尊德木以敬献三物作为皈依的供礼：一献工萨赤江为辛绕祖师的明妃，二献金银珠宝作为资粮，三献工布的魔王和臣民予辛绕祖师为臣民。于是，辛绕祖师将金银珠宝用升分成三份，并将其中的一份及自己的马鞭藏在形似宝瓶的山下，做四方蓄地的福根。辛绕祖师对工尊德木手中的甘露树根进行加持与祈祷，作为不变的法印留存。山周围有辛绕祖师为七匹神骑清除恶魔沾染的邪气污秽的三处泉水，以及可以除却三毒[③]五秽的河流，还可见到四位苯教成就师的足印和七匹神骑的蹄印等不变的法印。此地也被称为"工域直

纳"，意为用升计量珠宝之地。

彼时，在辛绕祖师的慈悲关怀下，工布、娘布及塔布所有魔部得以感化，成为其信众，具有信念、怜悯、精进等，纷纷投入雍仲苯教之门。后来，辛绕祖师前往工布峡谷之地和神山的四周，降伏了魔、鲁、地祇、念和赞等所有工布地域的鬼神，所经之处，都留有不变的法印。在意化苯日神山之西、尼洋河畔的桑地，有念和鲁的宫殿。为转苯教法轮、教化众生，辛绕祖师前往该处。恰巴拉仁等弟子为其建起了宏伟的念神之法座[④]。他讲经授法、坐禅入定，广转苯教九乘法轮。彼时，辛绕祖师的心口处升起亮光无数，智慧之光照亮神山周围。于是，藏域众神、十二丹玛、十三天神及人鬼众生落雨般投入其足下，虔诚地听取教法，心生喜悦而欢快地歌颂他的教法。从而，此地被称为"噶乐吉塘"（今嘎拉村），意为善言欢乐之地。

辛绕祖师在即将离开的一个

---

① 鞑哇尼吾德，地名，疑为马圈。
② 工尊德木，是西藏最早的护法神永宁十二地母之一。
③ 三毒，即贪、嗔、痴。

---

④ 念神之法座，又称"念赤""年赤"，为今尼池村。

夜晚，就寝于神山顶上。次日清晨，他将自己的盔甲、盾牌、铁制弓箭以及大小海螺（即自身的四颗牙齿）等，埋入山顶的正中位置以做神山的吉祥标志，并发愿道：

> 愿此意化之神山，
> 成为吉祥灵验神，
> 九乘苯法大弘时，
> 护佑苯教至永恒。
> 我以铠甲弓箭等，
> 埋入此处为精神，
> 祈愿得到加持后，
> 犹如白螺① 传妙音。

---

① 白螺，指辛绕祖师的四颗牙齿。牙齿作为身、语、意三密中的"语"之所依得到加持。

> 吾之教法昌盛时，
> 愿为雪域度众生。

工尊德木敬献一株玉柏树，辛绕祖师将其变化为六株，植于该地作为法印，并封它们为苯教的大护法。该地现今称为"尼池古秀"或"苯日古秀"，如今只有一株柏树依旧矗立在那里。

如上所述，辛绕祖师为使后世生起虔诚的信仰，在四面八方埋有诸伏藏。犹如鹏鸟之蛋的山脊，藏有辛绕祖师的盔甲等物件，战神的九种武器也埋于此，四方留有不变的法印，后世诸多持明成就者将实践与弘扬苯教的教法。为使蕃地四茹信仰苯法，将身、语、意之所依留于此。身之所依

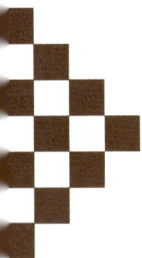

有五尊纯净的水晶像，身量所依有六株柏树；语之所依有自鸣绿光大白螺，以及晶莹剔透的小白螺；意之所依有苯日神山，还有九层黄金大塔，亦为身、语、意之所依。念神之法座的六株柏树前，留有四位成就弟子的足印；所言辛绕祖师身量六株柏，内是调伏六道六能仁，外为辛绕祖师的身量，密中六土化显变清晰；为此神鲁人及魔众生，永久供养礼拜与祈祷，广度藏地众生往极乐；一驮珠宝四业①七财②等，深藏圣地犹如其精髓。

当初魔王恰巴斗法时，变化恐怖魔山置于道，遂成高超神通苯法友，犹如秘界忿怒之像前，慑服魔众贡献诸宝物，为其取名称作聚宝山，珍贵黄金宝物放光芒，苯法经卷一套埋于此；而后辛绕祖师莅临意化苯日神山处，登至神山之巅埋伏藏，留下永恒不变五处脚印为法印；五方各建辛绕祖师之法座，一套珍宝运至神山之湖前，埋于巴吉之山为伏

---

① 四业，指息、增、怀、诛四事业。
② 七财，可能指七圣财：信，戒，闻，舍，惭，愧，慧。

藏，留有水晶蝙蝠辛绕祖师之足印，另有神箭作为不变之法印。之后，辛绕祖师降伏众魔界，为其向善传法留法印，护佑圣地无数之伏藏，分封教之护法与众神——中部护法雍仲拉念则、东部护法岗念达则③王、北部主神娘拉赞楚王、西方之王黑魔惊恐声、南方医药女神绿光母、总刹主工尊德木神、欲之护藏主神通鲁王、财神主尊祖杰师徒尊，其余内外密各司其职，护佑圣地伏藏神灵众，管理教法职责得分解，秘密灌顶授名赐甘露，承诺虔心护教永不违，嘱咐各自誓言遗其教，尔后前往伏魔大食地。

六、诸持明者加持苯日神山

苯教显密在藏区兴起时，诸持明菩萨进行加持的情况如下：

相传，吐蕃第一代赞普聂赤赞普从天而降，其所降之处就是苯日神山的拉日江多峰。后来，穆辛·南喀囊哇朵金为弘扬苯教也曾天降此处。《光荣经》所授

---

③ 岗念达则，又称念杰。

记"你，南喀囊哇朵金，彼时前往雪域蕃地，拉日江多之巅，七赤①之内现七盛，燎原薪火萦绕之教法，广推秘密之苯法"认为，穆辛·南喀囊哇朵金最初自天而降，至此神山，如今仍可见其脚印。又有相关典籍描述"拉日江多山之前，工域直纳中部之都城，宫殿'则拉阳托'之内"认为，当时王朝定都于神山之脚一处被称为"白森"的地方，曾有各种地标塔和大量坟墓等。总之，悉朴野的藏族王朝、顿巴辛绕苯之教法，其渊源之一为苯日神山。这不仅在各类典籍内有清楚的记载，在一代代相传至今的马年转山、娘布祭神盛典上的金刚法舞等表演的演说词中也有清晰的表达。之后，又有藏王穆赤赞普在苯日神山修行苯教密法，并取得成就。

《日炬经》中的记载称，穆赤赞普从囊哇朵金（南喀囊哇朵金）处获得忿怒母子秘籍，在拉日江多修行并获得非凡成就。但到了止贡赞普时期，毁

———————
① 七赤，指吐蕃王朝前期的天座七王。

灭苯教并流放苯教僧人。此事也导致了洛昂刺杀止贡赞普，将其尸体抛入年楚河。王子布德贡杰引请仁增东炯等百位持明大师才寻得止贡赞普的遗体，在吉塘修建了陵墓把遗体入葬，并在工域直纳举行了盛大的净地仪式。后来，布德贡杰继承王位，并重新重视苯教、善待苯教僧人、修复与苯教的关系，从而使仁增东炯、李修大仁、佐梅杰乾、萨让梅拔和其美杰瓦师徒等，在苯日神山周围的五个修行秘洞中开启无量殊胜静猛坛城，进行修行和加持，以心境归一谛力，留下了无限的手印，并埋藏了身、语、意的所依神像、经典及塔，委托护藏神（守库神）保护等，具体仪轨在相关传记里有详细记载。

七、诸佛加持苯日神山并埋藏伏藏

关于苯日神山的四方和中部五个峰顶埋藏的无数伏藏，以及莲花生大师加持神山的情况，无数持明、空行母的天成像等的详

情，有以下记载①：

白东面湖泊白玛以上，直至石山贡桑以下地，五处白色磐石伏藏箱，每处深藏秘密之伏藏，还有形如骏马公牛等，野猪大刀祭品的奇山，留有东炯和夏日乌钦、穆杂杰梅与达拉萨炜、穆蚌塞汤②等之头手印，山顶泉水有益寿与慧。北部突噶札日山以下，勒固定托之以上，在十五处绿色磐石下有伏藏箱，埋藏苯法珍宝矿物等三种，周边还有达拉梅拔、穆赤赞普、哈日吉巴勇士天成像，修行洞有手足印记等，有治痛风关节炎泉水；西边协旺之地之以下，帮纳石山之侧以上，有无死长寿持明三足印，形如蛇或水怪之四磐石，还有莲花生大足印与伏藏，空行母坐骑脚印与伏藏。磐石参木多三十③

伏藏宝箱处，有象征苯教身语意之物，持明空行母之法器等，藏于此处秘密山岩处。三角宝焰磐石④伏藏宝箱处，石青形成长寿灌顶印，慈悲普度骨饰共八副，藏有密宗法器和寿瓶，森巴突钦⑤亲手绘法印，三处神塔至今亦可见，囊塞岗⑥有顿巴⑦之法器，以及阵巴南喀⑧之现见解脱像，还有阿努查塔、塞纳嘎乌、贝苯托楚⑨等人之脚印。雄巴岩山形如金刚橛，藏有莲师金刚杵法器，空行母之法器天灵盖，珍贵海螺制成两宝盒，还有长寿仪轨之经典，不变法印天然之寿瓶；山前流有涓涓长寿泉，旁有增长福禄之温泉，陈巴南喀留有头足印，还有苯教三师之脚印。另在雪白明亮之地方，藏有喀卓·觉萨苯母等，震

---

① 次仁班觉：《西藏寺庙胜迹志》，转引自强曲多吉：《秘境意化苯日神山志》，西藏古籍出版社2012年版，第166—185页。

② 东炯、夏日乌钦、穆杂杰梅、达拉萨炜、穆蚌塞汤，都是象雄时期的苯教大师。

③ 磐石参木多三十，是地名。

④ 三角宝焰磐石，是地名。

⑤ 森巴突钦，为苯教大师。

⑥ 囊塞岗，是地名。

⑦ 顿巴，指顿巴辛绕·米沃切。

⑧ 阵巴南喀，相传是顿巴辛绕·米沃切时期的苯教大师。

⑨ 阿努查塔、塞纳嘎乌、贝苯托楚，都是苯教大师。

慑九苯①法器和足印。帮纳岩有秘密诸伏藏，吉祥大密足迹为法印，印度四位成就师脚印，左有五部空行之魂树，右现除障去晦之泉水；南面曲札勒之以下，直至江河右旋处以上，绿光磐石伏藏宝箱20处，其中大箱5处，小箱15处，有医治病痛之九种水，可治麻风眼疾400病；形如布满秃鹫之岩石，可现三身持明空行母3尊，另有80位持明大足印；形如龟爬姿势之山前，可见圣者龙树和蛇尾，师徒三尊辛绕之脚印，还有能治水肿麻风泉，大象岩上辛绕足印显，方形地上空行之道场，贡卓、毗若②二人之足印，以及奇妙法印不可思；形如坛城山之上方地，通往九层雍仲③之路径，可以通往秘密之寒林，三持明与五部空行尊，寒林道主脚印在舞池，伏藏五主法印各自现，往此圣地转经

与祭拜，上等打禅下等夜宿此，任你专心祈愿与祈祷；哗哗流水漩涡汇集处，辛绕法器水晶之手杖，东炯颅器雍仲桑拔及秘密之阿嘎心成法，多首宝物秘密伏藏在，天成阿嘎不变水中现，八吉祥徽常在此出现，凡以此水饮用或洗涤，不空罪孽瞬间得洗净，可获寿智无量之成就，总之内外密之所有方，不可思议秘密圣迹现。撒嘛亚吽④！

另有山曰相日之峰顶，东炯穆杂⑤囊协鲁波⑥和觉萨空行贝苯托楚、托泽杰钦诸多持明聚；秘密甚深九转之法门，108秘密之神殿，密咒火山汇集诸成就，密湖火光千灿之上面，形似水怪马哈⑦岩上埋；战神明妃秘密魂湖在，不变法印八位持明师，各一足印和法印，阿摩李卡石碑矗立在，静修片刻便获禅定境，不迷轮回世代得了然，诸位持明大师之法器，幻化铃鼓以及珍

① 震慑九苯，或为制伏九苯，是苯教历史上的九位神通者。
② 毗若，即吐蕃时期的圣人及翻译家毗若杂纳，又译作毗卢遮那。
③ 九层雍仲，相传为苯教发源地沃莫隆仁的神山，象征苯教的祥瑞。

④ 撒嘛亚吽，为祈祷咒文。
⑤ 东炯穆杂，指穆杂杰梅。
⑥ 囊协鲁波，是8世纪象雄时期的苯教大师。
⑦ 马哈，意为水牛。

宝器。

另说苯日神山之中心，分布秘密甘露五圣湖，圣湖之水滋润流四方，饮用洗浴消除世代障，生起无死离死大智慧；八方之地另有八种湖，沟头还有神圣三岩石，三持明及身语意共聚，奇特无上加持圣地在，沟尾三处峰峦汇聚处，天龙人等可得加持力，后有盖雪岩山谓昂塘，乃是80空行加持地。前有诺布祖杰晶岩石，修行静猛福祉之圣地；内外密和绝密隐现等，秘密圣迹1200处，修行秘洞108处，供饮甘露之泉360眼；圣地苯日神山之巅峰，大食香波拉①之神圣殿，五色霓虹联结二者间，持明密道直至灭劫时，平时时刻无分离圣境。此外东西南北四方间，皆有慈悲之光紧相连；神山之前尼西②所在处，仰望神山息、增、怀、诛形，无量众神之辉得以现。

外部如意珍贵富足山，内部

秘密空行宫殿在，极密胜乐明点清晰显，上有神之虹云建圣宫，中间人与念神生虔信，下有海之鲁神供净水，吉日藏地其他各地方，空行母与地母勇士及持明，来此空行刹土显真身，其他圣地无法与此攀，一睹胜境神山之容颜，恶道畏怖险境得拯救，向此圣地迈出一步脚，此生灾障平息心愿成，下辈五分时得暇满身，在此圣地朝拜并饮水，离世之后进入持明列，在此神山打禅和念修，种下三身圆满之种子，获得二利通达佛果位，往生大食再无轮回苦。时常坚持转山一二回，功德胜似念诵七亿咒，尤其马羊鸡猴等月份，转山一圈等同十三亿，吾愿立誓此等功德在，先前持明口中如此言，为利众生精确做描述，方获福寿财富和权势，所愿之事皆能得成就，敌与外道恶咒战争等，祈求消除救赎定实现，等持二谛知识本来显，无错无失圆满祈祷故，自己所愿成果能实现。此外积累有为诸善根，具有万倍功德不失坏，堕罪恶业如山海，以及未来劫

---

① 香波拉，相传位于沃莫隆仁的顿巴辛绕·米沃切讲授苯法之地。

② 尼西，即今天西藏林芝市巴宜区八一镇尼西村。

古秀柏树与尼池拉康　普布多吉摄

的最后时，具有善缘有情诸众生，无论四五六季①与三世，祈祷朝拜祭祀勿忘记，如此殊胜无量之圣地，世间他处寻觅不可得，此等所言功德无量海，众生颂扬致力追随之，修行精进克服一切难，持守誓言祈祷勿忘记！萨玛雅，加印！加印！

五百苯法持者众星捧，高亮十六分月之明光，众生心如明月春雷夜，向其叩首百遍祈护佑；贤劫辛绕之随达拉尊，化身珠色尊者达雪②生，获得灌顶戒律及心法，山顶开悟北经卫藏地，雪湖斯杰③授记至布日④，同生修证来到工布地，开启圣门之念心生时，显灭随之苯日无闻音，福聚圣地福体稳固在，尼洋松堆玉浦修三年，静猛持明显见得授记，委任护苯地祇伏妖魔，斯杰化虎引路启圣门，忿怒腾跃之岩心窝处，树后岩洞念修忿怒橛，主尊怒橛不死密集虎，白色斯杰露面如此言，圣者成就共不共悉地，大江右旋之处显殊胜，兴建神庙

① 五季指春、春夏之交、夏、秋、冬，六季指春、长夏、夏、秋、冬、晚冬。
② 达雪，是康区地名。

③ 斯杰，即斯巴杰姆，亦称斯巴女神、斯巴女王、世间女神等。
④ 布日，山名，即香积山，据传距离冈底斯雪山 30 多公里。

广收众弟子，神山历史详尽世人知，引者日后禅定中显现，绿色泉水白色龙女献，白色檀香迎请为主供，上下经堂僧舍得以建，僧众百余之人迅速聚，身手足印法印无量存，有相无相十善不断授，天龙非人讲授苯之法，世间众生业障净与否，皆能看上五十世本生，后生大食沃玛之王子，得寿持明因此导师出世前，所化隐现化身难言尽，世寿八十余岁诸弟子，修建见脱灵塔于吉日，善缘可见真人鹰鹫现，慈悲受持未来诸众生，意化神山通卓①世间王，禅修祭祀转山十善聚，此生获得共不共成就，得以往生大乐卧莫垄仁地，生于莲花成就二事业，真实不虚谨记后来者，尊者传记略要在此录。萨马亚，比霍！

之后斗诤时期到来时，密圣意化不死密集现，其所继承姆拉洛旦尊，籍贯金雪②班觉顶寺庙，持明空行授记与地祇，工尊迎接频频助顺缘，行走波南③峡

① 通卓，藏语，意为解脱。
② 金雪，是地名。
③ 波南，指波密之南。

谷仙日山，丹玛药女欢歌乐舞献，念池④丁青朝拜神树后，尊胜东北如意之树木，智慧天龙人等作供养，大寺固崩静猛众修时，伏藏主人各自所在地，所述门与四言四圣地，东面不变龙王财宝门，三山环湖巴定圣地门；北面不变雪山念之门，波沟玛卿汉地圣地门，西面不变八岩山之门，后藏拉萨大食圣地门；南面不变九谷园之门，杂日杂孔天竺圣地门，恰噶色林⑤之见胜之岩，极密螺门插有钥匙岩，恰那⑥松石雍仲囊辛⑦岩，恒桥门之钥匙洛郭⑧岩，塔布铁洲金色城市里，血地铜门之钥阿拉岩，娘波酒洲念赤玻璃岩，邦纳金门之钥曲古⑨岩，蝎状温色⑩空行之圣地，蝎子之角卫日邬坚

④ 念池，即念神的法台。最初为辛绕祖师降伏念、鲁等妖魔后所设法台，后来其上又现辛绕祖师身之所化柏树。
⑤ 恰噶色林，指苯日神山旁边一座阳山的岩石。
⑥ 恰那，指苯日神山旁边一座阴山的岩石。
⑦ 雍仲囊辛，是苯教的一个小派。
⑧ 洛郭，指侧门、耳门。
⑨ 曲古，指西藏林芝市巴宜区曲古村，意为水的旋涡。
⑩ 温色，是苯教上师。

洞，尾部三山玛辛雄雄及，嘴部甘甜药湖除污水，两边就是白水与黑水，南面阎罗法轮为赎罪，大自在天① 加拉孜松山，达桑②旋涡鱼身水怪面，旋涡哗哗流经尼洋河，此为鲁王降伏等持修，虎鼻马脸上变水晶鹏，张牙舞爪喉嘹对付之，淹入河底虔心弟子忆，以往历史虔诚来顶礼，苯教起落圣地之隐势，天龙非人虔信需坚定，阿亚四苯蓝色仙人等，女王授记陀孔城堡受，无梯犹豫圣尊返回迹，地之福衰护藏显授记，阿亚之神祭祀祈福毕，拉日三山美朵等，所谓苯日未揭珍宝聚，尔后达拉意化珠色尊，斯杰授记开山建大寺，工门之洲苯法太阳升，李修峰顶黄金之塔立，虹光佛陀返程圣地中，珍宝所成酥油供灯盏，照耀三千青冈宝瓶山，舍利身骨雄猛五谷饰，泉眼一千寒林一百八，一转犹如领会经典意，所有圣地之最后生门，七层神结念王大宝座，

当年持明转世建宫殿，苯之深道弘扬成顺缘，阳衰众修邬坚尸林处，具光至尊意化苯日山，众主化身面向大食方，念修静猛获得持明位，十三圈能洗脱无间罪，敬献土地修建塔及庙，修诵会众供灯献哈达，此生成就共之福寿愿，脱离轮回无欲潜修行，圣地之钥不予邪见者，二世至尊传记所录。

浊世两规智悲三师徒，为利众生白热出化身，授予密名生于察瓦龙，溪察古寺第一持法师，为拜苯日途经穹波域，嘉拉土地神灵来迎接，巴松鬼神欢行诸仪轨，神变财物三尊沟神灵，念赤之地诸多伏藏主，为众阐述过往去事时，松顶插立大旗矛幡等，达纳觉顿布曲慧眼纹，晋谒守财多吉列巴尊，如此信敬净地大圣山，寻遍十方世间甚稀少，圣山威武静坐天空中，筑有五层飞檐无量宫，珍宝之最日月与千居，铃铛宝伞大旗似云篷，顶峰水晶宝塔光四射。恰似大鹏之蛋山颈下，神奇非凡息增怀伏宫，下方珍宝而成无量宫，吉祥花草珍贵药香味，此处下方林树及骷髅，

---

① 大自在天，是天神的异名，系东方护法神。

② 达桑，指虎桥。

新旧墙体尸林宫之处，火山云雾蔓延全山峰，云中呈现贤劫二千佛，上万罗汉一百八绛玛①，东有普贤寂静众神灵，西有本尊忿怒众神灵，北有普照增业众神灵，南有卫塞诛业众神灵，四周恰似屹立火山桩，峰顶千手之塔变大轮，腹中持有母续四令申，山摇湖动不灭顶峰上，静坐无数密集达拉续，向此崇敬叩拜求不灭，此等世间万象由我变，卧莫②外续阿夏八勇识，为之征服印度查敏事，白顶释迦法轮外续中，执持两级任运杨柳宫，内续密集达拉天龙人，离戏境界闪烁密续光，面对五种姓尊断生门，聚起持座巴旭续珍宝，波斯印度邬仗那等国，生之万众至顶一尊者，我作授记记心并弘扬，与众密集最上众弟子，罗汉显通苯山忿怒神，净显三千六百坦城域，通行不欺捷道秘境地，达拉大德持智三怙主③，赐予慈悲珠色开山门，升起苯教日光脱苦

暗，无有众生胜乐大域变，山间大殿阵巴师徒尊，译师四人等诸苯之徒，具光离戏等诸仙女们，显出数人列坐莲花教，白热化身密名持五部，源自如来心意三身地，超尘拔俗难成有法界，波斯空行之母来护教，二十五尊勇识力弘法，成为穴孔众生利他域，镶有千续达拉日月饰，弘法护教之业变于此，阵巴后嗣噶旺强久林，斗诤之时四戎下八地，发心祈愿念赤圣地等，无上尊者圣地之太子，次旺取名白玛雍仲师，大圣后角鲜日乐峰上，超速闪电降伏女妖魔，聚众无数智慧世间尊，历经一百零八尸林处，有情之身列坐持明教，草木山岩骷髅无量处，明亮外界内有祈愿供，润燥座上白红空行母，静猛之相骨饰孔雀旗，无数空行护法刹土神，智尊赐名杰曹仁增师，无招而聚上亿大圣处，开启山门阵巴李修尊，及其莲花四空为众生，七世不败永弘佛教法，千尊空行母发制成的，深蓝见而有益美于头，力行五持十二宏化业，此等教言成就难论述，无等珠色至尊灵塔上，献浴供养如实得亲见，

---

① 绛玛，是苯教的一种神。
② 卧莫，地名，即沃莫隆仁。
③ 三怙主，是藏传佛教的密宗本尊，即观世音菩萨、文殊菩萨、金刚手菩萨。

阳衮色迦寺与凶险地，护法持藏空行密名等，邬普圣地妙音诸眷属，大乐迎请匿名近住地，深意婆罗肉体蓝色相，伏藏之地历史迹象中，深怀崇拜净相及信解，李修化身次旺来动员，编著祈愿七支为利他，修建达卓乐园如来塔，清除险恶弘法人长寿，我心如愿为了后来者，修建普贤诸佛主从像，辛神加持之力守誓言，信仰佛像速成今来世。此外截胜之地斯杰龙，达拉乐戏虎尾磐石处，祈愿祭祀杜若军不犯，善逝我望磐石之处时，忿怒父母饰有吽字相，次日就对身前众眷属，宣告已成只因身像高，吾所未成命令空行建。圣像叩拜转圈献哈达，诅咒地祇龙病得消除。吾

之智慧之岩开启时，达卓上师楚喜①之认可，夏林鲁神开启吽青岩，北方雪山门启六湖等，布久密藏杂日真言等，山岭上师次旺为利他，往生之后告诫众僧侣，达卓僧众苯法训诫及，达拉圣像伏藏神饮供，法教自他虔心作祈祷，圣之法台六株②供坛展，邬坚圣教化身大乐相，寺庙会众举办宴席时，圣地之巅白云伞盖形，彩虹神奇魅力吉祥现，未来殊胜教法弘扬者，胜幢之巅明显持明现。转自《大传记》。

未来世间末日来到时，浊世

---

① 楚喜，是古代西藏的姓氏，此处指苯教上师。
② 法台六株，指辛绕祖师所留作为法印的六株柏树，与其身形一致。

祭祀苯日神山　普布多吉摄

众生强曲多吉我，生起四无量心三门①处，不动禅定深发愿入心，母女空行诸尊得谒见，内外密之灌顶传承等，秘密教言等为诸众生，沁入耳心秘密深藏之，为度难度世时书于此。以此功德你我众生等，消除一切二障无有余，二资圆满九乘十二等，自然获得刹那之禅定，等空悟境圆满成佛果，领悟高深圆满得涅槃，往生大食卧莫垄仁地，无量众生怙主急速成。思迪达吽甲！

教言所在秘密上师尊，断证通达边至自同相，地道功德八万四千种，众生唯一救主殊胜师，顶礼圣门开启者上师，辛绕之法②存续之时间，百年如一辛年三万年，三千化机最初发心后，中间集资③最终得成就，魔臣邪道执迷不悟者，归入正道护法终成就，言教持政弘扬苯教法，暴怒纷乱时代终降临，天竺外道邪见比丘相，言行内规脱离之习者，质疑苯法诤斗之从前，顿巴授记语之化身童，诞生

屋顶神圣之宗系，净饭王子诞生具相好，建造丹珍④罗汉能仁尊，法轮恭敬居士名解脱，岁至八十能仁入法界，弟子阿难僧众百千万，广转法轮众生得欢喜，佛塔诞生具光上师之，弟子次旺白炯苯之众，伏藏中兴弘传八龙喜经，竹枯巴卖⑤传承显密弘，上师法咒净地辛⑥意增，功德如全门香波拉孜⑦，密圣之心穆辛名尼玛，须弥神殿赤祖甲哇⑧身，内建殊胜宝物舍利塔，苯法曼日祖辛⑨语狮子，无比众生怙主辛绕尊，三学成熟次第次旺师，化身索勇美朗扎西尊，弘法利他至穹域⑩查贵，玛吉益西巴姆苯授记，频频使唤来到苯日前，化虎斯杰舞留手脚印，禅房建成僧众如云集，称为达卓

① 三门，即身、语、意。
② 法，指身、语、意所依。
③ 集资，指集资粮。

④ 丹珍，即马头明王。
⑤ 竹枯巴卖，为象雄时期的姓氏。
⑥ 辛，指苯教僧侣。
⑦ 香波拉孜，相传是顿巴辛绕·米沃切在沃莫隆仁的讲经处。
⑧ 赤祖甲哇，是顿巴辛绕·米沃切的法号。
⑨ 曼日祖辛，是顿巴辛绕·米沃切的随从。
⑩ 穹域，是象雄时期的地名，即今天的西藏昌都市丁青县等地。

雍仲欢乐苑，殊胜内供自巴卓达仓①，库擦②掘物交给铁匠手，匠造珍贵五个金刚橛，铁匠加持散发于火中，火势逐渐消散于门日，四巧工匠请自门贡③藏，禅思④闭关珍贵阿曼热，檀香灵芝嘎日药宝盒，华盖喷焰飞咒光所成，六位弟子建成六寺庙，脚印著作留于成就师，建造百位修行者道场，至尊阳衮珠色坐夏居，此后世界一庄教法光，东炯加持觉巴⑤成共赐，森普寺庙莲师加持受，先贤智慧宗派无别治，辛绕髻顶执受经教殿，化身雍崔寺处集僧团，具相尼玛授记幻化身，幻化雍崔吉祥同宗寺，密心言修藏青噶旺⑥译，师徒授记指引加持心，立定教法成就达日山，咒心解说苯法胜幢立，持弘此脉李修之化身，天然自在寿由人加持，成就天成圣地之净相，斯杰授记师徒等四人，哈热

基巴⑦加持珍贵相，中洞歇喜一人密门启，桑林青体深奥目录造，大师雍祖主持禅修院，王座树身迎请斯杰王，殊胜典籍造成菩萨之，转世不败本位教众怙，天龙人鹏鹏之上中下，上有穹窿穹宗⑧等地方，下有嘉荣格西绰青罗古，中有琼托让塔杰参⑨及，古寺丁青囊钦显赫名，歇喜囊喜喜波十八人⑩，云顿舍顿苏顿古茹⑪等，众怙⑫江帕门杰甲绰及、郭热歇和喇唐孔林及、喇帕赞林⑬等等言不尽，尤其至圣苯日珍宝聚，妙哉！苯之圣地四业成就之，净土庄严功德无思量，罗汉佛陀静猛持明及，母女护法具誓等众神，祈祷供养随喜转法轮，恶业罪除恶缘障碍清，后辈遵循十善获成就，尊崇胜利果位速实现，贤劫觉者总集阿罗

---

① 巴卓达仓，相传位于不丹境内。

② 库擦，是 11 世纪的苯教掘藏师。

③ 门贡，指药之蛋。

④ 禅思，指婆罗门。

⑤ 觉巴，指断我执。

⑥ 藏青噶旺，是掘藏师邬坚林巴发现的一部苯教经文。

---

⑦ 哈热基巴，是穆赤赞普时期的苯教圣贤。

⑧ 穹窿穹宗，是象雄时期的地名。

⑨ 琼托让塔杰参，是苯教上师。

⑩ 歇喜囊喜喜波十八人，指苯教圣贤十八人。

⑪ 古茹，梵语音译，意为上师。

⑫ 众怙，为众生怙主之意。

⑬ 喇帕赞林，是苯教上师。

从苯日神山俯瞰雅鲁藏布江两岸　普布多吉摄

汉，无明魔降后世众生度，水晶像与语依大小杖，心散明光腾空双尊像，向苯之神山虔心祈祷，内外无分幻化光明域，静猛持明空行护法聚，四种事业共与不共赐，等身六株①密洞法印藏，向苯神山虔心作祈祷。香巴拉之密绳连环套，吉日持明空行集聚地，修诵转山修行十善者，转山如诵真言七亿遍，向苯神山虔心作祈祷。圣地功德无边无思量，三门礼拜忏悔广祭祀，此等善业发心清净力，长住世间完成自他愿，祈愿怔悟无上涅槃离戏意！

———————————

① 等身六株，指辛绕祖师所留作为法印的六株柏树，与其身形一致。

在意化苯日神山，可以拜见三身持明空行三部和80位持明及无数觉者的足印。每处足印下埋有一处伏藏，且有无数伏藏宝箧藏于秘密的岩洞内。莲花生大师也曾光临此地，足见该处圣地的神圣与珍贵。

八、苯日神山的祭拜活动与仪式

（一）娘布迎神祭祀活动（娘布迎神节）

被称为"娘布迎神"或"娘布祭神"的传统仪式，是由苯日神山信仰衍生而来的、具有地域特色的节庆活动，有悠久的历史

50

和深远的文化含义。究其来历，一说相传很久以前，因为苯教伏藏圣物自响海螺号和无垢水晶神像流落他乡，工布地区连年遭受各种灾害，苯日神山护藏五神授记斯巴章松玉布，为了恢复受损福祉、弘法利生，要创建喜庆仪轨。从而，为了护藏之神的福禄，也为了当地的富足与福报，形成了迎神祭拜、人神共欢的习俗，以保人畜富足、宏运腾达。从此，藏历每一个绕迥60年中有5次节日，每12年中有1次节日，年节在马年，月节在马月，日节在十日，都视为苯教祖师下凡的吉祥时日。那时，十方菩萨齐聚神山，遵循慧、净、贤的教规圣训而潜心修行。无数有缘的善男信女也享受吉日欢宴，并以优美的歌声、舞姿取悦众神，祈求众生的福祉与鸿运。

关于娘布迎神的第二种说法，和塔工（林芝及山南南部一带旧称）地区苯教信仰的身、语、意三者的身、语所依的二殊胜宝物有关。相传，众生之身所依的天然生成的水晶佛像，在协古塘的一棵刺梨树下被卡斯木村一户人家的母山羊寻得。每次牧人放牧回家把羊赶进羊圈时，那只羊就莫名地消失。于是，牧人在羊尾绑上一根细绳，尾随其后，看见母山羊钻到一棵刺梨树下，为一尊天成像敬献奶汁。牧人不知这尊佛像的珍贵，但出于好奇，把佛像带回家。一次提炼酥油时，为了尽快把牛奶加热，牧人将在火中烤烫的佛像扔进奶桶里，结果发现酥油成倍增加，欢喜万分。

转苯日神山的大型活动娘布拉苏节　扎西洛布摄

若干年后，霍尔地①的霍尔王得知此事，并对此天成像的由来和神奇迹象多方打听、求证，了解到佛像的殊胜珍贵之处。于是，派一人假扮香客前往苯日神山，借宿于那个牧人家里，并趁机将此世间无二珍宝带往霍尔地，把佛像视为无上圣物供于该地。同时，作为珍贵伏藏而埋于苯日神山峰顶的顿巴辛绕·米沃切的四颗尖齿，曾被顿巴辛绕·米沃切加持而作为语所依之妙音海螺深埋于地下。其中有一颗破土而出，常常自动发出轰隆隆的法号声。一天，四个当地女子在转山途中恰巧听到了这个法号声。于是，她们循着声音来到了山顶，看见一个海螺自动发出轰隆隆的法号声，时而飞在空中，时而钻入地下。四人感到极为惊奇，其中一个女子从地下捡起海螺，用衣襟将其裹起来带回了家中。伏藏海螺据说因此沾染了世俗秽气，从而不再发出法号之声。此事后来传到了琼波地②

的苯教徒耳中。于是，三个苯教徒在转山朝拜时借宿那个女子家中，借机把珍贵的圣物海螺买走，带到了琼波地。由于身、语所依的两件宝物流失他乡，在工布一带遂发生疾病、争斗、饥荒和许多福报受损的灾难与不吉利的事件，就产生了娘布祭神活动。

为了把两件宝物迎回故地，塔工一带的人们纷纷议论，要集结强大的兵马出征，夺回丢失的宝物。正当集结的兵马整装待发时，身所依之天成佛像显灵，并在空中说道："汝乡没有利生事，吾在此地利众生，尔等虔诚向我佛，若在每逢马年之八月，广设迎请大喜宴，我即速速而前往，神山圣土得加持，福祉鸿运成倍增。"又云："谁人虔诚信仰我，此人跟前幸有我，若能虔诚信仰我，你我须臾不分离。"

从此，每逢藏历马年八月或者藏历十月十日，就举办娘布迎神节。娘布迎神节的仪式与内容丰富多彩，体现在宗教传统与民间生活的方方面面。从寺庙的宗教仪轨来讲，藏历马

---

① 霍尔地，指今那曲一带。
② 琼波地，指今西藏昌都市丁青县一带。

娘布祭神仪式上，跳传统的神舞　扎西洛布摄

年八月十日那天，色迦更钦寺、达孜雍仲林寺、达珠雍仲噶蔡林寺、宗穹顶寺、吉日寺、更巴顶寺、森莫塔则寺等7座寺院，在协古塘搭起的帐篷星罗棋布，开始长达7天的、宏大的法事活动。第一天进行迎神仪式。着绛红色袈裟的僧人们聚集在协古塘，手持宝伞、胜幢、飞幡等，奏响大号、唢呐、锣鼓等，按照传统要求，充分准备花、熏香、酥油灯、净水等，严格按照宗教仪轨举行迎神仪式。第二天举行烟祭①媚神

仪式，为酬谢世间鬼神而进行烟祭、忏悔并贡献神饮。之后的5天内，分别进行保福禄、延寿、招财、人畜兴旺、丰收以及世间安乐、富强等祈福仪式，并陈列会供曼陀罗、花供、熏香、酥油灯、藏红花、鬘等丰富的祭品。法会最后以吉祥的颂词结尾。僧人们返回各自的寺庙后，现场留下一片花的海洋。

民间也有各种仪式与活动。在藏历八月八日那天，斯普定、乐酷定和卡斯木等地的百姓搭起帐篷。几十名青年男子身着节日盛装，骑上隆重装扮的骏马，组成马队，前往位于苯日神山北面的诺布崩巴山（又称门木拉杂），

――――――――――
① 烟祭，又称祭煨桑，是藏族传统的祭祀神灵的仪式，以燃烧松柏枝等飘起香烟祭祀神灵。

获取福禄与丰收。之后，马队来到协古塘举行招福保丰收的隆重典礼。藏历八月十日，男女共舞金刚法舞和传统舞蹈取悦众神，当地称之为切巴切，意为敬献舞祭。舞者为男、女各15人，各自穿上极其华丽、隆重的传统服饰，献上各种轻盈优美、婀娜多姿的舞蹈，以祈求吉祥与丰收永存。

位于苯日神山北部的今巴宜区附近的草场上，曾有辛绕祖师为人、鬼、神等众生讲解苯教教法，解惑因果轮回之道。众人道："祖师言善！地方舒适！"此地后被称为"噶乐吉塘"，意为言善地美。在此处，嘎拉、果绕和尼池等三地百姓搭起密密麻麻的帐篷。藏历八月十日那天，10人跳起金刚法舞，进行"治地、净地"。舞毕，由30名盛装青年男子组成的马队前往协古塘，围着卡斯木、斯普定等地百姓的舞池，举行获取福禄、丰收的仪式后返回。藏历八月十一日，有32人跳金刚法舞。之后，有男、女各15人跳起欢快的当地传统的锅庄舞，以此为殊胜的日子敬

献祭祀、祈求福乐。

藏历八月十三日，位于亚热岗①的牧人们穿上隆重的皮毛盛装，挎着镶有精致贝壳的皮囊，带上极具牧业特色的工具，赶着穿戴耳饰、套着崭新鞍鞯、驮着新鲜酥油的30头黑牦牛，围绕林芝旧城转一圈，再回到亚热岗，祈祷并大声喊出祈求福禄的祝词，把牦牛背上的酥油卸在地上作为敬献财神的祭品。此外，还有各种奶制品和酒作为祭祀品。之后，人们欢聚在此，共享美食与酒，庆祝过往的幸福并祈祷来年吉祥。

（二）苯日神山的转山祭拜习俗

苯日神山的转山祭拜习俗与藏地其他地方不同的是，以逆时针方向转山。其信仰标志为符号"卍"。而雍仲即为苯教的重要标志，象征着永恒不变。广大信教群众将苯日神山视为极其重要的皈依圣地。在非特殊宗教节庆的日子里，就有为消灾免难而转山

---

① 亚热岗，其具体位置为现在的西藏林芝市巴宜区林芝镇政府驻地附近。

娘布祭神仪式上，跳起传统舞蹈取悦众神　扎西洛布摄

祈福的习俗。遇到藏历马年这样的重要节点，将有成千上万的信众聚集在神山，进行转山祭拜，其中不乏磕长头转山者。每年藏历九月至十一月，来自那曲和昌都的香客源源不断地转山祭拜苯日神山。而本地信众在藏历四月十五日必须前去转山祭拜。这一天，内外香客达到万人之多。此外，藏历四月十日、五月十日、五月十五日以及六月四日，转山祭拜者比平时更多。外来的香客到神山北面时，通常借宿于斯普定、康扎、达卓萨和卡斯木等地的村民家中；在神山南面，则往往在大树底下休息。

现如今随着社会发展，转山的条件也变得优越，周围村民在宗穹顶寺遗址附近建起了许多旅馆，成为转山途中的固定驿站。途中数目众多的经幡彩旗，成为转山者的路标。历史上，织布技术还未达到大量生产布条之时，人们常常将羊毛等染上五彩涂料挂在树枝上面，以求增长福禄和时运，从而也成为转山途中的醒目路标。转经途中通往各村落的十字路口较宽，宽度约为11—13米，遂有建立经幡大旗的习俗。所有经幡大旗都为忌日所建，其内容以祈祷和祈求时运为主。

55

信教群众在苯日神山上煨桑祈祷　普布多吉摄

苯日神山的焚香祷祝经文如下：

虔诚顶礼般若明灯圣尊！摆放好所有祭品之后，手鼓敲铃摇响言：

嗦！

法界清净无量宫，

三世诸佛会主尊，

普度三界诸众生，

遍知祖师辛绕处，

四童六徒等眷属，

智慧之眼观此处，

为利众生祈莅临！

如此胜王之明教，

众生吉祥而诞生，

息增怀伏之众神，

持明空行上师等，

护苯八部护法神，

获得妙与共成就，

为护苯法祈莅临！

心生欢喜而驻锡，

我等虔诚来顶礼！

一切冒犯深忏悔，

实陈意化诸供品，

等持密咒来加持，

妙欲受用无思量，

九种神香来祭祀，

点燃光明酥油灯，

香烟弥漫苯法界，

火焰照亮三千① 界，

火光遍布满大地，

火焰烧毁魑魅众，

火灰满足六道界，

茶酒汇聚如大海，

---

① 三千，在佛教中指大千世界。

56

血肉白甘如山堆，
粮药花等多如石，
珍贵食子如繁星，
妙欲物品尽施展，
法器之声如轰雷，
武器旌旗如云罩，
清脆动听妙音奏，
请愿接纳此供品，
欢欣享受于此中。
喂！ ①
世间诞生之初时，
神圣教法之圣主，
业净资圆之神力，
转生原始清净地，
光明之处净业障，
大城邑内习翼力，
于色究竟天宫殿，
圆觉辛拉沃噶处，
取得教化众生法，
如理如法得心悟，
前往七水诸圣地，
苯法授予三尊天，
制伏威猛四天王，
投生沃莫龙仁地，
杰苯脱噶之王子，

三十二相② 具其身，
伴随十万光芒射，
八万四千苯法转，
三千世界得利乐，
六界众生得解脱，
遂由魔界生忌恨，
善恶之法依次斗，
魔施各种恶神变，
起初善恶之誓愿，
还为辛绕设障碍，
眷属财富使法术，
夺七宝马往工域，
随着如此之时机，
降魔之王辛绕祖，
率领威名四弟子，
调伏苯域四茹地，
收复众魔统领地，
为使边地入善法，
苯之教法留后世，
前往世界之工域，
斗法黑恶之魔术，
祖师隐秘内心处，
发出紫色光如箭，
意化圣山如矛尖，
得名苯日大神山，

---

① 喂，是感叹词。

② 三十二相，指大丈夫福力外彰、显露内德美妙身形相状，如手足千辐轮等三十二相。

形如九叠雍仲符。

息业如四周静挂绸幔，
增业如珍贵宝之烈焰，
怀业如披风铺展开来，
伏业如大鹏展翅空中。
息增怀伏得成就，
意化苯日大神山，
顶礼祭献万种供；
在此神山之峰巅，
彩虹围绕宫殿里，
善逝密意诸天神，
犹如彩云满虚空，
互不相连各自现，
向此顶礼献供品；
在此神山之颈处，
焰火燃烧宫殿里，
强势愤怒之神灵，
犹如繁星空中耀，
悲心之力所居处，
向此顶礼献供品；
在此神山山腰处，
珍宝光耀无量宫，
持明空行具在此，
犹如霓虹满空中，
加持之力所居处，
向此顶礼献供品；
在此神山腰下方，
火堆武器宫殿里，

护苯之神居于此，
犹如雷電穿空中，
守护苯法除障碍，
向此顶礼献供品；
在此神山山脚处，
畏怖巨大寒林处，
雌雄鬼辛高傲游，
犹如闪电耀空中，
请作靠山降敌障，
向此顶礼献供品；
辛绕身之所化物，
为降三部显六身，
等身六株神柏树，
向此顶礼献供品；
畏怖魔兵战场阻，
四方一中战神军，
东方之王岗念杰，
洁白哈达献觉白，
烟祭十万邦国等，
一切天神之兵将，
向此顶礼献供品；
铃鼓及大小白螺，
吉祥达杖泉水和，
不变足印及法印，
向此顶礼献供品，
请赐加持灌顶和成就。
喂！
起初辛绕之尊前，

58

答应圣地之护法，
承诺誓言发起者，
中部天神雍仲术，
一身黄色之装束，
烟祭十万天兵等，
烟祭十万邦国等；
北方娘拉赞六王，
一身红色之装束，
烟祭十万赞兵等；
西方黑魔阿札卓，
一身黑色之魔装，
烟祭十万魔军等；
南方天神绿光女，
医者装束成绿色，
烟祭十万医仙等，
祈求护法并作伴；
喂！
世间日之东南处，
护法工尊德木神，
端坐一头青色骡，
披着五彩绸缎衣，
十二丹玛及眷属，
以及达拉岗布神，
烟祭古拉十三神；
琼托赞果神以及，
烟祭十位圣地主；
白色天药等众神，
烟祭天药十护法；

明觉常饰五密洞，
四门护法众眷祭；
山王甘露具水池，
十一护法众眷祭；
圣地四方之四门，
四念神等众神祭；
东部卡瓦嘎布和，
红色猪面众眷祭；
北部白色之护法，
十八女神众眷祭；
西部马门岗念及，
七部英雄众眷祭；
南部杂日杂孔及，
八部英雄众眷祭；
内部四湖护法及，
药女护法众眷祭；
中部各方八大湖，
八湖药神众眷祭；
冈念底斯神之念，
唐拉郭波念外念，
玛沁崩热故土念，
慕朵拉念勇猛者，
外部四大念神祭；
雍仲拉赞等诸神，
八位地祇众眷祭；
沟头所在三岩神，
后面雪山及岩塬，
沟尾日松堆巴及，

前面祖杰师徒祭；

具神通之龙王和，

八部神刹众眷祭；

当初不违辛绕旨，

中间不背持明誓，

当前不忘瑜伽业，

享用烟祭和供品；

向您祭祀示酬谢，

向您委托诸事业，

修行瑜伽等众人，

心中所愿汝成就；

不灭苯之胜幢立，

盛名空中如雷贯，

言教之法播十方；

苯之教法得昌盛，

苯辛权势得发达，

众生吉祥又如意；

修法之人得长寿，

跟随弟子如烟海，

在家之时如子护，

外出之时如军行；

消解仇障除灾害，

断除死业生机勃，

祛污除秽扫恶障，

富足受用食财丰，

赐予妙与共成就，

神兵靠山并作伴，

护佑吉祥与兴旺！

第 二 节　魔山哈相杠杠山的传说

相传为法王直美衮登① 修行之山的魔山哈相杠杠山，是巴宜区布久乡嘎玛村背后的一座山，在巴宜区政府驻地东南约40公里处，海拔4500多米。民间认为，此山与西藏山南市贡嘎县境内的贾桑曲沃日山原本同属一个山脉。当地有转"地山中转"② 的习俗。在"地山中转"转山活动中，认为此山是山尾，而山头是贾桑曲沃日山。平日里，当地转"地山中转"就定转此山。

哈相杠杠山酷似一头背驮宝物的大象，其中著名的门奈峰如一宝物。此山满山被各种植物覆盖着，在山下，可以见到琼果林

---

① 直美衮登，是印度传说中的传奇人物，也是藏戏《直美衮登》中的主要人物。

② 地山中转，藏语称为"卫日八廓"。

60

魔山哈相杠杠山　曲尼多吉摄

寺和甘丹曲林寺的遗址，还有旧时塔工总管时期则拉岗宗的遗址。则拉岗宗遗址位于该山的前端，即在大象的唇尖处，故此命名为则拉岗。山的东面有苯日神山，北面是桑朵白日山，南面有喜马拉雅山脉，西面即是这一山系。

关于直美衮登在哈相杠杠山修行的传说讲到：善良而慈悲的直美衮登是古印度的一位王子，他热衷于扶危济贫，将父王积累的财富统统施舍给穷人，最终把极其珍奇的宝物百变箱也施舍给了别人，受到父王的责难。作为惩罚，国王让他前往哈相杠杠山静修。在途中，他陆续将自己的大象、马匹和财物施舍殆尽，最终把子女也送给他人做奴隶。相传在前往哈相杠杠山的路上，他遇到一条宽而深的河。两只大老虎在河的两岸，将尾巴相拼而形成了桥。此处如今被称为"大桑懂"，为虎桥之意。直美衮登在山上修行了12年。在修行结束、即将离开时，他遇到一位双眼失明的老者，请求将双眼施舍予他。直美衮登应允，在一泉水处清洗眼窝，洗毕抬头，望见远处有光芒。从此，泉水被称为"炜通"，即见光的意思。后来，泉水流得越来越多，在岩石间形成了小瀑布。每年藏历六月四日，众多信徒有前来洗浴的习俗。

第三节　塔卧降魔神山的传说

一、圣地志

塔卧降魔神山位于巴宜区米瑞乡朗乃村的南部、距离巴宜区政府驻地约40公里处，属于念青唐古拉山脉。其东面有加拉孜东，南面为丹娘山，西面与奔腾不息的雅鲁藏布江相对，北面则是顿巴辛绕·米沃切的意化神山——苯日神山。

《塔卧降魔神山志》载：向神圣不变大乐众部遍主至尊上师磕头皈依，为我等三界众生慈悲加持。今日为有缘之信众略谈此圣地之殊胜庄严，分为历史的渊源、居位的性质、祭拜的功德等三方面叙述。

首先从历史来讲，诸佛的大智汇聚于圆满身大日如来所持的雪域海的钵盂内，香水之海长出了25朵莲花，所有莲花的花蕊遍布佛刹，而其中第十三个是人间的娑婆世界。尤其是在四大洲中的南瞻部洲有贤劫诸佛降临，是

转法即可成佛的殊胜之地。其中北部雪域藏地九洲为大慈大悲观世音菩萨的教化地，化现弥猴与罗刹女作为繁衍人类之本，并由佛法和物质而治，遂成为佛教大乘之洲的藏地。特别是东方工域之地，是树叶之园、檀香之林、稻谷之洲和吉祥受用之源。此秘密金刚乘昌盛之地由莲花生大师亲临，得以加持，并成为菩提成就之地，极为殊胜。虽说藏地全域并无莲花生大师未到之处，但工域作为其化土得以特别加持。

相传，莲花生大师在德龙秘密岩洞内潜修时，曾对明妃讲："自此往东，有一雄狮猛跃般的岩山，与吾曾修长寿法得成就的圣地热卡热第或岩洞玛热德卡一样殊胜。我将前往。"莲花生大师显示神通，飞往该处修行，并为未来的修行者没有障碍、一切顺利而进行加持。历史上，也有诸多大师来此修行。如大掘藏师娘·尼玛维色、大持明热那林巴、大成就师唐东杰

波、京俄·日追日钦、卫念·贡嘎桑布、杰尊·米旁罗追以及仁增·嘉村宁布等人，曾先后来此坐禅修行，结下甚深法缘，并为人鬼众生讲经授法。是故，此处为一不可多得的殊胜之地。

从神山的外部形状和构造特征来看，犹如一头狮子向天空猛跃，力压群魔。其前面是一条潺潺的溪水，象征禅境不断；修行岩洞上面的岩石如同庄严的圣幢，象征皈依三宝；下有岩石宫殿，象征修行开始；左右山脉犹如结手印，象征进入方便、智慧双运道；神山面向南方，象征光明道广大；地基为金刚岩，象征登不

塔卧降魔神山　巴宜区政协提供

变法身之地；悬崖令人恐怖，易产生无常出离心；远离村庄，环境幽静，为禅修创造了顺缘；山势高，能望远，易产生明觉；水柴俱全，不用操心生活。从神山内部诸菩萨像的分布来看，修行洞受金刚手菩萨加持，而内有大

鹏鸟翅膀的天成像和天成的大鹏鸟的角、喙、羽毛，以及爪中抓有蛇的种种神奇圣迹。若能虔心拜见与祈祷，能远离各种源自鲁、念的离奇病疫。洞内还有十一面观世音天成像和六字真言，相传若能虔诚敬仰和发愿，将收到

免于堕入三恶趣的功效。

就秘密的精要来说，此修行洞受无量寿佛特殊加持，在洞门右侧可清晰地看到无量寿佛的天成像，洞内左侧则有被称为可以洗去任何疾病罪障、获得长寿成就的清净长寿泉水。长寿泉水旁，还有掘藏师嘉村宁布用手指戳出来的药水。洞的顶部可以见到莲花生大师八化身像，说明此处得到过莲花生大师的加持。另外，修行洞的上下各处还可见到大成就师比拉巴、米拉热巴和大忿怒变幻成大象等的天成像。总之，正如谚语所言："诸法皆因而现，虔诚信者可见"，"信者自有如来随"，对于虔诚的信众，此乃殊胜无二的神圣之地。就如莲花生大师所言，可与东方玛热底噶修行地相媲美。

由于此修行之所得到无数菩萨贤者的加持与恩惠，根据历史记载，若能精心守戒、潜心修行，可在此生获得非凡证悟。就一般居家修行者来讲，若能前来朝拜，并虔心祈祷和发愿，也可获庇佑而往生善趣。

二、祭拜活动

每年藏历三月十五日，附近信教群众有转山祈福的习俗。据传，幼儿到了相应年龄而仍不会走路或说话，到该神山转山祭拜，可获得神灵护佑和帮助。

第四节　雍措湖的传说

一、圣地志

雍措湖是伏藏湖，位于米瑞乡泽列村东面的深山里，距离米瑞乡政府约7公里，是该乡的一处重要圣地。雍措湖海拔3500米左右，该湖虽小，但清净得如一面光滑的铜镜。相传，历史上的吐蕃赞普们常来此观湖，以预测未来的吉凶祸福；后期也有诸多高僧大德前来朝圣和观湖。在雍措湖观湖，据说可以预测到未来；如果静心观湖，湖中就能呈现出自己的未来。另外，也有在湖边祭祀斯巴女神的习俗，故而也称其为斯巴女神的魂湖。一些信众将斯巴女神等同于藏传佛教护法神十二丹玛之一的工尊德木，因而也称雍措湖为德木魂湖。

雍措湖周围的构造为背靠一座形似大象的山，左右被浓密的植物包围，鸟声萦绕，环境宜人；湖前是一条哗哗作响的河流，四周广阔的草地上分布着大小各异的修行岩洞，是不可多得的殊胜之地。进入泽列村后，有一座通往雍措湖的桥，桥旁的一块岩石可以说是进入雍措湖的大门。

继续向前走两公里左右，就到了一个叫折哇龙岗的地方，相传此处有通往雍措湖的钥匙。也就是说，到了折哇龙岗，就拿到了通往雍措湖的"通行证"。在路右边，可以看到一处岩石上由孜列寺转世活佛果仓仁布切在13岁时留下的大足印。继续往上走，可看到称为"嘎孜扎"的一小片草地，以及岩石上的两个大足印和天成的空行母会供所用盆和供品。之后，可以见到雍措圣山的护法"巴窝七兄弟"和五百比丘的洗净之水；旁边有称作空行母大殿的一个深洞，还有空行母拴马地和中阴狭道等圣迹。

雍措湖的源头泉水　巴宜区政协提供

此处形似青蛙向大鹏磕头的岩石，传说是因为大鹏鸟即将飞往印度，而青蛙在磕头挽留。随后，向山沟的左边行进，是一处三层楼高的修行洞。相传，第一层是玉扎宁布喇嘛的修行洞，第二层为毗若杂纳的修行洞，第三层有果仓喇嘛的修行洞和空行母的舞池。岩壁上还可以看到很多天成的图像。山沟右边有一处洞门被称为中阴之门，据说进出后可洗脱罪障。还有能听见诵经声的一块有孔的岩石，以及伏藏之门等。往左边走，即可看到宁静、神圣的雍措湖。传说湖上还有一处泉眼，称作"十五之泉"，每逢藏历四月十五日才有泉水溢出。在右边，有果仓让绰大师的大足印。从修行山下来可看到一座天葬台，相传与印度著名的清凉寒林一样殊胜。

二、祭拜活动

藏历五月十日，附近信教群众有转雍措湖、在附近煨桑和磕头祈祷的习俗。相传，一些业障清净的人观湖时，可以看到自己的未来。另外，还流传有雍措湖和巴松措的水是相通的说法。

第 五 节　雅鲁藏布江流域地方神祇的传说

一、念、赞和鲁的传说

雅鲁藏布江流域的各个村落都有自己的地方神灵，也有各村共同供奉的一些念神、赞神和鲁神；有的村子，不同的家庭供奉着不同的神灵。总的来讲，那些神灵鬼怪都依附在树林、湖泊、泉水和山岗上。位于雅鲁藏布江流域的巴宜区鲁定、直纳和娘欧三村的群众，在直纳附近的一处泉水那里有祭祀神祇的传统。相传，该泉水是鲁姆仁钦（龙女仁钦）的住所。每年藏历三月十五日和四月十五日，群众前去祭拜。又传说，每年藏历三月十五日，念、赞、鲁等所有鬼神从工昌戎（大峡谷）前来泉水处暂住一晚，第二天在普曲朵旦村附近

仰望拉日绛多寺　格桑摄

逗留，第三天到桑耶寺。因此当天，三村的群众身着盛装，带着祭祀品，前往泉水处烧香祭拜。人们认为，祭拜神灵可使牛羊健壮、畜牧业丰收。

另外，在雍仲苯教的相关记载中，有很多关于地方鬼神的记载，它们后被顿巴辛绕·米沃切降伏而成为苯日神山一带的护法神灵。

二、烟祭鲁神宝藏

烟祭鲁神（龙神）的祈祷文如下：

起先煨桑源自何，

源自世界之中央，

天空天兵阳焰聚，

大地催生草木繁，

鲜艳花朵遍地开，

为此普降圣甘露。

大乐五佛无量宫，

鲁神之王赞拉祭，

神圣鲁神宫殿处，

鲁王祖那仁钦祭，

围绕鲁王众鲁祭，

白色鲁神之部祭，

黄色鲁神之部祭，

绿色鲁神之部祭，

花色鲁神之部祭，

红色鲁神之部祭，

黑色鲁神之部祭，

王室白色鲁神祭，

贵族黄色鲁神祭，

67

苯日神山西面的山峰——拉日降妥　普布多吉摄

婆罗门族红鲁祭，
杂工绿色鲁神祭，
罪恶黑色鲁神祭，
四大天王众眷祭，
八大鲁神众眷祭，
星曜诸神众眷祭，
鲁女马面牛面祭，
鲁女羊面牛面祭，
鲁女食相穿相祭，
位于右山众鲁祭，
居于左山众鲁祭。
烟祭住于水中众鲁神，
烟祭住于岩间众鲁神，
烟祭住于风中众鲁神，
烟祭住于碉堡众鲁神，

烟祭住于山岭众鲁神，
烟祭住于大海众鲁神，
烟祭住于一切处鲁神，
烟祭住于一切泉众鲁神。
祭汝鲁神之功德，
佑吾施主与福田，
人之疾疫得断除，
牛之惨祸得清除，
马之灾祸得禳除，
羊之疾病得消除。
甘露神药来祭祀，
疫病之灾今日除，
伤创之痛今日祛，
歪斜不足今日正，
恩怨仇恨今日断，

68

兵燹之祸今日消，
沾染污秽今日净，
若有分崩今日聚。
虔诚香祭点石成金，
敬献煨桑枯木成春。
烟祭鲁神三百六，
烟祭众仙二万一。
烟祭伏藏众鲁神，
烟祭牲畜众鲁神，
烟祭福禄众鲁神，
烟祭兴人众鲁神，
烟祭兴马众鲁神，
烟祭兴牛众鲁神，
烟祭兴羊众鲁神，
烟祭兴牦牛鲁神。
祈愿鲁神护苯法，
祈愿鲁神护命寿，
祈愿鲁神保家眷，
祈愿鲁神赐权势，
祈愿鲁神保牲畜，
祈愿鲁神赐福禄。
烟祭鲁神伏藏三百六，
烟祭鲁神妃子十二丹玛女，
祈愿佑吾人和财，祈愿佑吾
得平安（经咒音译为：那卡斯第
听听堆，姆尔热那萨哈，里尔热
那萨哈，阳尔热那萨哈，扎西，
谢绰，萨巴芒卡兰）。

三、工尊德木的传说

关于十二丹玛之一的工尊德木，也有很多传说与记载。相传，苯教祖师顿巴辛绕·米沃切为追回丢失的七匹神马，来到工布捉拿众妖时，魔首恰巴拉仁阻塞了雅鲁藏布江水，试图阻挡顿巴辛绕·米沃切过河。顿巴辛绕·米沃切朝魔首恰巴拉仁射箭，却被其变幻的魔风所扰，使箭偏离方向，射进了沙土中。该地后被称为"达纠"，即偏离之箭的意思。当时，恰巴拉仁把顿巴辛绕·米沃切的七匹宝马藏匿于结果拔惹①的森林里。正当顿巴辛绕·米沃切发愁时，有一工布女子来到他身边说："你为何烦恼?"顿巴辛绕·米沃切回答："我的宝马被魔王抢走了，无法上路。""你不必担心，我帮你寻得。"工布女子说完，便飞往河对岸寻马。不久，工布女子找回马匹送到了达纠这个地方。顿巴辛绕·米沃切

---

① 结果拔惹，即今西藏林芝市米林县羌纳乡结果村。

德木风景　曲尼多吉摄

感谢后问她在哪儿寻得马匹，女子告其在结果沟。结果沟前面的山称为"苯日阿妈"，顿巴辛绕·米沃切与工布女子商讨苯日神山是否应在此形成。经讨论，双方最终认为苯日神山应该是立定后面的那座山。顿巴辛绕·米沃切将其随身携带的经文赐予该女子，并告知日后居于拉日江多峰护佑苯法。工布女子来到拉日江多峰后，将手中的经文撒向天空。经文降落到附近的直纳、娘欧等地，形成这些地方最初的青稞地。而此女子成为拉日江多峰的护法女神，当地称她为"阿妈雍玛"。根据苯教典籍记载，这位护法女神为苯教护法工萨赤江。

据民间传说，这位苯教护法女神被莲花生大师收服后才被称为"工尊德木"。直纳和娘欧一带的青稞被认为得到过特殊加持而闻名，远道而来的一些香客有抓一抔土带回家乡的习俗。

而在《大慈大悲观世音恶趣自我解脱道》中，又有另一种记载。相传，古乌仗那有一位叫恩扎布第的国王，他有五位公主。长公主叫勒门噶热，为兄长的业印母，遭到国王严厉斥责。她说："父王不必惩罚我，我的过错自己来了断。"于是，她用金刀砍断自己的脖子，流出白色的血液，又绕城七圈。众人甚为惊奇，称她为"断头大圣女"。二公主叫嘎坚。三公主为勒珠。最小的公主是旦迟，她离世后曾投

70

胎成为印度国王迟德祖之女，人称"丁丁夏之济世地母"。此后，她又投胎于西藏，父名拉结珠玛，母为拉曼杰姆。她们兄弟姐妹共六人，长子工拉嘎布，二子冈典杰布，幼子日典杰布，长女为工尊德木，二女炯仑杰姆，幼女觉姆玉姆。

工尊德木自幼美貌而聪慧，并有无数珍宝相衬托，其荣光与威德使一切土地皆归于治下。尤其是将工、隆、惹三地的人、神、鬼归于其统治之下，兴邦富民。后来，工尊德木前往印藏边境与莲花生大师相见，献上身、语、意之根本，为虔心护佑佛法、扶持善士立下永不改变的金刚誓词。

关于工尊德木的殊胜事业，有这样的记载：

究其本性是为佛，
为了降伏诸邪恶，
幻化成为凶神貌，
谨遵誓言护佛法，
工尊德木护乐界。
骑着三腿骡马行，
右持利剑斩怨敌，
左持病囊盖怨敌，
彩缎珍宝妆其饰，

松石发髻顶其发，
洁白绸缎裹其足，
兄长白色大神和，
弟妹黑色畏怖身，
立于其旁显凶态，
享用吉祥之祭品，
成就所托诸事业，
三宝威严尔衬托，
瑜伽之寿你延长，
福田之障由你除，
一切灾难任你消，
赐予妙与共成就。

关于工尊德木的祭祷文是：

自观大势之胸间，
四方放射出光芒，
迎请金刚德木尊，
以及随从诸神仙。
若问何方乃彼方，
太阳升起之方向，
在那工布之谷地，
工拉嘎布山脚下，
工尊德木之缘起，
天竺称其丁丁夏，
雍仲苯之楚丁香，
工布之地称德木，
莲师称其护藏母，
又称阳光和火把，
再称仙女闪光者，

还称玉珍多吉贝，

夺命杀手凶性女，

掌管天地诸鬼神，

谨遵曾立之誓言，

成就委托圣事业。

四、水神的传说

色果绕村北面山上有一小瀑布，是村中用于饮水和灌溉的主要水源。每年藏历一月四日，村里都举行隆重的水神祭祀仪式。相传，若不按时祭祀，水将流往别处。为此，村民世世代代祭祀

水神，饮水思源，感恩生命之水给他们带来的无比幸福的生活。

色果绕村往东约百米的地方，有一座拉康①，称为曲觉沃拉康，是水中佛祖殿的意思。关于水中佛有一段传奇故事，《普贤上师言教》记载称：很久以前，工布有一个叫工布苯的人，生性愚钝，行为与常人不同。一次前往拉萨朝拜，他到大昭寺释迦牟尼佛像前时，见到诸多供品和酥油灯，以为佛像就以眼前的

---

① 拉康，即庙宇。

曲觉沃拉康 曲尼多吉摄

供品为食，甚为惊奇。他见香灯师不在，心想也一尝佛祖享用的美食，便抓起糌粑做的供品，蘸着酥油灯里的酥油吃了起来。工布苯看到佛像面部一如既往的和善，便说："狗吞供品面不改，风吹油灯颜尤善。您真是位善良的上师。"随后，他又把自己一双笨重而破旧的鞋子脱下来放入佛祖怀中说："我要转您一圈，请您保管我的鞋子。"就走了。香灯师回来后，见佛像怀中有一双破旧的鞋子，气哼哼地捡起并问道："谁放的？"就准备往外扔。佛像突然显灵，喊道："且慢，这双鞋是工布苯托付于我保管的。"工布苯转完寺庙后，回到佛像前拿回鞋子，并说："谢谢，您是我敬重的上师。"他穿上鞋子，望着佛像说："明年请您来我的家乡，我为您献上最香的猪肉和最醇的美酒。""好。"他似乎听到了佛祖的回应。

回到家乡后，工布苯对妻子万般嘱托："我邀请佛祖来家，但不知具体什么日子来，你每次外出时务必留意。"来年有一日，他的妻子到河边取水，一尊佛像在水中清晰可见，她便回家告知工布苯。工布苯立即到河边，一看便认出佛祖，以为佛祖掉入了河里，便跳入河水营救，却如实地触摸到佛祖，并被牵引着上岸。于是，工布苯领着佛祖前往家里。途中经过一块岩石，佛祖突然说："吾不往俗人家。"便融入石块中不见了。不久，石面上映现出天成佛像，后称为"夺勒觉沃"，意为石面佛。而河水映现的佛像称为"曲觉沃"，即水中佛。时至今日，仍有众多信徒在此磕头烧香，认为其功德等同于拉萨大昭寺的觉沃佛像。

对于德木地方神祇的祭祷文如下：

吽！

世间所有三世佛，

菩提心之殊胜地，

金刚座之地祇祭；

天竺东西之山岳，

空行天女归集处，

布达拉山地祇祭；

金刚座之北部处，

殊胜之地灵鹫山，

所有地祇神仙祭；

杂日杂工等圣地，

天竺之东诸方域，
地祇神仙虔心祭；
清凉密丛狂笑等，
八大寒林之主祭；
王舍城与广严城，
舍婆提① 等诸城池，
神祇众仙虔心祭；
克什米尔乌仗那，
里域② 泥婆罗等地，
神祇众仙虔心祭；
世间三象风伽山，
比且山③ 等世间山，
神祇众仙虔心祭；
玛旁雍措神圣湖，
象泉河及印度河，
诸水之神虔心祭；
神圣雪山冈底斯，
古拉诸神虔心祭；
无热龙等诸鲁念，
地祇鲁念虔心祭；
坎达山等诸地方，
里域诸神虔心祭；
江热木布为首之，

蒙古诸神虔心祭；
吐谷浑与象雄等，
噶逻禄等蛮荒地，
神祇众仙虔心祭；
天竺中原霍尔和绛，
里域藏地泥婆罗，
各方诸神虔心祭；
吾等福田与施主，
护佑安宁业障除，
如愿成就意中事，
吉祥如意圆满赐。

各家祭祀、礼赞战神和招财祈福等仪式也同时进行。

吽！
金刚红岩地之上，
岗嘎夏梅玛之尊，
身下一匹三腿骡，
精华神馔朵玛祭；
玛脚崩惹之地域，
圣母卡热琼尊者，
身下一匹白坐骑，
精华神馔朵玛祭；
卫茹噶蔡之地域；
多吉玉珍玛圣尊，
身下一匹青色马，
精华神馔朵玛祭；
马哈德瓦之地域，
多吉贡扎玛圣尊，

---

① 王舍城、广严城、舍婆提，皆为释迦牟尼时期的天竺旧城。
② 里域，是新疆南部昆仑山以北和塔克拉玛干沙漠之间地区的总称。
③ 比且山，是印度的山名。

身下一头青色牛，
精华神馔朵玛祭；
珞域中心之地域，
吉廷亚麻尊者赞，
身下一只黄雌鹿，
精华神馔朵玛祭；
前后德仲之地域，
乌却亚莫尊者赞，
身下一只九头龟，
精华神馔朵玛祭；
泥婆罗之赛普地，
艾噶杂地之女神，
身下一条青色龙，
精华神馔朵玛祭；
那烂星烂之地方，
赞神济世地母尊，
三胜神骡为坐骑，
精华神馔朵玛祭；
源自工域工普地，
雪山之母玉苯玛，
身坐一只花纹虎，
精华神馔朵玛祭；
芒域芒丁之地方，
切协①杂之持光尊，
雄壮牦牛为坐骑，
精华神馔朵玛祭；

乌茹宁波之地方，
北之玛丁丁姆尊，
腾跃巨牛为坐骑，
精华神馔朵玛祭；
噶蔡修行之地方，
凶恶达拉赞姆降，
白胸黑熊为坐骑，
精华神馔朵玛祭；
神圣丹玛诸仙女，
吾等福田与施主，
护佑安宁业障除，
如愿成就意中事，
吉祥如意圆满赐。
吽！
祭祀藏地诸神祇，
九大山神九大念；
域神②多吉勒布等，
后藏众神共祭之；
域神唐拉巴拉等，
乌茹③各方神祇祭；
域神香波岗桑等，
约茹各方神祇祭，

---

① 切协，指年长的女子。

---

② 域神，此处指地方神。
③ 乌茹，是吐蕃时期以拉萨为中心的区域的称呼。此外，还有约茹（以昌珠寺为中心）、叶茹（以南木林县为中心）和藏茹拉（以江孜县为中心）等。

羊卓雍措圣湖祭；
北之圣湖南措祭，
上部拉贵神山祭；
沃代贡杰雪山等，
娘布沃卡诸神祭；
岗波贝日圣山等，
塔布地方诸神祭；
工尊德木丹玛等，
工布地方诸神祭；
多吉札杰等众神，
门域朵与珞等地，
各方域神共祭之；
域神古拉卡日等，
洛扎诸神共同祭；
南方域神坚参等，
荣赞① 卡瓦噶布祭；
旺拉门南八神祇，
勇猛战神旺秋等，
慕茹穆赞等诸神，
察瓦岗之神祇祭；
干之通拉莫修尊，
光之骆驼卡巴尊，
天铁察达苏巴尊，
月心黑白松多尊，
药之巴郭吞波尊，
大海岗嘎八神祇，

月之神祇念波祭；
白色鲁杰与人主，
玛尔康冈之神祇祭；
神之中间大信士，
角钦东热等众神，
直贡阴阳神祇祭；
丹之尔地麦古尊，
噶尔湖旺徐神山，
五方神祇念等祭；
金刚婆罗门以及，
崩波冈之神祇祭；
东之玛沁崩热尊，
玛族三百六十神，
四十五位姊妹生，
玛琼阴阳神祇祭；
塞如之地有毒湖，
东热之地居黑湖，
塔乌白色盐湖和，
赤雪王母之湖及，
宗喀之地青海湖，
药湖姊妹五神祭；
格日念沃山神等，
宗喀地方诸神祭；
拔和鸦面哈拉仙，
噶和北方神祇祭；
玛地之神安迪等，
玛之地方神祇祭；
又有嘎弟童子等，

---

① 荣指河谷平川地，赞为世间神。

狂笑之地神祇祭；
雄拉老切神祇等，
野摩塘① 之神祇祭；
共之高耸前山和，
波日冈玛冈居祭；
富裕波斯谢垒及，
卓之玛垒三排地，
玛卓绕三神祇祭；
九眼四三神祇祭；
聂孔聂玛之地等，
奈孔阴阳神祇祭；
红岩秃鹫等之地，
德曲神祇念神祭；
神鬼麻都麻恰哇，
沃代热三神祇祭；
极为忿怒之凶神，
嘉木绒地神祇祭；
山神江日穆波等，
绛域神祇共祭之；
五台山等神圣地，
汉地神祇共祭之；
东方巴热沃德地，
鬼神罗刹凶灵等，
至高天神共祭之；
吾等福田与施主，
护佑安宁业障除，

如愿成就意中事，
吉祥如意圆满赐；
在此三千世界中，
地上地下天地间，
所有神祇念神祭；
居于地之神祇祭，
居于水中鲁神祭，
居于岩中赞神祭，
居于空间念神祭，
地方神祇念神祭，
居于山坡之神祭，
居于险关之神祭，
居于桥船之神祭，
居于道路之神祭，
尔等各方诸主宰，
神通威德各无边，
福运兴旺各自盛，
权势领地各个大，
事业功勋各个高，
祭祀理应各个丰，
为此神祇念神等，
各种祭祀与礼拜，
祈请诸事如吾愿，
起初誓言铭记之，
享用神馔之盛宴，
满足吾之诸心愿。

---

① 野摩塘，是多麦或安多地区的旧称。

第 六 节　禁忌与放生文化

一、禁忌

巴宜区境内雅鲁藏布江流域的居民与西藏其他地方的一样，在生产和生活中有着诸多禁忌习俗。如，建造房屋处的地形，要避免为三岔口子或三河的汇聚地。传统观念认为，在这种地形建房，会给家庭带来厄运。又如，房屋周围尽量避免栽种松树等高大的树木，认为大树容易成为鲁和念等神怪的居所，与其相邻，容易招

工布米纳羌姆舞　普布多吉摄

其不悦而降罪于人，给家庭带来灾害。

传统观念认为，神山、圣地、树林、湖泊、河流和泉水等处是鲁和念等神怪的居所，因此，这些地方禁止任何玷污与不净。此外，房屋的大门忌讳面朝无人居住的空谷，认为容易招来神怪的侵扰。

二、放生

放生是西藏的传统宗教习俗。通常在一些动物被屠宰前想办法保住其性命，并带到适合生存处进行放生。放生是一项积德行善、功德无量的事业，平日里，人们在自己的本命年，或者得了难以治疗的大病，或得罪了鲁、念、赞等神怪而得怪病时，也常常有放生的习俗。放生的动物包括牛、羊、鸡、鱼等常见的家畜、家禽和动物。在放生前，请上师或僧人对此进行祈祷诵经，并在动物身上涂红色涂料或在耳朵系上红线作为标识，使其易于区分而得到保护。放生鱼类时，在装有放生鱼的塑料袋内放入寺庙加持的甘露水或青稞粒，再将鱼放回河流。

此外，为人们的生产生活创造较大价值的家畜，如牛、马、骡、羊等年迈时，也应当把它们放生，让其自由自在、自然老死。

第 三 章

尼洋河流域的山水文化

　　尼洋河是雅鲁藏布江北面流淌的最大支流，也是其五大支流之一。尼洋河自西向东在巴宜区则拉岗村境内，汇入雅鲁藏布江，河流总长 307.5 公里。《东噶藏学大辞典》有这样的记载，

尼洋河为西藏工布地区的河流，因流经藏族古代娘氏部落之地而称为尼洋河。

　　关于尼洋河流经的地域，《东噶藏学大辞典》中说，卫藏四茹中的约茹东部即有娘布、龙布、

尼洋河畔　普布多吉摄

工布三地，分别属于尼洋河流经的上、中、下三个区域。尼洋河源头两大支流流经的上游地区被称为娘布，两大支流经过的中部地区为龙布。尼洋河的两大源头在工布江达县的巴河镇与巴河汇聚之后成为尼洋河，流经巴宜区的百巴镇、更章门巴民族乡、八一镇、林芝镇、布久乡等地后，在则拉岗村附近汇入雅鲁藏布江。

第 一 节　山水地势

尼洋河流经的地带属于深山峡谷地形，由于受印度洋暖湿气流的影响，这一带被厚厚的植被所覆盖。各种动物出没于此，其中有豹、黑熊、棕熊、猴子、鹿、麝獐、黄羊、野猪、羚牛、水獭、狐狸等。此外，还有许多鸟类，如鹦鹉、大雁、画眉、杜鹃、白松鸡、麻鸡、天鹅等。峡谷间的江水两岸，被花草所覆盖；而外形奇特、富有矿藏的山丘也数不胜数。这一区域出产的农产品种类繁多，主要有小麦、青稞、豌豆、荞麦、油菜籽、蚕豆、玉米等；还可种植各种蔬菜、瓜果，尤其是出产的苹果被冠以"工布嘎玛苹果"而享誉全藏。另外，在山野、沟壑及空旷的石滩等地，长有各种野果和草药，芳香四溢，胜似仙境。

相传，整个工布地区在远古时期是片汪洋大海。在某个时期，海水消退后形成了现在的峡谷地形。关于水的传说在尼洋河流域有很多。五世达赖喇嘛阿旺罗桑嘉措所撰《藏北王扎西多杰传》记载：藏北王扎西多杰曾来到工布挖掘伏藏。工布一带早先属宁玛派传扬教义的道场。彼时，正值九世噶玛巴·旺秋多吉在此传扬噶举派教义。笃信宁玛派教义的扎西多杰对噶举派日益兴旺心生嫉恨，出于狭隘的教派意识，让守护伏藏的护法神惩罚工布地区，使河水倒流、山洪突发。结果，从藏北前来掘藏的师徒们被困在山上。直到藏北王扎西多杰向护法神忏悔后，河水才得以控制，一切恢复原样。

工布地貌形成方面，又有

这样的传说。在孜勒果仓大师纳措让卓时期，工布谷底的河水因受阻而无法流通，有遇水涝灾害之险，后由果仓大师以神通和虔心祈祷化险为夷，使河水顺原道流走。《东嘎大辞典》对古代西藏文献的记载也作了这样的阐述。相传远古时期，西藏地区为一片大海。后来，工布下部一座称为甲拉森当的山口被钻通后，海水经今天印度阿萨姆地区和孟加拉国流入印度洋，西藏便逐渐变为陆地及森林地带。这种说法已经从科学上得到证明。

来自当时环境的地埋名称还有很多。如，当时久巴山仅有顶部的草丛露出水面，后来其顶部就被称为"久巴邦孜"，意为久巴草顶；公仲村的后山当时在水中，只能看到顶部类似石锅的形状，其山顶被称为"翁朵"①峰；觉姆日山的山顶露出水面酷似一只鸟而被称为"邦雄齐乌日"，即草谷乌山；仁钦崩日山当时只能看到露出水面

---

① 翁朵，为当地方言，是石锅的意思。

百巴镇境内的尼洋河　巴宜区政协提供

的酷似猴脑的顶部，后来山顶就被称为"比日"，是猴山的意思。工布地区的这些民间说法和地理名称证明，很早以前，工布一带是汪洋大海，且也曾经是水灾多发地区。

对于巴宜区来讲，尼洋河是孕育其经济和文化的源泉。位于尼洋河流域的巴宜区，是林芝市的政治、经济、文化和交通中心，已成为林芝市的中心区域，因此，人们也将尼洋河称为林芝人民的母亲河。尼洋河孕育出了林芝灿烂的传统文化，并对整个西藏自治区的经济、文化发展作出了巨大的贡献。

勇敢、智慧的林芝先辈们，在尼洋河两岸创造并留下了许多珍贵的历史文化遗产，这为未来林芝市的生态旅游建设奠定了丰厚的历史文化背景与基础。

尼洋河流域，有开朗门神山、邬坚修行洞、孜荣门神山、曲噶雪山、卡定沟、尼西、觉姆邦雄齐乌峰、比日神山、主三佛塔圣地以及桑多百日山等神山圣地，还有胜乐湖、观音湖和祈祷湖（门朗措）等闻名遐迩的圣湖。

第 二 节　开朗门神山的传说

一、圣地志

位于百巴镇拉格村东南部的开朗沟，是在西藏传统上被称为转"门域"圣地的重要通路，距离百巴镇政府约有 33 公里。此地的曲古七神 [①] 和达玛仁增 [②]，是开朗门神山的两位守护神。

在此圣地后部有一处称为"纳"，有森林茂密之意，岩石上有被称为纳地之森格·吉祥天姆的天成像；森林尾部有莲花生大师的修行岩洞和脚印；石头上有金鱼天成像，在岩上还可拜见空

[①]　曲古七神，即更巴村以北的漳巴日山。

[②]　达玛仁增，相传是被格萨尔王收服的一个魔首，又称巴米久·叶卡哪哪，后来成为护法神。

83

行金刚佛母和鲁神祖那仁青等身像。又有一处被叫作野人谷，在被桑树和杨树包围的河两岸，可以看到大鹏相对的天成像，以及鲁神祖那仁青的公主童吉嘎姆的神奇宫殿天成像。周围还有一处神圣的、具有八功德的泉水，称作"奶之泉"。

圣地志记载：

桑杰林巴圣地坛城，
就是诸佛海之宫殿，
神奇桑杰林巴南面，
形似大鹏山心之处，
据说住有十六罗汉；
西有莲师修行山洞，
坐落静猛殊胜八山；
北有白热修行岩洞，
所谓秘密大乐宫殿；
受过莲师加持之地，
任运成就金刚殿顶，
具有美丽白云伞盖，
彩虹之辉连成网状，
绿色青烟团团围着，
白色雪粒渐渐而降，
金龙玉龙隆隆震响，
秃鹰飞翔犹如闪电。
下有潺潺水声入心田，
种种动听妙音颤大地，

金鱼玉鱼敏捷水中游；
各种树木绿色枝叶茂，
一年四季绿光闪耀处，
各种花朵五彩虹纹灿，
快乐蜜蜂品尝花之蜜；
多种熊类出没之地方，
猕猴欢乐游戏之天堂；
山中具有莲师修行洞，
外称莲花大师修行洞，
内之称谓金刚隐藏洞，
密称空行之母清净土，
乃是瑜伽虹身寻得处。
奇妙内外密之三圣地，
别处修行长达三年时，
不如在此三日得悲心，
诸多持明成就在此修，
诸多前行佛陀加持地，
修行本尊之面真实现，
地母空行提示并授记，
殊胜护法成就诸事业，
圆满有缘男女二资粮，
此地殊胜莲花光①之圣地。

开朗门神山顶被皑皑白雪覆盖着，就像献给诸神的白色食子，中部葱郁的植物好似堆积的

---

① 殊胜莲花光，是藏传佛教所言莲花生大师的涅槃之地。

开朗门神山　巴宜区政协提供

绿色曼札，下面的草坪犹如陈列着盛满净水的绿宝碗。此地，天具八辐轮，地显八瓣莲花，中间呈八瑞相等。汇聚一切吉祥特征的藏地东部工域之地，隐藏着开朗桑杰林寺。该寺由来自朵麦地区的索南曲扎于藏历第十一绕迥火羊年即1667年所建，现今已有350多年的历史。低洼处是挡住风口的东雄拉康，右面形似象鼻的山上有天成的六字真言；下面长有甘松树的山上，是直贡·仁增曲扎所建的寺庙和旧城普拉八部；湖右面的一座岩上有天成阎罗王像，中间是白热大乐殿修行洞，四面曼札所供奉的主要神像为莲花生大师像和格萨尔王①像，其护法为拔瓦七神。下面是一处传说由莲花生大师手指举起的魔女天葬台。

这一带的圣迹，还与格萨尔王征服魔首阿琼的传说多有联系。相传，"开朗"这一地名就因格萨尔王战胜魔首阿琼而得，"开"有胜利之意，"朗"即地方。开朗门神山上的岩石上面有很多印迹，相传是格萨尔王时期留下的。传说在格萨尔王收服魔首阿琼时，阿琼变作一头牦牛逃跑。在开朗

---

① 格萨尔王，是英雄史诗《格萨尔》中的主人公，也是西藏的护法神之一。

85

开朗门神山的心形山壁 曲尼多吉摄

的拉嘎村，可以看到格萨尔王坐骑的蹄印等。后来，阿琼又逃到开朗的白热村，钻入一块大岩石中，被格萨尔王用刀劈成两截将其降伏。岩石表面可见一个心形图案，被传为魔首阿琼的心脏。

传说，格萨尔王在开朗的雪巴村附近的岩石上制服了魔首阿琼，控制了阿琼的内心，故称此岩为"宁卡札"，即心岩之意。格萨尔王降伏阿琼后在一块岩石上休息片刻，此处被称为"洛得邦卡"，即愉悦的草地。在此岩石上，可以看到身印等各种印记。如上所述，由于格萨尔王在此地战胜了魔首阿琼，而后被称为开朗。格萨尔王制服了魔首阿琼后，为进一步巩固胜利，建造

了白热大乐殿。

在里面的山沟有哲蚌寺的一座子寺，由格西益西崔成所建，被称为"贡巴萨"，即新寺的意思。在称为支芒的一处圣地，有六世噶玛巴在开启门域山门时的鸦面手杖天成像，有长寿五天女①前来迎接时留下的五株魂树，还有一处废旧的城堡，相传是1717年蒙古和硕特部固始汗进藏时所用。在北面，有莲花生大师引自伏藏的十泉十地的瀑布，发出法螺与唢呐的莲花秘咒的妙音。

相传8世纪，莲花生大师在桑杰林巴的岩山上埋藏了不死长

----

① 长寿五天女，藏语称之为次仁切阿。

86

寿甘露瓶和玉制曼札等伏藏。后来，掘藏师邬坚林巴在挖掘这些伏藏时，遇见了一位背着空箩筐的老媪。邬坚林巴认为缘起不好，便停止挖掘，把伏藏留在岩石内作为天然法宝。于是在后来的浊世里，当经院凋敝、没有佛经时，有记载称，此伏藏处传来隆隆的诵经之声。桑杰林巴的岩山左右，分布有历史上诸多贤者潜心苦修过的大小各8座修行洞。左边的修行洞内，有本尊金刚亥母和100位持明空行的天成法相和大足印；在伏藏师邬坚林巴挖掘金刚橛的洞西面，有传说居有被制伏的500个魔女的山；东面是100位空行母的甘露所汇泉水，叫"引度众生泉"，还有党参，以及一颗大小如绵羊的鹅卵石，传说是伏藏师邬坚林巴磕头后形成的珍贵法印。

顺山沟行进一会儿，有一块称作"直菊亚拉若廓"①的岩石，认为是护法的天成像。再行片刻是一处名为"当木达"的草坝，传说是一面铜镜的天成像；周围的岩山上有十六罗汉天成像，外观形似佛塔。在开朗沟所属的简达小沟里有两面湖泊，一面为伏藏师桑杰林巴的魂湖，另一面被传为吉祥天女的魂湖。最里面有两座雪山，称作"嘛尼律吉廓"（六字真言经轮）圣地。这也是门域圣地的最高处。两座雪山是在同一山体形成的两座山头。整个开

---

① 直菊亚拉若廓，意思为种牦牛的身躯，因其形状酷似牦牛而得名。

当木达草坝　巴宜区政协提供

朗门神山像一头大象，雪峰就如大象背上的宝物。相传从日喀则方向看，能看到只有公鸡大小的山头；而自拉萨方向看，能看到一匹马大小的雪山。这两座雪山也被作为当地"中转"转山活动的重要圣地。在民间，这两座雪山分别被视作观世音与度母的化身。

开朗门神山四季覆盖着白雪，远看犹如形状优美的玻璃瓶，端坐于高高的法台上，为广大信众所向往和膜拜。神山前面有广阔的草地；北面是湖泊的源头，犹如为雪山供净水；东边为增荣沟；南面是米林重塘；西边为工布江达县的聂囊沟。一个叫纳果钦布的神被认为是该圣地的山神，也是开朗沟的地祇。山下有四座较著名的修行洞，东为邬坚修行洞，南为桑杰修行洞，西为古茹修行洞，北为白热修行洞。

二、嘛尼律吉廓圣地的祭拜活动

当地于每年藏历四月十五日、六月四日，有前往嘛尼律吉廓祭拜、烧香的传统。开朗沟周围的牧民，在夏日里也有经常前往祭拜的习俗。

香祭祈祷要文是：

自性风火灶石之顶上，
头盖骨中五肉五甘露，
誓言智慧无分别圣物，
根本续之上师本尊众，
殊胜具善四臂之众主，
六臂中性四面护咒母，
大神遍入天王恩内玛，
长寿五女玉珍孜玛等，
总之圣主无比释迦王，
世界庄严八位持明师，
师君比玛法王眷友众，
索苏努捏娘库羌三等，
十一林巴无垢之二主，
米久多吉德达林巴师，
贡桑协热晋美林巴等，
语藏持明大海之边缘，
安住三传护法大海众，
祭祀供养授权满欢喜。
佛教持教如同护佑子，
降伏黑品魔之部众等，
我等誓言崩溃堕罪秽，
赐予北主梵天之成就，
四业分别完成无遗忘，
慈悲护佑修成菩提前，
主要安坐我地之如来，

妙与共同成就吉祥赐。
让央康！嗡啊吽（梵语）！
霎时失忆吾前头盖顶，
部分头盖骨之器具里，
肉与甘露五五交融物，
收射诸佛三密精华聚，
召请变成无别食子物，
无明无垢供品施食子，
内外密藏善德之祥瑞，
三宝三尊以及众护法，
殊胜护密一髻佛母等，
圣主中性护法男系众，
救主金刚善及眷属众，
罗睺罗及董母八部等，
莹地仙女姊妹八之众，
长寿五女玉珍丹玛等，
内外秘密八部鬼神众，
化身再生众及重生众，
供养赞颂补亏及授权，
欢喜满足忏悔罪戒失，
完成所托广大诸事业，
成就久暂众善之佛果，
善哉！

三、当钦仁增与曲布七神的祭拜习俗

当钦仁增与曲布七神被认为

是开朗门域圣地的守门神灵，在当地流传着祭拜门神的习俗。每年藏历一月五日和二月十五日，即祭拜门神的日子，开朗沟一带的信教群众开展相关祭门神的活动。

（一）祭拜门神当钦仁增的祈祷文

如巴嘉顿①祈请文，实施大夜叉祭礼仪轨为：顶礼诸佛及莲师！若欲祭祀如巴嘉顿，赞神之一侧前以血肉挂饰，芸香烟祭等众供养之。舍！白玛赞塔玛哈卓达哈呀给莎哇胡噜胡噜吽哌！②陈列丰富的朵玛食③子，加持之，将自己观想成马头明王，心间种子字中光芒犹如钩子般闪耀，而各路神仙各自从居住地召请。燃烧香和糌粑团，红幡扇形摇晃呐喊后，念诵道：

喂！

各处之中那地方，

日落西山之地方，

---

① 如巴，是化身之意。如巴嘉顿，可能是七种化身之意。

② 此句为梵文咒语。

③ 朵玛食，是由糌粑捏成、用以供神施鬼的食品。

赞地红铜广大地，
听从莲花王命令，
大赞如巴嘉顿是，
大多红色之躯体，
手持飞幡和绢索，
傲慢八部眷属众，
来吧来吧来此地，
秀喇支班杂萨玛亚杂①。
觉！②
红色赞堡之内部，
血肉财富不可思，
眼看美女一切美，
安住三昧耶清净，
萨马亚地亚塔③并。
喂！
圣人如巴嘉顿是，
功业不可思议之，
从命莲花生大师，
守护誓言赞颂您，
进献洁净之沐浴，
我等一切之施主，
慈悲之心亲近之，
阿嘎必修的嗦哈④。
清净香烟云般罩，

花朵供灯香水等，
美食悦耳妙音呈，
慈悲之心亲近之，
如巴胡贝不屑阿罗给坎塔乃
维地夏巴德不杂惑⑤。
喂！
凡人命之主人是，
怖畏如巴七部众，
您等欢喜之受用，
血肉红食堆如山，
不漏甘露湖般旋，
血之供水如同池，
眼见供品星般展，
鼓笛器乐雷声般，
美妙歌声之众等，
满足护法七兄弟，
满足巴瓦大赞神，
满足八部之助伴，
满足一切之护法，
满足做事之使者。
吽！
雄伟红色宫殿前，
红色军旗轰隆隆，
红色飞幡摇摇举，
傲慢射箭啾啾响，
做事屠夫滚滚动，

---

① 此句为梵文咒语。
② 此句为梵文咒语。
③ 此句为梵文咒语。
④ 此句为梵文咒语。

---

⑤ 此句为梵文咒语。

焚烟声音轰隆隆，
满足大赞之王者，
莲花生之眼前处，
发愿誓言之心意，
赤松德赞等王众，
立有誓言瑜伽传，
誓言守护如一日，
身之阻断族缘系，
降伏邪见诸部众，
持咒金刚护法众，
存之管之长威力，
不定污秽不再染，
情面饮食不断续，
违反愿望将补救，
坏子如同孙子养！

此夜叉祭祀文由白玛旺杰如巴则掘藏于桑耶寺之中。新献十方供养之，岩赞七昆仲的祭祀文中白玛推承泽所作赞颂王之神。秘密，加印，保护莲花生大师教法，善哉！

（二）关于地域神 ① 的祭拜文

祭祀神灵（念三遍）沟头

---

① 地域神，藏语称之为域拉。

护法黑色大神，沟尾护法达玛仁增，中间护法度母面、圣瓶面、董玛拉尊等祈请、献祭祀，祈求保护佛法，祈求保护瑜伽师，祈求发展佛教徒，若有敌挖其心，若有障斩其头，如有毒蛇放鹏鸟，若有诅咒灾殃，还给仇敌，消除逆缘及障碍，实现一切心想愿。另外，圣地大护法有莲师的鸦面护法，寺院本尊忿怒莲花生、恰巴米连、桑杰洞的吉祥天母、白热洞的巴瓦七昆仲、崩巴寺的祖母护法等，一切此地护法及眷属众祈请、献祭祀。这样世间空行坛城中，智及业之形成的所有护法众顶礼佛法，遵守誓言，咒术及神变的主人、有寂无与伦比的诸神，护佑佛法，颂扬三宝。对我等瑜伽行者怀有震恨心、怀有恶毒心、怀有粗暴心，以及热衷于恶行的人和非人，祈用息业降伏，用增业震慑，用怀业转变，用诛业消灭，使我等世间众生之具善功德事业蒸蒸日上。

第 三 节　白热修行洞的传说

一、圣地志

白热修行洞是开朗门神山四周的著名修行洞之一，位于门神山以北、百巴镇政府驻地西南方向约25公里处，海拔3400米。相传，吐蕃王朝第36代藏王赤松德赞时期，莲花生大师一路降伏妖魔鬼怪到达吐蕃，并主持修建了西藏历史上第一座佛教寺院桑耶寺。而此时，在工布娘堆上部一带，妖魔猖獗，当地众生惶惶而不可终日。于是，莲花生大师来到此地降伏众妖，使其立誓护法，并开启了圣地之门。白热修行洞也是在那时由莲花生大师开启的。因为岩洞周围长满青冈树，藏语中叫作"白朵"，"热"有围绕的意思，故称白热修行洞。

又有人认为，格萨尔王将魔首阿琼埋在此岩洞下面，因此，该修行洞又称"格萨尔拉康"。白热修行洞由一大一小两洞组成，里面还有一眼清凉的泉水。传说，此泉水由莲花生大师自地下引出，被加持而具有奇特的功能。据说，此修行洞由三位宁玛派活佛的神力加持过，主供师君三尊，护法神是巴瓦七昆仲，洞内有莲花生大师的法座、脚印等圣迹。

开朗门神山上的毗若修行洞　曲尼多吉摄

洛迪帮卡，即格萨尔草坝　曲尼多吉摄

白热修行洞位于半山腰，信教群众在平日转山时，分为内、中、外三条转山路线。内转自雪巴村北面上山，最终从白热村出来，其主要目的是转白热修行洞，大约需两个小时。中转也是自雪巴村出发，还将包括转邬坚修行洞，沿途路过诸多宗教圣迹，大概需要一天的时间。外转则从雪巴村出发，路经比翁、杂热、巴扎等地，最终到达工布江达县仲萨乡林则村境内，大约需要两天的时间。在每年藏历五月冰雪融化后，当地群众有转外转的习俗。

二、祭拜活动

每年藏历一月十五日，开朗沟的广大信教群众有转山和祭拜白热修行洞的传统，还举行较隆重的祭拜仪式。平日里在吉日良辰或佛教的特殊日期，也有转山和祭拜的习惯。

三、祭祀文

（一）格萨尔王功业成就祈祷文：

献祭茶、酒等供品，诵经、

加持并念诵如下：

吽！舍！

可怖罗刹之城吉祥山，
三身殊胜净土连花光，
燃烧红黑火焰愤怒刹，
内如金刚坚固之磐城。
持明勇士空行母圣殿，
有寂无等智慧金刚身，
诸佛总集莲花生大师，
慈悲力意幻化游戏身。
瑜伽成就男女诸同在，
为给虔诚弟子赐加持，
持戒金刚法舞在虚空，
显现伏魔战神之化身。
神圣持明世间庄严者，
智慧刀箭计谋广实施，
安定世间众魔法力广，
神勇格萨尔所率部众，
雷鸣吼声随之震四方，
威名远播盛赞至天边。
金刚神骑之上善舞者，
消除一切障碍赐护佑，
加持云层普降甘露雨，
有缘弟子祭祀并祈祷，
无碍慈悲之力来此处，
享用祭祀甘露之饮品，
享用精粹朵玛之供品，
享用五谷精华功德水，
享用去污馨香之煨桑，
享用空乐会意秘密供，
享用彩幡器乐之盛宴，
享用一切万物之灵器，
享用一切平等智慧供，
大慈大悲森钦仁布切①。
誓言永固三部之化身，
自今直至觉悟不分离，
护佑加持成就诸事业，
您为慈悲怜悯之本性。
持有大慈大悲诸法器，
降伏众多魔兵变极致，
四魔一切恐怖由您除，
智慧心性之中显神通。
有缘心之深处赐加持，
脉风明界智慧得成就，
使吾所为皆入菩提道，
降魔威猛密咒之威燃，
众生虔诚之心向佛法，
制伏之后所持之事业，
赐予自在威德之成就。
心间吉祥秘密之法库，
持受宣讲之慧宝库启，
如同天高利他事业行，
祈求二种事业圆满成。
菩提心怀普贤之言行，

---

① 森钦仁布切，是格萨尔王的别称。

94

住于深密金刚乘果位，

显现认知地道① 之悟性，

早日解脱成就佛果位。

喂！

成就诸愿神力战神王，

三部莲花幻化格萨尔，

诺布占堆② 护法使者等，

祈祷祭祀但求诸事顺！

（二）格萨尔王常祭祈祷文·成就心愿

嗡啊吽！祈祷祭祀三根本总集森钦·诺布占堆，众魔之克星，众瑜伽之使者，诸持明之核心，众生之大战神父母王子等诸位，崩巴协噶③ 等兄弟三十，具德空行为主之十八药女，拉鲁念三者兵团，战神威尔玛之助手，一切威猛护法神，向你们敬献真实和意化之丰富供祭，祭之、赞之、享用之！请从此时至获得菩提道果为止，充当诸瑜伽之父族神、战神，做他们的怙主与后盾；祈求

远离疾病、灾障等所有逆缘，保佑寿命、福报、财富、威力、声望、荣光、无畏、繁衍等所有意愿之事兴旺腾达；为人、鬼、神等所想之事做主，惩处所有恶意害人的魑魅魍魉，速速成就地道之功德，获无上之菩提，赐战神威尔玛之身与我，成就四方制胜事业！

心中所显种种之念想，

所愿成就即能赐予吾，

护法如意之宝等众神，

助我实现内心之所愿，

释迦之法昌盛事业助；

起初莲花生师尊驾前，

起誓护佑修行成就者，

犹如母亲疼爱其爱子，

祈愿护法神祇得吉祥；

世界英雄岭国格萨尔王，

光临之地工布得护佑，

威猛各地诸部之神祇，

尤其释迦护法诸男女，

修拉门姆④ 冰川珍宝顶，

孜乌玛波⑤ 甘露清流祭，

贡拉法王红岩珍宝象，

---

① 地道，是大乘佛教"十地五道"的简称。

② 诺布占堆，是格萨尔王的别名。

③ 崩巴协噶，是岭国格萨尔王的同父异母哥哥。

---

④ 修拉门姆，为护法神。

⑤ 孜乌玛波，为护法神。

多松赞神三百六十等，

万面度母三母面之众，

此地神鲁地祇等随众，

享用内外密之诸供祭，

断除嗔恨嫉妒等恶念，

虔心护法诚心赞三宝，

学修佛法四方得宏传，

饥荒战争瘟疫恶缘除，

福寿富裕腾如上玄月，

赐余心之所愿诸成就！

第 四 节　邬坚乃纳神山的传说

一、圣地志

邬坚乃纳神山位于百巴镇的折巴村，距离百巴镇政府驻地约7.6公里，临近318国道，地理坐标为北纬29°48′、东经93°46′，海拔为3214米。相传，在吐蕃王朝第36代赞普赤松德赞时期，由于众生虔心祈祷，赤松德赞赞普迎请莲花生大师到藏地修建桑耶寺，途中降伏了众多恶魔。彼

邬坚乃纳修行地　巴宜区政协提供

时，在东方工布娘堆一带有一对雌雄妖魔残害世间，众生的幸福犹如黎明前的繁星，即将消逝。为此，莲花生大师突至工布娘堆，在一面黑湖试图把恶魔九头怪制伏，但暂时未能完全降伏。为了降伏恶魔九头怪，莲花生大师开启了乃纳神山的山门，并在此修行了21天，于是完全降伏了恶魔九头怪。后来，此山得名为邬坚乃纳神山。在此为后世留下来许多圣迹。

在工布娘堆犹如佛陀道场的邬坚乃纳中部，尼洋河清澈碧绿，周围花草茂盛，各种飞禽走兽聚集。左前方是药师佛山，被视为药王佛的宫殿；右前方为颇瓦山，是杂日圣地的第一圣门。后方则为协堆山，其形状犹如一只大鹏，甚为神奇；在其心脏处是由米旁·罗追加措建造的协堆寺，右翼处为相传由格萨尔王建造的沃色曲林寺，左翼上就是神奇而令人向往的邬坚修行洞，主供为莲花生大师降伏众妖时变幻的忿怒金刚①像。此外还有空行

---

① 忿怒金刚，是莲花生大师的八种化身之一。

母益西措杰化成猛虎吞噬妖魔等诸多天成法印。

邬坚修行洞洞口狭窄而里面宽敞。相传，每逢藏历七月十日，可听闻伴随法鼓隆隆作响的诵经之声。修行洞的右侧有莲花生大师的天成法杖，左侧是空行母的天成供盆；上侧有天成莲花帽，下侧则是持明男女的道场；在道场中间长有一棵长寿桃树，相传吃了其果子可得健康长寿；在道场礼供处上面，有佛祖释迦牟尼、莲花生大师、佛祖降生之初身像及一座天成佛塔；修行洞的下面有被称作"出生中阴"的通道，在此上面还有莲花生大师的脚印。

邬坚乃纳神山北面的山坡上，曾有协堆和协麦两寺，由米旁·罗追加措上师所建，属噶举派。山形似大鹏，寺庙正处在大鹏的心脏位置。大鹏右翅的位置上相传有一处珍贵的泉眼，内有泉水溢出。寺庙下面的山脚处有一座佛塔，称为"香差奔巴"。寺庙的活佛为仁增嘉村宁布，建寺者米旁·罗追加措与伏藏师嘉村宁布为师徒关系。伏藏师嘉村

宁布出生在今西藏林芝市工布江达县巴河镇朗色村，自幼以放牧为生，但有超常的能力，且生性慈悲，心向佛陀，后入寺学佛，获得证悟。建寺后不久的一日，米旁·罗追加措告诉寺内的管家僧人，今日将有一位尊贵客人来访，你等留意。下午，他询问管家僧人有无客人来访。管家说，未曾来过贵客，只来了一个放牧的小孩。原来，伏藏师嘉村宁布穿着皮袄放牧时，生起念佛拜师的渴望，就以特殊的能力把羊群圈起，自己前往寺庙。管家见一放牧的小孩闯进来，便呵斥其无礼，把他赶走。米旁大师听闻，便说此人即是，追了过去，只见伏藏师嘉村宁布站在山下回望。突然间，他流出鼻血，滴落在地上。他抓起尘土覆盖血迹，地上却形成一座小佛塔。后来，此地建造了一座大佛塔，名为"香差奔巴"，意为鼻血塔。

折巴村西部的加帮日山上曾有一座噶举派寺庙，称为协堆寺，该寺护法神为金刚亥母。后来，该寺庙衰败。折巴沟的深处有一座很高的雪山，相传为折巴地方的神祇"博赞普"的居所。下面有三处湖泊。传说，这三处湖泊是向神祇所献的三种供礼。一处是茶供，称"恰浦措"，湖面呈黑色，圆形，面积大概为100亩。另一处为酒供，称"羌浦措"，湖面呈黄色，圆形，面积为3.3万平方米左右。还有一处为奶供，称为"沃浦措"，湖面呈白色，圆形，面积也为3.3万平方米。在此附近有座查琼寺，也称岗日寺，是协堆寺的属寺。每年藏历六月举行介绍中阴的相关活动，历时两天，活动由协堆寺主持。该寺也有跳黑帽系金刚法舞的传统。在地方神祇对面的岩山下面有一处修行洞，里面有一个神奇的石盆，常年积水，有取不尽的说法。

二、祭拜活动

邬坚乃纳修行地是由莲花生大师加持过的殊胜之地。顶礼绕转并祭祀神山，可获此生长寿无疾，能从八怖畏中解脱，来世获得解脱及一切知果位。平日的佛教吉日，有众多转山祭拜的信徒。而每年的藏历四月十五日，有百巴镇的信教群众集中在邬坚乃纳神山转山祭拜的传统。以前，当日信徒人数可达千人以上。

邬坚乃纳圣地的烟祭文为：

圆满具香烟祭细水流，
不净污秽洗脱之仪轨，
智慧祖先代代继承之，
远古未有起初如何造，
诸佛本性莲花秘密言，
神圣加持煨桑供于此。

吽！将自己观想为诸部之主金刚萨埵，普贤上师盛名之舞者，习练广传心满握权神，心间种子发光又收回，清净不和罪过皆克服，欲望心愿不剩皆实现。

嗡修的修的消塔纳也萨哈，嗡班杂尔萨埵吽，嗡萨哈把修塔萨把塔玛，萨把把喇比修妥妥聂把木，嗡那马萨把打他嘎达角比木卡嘉，萨把达达木无卡的吧热那意玛卡卡拿卡姆萨哈，嗡班杂阿米达古拉尼哈娜哈娜吽帕，那马萨把达塔咔哒阿拉罗给的，嗡萨马哈萨马哈哈吽，嗡杂那阿拉罗给的，纳米萨满巴卡热那热思巴拉马哈尼图如释塔亚杂喇尼萨哈，嗡纳米萨满大不大南闸和夏日扎把杂那马哈撒玛亚吽帕！① 如此，边念咒语边结手印。一切污浊通通握于手，入口之食贴身衣服等，经由神圣植物之香烟，去除不净还原清净身，就如雪山洁白而无暇，吽！神圣怙主三根本诸佛，妙与一般成就如雨注。

第五节　堆龙聂玛拉日神山的传说

堆龙聂玛拉日神山位于百巴镇堆龙村北部，距百巴镇政府驻地约12公里。相传，当年持明嘉村宁布寻找圣地之门，翻越卡嘎拉山，来到龙点草地② 时，得

①　此句为梵文音译。
②　龙点草地，传说空行母在此授记，龙点意为授记。

堆龙沟　曲尼多吉摄

到空行母的授记曰："堆龙沟和增荣沟为对开之二圣地。"龙点草地旁有一对传为雌雄大鹏的岩石，相传是为迎接朝圣者而立。伏藏师嘉村宁布谨遵空行母授记，来到堆龙沟一带寻找圣地，在堆龙村北面的聂玛拉日神山看到诸多神奇的岩石和印记，从而惊奇万分而呼道"众神显灵"，因此被称为"聂玛拉日"，

堆龙聂玛拉日神山　曲尼多吉摄

有寻得拜见的意思。在前往聂玛拉日神山途中，要路过灾乐和扎尕米娜两座岩山，相传它们为聂玛拉日神山的两位门神。聂玛拉日神山的主要圣迹为上、下两个修行洞。位于上面的修行洞面积稍大，形似供品，洞口朝向增荣沟，四周的岩壁上刻画有无量光佛和无量寿佛；而下面的修行洞，则有进入体会地狱之苦的说法。

修行洞对面的山叫拉星拔玛，传说为聂玛拉日神山的保护神。从聂玛拉日神山再往里走，一个岩窟中流淌着泉水，相传伸手触摸后再朝里望去，可以看到自己的未来，甚为奇特。聂玛拉日神山脚下原有三座佛塔，由于时间久远，现已不复存在。

当地信教群众在藏历一月三日和十月三日，有祭拜聂玛拉日神山的门神"扎尕米娜"的传统。

堆龙花牛山　曲尼多吉摄

百巴镇增荣沟　曲尼多吉摄

第 六 节　增荣门地神山的传说

一、圣地志

增荣门地神山在百巴镇增巴村北部，距离百巴镇政府约15公里。增荣门地神山周围有足印等百余处圣迹。最初，来自康区噶陀寺的仁增喇嘛在1745年左右，前来寻找神山，在今巴宜区境内得到空行母的授记，来到增荣开启了山门。传说，他在连别村卡噶山的一处草甸上得到授记，故此，这个草甸后来称作龙点，意为授记。

相传，增荣门地神山有"九门九冈"，即九个门和九处峦冈。第一个门叫作增果，意为美之门，在增珠索① 旁边。该处有两座石山相对而立，传说是一对雌雄大鹏鸟，东边的为雌，西边的为雄。第二个门在蔓莫朵热，意为药母石院，位于增荣沟的低洼处，有煨桑祭拜点。第三个门是札果东，即岩门之意，在此有很多废墟遗址，曾形成过村落，也有大面积的草场。第四个门位于塔卧寺。

① 增珠索，渡口的意思。

塔卧寺属格鲁派，曾经由东嘎拉章管理，每逢藏历六月四日举行宗教仪轨，向周围牧民摊派酥油和奶渣。塔卧寺的护法神是吉祥天母与金刚岩赞。那里有两座岩山相对而立，金刚亥母所在的岩山称为九层拇指岩。相传，此山的后面曾有妖女九姐妹，在莲花生大师降伏她们之时跑到增荣沟，最后在塔卧寺那里被制伏。妖女所居岩山也发生了变化，看似由九个拇指叠加而成，遂称为九层拇指岩。第五个门是娘玛，字面意思为"一棵"。传说，莲花生大师的檀香佛珠于此断落，在佛珠掉落处，后来长出一棵松树，这棵树有与众不同的特征。第六个门被称为杰果，杰有胜利或国王之意，果是头或首的意思。该处有一个很大的岩洞，在其下方有一座殊胜的佛塔。相传，佛塔内供奉有大鹏鸟蛋，是镇压刹土龙病的圣物。由于该岩山远看似一座大帐篷，传说是由108只大鹏鸟撑起的帐篷。以往，牧民们在换季转牧场时，在此岩山下借宿。第七个门为乃秋，是富庶之域的意思。有一座天成石佛塔，周围挂有经幡，又称为鲁乃崩巴，意为镇压龙的佛塔，但并未有高僧

增荣门地神山　巴宜区政协提供

为其开启山门。第八个门叫隆仁，意为长形之地，有一片狭长的草地。第九个门称作策龙，策为寿命或时间之意，龙为沟谷之意。在一处圆形草场的末尾立有两座石山，一前一后，面朝北。据说，这是两只大鹏鸟所化。相传，这两只大鹏欲前往杂日神山朝圣，被莲花生大师拦截于此，留作镇压龙祇的岩石神鸟。在草场西边越过一条河，可到达一条小山沟里的修行洞。那儿有一个大石块被称为石门，形似大门。洞内的岩壁上有天成的无量寿佛像，还有一潭脸盆大的积水，传说取之不完、用之不尽。修行洞外长有许多柏树，树枝均朝向洞门，据说有诸多类似的奇妙之征。

增荣门地神山的九冈中，第一冈称作拉孜冈，意为峰顶，有祭拜山神之处。第二冈叫蔓母冈，为药母冈之意。在三条山沟的汇聚地，相传有三角天、三角地、三角水①。这里有一处玛尼堆，直径约4米，相传为医神的

居所。牧民们有在此祭拜煨桑的传统。第三冈叫亚冈，亚即牦牛。它旁边有一条河流弯曲地流淌，流经路线绘成一幅美丽的孔雀图案，故被称作"孔雀园"。不远处还有一面2.66万平方米的湖泊叫罗亚湖，意为丰收湖。第四冈是扎西冈，即吉祥之意。在此有一棵柏树，据说是水神扎拉绕单的居所。每逢吉日良辰，当地村民们进行祭拜煨桑。第五冈称夏杰冈，是脚印冈的意思。此地草坪的一块大岩石上，有一处大脚印，据说是弥勒佛8岁时的脚印。第六冈是勒莫冈，勒莫即扁平之意。在一片湿地中间有一块草坪，传说此处为鲁神祖纳仁钦的领地。第七冈为泽冈，有神通之意。在这里，有一块巨大的岩石被劈成五块儿。传说是莲花生大师降伏钻入岩石的魔女时，用法术劈开而成。后面还有一块朝南的岩石，传说乃莲花生大师的法座。第八冈叫朵热冈，朵热是石院的意思，传说此地是一位鲁神的居所。第九冈是恰蔡冈，恰蔡意为礼拜、磕头，因在此常有信徒祈祷、礼拜而得名。

---

① 三角天、三角地、三角水，相传是四山神、三水神聚居的地方。

此处有两座雪山，据说是当地土地神冈勒杰布及其妃子的化身。

在路经"九门九冈"后，就到达一处面积约160万平方米的草坪，叫作索南草坪，即福泽之地。据说，从远处的雪山顶上望这片草坪，其形状似藏文字母"伴"或"梆"。离此地不远处有一块岩石，相传可以听闻岩石里的诵经声。进入索南草坪时，在岩石上能看见一对天成的雌雄蝎子像。其中，雄蝎朝着雪山，雌蝎面向莫郎措湖，据说各自为此地雪山和湖泊的护门鲁神。按顺时针方向虔心转此岩石，据传对治愈身上的伤疤与鼻炎之类有奇效。雪山下的莫郎措湖不算大，但按照信徒的说法，在此祈愿会特别灵验。"莫郎"即祈愿的名称也从此而来。湖边还有传说中格萨尔王坐骑留下的蹄印。距离湖不远处，以前有一座寺庙叫普寺，"普"有沟的意思，由于地处深沟而得名。据说，这座寺庙由一位叫嘉村宁布的伏藏师主持修建，其护法神为孜乌玛波，寺内还供奉有嘉村宁布伏藏师的一尊像。寺内还有一对牛角极为珍贵，

是一头名为尼玛杰布的牦牛留下的。关于其由来有一段令人感动的故事。

传说有一位喇嘛曾在此修行，为这位喇嘛运送食物等日用品的是一头通人性的牦牛。这头牦牛不需要人来牵，自己认识来回的路线，给喇嘛运送一次食物需要两天的时间。一日，喇嘛让其取食物。牦牛平常过夜的一处称为"色供"的草场被人污染，牦牛食草后重病七日。喇嘛见几天没有食物送来，便下山寻找牦牛。牦牛病稍愈后，就驮着食物艰难地往回赶。在勒玛冈后面，双方相遇。喇嘛认为牦牛偷懒，没问原因，就用棍子打了几下。牦牛便痛苦地过河（河底的一块石头上有清晰的蹄印），跑到对面山上后，头朝寺庙死去，表示对寺庙及喇嘛的忠诚。喇嘛知道究竟后，为了忏悔自己的过错，便把那对牦牛角供奉在寺庙里。据说在吉日，这对牦牛角会射出火焰。

二、祭拜活动

增荣门地神山在每年藏历六

月初四，吸引来自四面八方的信徒转山祭拜。以往，到此转山的信徒常达到上千人。相传，罪障清净的人，当日还可看到神山周围为酥油灯所覆盖，在莫郎措湖还能看到个人的未来等奇妙之兆。

第 七 节　　卡定神山的传说

卡定沟在巴宜区八一镇多布村东边约500米的地方，是尼洋河流域一处宗教圣地和著名旅游景点。其地理坐标为北纬29°44′、东经94°8′，海拔为3096米。卡定神山是位于卡定沟的重要圣地。据说，该山圣门至今尚未被正式开启。除了民间口头传说外，还未见任何方志记载。

神奇的卡定瀑布　巴宜区政协提供

卡定神山风景秀丽，地理构造神秘而令人向往。山顶长满松树为主的各种植物。山腰有陡峭的岩石山，从远处望岩石，形状各具特色，如诗如画。有的岩石像神龟爬行，有的如弥勒佛端坐，有的似工尊德木神举神灯等等。卡定神山有从天而下的大瀑布，高50多米，犹如从空中泼洒的甘露，飘落在好似佛陀面孔的岩壁上，令人望而心生敬畏。山下长满绿油油的松树、青冈和竹子等，四季如春。在瀑布周围的岩石上，有诸多奇异的印记。卡定神山西面的山上有天成六字真言、日月星辰以及观世音像，传说一块方形岩石里有卡定神山圣门的钥匙。附近的岩石上还有自然天成的格萨尔王的马鞍、马

神龟天成像　曲尼多吉摄

鞭等诸多印迹，以及从前防御外敌用的碉堡遗迹。此外，在卡定神山周围还有诸多奇特和不可思议的自然景象。

　　传说中，整个卡定沟是一处神圣的宫殿，沟里有四扇圣地之门。其中一扇门，就位于多布村口的两座岩石山对立之处，据说是通往仙界之门。关于此门，流传着神奇的故事。传说很久以前，

神雕献宝　巴宜区政协提供

吉祥天母天成像　曲尼多吉摄

多布村有一名猎人。一日，他带着猎狗在山中寻猎。猎狗发现一只獐子后紧追不舍。獐子被追到了两座岩石山对立的地方，猎狗和猎人紧随其后，他们到达此处时，正赶上圣地之门开启。这样，獐子、猎狗与猎人一同进入圣地之门，到达仙界，衣食无忧，悠闲自得，乐不思蜀。猎人感觉好像过了三个月，他突然想起父母和家中的妻儿，对仙界的主人表示自己想回一趟家，将家人也带来一同享乐。仙界的主人对他说："如果你还想回到此处，就在圣门的门卫处取三根吉祥草和口诀。"于是，猎人按仙界主人的交代，到门卫处取三根吉祥草。仙界的门卫说："你带着这三根吉祥草，并念诵口诀才能再次进入仙界，千万不要掉以轻心啊！"边说边给了猎人三根吉祥草，以及写有口诀的纸条。

猎人走出圣门，回到凡间后，在一处无人之地休息时，将身上的三根吉祥草和口诀纸条掉在了那里。回家途中，猎人看见一群人在他家地里干活，于是上前问缘由。原来，他在仙界三个月，实际上，人间已过了三代人的时间，村里早已无一人认识他。猎人这才恍然大悟。这时候，他想再次进入仙界，却发现三根吉祥草和口诀纸条早已不翼而飞。猎人没有按圣门门卫的话保管好三根吉祥草和口诀纸条，就无法通过圣门回到仙界。最终，他在村里孤苦伶仃地死去。

第八节　尼西神山的传说

一、圣地志

尼西村位于巴宜区八一镇北面。"尼西"在藏语里是四处圣地的意思，而四处圣地是指位于尼西村四周的四座神山，即东边的普岗日山、西边的勒布坛钦日山、南边的热那杰姆日山和北边的曲登囊达日山。其中，曲登囊

尼西村东面的普岗日山　曲尼多吉摄

尼西村西面的勒布坛钦日山　曲尼多吉摄

达日山又称父族白梵天神山，而热那杰姆日山称作母族神山。

普岗日山所在山沟，被当地人认为是牧主阿酷崇布的故乡。普岗日还有称为战神的达妥嘎布和扎赞玛布两位土地神。相传，扎赞玛布掌管着尼西一带人与牲畜的健康之权，并能为全村人畜抵御各种疾病。在普岗日沟的西边，有一对石山，相传是两位地祇。这两位地祇原本是尼西一家富裕牧户的女儿，在放牧时意外死亡而成为神灵。关于这两位女儿的传说颇多。

位于尼西村北面的曲登囊达日山，其意为空中的佛塔。相传很久以前，林芝一带频发洪水，淹没了群山，而曲登囊达日山依旧挺拔，因此得名。据说，山上至今还可以看到木船。山上有四处依山而建的修行静室。前往静室的路上，可以看到一块形似黄金水磨的圆石，相传可预测每年作物的丰歉情况。如果圆石上覆盖

尼西村北面的曲登囊达日山　曲尼多吉摄

有糌粑，这一年便会是丰收年。为此，当地有举行庆祝仪式的传统。曲登囊达日山的半腰处曾有一座宁玛派的尼姑庙，后因地震等自然灾害毁灭。在此附近有一块形似男性生殖器的岩石，寺庙旁还曾有一座建筑面积约4平方米的小佛塔，称为布库①。以往，村里妇女有前往该塔验证是否怀孕的习俗。据说若是怀孕了，会有塔身在颤动的幻觉，而没有怀孕则看不到此景。然后前行100米左右，悬崖下面有八九块四方形的石头，好似人为排列

尼西村南面的热那杰姆日山　曲尼多吉摄

的一样整齐。相传，这是尼姑庙举行法事时摆放供品的祭祀台。

二、祭拜活动

尼西村有两个传统的宗教民俗节日。一是在每年藏历三月十五日，有祭祀山神的传统。当日，周围四个自然村的村民在普岗日山下集合，一同祭祀山神，并举行相关法事。之后，还进行射箭、抱石和拔河等传统民间体育比赛和歌舞表演。

———————

① 布库，在工布方言中，是"小孩"的意思。

111

二是以前每逢藏历四月十五日①，又称孟秋之月②，巴吉村以上、更章村以下的群众齐聚在尼西沟，用三天时间，举行金刚法舞表演及传统的射箭比赛等。活动费用由勒布丁卡家族承担。目前，此活动没有得到恢复。

第九节　观音湖的传说

一、圣地志

观音湖又称冰湖或措木及日，位于距巴宜区八一镇政府驻地18公里的巴吉沟。这一带曾经又称唐地沟。称此湖为观音湖，是因为当地信众将它看作是四臂观音的魂魄所依附的湖泊。湖面约为4.5平方公里，平均深50米，最深处可达60米，海拔4100米。它称作冰湖的原因是，湖泊地势较高，一年中的冰冻期较长。

相传，观音湖所在山沟的形状似度母左腿伸直、右腿弯曲的坐姿，而山下的村庄就如给度母献的曼札。在比作度母右腿的山上，有一座被称为"胜乐宫殿"的石山和修建于15世纪的业达寺，在其怀里坐落着曲康孜寺，两脚中间的位置是一座尼姑庙。该圣地的护法神有艾噶杂帝、吉祥天女和格念神三位。曲康孜寺是观音湖周围最大的寺院，修建年代根据贡桑丹巴活佛考据，在1400年左右，是觉巴·桑杰贝所建，属噶举派。其弟子桑杰扎西则建造了潘德寺。曲康孜寺由上下两层组成，通常把第二层称为曲康孜寺，第一层叫朗索寺。

上述这些寺院和庙宇，先后在墨脱大地震和"文化大革命"中遭到破坏，但一些珍贵文物被僧人保存。

据说在此深沟里，有108座修行静室、108处泉眼，以及东、西、南、北各一座天葬台。

---

① 藏历四月十五日，恰逢萨嘎达瓦节。
② 孟秋之月，在西藏大部分地区则为藏历七月。这可能与尼西村当地气候湿润温和、种植双季作物有关。

林中的观音湖　曲尼多吉摄

沿此山沟行进，在一处叫定吉的地方有两片草场。相传，定吉的沃玛草场原先为一面湖，湖中有水怪。水怪经常伤人，使周围的寺庙僧尼和放牧人不得安宁。后来，水怪被曲康孜寺的一位僧人降伏。从此，水怪消失，湖水也流干了，出现如今的两片草场。湖的后面有一处岩石叫钥匙岩，传说是开启圣地之门的钥匙。

山沟的西北处有一座佛塔。据说以往，唐地村百姓在举行大的生产活动时，为了避免下雨，前去转此佛塔，如果向鲁神祭拜的话，到了第二天就会天晴。佛塔被称为"尼玛奔"，意为太阳佛塔。

在观音湖一带，还有一则与此湖相关的美丽传说。很久很久以前，有一名来自巴吉的猎人，跋山涉水去打猎，回来途经此湖时，为了解困，在草坪上睡了一觉。猎人睡着以后，在睡梦中，他的坐骑——一匹母马发情，跟湖中出来的金头公马交配。猎人醒来以后，回到家。正好在当年，母马下了一匹金光闪闪的小马驹。第二年，在母马发情的时候，猎人想得到更多的优良马驹，于是赶着两匹母马到观

113

音湖边去假睡。果真从湖中，又出来了一年前猎人在睡梦中见到的那匹公马。但万万没有想到的是，突然间，那匹公马把两匹母马赶到湖里去了。猎人等了很长时间，连两匹母马的影子都没看到。他极其愤怒，决定疏通湖泊，让湖水流尽。

猎人正在湖边准备劳作时，从湖中缓缓走来观世音变化的小沙弥，并对他说："不要疏通湖水，你无此劫。我给你财富。"说罢，给了猎人一个镶嵌着贝壳的包和一只瓢。小沙弥又说："你呼唤牲畜时别回头。将这两件东西挂在家中，你定会享有用之不尽的财富。"猎人便按照小沙弥的授记，一边呼唤牲畜，一边往回走。走了一段路后，他听见背后有许多牲畜跑动的巨大响声，忍不住回头看了一下，见到一头白额牦牛掉头把大部分牲畜带回湖里，只有少部分牲畜跟他来了。此地出产耳朵背后长有长毛、身色皆为黑白相间的特大牦牛。人们认为，那些牦牛是当年猎人从湖中得到的牦牛品种。据说，当时猎人如果按照观世音变

化的小沙弥的指点，不回头看，此地将会有更多、更好的牦牛。在定吉草原的石头上，还可看到观世音所赐牦牛的蹄印。

在距离唐地村一公里的一块巨大岩石上，有天成的四臂观音像及千手观音像。在此不远处，比作度母右腿的胜乐宫殿神山下，有一眼叫作"邬坚浴佛水"的、清澈见底的泉水。传说，此泉水是莲花生大师的佛珠掉落后形成的，在此洗浴、祈祷，可除去疾病和业障。泉水源头被当地信众视为极其神圣的甘露，是这一带的108处泉眼之一。

胜乐宫殿神山，因山形酷似胜乐宫殿而得名。工布一带的信教群众，有前来此地朝拜的传统。传说，福德俱全的人，在胜乐宫殿神山就能看见十六罗汉天成像。

二、祭拜活动

历史上，藏历一月二日至十五日，在观音湖附近各寺庙举行祈愿大法会。藏历六月四日，附近的信教群众聚在岭白寺，举

观音湖附近的胜乐宫殿神山　曲尼多吉摄

行一场名为"觉旺"的佛事活动，同时还举行胜乐坛城的修供仪轨。

此外，在每年的藏历六月份，即接近丰收时，巴吉沟的村民们按照习俗，穿着盛装到曲康孜寺集合，举行丰收前的转田地仪式。拿着经旗的僧人走在队伍最前面，后面两个年轻人抬着安放着佛像的肩舆，几个僧人吹奏法号紧随其后，最后是背着经文的群众。队伍从南面开始，围着各自村庄的田地转一圈，最后在村尾的一处草地上搭起帐篷，把经书堆放于此处，僧众诵经作法，群众前往地里收集长势良好的一些麦穗，视为福运作物。晚饭过后，把经书送回寺庙，这一年的丰收仪式才算结束。

三、祭祀祈文

（一）天女护法礼赞祭祀祈文略要

觉①！
吾之空中坛城位，
普贤母之威严相，
艾噶杂帝独髻母，
口中独牙伏众魔，
额上独眼护佛法，
胸部独乳佑修行，
一切夺命之女王，
右手紧抓恶魔心，
左手享用骷髅血，
降伏一切恶魔心。

———————————

① 觉，梵文音译。

115

观音湖附近的哄多神山　曲尼多吉摄

虔心依靠释迦法，
星曜之王向你赞。
八部之师向敌攻，
享用此等血之祭。
祈请完成诸诛业，
法界心要之深处，
面见胜义悟境者。

（二）三护法祭祀祈文略要

吽！
觉！
普贤母之空中母，
护密大王独髻母，
世间之外众天女，

请到此处享供祭！
神圣密宗大圆满，
虔心护持佛事业，
慈悲誓言无怠慢，
此世成就诸事业。
吽！
威德星曜罗睺罗，
变幻七曜四面孔，
二十八部星宿众，
来此共享血肉祭！
虔心事业勿分心，
教敌渝盟速解脱！
如子保佑瑜伽师，
信守承诺助事业！

吽！

圣人贤者金刚善，
喜悦工尊丹玛部，
成千上万诸化身，
请来此处享供祭！
大密佛法及持者，
扩疆扩土施法术，
时刻相伴勿分散，
佛法四业速成就！

（三）一切部主盛礼赞

一切部主大势金刚手，
洛桑① 第二佛陀等诸贤，
传承法脉一切圣法王，
妙欲甘露饮品敬献之；
大威德及胜乐金刚尊，
无生金刚把杂巴尼等，
本尊诸佛以及众菩萨，
妙欲甘露饮品敬献之；
俱生极乐施法者忿怒，
速成事者以及阎罗王，
具誓佛教护法神海众，
妙欲甘露饮品敬献之；
特别护密诸神之首领，
独牙独眼独髻心觉者，
艾噶杂帝天成之女王，

妙欲甘露饮品敬献之；
右手高举空中握燃心，
左手掌管病之命与气，
听谕屠者成命黑母尊，
妙欲甘露饮品敬献之；
口中独牙九头天眼满，
水兽点缀佩戴弓与箭，
神变之王星曜罗睺罗，
妙欲甘露饮品敬献之；
身串骷髅刀沾红血迹，
手举弯刀骑着红鹏鸟，
教敌屠夫黑红之恶魔，
妙欲甘露饮品敬献之；
圣士护法威严金刚善，
身坐狮子手持敌人心，
神速如光持咒之英雄，
妙欲甘露饮品敬献之；
身呈棕色僧册胸前置，
手握金刚颅血骑黑马，
腾跃舅臣圣地大地祇，
妙欲甘露饮品敬献之；
师徒僧人道场等各方，
护佑无别事业去成就，
地祇慈悲吉祥法轮造，
妙欲甘露饮品敬献之；
其他白方护佑神通者，
生神地祇财神道神等，
轮回之神一切护法尊，

---

① 洛桑，指宗喀巴。

117

妙欲**甘露**饮品敬献之；
无漏大乐智慧清净等，
游戏所欲俱足之供饮，
大喜享用教敌得意满，
传承圣贤福寿如金刚，
遵从戒律如意清净心，
讲修发扬犹如上玄月，
宽广地域一切之众生，
普照幸福获得吉祥赞！
吽！
曾在森度大海岛屿上，
莲师所降伏之众星曜，
享用供饮成就所托业！
雅堆香波林之地方处，
古玛热杂① 隆钦绕绛② 等，
所有降伏其他星曜神，
享用供饮成就所托业！
所在广阔自在大寺部，
持密巨之阿米黑乌尊，
降伏星魔星曜等随众，
享用供饮成就所托业！
甘露药和大红热噶及，

大红食子内外供品众，
星曜之王随众等各部，
享用之后一切成就赐！
吾等未明痴迷所奴役，
祈神祭拜誓言呈衰败，
不净驯服之众得喜悦，
内心忏悔梵天成就赐！
觉！
诸位守护佛法之神灵，
护佑瑜伽如子众神通，
欲界③ 女主吉祥之仙女，
祭之供之成就所托业！
胜义祥和之尊无所欲，
为除教敌化作忿怒身，
一母吉祥三界之女王，
祭之供之成就所托业！
妖女畏怖忿怒之面相，
为收服变先后鬼卒祭，
水妖狮子面相二位尊，
祭之供之成就所托业！
吉祥长寿青色慈面相，
无欲妙智王冠妙音女，
施仁神女空行五部尊，
祭之供之成就所托业！
金刚皆离等之四魔女，
金刚独眼等之四夜叉，

---

① 古玛热杂（1266—1343 年），宁玛派
  高僧，弥隆多吉大师的亲传弟子、隆
  钦绕绛与噶玛巴让迥多吉的上师。
② 隆钦绕绛（1308—1363 年），宁玛派
  高僧，全名为隆钦绕绛巴崔臣洛珠，
  出生在今西藏山南市扎囊县境内。

---

③ 欲界，指人间。

118

工尊德木等之四神女，
祭之供之成就所托业！
清净献新供饮之祭祀，
大神梵天母子大臣等，
化身再身以及再化身，
祭之供之成就所托业！
神鬼恶魔妖女识物者，

暴戾众鬼如海之魔部，
祭之供之成就所托业！
法轮护者鲁赞权之主，
神主直赞金刚威猛赐，
赞之部众三百六十等，
祭之供之成就所托业！
吉祥！善哉！

第 十 节　工布比日神山的传说

一、圣地志

比日神山（猴山）又称仁钦崩日。此山位于巴宜区政府驻地东北方约 2 公里处，地理坐标为北纬 29°39′、东经 94°23′，海拔 3266 米。

对于为何称为比日或仁钦崩日，有三种不同的说法。第一种是苯教的观点，在《苯教志》内有"群山之王'仁钦崩'"的记载。传说，苯教祖师顿巴辛绕·米沃切到达巴吉山即比日山时，见此山如一宝瓶屹立于群山环抱之中，山巅升起五色彩虹，山腰密布檀香柏树，山下开满各色鲜花，鸟语花香，自然僻静，种类繁多的动物在此自由地繁衍栖息。于是，顿巴辛绕·米沃切在此修行加持，将此山视为苯教的殊胜之地，称其为群山之

比日神山　曲尼多吉摄

王"仁钦崩日"。"仁钦崩日"是珍宝堆积的意思，主要根据山的形状和特征所赋予的一种名称。第二种是佛教徒的说法，与西藏的杂日神山有关联。相传，西藏的杂日神山原本是印度的一座神山，为寻找香巴拉圣境，自南向北飞来。空行母实施密咒使其降落在西藏，并用金刚橛固定其四方。而比日神山是位于杂日神山北面的金刚橛，所以被佛教徒奉为神山；并且认为，此山的山门由莲花生大师开启。在比日神山南边的悬崖上，可见莲花生大师留下的诸多身印。在比日神山的西、南两侧，都有被传为空行母法器、格萨尔王坐骑蹄印和天成的神龟图案等一些圣迹。第三种说法则盛行于民间。传说在远古时期，整个工布地区还是一片汪洋，而比日神山的峰顶形似一只猴子露出水面，后来在民间也称比日神山为猴山。

比日神山像一座巨大的坛城，周边分布有许多寺庙和圣迹。北边的山叫作卓玛日（度母）山，一眼望去，形状犹如绿度母的法相坐姿。

天成乌龟　巴宜区政协提供

120

空行母贡品盘　巴宜区政协提供

这一带流传着这样一段传说。当年，唐绕寺僧众在建造主供弥勒佛像时，因耗费了太多金银而发愁。后来，寺庙活佛实施法力，骑着一块硕大的岩石飞进巴吉湖底，从鲁神（龙王）的宝藏中要来了一大勺黄金。回来时，他被湖底的守护神蝎子发现，慌乱中把一些黄金撒在了巴吉村的山上，从而有了山上的108处泉眼。寺庙里弥勒佛像的佛面和身上涂的金粉，相传来自巴吉湖的鲁神宝藏。

比日神山西南边曾经有一座格鲁派的尼姑庵，叫作格西岗尼姑庵，是一些富贵人家的女孩儿皈依佛门的地方。格西岗尼姑庵后来遭受火灾，从此被废弃；2005年重建，现属苯教拉康（神殿）。

比日神山的东北处有一片平缓的草地，四面环山。相传，这里曾经是一面湖泊。湖里生活着一种怪兽经常伤人，夺去了不少人的性命。于是，唐绕寺一名法力高强的僧人变作一条巨蛇，把湖水排除，使怪兽脱水死去。据说，以前还可看到完整的怪兽躯壳，"文化大革命"时遭到破坏，现在只剩一小部分躯壳被收藏在唐绕寺。草地上有一条弯曲的沟渠，据传是巨蛇爬行时留下的痕迹。附近有一处叫作"护义定卡"的圣地，传说五世噶玛巴·得银

121

比日神山上的莲花生大师足印　巴宜区政协提供

协巴到访时，认为此处地形奇特，遂留下很多伏藏。此外，在这一带的草地上可看到形似青稞粒的印迹，被称为"青稞宝藏"。

根据《苯教志》的记载，在比日神山东边的巴吉山上，有顿巴辛绕·米沃切留下的珍贵脚印，脚印约有一支箭的长度。

比日神山东面曾有一座苯教的古寺，叫作吴吐寺，"吴吐"有无奈、迷惘的意思。根据民间的传说，这是顿巴辛绕·米沃切自卧莫隆仁来到工布后，在身心俱疲的情况下建立的一座寺庙。寺庙旁的一块岩石上有放置青稞酒桶时留下的印记，据说是建造寺庙过程中，参与劳动的村民们饮酒时留下的印记。

比日神山东面还有一处泉水，相传也是顿巴辛绕·米沃切实施神通时所现，从地底下沸腾而出，属于具有八功德的圣水，传说可以治愈360种疾病。所以后来，当地制作藏药和举行佛事活动需要的水，都从此处泉水里提取。《苯教志》中的记载称："流淌水中之王八功德水。"认为在比日神山附近，顿巴辛绕祖师加持过的、具有八功德的泉水即为该泉。此乃顿巴辛绕祖师为后世轮回之众所留珍贵泉水，是洗除罪障的净水、抹去病痛的甘露、饮

122

人称"青稞宝藏"的萨普草坝　巴宜区政协提供

可延寿的命泉，除此之外，还是解渴的奶水、味甘的神水。为众生福德而降的这股神奇泉水，可谓具有一甘、二凉、三软、四轻、五清净、六不臭、七不损喉、八不伤腹优美品质的八功德水。

此外，在比日神山下有一块岩石，相传刻有大藏经的内容，也被认为是进入神山的山门。历史上，巴吉村的富贵人家在嫁娶时，有专门派人用绸缎将岩石覆盖的习俗，据说是为了防止婚变等不吉利的事情发生。由于传说岩石上刻有经文，现如今，周边的信教群众有祭拜该岩石的习俗。

八功德圣水　巴宜区政协提供

格西岗尼姑庵　巴宜区政协提供

二、祭拜活动

按民间习俗，转比日神山分为大圈与小圈两种。一般体力好的信教群众转大圈，而体力较差的信教群众则转小圈。在一些特殊的宗教吉日里，转山的群众更多。尤其是在藏历一月十五日和四月十五日，附近信教群众前来转山祭拜者可达几千人。在比日神山的四个方位各有一台桑炉。据说，东方的是镇风桑炉，南方的是镇火桑炉，西方的是镇水桑炉，北方的是镇土桑炉。在吉日良辰里，信教群众在转山的同时有煨桑祭拜的传统。比日神山现在已经成为林芝市重要的旅游名胜区。

（一）比日神山祭祷文·如意宝

相传，此祭祀文系莲花生大师所写。因为念诵此祭祀文，无论远行，还是居家，不管身在何处，皆能保佑一切如意，所以名为《祭祷文·如意宝》。祭祀品需要肉、酒、奶三种及三白三甘①。糌粑捏成的牛、绵羊、山羊形状的朵玛食子，烟祭用的供品和饮料等，被置放在白色牛皮之上。在丰富的祭祀供品前，念诵祭文如下：

喂！

---

① 三白三甘中，乳汁、乳酪、酥油为三白，冰糖、蔗糖和蜂蜜为三甘。

124

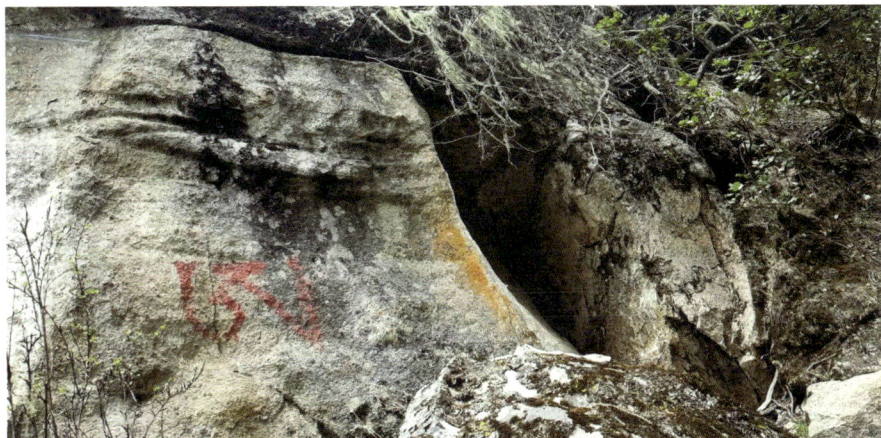

刻印有《甘珠尔》《丹珠尔》的比日神山山门　巴宜区政协提供

上师本尊空行护法神，
战神刹神及其众眷属，
智慧神及世间护法神，
请来此处共享诸祭品。
嗡把咱萨玛亚杂，
白玛噶玛拉野萨达，
……
嗡把杂夏巴扎地杂也萨哈①。
喂！
烟祭材料哪里来，
烟祭材料来自天，
父在天上雷鸣震，
母在地上闪电现，
王子骏马如雪滴，
茫茫大海之浪花，
六善药物之功能，

入神馨香烟雾祭，
桦树黄叶烧来祭，
柏树翠叶烧来祭，
野蒿粽叶烧来祭，
青色草蒿烧来祭，
杜鹃粽叶烧来祭，
芬芳芸香烧来祭。
喂！
三宝之中首要之，
根本传承上师祭，
以往过去上师祭，
未来将至上师祭，
当代尚存上师祭。
法身普贤之以下，
根本上师之以上，
宁玛传承上师祭。
金刚持佛之以下，
根本上师之以上，

----

① 此句为梵文音译。

125

新密诸位上师祭。
无上导师佛祖祭，
无上救护佛法祭，
无上引导僧伽祭，
十方一切诸佛祭。
寂静任运成就祭，
忿怒超群绝伦祭，
文殊像之众神祭，
莲花语之众神祭，
真实意之众神祭，
甘露功德众神祭，
金刚橛业众神祭，
召遗非人众神祭，
上师持明众神祭，
世间供赞众神祭，
恶言厉咒众神祭，
四续部之众神祭，
成就真仙虔心祭，
梵志恶咒成就祭！
喂！
心愿欲望成就者，
财神运神一切祭，
化身牲畜护神祭，
瑜伽财富如雨下，
天王多闻天子祭。
喂！
释迦之法守护者，
六臂怙主诸神祭，

智慧护法诸神祭，
傲慢诸神随从祭，
四臂护法诸神祭，
具善黑色诸神祭，
大护法神随从祭，
棕青五部女王祭，
吉祥天女诸神祭，
护母魔女随从祭，
三十部主随从祭，
母子护法随从祭，
所有护法使者祭，
轨范师传护法祭，
寂静天敌护法祭，
所有密咒护法祭，
七十五位怙主祭！
喂！
战神将军诸神祭，
宇宙开辟战神祭，
男神战神一切祭，
女神舅神一切祭，
轮回五神一切祭，
拯救九部诸神祭，
所有城堡之神祭，
桑桑白色神岩祭，
所有雄伟男神祭，
马神马主一并祭，
牛神招财一并祭，
绵羊之神招福祭，

126

母牛之神谢母祭，
山羊之神蔡蔡祭，
所有外器世间祭，
所有内聚众生祭，
中部八部鬼神祭，
世间各类诸神祭，
地祇鲁念所有祭，
刹土神祇一同祭，
藏地十二丹玛等，
世界各地诸神祭，
藏地神祇一同祭，
阿里三围神祇祭，
卫藏四茹神祇祭，
所有藏地神祇祭。
七座金山神祇祭，
庄严七湖神祇祭，
地祇鲁念所有祭，
此地所有神祇祭，
白色永存雪山祭，
青色永存石山祭，
黄色永存草山祭，
右面永存神山祭，
左边永存神山祭，
潺潺长存流水祭，
生长之木长存祭，
行走之路长存祭，
所在之地长存祭，
鬼神鲁神所有祭，

旷野神鬼所有祭！
喂！
吾与其他诸福田，
凶障辛（屠）障和尸障，
污障衰障鳏寡障，
所有其他诸污障，
人神所受各种障，
有违护法之心意，
经由此等煨桑祭，
一切得以清除净。
祈求各自行境处，
受用财富得兴盛，
尔等万能诸神鬼，
佑吾心愿得实现，
清除战乱与灾厄，
消除疾病与不顺，
名望飞幡飘十方，
吉祥圆满得永驻！

（二）地方神赞

赞文如下：
喂！
三千大千世界中，
各方所在领域处，
所在地主鲁和念，
地方神及刹土神，
瑜伽我来当迎请，
祈请降临祭祀处；

比日神山山顶　曲尼多吉摄

汝具广大之神通，
地水空等三方主，
善恶神鬼需分明，
融入人界一同来，
在此殊胜之地域，
你为伟大地方神，
瑜伽我来当迎请，
祈请降临祭祀处；
为你供祭之物品，
白米所做之神馔，
珍贵谷及牛羊等，
珍贵精致五彩箭，
糌粑油团及桑叶，
五谷精华之酒供，
三白三甘及圣药，
各类桑树之祭品，

淅淅乳白之脑汁，
千万黑白之骨节，
纯净丰富之药供，
源自吾之赤诚心，
三世诸佛之真理，
等持密咒之力量，
汝之感官所享用，
妙欲享受得满足，
赐予力量随我愿，
保佑我等瑜伽师，
饥荒瘟疫战争消，
旱灾冰雹雷灾消，
惨祸灾异凶兆消，
人畜远离各疾疫，
祈求成就我所愿，
白色善德为伴侣，

赐予福德财成就，　　　　　　佛法对治得护佑，

打碎怨敌与灾障，　　　　　　作我伴侣及靠山，

外出精心接送之，　　　　　　所托事业得成就！

在家呵护如牧人，　　　　　　芒卡拉木 [①]！

第十一节　达拉古秀的传说

一、达拉古秀志

达拉古秀 [②]（大柏树）位于巴宜区巴吉村东边的山腰上，海拔 3000—3200 米，占地面积约 8 万平方米，分布有国家重点保护的青藏高原特有柏树种类——雅鲁藏布江巨柏古树约 100 棵。其中最大的一棵柏树高约 50 米，周长 18 米，树龄约 2500 年。这群柏树被认证为我国境内自然生长的最为古老的柏树群。1985 年 9 月 23 日，该自然保护区被列为西藏自治区级自然保护区，其"世界柏树王"的称号早已名扬海内外。

关于古柏树群，民间有很多

达拉古秀（世界柏树王）　巴宜区政协提供

---

① 芒卡拉木，是梵文，意为吉祥。

② 达拉古秀，是传统称谓，为达拉神树之意。

传说，相传古柏树群是苯教祖师顿巴辛绕·米沃切的头发。顿巴辛绕·米沃切与魔首恰巴拉仁斗法，二者把自己的头发抛撒在附近不同的地方，相约第二天一睹发生的变化。第二天早上，顿巴辛绕·米沃切抛撒头发的地方一夜间长出了参天大树，而恰巴拉仁的头发只是刚发芽的幼苗。传说古柏树的果子又能用作护身符，可防御刀枪的伤害。在蒙古和硕特部侵扰西藏时，巴吉地区头人的儿子奉命抗击入侵者，临行前，去祭拜地方神达拉古秀，时值古柏结果，于是将一颗九眼柏树果用丝巾包裹起来佩戴在胸前，竟然在战场上没有受到刀枪之伤，相传是受古柏树护佑的原因。

关于达拉古秀，在《苯教志》等史书中多有记载。其中有一段称为"达拉古秀志白色世间神授记"，转载如下：

无为明空无生广阔处，无余轮涅自颜空性体，无缘天成出乎意外法，胜义中央升起此信号，吾之前方智慧空行母，双手捧起明镜及彩箭，向吾道出如下

之授言：奇哉，咒师后嗣瑜伽有缘辛，来此秘密胜境极为好，吾乃白色世间空行母，以往导师顿巴辛绕尊，踏入藏地降伏工布鬼，留下意化苯日大神山，降伏诸魔多变之神通，各种祭祀供献顿巴时，多数鬼类收入其麾下，但因诸魔善变施法术，天地之间哀鸣与嚎啕，黑云笼罩刀箭密如雨，顿巴虽怀慈悲善良心，但以忿怒凶神所化现，十八傲慢十万兵与将，尼洋河畔大败诸魔兵，辛绕心化光芒似射箭，秘密神奇柏树有此生，形如忿怒之神达拉尊，左右显现持刀诸神仙，赤面虎脸鬼卒真实显，非人厉鬼各部皆溃败，神变显现神奇之柏树，顿巴辛绕围其转三圈，四周神奇脚印今犹在，前有黑色石片如央喜[①]，生成顿巴书写之祈文，右山之上所化诸神仙，授意布局天然柏树林，左山之上东钦慕擦者，悟道留下足印及头印，神奇柏树苯教凶神像，福缘深者可见诸神仙，转其十圈能持无界境，

---

① 央喜，是在密宗中使用的人或动物的完整皮囊。

一百圈者脱离轮回苦，隐秘之地神奇秘密树，此地志文空行母授记，有缘者来将它广通告，末劫利生事业诚巨大，把握白色世间神之语，苯教之法未来广弘扬，说毕慧明空行隐空中，吾之心中升起随喜赞，未来末劫世间诸众生，祈愿皆能朝见此圣地，除却诸障显现出怔悟，愿获三身无上之佛果。

二、祭拜活动

传统上，每年于藏历五月十三日，都要在大柏树附近举行一个叫"达拉玉索"的活动，即祭拜达拉松耳石。据传说，很早以前，在巴吉地区有一位头人。

有一天，他的儿子去打猎，未能获得任何猎物，回家路经大柏树时，附近一块岩石上晒着一些湿漉漉的松耳石，这块岩石被认为是空行母的松耳石盒。于是，头人的儿子把弓箭丢在树林中，将松耳石装入弓袋和箭囊里离开。没过多久，他看到一头母猪追了上来。他知道那头母猪是土地神的化身，便一边跑一边把松耳石一把一把地往后扔，最后全扔完了，大声喊道："一颗都没有啦！"那头母猪就消失了。到了家里，头人的儿子发现箭囊里还有一颗松耳石，就将它镶嵌在头人的马鞍上。从此，松耳石给头人带来了好运，也成为头人家中最贵重的宝物。

圣地曲阔林　普布多吉摄

为纪念和祭拜神赐的宝物，就有了"达拉玉索"这项祭拜活动。据说，那块松耳石现在仍在该村某人家里。

祭拜的主要内容是，一位身穿白色藏袍的男子牵马前去，表示迎请当地的土地神阿巴达拉，群众各自煨桑祭神；之后，举行歌舞表演、讲解史诗等活动；最后，村里的男女穿上华丽的丝绸藏袍，表演传统的工布歌舞。活动只有一天。

在藏历四月十三日，在巴吉拉康举行"塔交曲巴"的传统活动。塔交意为经幡，曲巴意为供养，塔交曲巴即供养经幡日。当日，先是在巴吉拉康周围插上三支经旗，进行煨桑祭祷仪式；接着，在巴吉拉康举行诵经等法事活动，之后举行传统的射箭和讲解创世史等活动；最后是青年男女表演歌舞。按照传统，当日参加活动的所有人都必须穿着和佩戴完整的工布装束。如果穿戴不齐，作为惩罚，要在聚会上表演独舞或进行独唱。

第十二节　觉木次仁切阿神山的传说

一、圣地志

觉木次仁切阿神山，位于巴宜区政府驻地西南6公里处，指巴果绕村一带的山川。该神山一带的地理构造奇特，环境宜人，因此，旧时的觉木宗、东嘎拉章（东嘎寺）以及噶尔寺都建造于此。

相传，旧时的觉木宗所在的后山上，居住着觉木次仁切阿，即五仙女①，这也是其地名的由来。这里还是著名的抗英英雄阿达·尼玛扎巴和著名藏学家东噶·洛桑赤列先生的出生地。相传，这一带的地形酷似集聚了虎、狮、鹏、龙。所谓狮子，即指巴果绕村前的小

—————————
① 五仙女，即次仁切阿或次仁五仙，意为长寿五仙。传说中的珠穆朗玛五仙女峰，分别为扎西次仁玛、丁结协桑玛、弥药洛桑玛、觉苯珍桑玛、代嘎卓桑玛。

长寿五仙神山，即觉木次仁切阿　巴宜区政协提供

山，犹如一个狮子头，而山的两端凸凹均匀，宛如雄狮竖起的耳朵。虎的造型位于村后，那里有一座如猛虎欲跃似的草山，被当地村民叫作"达日"，即虎山的意思。山顶被称作邦雄齐乌峰。

相传远古时期，整个西藏被水覆盖着。该山山顶露出水面且形状酷似一只鸟，因此被称为邦雄齐乌峰，即草谷鸟峰。它的周围分布着各种形似鹏鸟的石山，被当地百姓视为神圣之所，也是其鹏鸟地形的特征所在。在邦雄齐乌峰的后面有一潭湖泊，叫作东噶拉措湖。相传湖中曾有飞龙腾空，正因为如此，"龙"的出现也被纳入其地形特点中。东噶拉措湖是东噶活佛世系的魂湖，传说湖中有神奇的白海螺（东噶）的化石显现。以前，东噶寺每年要在东噶活佛的主持下在此进行法事活动。

在一座山坡上，可以看到东噶寺、觉木宗等等遗址，从中可以感受到历史的沧桑变迁。

因为觉木次仁切阿神山不仅是一座山，而且有众多小山沟，其地理分布犹如弯弯曲曲的项布，即藏式垂帷，所以又称为项布沟。相传，这里有山沟108道、泉眼108处、湖泊108片、树木108类、佛僧108人等。关

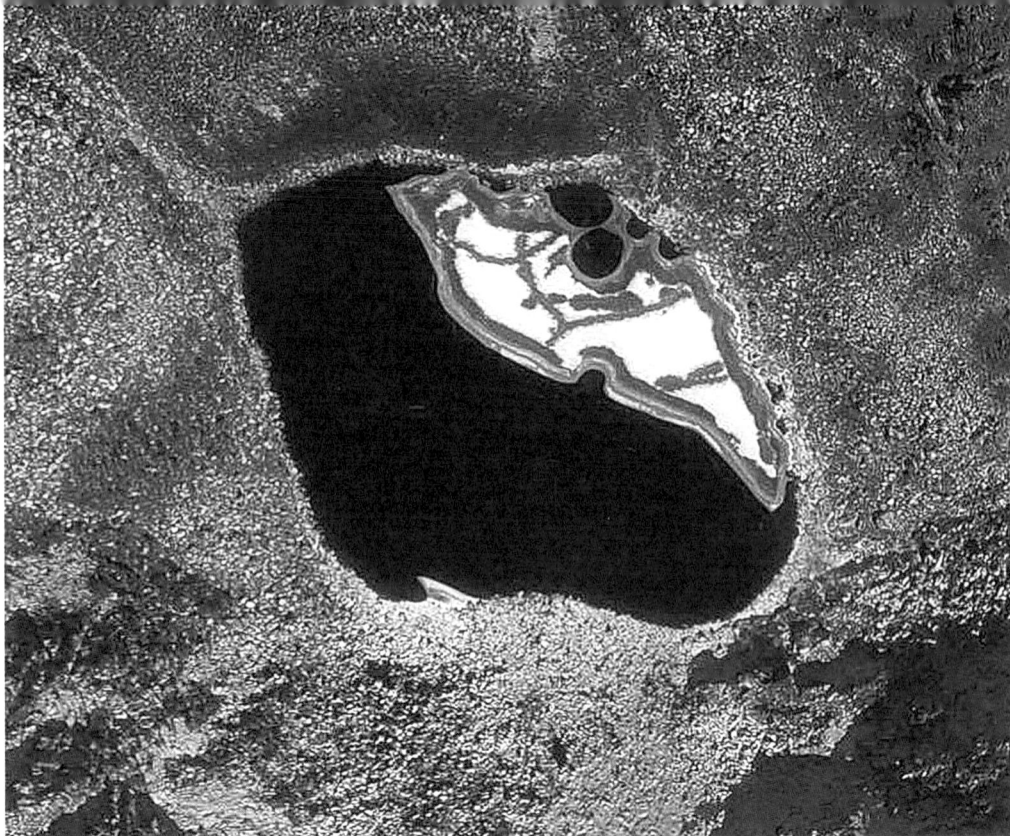

东嘎拉措湖　拉巴卓玛提供

于佛僧 108 人的说法似乎与噶尔寺有关系。历史上，东噶寺的僧人数量为 108 人，而且，所有僧人的各种开销由地方政府供应，因此，民间流传着噶尔寺有 108 人的说法。

此外，这一带还有两座寺庙的废墟，一座为尼姑庵废墟，另一座是康昂东寺废墟。康昂东寺废墟前方是一处迷人的草地，周围树木葱郁，鸟语花香，还有一处温泉。旧时，有达官贵人来此地过林卡的习俗。此地有一种树，以前有采摘它的叶子当茶的习惯。此地还有一种黑泥，是为当地氆氇织品上色的最好的天然颜料。每年藏历三月，周围的村民有取此黑泥的习俗。用它染色的工布传统的氆氇服饰，被称作"当那果秀"①。

这里还有一座称为达塔的山，因形如"达塔"即彩箭而得名。传说因山上曾有一位得道的

————————

① "当那果秀"，是用黑泥染色的圆统长坎肩。

134

高僧修行，每逢藏历十月二十五日，便可以看见佛灯闪耀。在山脚下，还可以看到桑炉以及一些房屋的废墟。

在觉木次仁切阿神山地区，曾有一处藏纸生产地，所在位置现在仍称作"秀热帮卡"，即造纸的地方。距离觉木宗不远处，也有制造藏纸的场地遗址。此地生产的藏纸称"贡嘎秀"，即质地又白又亮的工布藏纸。以往生产藏纸的旧工具和废墟，现依旧可见。

二、祭拜活动

觉木次仁切阿是巴果绕村一带信教群众供奉的主要女神。此外还有一个男神，名叫战神云丹贡布，其居所在巴果绕村附近。当地群众在每年藏历一月三日举行较隆重的祭祀活动。按当地传统，妇女们祭祀觉木次仁切阿，而男人们祭祀战神云丹贡布。举行祭祀活动时，首先，妇女们以煨桑、祈祷、唱歌等形式进行祭拜；而后，男人们也以煨桑、祈祷、跳舞等形式进行祭祀。最后，男女共同举行煨桑、祈祷，男人们还表演摔跤、射箭、歌舞、叙说创世史等。在一片祥和的氛围中，活动圆满结束。

藏历四月十日，有祭祀鲁神央索查姆的传统。这一天，要请

达塔山　曲尼多吉摄

秀热帮卡草地　曲尼多吉摄

寺庙僧人做法事并举行祭祀仪轨，祈求庄稼丰收和人畜安康。之后，搭建帐篷过林卡，享受自己的劳动成果和大自然赐予的幸福。

第 十 三 节　布久三圣地的传说

一、圣地志

珠曲登村位于巴宜区政府驻地东南方向约 30 公里的地方，平均海拔 4200 米，东面是著名的苯日神山，南面为桑朵贝日山，西面、北面与开朗门日山沟相连。布久乡珠曲登村的村头和村尾，有"布久三圣三寺"。村子东边的琼果林寺、布久岱吉拉康寺和德庆曲阔定寺称为"布久三寺"，而位于村子西边的宗噶、乃郊和美绕朵被誉为"布久三圣地"。传说在这些圣地内，还分布着 108 面湖泊、108 块天成大鹏石。

在珠曲登村的北面有迅努岩洞，南面是定卡尔（有十一面观音像）尼姑庵遗址，还有鲁神祖那仁钦的天成宫殿，以及桑耶寺白哈尔神管家的修行岩洞等。

布久风光　曲尼多吉摄

传说，布久三圣地共有四位门神，分别是卓玛赞拔门神、巴姆东赞门神、扎龙扎加门神、美绕朵寺岩石门神。在扎龙扎加门神旁边有个岩洞，洞内可看到清晰的千佛像。此处，还有天成的

杰旺确结上师的法座、竹巴噶举上师坐骑的马鞍、商人诺布桑布的炉灶以及朵玛食子等诸多天成法印和传说。

宗噶圣地在藏语中叫作"宗噶乃"，有印度大师阿里古力塔。

喇嘛岭寺　曲尼多吉摄

布久拉康　曲尼多吉摄

佛塔下面是莲花生大师的修行洞，洞内有据称是莲花生大师脚印的印记，脚印旁有一处称为"真诚甘露"的泉眼，还有莲花生大师的明妃益西措杰的修行洞。在益西措杰修行洞的对面，有明妃曼达罗的修行洞，还有神牛贡布的卸货处。此地青草茂密，有杜鹃、沙棘、青莲等各种花草植物。

此地还有乃郊寺的遗址。在圣门入口处的岩石上，可以看到释迦牟尼佛、文殊菩萨的摩崖石刻和汉地五台山的天成像，以柏

珠曲登寺　曲尼多吉摄

树形成的经幡①，形似大锤的红岩，108面湖泊的最后一处等。此地还有一片称为恰蔡的大草坝。由于此地所有树的枝叶都朝上翻着长，所以，民间称这些树木在倾听美绕朵寺的诵经声。

在美绕朵寺附近有一处相对低洼的谷地，据说可听到奇怪的撞击声。传说一个魔女对建美绕朵寺不满，遂变作老妪背着漏底的箩筐，佯装为建寺运石片，其实，所运石片通通掉在此地了，所以，现在谷地里发出当年魔女扔掉石片的声音。在此周围，有修行上师的脚印、手印，藏区著名圣山冈仁波切和杂日神山的相关圣迹。南面的山坳里，传说在藏历六月四日和六月十五日夜晚，可以看到被神仙点燃的酥油灯。

关于美绕朵寺的选址问题还流传着一段故事。很早以前，美绕朵寺不在现在的位置。据说，贡嘎班觉活佛为寻找新的建寺位置，在寺庙主持举行了法事与会

供仪轨。此刻，突然出现一只乌鸦，把摆放供品的铜制碟子叼走了。于是，贡嘎班觉活佛朝乌鸦飞走的方向跟去，最后发现碟子被叼到山脚下的一块大岩石上，并看见碟子里有忽隐忽现的火苗。贡嘎班觉活佛认为，此地是空行母指点的建寺地址。后来，寺庙建在此地，并取名为"美绕朵"，美为火，绕是铜，朵是岩石。后来有一年，因山体滑坡影响了寺庙建设，不久，寺庙内的山体上化现出天成的空行母像。于是人们认为，寺庙靠山的一边受到了空行母的护佑。美绕朵寺遗址周边，还可以看到引度众生泉、狮子殊胜湖、地狱冰火泉、黄金水磨、空行大殿、胜乐法轮魂湖、度母魂湖、牦牛贡布魂湖、蛇之魂湖、天成坐骑、中阴之路、空行母密文、空行之田、储天成粮箱等诸多法相和图案。

距离珠曲登村约40公里的山上，有一个湖泊叫胜乐湖，呈圆形，海拔4744米。湖面清澈，湖水纯净。以往，一些信众有前去观湖的习俗，传言只有业净的人才能看到湖中的奥秘。湖泊

---

① 以柏树形成的经幡，指每片柏树树叶有一面酷似经幡而得名。

周围的岩石上有传说为神牛蹄印的印记和其他图案，岩石顶部还有两只大鹏的天成像。山顶的低洼处，可以看到形如虎和猪（地祇）对立的岩石；中间还有一块形似喷焰宝贝末尼的石头。每一座山、每一块岩石以及每一处圣迹，都有一段神奇而有趣的故事。

二、祭拜活动

在历史上，每年的藏历六月四日至十五日之间，在美绕朵寺都举行盛大的宗教活动。在前面的 10 天里，寺庙僧众进行诵经等法事活动。最后的两天，珠曲登村和扎西绕丹村之间各村庄的百姓，在指定地点举行歌舞比赛。

第 十 四 节　香日山的传说

麦巴村村民祭祀田地神　普布多吉摄

香日山位于林芝镇康扎村的西南部，距林芝镇政府驻地约 5 公里。从苯日神山向西望去，就可以看见一座与众不同的美丽山峰，那即是香日山。藏历马年，林芝市民间重要的传统节日活动"娘布迎神"就在此山前方举行，节日期间还在此举行盛大的祈求

香日山　巴宜区政协提供

福禄的传统仪式。山顶被各种颜色的岩石围绕，山腰被葱茏的植物包裹，山脚被汩汩流淌的清水环绕。整个山体犹如一颗巨大的圆形宝石。山体中间凸显一个形如法铃的部位，被各种花草植物所覆盖。由于其形状像苯教祖师顿巴辛绕·米沃切使用的法铃，所以，整座山也随之称为"香日"，即法铃山之意。山的周围建有很多修行小寺，其中较人的属达卓萨寺和杰日寺。苯日神山周围素有"四大修行洞"的说法，其中的罗刹女修行洞就在香日山。

相传，香日山是苯教先祖顿巴辛绕·米沃切加持过的一座山。不仅如此，苯教先贤东炯大师、杰邦囊歇、觉萨苯姆、白苯脱楚和杰钦达美等人也在此广转法轮，传说在山顶还留有大量的伏藏。此处还有一颗圆形的青色石头，石面光滑细润，据说是一种叫"阿莫李卡"的神石，在上面修禅悟道，可以得到非凡成就。越过香日山的山顶，背面分布有很多湖泊，这些湖泊各有其名，其中有斯巴女神、战神母的魂湖。

141

第 十 五 节　强巴日山的传说与历史

强巴日山位于林芝镇真巴村北面，距林芝镇政府驻地约3公里，海拔约4000米，山势高而险，多悬崖峭壁。从别处遥望此山，可以看到山的构造如一尊强巴佛（弥勒佛）的塑像，因此，山的名字也随之称作强巴。以前，山下有一座弥勒佛殿，主供佛是一尊16岁弥勒佛的等身像，还有十一面观音像和寺庙活佛的舍利塔等，后来在"文化大革命"中被毁坏。在真巴村周围，曾经有5座佛塔。传说，真巴村的山上曾居住着一个恶魔，后来被一位叫噶丹喇嘛的上师降伏。为永久镇压恶魔，在其头和四肢部位各建造了佛塔，佛塔的废墟至今仍可以见到。

真巴村的神祇叫作男神真拉嘎布，每年的藏历五月十日，村里迎请僧人举行佛事仪轨和祭祀活动。

强巴日山　巴宜区政协提供

一、对神鬼地祇的祭祀

在巴宜区八一镇章麦村以上、更张门巴民族乡娘萨村以下的广袤山川间，分布着肖荣、潘德、杰布仓、加乃、色垄、白乃、亚冈等大小不一的山谷，传说每个山谷都有各自的地祇。

而在林芝镇帮纳村，每年的藏历一月十五日至二十日，村民们有举行祭祀"祖纳"或"吉康"活动的传统。彼时，村里迎请附近寺庙的僧人，在活动场所里提前设坛城，塑造以拉日江多山的护法神阿妈雍玛为主的地方神祇、战神和赞神的塑像，并在坛城前举行念经祈福活动。念经祈福活动结束后，全村男女老少身穿节日盛装，男人们佩戴大刀和枪，入座座位的中央位置，其他人围着圆圈盘腿而坐，由提前迎请的卦师卜卦，提出当年全村人需要注意的事项，并根据卜卦结果念经消灾。而后，村民们欢聚一堂，时而唱起动听的工布传统民歌，时而跳起古老的"切巴博"舞，尽情同乐两天。举行活

祭祀活动　普布多吉摄

动的目的是为全村消灾除障、祈求幸福平安，也是为促进人们互相交往交流、增进团结友谊、享受美好生活。

二、传说三则

（一）战神之箭

林芝镇的巴绕村南面1公里处，有一条长长的、形似箭镞的石山，好像直直地插入前方的另一座山，被人们称作"朵达"，即石箭之意。相传，这根"箭"就是河对岸沃唐村的战神加拉嘎布射向巴绕村战神念拉赞楚的箭。念拉赞楚为报这一箭之仇，也向加拉嘎布射出一箭，这支箭却射入了沃唐村背后的山顶。现今看到的山顶凹陷处，传说就是射箭时留下的痕迹。

（二）奇僧桑杰扎西

八一镇色定村的南部有一处寺庙的废墟遗址。该寺庙的名字叫盘德寺，属于噶举派。据传说，这个寺庙是一个名叫桑杰扎西的高僧所建。关于建寺的背景和过程，流传着一段有趣的故事。

相传，曲康孜寺喇嘛觉巴·桑杰贝晚年在寺院内日益感觉后继无人，急需寻找到一个聪慧的弟子，让其继承衣钵。于是，将桑杰扎西的灵魂引入倒有酸奶的碗中封存起来，并与属寺一个尼姑庵的管家商讨灵魂投胎事宜，让管家举荐一位年轻的尼姑。而此事遭到了尼姑们的反对。管家汇报后，觉巴·桑杰贝无奈地说："唯有您这位年长的，否则，曲康孜寺存续不了很久啊。"无奈之下，觉巴·桑杰贝便在管家的手掌里倒了一勺酸奶，让她饮用怀胎。足月后的一日黎明，管家诞下一子，取名为桑杰扎西。觉巴·桑杰贝让桑杰扎西自幼识字读文，不久又让他学习典籍。这样没完没了的枯燥的学习，使桑杰扎西感到厌烦，他曾多次尝试逃离寺院，却都被抓了回来。一日，他决定逃到很远的地方去，让寺庙再也找不到自己。于是，桑杰扎西从寺庙往西走了一天，晚上睡在一棵青冈树下。在梦中，护法长寿五仙女之一吉祥寿仙女右手托一宝瓶、左手持一五彩神箭，从河对岸走到他跟前问道："你欲往何处？"桑杰扎西讲述了自己的遭遇和逃离的原因，并说："我想去很远的地方。"护法神吉祥寿仙女说："请回到曲康孜寺或在此另建一寺为好，因为你的使命就在此处。若你想另建新寺，回寺好好询问你的上师吧！"便消失在空中。第二天，桑杰扎西返回曲康孜寺，向上师如实汇报了自己奇特的梦境。同时，他向上师表达自己愿建一座寺院的想法，并询问上师该如何建寺。上师告诉他，要到全藏区各地化缘，筹集建寺的费用。后来，桑杰扎西不仅走遍了全藏区，还去内地化缘。在藏汉两地的边境，两个地方头人发生争端。在双方争端即将引起战乱的时候，桑杰扎西以神通变化出一条青龙腾越空中。青龙吐出的舌头形似法座。桑杰扎西坐在法座上调停了双方的争斗，并讲经授法，使他们心生敬仰，最终化解了仇怨。

后来，此事被远在内地的皇上得知，于是派人找桑杰扎西进京觐见。皇上问他的名字，他说自己叫圣者十一面。皇上感到好奇，请他实施法术变出十一种面孔。据说是因为受到凡间晦气的影响，桑杰扎西只变幻出了五种面孔。于是，皇上赐他"五面圣者"称号，还赏赐给他许多金银珠宝，并昭告各地诸王也要供养他。这使供养他的各类名贵绸缎堆积如山，于是，人们纷纷议论起来，不知他如何带走数量如此大的供品。桑杰扎西实施法术，将所有绸缎通通丢入河中，召唤鲁神（龙王）把河里的绸缎运到建造寺庙的地方，最终建起了当地有名的盘德寺。

（三）忠贞的化身

尼洋河畔生活着各种水禽，有天鹅、黄鸭、黑颈鹤等。当地群众对这些生活在江河边的人类的朋友，有一种由衷的敬仰和爱慕之心。在漫长的岁月里，人们发现它们是富有情感和极具人性的动物。这些鸟类长大后像人一样，要组成自己的小家庭；有固定的配偶以后，无论飞往何处，总会成双结对、

大自然中，人类与动物和谐相处　普布多吉摄

不离不弃；它们共同生活，共同抚养后代；如果其中一只被捕杀，另一只或在原地等待，或去各处寻觅，当找不到自己的伴侣，万般无奈的时候，最终用鸟喙撞击岩石的方式来结束自己的生命。所以，伤害一只水鸟就等于毁灭了一个家庭，罪孽深重。千百年来，人们已经习惯用水鸟的忠贞来形容感天动地的爱情。

因此，当地人不会去打扰这些鸟类，更不会去伤害它们，一直与之和谐相处。若有人捕杀水鸟，便认为他违背了当地的习俗与观念，将严厉阻止。

146

第 四 章

排龙河流域的山水文化

　　排龙河发源于海拔 4900 米的阿扎贡拉冰川，穿越波密县和巴宜区的原排龙乡，河流总长度为 266 公里。排龙河流入巴宜区的原排龙乡境内后，穿梭在崇山峻岭之间，平均宽度只有 50 米左右。由于这一带降雨频繁，地势险峻，自然灾害发生的概率比较高，因此，能够耕种的土地面积很少。

工拉嘎琼雪山　曲尼多吉摄

在巴宜区的排龙河流域内，还有东久河、鲁朗河、拉域河等支流。加之从印度洋吹来的暖湿气流，这一带气候温和湿润，植被茂盛而丰富，且在茂密的森林及高山灌木草甸中，还栖息着种类繁多的动植物，因而享有"动物乐园"和"植物宝库"的美誉。

由于横断山脉断层处的地壳运动等因素，境内分布有拉月、排龙、玉麦等多处温泉。生活在大峡谷地区的居民，种植小麦、青稞、豌豆、荞麦、扁豆、水稻、粟等12种农作物。此外，山上还长有香蕉、芭蕉等多种野生果实。

第一节　美景与圣山

一、鲁朗的传说

位于雪域高原东部、美丽富饶的鲁朗，传说古时是一片湖泊。11世纪，格萨尔王用矛捅出了一个地洞，湖水便全部渗入地下，形成了现在的鲁朗沟。在鲁朗沟的西北方向，有一处佛塔遗址。据说，格萨尔王曾在此制伏一个恶魔，并把恶魔的尸体埋入地下，上面建造佛塔，以此震慑妖魔、发扬佛法。

鲁朗即龙王沟之意，由于此地住着龙王，被各种"鲁病"[①]摧残的当地人，陷入苦海。于是，根据莲花生大师的授记，为解救得"鲁病"的众生，掘藏师邬坚林巴欲前往鲁朗建寺传法，但因年迈而没能成行。后来，他的四大心传弟子之一、四世珠钦活佛白玛噶布于藏历第九绕迥时期，即16世纪中叶，在此建造了外如无量宫殿、内具密宗坛城特征的通卓林寺。在寺庙东面，有天然形成的马头明王、金刚手和大鹏金翅鸟像等非常殊胜之地，树起了象征福德与百战百胜的大经旗。

---

① "鲁病"，是藏传佛教所讲的一种触怒鲁神后得的病。

帕隆藏布江　巴宜区政协提供

从此，当地信众将此地当作祈求福报与鸿运之地，于是有了挂经幡的传统。

以下是从传统宗教与文化的视角，阐述鲁朗具有的独特文化内涵和自然风光。据《鲁朗圣地拉日雍仲秘境白光明净志》记载：

在此空行聚集之圣地，论其外观形如一寒林，犹如位于躺尸之心口，外观又似神圣曼陀罗，里面即是空行之盛会。特别是三处金刚空行母，每逢吉日广转圣法轮。东有调伏寻香空行母，大悲息业会供得圆满；北有调伏夜叉空行母，大慈增业会供得圆满；西有调伏龙王空行母，大乐怀业会供得圆满；南有调伏阎王空行母，平等诛业会供得圆满。圣地四方持明空行母，供盆法座天然形成石。西有密师陈巴南喀①者，身所加持形如椒形石；南有神圣具光空行母，语所加持形如头颅石；北有神圣光亮空行母，意所加持石上手脚印。持明上师陈巴帅徒们，"吽"字密岩

---

① 陈巴南喀，相传为顿巴辛绕·米沃切的弟子兼管家。

之上修佛法，还有莲师心传三伏藏、五佛脚印、莲师身印等。中有一棵粗壮大松树，刻有密主陈巴三师徒，显示三面六臂忿怒相，右持胜幢雍仲圆光镜，左握刻文颅器和法杖，右白左红青首忿怒相。上身人皮身挂骷髅串，下身虎皮腰缠黑色蛇，六足踩踏降伏男女魔，邪恶鲁鬼解脱之垫上，如此庄严成就之圣地。外部犹如曼札之形状，内如空行集聚之尸林，秘密伟大持明道福田，众空行母集聚之圣地。西边岩石息增怀诛状，著名四位弟子脚印留，持明空行透明彩虹道，嘎玛夏亚"吽"子天成显，持明上师陈巴南喀者，降伏工布罗刹之脚印，空行母之舞池尸体状，道主空行身印清晰现。北有山坡形如一头像，上有三处空行授记印，南面方形岩石之上面，曾是一处森严之寒林。东面形似杂日圣地处，可见猪面空行天成像。北面埋有神圣之伏藏，坚固岩石可见八瑞物。另外天成法印手足印，无数不可思议种种现，萨让美拔杰钦达美俩，成就之师夏巴手足印。末劫调伏众生秘境地，

二十五圈除三门二障，百圈能得等地持明位，吉日转山功德成倍增，众之清净善业贤咒力，转圈苦修成就二事业[①]，更能远离鬼魔之侵害。在此秘密圣境之四周，此地神祇念神现光辉，雄伟挺拔天云任手抓，内外虔诚护持教事业，讲习修三兴盛及弘扬，成就善之二事业推广。

二、贡布乃圣地

多吉乌寺位于门仲村西面。相传，多吉乌寺所在地形就如金刚亥母仰卧在地，而建寺的位置处在其额部正中央，所以称为多吉乌寺，就是金刚亥母额头中央的意思。寺庙建于藏历第十饶迥年（1650年左右），建寺者为多吉通麦，相传是莲花生大师弟子玉扎转世灵童。多吉乌寺距今约360年，属于藏传佛教的宁玛派。玉扎转世至今已有四世，二世为建寺者多吉通麦，三世是多吉札阿，四世名叫益西。多吉乌寺的管理者起初为波密嘎朗第

---

① 二事业，指利他与利己两项事业。

鲁朗美景　巴宜区政协提供

巴。后来，西藏地方政府收回了嘎朗第巴的所有权利，由波密许木寺指派人员管理多吉乌寺。

在门仲村附近的山上，相传分布有数不清的湖泊，还有两座神山。在村子的东南方，以前有一座寺庙叫作色钦寺，据说是由塔拉岗布寺的法台上师邬坚卓堆林巴所建。村子的西面，有夺目寺的废墟遗址。在协噶尔沟一处叫乃唐的地方，有莲花生大师的修行岩洞，岩洞内有莲花生大师的脚印。据说，每逢藏历三月十日和三月二十五日，洞内降下莲花生大师加持过的绵绵甘露细雨。

相传，莲花生大师在洞内修行时，两条毒蛇欲加害于他，莲花生大师用金刚杵将它们制伏。此洞的岩壁上，有金刚杵镇压毒蛇的天成像和天成空行母的法盆和炉灶。从该处前行50米左右，可以看到所谓阎罗王和中阴道等圣迹。此处周围是悬崖峭壁，在岩石之下，还有一处庙堂，里面有所谓阎罗王的法位和地狱之铜（一块巨石）。

三、加拉白垒峰

加拉白垒峰也叫加拉孜东山，位于巴宜区和墨脱县的交界

加拉白垒峰东北面　普布多吉摄

处，在雅鲁藏布大峡谷地区的排龙门巴民族乡境内，海拔 7294 米，地理坐标为北纬 29°8′、东经 95°0′，山顶平整且常年积雪，与南迦巴瓦峰相距约 20 公里。苯教的相关典籍认为，加拉白垒峰与南迦巴瓦峰是从藏东进入工布地区朝圣的山门。

　　关于加拉白垒峰，民间有这样一则传说。相传在赤松德赞时期，莲花生大师按赞普赤松德赞的旨意主持修建桑耶寺。莲花生

加拉白垒峰北面　格桑摄

贡拉嘎布山　曲尼多吉摄

位于曲尼玛的达维岗赞　曲尼多吉摄

大师施法，动员西藏各个地方的神灵，并要求把当地最好、最干净的土、石、木作为建寺材料运往桑耶。当时，工布地区诸神灵从加拉白垒峰山顶取土、石，浩浩荡荡地送往桑耶方向。在土、石运至现在的米林县玉松村的时候，飞来三只乌鸦，告知桑耶寺已经建造完毕。于是，把土、石通通堆积在此地，变成了玉松村附近的玉松山。民间便认为玉松山是加拉白垒峰的顶尖，从而，

直巴岗赞山　巴宜区政协提供

加拉白垒峰改名为"加拉孜东"，即加拉平顶山。

四、贡拉嘎布山

贡拉嘎布山位于巴宜区和米林县派镇的交界处。这座山的海拔约为 4354 米，山顶常年积雪，雄伟而壮丽。鲁朗镇的群众将其视为当地一座重要的神山。

五、直巴岗赞山

直巴岗赞山位于东久行政村境内的则巴自然村，海拔 4625 米，山顶被巨大的岩石所覆盖，山腰丛林茂密，相传为东久村的地方神祇。

第二节　温泉

一、排龙温泉

排龙温泉位于原排龙门巴民族乡政府驻地北面的 318 国道附近。该温泉从地壳裂缝中涌出，高出地面 3—5 米，水温在 45—60 摄氏度之间，水中散发着一股硫磺气味。

每年春、秋两季，当地群众有泡温泉的习俗。据说，排龙温泉有治疗关节炎的功效。

二、玉麦温泉

玉麦温泉位于原排龙门巴民族乡辖下的玉麦村附近，面积约为 100 平方米，水温在 45—60 摄氏度之间。据说，此温泉有防止多种疾病的功能。

三、拉月温泉

拉月温泉位于鲁朗镇拉月村东部约 2 公里的地方，毗邻东久沟。此温泉由 3 个泉眼组成。每处泉眼的面积只有 3 平方米左

排龙温泉　曲尼多吉摄

右，水温在 45—60 摄氏度之间。据说，拉月温泉有治疗皮肤病和胃病的功效。

玉麦温泉　曲尼多吉摄

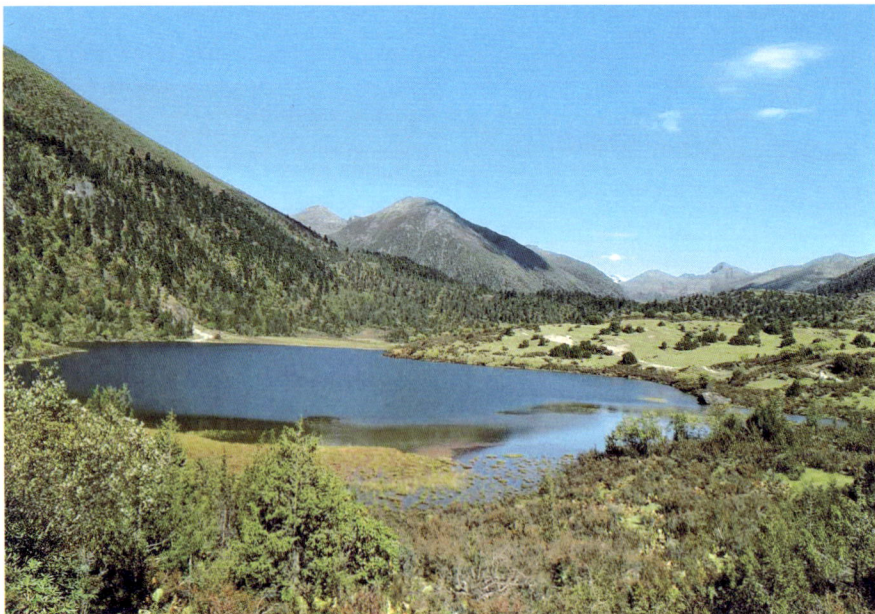

麦琼拉阿措　阿扎摄

第三节　魂湖——麦琼拉阿措

麦琼拉阿措位于鲁朗镇东北约20公里的地方，相传为观世音菩萨的魂湖。该湖泊有一个神秘的故事。曾有一个猎人经常在湖泊附近设绳套、挖陷阱捕猎。有一日，他发现自己设下的陷阱莫名其妙地被别人拆散，无法捕到猎物。于是，他又重新布下陷阱，并在一棵大树下看着究竟。这时，他看到一个上师走过来，拆散了他布下的陷阱。猎人前去询问，上师对他说："你若能放弃捕猎，就能获得许多宝物。"他答应了。

上师告诉他："你朝着此湖，高声召唤牦牛，而后直奔家中，既不要有恐惧之心，也不要有贪婪之心，更不能回头观望。"猎人按照上师指点，高声喊叫一番"牦牛"后，沿着回家的路走去，忽闻背后有隆隆的牛群奔跑的响声。他不由自主地回头一看，见到成千上万的牦牛跟着自己而来。他既高兴又害怕地叫了一声"去、去、去"。突然，一头高大、肥壮的白色牦牛引领着把牛群带回了湖中。他准备把牦牛赶回时，只剩下一

156

头棕色牦牛，被猎手赶到家中。

相传，鲁朗一带高大、肥壮的牦牛由此而来。倘若猎人没有回头，将会得到更多的财富。

第 四 节　自然保护区

一、东久赤斑羚自然保护区

东久赤斑羚自然保护区，位于西藏自治区林芝雅鲁藏布大峡谷倒"U"形的背面、喜马拉雅山脉的东端、加拉白垒峰的北面和东久河之西，地理坐标在北纬29°48′—30°01′、东经94°18′—94°59′之间，具有独特的自然地理单元。这里山高谷幽，气候多样，物种丰富，在直线距离不到30公里的地段，有山地亚热带到寒带的各种植被类型。保护区西起东久河对岸的则巴沟，东至川藏公路的东久桥，北以东久河为界，南抵加拉白垒峰与米林县接壤处，总面积约226平方公里。其中，森林面积110平方公里，雪山冰川面积68

东久风光　曲尼多吉摄

平方公里，石山裸岩面积 40 平方公里，高山草甸面积 8 平方公里。谷地深度为 2500 米，山体平均高度在 5000—6000 米，最高峰有 6812 米。1988 年，西藏自治区珍稀野生动物考察组在此考察时，首次将其列为自然保护区；1993 年，正式被西藏自治区政府批准列为自治区级自然保护区。

受印度洋暖湿气流的影响，这里生态系统完整，成为众多特有珍禽的避难所。保护区内有国家重点保护植物 12 种，即星叶草、水青树、延龄草、心叶瓶尔小草、红椿、西藏八角莲、领春木、天麻、锡金海棠、假人参、铁杉和桃儿七。属于国家和西藏自治区重点保护的一级野生动物有 10 种，即赤斑羚、熊猴、云豹、金钱豹、羚牛、金雕、玉带海雕、胡兀鹫、雉鹑、棕尾虹雉；二级野生动物有 41 种，主要有黑熊、棕熊、小熊猫、大灵猫、马麝、林麝、毛冠鹿、鬣羚、红隼、血雉、藏雪鸡、红胸角雉、绯胸鹦鹉、豹猫、赤狐等；还有其他珍稀动物百余种，主要有喜马拉雅旱獭、鼯鼠、树蛙、竹叶青蛇、大杜鹃、短齿蟾、猪獾、鹨鹑、金色林鸲、太阳鸟等。总之，有各类哺乳动物 40 余种、鸟禽类 130 余种、两栖类动物 5 种、鱼类 7 种等。

东久赤斑羚自然保护区　普布多吉摄

二、雅鲁藏布大峡谷国家级自然保护区

雅鲁藏布大峡谷位于西藏自治区东南部，具体位置在北纬29°05′—30°20′、东经94°39′—96°06′之间，区域涵盖墨脱、米林、波密、巴宜三县一区。

1982年，西藏自治区首次派出林业专家在保护区内进行科学考察，在其南面划出626.2平方公里土地作为自然保护区；1985年，被批准为西藏自治区级自然保护区，并命名为墨脱自然保护区；1987年，经国务院批准成为国家级自然保护区，主要保护山地森林生态系统和珍贵野生动植物以及雅鲁藏布大拐弯的部分地区；1998年，中国科学家首次徒步穿越雅鲁藏布大拐弯；同年，全国地名标准化委员会向国务院提出将"雅鲁藏布大拐弯"命名为"雅鲁藏布大峡谷"；1998年10月，国务院批准"雅鲁藏布大峡谷"的命名。为完整保护雅鲁藏布大峡谷及周边的自然生态环境和野生动植物，西藏自治区政府和国家林业局向国务院申请扩大保护区面积并为保护区更名。2000年4月，国务院批准将墨脱国家级自然保护区扩界，并更名为雅鲁藏布大峡谷国家级自然保护区，总面积为9600余平方公里。

第五节　帕隆藏布流域地方神祇的传说

生活在帕隆藏布流域的鲁朗和东久等地人们的传统习俗与其他藏族地区基本一样，保留了信仰地方神祇的习俗和较完整的祭神仪式。比如白木村的村民们，每逢藏历一月二日，要举行一个叫"塔觉勒"即做经幡的祭神仪式。当天，妇女们换上传统的盛装，佩戴珠宝，左手拿五彩神箭，右手捧着哈达；男人们不仅身着传统藏装，还要背枪佩刀。

除了敬桑祈祷，当地的人们还要以传统歌舞取悦神灵；男人们手举大刀赞扬神灵，传颂祖先的历史。

祭祀神山活动　普布多吉摄

一、传统习俗

东久一带在历史上隶属于波密易贡宗，民风民俗与波密县相近。因地处波密和工布两地接壤处，此地的文化有两地文化交融的特征，在服装和方言等方面既与工布较接近，又略有波密的特点。在节庆习俗方面，东久一带的人们只过藏历新年，而不过工布新年。在其他人们过工布新年的时候，他们过一个叫作"动物新年"的节日。这一天要特别善待家畜，禁止杀生。

二、对野生动物的保护

历史上，东久村和排龙村一带在生产力较低的情况下，盛行把捕猎活动作为补给生活的一种生产方式。如今，物质生活富足，捕猎早已成为历史

祭祀活动　扎西洛布摄

了。随着国家对于保护生态环境的宣传与教育不断深入，村民们在野生动物保护方面的意识也不断提高，自觉承担起保护野生动物的责任。村民们不仅在这一问题上形成了统一的意识，对外来的偷猎活动也严禁、严查。

三、传统的温泉文化

帕隆藏布流域有着丰富的温泉资源。鲁朗镇的东巴才村有一处温泉，虽然水温较低，但据说对胃病和腰椎类疾病具有特殊的疗效；而且，饮用该温泉对于男性病人的效果更明显。以往每到夏季，德木寺的僧人有在温泉旁举行各类活动的传统。帕隆藏布流域较出名的温泉，有拉月温泉、排龙温泉、玉麦温泉等三处。当地群众在农闲时，都有前往温泉处搞野炊、泡温泉的习俗。根据西藏天文历算的说法，泡温泉的最佳时段为两个季节，一是在春季桃花盛开的时候，二是在秋季树叶凋落的时节。

四、禁忌文化

在漫长的历史发展过程中，根据生产与生活中的经验以及宗教信仰习俗，帕隆藏布流域的居民们形成了诸多禁忌文化，其中很多与林芝其他地方的基本一致。如建造房屋时，要避开三岔路口或三河汇聚处。传统观念认为，在这种地形建房，会给居住者带来厄运。房屋的大门，忌讳面朝无人居住的空谷、山洪发生之地等。又如，祭祀地方神祇的仪式，只能在上午举行，而午后不举行。

五、放生文化

帕隆藏布流域的居民们，根据各自家庭的生活和经济状况，灵活把握传统的放生习俗。选择放生的动物有很多，如牛、羊、鸡等各类家畜。

六、帕隆藏布流域的祭祷文

翁！

所供祭甘露之滴，

煨桑　普布多吉摄

献新祭祀煨桑等。

喂！

妙欲供品神饮之祭品，

敬献南部以往诸神灵，

无论现在未来往何处，

九方念神地主均祭献。

觉沃思杰班尼日扎祭①，

若拉坚参格念多吉贝②，

玛日当桑拉赞郭江曼③，

以及珞仲黑白花三母④，

大臣噶尔位高众之王，

十八各方神祇均祭祀。

东拉⑤三部地神玉仁岗，

栋曲赞神嘎隆⑥地方神，

---

① 觉沃思杰班尼日扎祭，是以帕隆藏布
　　流域为土的藏东南18条山谷的山神
　　名称之一。

② 若拉坚参格念多吉贝，是以帕隆藏布
　　流域为主的藏东南18条山谷的山神
　　名称之一。

③ 玛日当桑拉赞郭江曼，是以帕隆藏布
　　流域为主的藏东南18条山谷的山神
　　名称之一。

④ 珞仲黑白花三母，是以帕隆藏布流域
　　为主的藏东南18条山谷的山神名称之
　　一。

⑤ 东拉，指波堆东拉山。

⑥ 栋曲、嘎隆，皆为西藏林芝市波密县
　　的地名。

易贡位居各处神赞鲁①，
南部黑赞四水鲁之王，
琼脱②赞神龚垄湖药王，
波窝六方神灵一并祭。
外门守护威猛四部神，
李琴智慧严神东赞玛，
金刚善神夜叉冈杰王，
内门守护骑虎护法神，
护农姊妹赞神罗睺罗，
赞神觉沃白拉绿炬母，
十二丹玛秘密之门神，
护法中性四臂鸦面神，
密护母和臣女二十八，
魔王蛇眼罗刹达惹和，
罗刹迪日随从一并祭，
昂扎③门神金珠④伏藏主，
殊胜总集金刚心之殿⑤，

三尊广博神圣根本师，
达怕当布仁崩珞贡⑥等，
未来郭札珞堆贡布山，
莲花圣境护法一并祭。
南迦巴瓦加拉白垒等，
工拉嘎琼⑦笑面巴甲希⑧，
檀木之山坎德、杂日扎⑨，
马拉亚⑩和卡瓦嘎布山，
中部白玛希山静猛神，
根本护法诸神一并祭。
此等内外密之各处神，
秘密之境神祇共同祭，
祈祷吾等时时受护佑，
前后相拥脱离诸险境，
保佑吾地安乐如仙境，
禳除灾祸指引未来路！

---

① 各处神赞鲁，即赞神和鲁神，是苯教神类。
② 琼脱，指西藏林芝市波密县的琼托拉山。
③ 昂扎，是西藏林芝市波密县与墨脱县交界处的一个山口。
④ 金珠，今西藏林芝市墨脱县格当乡。
⑤ 总集金刚心之殿，是西藏林芝市墨脱县境内的一座神山，即诸佛总集金刚萨埵宫（贡堆朵儿桑颇章）。

---

⑥ 达怕当布仁崩珞贡，指莲花秘境白玛圭（今西藏林芝市墨脱县）境内的圣地格林达帕神山、当布仁钦崩日神山、南部贡隆圣地。
⑦ 工拉嘎琼，又称工布拉赞，是鲁朗境内的一座神山。
⑧ 巴甲希，是一座神山。
⑨ 坎德、杂日扎，是两座神山。
⑩ 马拉亚，即见即解脱马拉亚南迦巴瓦峰，传说是药都善见城西面的一座山，盛产各种药材。

第二篇

工布江达县

第 一 章

工布江达县
山水文化概述

第 一 节　地理位置

工布江达县自古以来就是雪域高原的重要驿站。据古书记载：工布江达地处佛教圣地卫藏之东，上部康区十八部之西，北部四大牧区之南，达域钦拉天措（今西藏林芝市朗县金东乡境内的勃勃朗雪山）之北，尼洋河流域上游。尼洋河流域又分为娘布、龙布、工布三区，工布江达县县城位于尼洋河流域上游娘布与龙布之间。

工布江达县北面有念青唐古拉山脉，南依喜马拉雅山脉，西靠工布拔拉山[①]，位于卫藏、工布两地交界处。如今的工布江达县东邻巴宜区，北接嘉黎县和波密县，西抵墨竹工卡县，南与加查县和朗县接壤。县政府驻地在工布江达镇果林卡，西距林芝市区 130 公里，东南距拉萨市区 276 公里。地理坐标在北纬 29°26′—30°35′、东经 92°09′—94°25′ 之间。县境东

[①] 工布拔拉山，又称米拉山，是位于西藏林芝市工布江达县以西与拉萨市墨竹工卡县以东接壤处的一座山峰，是由拉萨市前往林芝市必经的山路。

167

工布江达风景　普布多吉摄

西长近 180 公里，南北宽近 71 公里。318 国道线横贯全境达 190 公里。境内最高海拔 6691 米，最低海拔 3600 米。辖区面积近 12886 平方公里，总人口 3.2 万人，下辖加兴、江达、娘蒲、仲萨、朱拉和错高等 6 个乡，金达、工布江达和巴河 3 个镇，80 个行政村（社区）。

工布江达是工布和江达两地的合称。工布位于工布峡谷地带，以地为名；江达则是因为境内有近百条山沟，故名甲囊（百，藏语发音为"甲"；山沟，藏语发音为"囊"），后在汉语里音译为江达。从清朝末期开始，在汉文史料中写为工布江达。古时，江达隶属卫藏四翼之一下约茹（今西藏山南市一带）。其西北部称为娘布（今娘蒲乡、金达乡、加兴乡和江达乡上游），东南部称为龙布（今江达乡下游、工布江达镇、仲萨乡、巴河镇的一部分），东北部为雪卡宗（今巴河镇的一部分、朱拉乡和错高乡）。工布江达县位于尼洋河上、中、下流域三江汇流处。尼洋河上游流淌着大小两支娘曲，两河汇合前的流域称为娘布；两河汇合后，流经雪卡大河的河流流域称为龙布；与雪卡大河交汇处直至下工布则拉岗之间，称为工布。工布江达是古工布小邦王朝的属地，也是藏民族在南线与内地各民族在政治、军事、商贸、文化等领域进行交流和往来的重要驿站。

168

第 二 节   山水文化资源

工布江达全县为温带半湿润高原气候，与西藏自治区其他地方的气候比较，更加温暖、潮湿。全年平均温度仅为 8 摄氏度，最热季节（7 月）平均温度达 15.8 摄氏度，最冷季节（1 月）平均温度为零下 4 摄氏度，年最高温度达 26.9 摄氏度，年最低温度为零下 20 余摄氏度，昼夜温差大于 10 摄氏度，气温变化很明显。年均降雨量达 640.1 毫米。不寻常的气候和自然条件，使工布江达县的森林资源和林下资源及药草种类非常丰富。林下资源有松茸、灵芝、鸡腿菇、青冈菌等多达十几种的野生菌类。松茸作为一种经济价值很高的菌类，在日本和南亚各国有很好的销路。工布江达全县年产松茸 40 多吨、紫青冈菌 80 多吨，木耳等其他可以用于食品的野生菌类年产量能达 200 多吨。药草类有冬虫夏草、丹参、扁蕾、红景天等 500 余种。

巴嘎神山脚下的牧场　普布多吉摄

工布江达县所辖境内有诸多胜地和旅游景点。其中较为有名的是，西藏佛教界公认的十大圣地之一的殊胜地巴嘎神山。据说，此圣地与莲花生大师授记的空行秘境杂日山没有区别，也是由莲花生大师开启圣地朝拜之门。宗喀巴大师、觉巴·仁钦拜①、仁增嘉村宁布、黑帽系七世噶玛巴·曲扎嘉措②等众多

高僧大德亲临开光加持并在此静修多年，在岩石上留下了很多手印和脚印，还有天然形成的金刚亥母躯体岩洞和阴户圣泉胜迹等，如今已成为人们的朝拜所依。

此外，有林芝大寺、七世洛桑丹白尼玛活佛的主寺拉如强钦曲林寺，以及尼洋河流域美景、莲花生大师的静修地巴普圣地等，还有巴松湖国家森林公园、国家4A级景区巴松措、空行秘境等众多美丽的殊胜地。

---

① 觉巴·仁钦拜（1143—1217年），是止贡噶举派始祖，于1179年建止贡梯寺，并创立直贡噶举教派。

② 七世噶玛巴·曲扎嘉措（1454—1506年），指七世大宝法王噶玛曲扎嘉措。

娘蒲河流域的山水文化

娘蒲河流域的神山圣地主要有巴嘎神山、金刚亥母躯体岩洞、阴户圣泉、五种长寿甘露、莲花生大师全身印迹，以及天成的 21 尊度母像、天成的诸多天成佛像和宫殿、天成的米拉热巴像、高耸入云的天成的观世音菩萨宫殿、天成的千手千眼观世音像、弥勒佛像、神湖、八功德水、巴嘎寺等。

第 一 节　巴嘎神山的传说及祭祀

一、传说

巴嘎神山地处工布江达县娘蒲乡夏莎村境内，地理坐标为北纬 30°51′、东经 93°7′。地面海拔高度约为 4100 米，东距县政府驻地 72 公里、娘蒲乡政府驻地 12 公里，公路通畅。

巴嘎圣地与空行秘境、南方的杂日神山齐名。巴嘎圣地有金刚亥母躯体岩洞，阴户圣泉，五种长寿甘露（神水、长寿水、药水、阿尤洞长寿水、度众圣水）、观世音菩萨、金刚手和文殊菩萨、无量寿佛的修行道场，以及吉祥的铜色山修行处、阎罗王宫等圣迹。此外，东面山形如忿怒

171

巴嘎神山　工布江达县政协提供

百尊，南面山似大象卧在坡上，西山首座盘岩为马嘴泉流①。静修之地西面的固角沟，黑白青之喜旋三景上，显现文殊、观音、金刚手、佛及佛子菩萨大会众；后方现有未来佛即弥勒菩萨身大岩；西北斜面的药佛宫中，坐着药仙甘露药神的天成像。盛大静修圣地的四方，狮子、大象、骏马和孔雀之岩，嘴中常流甘露泉水，是自生慈心禅定证验地。似金刚持的主峰周围，形似成就大众围绕的诸山，礼敬听法植被如叩头，美妙景色优美奇妙。另外，石岩与植被上，有天成的神像、梵文、秘密文字、施礼等，皆如神佛和仙女的姿态，住在此处的众生都为有福之人。

在《巴嘎圣地解说》中有颂词曰：

> 诸佛慈悲化身莲花生，
> 为度浊世众生发慈光，
> 照耀无限慈悲具威慑，
> 功业之主当为礼拜境！
> 出自大师功业多方便，
> 为度众生开启圣地门，

---

① 马嘴泉流，比喻从冈底斯山主峰附近流出的四大水源之一、圣水马泉河。四大嘴流泉为马泉河、孔雀河、狮泉河、象泉河。

顶礼善巧救度众生者！
第二莲师法王噶玛巴①，
为使圣地加持得增长，
亲临加持爆满加持气，
顶礼悲苦众生之怙主！
另外无数登地大菩萨，
奉诵祥音撒花赐加持，
观照未来众生恩德主，
顶礼不分派门诸大德！

诸圣贤为有情众生以善巧方便开启上百处大圣地，并确定上千个小圣地。在诸圣地之中，犹如众星捧月的是巴嘎神山圣地。根据莲花生大师所造《目录》，及不同教派贤者所述，简要介绍该圣地历史如下。

莲花生大师被迎请到桑耶后，为净化众生业障，加持了许多地方。特别是为教化工布边地诸众生，莲花生大师面向工布加持了杂日等圣地。之后，莲花生大师借前往杂日山东北交界之地、工布地区上游的娘蒲　　隆伏教化有情的契机，惠临工布江达。到达此地后，莲

花生大师以慧眼照见四大金刚之一、持红矛多闻子，在众多夜叉簇拥下化入岩石中，于是嘱咐他为将来开启圣地之门的外围护法神。至今在岩石上，仍能见到莲花生大师的手杖印迹。之后往上走，在萨（今江达乡萨村）的左侧山上，莲花生大师本有开启圣地之门之意，但未能契合善缘，于是以头触碰岩石进行祈祷，便在石头上留下了莲花生大师的头印，至今仍能朝拜，名叫"碰头石"。此处一块小型平地上，有一块扁平的磐石，上有跳金刚舞的六印迹，至今清晰可见。此地水边岩石之上，有莲花生大师的全身印迹。然后稍往上走，传说铁鬃马头明王在众空行母围拥下，于此化入岩石之中，成为圣地中门的守护神。据说在良辰佳节，人声、马鸣声、小铃声、金刚铃声等次第作响；更有有缘之人，能亲眼看到黑马、黑骡上等骑者只之事。从这儿又往前走一点，在三座山嘴处，有莲花生大师降伏土地神时留下的六步脚印，今在拉如

① 第二莲师法王噶玛巴，指嘎玛噶举派黑帽系噶玛巴法王，意在称颂噶玛巴法王的功德就如同莲花生大师。

173

寺旁边，仍可以朝拜。

继续往前行，有洪水冲刷造成的断崖。传说当年莲花生大师正欲加持自然石桥时，不巧来了一位背着空箩筐的老妪，致使即将成形的天成桥未能形成，据说这是因缘不合造成的。莲花生大师又见此地有一只老虎在岸上来回跳跃，便建造了叫老虎桥（亦称曼日老虎桥）的木桥。从这里稍往前走，就到了如莲花开苞一般的舒怡之地（今夏莎村米玉朗自然村境内），左右两侧的山坡就如袍子的两条衣襟。右侧山峰如大幅锦旗随风飘动，山洼皆排列有序，山上长有各种树木，如柏树、杜鹃、小叶杜鹃、高山柳、怪柳、小蘖科植物等。各种各样的树木丛杂交织，芳香四溢的灌木丛中，栖息着野鹿、野山羊、麝、熊、豺、猞猁、草鹿、野猫等，自由自在地生息于各自的领地；杜鹃鸟、雪鸡、马鸡、画眉鸟、戴胜鸟、红嘴乌鸦、鸽子、喜鹊、秃鹫、鹞鹰等各类飞鸟，以及羽毛艳丽、犹如各色花朵般的鸟类熙熙攘攘、叽叽喳喳，鸣奏着四季变换的交响曲。

左侧巍峨的山峰有如披着常年不变的绿色锦缎，柏树叶散发的芳香飘漫八方，树下生长着无数可以随手取来入药的草本植物。在森林中、草坪上，彩虹般的花草散放着芳香，蜜蜂自由地飞舞歌唱。山谷右侧山岩上有108座天然形成的如来佛塔，左侧山岩上有天然形成的21尊度母像。此外，有三角形地、三角形天、三角形水、法源三角坛城；上方供着藏有大于鸡蛋两倍的一枚无量光佛舍利的水晶塔，据说塔内还装藏有无量光佛的牙舍利和衲衣。坛城前端，还有莲花生大师的六处脚印。此处有一小庙，即吐蕃时期从印度迎请的静命大师①所建的崩琼嘎布②寺。此寺规模虽小，但属于历史悠久的重要寺庙。每年藏历元月十五日，娘蒲地区的信教群众前来朝

----

① 静命大师，亦名寂护，是古印度佛教史上著名的中观自续派开创者清辩论师的传人，与莲花生大师、藏王赤松德赞合称为师君三尊。
② 崩琼嘎布，意为小白塔。

174

巴嘎拉曲（清凉神水）　普布多吉摄

拜，祈祷在新的一年里远离灾祸。据说，这座寺庙旁边一处岩石下存有金银宝藏，紧邻的红磐岩中，有此圣地内境护法神尊持旗矛深密马头明王[①]。

再稍往前走几步，有80个清澈的泉眼，据传是莲花生大师的伏藏[②]圣水。泉水流经处生长有80棵巨型柏树，象征古印度80位佛教大成就者。从此处

再往前走几步，便可见水岸边有一块如安睡老翁的磐石，下方有供10万空行母入浴洗涤的八功德水。据说在此处入浴，能消净八万四千烦恼、病魔及恶障。再往前走几步，有龙王索玛美施主、有如白色大龟的磐石，据说其下有金银宝藏和清澈的流水，上方生长着称为龙宫的独枝柏树。山谷中间有一座形如供品的本尊胜乐金刚宫殿，山顶有一座拥有80根柱子的大殿，以及能容纳500多位僧人的大寺院遗址，此寺由七世噶玛巴·曲扎嘉措法王创建。寺院遗址四面有安

---

① 马头明王，是藏传佛教密宗本尊神之一，因主尊头上有一只马头而得名。

② 伏藏，指宗教徒为留待未来有缘者获取，特将佛经等秘密埋藏于山岩等处，逢合时机发掘的经文、宝藏等。

住四大金刚的四堆刺树，西南方有多闻天王的天成像和天然形成的宫殿，右面山上有格萨尔王的弓印和他的妃子森江珠牡所住帐篷等遗迹。

继续往前走几步，会看见有一巨岩阻碍过往人们的去路。莲花生大师体谅人们的难处，将自己超度过的牛的皮子、五脏六腑和牛头等铺在此处供行人过道，留有天然形成的胜迹。莲花生大师为这头牛施法超度时呼出的"舍"字，在岩石上留有天成的"舍"字，清晰可见，供众人朝拜。再往前走，在一处平坝上，有为那头死去的牛举行超度仪式的遗址，叫措帕崩（意为形如供品的岩石），可观礼切出头道供品的印迹和天然形成的供品。再往前走，在森林和草山交界处，有叫作"磕头台"的地方。莲花生大师为末法时代众生开启圣地之门时，向十方佛陀祈祷并致三遍顶礼后，随即出现手印、念珠、头部等印迹，有"顶礼台上顶礼，牌坊上面下马"的说法。在方形的牌坊石头上，有天然形成的"卍"字符。

"顶礼台上不顶礼，就是黄牛也不敢迈步。"此处双岩紧挨，很难通过。右面的山形如背驮宝物的大象顺着下坡卧躺，大象嘴中流淌出清澈的泉水，并长出各种树木，称象嘴泉（暗合象泉河）；左面的山形如飞狮凌空，柏树的葱茏枝叶犹如狮子的鬃毛，此等威武庄严的圣地被称为狮嘴泉（暗合狮泉河）。再稍微往前移步，就可见开屏的孔雀嘴里流出泉水的雀嘴泉（暗合孔雀河），以及空行母益西措杰留下的手印，还有宝珠装束的宝马仰头朝向十方嘶鸣的马嘴泉（暗合马泉河）。

从此处往上走，山峰摩天，森林茂密，冰川如雕，高高耸立的山顶磐岩为金刚手，被众成就者围绕。左、右、中三处，分别是天然形成的宣讲大乘教法口。中央山为形如心脏的吉祥铜色山，圆形、稍红、巍峨伟岸，山尖为法身净土，无量光佛有众十地菩萨如云围绕；中间报身净佛土有观世音菩萨，以及如来八大弟子等众菩萨，为化机吟唱大小乘的道歌，使众生从无明中觉醒。山脚有化身莲花生大师五尊及八化身，以及持明成就者

176

吟诵深奥密乘道歌的天成像。旁边的岩石山为天然形成的金刚亥母①像，80层楼高，呈收右腿、伸左腿姿态，阴部流淌着清凉的神水，据说是为了度化未来烦恼深重的众生而留下的加持水。另有天成的咒语"吽"字符。密部为护乐轮的岩石上，有空行母益西措杰用鼻血书写的空行密码字、莲花生大师用禅杖加封圣地永固时留下的仙杖印迹，还有徒众朝拜各自有缘神处和莲花生大师像。上面有空行母益西措杰用鼻血留下的两幅手迹，还有白色虹光环绕的天成米拉热巴至尊像、莲花生大师加封圣地时留下的手印。爬上石阶和长梯，有两块相连的黑白石，是中阴狭道

石。据说，如果能从这两块磐石之间的火眼中通过，死后就不用经历中阴狭道。这两块巨石就是善恶鬼卒，能判别善恶业。

从此往前不远，有莲花生大师惠临此地时，空行勇士和空行母化身老虎等食肉猛兽，为迎接莲花生大师跳起金刚舞，后在磐石上留下的猛兽足印。据说，在金刚亥母岩石肚脐处的岩洞口，妖魔化身成牦牛大小的蝎子天成像，妄图阻止莲花生大师开启圣地之门。莲花生大师入震慑禅定，腾空而起，挖掘出天杵九股金刚杵，降伏妖魔。在长梯顶端的天杵磐石上面，有当时莲花生大师腾空时留下的全身印迹。称为神通轮的肚脐穴上，有天然形成的"嘛"②字。从右侧入内，

① 金刚亥母，是密宗修行的一位女性本尊神。

② "嘛"，是藏文第16个基音字母。

莲花生大师的足印　工布江达县政协提供

在肚脐之上的空间形成一处很空旷、深邃的岩洞，洞内有八吉祥徽①和七政宝②图。在右边的岩洞内，有金刚亥母心血常旋的

---

① 八吉祥徽，指八瑞相，即吉祥结、妙莲、宝伞、右旋海螺、金轮、胜利幢、宝瓶和金鱼。
② 七政宝，即金轮宝、神珠宝、玉女宝、臣宝、白象宝、绀马宝和将军宝。

巴嘎神山的金刚亥母神水　工布江达县政协提供

小泉眼，内有天然形成的驮宝大象站立像。这里为胸部法轮。有如大象胸腔和鼻子等的岩石上有山谷纹路。据说，被厉鬼纠缠的孕妇在此洞内朝拜，就能逃避厉鬼的加害。此处有九庹长的铁环往外插出，人们抓住这条带环铁链往上爬，就能目睹莲花生大师的手杖、手掌和手臂等印迹。若能爬上这三条铁链，便能看到喉部受用轮。此处还有一个小洞，洞口向下，往里伸手就能捡到各自对应缘分之像。还可见部分通天洞，有些洞口被叠起的头盖骨盖住，上有天然形成的千手千眼观世音、三条主脉及两万一千条细脉。还能拜到喉音阿里嘎里（指藏文4个元音及30个字母）字符和三怙主天成像。以上天然形成的，都在金刚亥母躯体内。

金刚亥母身像之外右侧的吉祥山右边，有高耸入云的天成观世音菩萨宫殿，上面有忿怒古茹（莲花生大师的幻身之一）、胜乐金刚、喜金刚、密集金刚、金刚亥母、时轮金刚等

九乘本尊神会①宫殿，个个高高耸立、直入碧空。山谷内还有黑杜怙主和黑财神等的天成像。右侧如狮子头的巉岩处，有莲花生大师在止贡德仲②静修3年，修炼长寿成就法时，用红莲宝石制成的20庹高的宝瓶，宝瓶内的长寿水昼夜不息地从宝瓶口溢出。据说，此水一旦入口就会使人心旷神怡，具有治聋哑等奇效。左侧小山谷内，有象征忿怒百尊③的小型岩石山，犹如手持标识、解度众生痛苦的天成像。右边山谷中有药师如来的天成像和八功德水，好似飘荡的白色锦旗。潺潺流水响彻山谷，据说此水入口，能解除众生的424种疾病④。

前方杜鹃茂密的山上，有人眼无法见着的隐秘红色大海，据说其中住有隐形地母和空行母。

---

① 九乘本尊神会，是藏传佛教宁玛派的修行次第，即事续部三乘、行续部三乘、瑜伽部三乘的密宗修行次第。
② 直贡德仲，即今西藏拉萨市墨竹工卡县直贡乡德仲村。
③ 忿怒百尊，也称静怒天众，寂静和勇猛神佛会众。
④ 424种疾病，佛经将疾病归纳为424种。

药泉右面的纵向森林中，一棵如孔雀开屏的大树底下，有一个方形的石岩，据说是众空行会合之所寒林。其喉颈部位有耸立的巉岩，象征古印度大成就者摩诃萨埵⑤投身饲虎、寂灭于空中的迹象；还有无量寿佛和长寿宝瓶的天成像。如天杵般的石岩上，有天然形成的镇压凶煞的金刚手菩萨像。右边有止贡法王静修时，显现的噶举派黑帽系七世噶玛巴·曲扎嘉措等人朝西方观望的天成像。称为耐萨尔巴（意为新居所）的山体上，有一小型窑洞，是由黑帽系七世噶玛巴·曲扎嘉措开启的圣地新门。进入洞中就会发现，又深又长、伸向底部、像颅骨碗的岩穴内，挂着取之不尽的永生甘露水，甘露从不外溢。据传，此甘露若入口中，人畜就能获得无死成就，断除疾病。此岩洞外部，有一处岩面向下、岩背向上、称为"相互托生"的岩洞。据说，如果能轻松进入此洞，就能消

---

⑤ 摩诃萨埵，是古印度的一名罗汉，也是传说中的释迦牟尼化身之一。

除生处①烦恼和业障。平滑的岩面上，有七世噶玛巴法王用手指书写的文字。西面有一面湖，是护法神的神湖。

神山背后有一形如颅盖的湖泊，此乃金刚亥母的神湖。湖内有天然形成的金刚亥母像。金刚亥母佛像背面有天然形成的弥勒佛像，两旁有两棵黑色松柏，据说是金刚亥母的发髻，只要前去朝佛的人们用心，就能寻找到根根发丝。在此地耸立的八岁等身佛像处，有伏藏和掘藏的遗迹。圣地的西面山背面有三怙主（即文殊菩萨、金刚手、观世音）的神湖，这犹如奶汁般洁净的神湖西北边有药师佛宫，内有甘露药师佛和药神等所在的白岩堆。此山谷内有多种药草生长，尤其是生长着藏党参（鲁堆多吉草），还有引导众生圣水（优质矿泉，也作药用）等。据说昔日有一位采药人，在此地捡到一个开裂的鸟蛋，于是把它放在一堆草中保护起来，没想到开裂的

蛋壳瞬间复合了，才明白这堆草就是藏党参。此地有天然形成的佛语十二部经②岩石，还有乘骑骡子的吉祥天女护法神天成像、药师佛天成像、药佛药袋和白度母天成像。传说古时，杂日山有一户人家，向巴嘎寺供献了一头犏牛。这头犏牛死后，其骨衍生出很多舍利子，尤其是从牛的右颊骨上衍生出了一颗非常大的舍利子，后珍藏于巴嘎寺外的12座塔内。

还有一只常住巴嘎寺的山羊，死后也出现了很多舍利子，它的颊骨上出现了一颗很大的舍利子，后来也装藏在了寺外塔内。这些现象被认为主要是圣地有加持，尤其是吃藏党参、喝引导众生圣水所得的结果。此地所长植被、山岩等都呈现出顶礼、停发模样，频频低头，虔心顶礼。据说，在树木和岩石山上有三种子字及地母和空行母以及鸟

---

① 生处，指受胎出生之机。

---

② 十二部经，指佛所说全部经教，依照文体及内容归纳为十二部分：契经、应颂、记别、讽诵、自说、因缘、譬喻、本事、本生、方广、希法、议论，共十二部。

哈日修行洞　工布江达县政协提供

类等，经常鸣唱"四无量心"①，和睦慈悲相处。据莲花生大师授记，此圣境所有男性为观世音化身，一切女性为度母化身。依佛修行的人，若有愿舍此生快活、真诚修行、矢志积累成佛资粮者，其功德不可思量。

古昔，莲花生大师加持此圣地，并开示了未来有善缘继承圣教、实修传统的人，首先要以圣地加持的教诫。因而，在此圣地静修一个月的功德，大于在其他地方修行一年的功德；在此胜境

修行一昼夜的功德，大于在其他地方修行一个月的功德。因为此地也是许多先辈大成就者证得大手印成就的圣地，所以，未来在此依正法静修者，无疑能获得大手印成就。在如此清静怡人的圣地修行，连鸟禽都能成为好伴侣。它们鸣叫歌唱，你训斥它们，它们也不还口，而是愉快地飞翔。它们不顾忌你的缺点，时时翱翔在空中，为你解除孤苦，唱出动听歌，跳起欢快舞，又自行其乐。而且，此圣地远离盗匪和禽兽的伤害，自然具备岩洞、泉水、森林等有利的自然条件，在《入菩萨行论释》中讲到的幽

---

① 四无量心，指佛教大乘教义，是大乘修行人必修的内容，即慈无量、悲无量、喜无量、平等无量。

静的地理环境、友善的邻里等适宜条件，应有尽有。将来有修持实修派传规、成就自他利益者，请选择此处寂静地。

此圣地有两座寺院，经历了前弘期、后弘期等。前弘期由莲花生大师开启圣地之门，并亲临圣地加持开光等如前所述；后弘期在观世音菩萨的化身、黑帽系七世噶玛巴·曲扎嘉措驻世期间，雪山上有无数修习二次第[①]而获得成就者，迄今留下了许多小屋遗迹，以及娘本·丁增桑布和空行母白玛措姆等无数菩萨及

空行母驾临的殊胜地。据说，此地未来不受自然灾害和外来战争侵害，因为圣地左右两座山显现为临近连接。传说未来，这两座山如果关紧大门交屏，可阻挡毁灭之灾，故在莲花生大师授记中有此处与奇胜的空行秘境、大圣地杂日山无别的提法。而且，宗喀巴大师、止贡仁钦白、持明嘉村宁布[②]等众多大德惠临圣地，入深禅境，在岩石上留下证得成就之迹象的许多手印和脚印。众人所见所闻虽如此，但据典籍所言，每一尊佛陀化身都有

---

① 二次第，指修行密宗的生起次第和圆满次第。

② 持明嘉村宁布（1527—1656 年），诞生于工布江达的龙布，是宁玛教派伏藏大师之一。

巴嘎洞口　工布江达县政协提供

比劫尘沙还多的内容，无法明示出具体行踪。为了众生利益和不使圣地志失传，撰写了这篇圣地志。

有关巴嘎寺的历史，简述如下：此圣地在古时有一座苯教寺庙。据传那时，此处每到举行会供之时，人们就把猎狗和弓箭等留在寺外，等法会会供结束后顺路打猎以养家糊口。莲花生大师驾临此圣地后，摧毁了一切邪门歪道，改变了这一传统，在很长时间里延续了正确的传规，使此地佛法兴盛，寺院也逐渐成为宁玛派寺院，香火旺盛，经久不衰。再后来，七世噶玛巴·曲扎嘉措驾临此圣地，建立了一座叫"降卡"的佛塔。因信众增多，逐渐在佛塔周围形成规模较大的寺院，而巴嘎本寺成为静修道场。后来，蒙古兵入侵，放火烧毁了这座大寺院。当时火烧寺院时，从火焰缭绕中飞起一尊小佛像，迄今仍在供奉。如今，这座寺院只剩下残垣断壁。从巴嘎寺掘藏的金刚持佛像，由噶举教派众上师环绕，有一箭高，曾多次流溢出甘露，被有善缘的人享受。伏藏掘出处，有莲花生大师在圣地门楣处制伏魔鬼灾异时所用的天杵九股金刚杵，供奉于八层所依内。还有外所依十多种及掘挖出的多种掘藏品，均毁于"文化大革命"。此圣地历史和圣地志，在古代文献资料《空行母益西措杰向莲花生大师迎请之圣地目录》和巴嘎寺喇嘛曲英维色撰写的《圣地志》中均有记载。

另外，《拉扎圣地记》也有关于十大圣地的记载：

> 那印度圣地灵鹫山峰，
> 就是净饭王子之圣地，
> 底斯神山是支生① 圣地，
> 拉齐曲瓦是米拉圣地，
> 南方杂日是胜乐圣地，
> 法轮拉萨是松赞圣地，
> 热振寺院是仲顿② 圣地，
> 巴嘎拉曲是金刚亥母圣地，
> 米堆神岩是观音菩萨圣地，
> 曼当乃隆是金刚手之圣地，

---

① 支生，梵语中译作因竭陀，是十六罗汉之一。

② 仲顿，也称仲顿巴，全称为仲顿杰瓦炯乃（1005—1064年），诞生于西藏堆龙沟，为古印度阿底峡大师的西藏弟子之一，创建了热振寺。

五台山是文殊菩萨之圣地。

很明确，这座巴嘎神山是一个异常殊胜之地。另外，卫藏四翼①的右翼东面有娘布、龙布和工布三地，分别位于尼洋河上、中、下流域的三处山谷地带。尼洋河上游的大小两支——娘曲、尼洋交汇处至接近工布江达的流域叫娘布，所以，巴嘎神山具有五种甘露水，属于大小两条尼洋河中小尼洋河的源头之一。这道水经过巴嘎神山，取道娘蒲的夏莎、拉如、江达昂巴宗等地，在两条尼洋河交汇处，汇入大尼洋河。

二、祭祀

巴嘎神山有谷底转、中转、顶转等转山路径。谷底转是以巴嘎神山前的老虎桥为起点，经过拉如、德隆等地，沿着娘蒲河，路过老江达，由吉达肖囊翻山，经过娘蒲的吉美隆，最后再回到米瑞的老虎桥。

这条转山路线包括巴嘎山的所有神山、圣地及古觉普神湖等。中转道一般从谷底走进去，主要转巴嘎神山和古觉普神湖，此路一年四季都可去。顶转是从巴嘎寺开始，只转巴嘎神山。此路只在每年藏历四月十五日才开通朝圣路，藏历七月十五日就会被冰雪封闭。

据传，每年藏历四月十五日天黑之时，在巴嘎神山就会出现杂日地母和空行母示现神变之相，可以看见成百上千酥油灯发出荧荧光花，以及各种圣地景点和寺院等许多奇妙景象。因此，在这吉祥之日，不仅娘蒲百姓蜂拥来朝拜，也有周围四乡八邻的信教群众参与，祈祷逗留至夜阑人静为止。不仅如此，在吉日还会听闻鼓声及笛子、琵琶、鼗鼓、碰铃等妙音。特别是有善缘的人，能听闻空行母的道歌声。此外，每年藏历十月二十九日还会举行二十九禳解法仪轨②。

---

① 卫藏四翼，也称四茹，是古代西藏军政一体的政治架构。

② 二十九禳解法仪轨，指在藏历除夕举行的辞旧迎新宗教仪轨。工布新年在藏历十月。

巴嘎寺　工布江达县政协提供

三、煨桑及禁忌

前往巴嘎神山煨桑须念颂词，大意如下：

啊！

谨遵莲花大师之谕旨，
铭记教诲且将誓言申：
护法神祇巴嘎之达朱 [1]，
体格健美性格显温和，
装饰锦缎珠宝持矛旗，
乘骑绿鬃白色能飞骏，

大神母子眷属与侍从，
我等恭请诸神此地临。
谨以身色法器多变幻，
示现息增怀诛等化身！
咒师吾等虔信来祭祀。
药酒饮品谷物与食品，
珍宝兵器盔甲及虎豹，
野生猎物飞禽鸟兽等，
献与诸佛彰显我心诚。
赞颂佛教护法诸善神，
高擎教法法宝胜利幢。
请祈此地吉祥及如意，
消除霜冻冰雹霉锈灾；
粮丰畜旺人畜得增长，
怨敌猛兽远去不登门。

---

[1] 达朱，藏语中意为幼虎，是巴嘎地区的一名护法，即巴嘎的护法是一只幼虎。

185

若有冒犯圣意请宽恕，
我等施主福田① 之众生，
请赐吉祥如意事业成！
欲前往圣地巴嘎的神湖和神

山北面的新圣地及齐美阿玉岩洞朝拜的信众，在启程前的7天内要禁酒及大蒜，并将诸事委托给护法神。

第 二 节　娘拉桑珠的传说及祭祀

一、传说

　　娘拉桑珠是尼洋河流域的护法神，位于娘蒲乡玉朗村北面河对岸，东距娘蒲乡政府驻地3公里，南距玉朗村1公里，西距同果村7公里。据民间传说，众土

地神每年都在此聚集耍骰子。耍骰子时，娘拉桑珠若赢了，将把居住在娘蒲各山谷里的人们从疾病、饥荒、霜冻、冰雹等灾难中解脱出来；若输了，则对居住在娘蒲山沟里的人们不利。所以在每年藏历元月三日，此山沟里的信教群众都聚集于玉朗的老虎桥头，为了使自己的土地神赢得耍骰子游戏，以着盛装、煨桑、树立风马旗、供奉鲜食新酒等形式

---

① 福田，为供养对境，如三宝、父母等造化之境。

娘拉桑珠神山　工布江达县政协提供

格普沟美景　普布多吉摄

摇旗呐喊，并感恩往年土地神对家乡的护佑。

二、祷祀和煨桑文

（一）娘拉桑珠祷祀文

喂！
朝那彼岸方域境，
工域娘地山谷深。
莲生大师所赐授，
娘拉桑珠土地神，
安住具誓坐垫备，
祈请神眷俱降临。
喂！
怖相地神并眷属：

洁净之水献洗礼，
祈愿永葆洁净身；
各种树枝来献礼，
祈愿诸障俱消除！
三白三甜诸饮食，
青稞小麦谷黍等，
香茶美酒等饮料，
祭祀土地众神眷。
再供白色之神马，
绵羊山羊与家禽，
五彩绫罗与绸缎，
祭祀土地众神眷。
七政宝与五妙欲①

---

① 五妙欲，指供养神佛的色、声、香、味、触，分别以铜镜、琵琶、海螺、香水、果实和绫罗等为代表。

187

吉祥八品①并四洲②,
非天财宝满天空,
实陈意造诸供品,
祭祀土地神眷属。
战无不胜武器精,
盔甲套索装备能,
外依藤竹或神柏,
内付大旗及神兵,
献给严凶土地神。
龙药等等上好丹,
摆满地上天空间,
所需供品皆齐全,
为表酬谢而贡献,
敬请现在来保护,
将成事业献礼品。
能仁亲身莲花生,
层出圣贤娘轶等,
膝前就如所立誓,
护持佛教之僧团。
人畜财产如子护,
在下尤其众施主,
请除一切病魔灾,

福寿增长财富旺,
令诸心愿得实现!
凡彼心中有所念,
请来恩赐皆所求,
诸位护法如意宝,
请助我等心愿酬。
喂!
朝望彼岸之远方,
东方升起红太阳,
阳光照耀娘域地,
莲花生师所约束,
娘拉桑珠土地神,
上午请赴息业会。
身着白色耀光辉,
手持白色矛锦旗,
下跨白色大神马,
十万神兵所围绕,
实现誓愿时期到,
请受所供朵玛食,
成办所托诸事业!
居士娘拉桑珠神,
下午请赴增业会,
骑着黑鬃白蹄马,
身披白色锦缎衣,
手持三节藤神鞭,
请受所供多玛食,
成办所托诸事业!
凡彼心中念所求,

---

① 吉祥八品,也称八瑞物,即镜、酪、长寿茅草、木瓜、右旋海螺、牛黄、黄丹和白芥子。
② 四洲,也称四大部洲,是佛经所说位于须弥山四方大海中的大陆,即东胜身洲、南赡部洲、西牛货洲和北俱卢洲。

工布江达山水风景　曲尼多吉摄

恩请恩赐吾等欲；
诸位护法如意宝，
请助我等心愿酬！

（二）娘拉桑珠祷赞文

朝向具德密主致顶礼！
圆满盛福库藏如意中，
珍宝殿宇高峰之巅顶，
降落妙欲如意宝贝雨，
财神宝藏之主赐吉祥！

工布江达加兴风光　普布多吉摄

在此若想实施觉沃旺冲①供祭仪轨，须在干净地上摆呈朵玛食等供品及糌粑油团，收集所需用具，作大烟祭，用甘露净化供品，念咒语阿弥②进行净化，以六咒语和六手印加持，用乐器伴奏并唱诵：

喂！

初有世间大神尊，
从藏驾临纳措湖，
见到化机在南方，
到你所在居住地。

喂！

方域娘布百沟中，
聂隆色雄金色地，
巴嘎好似水晶塔，
顶乃天神无量宫，
团团祥云绕日月。
中间土地神城堡，
挂有彩虹图锦矛，
城面住有八部天，
各类禽兽在其间。
底部即为龙王宫，
大湖犹如玉湖漩，
右山优似战神旗，

左山就像财神瓶。
如此圣地殊胜中，
父为天神嘎主君，
母为青颜甲墀尊，
子为红旗八兄弟。
八兄各自称谓是，
旺冲大小两豪杰，
南拉豆③与卓夏茹④，
董索达唐⑤杰达度⑥，
堆擦纳仁⑦玉觉朗⑧，
八位身色皆为白，
服饰同于其父王，
身着白绸黄布衣，
蓝绿丝带缠腰部，
头上戴有白色盔，
右挂虎皮弓箭套，
左带豹皮锋剑鞘，
手握青白玛瑙鞭，
乘骑青灰绿色马，
锦夹虎垫细软上，
金鞍金丝圆球图，
银质马镫咚咚响，

---

① 觉沃旺冲，是江达地区的一位护法神。
② 阿弥，梵语，为甘露之意。

③ 南拉豆，山神名。
④ 卓夏茹，山神名。
⑤ 董索达唐，山神名。
⑥ 杰达度，山神名。
⑦ 堆擦纳仁，山神名。
⑧ 玉觉朗，山神名。

头繫玉笼装饰美，
立体白螺饰鞍鞴，
神力无边跨三千，
请临此方供奉地，
呈此桑祭当酬谢！
喂！

旺冲八兄土地神，
化身息增任意身，
化为息业化身时，
显为白螺八白人，
乘骑乳色之神马，
右手持有白矛幡，
白铜所制弓与箭，
牵着众多白色狗。
千尊神眷同降临，
请来成就息功业！
喂！

化现增业化身时，
披着金甲八武士，
显示威武雄壮身，
右手挥舞众武器，
左手紧握聚宝瓶，
乘骑机灵之骏马，
十万夜叉所围绕，
大神财神如时来，
请来成办增事业！
喂！

化现怀业化身时，

丝巾缠头八红人，
手握赞神红矛幡，
铁身之鹞头顶旋，
赞神红狗身边牵，
桀骜赞神祈降临，
怀慑三界① 尽无余，
祈请成办怀事业！
喂！

化现诛业化身时，
忿怒战神八咒师，
催促八部放贪咒，
身穿咒袍戴黑帽，
左持班达② 右持橛，
"吽哌"③ 猛声隆隆响，
金刚橛上黑缎飘，
曾是驱逐怨敌神，
现请驱逐诸怨敌！
喂！

另外所化化身有，
身之水晶八小狗，
语之白毛八神牛，
意之斑毛八猛虎，
功德之身八鹞鹰，
事业之身八神将，
制情粉碎众敌障，

---

① 三界，指欲界、色界和无色界。

② 班达，古印度语，意为颅骨碗。

③ "吽哌"，梵音咒语，为超度之意。

祈请赐予诸吉祥！
喂！
桀骜之主旺冲神，
右边部众引领者，
岗钦赞萨①六红人，
披着金甲缠丝巾，
乘骑白脸黑骡子，
右背虎皮长弓套，
左挂豹皮箭竹筒，
右握长枪系红缨，
左手握着神套索，
牵着一群蓝色狼，
请受桑祭此光临！
左边部众引领者，
称之巴嘎番子神，
身为白色骑白马，
身着白色绸缎衣，
头戴紫色璎珞帽，
宝贝金带系腰部，
手握水晶玻璃剑，
差遣铁鹞等使者。
前方部众引领者，
诺朗卡伊红穗子，
白色男子七弟兄，
骑着如电红野驴，
身披铜甲铜质盔，

手中矛幡轻飘飘，
左手对敌抛羁索，
身边牵着扁鼻狐，
请受桑祭此光临！
后面来者皆随行，
觉沃铁箭和铁弓，
赞界众多守舍神，
白色布衣穿身上，
头戴毡帽红穗子，
右手拿着玻璃镰，
左手握着敌人心，
骑着乳白黑尾马，
大神及其众眷属，
请临此地纳烟祭！
此地还有土地神，
沟头住有东道神，
达尔大夏迅神尊，
右旁牵着六赞神，
巴哇七个兄弟及，
前方娘拉桑珠神，
聂巴门龙金甲神，
工匠赖念嘎哇等，
此地所有土地神，
有此桑祭来酬谢！
喂！
首先觉沃旺冲尊，
称谓旺之名来义，
世界归服于他意；

---

① 岗钦赞萨，是地名。

192

那座宫殿名含义，
拉扎山上显"冲"字。
居住此岩山里者，
赞神龙药众眷属，
请来降临供养地！
啊！
秀如竹姿之明妃，
红白身色显鲜艳，
身披白色绸缎衣，
美丽玉环装饰身，
珍珠海螺当项链，
金玉交错发辫美，
带着红绿镶嵌饰，
手拿彩箭和铜镜。
牝鹿当作坐骑用，
众多天神及医神，
美丽少女富装饰，
唱起美妙动听歌，
秀腿跳起嗒嗒舞，
众尊请临煨桑地！
喂！
此乃觉沃旺冲神，
三夏住于龙苑岩，
三秋居住曲星沟，
三冬居住博茹① 左，
三春居住拉扎岩，

刹神旺冲八弟兄，
化身随从众神祇，
住于何宫何地方，
神通之力来此地，
祈请欢喜上宝座！
喂！
先来祭祀土地神，
干净整洁大地上，
陈设供品祭土地，
点缀三白朵玛食，
所需五供② 五妙欲，
七政宝和八吉祥，
四洲须弥③ 日月饰，
酬谢威严土地神！
另外所供供品份，
干净头道饮食等，
五种粮食五种药，
头道茶酒及饮品，
酬谢凶严土地神！
猛兽骡马犏牦牛，
所有各种畜牧等，
珠宝服饰金玉等，
所需用具优圣品，
酬谢威严土地神！
鸡狗虎豹和狗熊，

---

① 博茹，山沟名。

---

② 五供，是五种受用品，即花、香、灯、涂香和食物。

③ 四洲须弥，指四大部洲和须弥山。

193

崩嘎峨贡山　普布多吉摄

甲盾箭矛和宝剑，
彩箭供品满虚空，
弹奏鼓螺等乐器，
酬谢威严土地神！
外依牦牛绵山羊，
内依甘露和朵玛，
密依彩箭及明镜，
煨桑具和彩箭镜，
外内密之所依品，
酬谢威严土地神！
身依庙宇聚宝殿，
语依竖立绸经幡，
意依藤竹柏树造，
此等坚固战神殿，
酬谢威严土地神！
医神药叉众眷属，
祭祀三甘及三白，

龙药以及诸服饰，
酬谢药叉医神众！
另外所献有香品，
野蒿柏树乳沉香，
藏木香和甘香松，
各种具有香气树，
糌粑油团等食品，
以此桑烟之祭祀，
酬谢旺冲众神祇！
喂！

祭祀酬谢满足众神愿，
忏悔一切令人惭愧事，
请来宽恕并赐诸成就，
请来护佑顺畅无阻碍！
喂！

天龙夜叉食香瓶腹鬼，
统摄四洲及转轮王等，

194

三种等持①之一切功德，
请来招摄圆满福禄！
请求诸位威严土地神，
护佑福禄永坚固，
我等家眷及财产，
请除逆缘成全顺！
喂！
诸位土地尊贵神，
再请听托付事业，
请来佑助弘佛法，
瑜伽檀越及眷属，

众人身上莫施病，
牲畜之上莫降灾，
庄稼之上莫降霜，
及时降雨护五谷，
呵护人畜同子女，
延寿信徒之寿命，
担当世间之战神，
粉碎怨敌施障难，
祈愿众生得吉祥！
十方佛子众信徒，
护善神与婆罗门，
能带永祥真言力，
祈愿吉祥妙音遍十方！
吉祥！

----

① 三种等持，指三种三摩地，即真如等
持、现位等持和因位等持。

娘蒲沟　海茵摄

一、巴日洞神山的
传说和祭祀

（一）传说

　　巴日洞神山地处工布江达镇结地岗村西北、尼洋河中游。巴日系借用土地神巴日王的名号为山名。此圣地最初由莲花生大师开启，保留有莲花生大师静修一年的岩洞，及其明妃空行母益西措杰和曼达热娃的天成像等。

（二）祭祀

　　巴日洞神山的煨桑祭祀，在《焚香祭山之颂文辑录》中云：嗡嗦斯底，愿得吉祥！实施拉尊仁增①的修命②秘诀《焚香祭山实施方法》，先准备干净的器皿，再寻一自然干净处，预备好药香、酥油、糖、糌粑等，然后将易拿的祭品在香火上熏并泼洒

---

①　拉尊仁增，是王族持明僧。
②　修命，指成就所修神尊的命脉。

如诗如画的工布江达山水美景　普布多吉摄

净水,同时念诵皈依颂:嗡啊吽,等天有寂护佑之最,持明忿怒莲花生大师,汝身圆满具备诸佛土,众生解脱轮回而皈依(念诵三遍)。然后再念诵发心:密胜智慧光明明点位,净化众生三障①安住于,任运四相②身语意明点,解脱童子瓶身③而发心(念诵三遍)。最后念诵七支供:顶礼不造原始本性智,广作无限光明之供养,有寂平等之中作忏悔,离戏法尽广大界随喜,转动任运大圆满法轮,虔诚祈祷轮回得永断,三轮④清净无缘作回向。接着修自生⑤:本净法身之界无障碍,忿怒莲师白里透红色,相好荣光持着颅骨鬘,具备圆满服饰与装束。誓智⑥无二诸佛集一身,成为轮涅共同功德体,嗡啊吽!班

杂古茹白玛斯底吽(念诵一百遍)。念诵嚷、映、康三字净化香料供品。空性中香品化为无漏的佛智甘露,妙欲海之积云散射于天宇,念诵三种子咒进行加持。种种珠宝洁净大器中,世间有为一切受用盟誓品⑦,加持化为三字佛智甘露!祭毕。

二、上工布南迦巴瓦圣地的传说

上工布南迦巴瓦本名天杵火焰磐石,地处工布江达镇帕朗萨村东南方,据说是昌都强巴林和扎西曲隆两寺的护法神。相传最初,下工布的南迦巴瓦被封为两寺护法,后因不能尽职,受到了莲花生大师用宝剑砍断的惩罚,于是,改封上工布的磐石天杵火焰为护法。此后,磐石天杵火焰也称"上工布南迦巴瓦"。

另据由一世杰瓦帕巴拉⑧创

① 三障,即烦恼障、所知障和业障。
② 四相,指修习密乘大圆满道证得有学乃至无学所有道相,即:法性现前相、证悟增长相、明智如量相和法遍不可思议相。
③ 瓶身,指如来藏。
④ 二轮,指讽颂为闻思轮、断弃为禅定轮、所作为羯磨轮。
⑤ 自生,指密乘修行者自身现为本尊,以进行本尊瑜伽念诵和收摄等仪轨。
⑥ 誓智,指密宗誓言本尊和圣智。

⑦ 盟誓品,是密宗仪轨中立誓结盟时所用依物。
⑧ 一世杰瓦帕巴拉,称杰瓦帕巴拉,诞生于今西藏林芝市工布江达县娘蒲乡古觉村。

上工布南迦巴瓦圣地　工布江达县政协提供

立的扎西曲林寺《简史》记载：昔时，某天来了一位长有两面、头戴通人冠①、身披僧装的土地神，对一世杰瓦帕巴拉说："我是此地土地神，名叫祥边朵巴。阁下以前在印度金刚座成为班智达时，我也在那里。阁下当时特别严守因果法，所以如今也成为圣贤善知识；我那时未获准许，私自受用僧人共有的一块布，因此如今转世为此地土地神。阁下您在此建一座寺庙吧，我来侍奉。请授予我居士戒并求授法。"

一世杰瓦帕巴拉于是授予他居士戒和法门，并依土地神的建言修建了扎西曲林寺。据说，祥边朵巴从此坚持听法且及时献供各种食品。

三、巴普圣地及其朝拜祭祀习俗

（一）圣地志

巴普圣地位于距工布江达县县城约 37 公里的仲萨乡邦达村境内。据说，莲花生大师为了使被罪业所迷的众生能从身、语、意的罪恶中得到解脱，同无量寿

---

① 通人冠，是佛教大学者专用的一种帽型。

198

巴普神山　工布江达县政协提供

无量寿佛天成像　工布江达县政协提供

佛一起开启了巴普圣地之门。巴普圣地的东边有一处被称作达普昌的地方，是无量寿佛圣地的第一道门，是一座铁门。此处有分辨黑、白两业的一处岩洞，岩洞里有无量寿佛天成像和莲花生大师的脚印、手印及空行母的脚印、手印等。

西南边有一个被称为扎拉贡嘎赞拉热的地方，是无量寿佛圣地的第三道门；西边的思佳昌铜门，是无量寿佛圣地的第二道门；北面有一棵松树叫邬坚骑嘎，意为莲花生大师的坐骑白马，是无量寿佛圣地的第四道门。下边的一棵松树，传说是莲

莲花生大师的手印　工布江达县政协提供

空行母的手印　工布江达县政协提供

花生大师的手杖，是第一个煨桑场地；接着有处名为耐帮嘎的地方，为第二个煨桑场地；据说，第三个煨桑场地在圣地门边。朝拜巴普圣地途中有天然形成的牛皮筏和酥油石，另外在巴郎有一面神湖。

（二）转山朝拜及祭祀

巴普圣地是一处重要的名胜圣地，美名早已传遍各方。古往今来，远近的朝拜信众及游人络绎不绝。特别是工布江达县和巴宜区境内的信教群众，每逢吉日良辰，都会到此举行煨桑、祈祷、礼拜、祭祀等宗教活动，祈

望消除来年的所有霉障。据传，有些长期吃药却不见功效的病人，来到此地朝拜，就能达到吃药的功效；还有在吃药前来此圣地进行祈祷、转经，药效会更好的说法。这是因为，此地有无量寿佛和莲花生大师开启圣地之门的福缘。巴普圣地还有这样的习俗：有些信众自觉地担任跳金刚神舞的舞者；有些信众到周围的村落里去化缘，筹措跳金刚神舞时的相关供养及所需物品。每年逢藏历三月十五日，百姓都会集中在一起来举行祭祀活动，并跳金刚神舞，念诵莲花生大师的密咒，祈愿消除人畜疾病、地方不

巴普神山圣迹　工布江达县政协提供

降天灾横祸等。如果用响亮的声音念诵莲花生大师的密咒，能听到从岩洞里传来的清晰的鼓声和长角号声。

第 四 节　巴松地区

巴松地区的神山、圣湖，主要有巴松湖（4A 级国家旅游景区）、嘎伊米堆神岩、曼当乃隆金刚岩、措曲当玛赞神岩、朗色格年杰布神山、朱拉鲁莫嘎姆草地、吉木雄白泉眼、邦日济恰瀑布和许多湖泊及能治病的泉水等。

错高风景　曲尼多吉摄

一、巴松湖圣地志及祭祀

（一）传说及历史

巴松湖位于工布江达县错高乡政府驻地北面 2 公里处，距川藏公路 54 公里，距工布江达县县城 90 公里，距巴宜区近 125 公里。这座湖形如弓，湖水四季湛蓝清澈，似一具绿松石曼陀罗呈现在世人面前。湖纵长 15 公里，面均宽 2.5 公里，水域面积为 37.5 平方公里，海拔 3538 米，平均深度为 60.15 米，最深处为 166 米，是林芝市最大的淡水湖泊。

巴松湖意为三岩湖，即米堆拉岩山、曼当乃隆岩山、措曲当玛赞岩山之间的一面湖，被认为是巴松地区的空行神湖或宁玛派嘉村宁布大师的神湖。

据说，湖泊的北面居住着被称为岗嘎杰钦南拉嘎布的土地神。另外，据传古代霍尔国和岭国开战的时候，格萨尔王发现有位神尊特别殊胜，便对此神讲述工布巴松地区非常舒怡的赞赏之言，并将这尊神封为该区域的土地神。从此，岗嘎杰钦南拉嘎布成为工布巴松地区人们信奉朝拜之神。

湖的南面有座名为巴嘎尔德钦耐的神山，此山呈一只铜色蝎子下坡状。与东面山脉相连的沟头山顶，有一块奇特的岩石，从远处望去就像背着水桶的老嬷。按照传统，每当措宗寺举行树立大经幡的仪轨时，首先由湖尾的村民在湖尾沟头一个叫阿姐曼默（青年女子）舞场的圆型草坝献舞。湖的附近有一处名为大埔尼玛的山峰，在错高地区的方言中，意为月亮和太阳，此山形如吹响的大角号。此地村民把这面湖当作本地的神湖，成为三门①虔诚祈祷的对象。

在巴松神湖四周，皆是高耸入云的雪峰、密难插针的森林；在平坦如镜的草甸上和被花草装点的植被中，生长着无数珍贵的草本植物；在潺潺流淌的八功德甘露水和数不胜数的溪水边，小鹿、獐子等各种野生动物自由自

---

① 三门，指身、口和心三门。

巴松湖圣地　工布江达县政协提供

在地生息在各自领域；在神湖周围的密林中，各种飞鸟鸣唱着美妙动听的乐曲；在风平浪静的时候，湖心岛上的佛教寺庙措宗寺及周围的群山掩映其中；神湖周围，还有不计其数的佛教圣迹和修行洞窟。尤其是格萨尔王在降伏恶毒的夜叉、魔王阿琼和北部魔王鲁赞等时，留下的奇妙天成像、圣迹、遗迹与传说等，多得无法细述。据说在吉日良辰里，有缘之人能看见格萨尔王骑着赤褐色骏马，从神湖纵面磴磴而宽的甬道上甬过乎的情景。神湖上、中、下游的许多天成的圣迹，以及生息于此地的各村落村民的不同方言、不同生产习俗、不同民房建筑风格、不同生活习惯等，构成了一个与众不同的地域文化。

巴松湖在 1994 年被西藏自治区旅游部门评定为西藏自治区著名旅游景区；1997 年，被国家旅游部门评定为国家级著名旅游景区；同年，被世界旅游组织评定为世界旅游景区；2001年，巴松地区获得了国家林业部门授予的"森林公园"荣誉称号；2002 年，国家旅游局将巴松湖评定为国家 4A 级景区。如今，景区朝着设施完备、服务功能齐全、游客创历史新纪录、成为世界旅游目的地而努力奋进。

（二）《错宗圣地指南》

巴松湖及圣地以拉萨的大昭寺为中心，卫茹有九大区域，其中通常称为东工布地区的分支——南工布和北工布两地的北工布分属地——巴松沟右侧，有嘎伊米堆神岩，左沟内有措曲当玛赞神岩，中间有曼当乃隆金刚岩，合称"巴松"，是被三怙主加持的圣地，也是古时岭国的格萨尔王降伏恶魔之地。其整个地形犹如罗刹仰卧形态，为镇魔压邪，在其右腿上建有朱拉寺，在其左腿上建有瓦如乃蔡庙（朗色），在其右臂上建有杂普庙，在其左臂上建有南朴洞，在其肚脐上建有工域纳麦措宗城堡。

另外，据新伏藏《如意照光预言》记载：巴松湖下游成为空行母集聚之地，上游建有百种姓[①]本尊大宫殿，能够抵挡霍尔兵的侵扰，形成能住70户人家的村庄，谷口成为大自在宫殿，也叫维巴尔多吉雅宗城堡。在伏藏师嘉村宁布[②]的文集里有这样的点滴记载：中间有达玛嘉村的仁钦松山，为静猛如来会众宫殿，还有很多大圣地和小圣地围绕此地，名为杂拉的喇嘛从聂荣来到此地开启朝圣路。还记载：莲花生大师在山顶修习《广大静猛神尊成就法》时，埋藏了许多深密伏藏。此地还有莲花生大师和空行母居住过的岩洞等殊胜圣迹。谷口有铁门峡谷，中间有金刚岩石门，上有南鹏森林门、湖神岩石顶天立地山等不可思议的奇妙景观。据《八支》记载：圆形绿色清净湖，此湖中有小岛屿，乃是龙王丹珠的宫殿。据《事部雍仲咒续》[③]记载：石山雪峰的彼岸，行云腾雾的前方，聚集空性众空行，呈献会供得成就，若能朝拜消病魔，入定能见自我性。《空行深密无上授记》又记载：密处措宗佛宫中，主尊为莲花生大师塑像，还有莲花生

----

① 百种姓，即百种姓本尊，指密宗修行者百尊本尊神。

----

② 伏藏师嘉村宁布（1585—1656 年），出生于今西藏林芝市工布江达县巴河镇朗色村，是藏区著名的伏藏大师。

③ 《事部雍仲咒续》，系密宗经典。

大师亲手塑成像、石质古茹宝瓶等。在显密佛经中，对此圣地早已有授记。

据传，巴松湖最初为魔王恰巴拉仁的魂湖，后来由佛陀圣意集于一体，教诫岭国的格萨尔王在人间卫茹（吐蕃中翼）北方之地降伏恶魔。格萨尔王按照佛陀天谕，降伏了诸恶魔，砍掉了恶魔的魂树，宰杀了恶魔的魂魄野牦牛，将湖加持并收服为莲花生大师的著名圣湖。据《莲花生大师神通真迹》记载：东边的罗刹红湖，即罗刹女的心脏之血，有缘人能看见许多大手印胜迹。湖上部有无量寿佛坛城，下部有观世音菩萨坛城，中间有措宗岛。措宗岛为怀伏神尊的宫殿，此处天宇犹如青龙飞天，地形似绿松石曼陀罗。后山如国王正升殿；前山如铜蝎爬下坡；右山像燃烧着的火焰，象征此圣地威力大；左山似大海螺，象征此圣地名声远扬。从东看去犹如耸立的金刚亥母，从南看去好比莲花生大师的帽冠，从西看去似乎布满各种武器，从北望去就像曼陀罗上的嵌缀等。在四季暨息、增、怀、诛四业，能任运圆成此圣地。

空行母益西措杰前往西南的拂尘洲 ① 时，称一宗两支，在上方有著名的冈底斯、拉齐和曲瓦尔，在下方有著名的加拉 ②、巴东 ③、岗日森党 ④，在中间有具备加持力的巴松措宗达普、朵钦拉山等岩石山。在美景和雪山围绕的殊胜圣境之内，最初塑造的所依 ⑤，是莲花生大师亲手所造石如莲花帽，藏有水不能毁、火不能焚、战乱不能扰的佛像。此地埋藏有能禳解凶恶势力的法门密境白玛圭的钥匙等 128 个伏藏和 1032 部分支伏藏、无数的小密藏。

大成就者唐东杰波 ⑥ 修建了莲花生大师的意所依佛塔，在进行开光时，东方妙喜世界、南方

---

① 拂尘洲，即罗刹国，为罗刹鬼的生聚之地。

② 加拉，今加拉白垒峰。

③ 巴东，指雅鲁藏布大峡谷的巴东瀑布。

④ 岗日森党，指今西藏林芝市米林县派镇加拉村一带。

⑤ 所依：即依靠的事物，庙堂是所依，佛像、佛经是能依。

⑥ 唐东杰波（1385—1509 年），出生于后藏地区昂仁县，为香巴噶举派著名大师，在西藏各地修建铁桥，编创藏戏剧目，发明藏药消瘟红丸等，终年 124 岁。

具德世界、西方极乐世界、北方业尽世界、中密严刹土、兜率天宫、西南拂尘洲等刹土各自照射一束虹光于此方，于是在大成就者唐东杰波的净相诸观境中见到：吉祥铜色刹土、莲花生大师八尊像围绕25位君臣、印藏大持明80尊、勇士空行等如云的神众围绕。若干年后，化身为掘藏大师桑杰林巴①，按照莲花生大师的授记，在藏历阴金猴年四月二十五日开始修造莲花生大师忿怒像。彼时，五种土的深密伏藏也从地下掘出。佛像下部于藏历猴年四月二十五日开工修造，上部于藏历猴年七月十日塑造圆满。此时，那尊莲花生大师像开口对修造者掘藏师说道："吾给吉尊诺布坚巴②睁眼三次，给无与伦比的那措让卓③开金口，给维色旺杰降赐甘露并授记。"凡向莲花生大师像祈祷者，有求必应。

据说，在准噶尔兵入侵西藏途经此地时，香灯师怕损坏这尊莲花生大师忿怒像而心慌意乱。此时，佛像又降语道："不碍事，你等不必担心。"后来，准噶尔兵放火却无法烧毁这尊佛像，准噶尔兵惊慌失措道："这不是莲花生大师忿怒尊像，而是马头明王像。"因此认为，大殿是能抵挡任何水火之灾的神圣殿堂。这以后，便修造了古茹莲花光、师君三尊、圣观世音菩萨、三怙主、五姓如来、多闻子财神、湖主措曼杰罗等像。

殿内壁画有古印度佛教大师六庄严和二胜④、大成就者尼达赠、大成就者唐东杰波、吉尊米拉热巴等的画像，左右壁画分别为五姓如来佛、四大金刚等。寺中有三座佛塔，分别为降魔塔、降龙塔和措宗活佛灵塔。巴松湖圣地的所有灌木、森林都显示为勇士和空行母的手印，四大⑤声

---

① 桑杰林巴（1340—1396年），出生于今西藏林芝市工布江达县的巴松，是宁玛派掘藏大师。

② 吉尊诺布坚巴，是一位密宗行者。

③ 那措让卓（1484—1569年），别称孜里那措让卓，出生于今西藏山南市洛扎县门当村。

---

④ 六庄严和二胜，是古印度佛教大学者。六庄严是龙树、圣天、月称、无著、世亲和法称，二胜是释迦光和功德光。

⑤ 四大，也称四大种，即水、土、风、火。

措宗寺　工布江达县政协提供

音都显示为班杂古茹莲花生大师咒语的梵音。此外，有一尊石质密金刚，相传为女子祈求生育赐成就的佛像。还有岭国格萨尔王的坐骑褐色骏马和湖居神马在岩石上留下的一串蹄印。前山上，有莲花生大师八种幻化像和二十五位君臣的修行洞。西南边，有护法旺的修行洞、空行会供鼓、石岩上的天成像。西面有与印度寒林①无差别的寒林。据说，印度寒林有一道如马尾毛那样细的光，昼夜不停地照着此处

的寒林。另外，还有天成的整张人革、秃鹰留下的印迹、莲师释迦狮②的钵印。此处还有一个很奇怪的树桩，是一根墓冢树桩，根部有墓冢黑猪窝，腰部有花毒蛇的舞场，顶部有黑墓鸟（类似金翅鸟的神鸟）的飞翔处。此外，还有掘藏大师桑杰林巴修造古茹猛尊像时，用脚镇伏鬼蜮、坐骑行舞时留下的印迹。北岸有降魔行诛业的修行洞。东面有称为洗礼洲的洗浴处。据说，在此池内洗浴，能净化不净的罪孽

① 印度寒林：即清凉寒林，是古印度摩羯陀国东南方的一处寒林，在此有仿效之意。

② 莲师释迦狮，是莲花生大师的八大化身之一，也是莲花生大师的别号。

207

嘎伊米堆神岩　普布多吉摄

还有一处空行舞场，据传是三圣地的勇男勇女献舞道场。这里还有与圣地印度佛塔无差别的吉祥火炬塔、莲花生大师的宝座、莲花生大师的大足印、阎王罗刹行刑杀敌场等。东南之际有 100 处延寿泉眼。据说，若能受用这道泉水，就能获得活百岁的机缘。在岩石上有菩提阶梯解脱道图案，还有天然形成的如来经藏岩石。据传，其内埋藏有许多开启深密伏藏的钥匙。此圣地的宝物托付于水域王，还有天成"啊"[1]

字符和天成喉音"啊里嘎里"[2] 字符等等。据说，此湖是阎王爷的神湖，措宗湖圣地因此成为一处最殊胜的圣地。

二、巴松地区神山的传说和祭祀

（一）嘎伊米堆神岩的传说

嘎伊米堆神岩位于工布江达县朱拉乡崩嘎村以北 20 余公里处，即工布江达县朱拉乡与那曲市嘉黎县交界处的巴默唐[3] 绿色

---

[1]　"啊"，是藏文第 30 个基音字母。藏文一共有 30 个字母，"啊"字是最后一个。它也是梵语元音字母的第一音。

[2]　"啊里嘎里"中的"啊里"指元音字母，"嘎里"指基音字母。

[3]　巴默唐，意为天女起舞的草甸。

平原上。该神岩高约100米。

据传，这座神岩是观世音菩萨在人间的修行之境。吐蕃王朝赤松德赞时期，莲花生大师给诸智童教授翻译学，并迎请圣地印度的大班智达·比玛拉米扎[①]等诸多圣贤，将显密佛经论著中的主要内容翻译成藏文；同时，向法王和空行母益西措杰等有福缘之人授予经传和金刚杵秘诀，证得教化；建立显教的讲经院和密教的禅修院，还建立了红衣出家僧众和白衣在家教徒两个教团，留下了无与伦比的丰功伟绩。

有一天，莲花生大师惠临西南的拂尘洲，降伏罗刹魔女时，具有神力和各种神通的罗刹女热恰能萨，逃至米堆圣地。莲花生大师追至此地把罗刹女降伏，将其血肉作为盟誓品伏藏于此地并进行加持；同时，为此地取名为邬坚秘境嘎伊米堆拉扎，列为八大圣地之一，亦足雪域十大圣地之□。嘎伊米

---

① 大班智达·比玛拉米扎，是古印度佛教大师，8世纪吐蕃赞普赤松德赞时期，被迎请至西藏传播佛法。

堆拉扎东面有三道峡谷，即尼达峡谷、第玛峡谷和巴桑峡谷。峡谷内有五面湖泊，即能仁神湖、雪山教法神湖、东面胜乐金刚神湖、北面度母神湖、西面空行神湖。南面的祁额沟内有碧日达索神山，从拉萨望去犹如中域的水晶宝瓶山，从后藏望去犹如藏拉山上的白色小鸟，从藏北望去犹如马嘴白牙山。北有佳孔谷地和佳孔荣桥及江额谷地和江额荣桥。在民间传说中，岭国的格萨尔王在降伏魔王时，将自己的坐骑拴于桥端。

（二）曼当乃隆金刚岩的传说

曼当乃隆金刚岩是巴松湖圣地的第二块神岩，地处工布江达县朱拉乡吉木雄村西面、帮村东面，距朱拉寺5公里，距工布江达县县城约87公里，距林芝市区约115公里。

据传，当年莲花生大师乘骑一只无缰绳的白色狮子，从扎拉圣地缓缓飞来时，见金刚手在此修行。于是，莲花生大师也在此圣地静修了6年之久，并为这座

曼当乃隆金刚岩　普布多吉摄

圣地起名为曼当乃隆金刚岩。莲花生大师当年的修行洞至今仍可供信众朝拜，此地生长有各种花草、树木、药材。

此圣地南面有天然形成的释迦牟尼佛祖像，上方有觉奥惹模加玛的名称中所带字母"惹"字的天成字形；下方有一汪泉水，据说喝了此水，哑巴能开口说话。北面有杂日董赞(杂日山神)

或萨丁扎赞（地上岩神），被奉为此地的土地神。此圣地还有条伏藏水，每年藏历六月四日准时流出清冽的甘露，直到藏历十月二十五日才会停流。当地百姓目睹这一奇异的自然现象，便把它视为神泉，又称"间歇泉"。

该圣地下方有叫作嘎昌的莲花生大师圣地，据说圣地的钥匙伏藏于岩石之内。另据说，在此地形如猪鼻的石头旁的湿地灌木丛中，藏有开启圣地之门的一套白铜钥匙和一套金钥匙（这些是预言所示内容）。此地的主要沟谷内，有怙主神湖、无名湖和扎赞（岩妖）湖等。

（三）措曲当玛赞神岩的传说

措曲当玛赞神岩地处工布江达县巴河镇加热自然村后面，距离工布江达县县城约71公里，距离巴河镇政府所在地约26公里。

相传，当年莲花生大师见文殊菩萨在此地静修，便作短暂停留后，按文殊菩萨的指点，速速惠临此地。据说，巴松湖的名字也由莲花生大师所赐。

210

（四）巴松米堆拉扎神岩志

南无佛陀耶！
南无达摩耶！
南无僧伽耶！
断舍大乐寂灭边之人，
慈悲精进饶益诸众生，
远离迷误功德圆满师，
虔诚恭敬之心来供养，
请为圣地虔诚众信徒，
来分内外密三诸圣地，
集起三界甘露之精华，
大概叙述如下望知晓。

佛经所讲二十五域、三十一圣地、八大寒林等，在脉界清净的瑜伽行者看来，此圣地完全具备了上述净土。位于南方圣地、在杂日扎山以北的巴松湖空行秘境，既有大圣境，也有小圣迹。当年，莲花生大师在修行持明长寿成就法时，将空行母卓娃桑姆作为修行伴侣，一同驾临此地。莲花生大师见这个地方被大雪漫没，便将手中的三节白藤手杖抛掷于空中，由此形成三岩三湖三塬。上部有嘎伊米堆神岩，是圣观世音菩萨的修行地；下部有当玛森吉扎神岩，为文殊菩萨的修行地；中间有曼当乃隆金刚岩，为金刚手的修行地。莲花生大师乘骑无缰的白色狮子，心想重回印度寒林时，空行母及天女

措曲当玛赞神岩　普布多吉摄

从天空中为他贡献了一个有殊胜品味的柿子解渴。莲花生大师慧见此雪山为观世音菩萨普度众生的坛城，此岩石为忿怒金刚手的宫殿，此湖为金刚手的大轮，托蒂湖为忿怒黑女神的坛城。后来，吐蕃赞普赤松德赞下令修建桑耶寺时，藏地恶神罗刹女等作障不让修建佛寺，迎请静命大师也未能降伏，于是迎请莲花生大师降伏藏地一切恶神。具有神力和各种神通的罗刹女热恰能萨逃匿于此地，莲花生大师追来制伏她并进行了超度，将其血肉作为誓盟品，此地便被加持为空行秘境。

小型圣迹邦日觉波朗、措宗强卡耐、诺布贵、纳普、斯普、扎马耐等，都被莲花生大师惠临并加持：

……圆满吉善具德之神山，不可思议不可言尽，神奇殊胜众生福田，佛陀所照众神聚此处。痴者眼见长寿佛为水，信者能够实现诸心愿，身心口来虔诚作祈祷，慈悲解度苦厄众轮回，真谛之言必行不蛊。故里虽远心意相近，路程虽远修行路近。圣地

俱足柴水暂久安逸，早晨日轮难出，明示暇满人身难得；傍晚太阳早落，明示无常死亡将至。奇哉！

……米堆神岩是圣观音圣地，措曲当玛是文殊菩萨圣地，曼当乃隆是金刚手圣地，五台山是文殊菩萨圣地。具德神岩山，地处拉萨圣地之东，南方杂日神山之北。从哪个角度看去都是中心地，位于南北连接之际、卫康两界之间、农牧区域分界，观山像似峨眉山，观雪像似冈底斯雪山，看水像似拉齐曲瓦①之水，望林就像圣地杂日山，望塬像似白迷白唐草原，看湖犹如玛旁雍错湖。莲花秘境圣地此神岩，上有五彩虹霞如搭帐，中间地母空行如云聚，密咒法云缭绕之下方，甘露奶汁流淌如流水。巍峨黑岩永固不变方，上弦月（指每月前15天）良辰降临诸神尊，神和神女身着白颜色，体类不同怪模怪样形。或像敲鼓行舞在神岩，或似白色多罗山峰样，或如

---

① 拉齐曲瓦，是大成就者米拉热巴尊者的修行地之一，位于今西藏日喀则市定日县境内。

朵玛食子会供品，或似伞盖胜幢
经幡旗，或如佛塔金刚铃与杵，
或像八大吉祥如意徽。前方原始
雪山显各样，手捧供品姿态各异
多，右山左山后山打转走，各个
姿态万千自分晓。

　　有缘诸众再来聆听：
　　密乘浩大宫殿之中央，
　　坐有大悲四壁一尊像，
　　五色彩虹光芒空中照，
　　空行观音菩萨闪金光，
　　无数观世音与百种姓、
　　无量本尊神会列两旁，
　　七色彩虹向上照射意，
　　超度众生共赴极乐邦。
　　四周护法神众所围绕，
　　下方坐有莲师诸眷亲，
　　左下白色莲花花蕊上，
　　大悲观音菩萨现真身，
　　右侧无量寿佛为主尊，
　　五姓如来次第趺伽呈；
　　其下萨热哈巴①为主尊，
　　两边印度八十成就僧。
　　左方普贤菩萨端正坐，
　　其下弥勒菩萨为主尊，

贤劫菩萨男女作环形。
此后释迦牟尼为主尊，
千尊罗汉众徒作环形，
左侧立体喷焰摩尼边，
呈现食财受用如堆升。
其后坐有双身胜乐轮，
诸位罗汉依次而安身。
其后坐有罗汉与世尊。
妙哉米堆神山岩，
沟头延伸东方来，
沟尾延伸西方去，
此山庄严柏树栽，
格萨尔王名同存。
还有不变之肚脐，
岩面上有宫殿在，
坝上天成有坛城，
柏树如墙四维栽，
中有胜乐轮坛城，
沟头世尊神湖在，
沟尾空行之神湖，
东有度母魂湖在，
丹玛湖在雪山崖。
前山形似倨傲象，
葱葱郁郁森林中，
各种鸟鸟喧汕鸣，
圣贤时时临此地。
勇士空行时会集，
亦有天然会供品。

---

① 萨热哈巴，是古印度佛教密宗大师、
　　大成就者。

213

拉扎祁额秋布山　普布多吉摄

呈上各种曼陀罗，
献上松石与黄金，
草甸鲜花烂漫开，
四野五谷俱天成。
常有芳香扑鼻来，
岩如神箧亦天成，
吉日天成供灯显，
良辰美妙音乐鸣。
树林供养仙女美，
清净神仙右侧方，
不净阎罗法场在。
还有空行洗浴池，
还有八支功德水，
两大河流湍急下，
无数小溪潺潺流，
沟头住有大神祇，

沟尾住有护法神，
侧有如意八宝徽，
缝隙还有七政宝，
秘境伽莫白净域，
显示不见隐蔽状，
诸山纵横交错状。

在佛教前弘期，由世尊释迦牟尼佛授记圣地；在后弘期，大成就者珍吉修强详细地将此圣地记载于史记中，于是美誉传遍十方。

巴松米堆拉扎岩山这座密宗之宫，由种种珠宝形成，有四座牌坊台阶，中央为四瓣莲花，外层为十二瓣莲花。中央莲花之心坐有饰以各种珠宝的庄严的一面四臂大悲自在圣观世音菩萨。观世音菩萨前呈"哈日"字化生六字真言，右边有白色持宝童子，左旁有白色持咒童女。十二瓣莲花之上，依次端坐白色大日如来、蓝色不动如来、金黄色宝生如来、红色无量光佛、绿色不空成就如来、白色大悲菩萨、佛眼菩萨、嘛嘛吉菩萨、白衣普贤、度母和大般若诸佛。廊檐下坐有三世如来佛 1002 尊，均呈菩萨身态。其上方的释迦牟尼佛被众菩萨所围绕，右边的觉沃阿底峡 ① 和仲顿巴由众传承上师所围绕，左边的金刚持由噶举派众上师所围绕。大悲菩萨右隅，有坐姿的弥勒菩萨，前呈金色国王在献供状。牌坊东门有持琵琶王，现今在圣地内。还有马头明王和黑忿怒瑜伽母、21 尊度母等像。南门有持禅杖的金色能仁，西门有捧经卷的黑色释迦狮子，北门有端着水火的黑阎王。楼顶为金顶，皆有珠宝装饰，熠熠生辉，耀照十方，照遍一切众生，象征教化解脱有情众生。楼顶东面有三种性本尊，中央有密集金刚的 32 本尊，右边有 13 尊大威德，左边坐有胜乐金刚的 62 本尊。楼前方有胜乐五尊神，呈立姿。这些本尊神均示现为不近不远的均衡之态。沟头以雪山之态坐有智慧斑斓金翅鸟，为镇压此地恶龙及土地主而住。

据《长寿五姊妹授记经》记载：在空行刹土，有空行长寿姊妹五尊；在龙界，有龙女益西卓玛（智慧度母）；在人间，有当曲嘎玛曲吉。嘎玛曲吉所述圣地的历史渊源大概如下：藏历牛年三月十五日，空行母益西卓玛根据圣观世音菩萨的授记，打开 13 道门进入神岩，发现第一道门是白螺门，第二道门是玻璃门，第三道门是玛瑙门，第四道门是绿松石门，第五道门是珍珠门，第六道门是黄金门。入岩后，感觉出圣观世音菩萨、莲花生大师、成就母王、金刚亥母、黑怙主(黑披风护法) 等来开门。若知道开启这些门的要诀，就会

---

① 阿底峡，是在 11 世纪被邀请到西藏的古印度佛学大师。

证得无法言表、不可思议，好像苍天落入胸襟的感觉。然后转绕100册不同的经卷和100座水晶佛塔，在13处甘露奶汁泉眼里洗浴之后，再闯入里面一看，东面的观自在菩萨宫，有100座不同的寺庙和1000位勇士围绕；南面莲花生大师的宫殿，有613座寺庙围绕；西面黑披风护法的7座宫殿，有7把黑伞围盖住；北面成就母王①的宫殿，有1002尊空行母围绕；金刚亥母的宫殿，有130万空行围绕；空行长寿五姊妹的宫殿，有10万空行围绕；白、绿度母的宫殿，有170万空性围绕；杂日山护法的宫殿周围，有17种不同谷物。堂庑上的会供席上，会供群主佛母宫中，会供宝瓶白闪闪；堂庑中的会供席上，会供群主佛母海会中，会供神舞翩翩起；堂庑下的会供席上，念诵地母和空行禳解仪轨，地神所做纸帐、持明所造账本等，全存于这座宫中。若能将此圣地的宝瓶置于头上，使甘露受注于舌

---

① 成就母王，指护法女神吉祥天女。

上，此人在后世就能转生于持明空行净土。

此圣地住有白色狮子、白色水牛和青灰色母牦牛。还有不同的佛塔132座，被13种颜色的13簇竹竿包围。13大圣地和康区扎桑山的地母以及空行、勇士男女都集于此圣地。另有黄金曼陀罗、白铜曼陀罗、绿松石曼陀罗、珍珠曼陀罗等13种不同质地的曼陀罗。

圣地之内胜境药王洞的磐岩上，有莲花生大师的法鼓、观自在菩萨的法鼓、黑披风护法等神佛的共用法鼓，有诸空行、勇士男女的舞步脚印；磐岩内有不同的经册13部，内住有10万空行母。上有松石和金质曼陀罗，有象征永不变化的金山，有金伏藏、铜伏藏、藏青蓝伏藏等，并具备所有粮食。上边有诸空行、勇士男女的行舞脚印。

据传，此磐岩内有13套钥匙。如果在此处由不曾被别人从身上跨越过的人供奉煨桑，就会获得解脱。神岩右侧，有莲花生大师的大手印和天成的"啊"字。在神岩的马头明王洞内，有金刚

观像冈底斯山的朱拉东冲雪山　索朗摄

亥母宫，有原生谷物①，有30层经卷叠册，有白雪狮、黑披风护法，有二十一度母像由诸根本上师上方高叠之状，被三海围绕着。还有印度奶汁圣泉、大鹏和水牛。在禅定洞里，有两尊白绿度母、米拉热巴②尊者的宫殿和原生谷物。此处还有中阴狭道和铁刺树，大鹏和水牛也在此处。这些是胜境内的状况。在这座宫殿的右侧，有阎王的洞穴，内有地狱的形成法，还有铜火地狱、

白黑花中阴之道。对面的黑磐岩上，有天成的经幡及 17 尊供养天女，有米拉热巴、热琼巴③、祁热贡布多吉④、红色狗、鹿等的天成像，有供应酥油灯资的 7 头白色犏牛、水牛、母牦牛等的天成像，有多吉玉珍女神的天成像，有为大宫殿供水的 7 处圣泉及 3 条天成经幡，有天神和天女白天跳舞嬉戏、夜里吟诵道歌，有良辰吉日的夜晚在宫殿中常规的呈现供灯的现象。对面山沟里有二座人寺，有有放这片谷地所

_____

① 原生谷物，指佛教传说中在远古不需耕种、自然生长的香稻。

② 米拉热巴（1040—1123），是藏传佛教大成就者、噶举派祖师。

③ 热琼巴，是大成就者米拉热巴的弟子。

④ 祁热贡布多吉，先是猎人，后来在米拉热巴影响下成了进入法门的弟子。

需神像服饰及法器等的容器三口。如果在此圣地供灯、竖立经幡，据说就算命数已尽，也能延长寿命。

寺院下方的大磐石内有13盏供灯恒久闪亮，内有珍宝伏藏、7种谷物伏藏、3种天成谷物，有直射宫殿的菩提白道光线。由3堆竹林圈起3部法经，还有天成的白绿度母像和马头明王像。这座磐石内，藏有开启金库的13套钥匙等；殿堂的各方椭圆形磐石内，有向每位神尊供奉朵玛食子的盒龛13件，以及天神与天女、黑披风护法、金刚手的天成像。另外，磐岩内具有藏青稞和印度的一切食品种类，有13种不同的会供轮及黄黑财神天成像。对这一切，除非善良之人，一般人是看不见的。据说在这块磐石上举办会供轮，后世能成为大亨。

还有块光亮得形似整张人皮的磐石，与印度清凉寒林的形状相同。白天，地母和空行母在此行舞作乐，夜里在此唱歌诵道，还有招福皮、胫骨的笛子。此处寒林的供品，需要印度和汉族地区的孔雀、金鸡、白铜鸡、银鸡、野鸭、丹顶鹤等13种鸟禽的羽毛。求财求子者只要虔心祈祷，便能如愿以偿。磐石上有很多空行母的手印和脚印，还有白狮子的爪印，这些是隐秘的胜境。在世间称为空行母卓娃桑木，在空行界誉为喜娃措姆，在人间转生为林萨曲吉[1]。在这座天葬台上有空行母的7个大手印，磐石内还有5个。寒林下方的路边有世尊能仁的石刻圣迹，路下方有福缘人的脚印。空行母南喀卓玛[2]最初开启了此圣地的入门路径，然后示现开通诸隐秘胜境的门，后来又开启了朝转后方的圣地之门和各通道。据说，绕此圣地转13圈，等于念诵1.1亿遍六字真言；转7圈等于念诵1亿遍六字真言。在此竖立一片布质经幡，就会在中阴间拥有飘柔的衣裳；尤其是在此圣地举办会供，进行顶礼，供酥油灯，就能从轮回和恶趣苦厄中解脱出来。

---

① 林萨曲吉，是西藏传说中的一名还阳女士，生卒年不详。

② 南喀卓玛，是一名密宗女行者。

千姿百态的朱拉沟神山　普布多吉摄

山沟内的分支圣地有德普曲龙圣地、桑拉喇萨和珍宝伏藏。这里有称为黑暗洲的寒林；山顶有觉沃阿底峡和仲顿巴大师像；山脚下的磐石上有骑骡子的吉祥天女护法天成像，清晰可见；朱拉沟的后山上有弥勒菩萨和文殊菩萨等天成像。在圣地的阴山上，有被众菩萨和供养女所围绕、下半身住于海里、上半身在饶益众生的世尊能仁的天成景象。在阳山上，有三十二佛等不可思议的显影。从此处前往旮昌珍布山东面的山顶，有世尊能仁师徒、邬坚双身、孔雀宝座、无量寿佛、长寿奶汁甘露水、圣自在空行观世音、六字真言及圣地钥匙等天然形成的圣像。还有莲花生大师亲手塑造的古茹佛塔，佛塔下方镇有贾如七兄①。此地名为工布北部巴松，又因莲花生大师以盟咒束缚罗刹，又称里隆金刚岩，是金刚手的修行道场。

————————

① 贾如七兄，是工布江达地区的护法神尊，头戴鸟角。

219

吾协巴多吉于藏历土鸡年游历这座圣地时，在埠欧囊山正面，净见米拉协巴多吉①的明相中，所赐授记，圣地能识别到的，中央的拉扎（神岩）为莲花生大师修行的主要道场，住有鲜活的80位大成就者②和空行眷众等。山腰为胜乐金刚五尊之宫，右侧较高的雪山上为十六罗汉宫，左侧的雪峰为护法聚集地。前山盖膜奶崩，为遍喜童子护法神地，有空行伏藏宫殿，也是魔王贾成黑色独眼的宫殿，住有扎谢护法、白哈尔、杂拉扎赞等。前方山顶有天成的藏文字母"哈"③，左边有天然形成的月牙，正面下方左角下边有天成的藏文第二元音符号，"哈"字母右边有诸明点清晰可见，并能清楚地识别出称为玛堆措那湖的空行母共同的神湖。

南无古茹！向诸上师致顶礼！称谓巴松的此方山沟地，是三怙主殊胜成就地，誉为极其神圣的拉扎神岩，如叙功德不可思议，一心一意我来赞颂它，与众刹土无别的此圣地，与密严刹土一样殊胜的圣地拉扎神岩，与东方妙喜刹土④和南方具德世界有相同特征的圣地也是拉扎，与西方极乐世界和业极尽有相同功德之圣地是拉扎。虔心祈祷殊胜刹土！空行净界、三十三天、普陀山、灵鹫山峰，西南拂洲⑤吉祥铜色山⑥、邬仗那洲⑦北方的香巴拉⑧、萨霍尔宝寺布拉哈日⑨等同的圣地是米堆拉扎，清凉寒林和苏萨洲⑩、僧伽罗洲⑪、尼泊尔圣地、玛旁雍措湖、吉祥

---

① 米拉协巴多吉，是大成就者米拉热巴的别号。
② 80位大成就者，是古印度佛教的80位大成就者。
③ "哈"，是藏文第29个基音字母。
④ 东方妙喜刹土，指须弥山东方不动佛的境界。
⑤ 西南拂洲，如佛经所言，是位于南赡部洲西南方向的刹土。
⑥ 吉祥铜色山，是莲花生大师所在净土。
⑦ 邬仗那洲，是佛经所言，是在南赡部洲西方的刹土。
⑧ 北方的香巴拉，是世界五部刹土之一、持明之境。
⑨ 萨霍尔宝寺布拉哈日，是古印度的一座著名佛寺。
⑩ 苏萨洲，是刹土名。
⑪ 僧伽罗洲，是古印度的一个岛国。

朱拉吉木雄风景　普布多吉摄

杂日山、晓堆德仲①、东仓②、大仓荣③、洛扎卡曲、法轮拉萨城、吉祥桑耶、雅砻狮子洞、扎央宗、雅砻西扎洞、青浦、萨布隆、工布布久、甲拉森当圣地、白玛圭等圣地相等即拉扎岩，此等圣地他处不曾有。

彼等大悲山的右方，两条河流如恒河水，此等八德圣水，即是引入菩提圣道④水。若用此水来清洗身，无疑能净所有恶业障；若用此流水来解渴，即是殊胜八味甘露水；神尊圣大坛城是有福人的结缘地，有罪之人净化二障地⑤，修行之人成就虹身⑥境，有缘之人证得成就境，寿尽之人除障延命地。凡是在此终生静修，定能证得虹身空行果。凡是在此静修三年，定能成就自他

---

① 晓堆德仲，即今西藏拉萨市墨竹工卡县止贡乡德仲村。
② 东仓，是西藏南部的地名。
③ 大仓荣，是西藏自治区山南市错那县的一个地名。
④ 菩提圣道，指佛教大乘教义所讲解脱之路。
⑤ 二障地，指烦恼障地和所知障地。
⑥ 虹身，指密宗修行能证得的解脱果位，消失肉身，显现虹光身。

嘎伊米堆拉扎大鹏山　索朗摄

利益。凡是在此静修满月，定能证得殊胜悉地①。凡是在此静修七天，定能获得无量禅境。凡是在此顶礼膜拜，定能清净无始罪障。凡是在此举行百供，就是圆满二资②圣地。若在此地供燃油灯，定能清除无明之暗；若在此呈献花朵之供，定能享受无漏伏藏之乐；若在此仅献头道品，获增食财受用无疑点；若是念想此方胜地一刹，定能获得上趣解脱之道。殊胜圣地米堆拉扎岩，见闻觉触之一切众生，祈愿超脱轮回恶趣之苦！

在此所做善德已他众生，愿得圣尊观音随护持，此生寿尽往生普陀山，受享殊胜乘教之法门；未能往生此境众生，皆世获得胜乘善佑，获得净行三戒具德身，成为超度众生之舵手。何时在此圣地行十法③，守戒精进之彼等信徒，有力盟尊护法来佑助，祈愿吉祥海众遍各方！工布

---

① 悉地，指密宗修行者的成就地，分为共同成就和殊胜成就。
② 二资，指智慧资粮和福禄资粮，也是两种功德。

③ 行十法，指书写经文、献供养、施舍、听佛法、背诵佛经、读佛经、讲宣佛法、念诵佛法、思索佛法、修念佛法。

朱拉寺　普布多吉摄

之地绿林水源，南北交界之地称为巴松，被莲花生大师誉为莲花秘境的分支，又谓嘎伊米堆拉扎神岩，美誉传遍各方的圣观世音菩萨修行成就圣地，应有一切僧俗恭敬行礼，愿见闻觉触此圣地的一切众生撒播解脱之种子。

（五）朝拜祭祀

巴松湖有外转和内转两道：外转是从巴河镇加热村开始，经过赞吉扎、多吉扎和赞拉扎等三岩再回到加热村为止；内转是由措久村开始，经过错高村转湖，再回到措久村为止。

此外，有村民在吉日良辰去转湖的传统。每逢藏历元月十五日、藏历四月十五日，巴松湖周围的众多信教群众有专程来到此圣地进行盛大朝拜祭祀的传统；藏历五月十日、五月二十五日，举行供祭，纪念莲花生大师；藏历五月十五日，在错高乡措曲措湖边举行跳金刚神舞活动；藏历六月四日，在朱拉寺由该寺活佛上师为信众举行灌顶法会，附近百姓也会聚集在一起，举行供养寺庙的传统活动；每逢藏历九月二十二日即九月世尊天降纪念日，寺庙附近的信教群众会聚集

223

朱拉鲁莫嘎姆草地祭祀点　普布多吉摄

于寺院，通过煨桑和供养活动来纪念；藏历十月二十五日为宗喀巴大师圆寂纪念日"甘丹昂曲"（即燃灯日），在朱拉寺会举行展佛朝拜活动。

（六）朱拉鲁莫嘎姆草地的传说与祭祀传统

朱拉鲁莫嘎姆草地位于朱拉乡政府驻地西北约2公里处，面积约200万平方米，海拔约3600米。相传，朱拉鲁莫嘎姆草地是墨竹工卡县属地墨竹斯金唐平原的那尊鲁莫嘎姆（意为白色龙女）的化身。她追随朱拉草地富家儿子的媳妇，随后落脚于朱拉草地后山的岩石上。此处现今还有一处小泉眼。每逢藏历五月十日，朱拉鲁莫嘎姆草地周围的信教百姓身着盛装，男子手捧藏香、高举幡旗、背着经书走在前头，女人手捧象征五谷丰登的卓索切玛①、头道酒等紧跟其后。大家围着鲁莫嘎姆龙女宝塔和村内所有的田地转一圈，祈祷丰收；由受请的比丘和僧人实施会供；男人们施行熏烟煨桑、供祭战神，进行祈祷。众人高高兴兴地唱歌跳舞，欢欢乐乐地度过这一天。

（七）转圣湖祭祀时的禁忌与祭祀词

举行祭祀时，不能吃肉；在

---

① 卓索切玛，是一个盒子的左边装酥油揉糌粑面，右边装炒熟的小麦粒，上面插上酥油花和麦穗的祝喜之物。

朗色格年杰布神山　普布多吉摄

藏历四月至九月间，女性在田间不能有喧哗、争吵、裸露等行为；重要的护法神像，禁止女性前往；在神山及泉水周围，以及湖与湖周围，禁止砍树、挖地、搬石、乱扔不干净的东西、大小便等行为。如有此类行为，就会发生夏季雨水不断、冬季极为寒冷、日常频遭霜雹、疾病荒灾降临等。

祭祀词为：嗡啊吽！ [①] 嚯！香云普贤大供云，来供上师本尊如来菩萨！供奉勇士空行护法财神！给战神煨桑！外器内情[②]化于大净之中，供养无尽妙欲虚空

藏。祈愿心想事成、吉祥如意！

三、朗色格年杰布神山的传说和祭祀

朗色格年杰布神山位于工布江达县巴河镇政府驻地西北、318国道北面。朗色的由来据传说有四种：一是远古时期，此地地形为三角地、三角天及三角水的三岔形状，并且拥有大面积茂密的灌木、森林，犹如蓝天飘落在地上，天时、地利使此处逐渐形成了有百余户人家的村落，故获地名朗色，意为天降森林；二是据说念青唐古拉山脉到此三岔地收山，因此得名耐赛，意为三岔口的尽头；三是古代格萨尔王勇战

---

① 嗡啊吽，是加持身语意的咒语。

② 外器指众生生存的世界，内情指有情众生。

225

魔王阿琼时，阿琼战败而逃，逃至此处看见天亮了，此地便得名朗塞，意为天亮；四是朗色村中央，在旧时坐落着朗色寺，已成废墟，过去是属于觉木宗噶尔僧院的分寺，即东噶·洛桑赤列 ① 的寺庙。古时，宗喀巴大师将自己的一件僧袍抛于尼洋河中，并立言在僧袍停止漂流之处建寺。他的僧袍最终停在尼洋河与巴河交汇处。于是，村民把僧袍迎请到朗色村，在村中修建了寺庙，故而取村名为衲裟，意为僧袍。

有诗赞曰：

地天水皆三角形，
朗色三角传美名。
念青唐拉山穷处，
巴河尼洋合流滨。
风光秀丽传说广，
一名多义朗色村。
富有财宝谓朗塞，
平原广大称南蔡 ②。
上师僧袍抛却处，
三岩神殿慑恶灵。

---

① 东噶·洛桑赤列（1927—1997年），出生于西藏林芝市林芝镇境内的觉木一带，是现代著名的西藏历史学家、藏学家。

② 南蔡，比喻如天一样大的苑池。

朱拉丹白拉措　格桑摄

罗玛岭山　普布多吉摄

军官战败当地祇，
深仇未雪天已明。
所依祥门用炮毁，
金像两千湖中沉。
桑旺比丘中箭死，
业否存谛三宝清。
觉沃坚决不远行。

朗色格年杰布神山是巴松地区最重要的土地神。此处还有母尊吉祥天女的岩石，据说，业净的人用肉眼就能看见吉祥天女的真身。称为土地神朗色格年杰布的岩石山和岩石下方，有震慑巴松战乱的护法殿。很早以前，卫

茹（指拉萨一带）与巴松地区之间，有过长期的战争。在现在的加热村降林寺（噶玛噶举派寺庙遗址），领诵经师率领巴松兵，打败了卫茹的军队，并把他们驱赶到拉萨达孜宗属下的拉木村。第二天到达拉木村之后，巴松兵首领对自己的士兵们说道："昨晚，我做了一个不吉祥的梦。如果这次我们战败了，卫茹的军队会用牛皮把我包裹起来抛尸于水。如果尸体逆流而上，我将转世为对你们有益的土地神，你们可以不用理会；如果尸体顺水而

227

下，说明我将会转世为魔叉，将来会给地方带来不利。这时，你们要立刻大吼三遍。"他说出这番话后的当晚，果然如梦兆所示，巴松兵遭到卫茹军队的攻击并被打败了。卫茹的军队捉住巴松兵首领并带到朗色村，用牛皮将他裹起来抛入河中。巴松兵虽然看见河中的尸体逆流而上，但由于慌张、忙乱，连吼了三遍，致使巴松兵首领转世为拉木护法和雪喀董赞两种赞神，给周边的村民及牲畜施害。最终，只好迎请莲花生大师降伏它们，并修建加窘寺，后人称之为朗色格年杰布。

每年藏历七月十七日，朗色村周围的信教群众聚集在朗色拉康（庙宇），举行祭祀朗色格年杰布神山的活动。

第三篇

察隅县

察隅县山水文化概述

第 一 节　地理位置和资源

素有小江南之称的察隅县北部为念青唐古拉山脉，西北部为戎赞卡瓦嘎布山脉，东部为伯舒拉山脉，西部为祁灵公（高黎贡）山脉和米什米山脉，南部为康藏山脉，县城位于这些山脉中间。察隅县东临云南省德钦县和贡山县，北接西藏自治区林芝市波密县和昌都市八宿县、左贡县，西与西藏自治区林

察隅县县城全景　中共察隅县委宣传部提供

芝市墨脱县毗邻，南面与缅甸和印度接壤。察隅县政府驻地竹瓦根镇海拔 2250 米，地理坐标在北纬 27°44′—29°32′、东经 95°41′—98°45′之间，距林芝市政府驻地巴宜区 537 公里，下辖 3 镇 3 乡。察隅全县除古拉乡之外，总的地势由西北向东南倾斜，西北高而东南低，使得全县绝大多数江河自北向南流出，几条河随后汇集到一起，最终流入印度洋。其中，较大的河流有怒江、桑曲河、杂曲河、顿巴曲沃河、贡日嘎布河、杰塔曲河等。

察隅县盛产松茸、木耳、冬虫夏草、天麻、贝母、接骨木、黄连等野生食用菌类和多种名贵药材。域内繁衍生息的动物有孟加拉虎、熊、豹子、小熊猫、鹦鹉、獐子、鹿、野猪、野山羊、羚牛等，其中有 100 多种是国家级保护动物。

第 二 节　　山水文化资源

察隅境内有数量众多的山水文化资源，尤其是神山及旅游景点，其中最为有名的便是响彻南瞻部洲十方、被誉为藏地八大神山之一的戎赞卡瓦嘎布神山。此神山位于竹瓦根镇东部 229.7 公里处的察瓦龙乡政府驻地东面、与云南省德钦县交界处，为两县界山。每年来此转山的藏族群众及国内外游客达数万人，尤其是在藏历羊年，转山的信徒及游客可达数十万之多，徒步转山需要六七天的时间。在南瞻部洲 128 个圣地、1022 个小圣地当中，最为卓尔不群的妙光山帕协[①]位于竹瓦根镇政府驻地以北 120 公里处的古拉乡东南部，徒步从外圈转此山需两三天时间。每年夏秋，来此转山的信众多达数千人。

察隅域内众神山之首是察隅岗热神山，此山位于竹瓦根镇、古玉乡及上察隅镇之间。从然乌到阿扎之间，循外圈转此山有简易公路，因此，转山只需两三天的时间。据说，原来转山的信徒不在少数，但因全球气候变暖，

---

① 帕协，是山名，意为猪脸。

大达拉木神山 普布多吉摄

阿扎冰川渐渐消融，形成各种陡峭的悬崖，因而，每年转山的人只有寥寥数百人。乃萨山位于察隅县政府驻地竹瓦根镇西面110公里处的上察隅镇境内，此圣地是为了方便转大圣地岗热神山而放置于右手边，因而有新圣地之称。徒步转此山需要一天的时间。每年春夏秋冬，来自古玉、竹瓦根、上下察隅的信徒有上千人来此转山。此外，还有下察隅镇境内的国家级自然保护区朗巴（秘境）隆巴、察瓦龙乡境内的加兴岗吉热哇[1]、上察隅镇境内的桑巴羊卓[2]、竹瓦根镇境内的卓刚雄等诸多有待开发的自然景区景点。

---

[1] 岗吉热哇，意为雪山围绕之地。

[2] 桑巴羊卓，地名。

第二章

怒江流域的察瓦龙神山

第一节 戎赞卡瓦嘎布山

戎赞卡瓦嘎布山位于察隅县政府驻地竹瓦根镇东面229.7公里处，矗立在察瓦龙乡与云南省德钦县之间。北连麦日山，南接帕罗雪山，南北宽约30公里，东西长约36公里。海拔在5000米以上的10余座雪山环绕其周边，白雪皑皑的戎赞卡瓦嘎布山矗立在群山中间，犹如众星捧月，其海拔达6740米。每年来自阿里三围、卫藏四茹、多康六岗的僧俗信众成群结队地来此转山朝拜，尤其是羊年，来此转山朝拜的信众更是人山人海。因此，《圣地卡瓦嘎布祭祀和神山志》里有诗云：

每逢藏历水羊年，
戎赞卡瓦嘎布山，
梵天派往人世间。
身躯白色如海螺，
面如十五圆月现，
眸似日月挂山岚。
王子骑上白色马，
身披白绸大披肩，
事业神通无阻碍，
天龙八部眷属围，
众生享得安乐年。

根据此文献可知，在藏历水羊年，大神梵天把戎赞卡瓦嘎布

234

梅里雪山卡瓦嘎布峰　格桑次仁摄

山神派往人世间，是为众生的利生事业。

13世纪，藏传佛教噶玛噶举派上师噶玛·让迥多吉在云游四方、讲经说法时，来到圣地戎赞卡瓦嘎布，将其奉为本尊神灵，并撰写了《圣地卡瓦嘎布秘传福资祥雨》等。此后，不少高僧大德也撰写了赞颂圣地戎赞卡瓦嘎布的各种秘文。

第二节　戎赞卡瓦嘎布转山

据《圣地卡瓦嘎布转山志》记载：察隅县境内的转山道上，在多克拉卡[①]有密宗三怙主、马头明王与金刚亥母双尊、观世音等的天成像；在山后，有鸦面护法神和妙音天女的白螺魂湖。在此地，还能清晰地见到文殊菩萨、弥勒菩萨等八大随佛弟子[②]的天成像。杂索塘右方，有胜乐金刚坛城及空行母桑瓦益西[③]的息、

---

① 多克拉卡，是西藏林芝市察隅县察瓦龙乡的一个山口。

② 八大随佛弟子，指文殊菩萨、观世音菩萨、金刚手菩萨、地藏菩萨、除盖障菩萨、虚空藏菩萨、弥勒菩萨、普贤菩萨。

③ 桑瓦益西，意为密智。

235

鸦面护法神山　扎西仁增摄

增、怀、伏四业的坛城，还有空行母的化身。在章加路上有黄丹（森都热）药泉，人们将此处生长的一切竹子、树木、花草都当成是空行母的魂树。勇士和空行，有些幻化成家畜，有些幻化成家犬，因此无须畏惧它们。满山的花草树木，都是宝伞、胜幢、飞幡、华盖的天成像。从洛卫色上面往下看，便明见胜乐金刚坛城，并有八万由旬高的尊胜佛塔。有缘朝见此塔，如同亲谒桑耶寺。

在洛都贝宫殿里，有米拉尊者的身印，有空行母的石榴珥铛和噶当威猛法基、天铁金刚橛天成像，有《甘珠尔》《丹珠尔》和观世音二珍宝，有天成寒林；

在山顶上，有金刚亥母的魂湖及怙主无量寿佛的甘露寿瓶等。在石柱上，有含药性的甘露及无量寿佛的身印、脚印等各种天成像。如果有缘朝见这些圣迹，无疑能消除影响寿命的各种障难。在摩羯蓝珠、黄雹圣地有十六罗汉的宫殿，可闻及檀香树的香味，如同朝见印度的灵鹫山。在山口中央，有鸦面护法及宝塔天成像。在曲那唐，有三角形法基和三只威猛金刚橛天成像。此处的河水声犹如胜乐金刚根本咒的发音，又如念诵《般若》和《甘珠尔》经。

接近山顶，可见种种不同的天成像；来到胜乐金刚之地，河

236

措贡沟　普布多吉摄

水右方有一座恰似红黑阎王遗体像，路旁有阿瓦牛头鬼卒①，在河的左方有阎罗王、八大随佛弟子、如来佛、燃灯古佛等的各种身印及脚印等。新康山口前有噶玛巴修行水及猪头护法神，路上有《般若经》的天成像。嘎巴村②的起尸沟尾，有被邬仗那天杖和黑披风护法诛灭的、背弃誓言鬼的骨和肉，还有岭国格萨尔王降伏黑魔鬼的迹象；河水对面的岩石上，可见洒满魔鬼鲜血的痕迹。岩石山顶上有藏文"啊"字的天成像，此地岩石上有莲花生大师降伏女魔时留下的清晰脚印，岩石上长年流出不干甘露的修行水，莲花生大师的法座和中阴狭道等也清晰可见。拉岗热桥旁有白海螺和千佛天成像。拉岗热是四山神和三水神聚居的地方，也是莲花生大师长期居住过的圣地。此拉康后面的岩石上有日月天成像，前面有千鬼神塔。拉岗热河对面有莲花生大师的身躯印迹，若能朝见此身印，犹如见到桑多白日神山③。曲卓④路旁，有《般若经》的大成像和曲

① 阿瓦牛头鬼卒，指佛书所说阎罗王属下牛头人身的鬼卒。
② 嘎巴村，是西藏林芝市察隅县竹瓦根镇所辖的一个村。
③ 桑多白日神山，即吉祥铜色山，为莲花生大师所居净土。
④ 曲卓，是一个自然村的名字。

237

转山路上的阿丙村　扎西仁增摄

卓五护法、中阴狭道、五圣地流出的净水，若饮此水，能消除千劫罪障。此平原上部有空行母的资粮盆，若朝拜此物，能消除一切病灾、延年益寿。上部岩石上有天成日月、六字真言像，所有岩面上刻有"噶玛巴千诺"等经典语录。据说，若能朝见此幻化，不仅心态可以变得平和，还能消除一切障碍。

在雅玛迭的上部有清晰的五佛及千百万佛天成像，以及密宗三怙主、《甘珠尔》《丹珠尔》《般若经》等的天成像。在下坡遍布的白石子是诸佛菩萨抛撒的青稞粒，据说可压住怒江对面的黑蛇。诸有缘人到此能取得如意妙果，诸无缘人来此也能消除病灾障难。在扎那①村的沟头，有增禄天女、智慧大鹏鸟、狮面空行母天成像等，山壁上若能朝见黑蛇向下爬行，可以百毒不侵。在曲日山谷沟头，有毗若杂纳②修行洞、长寿泉水和种种掘取伏藏的标记；这里还有马头明王的修行洞、酷似戎赞卡瓦嘎布的男

---

① 扎那，是西藏林芝市察隅县察瓦龙乡一个行政村的名字。

② 毗若杂纳，是吐蕃时期的一位著名僧人。

238

女生殖器天成像，据说喝此处流出的泉水能治不育；此地还有中阴狭道，有走此路能使未来不畏惧中阴狭道之说。佛的脚印清晰可见。龙普[①]村旁边的白石子往下流动处，有法身、报身、化身的手印天成像，还有无量寿见此神迹犹如朝拜一切三世佛；在其路旁，有莲花生大师的法帽天成像。在汤堆拉山口右方有孔雀天成像，在其头部有观世音菩萨像。在佳露日山壁上有空行母的云绳天成像。在达古拉山垭口上有怙主弥勒佛天成像。

第 三 节　祭祀民俗

一、那久赛马节

自古以来，察瓦龙地区的人们，在每年的藏历二月十五日圣地戎赞卡瓦嘎布节来临之际，有到那久山煨桑祭祀的习俗。到那久山焚香祭祀时，人们在藏历二月十四日清晨换上盛装，给马安上最好的鞍具后，从龙普村出发；晚上，察瓦龙附近12个村庄的人们整晚载歌载舞，住在那久山上。人们虽然在那久山只住一晚，但要做充分准备，把装满盛装的箱子、牛羊肉、酥油等驮在骡马背上，浩浩荡荡地上路。藏历二月十五日，在那久山上必须煨桑，因为据传这一天，南瞻部洲的所有神祇聚在此处玩骰子。煨桑如此隆重，只是希望自己的神祇能够赢得骰子。那么，自己的神祇赢了骰子与村庄有何关系？传说自己的神祇赢了骰子，就能使本村这一年的庄稼丰收、人畜兴旺。

藏历二月十五日早上，徒步走来的男女老少要在那久山煨桑祭祀戎赞卡瓦嘎布神山，僧人要颂祷战神并念诵四百禳灾法、心经、驱魔等经书，骑士要去草坪的煨桑路上赛马。后来，这些习俗慢慢演化成那久赛马节。如果在那久赛马节的各项比赛（尤其是赛马）中拿到名次，那不仅是

---

① 龙普，是西藏林芝市察隅县察瓦龙乡一个行政村的名字。

乃钦岗热北部　普布多吉摄

个人的荣誉，也是整个村庄的荣誉。据说，拿到名次是当年个人及整个村庄好运的象征。

那久山的煨桑等活动结束后，察瓦龙附近12个村庄的村民们聚到扎那强本塘。下午，各村参加比赛的骑士、大力士、舞者等开始报名，主持人为他们安排参赛顺序。从藏历二月十六日开始，比赛活动要持续几天。这个活动的总称为那久赛马节。事实上，这个节日是为了祭祀戎赞卡瓦嘎布神山。

这几日，人们三三两两地聚在一块儿，除了"马事"，其他的话题一般听不到。虽然如今人们的生活水平提高了，靠汽车运输货物，但马的地位并未受到丝毫动摇，人们毫不吝啬地购买好马，好马的价钱一路飙升。如果谁的马能在那久赛马节上获得第一名、第二名的话，马的主人会有无上的荣誉感，还能看到他那威风凛凛却也好笑的走路姿势。此刻，察瓦龙乡政府驻地扎那村聚集了来自各地的朝拜信众及旅游观光者。那久赛马节虽是圣地戎赞卡瓦嘎布的祭祀节日，但我们也完全可以把它说成是察瓦龙地区的运动会。而今，那久赛马节期间的物资交流会，也对当地市场经济的发展起到了一定促进作用。

二、康巴三人三神庙

康巴三人三神庙位于那久山。很久以前，来自康区的三个

240

人到戎赞卡瓦嘎布转山时，去那久山朝拜素有戎赞卡瓦嘎布神山西门守候者之称的南觉护法神。三人在此修建了三尊神像后，得道成佛，飞向虚空。

这三人修建的三尊神像依然在那久山。后来，曲央然珠上师到此朝拜时，为三尊神像修建了一座庙，称为康巴三人三神庙。虽然康巴三人三神庙如今只剩下残垣断壁，但人们依然保留着在此转经、供水的习俗。

第 四 节　神山志

一、焚香祭文·祈降福资祥雨 [①]

察瓦龙乡位于察隅县东部，与云南省和缅甸接壤。境内以戎赞卡瓦嘎布神山为主，分布着众多的神山、圣湖。当地群众在祭祀众神山、圣湖时，念诵如下烟祭祷文：

喂！

四洲殊胜瞻部洲，

二十四个圣地中，

南部门域察瓦龙，

滇藏两地交界处，

圣地卡瓦嘎布山。

厄旺教法宫殿内，

[①] 此密传为噶玛巴让迥多吉所著《焚香祭文·祈降成就雨》。

卡瓦嘎布神山的祭祀活动　格桑次仁摄

雪山堆积似珍宝。
天空日月星光灿，
地上各种庄稼长。
域内山川纵横布，
各种植物清凉园。
无数鲜花开啊开，
各种猛兽聚啊聚。
野兽欢乐蹦复蹦，
鸟儿唱鸣啾啾声。
电闪雷鸣隆隆响，
涧溪雪水沥沥流。
大海泉眼圆溜溜，
水声犹如大象吼，
回声犹如鼓声响。
勇士空行常聚此，
善男信女相拥聚。
绿色草地碧油油，
水晶帐篷圆溜溜。
周遭蓝索帐篷固，
璁玉顶柱挂铜钩。
黄金宝坐中央立，
日月光辉四方照。
住有男女刹土神，
为保释迦佛法教，
守护无边之方隅。
山主卡瓦嘎布王，
体似海螺又如绸。
面容皎洁似满月，

双月日月水临秋。
下跨骏马亦螺色，
身着白缎外披裘。
头戴珍宝红缨帽，
身似须弥不动舟。
语如无滞法音响，
意同明空法身收。
知识功德如佛祖，
事业神通悉无碍。
须弥山主驾临时，
白君白马旋速速。
眷属众多意出奇，
右虎皮囊左豹鞴。
剑光霹雳起火焰，
黄金盔甲金灿灿。
松石绿辔飘呀飘，
锦缎鞍垫弹啊弹。
珍宝花鞍华艳艳，
海螺马镫亮闪闪。
珊瑚鞅鞴俱红色，
鬼神八部从家眷。
尊汝化身意出奇，
意之神通满三千。
欲愿意乐如意成，
牛羊家禽作祭献。
三白三甘和乳汁，
供酒奉肉物呈现。
妙欲供品类繁多，

242

须弥山王及眷属，
成就我之诸意愿。
喂！
红色赞王跨红骠，
身着红缎盛装氅。
手持红缨之矛幡，
眷属众多围身旁。
焚香祭以诸妙欲。
黑色魔王跨黑骠，
身着黑缎盛装氅。
手持黑缨之矛幡，
眷属众多随身旁，
焚香祭以诸妙欲。
蓝色龙王跨蓝骠，
身着蓝缎盛装氅。
手持蓝缨之矛幡，
眷属众多随身旁，
焚香祭以诸妙欲。
药之女王鹿作骑，
身着素白绸缎衣。
手持白缨之矛幡，
眷属众多意出奇，
焚香祭以诸妙欲。
黄色地神猪作骑，
周身佩戴珍宝优。
手持珍贵大宝瓶，
眷属众多意出奇，
焚香祭以诸妙欲。

喂！
此外焚香供祭有：
东方天之无量宫，
罗汉仙人眷属众，
焚香祭以诸妙欲。
南方阎王无量宫，
勇猛阎罗男女众，
焚香祭以诸妙欲。
西方天女无量宫，
千万天女眷属众，
焚香祭以诸妙欲。
北方夜叉无量宫，
伏藏之主男女众，
焚香祭以诸妙欲。
下方龙王无量宫，
千万龙族眷属众，
焚香祭以诸妙欲。
周边四面八方地，
众多诸侯王君等，
臣属众多不可想，
候命使者等之众，
戎赞眷属焚香祭。
喂！
此外焚香供祭有：
烟祭总山冈底斯雪山，
烟祭父舅玛年甬热山，
烟祭母舅念青唐拉山，
烟祭自舅杂日杂贡山，

烟祭兄长拉齐大雪岭，
烟祭兄弟岗布清凉域，
烟祭千金岗嘎夏麦山，
烟祭世间十二地母尊，
烟祭外臣悦沃玉则山，
烟祭中臣达玛董布山，
烟祭内臣达子白珠山，
烟祭魂石生神榜仔山，
烟祭魂湖泉眼纳仁泉，
烟祭魂树桑树古追林，
烟祭坐骑白铃帕旺马，
烟祭使者凯撒达秀山，
烟祭主尊威严吉仁山，
烟祭居士金刚自在山，
烟祭居士金刚九峰山，
烟祭卡瓦东嘎大雪山，
烟祭雄州威严牦牛山，
烟祭白水七头弦乐器，
烟祭野藤僧团出家人，
烟祭苯教禅师玉龙也，
烟祭山主嘎拉旺哇山，
烟祭居士多吉扎赞岩，
烟祭念青白岩三神山，
烟祭赞妖金刚具善峰，
烟祭大海魔女乳头海，
烟祭琼鸟无碍盘旋飞，
烟祭秃鹫不离四散飞，
烟祭苯教圣地青龙山，

烟祭同胞长者母亲山，
烟祭兄长黑色之铁墙，
烟祭最长妃子九姊妹，
金刚降伏邪魔众神等，
烟祭神通男子五十九，
烟祭卡拉东嘎雪山等，
烟祭速行使者罗刹女。
喂！
守卫东方之门卫，
烟祭外守觉岗年布峰，
烟祭内守赞神多盘涯。
烟祭守卫南方之门卫，
烟祭外守穆拉日那峰，
烟祭内守孜拉年布岩。
烟祭守卫西方之门卫，
烟祭外守赞让达觉峰，
烟祭内守多盘达旬屏。
烟祭断北敌路之门卫，
烟祭外守占堆旺秋关，
烟祭内守达薛日那林。
烟祭领主大王勇士等，
烟祭护法红檀大梃① 者，
烟祭一切夜叉伏藏主。
喂！

_____

① 大梃，是梃身为四方形、尖端四方为三角形的一种特殊形式的大棒。藏区寺庙常用此作为护法神像所持武器。

244

此外焚香供祭有：
烟祭圣地卡瓦嘎布山，
烟祭主尊威严吉仁峰，
烟祭右边神医门达境，
烟祭左边天界白净湖，
烟祭头领达玛金头山，
烟祭加兴圆满虎心境，
烟祭白净蓝天玉则峰，
烟祭雪山狮子天界域，
煨桑老年勇士探秘地，
烟祭野性海螺七曲戏，
烟祭光圆盾牌鹏山堆，
烟祭持坚赞神刺猬岑，
烟祭护法空母绿老妪，
烟祭法库玉鹏七昆仲，
烟祭人库察瓦头巾岭，
烟祭财库狮子玉则峰，
烟祭米库山之主人岗，
烟祭麦库螺山极妙地，
烟祭外面白色大鹏山，
烟祭箭园林园达觉境，
烟祭矛园白雪猛虎顶，
烟祭财泽玛念七昆仲，
烟祭赞主神医小圣地，
烟祭绸库珍贵玉则峰，
烟祭大口狮子玉则峰，
烟祭雪山圣地七昆仲，
烟祭白绸大渡河上旋，

烟祭北方蓝色珍宝地，
烟祭雪山牦牛大佛母，
烟祭赫红藏人血色面，
烟祭圆形碧湖寒林母，
烟祭牛满药少十万部，
烟祭诸做男人事业者。
以米牛羊酥油花装饰，
糌粑团和神饮佛巾等，
小团三白装饰之供食，
甘露牛奶与三甘物等，
虎豹五彩之箭和铜镜，
黑白供食白万黑千个，
各种妙欲之供施品等，
献与土地之神及眷属。
祭祀汝等愿以加持力，
我等一切施主和眷属，
赐以贤善遮蔽一切罪，
使得获得胜利识圣意。
挥舞大旗发出螺号声，
酬谢一切神灵做益友。
白日三巡白岗做守护，
夜间夜巡夜岗做巡视。
本尊修行赐正果，
厌恶敌人发出相。
作害魔妖行诸业，
意愿成就愿满足。
一切魔难使皆息，
成就一切所托事。

康巴三人三神庙遗址　格桑摄

二、戎赞卡瓦嘎布颂

顶礼上师！

滇藏两地交界处，

南下察瓦龙区籍。

厄旺教法宝座上，

戎赞卡瓦嘎布山，

山形如同海螺积，

山顶如摆白食子，

从曲那通远观卡瓦嘎布神山　格桑次仁摄

山色犹如扬白旗。
右山如同狮子面，
左山恰似青龙脊。
后山好像鹏展翅，
前山犹如熊怒起。
戎赞卡瓦嘎布山，
远望薄雾密蒙蒙，
近看风雪交加急。
近前再看雪花飘，
我辈乞求神怜悯。
岩石世界琼宗乃，
回音犹如雷霹雳。
戎乾边地玉宗处，
草木密如薄雾迷。
山形如同魔女怒，
风声犹如鼓声凄，
我辈祈求神怜悯。
山顶搭起雪帐篷，
山腰围起幕如虹。
寒暑六谷熟大地，
呈献藏地谷中神。
青柳雾中枝摇曳，
我辈祈求神怜悯。
江河流声响哗哗，
大树风声轰隆隆，
走兽嬉戏咯吱吱，
猛兽蹿奔哗啦啦。
云丛薄雾飘啊飘，

勇士空行转溜溜，
护法神使喟溜溜，
八部地神坐姿稳，
我辈祈请神怜悯。
戎赞卡瓦嘎布神，
八面山峰顶矗立。
根本上师如云罩，
我辈祈请神怜悯。
加持恩典甘露降，
本尊续部四六存，
我辈祈请神怜悯。
圣地犹如金刚狮，
静猛居此达百名。
洁白蜡像雪山峰，
世尊殊胜九圣存。
黑水九岭九沟处，
次第天众有九乘。
普陀山形石阶处，
住有本尊大坛城。
慈乌卓玛① 玉宗中，
住有廿一尊度母，
我辈祈请神怜悯。
圣地鸦面护法处，
三百六十护法住。
圣地牧巴加戎② 处，

---

① 慈乌卓玛，即恰若度母。
② 牧巴加戎，即雾罩铁厨。

247

十八地狱此有形。
深蓝圣石宫殿中，
玛尼五部怙主尊，
我辈祈请神怜悯。
圣地卡瓦嘎布神，
松石为痣白色身。
白马松石尾和鬃，
左手持有白矛幡，
左托装有青稞瓶。
白绸发辫风中飘，
十三太保八大神，
左右罗列皆护法。
计有三百余万神，
刹土护法有八名。
性热药湖十六处，
我辈祈请神怜悯。
小圣地有十三处，
圣地大海周遭呈，
住有贤劫佛千尊。
圣地隆拉西普① 中，
石上普贤品② 天成。
圣地水晶宫殿③ 处，
住有莲花生师尊。

让洛多宗协珠④ 处，
住有大日如来佛。
圣地措麦易宗中，
石上弥勒自天成。
圣宗弥勒一尊佛，
等身人高是金身，
我辈祈请神怜悯。
两地神岩洞窟中，
释迦佛祖做主尊。
博拉康⑤ 石塔之中，
存有卡萨巴乃佛。
静云岩山坚堡中，
安坐大宝三世佛。
洛门卡扎玉宗⑥ 中，
莲师施法现身形。
察瓦拉查⑦ 十山中，
察瓦十二丹玛呈。
蓝色热性药湖内，
秘密伏藏存二十。
戎曲多吉⑧ 山洞里，
十六罗汉俱能仁。
圣地四方各门处，
四部护法有守卫，

① 隆拉西普，指风神水晶洞。
② 普贤品，是一部经文。
③ 水晶宫殿，名为卓沃拉西康，是花色水晶庙。

④ 让洛多宗协珠，指琉璃属相石堡。
⑤ 博拉康，指藏斗庙。
⑥ 洛门卡扎玉宗，指南方门域石堡。
⑦ 察瓦拉查，意为炙热烫手。
⑧ 戎曲多吉，指谷河金刚岩。

古拉神山　次仁尼玛摄

我辈祈请神怜悯。
有缘我辈心田里，
圣地万物俱装承。
雪山玉宗森林沟，
有缘我辈看得明。
圣山空行幽静地，
持明清净空行刹。
三界勇士空行在，
海螺奏乐出妙音。
悲歌犹如雨花落，
供品受用如罩云，
我辈祈请神怜悯。
圣地卡瓦嘎布神，
祈祷之诚无二心。
殊胜成就如云飘，
清净恶业罪孽深。
恶业之障能净治，
大慈大悲赐怜悯。

敬信感恩叩长头，
启白愿望作祈祷。
满怀信仰转山岭，
祈请慈悲看分明。
正确引领清净道，
断除恶趣莫回轮。
轮回之海干枯也，
六道引导惠众生。
护佑众生之事业，
轮回套索除断根，
清除黑暗开无明。
无桥之河将桥架，
无梯之登把梯呈。
无佑之人神保佑，
无主之人做其主。
卡瓦嘎布引善趣，
断闭此生受生门，
愿生西方极乐土。

为神山煨桑　普布多吉摄

三、察瓦龙的乐神烟祭文

有寂妙善上师示谛明，
向您顶礼双足净无尘。
略摄人神诚做煨桑祭，
此传吉祥圆满之乐神。
诸佛正法高僧称三宝，
今皈依至菩提不变心。
我以所修施献诸资粮，
为利有情夙愿成大觉。

迎请诸神。愿诸众生永俱安乐及安乐因；愿诸众生永离众苦及众苦因；愿诸众生永俱无苦之乐，我心怡悦；愿诸众生远离贪嗔之心，住平等舍！自性胸间光芒之显神；十方无边佛之刹土中，为得有寂众生享烟祭；神通之力迎请此地也；加持焚香祭祀，嗡啊吽！

各种馨香植物及切嘛①，
大种燃烧桑烟之烟雾，
大地虚空空间遍布满，
呈献众住宾客之眼前。
喂！喂！
烟祭金刚持等根本师，
毗瓦巴等八十成就者；
烟祭行旅转山传承师，
刹土安住释迦狮子佛；
烟祭贤劫千佛及佛子，
烟祭至圣三怙众本尊；
烟祭十六罗汉众眷属，

---

① 切嘛，即糌粑油团。

250

烟祭菩提声闻众眷属，
烟祭密集金刚众本尊，
烟祭欢喜金刚众本尊，
烟祭胜乐金刚众本尊，
烟祭时轮金刚众本尊，
烟祭作布金刚众本尊，
烟祭四大续部众本尊，
烟祭金刚童子众本尊，
烟祭如来八大法行众，
烟祭静猛一切佛坛城，
烟祭金刚亥母本尊神，
烟祭至尊度母众本尊，
烟祭光明天女及神众，
烟祭狮面空行及眷属，
烟祭三地勇士空行众，
喂！

嗦嗦！

愿善神得胜，
善神得胜，善神得胜！
喂！

烟祭护教主尊众护法，
烟祭三界吉祥天女神，
烟祭独目一髻大佛母，
烟祭四面怙主及眷属，
烟祭具誓夜义父母神，
烟祭鬼卒兄妹及眷属，
烟祭守财尸陀林双尊，
烟祭金刚具坚及眷属，

烟祭退敌咒母及眷属，
烟祭死神阎罗及眷属，
烟祭夜叉姊妹及眷属，
烟祭四部先行及眷属，
烟祭白魔护概及眷属，
烟祭虚空衣饰吉祥母，
烟祭愤怒父续母续众，
烟祭净居护法七十五，
烟祭八部鬼神仆役众，
烟祭阎罗大王及眷属，
烟祭夜叉孜吾玛布神，
烟祭七甲庄严之眷属，
烟祭犀甲护法及眷属，
烟祭厉鬼一切之部众，
烟祭祖辈传承众护法，
烟祭持明传承众护法，
烟祭上师传承众护法，
烟祭寂静对治众护法，
杰杰嗦嗦！

愿善神得胜！

喂！喂！

呈进意福之烟祭，
虚空衣饰之天女，
烟祭食肉之鬼女。
一切有情吩咐中，
烟祭广大黄金甲，
烟祭龙赞众眷属。

有之思议幻化者，

烟祭赞王及眷属。
前方雷霆幻化中，
贡嘎坚赞护法神，
背后功德幻化中，
贡嘎坚赞寿护法，
四方事业幻化身，
烟祭不生怙主众。
此地背之幻化身，
烟祭大势王眷属。
未来再次幻化身，
烟祭具德桑普神。
杰杰嚓嚓！
愿善神得胜！
白衣怙主如意眷属众，
烟祭多闻天王之眷属，
烟祭圣者财神及眷属，
烟祭持宝增禄天母等，
烟祭作明圣母及眷属，
烟祭伏藏主和天众主，
烟祭权衡三界欲帝王，
烟祭食肉夜叉三空行，
烟祭财神一切伏藏主，
杰杰嚓嚓！
愿善神得胜！
喂！喂！
烟祭一切瞻部洲之土地神，
烟祭护藏十二丹玛之眷属，
烟祭长寿五姊妹及眷属等，

烟祭戎赞卡瓦嘎布之眷属，
烟祭连地黑密虎蛇之眷属，
烟祭古昔圣地金刚之亥母，
烟祭王属十三古拉之眷属，
烟祭世间九尊能仁大神山，
烟祭护佑藏地一切之护法，
烟祭上部阿里三围土地神，
烟祭中部卫藏四茹土地神，
烟祭下部多康六岗土地神，
烟祭大地祇土地神之眷属，
烟祭大圣地云地之众眷属，
烟祭大昭寺和吉祥桑耶寺，
烟祭具德萨迦厄旺之寺庙，
烟祭尤其守护教法护法众，
烟祭一切土地神和圣地主，
烟祭居住对面右山地方神，
烟祭居住此山左方地方神，
烟祭居住阳光下的地方神，
烟祭居住阴面森林地方神，
烟祭生长树上居住地方神，
烟祭流淌河里居住地方神，
烟祭坚固岩石居住地方神，
烟祭居住行走路上地方神，
烟祭所在地上居住地方神，
今时今日统治神和鲁等众，
星曜显现宇宙鬼神八部等，
特别安住此地附近之鬼神，
神鲁星曜魔王赞妖不死等，

烟祭土地神和乡神原有众，
杰杰嚓嚓！
愿善神得胜！
喂！喂！
烟祭大神战神将军之眷属，
烟祭不可战胜战神三兄弟，
烟祭自己沾染凶暴之战神，
烟祭祖辈传承依脉之战神，
烟祭持明上师依脉之战神，
推荐世代净居依脉之战神，
烟祭家神灶神城堡顶之神，
烟祭守护土地家畜之众神，
烟祭本尊圣神护法土地神，
烟祭根本护法终生之母神，
烟祭商盈胜赌一切之战神。
喂！
烟祭行者伴侣诸路神，
烟祭不知名号忽显神，
烟祭各种客神一切众。
另外无数世代之损益，
业债循环轮回抄录众，
供施烟祭彼等满足之。
祈求袒护辅助供施主，
如愿守护供施敬业般。
我等瑜伽师徒众眷属，
遇上不净晦气气日衰，
用此香气烟祭消除之，
无垢身语意三密清净。

奉献供品眷属宾客众，
祭祀五种妙欲云聚中，
祈求袒护辅助供施主，
施主众生像大神一般，
我等瑜伽师徒之眷属，
平息不和障难之灾难，
回遮四洲怨敌之开罪，
消弭一切敌寇盗匪罪。
寿命福泽财富圆满之！
祈求增长受用及权势！
祈求帮助征服诸众生！
未错相聚吉言盈耳之！
袒护大地之路坦通之！
总之寄存各种之业力，
不灭增长事业即刻做——
执持福禄！
喂！
善缘息魔情世之福祉，
圆满聚福授予此圣地，
心想众事不劳自成之，
受用吉祥幸福之具德，
如来一切布施及雄力。
一切心想之事业，
法界天成之众生，
利益一切之众生。
此等一切生之众，
获得无碍大种之。
布施广大同属盖，

桑曲河源头　普布多吉摄

众生获得自然佛。
不离过去之佛众，
生众布施摆脱之。
聚集功德殊胜正，
上师本尊吉祥之。
断除障难应护法，
空行护法众吉祥！

善月围栏一切噶举圣地之神、伏藏之主吉祥之——白天吉祥！夜晚吉祥！昼夜时常吉祥！皈依上师三宝之吉祥！

四、戎赞卡瓦嘎布祭祀文

顶礼大悲观世音菩萨！大悲观世音成就者煨桑、授权、神饮、供施等让戎赞卡瓦嘎布乐之助伴！嗡萨巴瓦！在空性中将诸供品变成为无漏甘露海。让央康！嗡啊吽！（念诵三次）

喂！喂！

瞻洲雪域之东方，
戎钦二中金刚坐。
佛之大海三根本，
天成宫殿曰无量。
土地之神乃宫殿，
海螺之宫玉为梁。
千房主供佛至宝，
如来松赞等俱藏。
主尊三世怙主佛，
其他眷属列两旁。
情器世间摧垮前，
有情神祇此安康。
临兹供养做事业，
如妙法宝多供养。
上面所说一切经，

254

足有九千亿字行。
情器世间摧垮前，
有情佛法此安康。
临兹供养做事业，
如意僧宝多供养。
上面聚集众眷属，
济济僧众汇一堂。
八大重要随佛子，
其他眷属态慈祥。
情器世间摧垮前，
有情神祇此安康。
临兹供养做事业，
顶上珍宝水晶房。
中部铜蓝善人座，
青色金玉珍珠镶。
珍宝萨让工艺好，
上座戎赞大法王。
君主执持护法器，
身着白色笑洋洋。
旁堆细毛纺锦缎，
白绸头巾面慈祥。
临兹供养做事业，
右边大舅父辈上。
玛年崩热着大氅，
临兹供养做事业。
左边母舅食香王，
缠头丝巾五髻妆，
临兹供养做事业。

前方王妃玉珍玛，
临兹供养做事业。
供奉色宗拉吉岗，
到此供养做事业。
达孜玉珠内臣养，
临兹供养做事业。
达玛德索中臣养，
临兹供养做事业。
温瓦玉泽外臣养，
临兹供养做事业。
古拉王希拉赞养，
临兹供养做事业。
曲米那仁龙魔养，
临兹供养做事业。
拉星桑布古哲养，
临兹供养做事业。
茹措娜姆珍定养，
临兹供养做事业。
古拉善神善恶明，
临兹供养做事业。
野赞多本领军将，
临兹供养做事业。
泽拉摄取敌战纲，
临兹供养做事业。
彤头雕指业从养，
临兹供养做事业。
智嘎蝙蝠擅飞翔，
临兹供养做事业。

朝拜神山　普布多吉摄

科巴骑虎传递员，
临兹供养做事业。
神医门达巫觋强，
临兹供养做事业。
海药身之苦涩汤，
临兹供养做事业。
琼地建塔瞭望者，
临兹供养做事业。
和尚瑟哇夺命人，
临兹供养做事业。
九大野赞业盗娼，
临兹供养做事业。

巴登盖茹招魂忙，
临兹供养做事业。
虎心森林住龙王，
临兹供养做事业。
手中磨尸心绞狂，
临兹供养做事业。
国王七兄应招忙，
临兹供养做事业。
野赞天杵下天铁，
临兹供养做事业。
莽热黑山滚崖石，
临兹供养做事业。
白赞拉泽旗手能，
临兹供养做事业。
康嘎达孜持矛枪，
临兹供养做事业。
占堆旺秋善攻防，
临兹供养做事业。
金刚自在斗敌忙，
临兹供养做事业。
仲巴玉泽神速行，
临兹供养做事业。
康嘎觉泽诱敌众，
临兹供养做事业。
另外仆从信使等，
箭场矛场牧羊人，
犬与夜狐和雕狼，
内外眷属无遗漏，
一并献祭做供养。

256

第 五 节　嘉兴雄

一、景观

素有人间天堂之称的雪域嘉兴雄，位于察瓦龙乡扎那村东山对面 32 公里处，被圣地戎赞卡瓦嘎布群山围绕，面积约 3000 亩。此地是圣地戎赞卡瓦嘎布四方的北措甘、东龙霸、南卫色、西嘉兴中重要的四个圣地之一，也是最为殊胜的圣地之一。自古以来，人们把此地奉为圣地。居住在此的人被称为"圣地之人"，

而受到人们的青睐。

嘉兴雄圣地周边被连绵的、视无餍足的雪山围绕。看到此景，顿觉雪域天堂名不虚传。东面有雄伟厚实的冰川裹缠，冰川形状犹如人的后背，背上悬垂着一个大口袋或布袋，面对东方。据传，这个口袋乃是戎赞卡瓦嘎布的装钱袋。戎赞卡瓦嘎布的正面对着觉域之地（云南县德钦县），因此，觉域人能说会道，觉域地区富足美满。身后的钱袋悬垂在察瓦龙，因而此地自古财

嘉兴雄风景　察隅县政协提供

力十足，就有了这么一句谚语："察瓦龙的商贾，邦则热的脚夫，木雅沟的骡子。"雪山侧面有米拉热巴尊者的天成像，以及南觉铁匠当坚加布的铁具——方形的、表面平整的岩石——被认为是大铁砧等各种形状神奇的迹象。

嘉兴雄上部，有吉仲上师禅定坛城般的天成石像、空行母的天成石像。这些石像犹如工匠们专门雕刻的，既表现出自然界的鬼斧神工，也能满足人们的好奇。

其他景点，有流经嘉兴雄的八功德之水、来自圣地戎赞卡瓦嘎布的冰川融水。据传，此河融合了铁、铜、铝等各种矿物质，饮此水不堕入地狱道、不受地狱苦。此外，还有戎赞卡瓦嘎布魂湖遗留的有观音土之称的地方，据传是不用诵咒加持而天成的咒土，可治疗人畜的癫痫、皮肤病和肠胃病等424种疾病。因此，来到这里的人们，会拿走观音土作为送给亲朋好友的最好礼物。

如果能来到此地参加每年藏历二月十五日举行的圣地戎赞卡瓦嘎布的节日，就如同获得了转一个戎赞卡瓦嘎布外圈的功德。

二、秘文①

喂！喂！
世间殊胜圣地察瓦龙，
嘉兴雪岭铺满鲜花地。
檀香林海左右成雍仲，
狮虎野兽疾行在其中。
鸟类飞禽翱翔在空中，
持明勇士空行聚福地。
一百寒林水晶宫殿中，
自成螺人螺马着螺甲，
金灿黄金战盔头上戴，
凭着舍利受戒悟妙谛。
右持如意珍宝心事成，
左边虎皮豹皮箭除魅。
天上空行天母集万部，
上部险地狐猴哭声啼。
傲慢知鸟杜鹃从飞众，
过去诸佛菩萨驾前齐。
许诺念诵起誓不灭心，
如今实现修行言蕴藉。
护持佛教煨桑献祭品，
一切人畜物品三具备。

① 根据西藏林芝市察隅县察瓦龙乡隆普村阿确老人的口述，转写成文字。

雪域嘉兴雄　察隅县政协提供

享受福泽如意赠成就，
请赐白色修行加持我。

熄灭不和障难除猛兽，
朝拜之愿瞬间快得益。

第 六 节　神山传说

一、戎赞卡瓦嘎布的女儿

圣地戎赞卡瓦嘎布的女儿天成像，矗立在察瓦龙乡政府驻地扎那村东面的山壁上。传说，很久以前的一天，戎赞卡瓦嘎布的女儿对他说："请父亲让我去看看拉萨吧。"戎赞卡瓦嘎布说："去可以，但你必须先在我们的转山道上撒满糌粑才能走。"女儿按戎赞卡瓦嘎布的吩咐，在转山道上抛撒糌粑后，来到了强本塘转山门与同伴会聚，准备向拉萨出发，突然心里生出一阵对父母的难舍之情，便犹豫不决。此时正值天亮，她也只好留在此地。如今，人们还能看见她面朝东方站立的天成像。

现在，人们在圣地戎赞卡瓦嘎布外侧转山时可以不带任何钱财，也能靠沿途化缘与供施，不饿肚子地完成行程。据传，这是戎赞卡瓦嘎布的女儿当年在转山道上抛撒糌粑的恩德。在藏历每月十日黎明之际，扎那地区的姑

卡瓦嘎布的女儿天成像　扎西仁增摄

娘们有向戎赞卡瓦嘎布的女儿煨桑，并将自己的丝线等饰品戴挂在山上的习俗。此习俗的说法是，姑娘们希望自己的容颜不要随着岁月流逝而衰老，青春永驻。

二、阎王秤砣和地狱铜锅

据传，阎王的秤砣位于察瓦龙乡政府驻地北面34.5公里处的扎古村。据说，此秤砣是计量一个人生前积善行和杀生、偷盗等罪孽的工具。当人死去时，阎王会根据死者在世时的善恶多寡决定打入冷热地狱。此外，扎古

卡瓦嘎布的魂湖　察隅县政协提供

阎王秤砣　扎西仁增摄

村位于高山深谷的最深处，自然条件极差，古人有"扎古地狱深处，观看路人脚掌"的谚语，此村被称为三恶趣①之一的地狱道，有在世时能来此地一回，可使死后不堕入地狱的说法。因而，此地有传说中的阎王秤砣和地狱铜锅岩石天成像。

三、毗若杂纳上师掘藏遗迹

吐蕃最初的僧人"七觉士"②

---

① 三恶趣，指地狱、恶鬼、畜生。
② "七觉士"，指第一批随寂护出家的七名藏族僧人，即巴赛囊（益西旺波）、巴赤协、毗若杂纳、甲哇却洋、昆鲁易旺波、玛仁钦却、藏勒珠。

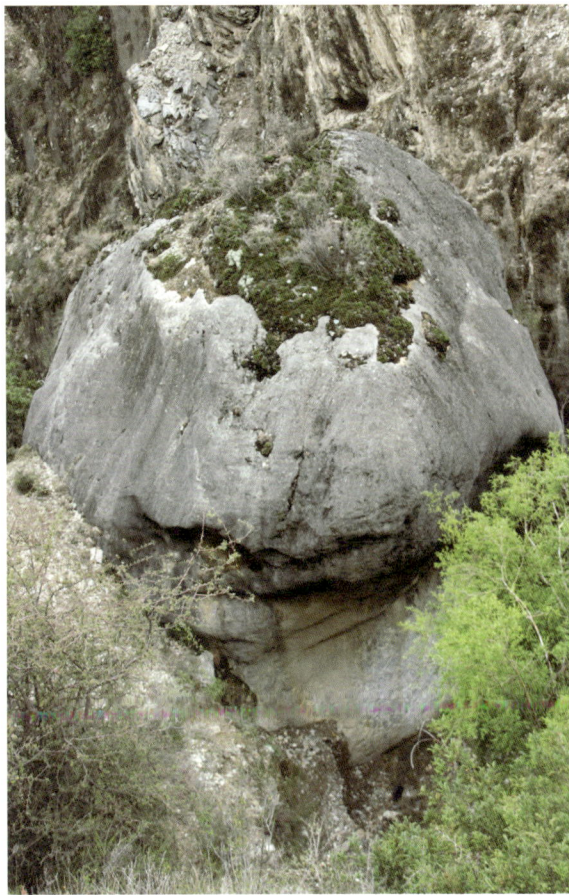

地狱铜锅　扎西仁增摄

之一、吐蕃时期三老译师中的毗若杂纳上师，在赤松德赞赞普时期出生于尼木甲巴果家族，后出家于桑耶寺。

当时，反对佛教的大臣们阴谋算计毗若杂纳上师，便对赤松德赞赞普说："上师毗若杂纳跟王妃私通"，使得毗若杂纳上师获流放罪。从此，毗若杂纳上师成了居无定所的瑜伽师①，来到怒江流域的察瓦龙。现今属于察瓦龙乡政府驻地扎那村上部10公里处，有一座叫嘎里岗②的高山，山岗上面有两间房屋大小的洞窟。毗若杂纳上师来到此地，觉得它距离圣地戎赞卡瓦嘎布山很近，且幽静而景色优美、鸟语花香，是飞禽走兽安居乐业的地方，更是殊胜的修行处，因而，在此地修行了12年并在此弘扬佛法。毗若杂纳上师从曲日村的岩石上掘藏般若函12部③，察瓦龙地区的佛法犹如初升的太阳般昌盛。

据传，当年毗若杂纳上师吩咐自己的亲传弟子玉扎宁布到桑

---

① 瑜伽师，是远离贪心、嗔心、痴心三毒烦扰的圣人。

② 嘎里岗，指犹如人的头盖骨的山岗。

③ 掘藏的12部般若经书原来保存在强本寺，后在"文化大革命"中被毁，如今已无从查找。

毗若杂纳在岩石上掘藏般若函12部的地方　扎西仁增摄

马头明王修行洞　扎西仁增摄

耶寺观察，看佛法是否盛行。根据毗若杂纳上师的吩咐，玉扎宁布来到了桑耶寺。他看到，此地的佛法犹如就要落山的太阳或冷灰里的火花毫无生机，心中泛起沮丧。他转了一圈，在市场的一处角落里看到一位格西给几个人讲佛法，因此逗留了一会儿才返回拉萨。当时，格西讲法的声音讲着讲着就变得越来越小，最后连话都说不出来。听法的人们都觉得很奇怪，就互相询问。有些感觉敏锐的人说："刚才从外面来了一位得道者，不知是否是这个原因。"有些人附和道："也有可能。"为此，人们开始寻找玉扎宁布，并在拉萨找到了他，问道："您从哪里来？"答曰："我来自嘉木察瓦绒。"又问："既然来自嘉木察瓦绒，那么，您可知道毗若杂纳上师在做什么？"又答："我的上师在嘉木察瓦绒弘扬佛法。"玉扎宁布回答完毕后，人们终于知道，弘扬佛法必须迎请毗若杂纳上师。

不久，迎请毗若杂纳上师的人们来到了察瓦龙。毗若杂纳上师前往桑耶寺之际，察瓦龙的人们非常悲伤地为他送行。此时，毗若杂纳上师言道："我祈祷我走后察瓦龙的法脉不断，你们大可不必过于悲伤。"毗若杂纳上

263

魔女尾脊骨石　扎西仁增摄

师来到桑耶寺后，佛法犹如久旱逢甘霖的树苗，生机勃勃，重放光彩。

四、马头明王修行洞和魔女尾脊骨石

马头明王修行洞位于察瓦龙乡政府驻地扎那村上部10公里处。此修行洞在高约八九米的陡峭岩壁上，该洞内部中间位置形成了一根如同白玉般的天成石柱。石柱周边有马头明王圣水之称的八功德水，喝此水能消除各种传染疾病及障难。石柱壁上，可见到各种各样神奇的、仿佛人们专门雕刻而成的造型。这些造型有的像和气四瑞，有的像六长寿等，非常逼真。修行洞外面，有一个从天而降、银线般的水滴处。据说，在此水滴下淋头可消除生命的障难。若生命已到尽头的人来此淋头，水滴将不会落在他头上。

察瓦龙乡政府驻地扎那村上部约5公里处，有一个名为曲廓拉郭的小山口。其正面河水彼岸的悬崖峭壁上，可看到一个石砌而成的坐垫，据传是魔女的尾脊骨。传说古时候，有一个魔女经常伤害来此地的朝拜信众，因而，莲花生大师诛杀这个恶毒的魔女后，在河这边的岩石上为镇压鬼魅刻上了狮面母咒语，至今还清晰可见。到如今，路过此地的人们还有对魔女的尾脊骨扔石头、撒灰的习俗。

五、中阴狭道

察瓦龙乡政府驻地扎那村上部约 6 公里处的路旁，有一道犹如用手掌撕开的岩石裂缝，此裂缝被称为中阴狭道。

坚固的岩石裂缝是如何形成的呢？据说古时，岭国的格萨尔王到汉地征服茶宗后，在班师回朝途中来到了察瓦龙。突然，格萨尔王和他的坐骑消失得无影无踪。仙女乃乃嘎姆得知，岭国的随军大臣们因格萨尔王无故消失和路途劳累而无精打采，就在强本塘幻化出一个很大的饭馆，招待岭国的大臣，让他们吃饱喝足，并说戎赞卡瓦嘎布藏起了格萨尔王和他的坐骑，让他们去营救。乃乃嘎姆说完，赐咒水和无死丸①。大臣们来到曲日沟，把咒水洒在岩石上，使岩石裂开了一条缝隙，从缝隙中给格萨尔

----

① 无死丸，可理解为灵丹妙药。

中阴狭道　扎西仁增摄

中阴狭道　扎西仁增摄

王和他的坐骑喂了无死丸，他们于是复活。如今，还有钻进此岩缝转一圈，能使人死后在中阴狭道上不会产生恐惧的说法。

六、戎赞卡瓦嘎布山男女生殖器胜迹

戎赞卡瓦嘎布山的男女生殖器胜迹位于察瓦龙乡扎那村曲日沟上部约 10 公里处，岩壁上可见男女生殖器天成像。据说，不孕不育的年轻夫妻或习惯性流产的妇女在岩石下睡一晚，会有明显的奇效。

七、查须邬坚白玛

查须邬坚白玛位于察瓦龙乡政府驻地扎那村南面 20.8 公里处的昌西村，在四山神、三水神聚居地拉岗热铁的怒江对面。此神山呈巨大供品状的岩石面上，可见莲花生大师真身印迹。此神山位于昌西村境内，因此，人们称此山为查须邬坚白玛。到此转山一圈，如同亲见桑朵白日一般，因而，对于前往圣地戎赞卡瓦嘎布转山的信众，此山已成为必转之处。每年藏历一月十五日这一天，来此转山的信众非常多。这天早上，察瓦龙 12 个村落的人们身着盛装，聚集在查须邬坚白玛山背面的草坪上煨桑，并诵读一遍查须邬坚白玛第七章、五部遗教、小香祭如意宝等。然后，人们载歌载舞，进行拔河等娱乐活动直至下午；晚饭后，到拉岗山转经并住一宿，犹如过年般热闹。

266

八、阿巴曲卓村

阿巴曲卓村位于察瓦龙乡政府驻地扎那村南面，约11公里处的怒江鹅卵石滩上。此地因有一怒江漩涡而得名曲珠。谚语有云：不是漩涡是风囊，不用吹火由风吹，不用拾柴由水送，不用放茶由客放。从而可知，此地刮风期较长，且怒江大漩涡中柴火取之不尽。同时说明，古时此地，是去往圣地戒赞卡瓦嘎布朝拜的信众、来自丽江的小商贩、贩运茶叶的马帮的驿站。

此地上部有空行母的供盘，以及清晰可见的六字真言天成像。据传，见此六字真言，可消除一切传染疾病并延年益寿。还有一处名叫五圣地圣水的泉眼，据说喝此水，可消除千劫之罪恶晦气。路口有一处称为中阴狭道、身体能钻进去的石孔。钻此孔可消除生命的所有障难。此地上部的石山上，还有日月天成像。

察瓦龙乡康然村　普布多吉摄

传说中的北方的凶猛黑蛇　扎西仁增摄

九、凶猛黑蛇 ①

①　按照古时人们的说法，有一种能够吞
　　噬世间一切物质的凶猛黑蛇。此大蛇
　　在察瓦龙的方言中称为主那热将。

传说中凶猛黑蛇逃跑时遗留的痕迹　扎西仁增摄

从察瓦龙乡政府驻地扎那村看后山，有一座名叫察当的雍仲苯教寺院，寺院后山上可见到有凶猛黑蛇之称的长黑岩悬垂。据说古时候，北方的凶猛黑蛇和南方的凶猛黑蛇约定，在扎那的苯

教察当寺碰头。约定的时间来临时，两条凶恶的毒蛇同时出发。北方毒蛇到得稍微早一点。当它来到察当寺后面的时候，苯教上师[1]用右手的金刚杵击伤了它的眼睛，左手拿着佛珠钉住来到瑟建塘久拉的南方凶猛黑蛇。如今，有北方凶猛黑蛇之称的山下村庄有一口泉眼。据传，此泉是毒蛇的口水，喝此水可消除一切中毒现象。

此外，现今在察瓦龙乡政府驻地扎那村北面34公里处的扎古村上部、察沃河对面的山上，可见到有一条横向的白线。据传，这是北方凶猛黑蛇逃跑时遗留的痕迹。

十、拉岗热[2]

拉岗热位于察瓦龙乡政府驻地扎那村南面，约21公里处的察察公路沿线。此地是地三角、天三角、水三角的山口，因此据说，藏汉两地的恶鬼都聚居于此。传说以前，莲花生大师在此逗留了很长时间，利益世间众生。此地的佛塔历史悠久。威震三界塔[3]原来在上部阿里三围、中部卫藏四茹、下部多康六岗没

---

[1]　民间传说，这位苯教上师为苯教祖师顿巴辛绕·米沃切。

[2]　拉岗热，也称为拉郭热。

[3]　威震三界塔，也可称作千鬼神塔。

察瓦龙乡拉岗热的堆噶卡　扎西仁增摄

传说由莲花生大师亲笔书写的堆噶卡六字真言　扎西仁增摄

有比这还高的塔。"文化大革命"时期，此塔被毁坏。现如今，在塔基上重建了一座小塔。拉岗热桥对面，有一个被人们称为堆噶卡①的地方。此地一块黑色岩石上，清晰可见犹如人的臀部的痕迹。据传以前，格萨尔王在此降伏了一个恶魔。他抓住恶魔的胸部压在了岩石上，于是形成了恶魔臀部的痕迹。对面岩石上犹如火焰般的红颜色，被认为是恶魔身上流出的血液痕迹，此地现在仍能见到。为了镇压这个恶魔，岩石上刻有千佛。

---

① 堆噶卡，指绞死魔鬼的地方。

十一、忏悔塔

忏悔塔位于察瓦龙乡政府驻地扎那村南部，约6公里处的日东自然村前面。很久以前，来自工布的一位上师到圣地戎赞卡瓦嘎布朝拜转山，并在日东村前面闭关修行。有一天，上师对随从吩咐道："我要在禅房修持禅定7日，你不可开启禅房门。"嘱托完后，上师假装禅定，实则身体留在了禅房里，灵魂却飞向印度听佛法。可是，随从把上师的嘱托忘得一干二净，在第三天就开启了禅房门，看到上师无气无

270

忏悔塔　扎西仁增摄

息，以为上师圆寂了。随即叫来顶雪和日东两地的信众，把上师的遗体火化。这时，印度的授法上师看见此景，就对正在听法的工布上师说："你的家乡有火灾，速回去看看。"闻讯后，上师幻化成一只秃鹫飞回，看到自己的身体正在被人们火化，马上把翅膀沾上水去灭火。可人们不知缘由，更是加火焚烧。上师无奈，叹道："日东被山欺，房里冒青烟。"从此以后，日东和顶雪两村再也没有发展、再无圣人出现，也许是因为这个原因。

后来，两村的人们为了忏悔，在此地修建了供有上师骨灰的灵塔。据传，日东和顶雪两村从此才有了生机。到如今，人们还有早晚都聚在此地转塔的习俗。

十二、嘎卓觉沃玛沁[1]

嘎卓觉沃玛沁位于察瓦龙乡政府驻地扎那村北面，约41.5公里处的格布村上部。地方神嘎卓觉沃玛沁据说是拉萨两尊佛祖像[2]的厨师，因此，格布村的人们不管工作忙不忙，都有

---

① 嘎卓觉沃玛沁，即嘎卓佛的厨师。
② 两尊佛祖像，指释迦牟尼12岁等身像和释迦牟尼8岁等身像。

早起的习俗。家里邀请客人要很早就生火，准备的各种食材也是美味佳肴。人们说，这是传承了地方神嘎卓觉沃玛沁的厨艺。塔布村附近有冬虫夏草、雪山贝母等，据传也是两尊佛祖像赐予的。此地牧场水草丰美，古人有谚语说：嘎卓的奶子皮能托鸟。意思是，此地牧草营养好，因此，奶子皮可以托起鸟儿，以此说明此地的奶质好、油脂多。

第 三 章

怒江流域的古拉神山

第 一 节　古拉日然帕兴 ①

　　赫赫有名的圣地日然帕兴，位于古拉乡境内。日然即须弥之意，也有山体巨大之意。帕兴意为：传说古时，至尊金刚亥母和马头明王双尊，施法降伏魔王马张如扎时，在神山顶上幻化出猪嘴对着天空的景象。很久以前，中部地区的一位妇女生下一个男孩。未曾想到，此男孩是魔王马张如扎转世，三天后，男孩吃掉了他的母亲。这时，莲花生大师想到，对此孩儿，如果不在小时候降伏，他长大后会很难对付。莲花生大

　　师命天神、鲁神、念神收服这个魔王，可三神无法降伏此魔。魔王跑到今古拉乡境内时，至尊马头明王和金刚亥母挡住魔王并降伏了它。现如今，在转山道上，还能看到由魔鬼马张如扎的内脏、五官、鲜血等化成的神奇石头。

　　据《圣地日然帕兴的简志》记载和民间传说，此圣地是秘境白玛圭和至尊金刚亥母的道场，也是南瞻部洲 128 个大圣地和 1022 个小圣地中最殊胜的地方。它是诸佛加持地、诸天女聚居地、自颂密咒经文地、诸佛聚集地、本尊聚居地、空行聚会地

---

① 日然帕兴，指须弥猪脸山。

273

圣地日然帕兴　格桑次仁摄

等殊胜之地，来此圣地能获得殊 | 胜的成就。

第 二 节　转山道

　　日然帕兴转山道首先经过南雪哲拉山口，往下走可到一处宽阔的平地。此平地称为格萨尔塘，可以朝见古时格萨尔王从出产茶叶的汉族地区回来后，在此地安营扎寨的遗迹。在拉曲卡和米杨宁托卡建有两座庙，庙里供奉着岭国格萨尔王及岭国三十兄弟、八十英雄的唐卡。从格萨尔塘往下走，原来可见到一方神水，神水附近建有庙宇和万万咒轮（有1亿遍六字真言的转经轮）。自此再往下走就到了塔卡塔下，此地圣水桥附近有一座天

成的石头坛城，坛城上有据说是格萨尔王修建的一座小白塔。再往下走，在塔下草坪上有一座天成的坛城。坛城中间有大日如来，东有金刚勇士，南有宝生如来，西有无量光佛，北有不空成就如来天成像。从坛城下钻过，据传有消除百世罪障、不堕入三恶趣的功德。继续往下走，有一个叫帕格塘的地方。此处有一眼温泉，喝此温泉水能消除罪障。

　　帕格塘有很多万万咒轮。往下走就到了桂莫岗，这里有一处中阴狭道的石门。传说，穿过石门就

日然帕兴的马头明王神山　格桑次仁摄

不会堕入畜生道。继续往下走，在普西塘上面的粗桑悬崖狭道上，有大鹏的天成像、莲花生大师的身印，以及马头明王、金刚手菩萨的天成像。在此圣地转山的信徒们，有为了消除自身的罪障，将头发、旧衣服、念珠等放在此地的习俗。往下走就到了达姆，此地有一个积水的泉眼。据传，此泉是马头明王与金刚亥母的圣水，饮此泉或在此泉沐浴能消除一切罪障。再往下走可到扎炅，河对面有一块如天成佛塔般矗立的岩石。这边的森林据说是度母的道场，有21度母的天成像。旁边有一块名叫格孜的岩石，据说是无量光佛的头饰。继续往下走，在德功村的上部，是一座有印度灵鹫山分山之称的神山。神山上的所有石头犹如玉石般翠绿，山顶上有一面被称为玉措的湖，湖边有一个修行洞，洞内可见一个神奇的空行母益西措杰的大足印。往下走就到了雅卡切玛塘，路左边有一块椭圆形的岩石。岩石上有黑蛇俯冲天成像。岩山顶上有莲花生大师的修行洞，洞内可见水晶佛塔天成像和长寿甘露泉。继续往下走，河对面的岩石上，有大威德天成像；再过粗桑桥，就到了有命命鸟①宝座的岩石处。

从这里往下走一点，来到了扎恩村的彼岸。扎恩村左右两边的岩石上，有寂静42尊和饮血

① 命命鸟，是传说中的一种人身鸟尾有翼的神禽，在藏区多用作建筑物上的装饰品。

转山路上的察阿若村　扎西仁增摄

忿怒58尊等诸神的许多天成像。往下走到本布，此地岩壁上有3尊巨大的莲花生大师身印。从这里往下走到了藏悦，此地河对面可见马头明王的神山。神山右边的村庄上部，坐落着圣地日然帕兴。从这里往下走就到了卓郭塘，平地中间有一巨大而神奇的男性生殖器天成像。女性在这里磕头和转经并用身体触碰此物，据说可以使不孕的妇女受孕。从这里往下走有一中阴狭道，钻此洞据说可避免堕入六道中。继续往下走，就到了拔擦桥头。此处有胜乐金刚的泉水128眼，饮这些泉水能治愈128种不同的疾病，故有药泉之称。河对岸的岩

壁上，有莲花生大师的大足印和身印。据说古时候，莲花生大师让神鬼信守誓言的时候，这些神鬼奉献自己的心脏形成的一块心形石头，就在莲花生大师的脚印前。日然帕兴四方有四座佛塔和未建的四座佛塔，据说，这些佛塔是守卫四方的守护神。

然后到寻村，在这里可以见到万万咒轮。河对岸的察阿若村有一块奇石，被认为是天成的佛塔，称为觉噶佛塔。从这里往下走，来到了通庆寺。寺院所在地岔口阿村对面山上的岩石上，有许多天成像，以及古时候莲花生大师在泽扎嘎扎追上罗刹时幻化的许多脚印；岔口阿村对面，有

276

被称为日然恰琼①的金刚手菩萨的道场。从这里往上走，到了布松村，此地有守护圣地的佛塔。从这里往上走一点，来到孔玛唐，孔玛唐对面有一座天成佛塔。在雪②山顶上，随时可见周边的金刚亥母圣地、吉祥铜色山圣地、红马头金刚圣地、五佛圣地等群山。

从雅巴③村的山口往下走，首先映入眼帘的是莲花生大师法台；再往下走，右边可见一处大寒林，依次在米乾草坪上排列；还有一个巨大的空行母舞场；四面八方，有18个舞场草坪及许多修行洞。雅巴村有3处空行母的圣水，饮这些水或沐浴，据说可消除罪障。从此地看向圣地日然帕兴，可见空行母的虎皮围裙等的天成像。山顶上有黑色猪脸天成像，据说是当年马头明王和金刚亥母佛父佛母降伏魔鬼马张如扎时，幻化而来的猪脸；圣地表面，可见庙宇等众多天成像。雅巴村有雪贡喇嘛伦周白邓的大足印。曲西村有

为压伏魔鬼而修建的名为桑阿曲果林的庙宇；庙宇内有马头明王和金刚亥母、莲花生大师八种化身、胜乐金刚等塑像，伏藏的传说也甚多；庙宇左右有一些小寺庙，以及日然帕兴四方的四个寒林。

在此圣地内转时，涉水就能到热达纳的山间小庙。第一座岭为威猛真言火堆岭，山间有一只犹如跳向空中的天成石狮，石狮上有座大神殿，左右有很多修行洞。热达纳圣水来自日然帕兴山中。从这里往上走，过一座桥来到一块草坪上，这个地方叫空行密咒声音岭。在这里，可见空行母的舞场，岩壁上有莲花生大师八大化身天成像。山上的柏树被认为是空行母的魂树。从山上看过去，能够看见圣地日然帕兴的颜色在发生各种变化。白此往上走一段，就能到索热宁蔡。据说在此地，可看到巨大的地狱铜盆及里面煮的各种众生相，还有地狱里的牛头鬼卒等五位、业之黑白两童子④。地狱铜盆之上，有

---

① 恰琼，是苯教的一位神灵。

② 雪，山口名。

③ 雅巴，口语，意为雪村。

---

④ 业之黑白两童子，是藏族宗教传说中阎王座下鉴别善恶的黑白双煞。

法身普贤佛双尊和红色马头明王、金刚手菩萨、金刚亥母等的天成像。

自此右转往上走，在索普山腰有一个巨大的莲花生大师天成像。由这里往上走，就到了瓦仓①湖。湖对岸有如意树、金鸟、银鸟等天成像；湖边有人们为了平息中阴狭道上的幻景，用石子造的很多小房子。然后翻越瓦仓拉山往下走，可见五大湖和七小湖。继续往下走，在玛戎河边，可见很多传说是魔鬼马张如扎的精血抛撒的红白石头；其中有两块大圆石，传说是魔鬼马张如扎的眼球。往下走一点，有一块巨大的、犹如房子的岩石，传说是魔鬼马张如扎的心脏。此地有白色岩山，传说是马头明王的圣地。岩山前面是桑朵白日神山，桑朵白日神山前是内囊扎托岩山，岩山上有马头明王和金刚亥母佛父佛母降魔时留下的痕迹。山下有一地狱铜锅天成像，据说坐在铜锅里，死后不会堕入地狱。从这里往下走一点，有一

①　瓦仓，意为狐狸窝。

个巨大的莲花生大师身印，身印中可见有天成字母、空行母益西措杰的骨饰天成像。从这里往下走，有密宗三怙主天成像、空行母的大手印和大足印等。左边有一寒林，传说躺在寒林里，能消除各种障难并长寿，而且能消除生命里的各种罪障，见此寒林犹如亲见印度的尸多婆那。还有莲花生大师双尊的脚印和六字真言天成像，对面的岩石上有甘露明王天成像。从这里往下走，有一个修行洞；再往下走，可见吉祥八瑞和七政宝天成像；往上走一点，有很多修行洞。

继续往上走，有曲培桑布上师的修行洞。洞前岩石上有莲花生大师佛父佛母、君臣25人的脚印，洞前和洞顶有玛尼和过去佛燃灯古佛的面印天成像等，洞前还有传说用魔鬼马张如扎的肋骨写的字。对面的山上有很多圣迹，据说转此山13圈，等于念了1亿遍六字真言。在此地还能看见各种颜色的土石，传说是降伏魔鬼马张如扎后，其鲜血洒向四方形成的。此圣地前方，有莲花生大师和桑朵白日神山的天成

折拉湖　次仁尼玛摄

像。从这里往上走，有一个马头明王修行洞。又往上走，在马头明王修行洞左边有五佛及五部空行母，修行洞前还可见圣水和脚印、手印等各种天成像。若走日然帕兴中转，可以朝见曲西寺；从这里往上走，就到了宗托扎。此地左右两边山上所有的岩石，据说都是魔鬼的岩石。又往上走，在牧场上有天成的岩石佛

塔和众多圣迹。再往上走中转路旁有很多圣迹，如针线盒及锁等天成像。翻越亚嘎拉山，可见各种神秘奇特的仙女圣湖。下来之后，山谷里有许多神山。从这里往上走，在米扬塘的左边有一座天成佛塔。从这里往下走，在宁托卡有庙宇和万万咒轮。有记载说，这些是圣地日然帕兴已建的四塔和未建四塔。

第 三 节　神山志

一、日然帕兴神山祭祀文

日然帕兴神山是古拉乡一带农牧民主要祭祀的远古神祇之一。每年藏历九月十五日，当地农牧民祭祀神祇和护法神，祷词如下：

法界辽阔遍布佛之国，
各种方便可行诸事业。
三身佛祖神奇自在地，
祈愿来把大悲观音谒。
杂日心田卡瓦嘎布地，

秘境白玛圭之寒林界。
神奇现见解脱达帕①脸，
祈祷来把殊胜圣地谒。
明王秘境魂山亥母像，
五湖五山俱是呈白色。
各大湖山小湖自包围，
祈祷殊胜之福无分别。
域中九百廿一修行洞，
天成手印脚印万字册。
山川草地森林与大地，
祈祷胜地之福无分别。
有坏②山体亥母身形山，
四种空行勇士齐集结。
现难转地成就三现象，
祈祷四种殊胜成就得。
敬信祈祷圣谛发愿成，
幸福生活远离诸恶业。
共通四业成就利他事，
不劳显现猪脸大护法。
所愿速成无二生泛起，
北方守护之王多闻子，
财富之主厄旺赞巴拉，
消除贫穷之增禄天母，
祈祷两位财神伏藏主。
印度班钦恩于藏之地，

莲花大师身体无寂灭。
此刻压住西南罗刹众，
祈祷邬坚大宝莲花生。
无上佛法导师是佛宝，
无上救度怙主是法宝，
无上遍知引路是僧宝，
供养三宝皈依日不竭。

嗡嘛萨迪！

我来祭供一切土地神，
我来叩拜殊胜之三宝，
祈请消除我等众生罪，
双手平等合掌结手印，
方便智慧双运获得之，
双掌合十放置头顶上，
愿趋密严刹土兜率宫，
手掌紧贴眉间额头处，
愿消身之罪恶与晦气，
手掌紧贴咽喉正面上，
愿消语之罪恶与晦气，
手掌置于心脏正面处，
愿消意之罪恶与晦气，
合十手掌各自分开后，
祈愿化身报身利生事，
双脚膝盖跪在地上后，
祈愿解脱轮回恶趣道，
双手十指放在地上后，
祈愿渐入十地五道第，
头之额头叩在地上后，

---

① 达帕，指马头明王、金刚亥母两位
本尊。
② 有坏，意为具六功德，坏灭四魔。

280

古玉念措湖　刘刚摄

愿生第十一地普光地，
伸展双脚双手做叩拜，
祈愿任运完成四事业，
一切静脉伸展做叩拜，
祈愿解开身中诸脉结，
脊椎中间身躯做摇摆，
祈愿所有风息入中脉，
身体触地而后站起来，
祈愿不住轮回得解脱，
连续磕头无数不计遍，
祈愿不住涅槃度众生。
我等磕长头之善谛力，
祈愿获得长寿无病灾，
往生不死极乐之世界，
立即获得圆满次第位！

祈愿父母众生得安乐！
祈愿一切恶趣常空空！
菩萨无论居住在何地，
祈愿一切菩萨常示显！

二、日然帕兴护法的供赞文

让央康！嗡啊吽！
愿一切供品变成无漏甘露之
大海！
萨帕惹那卡萨哈！
喂！喂！
佛祖意所加持刹土地，
贤劫诸佛安居金刚台。
北部观音净土雪域地，

281

欲界仙女安住察瓦岗。
诸多眷属众和地方主，
莲师点化臣属众迷开。
献祭父族兄臣三地主，
圣地日然帕兴护法泰。
首之大圣身着深红袍，
次之中圣身着乳白袍，
小圣悦苯戴着宝官帽，
身着蓝色袍和饰全套，
手持铜茅绸伞坐马上，
地方眷属域神齐围拥，
来此享用烟祭足内外。
祈愿完成瑜伽所托事！
德布米巴蒂萨巴日瓦热，
啊热嘎哈等夏萨达萨哈！
如此供！
顶礼如来大佛宝母，
顶礼如来俊美圣人，
顶礼如来身极柔美，
顶礼如来远离一切怖畏。
供施食子圆满色声香味触一
切众之首要瞻部洲之主，守护藏
地之十二丹玛、上部阿里三围、
中部卫藏四茹、下部多康六岗，
住在此地的所有神——龙、赞、
念、大力鬼等守护佛法之。保护
佛教之法脉，赞颂至尊之威望，
守护僧侣之法轮，获得瑜伽大成

就，成就持明之意愿，灭除厌恶
之怨敌，调伏不饶益之魔，回遮
不幸之障难，成就犹如我身及影
子般伴随，特别此地内外赞一切
地之上部人们不受疾病之苦，下
部牲畜不受瘟疫之苦，言语不落
口舌，祈祷风调雨顺，五谷丰登，
平息一切非时之障难和饥荒。祈
愿无碍获得一切任运成就！

三、赞桂祭文

嗡啊吽！萨帕惹那康嗦哈！
密主金刚手菩萨和神奇慈悲莲花
生大师等顶礼一切根本之上师！
喂！喂！
诸方圣地之净土，
此地向北是方舟。
古日如同持武器，
古曲犹如黑蛇游。
古地金刚亥母住，
此地临近朝东方，
此有惹杂佐日山，
不是一头生九头。
铁铜之宫摇晃晃，
铜铸屋顶红彤彤，
铜色骏马跑速快，
铜狗豺豹吠赳赳。

282

白黄红蓝色俱全，
十万红赞聚集稠。
如此十万红赞中，
叔伯多吉然杂佐。
不显多种示身势，
寂静之相移身游。
黄色骏马为坐骑，
金鞍饰以璁玉构。
马上叔伯居士相，
黄金天冠晃悠悠。
红绸副裙飘荡荡，
红色法衣鲜艳艳。
脚蹬黑色汉地靴，
右手胜幢质白绸。
左手持着紫佛珠，
口念班杂邦呢吽。
面带微笑显活跃，
一呼即应来此地。

以前莲花生大师，
接着空行金刚救。
如今持咒我法时，
立誓发愿记心头。
供施三甘食子取，
法性正义心中留。
败约教敌祸害众，
探究魔系断根由。
瑜伽所托诸事业，
无碍即刻愿满足。
呼喊之时耳不聋，
依托之时不疏远。
修行之时要神力，
身影之般不分离。
三昼守望你来做，
三更巡视由你来。
随时袒护做靠山，
任运常伴足成就。

第四节　遥呼邬坚

一、遥呼习俗

平地日然帕兴转山道上的雅巴村上部，有块叫麦齐邦的草坪，此草坪是转山信众必须休息一晚的地方。

原来，通庆寺僧众有在夏季和冬季于此地举行盛大会供仪式的传统。但是现在，随着人们生活节奏加快，会供仪式缩短为只在每年藏历九月十五日举行一次，同时举行四百禳灾仪式。次日，转山的人们身着盛装，来到

古玉赛马会　格桑次仁摄

有空行母舞场之称的草地上，高声念诵六字真言并遥呼莲花生大师。此旋律乍听美妙至极，可是细听，令人忧伤至极。空行母舞场上，有一棵被称为空行母魂树的、非常神奇的柏树。人们向柏树献哈达并围绕着柏树转几圈，然后在此地跳起以颂扬金刚亥母为主，还歌颂战神、地方神的舞蹈，持续半天。

二、遥呼邬坚祭文

奇哉！
无量光佛之化身，
湖中莲花幻化生，
俊秀身形如童子，

莲花生师您明鉴。
邬坚国王之王子，
如来佛祖之门生。
享誉印藏大学者，
莲花生师您明鉴。
不老之身瑜伽师，
探索圣地之寒林，
勇士空行部之主，
莲花生师您明鉴。
降伏天龙八部者，
忿怒明王之凶神。
消除魔障吉祥师，
莲花生师您明鉴。
印度学者之翘楚，
藏地佛法之明灯，
如今降伏罗刹女，
莲花生师您明鉴。

深奥殊胜之法主，
加持无数之秘境，
未来众生皈依处，
莲花生师您明鉴。
君是寿命之持明，
十方神佛无别分。
遍知三世一切人，
莲花生师您明鉴。
我等恶体之众生，
生在何处皆痛苦，
此生甘苦您知晓，
莲花生师您明鉴。
生在恶世浊时辰，
病痛饥饿恐怖纷，
作甚幸福也稀有，
莲花生师您明鉴。
时光如梭晨复晨，
死亡越来越临近，
祈求解救中阴苦，
莲花生师您明鉴。
世间烦恼之事业，
黑夜愚昧无醒悟，
我等不懂佛正法，
莲花生师您明鉴。
因为懒惰无衣食，
执着黑白善恶事，

我等没有皈依处，
莲花生师您明鉴。
我等末法浊世人，
得失苦乐汝知明，
从高就低尔自度，
莲花生师您明鉴。
生老病死折磨身，
无身灵魂在中阴，
何去何从心不定，
莲花生师您明鉴。
祈求救度来世苦，
度往极乐世界里，
此生来世皈依处，
莲花生师您明鉴。
三宝是我皈依处，
殊胜救度之恩师。
慈悲如意之主宰，
无我之身赐形色，
莲花生师您明鉴。
安住如佛之自性，
荒原陪伴守护神，
莲师密意护持在，
降敌勇士您明鉴。
佛子乃是法主人，
根本上师汝明鉴！
莲花生师您明鉴！

第 四 章

桑曲流域的神山神湖

第 一 节　察隅圣地岗热

察隅圣地岗热位于竹瓦根镇境内的强托河①发源处。藏历第十二绕迥铁龙年，即1700年左右，法嗣邬坚丹佩上师未到强托村之前，此地被称为马扎村，后来，一个名叫白崩的随从为了寻找此圣地，迎请法嗣邬坚丹佩上师到察隅，开启圣地之门。白崩做施主，修建了门桑寺②。

强托村上部，有法嗣邬坚丹佩上师主持开光并取名为察隅岗热的神山。圣地岗热，意为雪山围绕的圣地。法嗣邬坚丹佩上师一来到察隅，就从桌子上悬垂一幅白绸，授记此圣地一条白绸悬垂般的河流。彼时，有一个名叫帕香阿东③的随从罪孽深重。法嗣邬坚丹佩上师为了消除其罪孽，吩咐他背着自己去寻找圣地。帕香阿东背着法嗣邬坚丹佩上师，与上师的众随从一起，来到下察隅寻找圣地，但未能找到。他们返回时，在恰拉塘休息了一晚。当晚，法嗣邬坚丹佩上

---

① 强托河，也称为缓流见到自我解脱。
② 门桑寺，是强托村附近的一座古寺，后毁于自然灾害，现在只剩下残垣断壁。

③ 帕香是察隅地区扎顿家族的名字，阿东是扎顿家族先祖的名字。

日然帕兴圣地转山入口处　普布多吉摄

师做了一个吉祥的梦。他们于次日出发来到土坡岗时，碰到了两个小孩，便问小孩去哪里。两个小孩回答，到门桑去找牛。法嗣邬坚丹佩上师听完后，说是好兆头，并高兴地犒赏了这两个小孩。然后，他们来到门桑沟最深处，看到此地是曲瓦沟、吾普沟、达罗沟、马扎沟、西那沟等地方流出来的五条河水汇聚处。西那沟里面，缓缓流淌着被称为解脱水的溪流。达罗沟的溪口修建了一座白色佛塔，溪口洞穴中有100个静猛本尊上师天成像。马扎沟有不同的泉眼108个，这里还有一个犹如莲花生大师宝座的石座。修行洞中有三座天成佛塔，以及有空行母乳汁之称的积水泉眼。最里面有沃罗丹巴平

地，此名源自法嗣邬坚丹佩上师随从的名字。

据说，玉卡的田地连续分段，恰似稻田。此地有一种酷似水稻苗的特殊植物。法嗣邬坚丹佩上师每天早上拿着新鲜的酥油和牛奶到这个地方。一个名叫沃罗丹巴的随从看到此景后，觉得非常奇怪，以为上师寻到了圣地，就问他："您每天早上带着新鲜的酥油和牛奶，莫非找到了圣地？"上师回答："此地不是重要的圣地，但是，为了不让你信仰丧失，此平地就称为沃罗丹巴吧。"然后，上师来到了西那沟内。此时，帕香阿东觉得背着上师寻找圣地日久身乏，心中不免有些不耐烦，于是，使劲地把上师放在了一块大石头上。如今，

石头上还能见到当时上师留下的脚印、后背印、铃及铃套印。继续往上走，有一块平整的草坪，草坪上有一条被称为罗刹肠子的、弯弯曲曲的溪流。据说，当年法嗣邬坚丹佩上师开启圣地之门时，罗刹阻碍上师；上师降伏罗刹后，把罗刹的肠子扔向此地，形成了这条溪流。圣地岗热前面的岩石上，有白绸悬垂般的瀑布。瀑布附近有一条狭窄的小路，被称为中阴狭道；山上一个修行洞前面，有一面被称为吉祥天母魂湖的小湖；中阴狭道上到现在仍有法嗣邬坚丹佩上师献祭的石堆曼札，还有被称为印度之花的灌木，据说是莲花生大师把手杖插在此地而生长出来的。此地岩壁上有形似老虎的图纹，被称为虎纹天门。

第 二 节　神山志

四周为雪山所环绕的极妙秘境圣地岗热，驻锡着众多的神祇与护法。察隅县嘎堆嘎美村阿丹老人提供的手抄本《圣地岗热烟祭文》，对众神祇和护法作了如下介绍和祷祭。

秘境白玛圭的东门圣地察隅雪山，供养祭祀三根本、勇士、空行母、众护佑伏藏者的仪轨如下：在干净的容器里首先装满干净的会供、五谷、鲜茶、鲜酒等供品，用药材和药树煨桑。二取

信徒转神山　次仁尼玛摄

诸法无名空性中，自己观想本尊神，"啊"字幻化出颅器，大千世界所有一切物，念诵"让央康"洗除秽，念诵"嗡啊吽"，"嗡"幻化出鲜花熏香等，"啊"幻化出色声香味触等仙女，"吽"幻化出药和鲜血朵玛食子菩提心，"哈嚯舍"幻化出普贤供云。

若要仪轨举办得隆重一些，就念六种咒、结六种手印，以"哌"的声音邀请众宾客，前面虚空各自安坐。叩首供施忏悔衰退罪孽等，三门恭敬赞颂顶礼之；消除逆缘创造诸顺缘，赐予殊胜共通之成就。

吽，三世诸佛总集莲花生，三尊恩人总集莲花生，誓言护法总集莲花生，浊世皈依总集莲花生；谒面聆听经藏法之主，九具上师本尊静猛等，空行护法誓言诸鬼神，供奉甘露圣物请享用！手持颅鬘莲花金刚菩提、不动金刚莲花自在、持明颅鬘忿怒莲花生、佛陀勇士马头明王金刚手等，上师密意总集225尊神、本尊密意总集、空行密意总集、护法密意总集坛城众神等，供奉甘露圣物祈享用！尤其察隅雪

山围绕之，3尊魂湖总集密意魂湖225面和9座雪山、9座岩山和空性11尊，山丘现见解脱和印度鲜花等、净除情器十方无量宫和安于此宫勇士与空行，供奉甘露圣物祈享用！金刚萨埵寂静神42尊，殊胜饮血忿怒神58尊，八大护法725尊，马头明王、金刚亥母各10尊，10万勇士众空行、10万女神、12丹玛等，有寂勇士空行鬼卒众，供奉甘露圣物祈享用！黑色马头一髻佛母尊，圣子屠夫八部鬼神属，白哈王及男魔玫如泽，蓝花煞杜九头魔龙等，滴血女鬼死神阎罗王，红色阳旭洛布桑布等，各自部众眷属不可思，供奉甘露圣物祈享用！护法一体安住于魂山，中性具善四臂鸦狮面，扎日骑狼仙女臣属众，身语功德事业有寂者，怙主女神怙主75尊，化身再化怙军难思议，能够供养所有宾客众，供奉甘露圣物祈享用！此地莲花生师双尊及，埋藏伏藏在此尽所有，续部坛城大海三尊神，本尊勇士以及空行母，经藏护法凶神等一切，我等瑜伽师所供养神，五守舍神皈依之众神，供奉甘露圣物祈

享用！青浦岩魔金刚善之神，玉龙雪魔金刚具威严，巴日巴魔金刚具智慧，宫玛祇魔金刚具圣武，布日布魔金刚具护法，红岩宗赞金刚具伏敌，达猛戎赞金刚具善行，供奉甘露圣物请食之。康萨卓内亚卡嘎啦和、琼董宇呗康嘎降魔等、霸瓦七兄金刚岩魔众，犹如知己无碍事业成，龙赞眷属360众、察隅雪山上下10方域，所有居于此地土地神，供奉甘露圣物祈享用！黑色九依止和红赞神，东方守门戎赞卡瓦嘎，南方守门扎堆黑色神，西方守门卓内七兄弟，北方守门龙赞部众等，应供名和不得名之众，内外秘密之地护法众，供奉甘露圣物祈享用！另外此地沟头沟尾地，雪岩片石岩块森林神，泉眼瀑布草坪水塘神，修行洞树木石板路神，存在众和部众无量多，不同鬼神男女中性众，此地所有地方之神祇，供奉甘露圣物祈享用！供养汝等求得事业之，平息怖畏病魔86，增长富裕智慧及慈悲，有寂心境妙聚征服之，摧毁凶猛合和之魔障，消除慈悲道上皆障难，此生获得持明之成就，制胜事业获得大成就，国之有害病毒和饥荒，回避残暴兵灾外部敌；黑品邪恶品行差之人，降伏男女众生之内敌，付藏伪人佛敌妖男女，清除誓违弟子敌障心，消除皆绝密五痫敌障等，立即解脱三门智空性，供奉甘露圣物祈享用！莲师加持秘境集有益，平和内外秘密魔部障，众生发展成就利他事，吉祥制胜法之专心成，世间风调雨顺五谷登，众生平和消除战病灾，发扬传承密乘及佛法，发展法和吉祥如意等，供奉甘露圣物祈享用！

第 三 节　　赞日山

赞贵赤东热杰神山位于察隅县政府驻地北面约50公里处的罗马村。古时候，罗马村所在的位置是一面湖，人们居住在湖的周边，此湖的湖主是一个蛇妖及周边山上的赞。据说，大约在藏历第九绕迥时期，按照三世达赖喇嘛索南嘉措的吩咐，芒康的卫色活佛来到此地，并用马鞭抽打这面湖而降伏了群魔。湖中蛇妖

赞贵赤东热杰神山　扎西仁增摄

因无法忍受而逃向西面的山里。卫色活佛觉得不能放过这个蛇魔，就幻化成一只大鹏鸟去追赶并降伏了此蛇。到如今，在西山上还能看见卫色活佛的大足印。现在罗马村南面的帕斯佛塔，是在卫色活佛化身大鹏时留下的三颗卵上修建的。据说，转此塔可治愈麻风病和痛风等多种疾病。

后来，至尊岗布巴①上师带着随从经古玉大力弘扬佛法，后来到龙巴境内。据说，那时龙巴的人们还从未听说过佛教，因此对上师所讲教义不能理解。为了改变这一情形，至尊岗布巴上师的随从与当地的人们一起载歌载舞。在歌中，上师唱道："供养上师佛菩萨，舞蹈供养上师佛，祈愿此等得安详。"至尊岗布巴上师循循善诱，使得人们接受了佛法。罗马村上部的赞山上凶狠的赞神——骑蓝马、着蓝色盔甲、一天能绕地球九圈的赤东热杰赞，也皈依了佛教。罗马村的地方神皈依佛法，使得人们有了在黄道吉日天亮时对赞山煨桑和挂经幡的习俗。此后，至尊岗布巴在此地修建了本代寺和左郭寺这两座规模较小的寺院。据说，这两座寺院也是为了祭祀赞贵赤东热杰神山而修建的。

---

①　至尊岗布巴，即达波拉杰或邬坚卓堆林巴。有人说，察隅圣地岗热或孔瓦的开启者是他。

291

罗马村风景　察隅县政协提供

第 四 节　桑曲流域的神湖

一、玉色湖

　　玉色湖位于竹瓦根镇龙古村西面约 45 公里处，面积约 500 平方米，海拔约 4000 米。从龙古村到此湖，徒步需一天才能到达。龙古村村民为了牲畜繁衍，有到湖边进行煨桑祭祀的习俗。据村里的老人介绍，有用玉米花和牛奶祭祀玉色湖的习俗，若用炒熟的玉米进行祭祀，则可生花色的牲畜；若用牛奶祭祀，则可生白色的牲畜。

二、巴普黑白湖

　　巴普黑白湖位于竹瓦根镇巴嘎村境内。仅白湖面积就有 2500 平方米左右，它是察隅境内最大的湖泊，海拔约 4500 米。据传，白湖里有一只羊和一头骡子当湖主。村里的人们每年到湖边煨桑、供牛奶进行祭祀，祈祷护佑村里财富不亏、重视知识、一片安详。

撮湖　察隅县政协提供

在夏居卡仁仓有一个妖魔，看到此景后不悦，便用咒术使得湖中的骡子跑到了阿岗湖，并使羊跑到了村前桑曲河对面的沼泽地里。为了取代羊和骡子，妖魔在湖里放了一只公鸡作为湖主。虽然人们对这个湖主供养祭祀，但年景一年不如一年。最后，村里迎请高僧才知道是妖魔在使坏。高僧把湖主羊和骡子重新请回后，村里恢复了供祭白湖的习俗。

三、撮湖

撮湖位于竹瓦根镇卓贡雄的嘎德雄境内，从察隅县政府驻地竹瓦根镇向东沿乡村公路走约50公里，就能到达此地。这个小湖面积约600平方米，海拔约3600米。此湖的外观犹如花纹瓷碗里盛满牛奶。撮湖虽小，却有一个神奇的传说。很久以前，卓贡雄的一位牧民到撮湖边牧马，突然看到一匹骏马从湖里出来，与他家的母马交配。9个月后，母马生下了一匹非常俊秀的小马驹。到现在，还传说这一带的马是那匹骏马的后裔。如今此地干旱时，人们有把青稞抛撒到湖中祈雨的习俗。

293

第 五 章

卓贡雄景观

第 一 节　地理位置

在察隅县政府驻地竹瓦根镇东面约 50 公里处，有门域的卓贡雄。古代文献记载：在雪域藏地南面、秘境白玛圭东面、门域的卓贡，有四条大沟——东方的虎豹守北沟，南方的甲绒察瓦龙沟，西方的隆杂念吉沟，北方的拉瓦古玉沟。这四条沟如献曼札般，它们中间有一处曼札般的牧场。沿伯舒拉林山脉尾部，平均海拔 3600 米处，有三大块草坪伸展开来。这就是人间仙境卓贡雄。

连绵雪山围绕的草原面积达 165.6 万亩，森林中有丰富的天麻、鸡蛋参、贝母、佛手参等多种中草药。而且，此地水草丰美、马壮牛肥，因此称为卓贡雄，藏语意为放牧之地。

卓贡雄周边有 18 座冰川及 25 面湖泊，这些冰川及湖泊据说被莲花生大师加持过。他在卓贡雄各地还埋藏了很多伏藏。藏历第十一绕迥时期，日通寺宁玛派第一代上师卡觉多吉[①]在卓贡雄各地开启圣地之门，掘藏各种经文，同时撰写了《卓贡志》《朗塘祭文》《秘路秘境九大白

---

① 卡觉多吉，亦名衮确旦增。

294

卓贡雄冬季放牧点　扎西仁增摄

玛地的简短祭文——甘露遍布》等，并在此地原有日追①的基础上修建了宁玛派寺院日通寺。随之，先后在此寺院周围修建了4座庙宇，分别是：南面知美村的诺卫拉康，东面察瓦龙守格日村的拉白拉康，北面古拉南雪境内的宁堆拉康，西面吉太村的恰噶拉康。

根据卡觉多吉上师撰写的古文献，目若村前面的神山为忿怒金刚；朝知美村东南方向徒步走半个小时左右，可见大东②神山；向吉太村西面徒步走一天半，可见桑日扎马③；向吉太村西面徒步走一天半，可见志那杰玛④山；向日东村西面徒步行走半个小时，可见密宗三怙主；日东村上部，有察仓扎尕⑤神山；曲洼村底部的灵鹫山⑥等周边，也有许多殊胜的小圣地。

---

① 日追，指山间修行地。

② 大东，意为虎面。

③ 桑日扎马，意为铜山红岩。

④ 杰玛，意为沙山。

⑤ 察仓扎尕，意为白岩鹞窝。

⑥ 灵鹫山，也称莲花崩宗，位于圣地白玛圭的中心极乐仁青崩寺附近。

卓贡多亚岗与阿若沟　普布多吉摄

第 二 节　宗教仪轨

每年夏秋之际，此地的人们对卓贡雄的各圣地进行焚香祭祀，并有在神山附近的树木上系上红色的羊毛作为放生树的习俗。整个藏历一月，日通寺的僧众要进行念诵 1 亿遍莲花生大师心咒的瑜伽金刚上师法修行；藏历二月一日到十五日，有闭关修行的习俗；在藏历四月萨嘎达瓦节期间，寺院里有举行静猛会供 7 天并接受人们捐献财物的传统；藏历九月，寺院举行念诵 10 万遍大慈大悲六字真言法会；藏历十一月，举行静猛修行活动，并戴上各种动物的面具跳神舞。

第 三 节　卓贡雄志

卓贡雄圣地有众多的神山圣迹，对此，卡觉多吉上师在《卓贡雄志》中介绍如下：

认真聆听后来者：我乃金刚颅鬘师，我乃莲花生大师，心是法身普贤佛，意是密宗金刚持，

296

位于萨懂的"嗡"字形溪水　察隅县政协提供

身是遍智雪海佛，身是五姓如来佛，佛音便是三怙主，语是无比净饭子，此之化身莲花生。莲师是众生导师佛，三身一致的莲花生，南瞻部洲的殊胜，赭面雪域的殊胜，文殊化身来迎请。为了实现文殊愿，来到雪域之藏地，降伏鬼神八部众，驱使鬼神八部众。建造红岩桑耶寺，弘扬佛法造福祉，蓬勃发展佛法正。印度八大寒林处，埋藏神奇伏藏多，神奇圣地无数个，秘境强连雪之

日东村风光　普布多吉摄

地，尼泊尔阿萨热，埋藏神奇伏藏多，神奇圣地无数个，拉达门莫玉仁地，拉达康哇桑布等，埋藏神奇伏藏多，神奇圣地无数个，巨大山脉扎桑山，山王帝卓白岩等，埋藏神奇伏藏多，神奇圣地无数个，另有门隔不丹上下地，埋藏神奇伏藏多，康区白岩十三地，康区孜达巴拉等，埋藏神奇伏藏多，神奇圣地无数个，殊胜南方门域地，殊胜边缘藏之地，人和畜生交换地，吃人雌虎穴口处，埋藏神奇伏藏多，神奇圣地无数个，下面详细说分明。金刚座之东北处，雪域之地南方处，秘境白玛圭之东，门域卓贡雄之地，形如藏文嗡字般，构成梵文嗡字形，四方分别四个沟：东方虎豹守北沟，南方甲绒察瓦龙沟，西方隆杂念吉沟，北方拉瓦古玉沟。四沟犹如献坛城：不同水果一百八，不同谷物十八种。四大沟之中心地，门域卓贡居中央。众多千年雪山围：增寿雪和金刚雪，赞神雪和凶猛雪，牛灾雪和制敌雪，雪畜雪和居士雪，铁宫雪和初世雪，萌芽雪和马湖雪，卓尼雪和宝藏雪，南宗雪和红岩雪。门莫白湖大雪地，天工九层水晶宫。初世此等皆雪山，均受莲师我加持。此地小湖二十五：卡日湖和达桑湖，普塘湖和扎玛湖，鬼神八部之魂湖，玉波湖和岗仁湖，神岩湖和敬塘湖。邦堆雍湖美瓦和，邦麦黑色二鬼湖。临近神门岩石处，南方大湖之称边。住有具毒黑龙鲁，此右临近方向处，蝙蝠纸有黑色帐。帐梁天铁之上面，显法付藏标记明。下面详细说分明：如同阿香法基间，卓内忿怒金刚①尊。白岩形同燃烧宝，四方俱有大岩洞。主尊卓内东南处，有称山崖黑岩山，山形如同顶礼拜。卓麦杰姆白岩处，有叫赞神多吉占堆，维持善业之勇士。此处岩石有四像：东方母亲如产子，南方庙宇像开门，西方犹如圣食子，北方如同戴头盔。四像之中有两像：前方看似喇叭口，后面看似驼背形。上空飘着南边云，中空下着微细雨。下方流的这条河，犹如青龙慢腾云。此地南方临近

---

① 卓内忿怒金刚，指忿怒金刚尊天成像，位于今西藏林芝市察隅县竹瓦根镇日东村南面正前方。

处，有一隐秘奇特地，杨列薛和无分别，被称康区杨列薛。下面详细说分明：白岩如宝燃烧形，左山滤布敞开般，流淌圣水八功德。下面详细说分明：右山白岩角落处，蝙蝠如同中型瓶，玛拉亚者是其名。前方流光四溢间，金刚橛之法嗣椅。主尊卓内南方处，岩山犹如堆宝贝。岩山左边角落里，岩上显有雌猴形。未来声誉传四方，神猴传奇藏此处。下面详细说分明：此地神岩撕裂形，山顶觉醒尊胜依。昔日如来释迦佛，身形图像如分明。面朝西方宣佛法，自性莲花生师相，远看非常见清晰。还殊胜十六罗汉，近佛罗汉无量等，簇拥围起立姿状。另外君臣廿五众，慈悲瑜伽静坐身，清晰可见天成像。下面岩山嘴之处，普贤五种姓众生。安坐静像四十二，慈眉善目光照临。下面岩山嘴二处，大圣黑如嘎拉等，愤怒饮血诸众神。八大法行众神等，智慧燃烧火堆中，示现傲立舞缤纷。下面岩山第三处，事业金刚橛之神。如同打开武器箱，另外身语意所依，天成两千八百尊，上等人之慧眼

见，中等人之意会见，下等托梦清晰见。此山东面之地方，山头如同红食子，八部密集金刚聚；南方马头亥母住，白色空行修法地；西方如同射箭羽，马头勇士独雄住，具誓金刚具力住；北方岩槽执持处，观音法众居此地。夜叉五兄埋修法，中部火焰宝贝形。圆满藏金之精华，罪障蛇蝎之鬼魅，就有深奥修行法。

且听详细说分明，此山东南交界处，亦称杨列薛之地，上师持明莲花生，空行益西措杰等，安住门卡囊日时，运用神通之力量，九千万之空行众，霎时来此聚集后，八部密集金刚等，开启巨大坛城门，修行一月零五天：彩虹临空万物繁，曼陀罗花正鲜艳。颜色白里透着红，常下微微甘露雨。天空色如琉璃罩，善逝犹如星团般。虚空虹光絮还乱，闪闪烁烁布满天。无数静猛本尊众，八大法行众神仙。行相清晰自性空，闪闪烁烁布满天。大地山岩皆一切，男神女神一切众，犹如日光扬尘般。大众念诵轰隆隆，另外高傲护法众，众神部和龙众部，君王部和独角鬼，曜赞

魔和女鬼众，居士玛这饥及灾，马松敏毛神之众，闪闪烁烁布满天。祭献生命制伏魔，授命护法这神灵。然后吾等莲花生，所有神祇各部众，犹如湖上下雪般。融入虎面俩神岩①，为了一切众生利，开光一百廿五次，加持发愿一千次。夏沃帐幕修行洞，印度玛拉亚之和，杨莲薛和阿苏热，如意水晶岩洞等，虽有众多神奇地，殊胜九中最殊胜。有形之身无善恶，即使恶意有罪者，杀人千个刽子手，见此修行洞之后，如不变成持明子，莲花引诱众生相。未来忏悔持戒律，应断一切不法事，不持踌躇犹豫心。下面详细说分明：虎面神岩右角处，蝙蝠如同中等瓶。虎面神岩左角处，高约七卡②岩洞门。另外此处二圣地，内外间等成形及。圣地详细标识等，桑目甘露之中见。外圈转山需五日，犹如静修五年身。中转转山需两日，犹如三年会供神。内转需要一小时，如念六字亿万经。献祭会供

之福泽，此人生之何种域，富裕犹如多闻子。敬献哈达之福泽，轮回投胎在何地，美誉如旗扬十里，权势福寿上弦月，不断发展无疑问。胜妙坛城烟焚供，轮回何地何种人，获得累积二资粮。

且听详细说分明：宏愿如雨甘露降，南瞻部洲息兵灾。国富民安世太平！铜主尊卓内西方处，特别殊胜六圣地。铜山红岩③之名称，莲花光刹无分别。乳海具备八功德，成为莲花生母亲，犹如乳汁湖水般。贵重茶叶武器等，奉献千种做供品。沐浴饮用之功德，摆脱刀枪九种病。解脱污秽之身垢，转生持明莲花镜，意中无须再疑虑。铜山红岩右角处，山岩恰似忿怒魔。如同咒师看厉鬼，很像食子涂鲜血。三种相像之山前，看见南水向北流。草坪如同全人皮，此地神饮会坛畅。南瞻部洲共神主，祭奉食子与山红岩左角处，岩山如同帐篷状。居士哈相拉崩住，西方圣地属第一。

① 神岩，位于西藏林芝市察隅县竹瓦根镇知美村东南处。
② 卡，是一种度量方法，一卡相当于一米。

③ 铜山红岩，在西藏林芝市察隅县竹瓦根镇吉太村西面。

且听详细说分明，这座圣地北面处，有称志奈沙子山：白岩犹如雄狮望，普陀之山无分别，观音菩萨转法轮。此山右面之地方，有称神山巴尔地，野赞苯波骑虎住。此山左面之地方，有称长寿灌顶①山，乃是无量光佛圣地。志奈沙子山左角，北水流向南方地，此山四方之中心。天成手印和脚印、字体法器身印等，难以言状不可思，西方圣地之第二。再次详细说分明，有叫隆温卓玛山：天空形状四角轮，大地犹如鹏展翅。

左右两边岩角处，小沟犹如玉色狐。白水流似展绸缎，此处圣地如五样：东山三股金刚杵，此地金刚空行母，安住静修转经法；南山甲上放盾牌，此山珍贵空行尊，盛大修法转法轮；西面小湖如宝贝，蓝岩骏马如饮水，此地莲师和空行，长寿灌顶修法行；北山将军如摆阵，此地业之空行母，长寿灌顶修法行；中山如同蝙蝠肾，此地诸佛空行母，俱全修法转法轮。另外山之西南处，蝙蝠犹如梅花铝。此处圣母措杰玛，当年十五妙龄时，辰月②八日这一日，

---

① 长寿灌顶，为祈祷延年益寿的一种宗教仪轨。

② 辰月，指藏历三月。

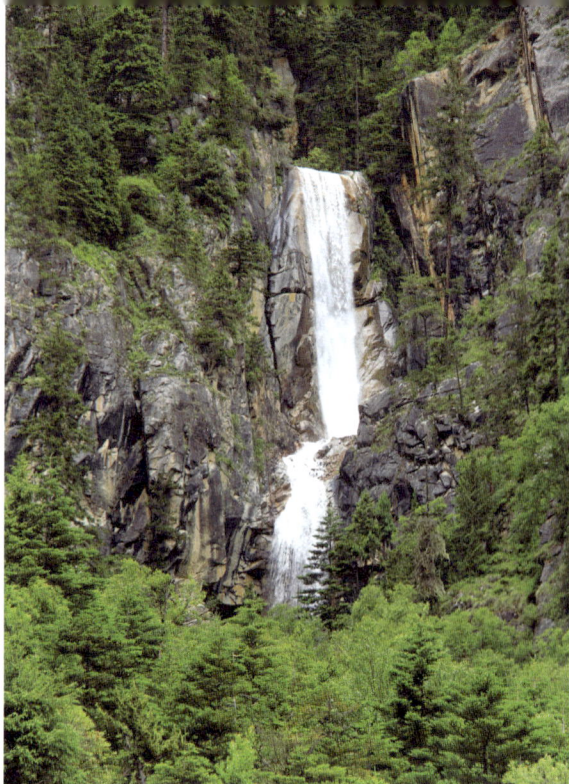

查吉拉瀑布　普布多吉摄

清晨东方旭日时，志友比莫拉藏玛，伺候洗头打扮时，头饰碧玉九玄转，遁无踪影去无形。圣母怀疑拉藏玛，多年好伴视同心："我那珍贵之顶饰，圣父卡乾所赐饰，价值如同我一样，如今丢失无原因。是否拉藏你藏匿？好生说话要坦诚！"言毕拉藏志友应："我向三宝可发誓，圣母头饰未曾碰"。圣母心灰已意冷。圣母十六妙龄时，拜师习佛莲花生，尊前受封空行母。一日前方坛城中，发现被失顶饰玉。持明上师眼前处，叩首合十启禀呈："头饰

碧玉失长久，坛城里见何原由？"莲花大师如是应："明妃措杰听分明，缘起黄金之茎干，密乘善法之根本。合格徒弟善女你，乃是上师手印母，来此第一好兆征，金刚亥母献于我，此等珍宝为至首，汝之身饰无存留，为了藏地增地力，珍贵岩石中埋藏，此后如我措杰玛，金玉珍珠宝石等，耳饰各种五十八，项链发光嘎钦等，饰件七人负重等。"按照上师所示藏，特别上方岩石处，藏有头饰玉玄转，此件掘藏年限及，详细地标标座等，桑耶菩提发心园，有叶柱子间埋藏，西面圣地属第三。下面详细说分明，志奈山之西南处：俱有防敌雪山围。这座雪山南方处，山口如同箭之筈，雪山城墙在新垒。自兹再往下面走，面向东面大沟口，山顶金刚岩石成，山腰大片森林盖，山下草坪多园林。此地往南再回眸，沟口面向东北方，森林草坪交山顶，神饮祭祀凶赞神。此后下到平川地，右角林岗篷生处，好似野人伸手臂。茂密此林山后面，雪岩森林在围绕，有沟好像牛狮斗，北方江河入南境。河上有桥

供交通，森林岩石相交山，好似女鬼飞凌空。此前供奉各神饮，祭祀众山之王尊。在此太阳西南处，小岗小河四小沟，跨越此地交岔口，有称白玛德庆林，雪山似立锦帐篷。六山林草被岩隔，大小草坪有无数，大小八个沟围绕。各种玉米和谷类，植物挂果俱实多。如若耕作去播种，收成比村高七倍。有称白玛德庆山，雪山顶上虹光盈，山腰白岩薄雾盖，山底草林被岩隔。到此圣地见一眼，便就往生不退地。深奥天成伏藏洞，神奇圣地之详志。藏在桂山嘉玛隆，西方圣地属第四。下面详细说分明，防敌雪山之左角：至尊度母之圣地，防敌雪山之北边。山王底斯杂日扎，具有戎赞雪山形。大圣地有十三处，小圣地数以百计。白玛圭和哲孟雄，构造神等此安住。另有天成手脚印，不可思议道不尽。此处略作介绍此，如若细品自开门，西方圣地属第六。下面详细说分明，北方重要圣地处：具有殊胜四座山，密宗三怙栖此山。蔚蓝天空之柱子，上牧花色狮子山，犹如大地之法柱，狮子山之后方向。

有称轻山发光岩，如同黄鸭归北样，阿难陀之神魂山。有沟犹如玉盘形，沟水流向东方处，好似人体中脉形。左方鹞窝白岩山①，犹如持明成就前，瑜伽士们排座次。萨林之地大寒林，救度尸体会坛形。有称玉色绿岩山，如同四百病种类，灭除良药胜利军。此岩右角方向处，神水唱响美妙歌，被称甘露八功德。上牧花色山颈处，有称持明之仙洞，洞口位向东南方。修行洞内右角处，石供螺和食子形。食子顶端北面处，用手量去八卡时。虚线如同马尾毛，挖去一卡俩脂深。延寿无死金刚和，贤哲比马穆扎的。得道②圣物难以计，阿当药丸有千颗。狮子山的半山腰，各种山岩色彩多。大小神种难计数，勇士空母数量多，优如集会转坛城。修行洞内最深处，八大法行和坛城，寿水甘露常滴流。红岩猕猴样下方，俱有红白观音土，黄丹海雪有五种。莲师药师马头

---

① 鹞窝白岩山，位于西藏林芝市察隅县竹瓦根镇日东村东面，徒步半个小时就能到达。
② 得道，宗教术语，求得正果之意。

察隅卓贡牧场　普布多吉摄

佛、金刚亥母身像等，天成石像二百九。上下修行洞四中，持明如来之修洞，三轮莲师修行处。卡旺密乘修行洞，明妃措杰修行处。有称功德甘露洞，虚空宝生修行洞。有称楠梁小修洞，毗若杂纳修行洞。另此圣地详细志，道懂湖底在埋藏。特别圭卓两地间①，铁堡蓝色城之山，玛拉亚山相等高，山顶三尖触天堂。日月南云飘游路，空行勇士与持明，飞禽除外非走地。山腰铁通九渡样，威慑其他小圣景。此处埋藏伏藏多，山底铁橛枝梢样，西河

流下东方向，河外前面井口间，法财圣物难计量，察瓦卡雪圣志等，地标坐标均藏此。这座小丘灵鹫山②，是多康六地宝藏地。每逢羊月③十日时，十万圣地之众神，霎时聚到此圣地，七日安住为众生。因此一眼见此地，后世持明所有众，看到此地发善心，坛城分支建七处，密集眷属俱惠临。不供不显清净相，如若生出疑惑心，就当魔鬼化身佛，引诱善良之众生。后世在此出生者，羊月十日即启始，七日之内转山丘，日诵三万六字经，转山九次

---

① 圭卓两地，指今西藏林芝市墨脱县以及察隅县的卓贡雄。

② 灵鹫山，位于曲洼牧场。

③ 羊月，即藏历六月。

做会供，三百叩首不停息，消除五无间等罪，灭除大小诸罪孽，往生极乐净土等，如若不生所愿地，持明活佛莲花生，不是标准活菩萨。今后断出非法行！山丘四面八方地，隐藏深奥佛法多。

第四节　祈祷文和焚烟祭文

一、朗塘① 祈祷文两则

颂祈祷文之前，将食子、茶新、新酒、奶新、神饮和五谷种子、三白、三甘、糌粑油团等盛满作为供品。

（一）朗塘祈祷文一

念诵嗡啊吽，哈嚯舍来加持供品。

喂！赞王日德巴瓦之王子，朗塘赞神黑色火焰王，尊妃燃烧金刚闪电母，眷属红马黑马花马众，祈祷各位迅速临此地，遵从持明遍知莲师命。敬奉祭祀妙欲干净供，未获遍知一切果位前，白天守护夜晚做巡视，灭除一切憎恶嫉妒心，成办瑜伽所托诸事

业，光大佛法事业获成就！

（二）朗塘祈祷文二

喂！世界北部宝贝园，其父人王赞普神，其母嗡玛坚之族，生出王子公主共两个。赞王热巴嘉顿是，门域加洛朗塘处，红艳山川淅沥沥，壮美红焰赞宫内。红面赞王跨红马，尊妃措麦隐秋玛，眷属八部千人拥，喊声口哨震天鸣。红矛飞幡当空舞，红鸟翱翔獒吠频。赞王之前齐呼唤，悉尊莲花师之命，守护门部和王宫。供养此种食子等，勿贪三白之供品，勿恨三红之供品，祈请完成所托事！

二、祭祀守护门域一切神灵祷文

另外门域圣地一百位，伏藏之主地方护法神，

拉旺堆日贡布神山　普布多吉摄

增寿金刚夜叉等神众，
觉隆螺甲威武犀甲等，
左沟居士铜甲七兄弟，
苯山国王红焰水晶甲，
神母岩神玉甲持矛者，
鹞窝老赞身披星曜甲，
查塘赞妖蓝色铁盔甲，
三尊魔鬼铁匠九眼怪，
卓隆赤赞帕鲁龙魔王，
万宗金刚座之东方处，
门魔黑色驾驭雷电女，
天宫无敌刚猛金刚王，
朗塘赞妖铜爪炫耀者，
伯舒鲁赞九称九妖鬼，
绿沟赞妖卷发七俗人，
从右转去白岩山顶部，

赞神苯人骑虎者，
黑蛇铁宗源法宫，
瓦热那①及众地母，
南方鹏之大乐园，
具誓护法金刚善，
夜叉真举等部众，
门域一切伏藏主。
享用庄严之食子！
佛法根本多护持！
提升三宝之威望！
延寿上师百岁后！
瑜伽心愿得实现！
日间守卫别间断，
夜三巡视常进行。

———————

① 瓦热那，是龙的一种。

306

纳曲瓦风景　普布多吉摄

深奥佛法如意宝，
祈愿传遍全宇宙！

三、秘境九种白玛圣地祈祷文

首先皈依及发心，诸佛正法三宝尊。舍！自己观想诸佛总集观世音，调服众生四臂空中显彩虹，现觉生起双运金刚身，胸间莲月"舍"中显明亮。圣学六字散播之普贤，无尽供云无边虚空境。让央康，嗡啊吽！

吽！三世九变根本之上师，无上行为上谛身语意，无上成就诸圣瑜伽部。烟祭旧密本尊续部海，烟祭金刚亥母五空行，世间圣地八大寒林处，安住空行斯采眷属等。烟祭天地众位空行母，具德六臂护法古协尊；烟祭玛尼象鼻天众等，吉祥依怙父系持咒神；天听母系仙女四姊妹，马萨多① 及唐多三所依；烟祭一切经藏旧密藏，特别诸佛护法凶恶神；瞻洲一切天神护法主，烟祭金刚威严长顶众；印度东西乌仗那九岭，萨霍尔克米里域至那域，金岭铜岭以及月亮岭；斯里兰卡及尼婆罗域，烟祭一切天神

---

① 　马萨多，分别为一髻佛母、催敌大遍入护法（罗睺罗）、金刚善护法。

护法神；第斯神山玛旁雍措湖，拉萨桑耶昌珠等寺庙；多康上下东西十八部，烟祭雪域藏地护法神，尤其施政佛事众事业；明示善恶取舍释迦狮，烟祭印度一切成就者；邬坚莲花一切眷属众，顶礼供品如云如海敬。总之和谐施政坚定法，一颗自心生起各种力。虽然事实不生规律性，有法因果真实不骗性，获得圆满无上之断证。有误邪义束缚六道路，善与不善五毒污秽侵。为此缘起烟祭之仪轨，唯愿消除五毒智慧增。不动圣佛住在东方向，烟祭一切金刚系神佛。倘若瞋恚之毒束缚后，大圆镜智空性中断除。宝音佛住南方之地方，烟祭一切珍宝系神佛。倘若贡高之毒束缚后，平等性智空性中断除。无量寿佛安住西方地，烟祭一切莲花系神佛。倘若贪欲之毒束缚后，妙观察智空性中断除。鼓音如来安住北方地，烟祭一切四业系众神。倘若嫉妒之毒束缚后，成所作智空性中断除。大日如来安住中央地，煨桑一切佛系神佛众。倘若愚昧之毒束缚后，法界性智空性中断除。无穷报身大日掌心中，钵盂珍宝无边财海里，莲柄垒砌刹土二十五，身体发光圣化等额中，同我极多刹土在成形。烟祭此地佛徒佛海众，神龙夜叉大鹏鸟等众，恶鬼蛇龙念等土地神。过和无过八部鬼神众，烟祭神和护法地方神。特别秘境九相庄严地，中央珍宝水晶阔纳达。烟祭四续八大法行众，烟祭地主刹土崔噶神。四方金刚宗和珍宝宗，烟祭五宗一切之神众。另外金刚沟和竹筒沟，马头神母沟等一切沟。烟祭上中下等地方神，尤其殊胜晶堡佛苯等。骏马旺堆岩之美如泽，门魔白马黑马花马者。烟祭一切毒龙持傲众，另外我辈怙主护法神。烟祭南北一切护藏神，烟祭勇士忿怒众金刚。烟祭大人君臣眷属众，烟祭龙赞夜叉长寿尊。另外有名无名之众神，烟祭一切神和护法神。各自愿望如愿都实现，欢喜身语意三功德成。我辈家居外出皆吉祥，祈祷心想任运皆成就，远离不和嫉妒心等因，三界神鲁人财聚福禄！

第 六 章

察隅藏布流域的神山

第 一 节　　察隅乃萨

一、察隅乃萨的传说

从上察隅乡政府驻地往东北方向的河对面徒步走两个小时左右，便可到乃萨，乃萨意为新圣地。传说很早以前，察隅圣地岗热神祇说："你们不远千里来此朝拜我，实属不易。为了便于广大信徒朝拜，我用右手在此地塑造一个小圣地。"说完，他把右手放在此地的化成了一个新圣地，这便是乃萨名称的由来。

据说，毗若杂纳上师到此开启圣地之门时，此地有一名

既不愿接受汉地帝王的法律约束，也不愿接受印度佛王佛法约束的、穷凶极恶的地祇，叫作霍瓦萨达若。他向毗若杂纳上师脸上吐唾沫，使其得了麻风病。毗若杂纳上师因无法医治，前去拜见印度莲花生大师，并征询医治的方法。莲花生大师说："你到龙宫去，从那里请回鸟王大鹏便可解决。"毗若杂纳上师到龙宫请回大鹏。大鹏鸟用右翅遮住了北方，以左翅盖住了南方，同时捏住了恶神霍瓦萨达若的头部并将其悬垂在空中。霍瓦萨达若非常害怕，连连承诺以后再也不害众

乃萨风景　察隅县政协提供

生。可毗若杂纳上师说："留你在世上终究不是好事，必处之。"霍瓦萨达若说："杀我容易，可没有我，世上就不会有风，不会有雨，所有的植物都会枯死。"毗若杂纳上师命令道："留你也可以，但必须做到不伤害任何人。"恶神霍瓦萨达若于是立誓说："以后除了无故翻土和砍树的人，我绝不伤害任何人。"毗若杂纳上师又问道："人们得了麻风病如何治愈？"霍瓦萨达若答道："逢吉日到乃萨煨桑，供养牛奶和炒荞麦，就能治愈。"毗若杂纳上师根据恶神霍瓦萨达若所说，在乃萨煨桑祭祀，麻风病得以治愈。因此，此地的人们在每年藏历四月十五日有挂经幡、煨桑祭祀的习俗，并有在此地煨桑祭祀可防治麻风病的说法。

二、转山道

到达圣地乃萨的转山路旁，人们有在这里用木条做一些下地狱用的小梯子竖起来的习俗。从此往上走，有阎王评判善恶的秤砣，继续走有死者的魂石，再走可见中阴狭道，山顶沿途可见毗若杂纳上师从龙宫招请的大鹏鸟天成像。山壁上有一温泉，此温泉据说可以治愈胃病。每年桃花盛开的时候，来此泡温泉的人很多。往下走，有寒林之称的一块犹如盆子的长形石头，据说躺在此石上，可消除生命的障难；再

310

往下走，有上师的修行房及据传是掘藏出来的圣水积水泉眼，附近还有从岩山流出的水，若饮此水，可治愈不育不孕症；继续往下走，有空行母的舞场，以及据说是莲花生大师分会供用的一块犹如会供形状、分成两半的岩石。

在上察隅镇翠西村和那龙村之间的吉堆，有一块巨大的岩石，岩石底座的面积就有 70 平方米左右，高五六米。岩石表面，有仿佛人们专门雕刻的半圆形门。通过此门进到岩石内部，有八九平方米的空间，据说是莲花生大师在此闭关修行 3 年的圣迹。

三、吉堆莲花生大师修行洞

吉堆修行洞位于上察隅镇翠西村和那龙村之间的吉堆。据说，莲花生大师在此闭关修行 3 年。

莲花生大师修行完毕，没有从门出来，而是从岩石顶上直接飞向空中。如今在山洞顶部，可以看见有容纳一人的洞口，从洞口射进来的光使洞穴显得明亮，修行洞岩壁上的天成咒语清晰可见。此处神奇的圣地，是外转察隅岗热圣地的信徒们结群朝拜之地。

吉堆莲花生大师修行洞　察隅县政协提供

吉堆莲花生大师修行洞　察隅县政协提供

第 二 节　　扎尕乃囊

扎尕乃囊位于察隅县上察隅镇桑巴亚中村以东约 10 公里处，此地可见有莲花生大师金银玉宝座之称的、黄白绿三石头形成的、三樽宝座般的岩石。据传，此地殊胜是因为：从前，占堆旺秋将军由汉族地区购置茶叶返回途中，茶叶从马背倾倒在地上，使得此地空气中到现在仍弥漫着清香的茶叶味道。以前，人们并不知道此地是神山。后来，桑巴亚中村有一个

名为热玛瓦仓①的家族，老父亲邬坚是一名狩猎能手。有一天，邬坚到山里去打猎，看到猎狗正在围猎一头羚牛。他迅速跑到羚牛附近准备举枪射击时，看到羚牛鼻孔上戴着黄金打造的鼻环，遂明白此山是神山，羚牛是山神的家畜，心中不免产生恐惧，把猎枪摔在石头上破坏，并

---

① 热玛瓦仓，是至尊波米·强巴罗追的亲戚——扎西仁钦小时候被抚养时的家族名称。

312

发誓再不打猎。从此以后，人们再也没有见到邬坚去打猎。好奇的人们问缘由，他就毫无保留地告诉人们自己所见的一切。村里的人们也从此再不敢去此山打猎，并给他取名为掘藏师邬坚。到现在，此地的人们在每年藏历四月十五日有煨桑、挂经幡的习俗；在此地烹饪食物也因害怕得罪山神，总是小心翼翼地进行。

从上察隅镇坐车往北走49公里就到了桑巴业中村，村里有一处古老的庙宇遗址，人们把它称为桑巴拉康。村庄和庙宇名称一致的原因是，先有寺庙，后有村庄，村庄借用寺庙的名称。那么，这个殊胜的庙宇名称又是如何得来的呢？据说，吐蕃赤松德赞赞普时期，桑耶寺有修建在桑巴村的因缘。当时，桑巴亚中有一位居士。一天，居士对他的母亲说："今天是修建寺院的好日子，我要到山上去准备木材。午时，你就过来给我送茶和糌粑。"他母亲疑惑地问道："你一个人能修一座寺庙吗？"居士答道："这不是什么问题，岗热之神不会袖手旁观。你还是按我说的去做。"说完，居士就上山了。中午，他的母亲拿着一壶酥油茶、一碗糌

粑来到山上，看到对面山上有很多人正在忙碌地砍伐树木。她不知道这是察隅圣地岗热之神驱使鬼神八部帮助居士，心想，居士怎么早不说有这么多人，一碗糌粑和一壶酥油茶怎么够？她回到家中烧了一大壶清茶背上，又拿着一大盘糌粑上山。此时，居士说："真可惜。现在，修建寺院的吉时已经错过，只能修建一座小庙了。"说完，他在此地修建了一座小庙。原来准备在这里修建桑耶寺，但因为错过吉时，无法心想事成。居士为了实现自己的愿望，修建了一座小庙，命名为桑巴拉康，藏语意为"心想事成庙宇"。后来，庙宇的名字用在了村庄上。此地的帕崇哈仓家族从尼泊尔迎请《甘珠尔》和《丹珠尔》等经书，以及观世音、金刚持等佛像供奉在庙里。过了一段时间，地震使得庙宇的外墙有些裂痕，但里面的《甘珠尔》《丹珠尔》及神佛造像没有任何损坏。后来，四世德木活佛阿旺格列坚赞来到古玉，主持修建塔巴寺时说："察隅圣地岗热转山道上如此殊胜的庙宇，如若破败又无人问津，实属可惜。要选择吉日修建寺院，我将在古玉那布岗开光加持之时，也来此地开光加持。"他在古玉那布岗开光加持那一天，也向此地抛撒五谷种子并进行加持。此地遂成一方圣地。

参考文献

第一篇　巴宜区

1. 东噶·洛桑赤列编纂:《东噶藏学大辞典》,中国藏学出版社 2002 年版。

2. 罗丹宁布活佛编著:《藏地朝圣路线与苯日神山志》,西藏昌都市丁青寺苯教古迹编辑部编印。

3. 杂巴珠:《普贤上师的言教》,青海民族出版社 2016 年版。

4. 杨庆叶等编著:《西藏地理》,五洲传播出版社 2004 年版。

5. 德木·旺久多吉编著:《慧眼照雪域》,香港中国旅游出版社 2008 年版。

6. 五世达赖喇嘛阿旺罗桑嘉措:《羌达扎西都布杰传》。

7. 热琼·格西格桑诺布编著:《苯日神山志·旭日之光》,四川民族出版社 2013 年版。

8. 西藏社会历史调查资料编辑小组编:《藏族社会历史调查》,西藏人民出版社 1989 年版。

9. 西藏林芝县地方志编辑委员会编:《林芝县志》。

10. 邬坚·勒初林巴编著:《布久拉康志》,西藏林芝市喇嘛岭寺印刷。

第二篇　工布江达县

11. 东噶·洛桑赤列编纂:《东噶藏学大辞典》,中国藏学出版社 2002 年版。

12.《西藏自治区志·工布江

达县志》，中国藏学出版社 2008 年版。

13. 莲花生大师:《巴嘎目录》，后由西藏林芝市巴嘎寺堪布修改，为手抄本。

14.《娘拉桑珠祭供词》和《觉沃念拉邬蹦赞颂》，为手抄本，由嘉兴咒师提供。

15.《巴日普煨桑咒文》，为手抄本，由西藏林芝市噶多岗寺曲尼仁布切提供。

16.《错宗朝圣文引路灯》，西藏林芝措宗寺 1942 年印刷。

17.《巴松米堆拉扎的朝圣文见皆解脱》，摘自拉扎寺（原位于西藏林芝工布江达县朱拉乡朱拉沟内，后在清末毁于战火）1820 年手抄本。

第三篇　察隅县

18.《圣地卡瓦嘎布转山志》，民族出版社 2005 年版。

19.《戎赞卡瓦嘎布颂》，摘自《圣地卡瓦嘎布祈祷文和焚烟祭文》，民族出版社 2005 年版。

20.《察瓦龙之乐神烟祭文》，摘自《圣地卡瓦嘎布祈祷文和焚烟祭文》，民族出版社 2005 年版。

21.《卡瓦嘎布祭祀短文》，摘自西藏林芝市达吉寺编撰的《圣地卡瓦嘎布祈祷文》。

22.《嘉兴秘文大海之滴》，根据西藏林芝市察隅县察瓦龙乡龙普村阿确老人口述整理。

23.《日然帕兴神山祭祀文》，摘自次仁扎西提供的手抄本《唐钦寺护法神祈颂文》。

24.《遥呼古拉邬坚》，由次仁扎西老人提供。

25.《圣地岗热烟祭文》，由西藏林芝市察隅县下察隅镇嘎堆村阿丹老人提供的手抄本。

26.《卓贡雄志》，摘自卡觉多吉上师编撰的《卓贡雄志》。

27.《祭祀守护门域一切神灵简易法》，由阿刚老人提供的手抄本。

28.《概述秘境九种白玛圣地祈祷文》，摘自阿岗提供的古经文手抄本《概述秘境九种白玛圣地祈祷文——遍布甘露》。

ཉིང་ཁྲིའི་ས་ཁོངས་རིག་གནས་དཔེ་ཚོགས།

ཉིང་ཁྲིའི་ས་ཁོངས་རིག་གནས་དཔེ་ཚོགས།
林芝区域文化丛书

林芝山水文化

主 编 普布多吉 副主编 丹增格桑

中卷

人民出版社

目　录

第四篇

波密县山水文化

第一章

波密县山水文化概述

第一节　　地理地貌及名称起源

波密县位于西藏的东南部、林芝市政府驻地的东北部。县政府驻地位于帕隆藏布河北岸的扎木镇。波密县县城距拉萨市640公里，距林芝市区237公里。波密县的地理坐标位于东经94°00′—96°30′、北纬29°21′—30°40′。波密县北临昌都市洛隆县和边坝县，西接那曲市嘉黎县和林芝市工布江达县，西南邻巴宜区，南边依墨脱县，东南与察隅县接壤，东与昌都市八宿县相连。辖区面积16578平方公里。

到2014年年底，波密全县共有84个村民委员会和1个居民委员会，计8997户，其中农牧民5131户。总人口约3.5万人；其中，藏族31073人，汉族3764人，门巴族42人，珞巴族22人，蒙古族2人，白族2人，回族9人，土家族8人，满族9人，怒族1人，苗族7人，布依族4人，彝族3人，其他民族35人。

波密县属温带半湿润高原季风气候区，冬冷夏凉，雨量充沛，植物繁多。年平均温度7.8℃，年内最低温度达零下13.0℃，最高温度31.2℃，年降雨量800—1000毫米，年相对

波密县县城　央青占堆摄

湿度 72%，年日照时数 1363.7 小时，昼夜温差大，气候湿润。县城所在地海拔 2750 米，全县平均海拔 4200 米，最低处海拔 2001.4 米，最高处海拔 6648 米，从山顶到谷底相对落差平均 2000 米、最大落差 4646.6 米，318 国道呈东西走向穿越波密全境 230 公里。

1959 年，波密县政府成立。"波密"在藏语中为"波窝"，依据《波密教法源流》，其来源有如下几种说法：

其一，系原始地名。

其二，吐蕃王朝止贡赞普的王子从雅砻移居此地，故得名波窝（为移居之意）。

其三，古时叫波窝。在伏藏中有载："山谷中央岩石上，住有波日布赞山妖精。"说明此地名是由地方神的名字演变而成的。

其四，波窝系变音。在《波密教法源流》中记载："古时止贡赞普三子中，老二夏奇移居到此地，并称此地'愉快'，故此地得名珠窝。"后在波密的方言

中演化为"波窝"。

在历史上，无论西藏处于哪个朝代，波密都是割据政权，不受西藏地方政府控制。直到1927年，即十三世达赖喇嘛时期，西藏地方政府才用武力控制了波密，结束了波密的割据局面。

波密是莲花生大师所预言的秘境——圣地白玛圭外围最殊胜的地方。此地从吐蕃王朝崩溃、割据时代起，就是嘎朗王的属地。嘎朗割据政权辖下，有波窝母子六地（每对母子地相当

于宗或县级）、门五措①（相当于乡级）、珞巴上下两部②、金珠域措③（相当于乡级）等。其中，波窝母子六地指，源自波窝上部东拉山的波堆河与源自琼多拉山的亚龙河交汇处以上的波堆藏布河流域为母地，源自琼多拉山的亚龙河流域为子地；源自岗仁玛拉山的曲宗藏布河流域的曲宗为母地，源自然乌湖尾的玉普藏布河流域的玉普为子地；源自嘉黎下游之河即易贡藏布河流域为母地，源自南普亚拉山之河流流域的绒隆④沟河流域为子地。

那么，波密的地貌等条件如何呢？据《波密教法源流》记载："藏区分为上部阿里、中部卫藏、下部多康三大区域。其中下部多康又分为多堆和多麦，即上部多

---

① 门五措，指当布措、荷扎措、背崩措、萨嘎措和达昂措。
② 珞巴上下两部中的上部落，指玛尼岗至白玛圭一线，即今西藏林芝市墨脱县境内的珞巴族聚集地；下部落，指玛尼岗以南至阿桑母河沿线的南部区域，即印度非法占领区的珞巴族聚集地。
③ 金珠域措，今西藏林芝市墨脱县格当乡辖境。
④ 绒隆，今泛指巴宜区东久乡东久沟。

波密索通山水 扎西洛布摄

康和下部多康。而波窝属于上部多康，称为多堆波窝。"若要讲述波密的特点，在《波密美饰》中称："位于雪域大地之上部多康波窝是莲花生大师加持过的地方，风景优美，植物繁茂，好似天界落到人间。此地名为多堆波窝，从外部地貌和内部特点两个方面进行叙述。从外部地貌来看，正是：

碧空好似八辐轮，
八瓣莲花福地呈。
地形恰如狮子口，
周遭绿树拥围城。
上沟雪山白帐样，
下沟岩山王坐形。

河流外饰波荡漾，
功德内积彰特征。
众生积福净业障，
天然圣地聚空行。

此地归属白玛圭，还有易贡玛贡龙等圣地。每条沟里有一圣地，每座山上有一银矿，每条河中有一金矿，可谓美丽富足的好地方。"

正如上文赞美的那样，莲花生大师等许多大成就者莅临波密并给予加持，形成了易贡玛贡龙等勇士和空行母聚集的圣地。波密的地貌、地形如同藏区的轴心，天空好似八辐轮，大地恰如八瓣

322

莲。在莲花间有很多风景优美的村落，好似伸展的莲瓣。四周生长有根粗叶绿的参天大树，以及结出各类色香味俱全果实的果树，婀娜多姿，枝繁叶茂。沟头巍峨耸立着一座座洁白的雪山，犹如帝释天的坐骑护地神象降落人间。沟尾雄伟地矗立着一座座紫褐的岩山，鲜花烂漫，绿草如茵，犹如大王奔赴战场。在雪山、岩山之间，流淌着清澈见底的涓涓清泉，白花花的波浪令人赏心悦目、心旷神怡。尤其是在山坳处，在草坪旁，在林苑里，在密林中，在河水畔，在雪山下，在岩山间，处处都有景色宜人的幽静之地，难以计数；好像饶益他人的大大小小的修行人的坐禅处；又像天界乐园，所需应有尽有，美轮美奂的景色引人入胜；好似三十二天①世界，悠闲恬静。生活在这里的人们天性善良淳朴，穿着朴素的服装，戴着美丽的饰品，贤

---

① 三十二天，梵音为忉利天。佛书说，须弥山顶有天世界，是八财神、威猛十一天、日神十二天、娄宿二子等帝释眷众三十二天，加上帝释天王，共三十三位天神的游戏、安住之处。

惠勇敢。此地好似天庭落九天，没有费工费时，没有花费钱财，却如此美丽、如此迷人："波密大地犹如狮子腹腔，山谷好似雄鹿角，又像叠起的绫罗；沟头披着皑皑雪山铠甲，沟尾举着褐色岩山盾牌，沟中关着碧波江河大门，不通处用小桥相连，上部像白色绫罗帷幔，中部像鲸鱼腹腔，下部像钢铁门闩。"

这是波密总的地貌：四周被巍峨的山脉环绕着，故似狮子的腹腔；有许许多多的沟壑、峡谷，故如雄鹿角；处处有高坡、低洼，故似汉地的白色绫罗叠加。另外，波密每个地方的沟头都耸立着一座座皑皑雪山，沟尾矗立着一座座紫褐色的巍峨岩山，沟中流淌着不息的河水，像一扇扇大门关闭着每一处，阻挡着来往者，是易守难攻的战略要地。如果将波密分割为上、中、下三个部分，上部有许多雪山和草坪，开阔平坦，像白色绫罗织成的帷幔；中部的沟壑中有村庄，农牧特产丰富，像鲸鱼的腹腔；下部地势高，峡谷深，奔腾着波浪滚滚的江河，像钢铁制造的门闩。

第 二 节　　自然资源

波密地区的自然条件和资源怎样呢？在《波密教法源流》中记载道："黄土地金色大地上，绿平地碧玉之曼札①，密丛林交织大森林。青稞豌豆等五谷俱全，冬夏都能生长庄稼。"在波堆、绒堆和帕隆等上部地区，有许多绿草如茵的广阔牧场和草场，生长有冬虫夏草、雪莲花等各类药材，牧草也营养丰富。草山和草坪上，牦牛和母牦牛、犏牛和母犏牛、马和骡、绵羊和山羊等家畜悠然自得，还有鹿、岩羊、獐子、雪鸡、马鸡等动物生活在其中。

中部地区有密密丛丛的原始森林，面积大，林产品产量高，有珍贵的红白旃檀树、各类松树、竹子、青冈等植物，可与深海相媲美。另外，还生长着用于制作器皿、用具的各类木材，数不胜数。波密全县的森林面积达57万多公顷，森林覆盖率为34.3%，木材蓄积量为1.2亿立方米。在原始密林深处，繁衍生息着老虎、豹子、熊、马熊、雪豹、猞猁、红猫熊等令人毛骨悚然的野兽。同时，还有苏门羚、野山羊、羚牛、麂、黑白麝、鹿猴子、狐狸、獭等珍稀动物。

下部较为开阔的峡谷地带，土地肥沃，气候温暖、湿润，雨量充沛，从未有过严重的霜灾和旱灾，耕地面积较大。

根据受印度洋暖风影响程度的不同，波密地区的气候亦有所差异。此地粮食产量高、种类多，除了小麦、青稞、豌豆、荞麦、油菜、小豆、黄豆、扁豆、玉米等粮食作物以外，还有珞隅（今在西藏林芝市墨脱县境内）的大米、小米、花生等。此外有辣椒和各类瓜品等蔬菜，苹果、葡萄、桃子、核桃、梨等水果，还有诃子、余甘子、毛诃子、肉蔻、荜茇等珍贵药材。

在《波密教法源流》中云："山上有宝藏，石里有银矿，水

---

① 曼札，即坛城，是藏传佛教所用供品。

帕隆藏布河　格桑摄

中有金矿。"波密的山上有各类宝藏。古时候，波密人民就有开采铁矿、铅矿的历史。比如，易贡地区不仅开挖铁矿，进行冶炼锻造；而且，铁器和藏刀都非常有名。据史书记载，在波堆和曲宗等地曾经开采过银矿，现在还有"欧"（银子）这个地名。在玉普乡开采过璁玉，所以，地名也叫"玉"（璁玉）。在八盖、易贡、玉普等地开采过铅矿，形成了"铅顶"这个山名。这些历史都有据可查。另有历史记载，易贡还开采过金矿。目前尚未开采的矿产，还有玉许的钻石，曲宗和松宗的水晶，易贡加宗和加

热、通麦、达兴等地的羊脂玉矿，波堆和通麦的石棉矿和石材，古通的铜矿、铁矿等。在珞堆、亚龙、玉许等地，有可以制作石锅的优质石材。

波密地区的水力资源也丰富得不可思议，主要有帕隆藏布江、波堆河、易贡河、曲宗河和亚龙河等江河。另外，还有流量大、坡度合适的大中小河流，为现在的水力发电提供丰富的水源。到目前为止，在波密地区修建有大的水力发电站9座。

总之，波密不管是自然景观，还是人文景观，以及自然资

325

波密嘎朗风光　扎西洛布摄

源和矿产，都有独到之处。尤其是波密的自然风光，确实如诗如画。这并非自夸，而是事实如此，可以经得起推敲。

玉许乡、多吉乡、康玉乡、玉普乡、松宗镇、扎木镇、倾多镇 7 个乡镇中，从海拔 4092 米的康玉乡到海拔 2750 米的扎木镇之间，生长的植物和生活的野生动物种类繁多。其中，主要植物有松树、金钱松、柏树、红白桦树、岩青冈、山杨、桦树、苏木、高山柳、沉香树（一种柏树）、竹子、杨树、桃树、核桃树、苹果树等，难以计数。动物有鹿、岩羊、獐子、羚牛、苏门羚、猴子、黑熊、豺、狼、马熊、狐狸、草豹、马鸡、哭灵鸟、大雕、狗头雕、鹦鹉、杜鹃等，无法计数。

古乡、易贡乡和八盖乡 3 个乡中，海拔最高的是八盖乡隆普村，有 3557 米；海拔最低的是易贡乡通加村，有 2212 米。其间生长的植物有松树、岩青冈、白旃檀、红白担木、油松、花椒等；动物有老虎、熊、野山羊、鹿、獐子、羚牛、苏门羚、猴子、豺、獾、猞猁等，还有鹦鹉、小乌鸦、杜鹃、蝙蝠、鹞、岩雕

米堆冰川　普布多吉摄

等；小型鸟类和昆虫无法计数。

第 三 节　　著名圣地

在波密县有许多神山、圣泉、魂湖等。

神山分为有神山志和没有神山志两类。有神山志的神山，多吉乡境内有绕卓无量寿佛（无量）山、卓玛日（度母）山、角落森东（狮面）山，松宗镇境内有桑朵白日山（吉祥铜色山），扎木镇境内有嘎瓦隆圣地和卓隆圣地，古乡境内有巴卡桑卓圣地，易贡乡境内有达巴室利以及玛贡龙圣地，八盖乡境内有江普雪岭圣地和森格南宗（雪山狮子聚空堡垒）圣地，倾多镇境内有亚龙亚古圣地，玉许乡境内有扎西宗隆沟和玉仁神山、达纳沟等圣地。

没有神山志、只有传说的神山，有多吉乡的达果觉沃（马头佛）、松宗镇的栋曲邬坚珠普（莲花生大师修行洞）、易贡乡的塘拉觉、八盖乡的朗钦景日、

位于松宗镇的桑朵白日神山西侧　普布多吉摄

倾多乡的栋曲邬坚修行洞、玉普乡的南卡赤丹等圣地。在众多神山中最为殊胜的，是松宗镇的桑朵白日神山。据记载，此神山被莲花生大师所授记。殊胜圣地，如印度的金刚座、中国内地的五台山、里域江热木布（紫色铁角）、萨霍尔僧哈域、西方邬坚林、拉齐曲瓦卡觉日、绒赞卡瓦嘎布、藏区定日岗、尼泊尔的帕巴星衮，以及桑朵白日等，都被佛陀所授记。桑朵白日神山好似命根，具备诸法要义。如果对此圣地持信仰和敬重，可往生到不退转净土。这些都有文字记载。波密境内的圣地嘎瓦隆（欢喜地），归属秘境白玛圭。白玛圭有三轮、四大洲、外内密、八大寒林①等，是四大洲中的北大洲、八大寒林中的欢喜苑。此寒林位于金刚亥母的左肾处。圣地白玛圭形似降龙亥母，猪面首饰是加拉白垒山，持蝎的右手是工布地区，持蛇蛙的左手是波密地区，雅恰藏布江（今雅鲁藏布江）是其天杖，东边是门隅的亚古。这些在《白玛圭圣地志》中

---

① 八大寒林，指八大尸林、八大弃尸的处所：东方暴虐寒林、北方密业寒林、西方金刚焰寒林、南方骨锁寒林、东北方狂笑寒林、东南方吉祥寒林、西南方幽暗寒林、西北方啾啾寒林。

328

均有记载。尤其是《本尊密意集伏藏》的记载称：白玛圭和门隅的哲孟雄是最殊胜的圣地。

另外，在波密地区有圣地志和密意圣地志的圣地，大多属于卡瓦嘎布、杂日、桑朵白日三圣地。

波密县的温泉，有松宗镇境内的桑朵白日姊妹温泉及其附属的拉益色温泉、易贡乡境内的拉噶尔温泉、古乡境内的恰纳温泉等。

波密县的药水，有多吉乡帕雄村的药水、多吉参西的疗疣药水、松宗镇栋亚村的药水。

波密县著名的湖泊，有古乡的嘎朗魂湖，扎木镇嘎瓦隆圣地的度母魂湖、玉仁则普的宝湖、玉仁达域湖，多吉乡的达大湖、倾多镇的兴玛湖，玉普乡米堆村的冈恰湖，康玉乡的诺玛叶古湖，松宗镇的拔绒湖和西巴度母魂湖。

著名的胜迹，还有高30多米的娘那石碑，八盖乡的森格南宗（狮子天堡）修行洞，松宗的栋曲莲花生大师修行洞、绕卓噶曲修行洞、乃萨尔修行洞、角落森东（狮面）修行洞、嘎瓦隆石头圣地、玛贡龙隆湖泊圣地，玉普的诸多奇特磐石等。

著名的山峰，有松宗镇境内的念波绰日山，易贡乡境内的加日山（铁山）、岗云杉林林区，八盖乡境内的原始森林林区等。

著名的冰川，有玉普乡境内的米堆冰川、格巴冰川、达巴冰川，松宗镇境内的栋曲冰川，倾多镇境内的朱西冰川，玉许乡境内的则普冰川和岭珠隆巴冰川，易贡乡境内在国内外享有盛名的若果冰川、恰钦冰川等。

著名的天成胜迹，在易贡乡境内的乃囊拉觉有天然形成的文武尊磐石，上面有黑勇威德的足印和噶玛巴·然琼多吉①的足印；康玉乡境内的珠崩寺内藏有天成的马头明王头像，在通堆村扎那山顶有天成的扎贡巴喇嘛的足迹；八盖乡境内有上不动莲花生大师印章、中不动莲花生大师法座、下不动莲花生大师洗浴水；在玉普乡境内的阿西掘藏师

---

① 噶玛巴·然琼多吉（1284—1339年），是三世噶玛巴活佛，也是伏藏师。

栋加扎巴禅房，藏有莲花生大师的足迹；在多吉乡境内的曲宗寺内，有块被称为"喷焰末尼"的财运石，上面有各种各样的花纹；在绕卓河畔，有杂日神山的神牛足印等。

第 四 节　　天成圣物

一、松宗镇境内

桑朵白日右后山贡陀杰上，有格萨尔王前往北部的天成像和东亚达香·忿怒尊拴马用的磐石。此磐石有穿孔，还有耕地时犁尖戳到磐石的印痕。

二、倾多镇境内

在倾多镇众多的天成像中，最为殊胜的属叶巴村天成的牦牛卧姿磐石。据传，此卧牛为直贡寺派往倾多镇压服恶地祇的神牛。很久以前，在倾多沟内有一个恶地祇，化身为一只老虎，荼毒生灵。直贡寺上师得知这一情况后，派出护法镇压它。护法化身一头神牛，勇战恶虎，击败了恶地祇，自己则化为磐石，立于叶巴村头，护卫一方平安。

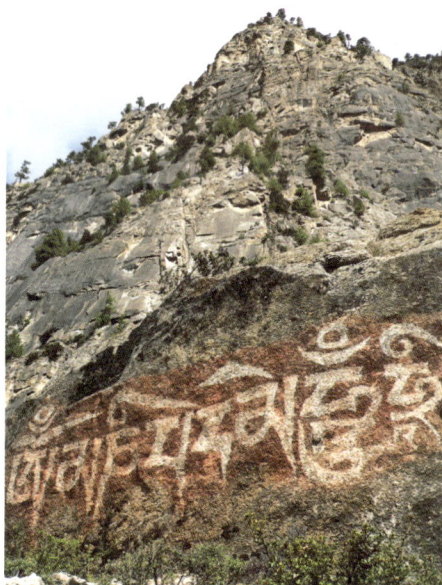

天成六字真言　扎西洛布摄

三、扎木镇境内

嘎瓦隆有天成的鸦面像和在猪面像鼻子上留下的手印。在六肘长的石头上，有天成的过去佛燃灯佛加持过的手印、现在佛释迦牟尼佛亲自留下的大手印和未来佛弥勒佛出世的象征印。

位于松宗镇的桑朵白日神山西侧　普布多吉摄

倾多风光　扎西洛布摄

四、玉许乡境内

在扎西岗行政村拿青自然村麦瑞一处的密林中，有一块庄稼地，地里有一块天成的磐石。据说，此磐石是玉仁山神的马鞍。凶恶的黑龙妖向莲花

331

圣地嘎瓦隆风景　扎西洛布摄

生大师耍神通，莲花生大师降伏龙妖，龙妖融入磐石中。因为龙妖具有大神通，莲花生大师令其发誓护法，现在在磐石上还留有大足印。据说绕转此磐石，能治愈龙病①。

在达尔那神山上，有莲花生大师的修行洞和莲花生大师用天杖戳出来的伏藏水。在扎西赞巴隆的岩石上，有天成的用来震慑魔军的莲花生大师身体印迹，非常奇特。在岭珠有天成的石碑，被称为天柱。

另外，在多吉乡境内的绕卓有一修行洞。此洞有五个门，内有分别代表男女的两只海螺。在玉普乡境内的日昂寺所处后山，有伏藏师董加扎巴（或称伏藏师桑扎）的修行洞。洞内有天成的莲花生大师足印，非常殊胜。

---

① 龙病，指麻风病或疥疮发炎肿胀等皮肤病。有说此皆因龙毒所致。

玉许乡林珠沟　普布多吉摄

第 五 节　　天成胜迹

一、玉普乡境内

在玉普乡日昂寺后山下方，有伏藏师桑扎（或称东加扎巴）的修行洞，洞内有莲花生大师的足印。在格巴村旁的河里，有天成的人类的五脏六腑。旁边有块磐石，是天成的大鹏鸟。在米麦河里，也有一只天成的大鹏鸟。据说，莲花生大师曾在日昂寺的萨巧修行洞内修习过 3 个月。

莲花生大师的足印　波密县政协提供

天成的大鹏鸟　波密县政协提供

玉普河内天成的大鹏鸟　波密县政协提供

二、康玉乡境内

（一）格萨尔王的足印

　　康玉乡通堆行政村的曲日塘有天成的格萨尔王大足印，还有其坐骑赤色神马的蹄印和格萨尔

王的宝座，在坐垫上有王妃珠穆的大足印。据说，此处是格萨尔王征服珞·兴赤王之后途经康玉时休息的圣迹。

（二）马头明王像等

　　在康玉乡达曲村，有天成的骑羊护法像和扎贡巴·曲吉多吉

格萨尔王降伏独肢獐子时留下的足印　波密县政协提供

珠崩寺的马头明王天成像　波密县政协提供

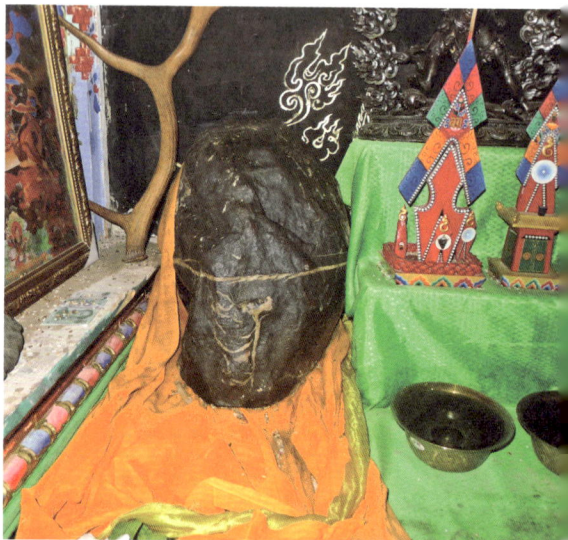

的大足印。在珠崩寺有天成的马头明王像。据说，该寺里的马头明王和金刚亥母净土、扎贡法王大足印，都是扎贡巴·曲吉多吉从康玉翻越果杂拉山前往波密时留下的圣迹。

在拉瓦西村有天成的石头海螺；在嘉若冈有天成的大鹏鸟像，据说可以预防炭疽病[①]。

三、多吉乡境内

在多吉乡达大行政村的雍日西沟里，有天成的无量光佛雪坑，夏季从远处看，与无量光佛所说的西方无量光净土非常相似。

在角落行政村的普雄沟里，有一处叫噶哲结的地方（意即鞍鞯迹）有天成足迹。据说，此足迹是格萨尔王降伏四魔王之一珞兴赤王时留下的。

在曲宗强巴林寺中有一块重达50公斤的福禄石，名叫喷焰末尼，形似用牛皮包的酥油，上面有许多稀奇古怪的图案，或像

---

① 炭疽病，是家畜和人都会感染的一种急性传染病。

植物的枝叶，或似动物。此石外形不大，但重量令人惊讶。据说，此石是从前康玉诺玛的一位牧民发现的。某一天，他赶着牧群前去放牧，看见河对岸山上着火，近前一看，才知道有一块奇石燃火，就把石头带到家里。但是，回到家以后，奇石没有再燃火。他对此奇石有特别的信念，就把奇石送到曲宗强巴林寺，并取名为喷焰末尼福禄石。在"文化大革命"破"四旧"时，有一位叫多加的老者，从寺院的储藏室里取走了那块奇石。改革开放后，1983年3月，多加的孙子格桑仁增将奇石归还给寺院。

毛江村塘久登普沟的河水边，有天成的大鹏夫妻。据老者说，波密地区属于温带雨林气候，常遭到毒龙、毒蛇侵害，致

曲宗强巴林寺福禄石　波密县政协提供

天成的大鹏鸟　波密县政协提供

天成的大鹏鸟爪印　波密县政协提供

使很多人患上龙病。于是，莲花生大师变化成大鹏鸟来到此地，消灭毒蛇、毒龙。因此，在波密地区留下许多天成的大鹏鸟。

四、倾多镇境内

倾多镇的倾多寺中有圣天尊

者大足印，在乃囊寺里有天成的莲花生大师身像。据传五世达赖喇嘛阿旺罗桑嘉措和四世班禅罗桑确吉坚赞说，亚龙乃囊寺的后山是骑狮护法神的圣地。在倾多的通果岩山上有天成的莲花生大师身像，在普龙寺有夏岗活佛贡桑加措的大足印。

卧牛磐石　波密县政协提供

倾多寺圣天尊者的足印　波密县政协提供

五、古乡境内

古乡巴卡寺的后面，有巴卡活佛仁增加措小时候在石头上留下的足印，非常清晰。旁边的石头上，有吉祥天女坐骑骡子的足印。

六、八盖乡境内

（一）日卡行政村

八盖乡日卡村的央龙昂仁南果上有天成不变的莲花生大师印章，还有天成的十相自在图。在央龙邬坚修行洞，有天成的度母身像。在玉荣天王圣地，有天成的莲花生大师足印。在多吉坚参岩洞，有天成的藏文字母"啊"。

（二）龙普行政村

龙普村中山，有天成的白海螺和法鼓、唢呐等天成胜迹。

（三）雄吉行政村

雄吉村里有天成的鸦面护法神身像。莲花生大师曾在森格南宗修行半年之久，在此有天成的

天成的海螺石　波密县政协提供

莲花生大师足印，还有大成就者阿珠的大足印。

（四）竹玉行政村

竹玉村的达典有天成的观世音菩萨身像，在达钦有天成的格萨尔王坐骑的蹄印，在东珠下方沃有天成的莲花生大师足印，在萨崩多噶的岩面上有天成的莲花生大师修行时留下的印迹。

（五）卧普行政村

卧普村的衮松衮寺内，有天成的上师斯巴让俊多吉大足印。寺院坐落在岩山的凹面上，在此有天成的大鹏金翅鸟身像。以前在巴卧拉尼姑寺院所在地，有天成的马头明王和金刚亥母身像。

八功德圣水　波密县政协提供

莲花生大师的法座　波密县政协提供

据说，此地马头明王曾三次叫出马鸣的声音，还有顶多上师群培飞行的传说。在人类无法走到的陡峭岩石上，有垒砌墙基、修建寺院的遗迹。

（六）巴瑞行政村

巴瑞村有巴恰尔圣水，据说喝此圣水，对很多疾病非常有疗效。另外，还有天成的莲花生大师身像及大足印。莲花生大师明妃修行洞里，有天成的中阴狭道和莲花生大师法座等。

（七）塔鲁行政村

该村境内有莲花生大师洗浴水。据说，此水从金刚亥母化身、智慧空行母益西措杰[①]的阴户流出。朝圣者饮用此水，或用此圣水洗浴，就能治愈疾病，对

---

① 益西措杰，原为吐蕃王赤松德赞之妃，后随莲花生大师出家为尼，成为吐蕃藏地第一位剃度受戒的出家女性，也是藏传佛教史上获得成就的第一位女密宗大师。她与莲花生大师、曼达热娃公主，被藏传佛教宁玛派统称为"祖师佛母三尊"。

业障病和神经系统疾病，以及风湿病和虫疾等有很好的疗效。

七、易贡乡境内

易贡乡塘拉觉圣地的文武尊磐石上有天成的黑怖勇士足印，以及勇女甲村卓玛的足印。另有岗堆·绝热坚（波密早期有名的预言家）的妻子的足印，据说，她显得有点弱智，其实是真实的空行母。噶玛巴·然琼多吉前来易贡开启塘拉觉和玛贡龙圣地之门时，在石头上留下犹如踩踏泥土的大足印。此外，在桑林寺有天成的石头海螺等。

莲花生大师洗浴水　波密县政协提供

蒙古将军天成像　波密县政协提供

蒙古将军妻子天成像　波密县政协提供

塘拉觉圣地的噶玛巴天成像　波密县政协提供

一、外器世间和有情世间及其禁忌

在西藏的山水信仰中，将世间万物根据世间万物的不同特性，分为外器世间和有情世间两个泛空间。外器世间指的是没有具体生命的自然物，如山、水、石等等；有情世间指的是五道轮回中所有有生命的物种，如人、禽兽、昆虫等等。外器世间是有情世间赖以存在的空间基础，而有情世间赋予外器世间以灵性。信仰特点与禁忌如下：

雪山犹如圣地冠，

植物好似圣地裳，

鲜花比作首饰美，

湖泊应是腰带装，

星湖圣地之供水，

鸟鸣是将赞歌唱。

家禽圣地之伴侣，

野兽圣地之贵宾。

虔诚执念神山转，

忏悔所造三恶身；

信诵观音莲师咒，

忏悔语造四恶声。

虔诚礼拜和转经，

垒石祭祀走垭频；

五色经幡高高挂，

煨桑且呼"神战胜"，

忏悔意造三恶① 深。

绕转神山有禁忌，

食用素餐要切记。

禁吃荤腥禁饮酒，

不乱屎尿及吐痰。

随地弃物会造恶，

环境卫生如眼庇。

勿从山顶滚礌石，

莫在湖畔猎鹿麖，

泉水之眼忌血迹。

没有信仰而朝圣，

为图热闹而朝圣，

不懂利益而朝圣，

形似朝圣心非诚。

神山若无胜迹志，

_____

① 此处所说是十恶或称十不善，指身有偷盗、邪淫、杀生三恶，口有妄语、离间语、恶语、绮语，意有贪欲、嗔恚、邪见。此处原文有误。

341

山水祭祀活动点　普布多吉摄

好似盲人走茫林。
若想了解圣地志，
净土圣形都俱全。
朝圣拜见性法身，
见地纯正礼拜呈。
不转经时心也转，
身语意三俱完成。

朝拜圣湖时，可以往湖里扔酥油坨坨，还有扔干净的璁玉珊瑚和葱石的习俗。古时按照苯教传统，有扔刀枪和弓箭的习俗，因为等同于血肉供，所以后来就没有这种习俗了。圣湖边可以垒石供养，可以挂经幡。

二、放生

人患病时，放生鸡、鸭、猪、羊等家禽和家畜，有助于延年益寿。对放生的益处，在《牦牛猪绵羊山羊传说》中有记载。相反，残酷地杀害动物，食其血肉，用其皮毛，后果就是使有些动物绝种、有些动物越来越少。因此，不得不把动物分类为一级保护动物、二级保护动物。赎命放生行为，体现了自然界的生命和睦相处的思想。典籍有云："勿杀赞界宝雪鹿，勿杀念界宝穴熊，勿斩龙界蝎子触须，勿砍蛇身腰部，勿杀鬼界黑鸡。"还有"鹞、雕、狼三动物是人的战神"的说法。放生时，需要请上师念诵经咒，给放生的动物嘴里喂糌粑油团，在角上点酥油，在耳上挂护身结。最殊胜的放生方式，是将面临宰杀的动物从屠刀下救赎出来。

第 二 章

玉普乡山水文化

玉普乡位于波密县东部，从县城到玉普乡政府驻地约为 70 公里，乡政府驻地海拔 3430 米，地理坐标位于东经 96°25′、北纬 29°63′。全乡有 6 个行政村，大部分为农业区。玉普河由源自然乌湖尾的河流、源自米堆（乃堆）冰川的湖水、源自木如的湖水汇合而成。

日昂圣地北面的无量寿佛净土　普布多吉摄

在玉普乡阿西村境内，有一座被称为日昂（五山或五佛或角咒）的寺院，地理坐标为东经96°27′、北纬29°62′。日昂寺的创建者为杰仲·米尤瓦，他曾经担任倾多寺第二十二代堪布多年，是格鲁派大师。地乃璁玉地，故称玉普（璁玉洞）。寺建在五山下，故名日昂寺。日昂寺距离玉普乡政府驻地约3公里，位于玉普河东岸。像刀切似的日昂寺后的北面岩山，是无量寿佛的净土；东面洁白、雄伟的山，是大日如来的净土；东南面呈蓝琉璃色的山，是不空成就佛的净土；西南面呈珊瑚色的山，是西方无量光佛的净土；西面的绿色山，是不动佛的净土。相传，由五山围绕着的日昂寺的主尊无量寿佛曾开金口，闻名全藏区。

玉普的南卡赤丹神山是卡瓦嘎布圣地的分支，在每年藏历六月十五日转山，并挂经幡、垒石供、念诵六字真言、祭祀垭口。除玉普乡的百姓，还有附近地区的信教群众，每年春夏秋冬四季都前来绕转日昂圣地，甚至住上数日。

日昂圣地东面的大日如来净土　普布多吉摄

谷懂宝生佛净土　普布多吉摄

第 三 节　供赞文

一、阿西觉沃孜杰供赞文

觉沃孜杰是日昂寺东门的护法神，位于玉普乡东边的阿西村，距日昂寺有 1 公里多路程。其供赞文如下：

高山好似擎天柱，
穿上彩虹云霞衣。
山顶盘旋岩雕舞，
山腰鸥泉叫声低。
黑色山身乌云布，
红角棕牛做坐骑。

杂里赞贵双角艳，
右怀珍宝左盘披。
左边黑山宫殿里，
圣地圆满胜须弥。
白色龙王人怙主，
上身能取天子躯。
下身蛇尾海水潴，
身着粗布乡人展。
彩虹云霞萦绕处，
觉沃孜杰神此栖。
一供觉沃孜杰神，二供沃玛孜杰神，三供力主孜杰神，四供狐头大山妖，曾向莲师立誓记心中。

日昂圣地西南面的西方无量光佛净土　普布多吉摄

二、猴子爷供赞文

　　猴子爷是日昂圣地的北护门神，位于米堆村境内，距离日昂圣地约5公里，在玉普乡北部。据说，日昂圣地的护主晓仲·南卡赤丹是卡瓦嘎布的分支，它和乃麦觉沃赤丹、杂日神山的普瓦赤丹三者为亲戚关系。日昂圣地以南的护法猴子爷神山雄伟巍峨，其宫堡内有许多猿猴跳跃玩耍，并发出唧唧声。鸟雀也鸣唱着动人的音符：

　　　解脱无碍法身遍空性，
　　　深表难思难言欢喜心。

不造果位随现随解脱，
不怀忿怒好比明王神。
身色紫黑一面双手臂，
右持五股金刚天铁成，
左持盛满鲜血之颅器，
全身佩戴寒林八饰品①，
双足压服妖魔及鬼怪，
黑身红面圣母缠绕身，
一切现为忿怒神变幻，
其前气风宫殿之中心，
魔鬼骏马上有黑猴子，
怒相一面双臂还欲伸，
右持宝剑左持风套索，

―――――――――

①　寒林八饰品，指人头冠冕、人头项链、象皮肩帔、恶人全皮、虎皮围裙、人血胭脂、人血涂媚和骨灰涂身。

346

日昂圣地东南面的不空成就佛净土　普布多吉摄

身披毒蛇如已现无形，
周围八部傲慢使者绕，
祈请刹那之间此地临。

三、冈曼多吉玉珍仙女供赞文

米堆冰川位于米堆村北边。
米堆村距玉普乡政府驻地约37
公里，位于玉普乡的东边，海拔
约3780米。米堆冰川位于西藏
东南部的念青唐古拉山脉和伯舒
拉岭接壤处，最高海拔为6380
米。乃堆藏河、米麦加桑河、西
嘎尔河（或称日昂寺河）、吉古
藏布等河流在然乌湖尾河汇合

日昂圣地西面的不动佛净土　普布多吉摄

后，形成了玉普河。乃堆冰川湖、盖普冰川湖、达巴冰川湖、马头明王魂湖等五湖，被称为日昂圣地五方佛的魂湖。米堆冰川是西藏境内重要的海洋性冰川，被《中国地理杂志》评为中国最美冰川。四季不变的水晶宫殿中，日昂圣地的北门护法是冈曼多吉玉珍仙女，其坐骑是蓝色玉龙。其供赞文如下：

吽！

天女雪山女医神，

三角雪山山之顶。

冈曼多吉玉珍神，

美丽装饰佩于身。

骑着蓝色之玉龙，

右持彩箭左持镜。

边有花色大老虎，

十万女医神环形。

骑着无角质麋鹿，

十二地母① 所环形。

骑着白面小野驴，

祈请接受供神饮，

托诸事业俱完成。

---

① 十二地母，即永宁地母十二尊，是立誓永远保佑藏土的十二尊主要地祇女神：遐迩名扬地母、页岩孚佑地母、普贤地母、魔后地母四位魔女神，独具支眼地母、贤德明妃地母、刚烈尊胜地母、白衣龙后地母四位药叉女神，藏土孚佑地母、太一济世地母、丽质冰心地母、翠聪绿炬地母四位女医神。

第 三 章

松宗镇山水文化

松宗镇位于波密县县城东北约 40 公里处,海拔 3080 米。地理坐标位于东经 96°10′、北纬 29°74′。全镇辖 8 个行政村。镇政府驻地位于 318 国道旁。

古绒河及玉普河从桑朵白日神山旁流过,西北边被曲宗藏布河环绕,流到格尼村和德巴村交界处,两江交汇称为帕隆藏布河。

第 一 节　　桑朵白日山

一、圣地志

大圣地桑朵白日神山(吉祥铜色山)地处距松宗镇约 1 公里处,位于念青唐古拉山脉,海拔约 4700 米,地理坐标位于东经 29°72′、北纬 96°09′。开启松宗桑朵白日圣地之门的,是吉布·益西多吉①、伏藏师嘉村宁布②和索朗伦珠活佛 3 人。桑朵白日神山地处松宗镇北边,东面有董宗念布和念波查日两座大山。

---

① 吉布·益西多吉,是达布拉杰·索南仁钦的亲传弟子、开启杂日圣地之门者。

② 嘉村宁布,出生在工布江达县巴河镇瓦如朗集(今朗色村),系伏藏教法《极深三宝总集》的法主。

松宗桑朵白日神山　普布多吉摄

此圣地位于古绒境内，南边的圣地主护门是贡陀杰山，西边的圣地主护门是多格颇拉神山，北边的圣地主护门是帕雄扎拉嘎布山，东边的圣地主护门是董宗念布山。

其圣地志有如下三处记载。

（一）第一志——《桑朵白日圣地志·见自解脱》

南无古茹德瓦扎给尼萨尔拔斯底帕拉吽！

自性清净普贤佛父母，
成就主人胜者金刚持，
殊胜引领金刚萨埵尊，
祈请胜者密意之传承！
殊胜化身极喜金刚师，

金刚二身无死莲花生，
空行主尊益西措杰母，
努氏译师桑杰益西尊，
祈请凡人耳传传承师，
祈赐加持自性无碍成！
嗡啊吽！

班杂尔古茹白玛斯底吽！

如此，在此秘境雪域大地，绕转顶礼轨范师莲花生大师和曼达热娃、益西措杰、嘎拉斯底、释迦德瓦、扎西坚等作如此祈请：

奇哉古茹大悲尊，
可怜浊世诸众生。
大慈大悲来关照，
思维慈悲密意深。
我等有情诸众生，

积累福禄资粮成。

信众违缘谁消除？

来世谁做引路人？

病魔障碍谁来除，

力量本来谁为尊？

谁来压服敌鬼祟，

慈悲明示祈莅临。

如此殊胜之圣地，

四大部洲传美名。

殊胜奇异大圣地，

金刚圣礼拜谒诚。

于是，莲花生大师起身，右手摇动鼗鼓，冕旒四处飘扬，左手有三个铁尖、上端有五个骷髅的天杖，响起铃铛、狮子巨吼的声音，佩戴珍宝饰品，各类绫罗绸缎的飞幡飘扬十方。莲花生大师面向西南方，作如下开示：

请听二十五君臣，

时值东方旭日升。

此同印度金刚座，

此山桑朵白日名。

此山如同邬仗那，

祈祷此山益处增。

能获不忘之正念，

死后极乐界往生。

能消恶缘及障碍，

妖魔鬼怪不能侵。

又云：

五位朋友再聆听，

圣地历史述分明：

恐不相信反坏事，

千佛以至无量尊，

犹如瞎子旷野行。

续云：

印度金刚座东边，

玛拉雅山① 神山顶。

降伏玛章拉晋妖，

释迦佛法此始成。

竖立三藏胜利幢，

乌仗那达纳湖中。

诞生莲花生大师，

引领慈爱诸众生。

尤其是印度的金刚座、中国内地的五台山，以及里域江热木布、萨霍尔僧哈域、西方乌仗那、北方香巴拉、冈仁波齐、拉齐②、曲瓦尔、空行刹土杂日、卡瓦嘎布、苯地定日德古、尼泊尔的帕巴星衮，以及桑朵白日

① 玛拉雅山，意即香山，传说是药都善见城西的一座山，盛产岩精、寒冰等药物。

② 拉齐，即拉布吉康峰，是西藏定日与聂拉木之间的一座大雪山。米拉热巴尊者曾在此长期修行。

等，都是佛陀授记过的圣地。此圣地具备如生命明点的精要佛法；如果信仰和礼敬此圣地，可生不退地。

以上是圣地历史，下面介绍佛像等。

在此圣地的顶上，有天成的贤劫一千零二佛宫殿和身像。下方有被过去佛、现在佛和未来佛围绕的释迦牟尼，被无数声闻围绕的八大声闻；其下方有被无量佛菩萨围绕的大日如来；如来下方依次有被6000万亿佛陀围绕的千手千眼观世音菩萨、被9900万亿佛陀围绕的胜观佛、被无数君臣传承围绕的世尊金刚手。中央有被五方佛和十方诸佛围绕的大日如来佛，诸佛像面向大日如来而坐。

在德哇果扎圣地东边，有法身普贤如来王，由密五部和十万空行母围绕；右边是释迦牟尼佛，由十六阿罗汉和无数声闻所围绕；左边是弥勒佛，由八大菩萨①、十二独觉和无数未来佛

所围绕；后有大般若母，由无数万空行母所围绕；前面有文武百尊所围绕的忿怒主尊；下方是鸦面吉祥怙主，被具誓言护法神海使者所围绕。

宫殿的南边有法身金刚持，被噶举派众师承所围绕；右边是法身金刚萨埵，被众金刚萨埵母持明所围绕；左边是地藏菩萨，被众空行勇士所围绕；西边是无量光佛，被极乐世界众神所围绕；下方有金刚亥母，被六十四名空行母所围绕；北边是吉祥金刚童子②双尊、四部金刚橛、智慧十二忿怒双尊、二十八大自在、八大刹门护法，被十二橛护法所围绕。这些佛像位于宫殿各处。在其外面，东有金刚萨埵，南有宝生佛，西有阿弥陀佛，北有不空成就佛，东南有不动佛，西南有密集净土，西北有大财神母净土，东北有制服噶亚达热使之为奴的地方。在其他地方，东有完成息业的黑色虎面母的身刹土，

---

① 八大菩萨，指八大随佛弟子，即文殊、金刚手、观世音、地藏、除盖障、虚空藏、弥勒和普贤菩萨。

---

② 金刚童子，是无上续本尊金刚橛的异名。

转山途中　扎西洛布摄

南有完成增业的黄色狮面母的功德刹土，西有完成怀业的红色护法面母的语刹土，北有完成诛业的绿色夏纳木克的事业刹土，主要是红色马头明王的慈悲刹土，由数十万神众所围绕。东有圣文殊菩萨，被五随从所围绕；南有大毗萨门天王，被四大天王和无数财神所围绕；西有护法神一髻佛母；北有亚耶财神。外围有四护法、五智慧穴、吉祥四器物等。还有冷地狱、热地狱及中阴关隘等无数。有凿开的四个洞、没有凿开的四个洞，垒砌的四个法座、没有垒砌的四个法座。四方有四

佛塔，有六字真言、莲花生大师心咒，有"啊"和"吽"等很多立体咒语。

在四面八方，有著名的四大湖泊和八附属湖，还有无数小型湖泊。东有天成忿怒佛母像。前有伦孜阿夏嘎布仙草，此物入人、畜之嘴，能阻断恶趣生门。另有中阴狭道，绕此100遍可报父母恩。下方有三财神宫殿和墨竹思金具威龙王宫殿①。旁边有

① 此处原指位于西藏拉萨市墨竹工卡县上部的具威龙王魂湖思金拉措，被称为财神湖。又因其地理位置如今划分在西藏山南市桑日县境内，故称为桑日思金拉措。

353

一处泉眼，是墨竹龙王献给莲花生大师的长寿水。后面有天成的瞻巴拉等八大财神像，再后面有药师佛神众，前面有文殊阎罗神众，上方像天神在洞顶举办会供，下方像飞天在跳舞。这些都在内转通道上。此外，有天成的燃灯佛抛花到石头上的印迹，还有迦叶佛的长寿甘露丸、有文殊菩萨大手印的柏树、胜观佛的手杖、米拉热巴的修行洞和手杖、莲花生大师的身印、释迦僧格的修行洞、洛丹巧塞的身印和修行洞、印度 80 成就者的修行洞、吐蕃 25 君臣 ① 显示各自神通的

修行洞，身、语、意、功德、事业五方面的刹土也都在此地。这里是有佛缘者的结缘处、无佛缘者的丢命处，是骗子交给祖宗处，是生长信仰树叶处。

此圣地如此殊胜，寿尽者可延长寿命，消除生命灾难。出现凶兆噩耗、受到咒兆，或受到龙妖诅咒、受到他人暗算等等，如果礼拜或绕转此圣地 6 圈，就能消除罪孽，熄灭恶缘障碍，消灭敌、妖、灾 3 种害。如果相信礼拜此圣地，就能往生佛净土。生长在此圣地的鸟雀、野兽、人、畜等，都决断恶趣生门，趋向解脱净土，那是确信无疑的。念起此圣地就能获得大乐；来到此圣地就能登十地 ②，解脱死神恐惧。徒众在

---

① 吐蕃王赤松德赞时期，莲花生大师应邀入藏，为赤松德赞及其臣僚讲授密法，从而得道证果的有 25 人：君王赤松德赞、杰瓦益央、南卡宁布、桑杰益西、卡尔旦·益西措杰、卓弥·白吉益西、朗·白吉僧格、大译师毗如杂那、杰木·玉扎宁布、宁·查那古麻热、那囊·多吉堆迥、巴·益西央、大成就者索布·拉白、香那囊·益西德、丹玛·孜芒、大译师钦尔·噶瓦贝则、续布·白吉僧格、哲·杰微洛珠、大成就者秋乌译师、洛格穷·占巴南卡、卡尔旦·白吉旺久、玛·仁钦巧、拉隆·白吉多吉、朗珠·贡觉迥乃、拉松·杰瓦绛秋。

---

② 十地有两层意思，一是指大乘菩萨十地，二是指宁玛派阿奴瑜伽所说资粮道十地。菩萨十地即：欢喜地、离垢地、发光地、焰慧地、极难胜地、现前地、远行地、不动地、善慧地、法云地。阿奴瑜伽资粮道十地即：变异不定地、能依因地、重要修治地、有学相续地、福泽所依地、坚固胜进地、缘境生果地、安住不变地、流布法性地、圆满周遍地。

此圣地作祈祷，利生事业无边无际。莲花生大师如此说，将手杖置于五部女弟子头顶说："现在要前往清凉寒林。"

（二）第二志

> 须弥山状长方形，
> 透明山王彩虹升。
> 山顶入于空行刹，
> 山上无隙绕白云。
> 无别印度灵鹫山，
> 任运形成地心顶。
> 根子绕在龙王头，
> 腰部无身供空行。
> 尖顶入界禅定天，
> 南为琉璃东水晶。
> 西北红蓝两宝石，
> 内外无缝俱透明。

以上诗句与桑朵白日神山的实际形状基本吻合。

（三）《见即自解脱》

松宗桑朵白日圣地的形状非常殊胜奇特，波密地区的人们都去朝拜供养。其真实来源是，生活在杂日神山的吉布·益西多吉修行成就很高，他开启杂日圣地之门后，继续前行时，遇到了《极深三宝总集》伏藏之主嘉村宁布，后又遇到了索朗伦珠活佛。吉布·益西多吉曾多次得到开启桑朵白日圣地之门的授记，此时又机缘聚齐，因前世祈愿谛力，遇到了伏藏师嘉村宁布和索朗伦珠活佛。他们或为师徒，或为教友，共同实修果法密教传承的见修行，非常融洽愉悦。因法显教传承有声闻说一切有部、经部、唯识宗、中观自续派、中观应成派，中观又分他空见、自空见两派。他空见的观点与密乘大致相同，但是，以上所述果法密教根据《宁玛派密续集》所说，与因法显教很难相容。以前，我们未曾了解吉布·益西多吉。自从他开启杂日圣地之门，尤其是他成为伏藏师嘉村宁布和索朗伦珠活佛的心传弟子后，他们将教法满瓶倾泻式地传授给了他，他对他们产生坚定的信念。开启此圣地者，主要是索朗伦珠活佛和伏藏师嘉村宁布。在圣地志中说：

> 此名桑朵白日山，

桑朵白日神山北侧　普布多吉摄

印度金刚座一般，
无分无别乌仗那。
若是祈祷此神山，
获得不忘之正念，
死后往生极乐天。
消除恶缘及障碍，
妖魔鬼怪不害俺。

开启圣地之门的吉布·益西多吉等人朝拜圣地的情况如下：最初，世尊释迦牟尼佛莅临大雪山时，对阿难说："距离此处数闻距①的北方雪域，有一个称为白玛坚（莲花性）的有缘解脱的圣地。"后来，莲花生大师的明妃、空行母益西措杰问莲花生大师："一切知师宝，在浊世应祈请怎样的上师、修炼怎样的本尊、勤修怎样的精要？"莲花生大师微笑着说："在康区有一个叫白玛坚的圣地，其东有无数息业神众，南有无数增业神众，北有无数怀业神众，西有无数诛业神众。我也真实地住在岩石上，天成的身像无法计数，住有无数语所依六字真言，天成的大悲住于塔岩，空行云集此处，此处乃是有缘者洗涤罪障处，祈祷白玛

_____
① 闻距，梵音为俱卢舍，是古印度长度单位，相当于 80 余米。

356

坚神山吧。"此后，达沃迅努①对弟子吉布·益西多吉说："它与东边的大圣地杂日神山、冈底斯、拉齐、曲瓦尔等没有区别，获得暇满人身。若想有意义，就去顶礼朝拜此圣地，来消除身语意业障。人身难以常得到。"后来，杂日神山的刹土神及空行母等给持明嘉村宁布授记："圣地空行白玛坚，是个殊胜圣地请前往。"嘉村宁布相信此授记，感觉开启圣地之门的机缘已成熟。邬坚·雷卓林巴说：

谁若虔诚拜此山，
来世不转恶趣身。
舍身往生空行刹，
绕山并诵六字经。
妄绮离间口业消，
心生狮子坚强信。
开启智慧信佛法，
直至佛陀换人身。
不会转生为女身，

成为菩萨益众生。
神山放生功德大，
生生世世无疾病。
心想事成如意皆，
生生世世俱长命。
若是点燃供养灯，
不会黑暗处转生，
不会转生成残疾，
定会往生谒燃灯。
在此磕头积功德，
无法言语计功能。
若是见此觉知地，
数劫诸业得清净。

此圣地称为中神山，是被释迦牟尼佛加持过的圣地，莲花生大师曾莅临，持明嘉村宁布曾授记，也是嘉村宁布大师、益西多吉尊者、索朗伦珠活佛共同开启的圣地。此殊胜圣地的东门护法是忿怒金刚，西边护门是见解脱塔，北边护门是六字真言。位于内东的山洞，是仰卧着的忿怒天女的密道，是八部轮五空行的护门；脐轮脉结化身轮有 64 条脉；心轮法身轮处法身普贤如来王，被四十二佛所围绕；喉轮受用轮处有八大持明父母；顶轮大乐轮处有饮血金刚群，分散在头顶的

---

① 达沃迅努（1079—1153 年），指达布拉杰·索南仁钦。据史料记载，达布拉杰原是向世尊释迦牟尼佛请教《三摩地王经》的月光童子菩萨，藏语中为达沃迅努。

梵净穴处。南有尚未开启的密咒地。西边的洞是绿度母仰卧状的密道，左腿收缩，右腿伸张，有显示乐行轮普贤如来王空性大乐的咒语"达日"，有化身轮、天降塔法轮，有中脉左右脉。在喉轮有二十一尊度母①，在大乐顶轮有长寿佛。另外，还有忿怒马头明王和忿怒鸦面佛母的魂石，有曲扎加措神通留下的五足印，有十一面佛、无量佛、智慧大鹏鸟、如意牛、莲花生大师身印、金刚亥母身印、水晶佛塔、不死长寿水、无漏长寿甘露丸、中阴狭道、天成长寿宝瓶等。北边的圣地门，有密智双尊及未开但显示即将开的密道；为表示转动13层法轮，山有13层级；为表示九乘应机教化，山有9顶；为表示28自在天护卫边界，有28簇

柏树林。

而且，有天成的骑羊护法②花蕊石，石上有天成的藏文"啊"字母、冷地狱、热地狱、白度母、绿度母、宝髻佛、乌仗那王、刹土神贡嘎循奴玛扎拉等。另外，还有石头上的"哈啊"藏文字母、极乐世界、生死沙土山口、苯教的中阴狭道两条、天成的米拉热巴身像、菩提塔、邬坚·释迦僧格修行洞、天成的石鼓自响、无尽黄丹、天成的白海螺、曲扎加措的坐骑黄翔鹅的足印、天成曼札、灵鹫山、80位成就者抛撒青稞所落石头、木里写字树、天成的米拉热巴和其热·贡布多吉身像、天成的不变显像、黑衫母子身印、天成的释迦坚参手写六字真言、黄帽六面尊大足印、八大寒林、法王宝座、天成的牛头阎罗像、地狱铜器覆盖样、石头的毒痈铁刺树。在形似野牦牛的磐石上，生长有数千种印度草药。山上有释

---

① 度母共有二十一尊，分别是奋迅度母、威猛度母、金颜度母、顶髻尊胜度母、吽因叱咤度母、胜三界度母、破敌度母、摧破魔军度母、供奉三宝度母、伏魔度母、解厄度母、烈焰度母、颦眉度母、救饥度母、大寂静度母、消疫度母、赐成就度母、消毒度母、消苦度母、明心吽音度母、震撼三界度母。

---

② 骑羊护法，是以山羊为坐骑的一尊世间护法神。

迦牟尼佛、金刚手、被十六阿罗汉围绕的释迦牟尼佛、十方诸佛和印度八十位成就者、五方佛、弥勒佛、无量寿佛等像。左边的白色岩石山上，有排列有序的成就者的体内值日神位①，中间主殿是本尊殿，内四门是母续护法殿，白岩草山是息业地，有四个方门的是增业地，有莲花的是怀业地，有三角河流的是诛业地。向有天成佛像的殊胜地祈祷，有求必应。在绕转时如果发愿并正确地祈祷德哇果扎神圣地，就能获得殊胜和普通两种成就。

---

① 体内值日神位，指星象家所说人、畜体内神魂每日所在部位。

二、神山特色

（一）温泉

桑朵白日圣地有上、下两眼温泉。据说，上部温泉能治疗风湿性关节炎、痛风、肾病、象皮肿等，下部温泉对胃病、寒病、皮肤病等有疗效。传说，上、下两眼温泉形似仙女姐妹。当年，西藏地方政府噶伦夏扎·顿珠多吉任波密宗署时，曾前往桑朵白日转山，了解到此温泉的治病疗效，于是在此修建房屋，并命令相关人员搞好温泉周围的卫生，维修好设施。

藏历五月到九月之间，来

桑朵白日圣地上、下温泉　波密县政协提供

自波密县境内的松宗、多吉、玉普、扎木等乡镇，甚至来自其他县的群众上万人前来朝拜桑朵白日神山，顺便泡温泉。温泉对虫病、皮肤病、象皮肿等很有疗效。据说，如果赤脚蹚过曲孜荣曲谢拉水，就会免堕冷地狱。在此地磕长头的人也不少。转经道上，可以朝拜许多沙子堆成的土堆。据说，如果从此处取些土回去，可以代替青稞做福物。另外，还有许多石片垒砌的小屋，据说死后可以居住此屋。

（二）地方神

据说在藏历十二月刮风时，沟头的地方神们会聚集在桑朵白日圣地西南的波密达甘塘（格尼村西大坝上）斗骰子，预卜辞旧迎新时的人畜和收成情况。传说，如果玩骰子输了，就会被地方神压住骰盘，所以，要举办法事活动，挂"胜利幢顶经"经幡；如果玩骰子赢了，就是赢得了人、畜粮食的福物。波密达甘塘，位于松宗镇格尼村。

（三）长寿甘露丸

在岗巴村田野的围栏之内有一棵红果树，据说是桑朵白日圣地的长寿甘露丸。到秋天时，这棵果树的果子比其他果树的都大，味道酸甜。在秋季转桑朵白日神山时，人们都去捡红果树的果子，认为吃了此果，能延年无病。

三、祭祀活动

对大圣地桑朵白日山的祷祀，主要是供养松宗桑朵白日。格萨尔王降伏北部龙妖时，曾身着盔甲武装前往藏北，在桑朵白日神山西边留有天成身像。贡陀杰的形象为白衣白马的圣地护法。以前，有在藏历五月十五日为了纪念岭国的格萨尔王举办扎拉邦堆（赞颂战神）活动的传统，于是，形成了隆重祷祀、赞颂桑朵白日的习俗。

从前在藏历五月，松宗寺举办祈愿法会和赛马活动。在迎请弥勒佛之前，先有百人百马进行比赛。后来，因为农业生产繁忙，提前到藏历二月举行。

桑朵白日圣地的红果（长寿甘露丸）树　波密县政协提供

以前，每年都由松宗的宗本负责组织玉普上下和松宗拔日郭松等三个地方的人，安排百人百马，举行活动。现在，由松宗寺负责举办扎拉邦堆活动。以前的扎拉邦堆活动情况简介如下：建造格萨尔王的像；松宗寺的五位师徒手举煨桑炉、经典、护持佛像，带上朵玛食子、彩箭、麦穗酥糕、旗子等，让百人百马的战神先行，紧随其后的是白人白马、蓝人蓝马、红人红马、赤人赤马等次第跟随。人们带上弓箭、铠甲、武器等，浩浩荡荡地前行，并煨桑 100 次。如果同时在顿日山、颇拉日山、贡陀杰日山的神坛煨桑祭祀，活动组织者就给这三处的煨桑人员奖励一条哈达和一藏斗青稞、三两藏银等；如果不能在一天内同时在三处煨桑，就要受到相应的惩罚。

祭祀活动主要在格萨尔王的神坛前举行；转经完毕，在路上有上师开光，30 名旗手次第显示五种骑术；然后，跳战神舞，比赛夸口说讲，唱格萨尔王瞻部洲烟祭节[①]活动中的歌曲，进行射击和射箭比赛。大家携带各类食品，如青稞老酒、猪肉、酥油

① 瞻部洲烟祭节，是藏历每年五月十五日在西藏拉萨市郊园林间举行的游园活动，俗称林卡节，是四大供养之一。

361

及野毛桃油融化后做的各类食品、酸奶、牛奶、冰糖、红糖等，吃喝玩乐，唱歌跳舞，欢天喜地。最后，在一片祈祷声中结束活动。

人无疾病，畜无损失，没有战争，没有灾害，心愿如期实现！

龙年适逢桑朵白日朝圣聚会年。这一年，从上游米堆拉姆冈嘎尔到下游兴刚甲其绒，从上游岗·巴擦杂噶到下游松宗拔日郭松，以及曲宗拔日郭松等地方的人们相聚一堂，在藏历九月绕转桑朵白日神山。转山有大转、中转、小转三条距离不同的路线。

大转的路线是从角落村翻过久嘎尔山，途经洛隆县巴尔东措湖、然乌圣地南卡觜、玉普日昂寺，到松宗镇纳玉村结束。

中转是翻过久嘎山到八宿仲沙德普，途经然乌南卡觜、角落森东修行洞、扎达湖、帕雄然雄山谷，从纳玉山口出来。

内转就是从松宗格尼村出发，途经帕雄然雄山谷，最后到达纳玉村头结束。

从前，内转的人由松宗格尼村出发后，成群结队的人们带上食物和简单的被褥，第一天随寺院的师徒等绕转姆江达果觉沃神山和丹普的大鹏鸟天成像；第二

桑朵白日神山的转山路线　波密县政协提供

上下空行舞场　格桑摄

天，在姆江达果觉沃神山或桑朵白日宫殿旁过夜，并举办成就者益西多吉创办的达唐会供仪轨。其间，有两名诙谐的猎人和三条猎狗、装扮成熊的七个人，进行演出，告诉人们，如果在封山禁猎的地方杀害动物，就会给有情众生带来灾难；同时，赞颂善良的品行，讽刺偷盗、说谎等恶劣的品行。

到达帕雄后，由当地的演员演出热巴舞，并观看至尊米拉热巴传承下来的祭天活动。然后继续转山，在帕雄村头用圣水洗脸。纳拉山腰被视为冷地狱，人们为了堵死转生冷地狱之门，不受生冷地狱的痛苦，赤脚翻越曲夏拉山。之后，在纳拉山山头打尖。吃饱喝足之后，继续向着桑朵白日圣地的然雄谷前行。途中，令人愉悦的草甸上鲜花烂漫，姹紫嫣红，香气扑鼻；旱獭和雪鸡的叫声悦耳动听；雄伟的皑皑雪山，巍然屹立着。还有许多天成的胜迹，并可以顺便取走青青的青稞穗子，作为福物。沿途有成千上万的石片小屋，是朝圣者留下的，男女老少都念诵六字真言。之后，来到上下空行舞场，人们稍作休息后翩翩起舞。男人们感觉自己就是空行勇士，女人们都感觉自己就是空行母，唱歌赞美圣地的功德。

之后，来到桑朵白日神山山

363

顶，人们口念："此山岗卧躺着，此骏马奔跑着，此男士好风度。"并喊叫着："愿善神胜利！拉杰啰！"挂上风马旗①，摆上麦穗酥糕，然后开始下山。据说，通过牛角下弯般的陡坡路后，可以堵死转生无间地狱②的生门，不再受生无间地狱。

继续前行，来到桑朵白日圣地上下温泉泡温泉。据说，人们如果在此住两夜洗浴，就能清净恶病业障，消除恶缘障碍。人们一边祈祷，一边用融酥、青稞酒粥、肉汤补养身体。最后，途经桑朵白日转经道，来到纳玉村头，转山到此结束。

四、供赞文

（一）东护门董宗念布供赞文

桑朵白日圣地的东护门是董宗念布神，装束为佛苯合一，坐骑为黑色野牛，右手挥舞黑色军旗，左手持黑色魔绳，似抛向敌人，身着黑色披风，脚蹬蒙古靴子。董宗念布地方神位于桑朵白日山和念波查日山之间的古绒山谷，距桑朵白日山约500米，在松宗镇东边的古绒。其供赞文为：

舍！

无边法界大乐中，
任运而成吉祥成。
如来秘密大坛城，
圣地东边护门神。
董宗念布地方祇，
身如乌云天降临。
一面双臂骑野牛，
右手挥舞黑军旌。
左手魔绳抛向敌，
黑衣身着蒙靴蹬。
瑜伽准备五欲③供，
祈祷董宗念布神：
各类供品桑烟祭，
莲师尊前誓言铮。
恩请回向并实现，

---

① 风马旗，是象征运气的小旗。
② 无间地狱，在梵语中为阿鼻地狱，是八热地狱之一。在炽热的铁房中，阎罗鬼卒将无数地狱众生投掷于堆积如山的炽热铁碳中，烈火与身躯遂成一体，并使之遭受沸热铁汁灌注入口的痛苦。

---

③ 五欲，是供养神佛的色、声、香、味、触，分别以铜镜、琵琶、海螺中的香水、果实和绫罗为代表。

桑朵白日圣地的南护门贡陀杰　普布多吉摄

我辈人畜眷属等，
消除障碍入光明！

（二）南护门贡陀杰供赞文

桑朵白日圣地的南护门
贡陀杰，位于桑朵白日山南
边、松宗镇北边的纳玉村
境内。其供赞文为：
喏！
神通广大具力土地神，
肤为白色面相呈寂静，
身披白蓝红黄绸缎衣，
头戴白帽镶嵌饰物精，
右手挥舞三节藤木鞭，
左手执持长矛绸依身，
脚蹬黑色亮瞠蒙古靴，

骑上鞍辔俱全之骏骦。
祈请地方神众俱莅临！
喏！
咒语禅定手印加持毕，
五欲具备桑烟祭祀呈，
地方神众欢喜而贡献，
祈受供品成就所托心。

（三）西护门多格颇拉供赞文

桑朵白日圣地的西护门多格
颇拉位于松宗白热格尼村和多
格村之间的后山，距离桑朵白
日山约1公里。多格颇拉住锡
的山，山顶是紫色的岩石，形
似野牛向下奔跑；山腰是黑色
岩和青冈树林，好似黑熊发怒。

桑朵白日圣地的西护门多格颇拉山　普布多吉摄

其供赞文如下：

　　喏！

　　美丽殊胜之秘境，

　　金刚宫殿乃天成。

魔王生神① 此聚集，

————————

① 生神，俗称各人生日的值日神或出生地的土地神。

天龙鬼怪俱环呈。
身如红莲宝石色，
山妖阿夏杰哇神，
身披甲胄红盔戴，
右手持矛左持绳，
智勇双全弓箭搭，
白绸短裤蒙靴蹬，
骑着黄金鞍辔骏，
随行公子与大臣，
主仆眷属临此地，
瑜伽事业放光明。
咒语禅定加持毕，
五欲具备梵烟升，
祈望瑜伽做同行！
喏！

呵喂护法阿夏杰，
张嘴切齿噬敌人，
承诺所到皆护法，
颂我侣伴威力神。
汝之吼声如霹雳，
降落成就似雨淋。
请受茶酒欢喜坐，
颂如日月父母尊。
奔如牛马之护法，
莲师解脱示开明。
恩请瑜伽做侣伴，
祈护牲畜颂战神，
英雄装束持兵器，

制服宿怨之敌人。
财富成就宝藏主，
祈求赐予瑜伽身。
具大神听三尊① 令，
气势凶猛饰三兵②。
红莲宝石身上佩，
狐狼妖狗随汝行。
如帽禅房瑜伽我，
装贪作喝无伴人。
咆哮如雷向敌吼，
勇士九种服饰身。
匆匆食饮山羊血，
所有江河摆渡津。
祈临享供新茶酒，
骑上震天红马精。
发出哈呼欢喜笑，
享用供施我赞频。
恩请汝铭记斯文！

具神力的大山妖，以及权力主尊祖母金刚橛、贤邻居、贤施咒、大将军、大匪首、大老板、大店主，山妖阿夏杰布大神力，身之大山妖语之大神力，身之大

---

① 三尊，又称三根本，即加持根本上师、成就根本本尊、除障根本空行。
② 三兵，是箭、刀、矛三种兵器的总称。

山妖意之大神力、身之大山妖功德之大神力、事业之大山妖及其眷属，我向诸位祈祷、祭祀、贡献、引路、祈祷红岩石汁、忿怒明王玉汁、做事勇士、速行勇士母、焰巢具火星，具老虎毒疗者、锦缎臂饰者、戴黄金帽者、戴白铜头盔者，虎皮弓套带在右边，豹皮箭囊飘在左边，焰现傲慢，下面显露花色币文，身着勇士九种服饰，头盔比雪山洁白，红岩铜牛主人，凡夫俗子的战神，佛苯教徒的护法，瑜伽我的大护法嬉戏山妖七兄弟，妹妹太太八人，持明们的护法，莲花生大师的使者，山妖阿夏杰哇大神力。山妖兄弟、妹妹红脸赞，长臂抓取魔鬼者，山妖肉主青年，亲戚耶哇一俗人，地祇牛头日迪，天龙八部①，虎皮帽居士，牵狗猎手等等眷属，贡献五欲广大食子供品，向战神山妖阿夏杰

---

① 天龙八部，即鬼神八部，说法众多。有说阎罗王、非人、魔、煞、鬼、龙、夜叉、凶曜为天龙八部，有说天、龙、夜叉、寻香、非天、金翅鸟、人非人、大腹行为八部，有说阎罗、鬼、魔、妖、部多、龙、药叉、星曜为八部。

哇父母、公子等眷属，祈祷、祭祀、贡献，祷祀您等之故，祈求人无病灾、畜无损失、每年心想事成。

（四）北护门帕雄扎拉嘎布供赞文

桑朵白日的北护门帕雄扎拉嘎布（白色岩神），位于距桑朵白日山约1公里的一座白色岩石山上。白色岩石山形似贡献圣地的白色朵玛食子。此处有天成的至尊米拉热巴像，栩栩如生。其供赞文如下：

喏！
旭日冉冉升起地，
白色岩石天铁垒。
龙凤吼声响隆隆，
彩云细雨绵密密。
碧玉宫堡神仙舍，
白色岩神居士栖。
一面双臂威风震，
右手持矛虚空迷，
左手握持如意宝，
白绸大氅身上披，
腰带虎豹皮箭囊，
白色玉顶马上骑。
明妃岩女着盛装，

祭祀神山的马队　格桑摄

一面双臂白娇娘，　　　　　面露喜色坐端庄。
左右手持矛幡镜，　　　　　十万神医环环绕，
身着白色绸布装，　　　　　幻化眷属神众茫，
头饰绸缎之冕旒，　　　　　祈求来此受煨桑。

第 二 节　　念波查日山

一、神山传说

在桑朵白日山东边，有波密县著名的念波查日（凶恶铠甲山）神山。该山距松宗镇约 2 公里，山顶海拔约 4000 米，形似鞍鞯俱全的大象驮着经书。在

《门岭大战》的传说中，也说松宗的念波查日神山形似由正法经书所垒砌。古代的口头传说中说，为了帮助格萨尔王降伏四大妖魔为主的诸妖魔，莲花生大师命令骑羊护法到人间去锻造战神武器，但骑羊护法没有马上应允。莲花生大师面露微怒，将骑

念波查日山　普布多吉摄

羊护法的铁匠箱夺来扔到波密的易贡村。于是，在此地锻造了岭国 30 位英雄的铠甲和头盔，让大象驮着前去征服北部的魔鬼龙妖。速行大象和念波查日神山位于角达村旁。

红宝石颜色的岩山高耸入云，像雄鹰一样翱翔；洁白的云朵，好似向圣地敬献哈达；大圣地念波查日神山，身为白色，面露微笑，披着白蓝红黄绸缎外套，骑着鞍辔俱全的白色骏马，右手挥舞着三节藤鞭。在此岩山上，有天成的身所依莲花生大师像、语所依正法经书垒砌样、意所依见即解脱佛塔。这些都在岩山南面。在岩石西面，从查绕冈望去，有格萨尔王前往上部北地时身穿盔甲武装的形象，也有僧钦王骑着赤褐色神马、挥舞军旗的形象。

二、多格颇拉的传说

据传说，以前修建桑耶寺时，地方神和土地神要搬运木材。当时，多格颇拉将两根旃檀木放在两只耳朵上前行时，大地摇摇晃晃。莲花生大师心想，来了个法力与众不同的地方神，一定是多格颇拉；如果不尽早制服他，就会后患无穷。于是，莲花

370

生大师把多格颇拉召唤过来，用金刚封住嘴巴，并给他一串刚好能举起的铁制念珠，对他说："从今天开始，每天要念诵班杂尔古茹（莲花生大师心咒），像其他念珠一样，把它念诵耗损。这样，你才能到达护持善法的地道次第。"另外传说，人们经常亲眼看见这位护法神。他们说，多格颇拉用铁制念珠念诵莲花生大师心咒，将其跟其他念珠一样耗损，而自己也因此成为善法护法神，即一名有福相的地祇。还有传说，祷祀此护法神的人们能增长福报、长命百岁，能亲见百尊佛陀，平时幸福、快乐。此护法神也像儿女一样做人们的侣伴，使人们勤修菩提法。

第 三 节　　栋亚曲孜与栋曲三姐妹

栋亚曲孜（甘泉）和十万佛像塔位于桑朵白日圣地的外转经道内，转经时必须用栋亚甘泉洗脸，还要绕转十万佛像塔。以前，萨迦寺的八思巴法王由内地返藏时，途中在阿贡湖（然乌湖）畔宿营。当时，湖主黑院龙妖欲加害八思巴法王。某夜，龙妖想用供灯加害八思巴法王，吼叫着显示各种神变。八思巴法王

栋亚曲孜　波密县政协提供

微笑着勾召龙妖，把它压在茶碗底下，并严厉地警告它。龙妖请求八思巴法王饶恕，献上龙宝如意珠和黄金牛轭、黄金犁等，并虔诚地忏悔。八思巴法王重新任命龙妖为湖主，并令其发誓信守100个誓言。

八思巴法王继续前行，来到栋亚，发现这里的地形像毒蛇下奔，对整个西藏有害，尤其是对波密地区有害。八思巴法王又见栋亚甘泉所在的岩石上有两个天成寺院，于是使用神通，在一天内同时修建了栋亚佛塔、如纳念萨佛塔、普隆寺宁玛佛塔等。据记载，如意珠和黄金牛轭、黄金犁作为珍宝装藏在栋亚佛塔内。传说，如果在一天内绕转以上三塔，来世就不会堕入恶趣，能长寿无病。门隅布扎受命为栋亚佛塔和栋亚甘泉寺的护法。这位布扎护法是萨迦寺的三位布扎护法之一，对八思巴法王说："我是上师您的护法，我不想待在此地。"于是跟随八思巴法王来到鲁朗。八思巴法王说："此三佛塔加持大，如果你做护法，则饶益众生的事业广大。"八思巴法

王拿出一个小箱子交给管家说："把这个送到佛塔那里。"管家来到佛塔处，打开小箱子，放出来一条黄花蛇。它看看管家，就隐遁到佛塔旁边的一块岩石里了。

栋亚曲孜上方高耸入云的岩石山，是座天成的无形大寺院。一位老妇牙疼，前往甘泉取水。她看到岩石山上有座寺院非常壮观，令人心生欢喜。寺院上面金光灿烂，有麒麟法轮等。而且，在岩石上有佛塔和各类佛像，但没有多久就消失了。老妇心生信仰，每日前来虔诚地祈祷，她的牙病也痊愈了。后来，她有时听见鼓钹声，有时听见长号和唢呐声，有时寺院又显现出来。又过了很长时间，寺院收容了这位老妇，让她负责倒僧人的便壶（即甘泉水）。因为她年事已高、耳朵背，后来取甘泉时，人们要喊叫："请甘泉老妇放水。"据说，此甘泉水是众僧人的尿液，加持具大。流出甘泉的地方非常奇特，只有一座大岩石山，平日里根本看不到水的源头，而且周围也是干地。人们来到山前煨桑祈祷，并石击岩石山呼喊："请甘

栋亚曲孜上方的岩石山　波密县政协提供

泉老妇放水。"少顷，泉水慢慢地流出来。不管取水的人有多少，水都源源不断，足够供应。当人们洗浴完毕，收拾东西准备出发时，此泉水自然就停了。此甘泉对皮肤病、胃病、风湿性关节炎、虫病、象皮肿等有特殊疗效。现在，据地质学家、水文专家、地质药物学家等做科学实验，发现此甘泉水富含硫酸根、碳酸氢根、氯、钠、钙、镁等6种对人体有益的化学成分。秋收后，松宗镇栋亚、格尼、栋曲等村庄的人们前去用甘泉洗浴，之后去转桑朵白日神山。栋亚曲孜位于川藏线318国道边，距离波密县县城约20公里，距松宗镇政府驻地约17公里。

一、栋曲三姐妹的传说

以前，松宗的栋曲有三个姐妹前去放牧。第一天，小妹问大姐："今晚做什么饭？"大姐说："去看看邻居老阿妈在吃什么。"小妹跑到老阿妈那里偷看。老阿妈将一小块酥油扔到火里，然后撕一点桦树皮，点燃炉子，火点着了，嚓嚓作响。小妹告诉大姐："老阿妈今天好像融化从牛奶里提炼的酥油当晚饭。"大姐说："按理我们应该存酥油，但是如果不能吃跟邻居一样的饭，那就丢人了。今天先把酥油

373

栋曲三姐妹　波密县政协提供

吃了，明天再开始存。"第二天晚上，小妹又去邻居老阿妈家偷看，跟头天一样。大姐又说："把今天的酥油吃了，明天再开始攒酥油。"就这样过了三个月，很快，每家每户都准备迎接从牧场迁徙过来的牧民。三姐妹开始有点着急，派二妹去看看邻居老阿妈是否攒好了酥油，二妹看见邻居老阿妈有三大包酥油。于是，三姐妹商量说："我们连老鼠头那么大的酥油都没有。我们在这里待的时间太长了，也该离开此地，前往他处。"说罢唱着悲歌，偷偷地逃跑了。走着走着，三姐妹就融入一座有三峰顶的岩石山中。这就是栋曲三姐妹的传说。

二、栋亚黑色门布扎供赞文

门布扎位于距松宗镇政府驻地约4公里的栋亚村西边，是萨迦派的八思巴法王任命的、位于桑朵白日圣地外转经道上的栋亚甘泉和佛塔的保护神。

嗡啊吽哈曀舍（念诵三遍）

怙主心间流出玐，天女心间流出玛，流散在前面，莲花和日月座上藏文"啊"字母生勇健，身为黑色，一面二臂，右手持弯刀，左手持盛满鲜血的颅器，身披全人皮，戴上金耳环。其左边是黑色夜叉天母，一面双臂，右手持金刀，左手持盛满脑浆的颅器，身着黑色绸缎衣，发辫上佩

374

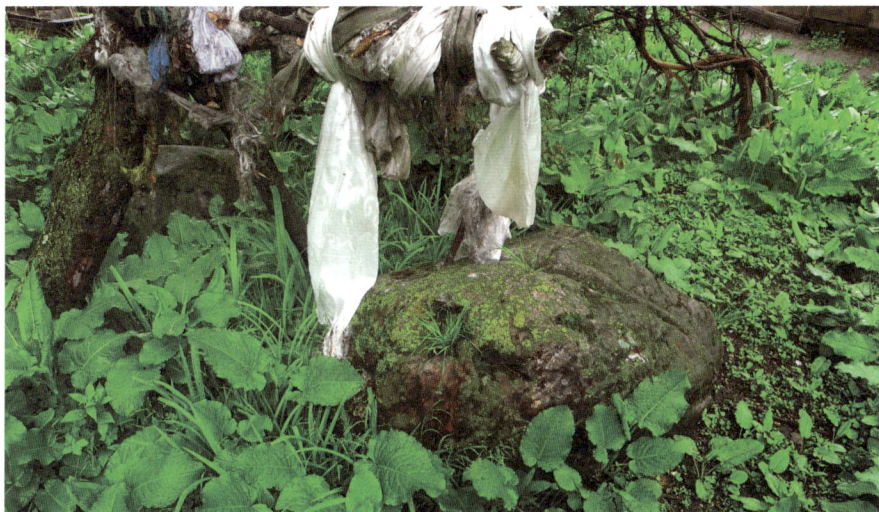

戴珊瑚饰品。双尊相拥，其中，父尊心间流出两个"智"字母，母尊心间流出一个"博"字母，流散到前面生成为"布扎"二字，又称为三兄妹。其中，"智"字母生成为黑色布扎，一面双臂，右手持宝剑，左手持盛满鲜血的颅器，身着黑色绸缎衣；"智"字母又生成为咖啡色布扎，身披虎皮，右手持戒尺，左手持母心脏；"博"字母生成为独髻罗刹，右手持金刀，左手持肠子，口中燃烧火焰，身色为浅绿或深蓝，面现忿怒相，具三只眼，佩戴骨质念珠和鲜花项链，坐姿现忿怒狂躁的制服相。其右边有穿虎皮的100名男子先行，左边有100名比丘先行，后面有100名咒士

跟随，前面有100名领腔女子。另外，有根除失戒者的黑鸟，被黑狗、黑人、豺狼等不可思议的使者所围绕。从自心放射光芒，坦然而住，众怙主被护法神和使者所围绕。向夜叉护法父母、护法神布扎兄妹、化身四先行、傲慢父续母续、办事的使者随从等贡献盛大供品，祈愿佛法昌盛，祈愿世间善业增长，祈愿我等师徒的诸逆缘消除、诸顺缘实现。

如此祈祷后，摇响金刚铃，祈祷说：

　　夜叉父母现怒相，

　　忿怒狂躁又贪心，

　　消灭魔鬼及怨敌，

　　赞颂父母护法神！

　　门子黑色布扎来，

375

身着门隅索绊身，
手里拿着锡禅杖，
赞颂黑色布扎神！
门子布扎穿虎皮，
身穿绸缎索绊身，
手持尖锐大戒尺，
赞颂门子布扎神！
门人手持黄金刀，
口中燃火黑女人，
手中拿着黄金刀，
虔诚赞颂黑女神！

百名黑色黑女仆，
紧随其后领腔嫔，
其右也有先行者，
百名男子虎皮身。
其左也有先行者，
百名比丘罗汉形。
其后还有跟随者，
百名持概苯教人。
赞颂随从及眷属！羯磨怙主
使者及眷属，内外秘密如海供养
云，禅定咒语手印来加持。

虎皮裙系嘿如嘎的拴马地　波密县政协提供

376

第 四 章

康玉乡山水文化

康玉乡位于波密县县城以北约 140 公里处，是半牧半农地区，西边与昌都市洛隆县腊久乡巴瓦村的布达拉山相连，东边与昌都市八宿县吉达乡仲沙村的底乌拉山相接。乡政府驻地海拔约 3900 米，地理坐标在东经 96°43′、北纬 30°16′，全乡辖 5 个行政村。康玉河的源头主要有两个，一个源自诺玛叶古湖尾的河流，另一个源自果杂拉山的河流。波密县境内的其他江河都

康玉风光　扎西洛布摄

流入雅鲁藏布江，只有康玉河流入怒江 [①]。康玉乡境内的神山有拉日布鲁山和扎纳孜两座，开启圣地之门者据说是扎贡巴·曲吉多吉。

第 一 节　　拉日布鲁神山和叶古湖

一、拉日布鲁神山与扎纳孜

拉日布鲁神山位于通堆村的诺玛，距离村子大约有 15 公里。拉日布鲁神山属念青唐古拉山脉，海拔约 4000 米，地理坐标在东经 96°41′、北纬 30°04′。

拉日布鲁山的岩石，犹如一顶顶白色帐篷；碧绿的湖泊，像是一杯杯供水；金黄色的草山，好似向三宝献上鲜花；黑白牲畜，如同星星落大地。此圣地主要是天成的文武百尊。在一处很大的岩洞里，有天成的文武百尊像，是一天然神殿。岩洞内还有天成的中阴狭道、莲花生大师和空行母益西措杰的像、贤劫一千零二佛和扎贡巴·曲吉多吉的修行房。在修行房旁边，有够一个人喝的水源和够一匹马吃的草坪，传说有糌粑洞、牛奶源、包在羊皮里的酥油，取之不竭。本来，这些东西只能在这里享用，不能带走；可是，一位贪婪的人把这些东西带到自家。从此，这些东西就消失了。

当年，扎贡巴·曲吉多吉从多麦地区磕长头来到康玉的通堆。当他手持念珠磕头时，一只乌鸦突然将念珠叼去，飞到康玉的地祇扎纳山顶。扎贡巴·曲吉多吉目睹这一切，明白了自己的利生事业就在此地。扎纳山顶的形状具备极密马头明王净土的特点，而拉日布鲁神山属于卡瓦嘎

---

① 怒江，是我国西南地区的大河之一，上游的那曲河、夏曲河、索曲河皆源于唐古拉山脉南麓。在西藏那曲市比如县境内，那曲河与索曲河汇流后称怒江，以后流经索县、边坝县、丁青县、洛隆县、八宿县、左贡县、察瓦龙和滇西地区后，出国称萨尔温江，在缅甸入印度洋。

扎纳孜神山　普布多吉摄

布①圣地的分支。在叶古白塘刹姆里面，有女医神莲花日夜行走的大旷野，无数牛羊围绕在牧民身边，还有能带来财运的财神。在一块像骰子的岩石上，有天成的鹞鹰。

拉日布鲁神山的圣地是扎纳孜，在西边保护圣地的是珠续热巴加顿（七白发），在北边保护圣地的是榜穷蜕纳（黑额小民），在南边保护圣地的是宗仓嘎布（白色堡垒），在东边保护圣地

① 卡瓦嘎布，系藏语音译，或译成梅里雪山，但梅里雪山与藏语语境里的卡瓦嘎布不完全相同，所以，我们采取音译，没有直译为梅里雪山。

的是鲁曼嘎姆（济龙女医神）。

叶古湖的源头风景优美，有天成的贤劫一千零二佛；在黑红的珊瑚魂湖中，有能阻止外寇的天成铠甲，并有"拉日布鲁有神坛，叶古岩石似骰子"之说。诺玛高山柳庭院的草坝上面，有不朽的天成藏文"啊"字母；如果在沟头的白岩石泉水处洗浴，对眼疾和中风有好处，因为岩洞中的泉水是佛浴水；岩石上，有天成的英雄格萨尔王的宝座、赤褐色天马的蹄印和中阴狭道。在半月形岩洞里，有天成的天狗熊子足印。另一个岩洞是文武百尊神殿，有天成的湖主白夫人吉琼嘎

鲁像、空行母益西措杰和莲花生大师的明妃曼达热娃像、神山扎西果（吉祥门）等，圣地主人是莲花生大师，有直续热巴加顿、直续灵鹫山等五座空行母山。后山的白色宫堡中，有天成的母犏牛奶嘴。

位于扎纳山顶的扎贡巴·曲吉多吉的修行洞是康玉乡境内最主要的圣地之一，有长年转山、挂经幡、垒石供、祭湖泊、念诵六字真言、煨桑等传统。

二、叶古湖的传说

康玉乡境内叶古湖的面积约1300亩，是康玉河的源头。此处有个属于卡瓦嘎布大圣地的分支，叫叶古白塘察姆曼布姆白玛梅朵（九旷野连坝少女莲花）大草地。以前，有散户牧民住在这里。一天，一只画眉鸟让他们不要住在此处，赶快搬迁到别的地方。一户牧民搬迁至他处；另两户牧民不相信画眉鸟的话，没有搬迁。过了几天，有个穿白衣的男人，将一条像一岁羊羔那么大的鱼、像蓑盒那么大的青蛙，还有一皮袋水放入草坝上，然后用手挥击两边的山。结果，山峰坍塌下来，形成了现在的叶古湖。

在康玉的珠崩寺旁边，有个泉水形成的湖泊，非常奇特。据说，它是格萨尔王的王妃珠穆的魂湖，呈深蓝色，面积大约有2000平方米。当地僧俗信教群众非常信仰此湖，传说

叶古湖　普布多吉摄

由此湖取水洗脸，形象就会像岭国格萨尔王的王妃珠穆那么美丽。

转此湖的时间，是每年藏历四月萨噶达瓦节期间的 15 天。

从前，乌那、通堆、曲崩等地的信徒经常去朝拜此湖。尤其是每逢吉日，牧民们都去转湖，贡献素食供品，在湖边挂经幡，同时举行夏季欢宴。

第二节 供赞文

一、榜穷蜕纳供赞文

护地榜穷蜕纳是康玉扎纳孜圣地的北门护法，位于康玉乡西边的通堆村境内，距康玉乡政府驻地约 2 公里。其供赞文如下：

扎纳罗刹脸形山，
乌云如水卷狂澜。
柏树茂密林深处，
豺狼岩雕舞飞天。
榜穷蜕纳降恶鬼，
咬牙切齿目红鲜，
骑着棕黄毛色马，
黑发缠头似漆般，
身披紫色大披风，
黑白红额三仆站。
舍！
在那清净之地方，

在那太阳之南边，
在那紫色山峰下，
势呈三角白玉山。
黑色夺命獠牙下，
蓝色魔鬼帐篷檐，
榜穷蜕纳降恶鬼，
咬牙切齿目红鲜，
黑丝缠头发黑亮，
三尖兵器右手端，
左持金楖于胸际，
棕黄毛马立阵前，
黑丝缠头发黑亮，
管理鬼众于世间。
聚集南部众神鬼，
万户为主于中原。
后从至尊莲师教，
佛门成道做神仙。
右有民父名蜕嘎（白额），
白人白马白衣穿，
白丝缠头发白亮，

为神山献朵玛食子　普布多吉摄

右手挥舞白矛幡，
左持蹄子念珠端。
左有民子名蜕玛（红额），
绿鬃白马立旁边，
右手持有长杆矛，
左持对开印模盘，
花色披风披身上，
白色丝带头上缠。
三界主人三兄弟，
一半主人天地间。
前往圣地印度时，
守望佛祖教法严，
出任圣地大护法，
赐名善业三大仙。
莅临西藏雪域地，
莲师教诲记心间，

出任伏藏三神主，
赐名佛身三大仙。
前往中原汉地时，
掌控门户万万千，
称为道教三神仙。
大千世界唯一主，
圣地天尊君臣三。
魔鬼龙妖独脚鬼，
利嘴哑巴木 ① 氏贤，
施放麻风神变主，
山顶摇旗凯歌旋，
慈悲怜悯瑜伽伴，
熄灭嫉妒和暴残，
笑声哈哈好友伴。

---

① 木，是一种鬼物，致使得水肿疾病。

382

昔年金刚莲花生，
制伏恶魔为神赞，
身为珊瑚须弥色，
右持敌心左宝盘，
下跨红色高头马，
神魔鬼怪所绕环，
祭祀赞颂事业成。

二、宗仓嘎布供赞文

护地白杰供，是扎纳孜圣地的南边护法，其供赞文如下：
自明呼空不变真如性，
动静双运智慧游戏佳，
宫堡天众温年白杰神，
身色白净披着晶铠甲，
身上佩戴战神三兵器，

右手拿着白绸幡似花，
左手掌控橙黄毛色骑，
娇娘鲁曼眷属俱随驾。
化身再化成就事业者，
保护地方佐眷属幻化，
听从莲师教导做亲眷，
在此贡献供养做心花：
保护佛法四业① 皆实现，
消除内外动乱盛世夸，
熄灭荒年旱灾人畜病，
恶业消除诸善业增加，
守护具有髻顶之部众，
承诺弘扬深密佛教法，
将修佛法传播到四方，
心想事成！福临全家！

---

① 四业，即息业、增业、怀业、诛业。

祭祀活动 普布多吉摄

飘洒隆达　普布多吉摄

三、鲁曼嘎姆供赞文

扎纳孜东边的圣地保护神鲁曼嘎姆（济龙女医神），位于康玉乡东边的达曲村境内，距扎纳孜圣地约1公里。其供赞文如下：

喏！

自现无执明空本性中，

无碍大智游戏之神功，

前有清澈甘露王中央，

珍宝垒砌庄严无量宫，

铜蓝绿玉绸缎坐垫上，

地方护法鲁曼二胜雍。

身色明净笑露吉祥牙，

身着湛蓝水绸① 现慈容，

头缠天界白色之鲜花，

珍宝双垂璎珞饰如虹，

美丽动人弄姿抛睨视，

右宝左瓶双手握其中。

祈赐行者所愿及所求，

眷属随意显示变化容。

外轮清澈沐浴水池流，

双足并立袈裟舞春风，

---

① 水绸，指神话传说里，用水中苔藓可以纺织成布，入水后，布不濡。

384

悦耳动听众鸟来迎接，
四周林苑神树环绕中。
杜鹃声音犹如敲腰鼓，
悦耳动听鼓动众鸟从，
鲜花流汁林苑真美丽，
草甸闪烁绿光现龙钟。
甘露湖中放射黄金光，
保护圣地女医神安中，
笼罩祭祀甘露圣药云，
口出金刚赞歌妙音宏，
意降所缘所求之甘霖，
天神食子供品诚心奉，
祈愿我瑜伽事业恢宏！

四、珠续热巴加顿供赞文

拉日布鲁神山和叶古湖的保护神珠续热巴加顿，是扎纳孜西边的圣地保护神，位于康玉乡西边的通堆村境内，有"地方保护者珠续热巴加顿（七个灰白发辫），黑色岩山乃是赞魔龙宫堡，暴风骤雨未有间断时，常持三兵跨着白蹄黑马，各自行头不同有七种"之说。其供赞文如下：

珠续热巴加顿神，
行走雪域之秘境，
看它妖精龙林地，
忿怒莲师之芳邻。
持三兵器骑骏马，
兰红行头光泽身，
奉献茶酒桑烟祭，
如月圆脸照我频，
所托之事速速成。

第 五 章

多吉乡山水文化

多吉乡位于波密县东北约71公里处，乡政府驻地的海拔约3340米，地理坐标在东经96°08′、北纬29°98′。全乡辖9个行政村，系半牧半农地区。在此地，有卓玛日（度母山）、绕卓无量寿佛、角落森东（狮面）、达果觉沃（马头佛）等圣地。

第 一 节　卓玛日神山

一、圣地志

卓玛日神山距多吉乡政府所在地约1公里，位于西巴村以北。卓玛日山系念青唐拉山脉的余脉，山顶海拔约4000米，地理坐标在东经96°08′、北纬30°01′，位于曲宗藏布河东岸。其圣地志内容如下：

岩山好似白晶石，
绿色度母身卷形。
右峰犹如千佛列，
法王谷住阎罗尊。
羯磨徒子似黑石，
卓玛湖似供水盆。
鲜花好似献圣地，
碧水发出"当"字音。
卓玛神山巍然立，
信徒纷纷拜山神。

卓玛日神山　普布多吉摄

色热平坝铺垫般，
平原上面舞缤纷。
所依男子英雄汉，
所依女子巾帼能。
董措湖似摆供水，
鲜花丛中蜜蜂鸣。
圣地之门扎贡启，
卓玛多有护法神。
东有西普锁朵启，
北有喜邬阿赞神，
西有冈普格念神。

卓玛日神山是曲宗四地最有加持力的圣地之一。最初开启圣地之门的是伏藏师扎贡巴·曲吉

多吉。在《莲花遗教》①中云："玛桑岩山埋藏之伏藏，已到挖掘时期勿延误。授记伏藏师曲吉多吉。"正如授记所言，扎贡巴·曲吉多吉从玛桑岩山中挖掘伏藏，使之面世。扎贡巴·曲吉多吉挖掘的伏藏名为《扎贡明咒一百》，有3函伏藏经书，每函有600页。另外，他还挖掘并迎请了甚深伏藏密法和右旋海螺等伏藏品，之

---

① 《莲花遗教》，又译为《莲花教》，是1285年，邬坚林巴从桑耶寺和西扎山挖掘迎请的、有关莲花生大师的本生传记。

387

卓玛日神山转经路上的风光　普布多吉摄

后开启了卓玛日山门，至今有数百年。

在伏藏师扎贡巴·曲吉多吉所著的《圣地志》中说：形似白晶石垒砌的岩石神山，从远处看像度母，右腿伸展，左腿蜷缩，令人神往，并使人产生信念。中间的白色岩石山是度母的身体，左边的刺雷岗山顶，是度母伸展的右腿，右边的乃萨岩山是度母蜷缩的左腿，前面的格姜岩山是供养的曼札。另外，在此神山的右边有天成的1002尊佛像；在岩石山左边，有住锡的龙女、守螺龙王①的度母魂湖。卓玛日神山还有深不见底的修行洞，并有黄丹②和石棉等。石头上有天成的"啊""当""榜"等藏文字母。岩石上有天成的扎贡巴·曲吉多吉大足印和很多动物足迹，非常清晰。据说，此圣地还有天成的二十一尊度母像、观世音菩萨宫

---

① 守螺龙王，是八大龙王之一，又译作护贝龙王。

② 黄丹，梵语意译为海血，是矿物名，入药味甘，性平，功能为清脉络热邪、治烧伤及金创、收敛体腔内部的脓血。

388

殿、十六阿罗汉像、八大财神像和法王夫妇像等。

吉祥天女是西藏佛教各教派共同尊奉的护法神。卓玛日神山有很多关于吉祥天女的传说。在通参村的普绒细有天成的吉祥天女像，还有面积约为1.7万平方米的吉祥天女魂湖。如果在夏季遇到旱灾，曲宗强巴林寺的僧人会带着济龙药前往吉祥天女魂湖，进行祭湖祈祷。在绕卓的无量寿佛山旁边的巴曲卡磐石上，有天成的吉祥天女坐骑骡子的蹄印，极其清晰。

达大村境内的无量光佛山，位于卓玛日神山的外转经道上。在达大村境内的湖泊为蓝灰色，面积约为2.7万平方米，据说是无量光佛的修行水，环绕在达大村的东南面，春季有各种野凫盘旋在湖面上，嬉戏在其中。

二、转山祭祀传统

绕转卓玛日神山的时间是夏季，尤其是藏历六月十日、十五日、二十五日等时间，转山的人特别多。特别是藏历六月十五

卓玛日神山的拉其瀑布　普布多吉摄

日，曲宗四个地方的人们，不分高低贵贱、男女老幼，都排成长队去转山。这天早晨，很早就能在出发地点看到闪烁发光的火把。

转山分外转、中转和内转三种，一天内迟早都能转完这三条道。三条转山道各具特色。据说，外转利益最大，中转最好

祭祀卓玛日神山　普布多吉摄

走，内转最热闹。从前，在藏历六月转山时，除了西巴村之外，还有其他地方的人前来转山。大部分人于藏历六月十四日晚来到卓玛日山的扎盖（岩梯）山口，在岩穴下面点燃松柏树，成群结队地夜宿此处。这是为了在翌日从容不迫、欢天喜地地启程。藏历六月十五日早晨，人们陆陆续续翻越扎盖山，在途中煨桑、挂经幡、挂彩色羊毛，并来到一处叫"东"的牧场。此处正当夏季繁花似锦、绿树成荫、硕果累累的时期，满地都是红白杜鹃、黄花杜鹃、金莲花。还有很多不知名的花儿，姹紫嫣红，争奇斗艳。来到此地，你就情不自禁地被美景深深吸引，流连忘返：香气扑鼻的鲜花热情地迎接你；各种各样的鸟，用悦耳动听的叫声欢迎你。此时，你翻山越岭的疲惫得以消除，置身一个全新的世界，妙不可言。

此后，转山的人们有的前往牧场，在牧场附近的草甸上搭起帐篷，以艳丽的鲜花为垫子，享受牛羊肉、酥油制品和酪糕美食，以及茶、酒等饮品，从从容容、高高兴兴地待上半天，有的人甚至在此过夜。之后，转山的人们，根据各自的计划安排或愿望，选择不同的转山道路，或转后山，或去中转，或转内道。年轻人一般选择内转，因为内转途中在卓玛日神山前面有一处叫"琼"（大鹏金翅鸟）的草地，西巴村白发苍苍的老人和生性活泼的年轻人都在此宿营两日，虔诚地祭祀圣地，选择内转可以观看热闹非凡的祭祀活动。当日早晨，先煨桑、供茶酒，然后开始举行名叫"熊与狗"的、幽默滑稽的文艺演出活动，旨在表达保护动物的思想，最后表演歌舞。此项活动现在又得到了恢复。转山者大部分去外转和中转。据说，外转和中转不仅利益大，而且，身体好的人可以通过一条叫"东堆"（空上）的山沟，前去朝拜卓玛拉措（度母魂湖）。

传说，在良辰吉日，或者天气良好时，湖中可以显现森林、草地等美丽的风景，以及寺院、佛塔、各种法器、人和动物等影像。但是，每个人因缘不同，所见到的影像也不同。

去中转的人们，需要翻越一座叫"东拉"（空山）的山峰。选择外转的人们，要经过一个叫"夏卡普"（东沟头）的地方。中转和外转会合处，在左边的沟头有岩石山和很多岩石，给人们带来许多不一样的感觉。如果与熟悉此地情况的老者在一起，那么，他会一一介绍这些奇特的岩石山和岩石的故事，还会讲述很多有意思的神话传说。

此后，去外转的人们，要经过有天成千佛像的后山。在后山有岩羊、旱獭、雪鸡等野生动物，它们向人们显示敏捷的动作，人们都会觉得自己的身体比从前灵活、轻松了许多。最后，转山信众来到一个叫"萨恩"（蓝色土）的地方，途经一座像是蓝宝石汁液浇筑的山岗，珍贵草药雪莲花等散发出诱人的香气，沁人心扉，令人欢欣。从山顶向四处望去，在茫茫薄雾中，远远望见层层叠叠的雪山，好似新鲜奶酪垒砌而成。

三、烟祭

经过横贯波密县境内的国道318线，从松宗镇往北走30多公里，就能到达在波密地区小有名气、非常奇特的卓玛日神山。

此神山好似白晶石所垒砌，从远处细细观察这些奇特的岩石，真的像是右腿伸展、左腿蜷缩地坐着的白度母样子。此地不仅是殊胜的圣地，也是水草丰美的牧场。在左右茂密的森林中，有一条条瀑布，犹如白色绸缎飘扬在空中。这里有一堆堆、一簇簇的岩石，这些都有迷人的民间传说。绿草如茵的草地，好似鹦鹉张开双翼；大金莲花、小金莲花、菊花、红黄色报春花、蓼子草，以及各种不知名的鲜花，呈现出繁花似锦的景象，令人目不暇接，向四处飘散着醉人的花香，令人置身于花的海洋。尤其是金莲花，是草原上夏季花丛中最早开放的，是先行使者。数万朵水萝卜花也竞相怒放，闪闪发光，恰似光芒万丈的太阳照耀大地。

坐落在卓玛日神山脚下的村庄叫西巴村，目前共有51户人家、257人。该村很早就有祭祀神山的传统习惯。藏历每年六月十五日举行祭祀神山活动，但是，由于种种原因，有段时间中断了这种民族宗教习俗。现在，党的民族宗教政策像十五的月亮照耀莲苑。在这美好的时代，这个传统的祭祀活动得到了恢复，就像遭到旱灾的花朵得到雨露

祭祀神山活动　普布多吉摄

滋润。

以前，煨桑祭祀神山的时间为两天。第一天，在像是一座白水晶佛塔，山腰又有好似碧玉盘的草坪的山间举行煨桑祭祀活动。白蒙蒙的烟雾飘扬在虚空，逐渐与云雾融合，整个山岭笼罩在弥漫的桑烟中，呈现出一派吉祥、欢乐的景象。第二天，举行集宗教仪式、娱乐、休闲为一体的各种活动，使得烟祭神山的仪式成为一个内容丰富、形式多样的特殊节日活动。

此项活动的第一个内容是村民于藏历六月十五日早晨进行煨桑、挂经幡，虔诚祈祷卓玛日神山，祈祷风调雨顺，祈祷五谷丰登、家畜兴旺，向护法神诚心忏悔，祈祷心愿如期实现。

将曲宗强巴林寺的师徒迎请到洁白的村民公用的布帐篷里，摆放供灯、供水、朵玛食子，以及各类供品。僧人的念经声和鼓钹声合二为一，庄严肃穆的气氛在空中飘扬，使人们情不自禁地产生勤奋做善事、积福德的愿望。男子们举起经幡，带着彩箭、麦穗糕、熏香、朵玛食子等，来到桑烟缭绕的神坛旁口喊："拉嗦喽！"诵吉祥祝词，并诚心忏悔。

这天活动的第二个内容就是唱歌跳舞。男女老少进入舞场，头戴毡帽，身穿蚕绸上衣，以及哔叽、氆氇和绸缎长袍，佩戴天珠、珊瑚、银首饰等，像雄鹰展翅飞翔一般，翩翩起舞，并唱赞歌："卓玛神山似竖立，绕转竖立神山毕；色热草坪似铺开，舞场之上跳舞喜；卓玛神山具加持，孕育男女英雄出。"

活动的第三个内容是娱乐表演。从后面的森林中突然发出吼声，人们回头看去，装扮成熊的七位壮汉，双手举一束荆棘，面戴恐怖的狗熊面具，威武而缓慢地走来。同时，舞场下面走出来三位装扮成猎人的汉子，喊叫着，学猎狗狂吠，去猎杀熊。此时，两位村官阻止他们猎杀熊，告诫猎人要保护野生动物，并且没收猎人的武器，给予他们相应的惩罚。

类似的娱乐节目在全藏区都很少见到。这样具有鲜明特色的娱乐节目何时因何故产生的呢？

表演斗熊戏　普布多吉摄

根据老人们的讲述，很早以前就有村民前来祭祀神山的习俗。之前祭祀护法神、举办夏季欢宴时，为了让人们高兴，表演《乞丐与狗》的节目。到 17 世纪上半叶，人们在欣赏此节目时，突然从神山的岩石丛中蹿出一条花狗，追逐七只熊（狗爪印至今还在岩石上，清晰可见）。见到此情此景，村民们不知原因，就派人请示当时主持西藏政教事务的五世达赖喇嘛阿旺罗桑嘉措。五世达赖喇嘛说："这是因为祭祀地方神的活动令地方神欢喜，是好征兆、好因缘。以后，将《乞

丐与狗》的节目改成《熊与狗》吧。"这就是现在的娱乐节目《熊与狗》的来源。

熊和猎人的扮演者进入群众的布帐篷里讨甜酒喝；同时，熊和猎人赞美高尚品德，讽刺低级品味。最后跳卓舞，表达祝福意愿。至此，祭祀山神的活动全部结束。

四、供赞文

（一）西普锁朵供赞文

西普锁朵是卓玛日神山的东

394

门保护神和主人，位于西巴村境内，距多吉乡约3公里。其供赞文如下：

昔时印度河之滨，
诞生圣人莲花生。
降落甘露以救世，
善法飞幡利众生。
难超誓言金刚印，
无别顶戴持誓人。
善品护法锁朵者，
我以此祭盼降临。
身披大红鳞甲胄，
手持矛绳腰三仞。
坐骑傲慢眷属等，
请思誓言常惠临！

（二）冈普格念神供赞文

卓玛日神山的西边护法冈普格念神位于扩拉村境内，距离卓玛日神山约有2公里，在多吉乡东北部。其供赞文如下：

三世佛集金刚持，
三身持明莲花生。
三密无尽宗喀巴，
随机教化善缘人。
扩拉吉祥又富饶，
兜率天宫无别分。
地如天堂名冈普，
格念钦布曾惠临。
和睦相处居附近，
八大密主女医神。
万有虚空非人军，
迎请眷属此惠临。
喂！
如身文武千万相，
应化守规八苯经。

天成的西普锁朵及其臣民　普布多吉摄

四业装化四十万，
赞颂地祇冈普神。
英雄战神大财神，
世世代代守舍神①，
供汝赞汝力量大，
佛法昌盛利众生。

（三）喜邬阿赞供赞文

卓玛日神山的北护法喜邬阿赞位于距卓玛日神山1公里处的通参村境内，在多吉乡东北部。其供赞文如下：

金刚持佛及燃灯，
汝之化身迦叶尊，

化身胜者洛桑扎，
赐予加持佛法承。
殊胜共通成就②源，
如意至宝③师本尊，
任命佛法保护者，
锁呆神与阿赞神。
威德战神大王妹，
多眼耳聪豺狼群。
神兵随从如海全，
时不倒流宫殿新。
祈求莅临欢喜住，
手持云杉骑黑骏，
赞颂护持佛法神。

第 二 节　　绕卓无量寿佛圣地

一、圣地志

绕卓无量寿佛圣地又称为绕卓果热乃萨，位于多吉乡德吉村，距多吉乡政府驻地约5公里，海拔3750米，地理坐标在东经95°98′、北纬30°03′。它属于念青唐古拉山脉，位于曲宗河东岸、多吉乡西北部。

绕卓无量寿佛圣地的北部护法是绕卓堪布，南部护法叫觉沃

---

① 守舍神，指守护人体及各部分器官、与寿命共存亡的一类鬼神。

② 佛教成就分为两种，即普通成就和殊胜成就。普通成就又称为共通成就，是依托药物、咒语之功，内、外道皆能证得的成就。共通成就有八种，殊胜成就指佛位或佛果。

③ 据说，大鹏鸟常去海里寻觅蛇肉，后因年老，多次觅食不得，遂饿死在海中。若干年后，它的心变为珍宝，称如意至宝。

绕卓无量寿佛圣地主人绕卓堪布像　普布多吉摄

亚赞，东部护法是吉旺鲁赞（龙妖），西部护法是护螺龙王。下面，简要介绍绕卓无量寿佛圣地：

世间引导主尊无量寿，
消除一切不时死亡因，
一切无依苦难之救主，
虔诚顶礼无量寿佛尊。
怙主无量寿佛密意中，
佛母旃陀离职续于心，
不死莲花大师赐加持，
长寿持明诸尊此修行。
雪域东部波密曲宗地，
众多雪山耸立桑嘶声，
祥云缭绕细雨淅沥沥，
植物江河供品日频频。
妙欲飞天资财滚滚至，
圣地好比宫殿无量称，
红色长寿佛居于宫殿，

三尊聚集傲慢力万钧。
莲花大师密主马头王，
赐加持于上师与本尊，
秘境曲宗寂静水神处，
玛杂伏藏绕卓净土境。
伏藏护法绕卓堪布神，
祈请瑜伽住锡地莅临，
护持甚深伏藏亲教师，

自然天成的果热乃萨洞里伏藏师西绕多吉的手书　波密县政协提供

绕卓无量寿佛圣地的宝库　波密县政协提供

恶眷卫士高僧咒士群。

佩戴指环骑着黄色马，

手持金刚棒和伏藏瓶，

静怒不定四种事业身，

手持各种如理法天平。

内眷佛苯咒士三卫士，

赞颂干事使者事业成。

绕卓无量寿佛圣地距离曲宗强巴林寺有一天路程，是绕巴自然村的第一游牧点。

最初开启圣地之门的是伏藏师西绕多吉（或名珠噶），时间是七世达赖喇嘛格桑嘉措时期。伏藏师西绕多吉开启圣地之门那天，需要一名空行母。于是，他将一碗融酥扔到人群中。结果，融酥没有洒落，而是掉落在一位叫巴藏的妇女的怀里，就将这位妇女迎请为西绕多吉的空行母。

最初开启圣地之门时，伏藏师西绕多吉说有三只雄鹰指路。煨桑、供神饮之后，这三只雄鹰就盘旋在卓玛日山顶。西绕多吉说，跟着雄鹰前往。最初，雄鹰在巴曲卡显示吉祥天女的马和骡子的蹄印，至今仍清晰可见。有块信徒绕转的平坝，是杂日神山①坛城平坝的分支，面积约为150亩。周围有松树、高山栎、

① 杂日神山，是西藏著名神山之一，于12世纪末，由藏传佛教噶举派高僧藏巴嘉热·益西多吉开启圣地之门，并确定为密宗本尊胜乐金刚的净土，首创年巡礼之例，每逢猴年，规模更大。

杜鹃花、沉香花、大金莲花、小金莲花等让人赏心悦目的植物。据说，有天成的达巴西日（无垢晶石山）、藏党参、曲卓瓦珍巴（引导众生的圣水）等。在平坝上部有天成的大鹏鸟；还有一块可以揭开盖子的大磐石，据说是圣地主人绕卓堪布放置伏藏品袋子的地方。从此处往上走，就有天成的杂日神山的白额神牛留在石头上的蹄印，好似印在泥巴里。东边的波密是圣地白玛圭①的后园

---

① 白玛圭，是西藏林芝市墨脱县旧名。西藏佛教认为，此处是著名圣地，波密等地都是其分支。

圣地，为邬坚秘境的一部分，由波密三成就者开启圣地之门。杂日神山生长的野生动物羚牛、野山羊等，在此圣地也都有。

再往上走，就到了一处叫亚曲（夏季水）的地方。此处有一块大磐石，上面有骑羊护法的驻锡地，另有天成的铁匠工具箱及铁砧，还有很多红色石头。雨过天晴，在太阳照射下，散发出清茶的香味。

从绕卓无量寿佛圣地的修行洞再往前行，就到了一个由两大草坪组成的地方，两大草坪好似日月形状，此处是绕巴村牧民开

杂日神山白额神牛的蹄印　波密县政协提供

绕卓无量寿佛圣地的守护神白布齐热　波密县政协提供

始游牧的第一站。草坪上，夏季盛开各色花朵。上面的草坪上有一块红色磐石，磐石上有天成的大鹏鸟像；还有无量寿佛修行洞，在洞里爬上两个阶梯后，就能看见清澈见底的长寿水。朝拜者都知道，此水对胃病及其他疑难杂症有一定的疗效。此洞长约70米，有天成的无量寿佛像，还有红线画的马头明王、猫鼬、莲花生大师像等。每逢春、夏、秋三季的吉祥日子，朝拜者络绎不绝。据传说，绕转圣地次数越多，越能解除病痛，越能防止非命死亡。在乃萨修行洞下面有一块红色大磐石，据说是天成的金翅鸟。如果在饭前绕金翅鸟转三圈以上，就能从龙病中得到解脱；人们还会把酥油贴成的金翅鸟带回家作为还愿。

据说，伏藏师西绕多吉让年轻力壮的男子背上一块厚木板，当雄鹰展翅飞翔在万年雪山之间不能通过时，便用木板架桥。在第二个游牧点嘎玛赖，有天成的杂日神山白额神牛；还有伏藏师西绕多吉下马的地方，叫"达波萨"，即下马处；渡过藏布绕江的地方叫"绕苏赖"，磕头的地方叫"恰才岗"。在此，有天成的无量寿佛像和圣地主人绕卓堪布像，还有一块岩石很像上师的宝座。在一块叫"纳瓦恰尔曲"（病雨水）的石头上，有天成的喜旋珠；还有怙主无量寿佛的修行洞，深不可测，名叫"仲萨曲米"（新村泉水）。据传从前，绕卓有位牧民在夏季放牧时抓了一只雪猪崽，养了一些日子，秋季转移牧场前，在雪猪崽耳朵上拴了红毛线，让它进了修行洞。若干年后，在今昌都市洛隆县境内的巴瓦董措湖畔又见到它，这足以证明修行洞与巴瓦董措湖相通。夏季，修行洞的洞口还有很多冰块，叫"岗措"（雪堆），像人站立在那里。进入洞里，能拜谒到以前修行人留下的炉灶、手杖和风铃等。

进入洞内，有许多像小屋一样的修行洞和天成胜迹。与无量寿佛无别的莲花生大师将长寿修法传播到藏区前，至尊米拉热巴的亲传弟子热琼巴曾在印度的不死寿命洞内，于怙主无量寿佛尊前求得灌顶、传承和戒律等，并传到藏区。受此恩典，在曲宗也开启了绕卓无量寿佛圣地之门，自此有了在有缘信徒的心田获得丰收的善缘。绕转绕卓无量寿佛圣地的时间是藏历四月十五日。当日，曲宗四个地方的信徒成群结队地前去转山。另外，节日

天成的涡旋宝藏　波密县政协提供

绕卓堪布魂湖　波密县政协提供

里也有很多人去转山。如果饮用修行洞内的长寿水，对龙病有疗效。

绕卓无量寿佛圣地的主人绕卓堪布的魂湖面积约为6000平方米，湖水呈深蓝色。从前，途经此地的牧民如果碰到吉日，就往魂湖里扔小酥油坨坨和奶、花等祭湖，据说这样能长寿无病。

二、祭祀活动

绕转和祭祀绕卓无量寿佛圣地没有固定的日期，什么时候都可以，但主要在春、夏、秋三季。曲宗四地的群众大部分都去转山，还要转长寿三尊。如果身患龙病，手脚疼痛，或是儿童得怪病，或是行动不便者，都去乃萨修行洞取长寿水。然后，来到修行洞下面，在饭前转几圈红色磐石，因为磐石上有天成的金翅鸟像。人们在绕转此山时，念诵六字真言和长寿佛心咒，还要挂经幡、煨桑。长寿佛的修行洞"岗曲普"（雪水洞）位于上部的放牧点，除了当地的牧民以外，其他地方的人很少去转。这是因为，其海拔有3900多米，只有夏季才能去朝拜；在洞里要走两个多小时，洞有五个洞门，洞门口和洞内都有冰，难以行走。

三、供赞文

（一）绕卓堪布供赞文

绕卓堪布为绕卓无量寿佛圣地的北部护法，其供赞文如下：

三尊聚集万有傲慢力，
世间持守明咒者主人，
忿怒莲师密主马头王，
上师本尊胜者加持身。
秘境曲宗寺庙水神方，
莲花伏藏绕卓净土境，
护法圣地绕卓堪布师，
祈请瑜伽供养地莅临。
护持甚深伏藏亲教师，
内眷佛苯密咒卫士群，
出家装束持矛及宝瓶，
外围天龙罗刹及妖魔，
护门龙妖等众祈降临！
喂！
诸佛密藏伏藏圣地主，
绕卓堪布出家装为名，
佩戴指环骑着黄色马，
手持金刚棒和伏藏瓶，
其余各持本相之法器，
扎贡巴·曲吉多吉记分明。
《卓玛神山志》中有记载，
归属秘境圣地主财神。

通根文殊神山　格桑摄

格念觉沃亚赞神山　波密县政协提供

班禅洛桑曲吉坚参① 师，
认定马头明王之圣地。
内眷佛苯咒士当卫士，
赞颂干事使者事业成！

（二）格念觉沃亚赞供赞文

绕卓无量寿佛圣地的护法
神——西门护法格念（居士）觉
沃亚赞，也是曲宗四地共同的护
法神，位于曲宗河西岸、多吉
乡政府驻地西南面，距离绕卓
无量寿佛圣地大约 3 公里。其供
赞文如下：

白岩如狮跃虚空，
白色晶石有芳名。
止贡赞普之王子，
夏奇波密邦王称。
雅拉香波② 之幼子，
居士觉沃亚赞神。
结伴夏赤来此地，
南无古茹莲花尊！
不死金刚无量佛，
拥有伏藏法三尊。
顶礼三身佛子莲花生！
舍！三世佛为众生舵，
三尊不死人间灯。

---

① 班禅洛桑曲吉坚参，是第四世班禅，
生活在 1570 年至 1662 年间。

② 雅拉香波，神山名，是位于西藏山南
市乃东县境内的雪山，被誉为藏区九
大神山之父。

三身总集莲花生，
祈赐加持成就霖！
舍！珍宝磊成无量宫，
十二汉面熄灭形，
为增威力饰珍宝，
为除病魔无碍此地临。
右边拉赞黑面主，
成办增业饰三兵，
为增寿福无碍此地临。
后面冈赞鹿头伸，
成办怀业尸革身，
怀慑三界无碍此地临。
左边黑色龙妖身，
身披披风虎皮成，
为除教敌无碍此地临。
前面海螺意乐女，
十六姿态绸缎身，
为增财富无碍此地临。
如云傲慢众眷属，
显各类幻化大神通，
祈求忆念昔承诺，
无碍神通力量此地临。
舍！脸庞好似红宝石，
战神舵主眷属等，
各类珍宝所垒砌，
战无不胜事业成。
舍！轨范大师莲花生，
白央独母措杰玛，

具承受教金刚持，
珠堆达摩班杂 ① 等：
兹续誓言如在顶，
水不断流不变心，
誓应授位作委托，
指挥力军铠甲心，
悠久前世劫初时，
迦叶佛陀执拂尘，
释迦佛祖刚出世，
立誓事业师持明，
雪域藏区修行处，
密主涅青白央尊，
益西措杰空行母，
令其誓做护法神，
位列善法护法位，
赐名居士觉沃尊。
金刚誓言要记心，
如今圣地西嘎境，
持明晋美珠堆者，
扎贡巴·曲吉多吉尊，
金刚誓言来约束，
讲修传承此寺能，
世事兴盛护佛法，
誓言甘露留舌根。

_____

① 达摩班杂，系梵音。"达摩"意为"法"，
藏语发音为"曲"；"班杂"意为"金刚"，
藏语发音为"多吉"。此处是曲吉多吉
的梵文名。

绕卓沟口　普布多吉摄

众生祈求居士觉沃亚赞主，求为住锡此地土地神、伏藏主、财物主、赞类、魔类、水中鬼类等的怙主。

（三）吉旺鲁赞供赞文

吉旺鲁赞是绕卓无量寿佛圣地的东门守护者，位于多吉乡的北部、德吉村仁塔卡与巴朗自然村之间。其供赞文如下：

绕卓东门护法吉旺鲁，
红色岩山好似柱擎天，
叽唆口哨声响遍三界，
红宝石色红色须弥山。
面目丑陋身着罗刹服，

黑马鞍辔赞妖王庄严。
彩霞犹如童装威光耀，
红宝石色红色须弥山。
三界惊讶佛法之太阳，
大力忿怒明王慈悲显，
面目丑陋身着罗刹服，
黑马鞍辔赞妖王庄严。
叽唆口哨声响遍三界，
迅速解脱罪恶教敌颅，
吉旺鲁赞大神祈莅临！
汝之眷属军队俱傲慢，
欢迎前来欢喜安稳住此山！
赞颂鲁赞龙妖屠夫你，
勿要忘记曾经的誓言，
保护我等人畜做友伴，
家人外人昼夜六时安，

406

汝当为其友军及靠山，　　　　　　　此地也应圆满摆喜宴。

第 三 节　角落森东圣地

一、圣地志

角落森东（狮面）位于多吉乡东边约 17 公里处的角落村东北部，距离角落村约 4 公里，海拔约 3650 米，地理坐标在东经 96°23′、北纬 29°98′。角落森东圣地属于念青唐古拉山脉，开启圣地之门的是达香·努典多吉①（又名达香·桑丹林巴），其出生地在今西藏昌都市洛隆县的巴堆朗玛。

---

① 达香·努典多吉，是宁玛派百名伏藏师之一。

角落森东圣地有四门护法：西门护法赞鬼（山妖）阿晓杰帕赞卡巴，北门护法帕尔赞卡，东门护法宗拉俄亚，南门护法曲参赞堆。圣地志内容如下：

南无古茹，顶礼上师！
空性除惑自光力，
显现法身之上师，
顶礼明空自解脱！
本性远离嬉戏区，
无碍报身之上师，
顶礼法性自解脱！
不忘超出言思境，
无生化身之上师，
顶礼心性自解脱！
无执心性广大故，

角落森东神山转山路　普布多吉摄

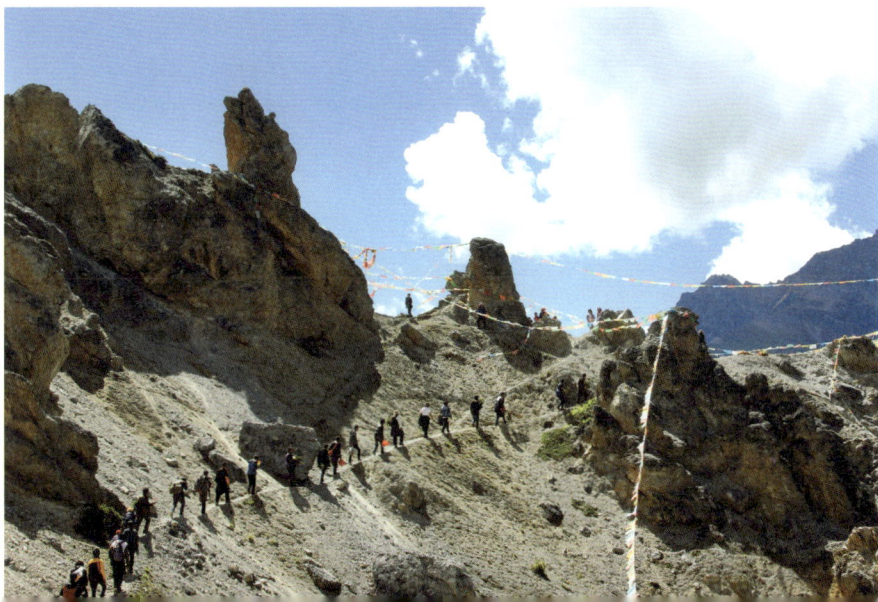

生起如此空性明，
见假影像赞空性，
三处空行如众生，
自诩教诫应查清。
森宗喜苑之圣地，
白岩狮面洞生晶，
险地安静心明朗，
此处证悟得寂静。
心境明朗生欢喜，
无事无为自然身，
没有言论离贪执，
此处莲师昔修行，
即生成就化虹身。
一百零八修行洞，
征象足印数无凭，
岩山犹如珍宝堆，
勇士此地聚空行。
后山真实法身宫，
右边莲花堆积形，
左山白螺配金鱼，
胜幢勇士与法轮，
伞盖乐器及其他，
上乘供养如密云，
尽情享用请勿剩。
左山天成玛米① 像，

水流右旋宜洗心。
树木茂盛香四溢，
硕果累累可养身。
山顶白云彩虹伴，
甘露细雨可沐身。
空行舞场在旁边，
冰桥智慧步空行。
吽钦嘎热修行洞，
左边碧湖济龙珍，
祭祀湖神此地灵。
前方五位医神住，
贡献妙欲明妃尊。
达巴西日之分支，
天界宝物帐篷形。
鸟语花香呈吉祥，
勇士此处聚空行。
三尊加持降临地，
大鹏盘旋岩山顶，
消除曜龙灾害处，
修持神山奇特境。
此地内外秘密处，
莲师长寿圣水盆，
内外秘密转山道，
三尊护法并空行，
足印手迹及咒字，
犹如繁星人拜诚。
还有除障洗浴水，
除障洗浴两宜人。

---

① 玛米，指噶举派祖师玛尔巴译师和米
拉热巴尊者。

角落森东神山风景　普布多吉摄

每条转山通道上，
六字真言十万文，
初十以及十五日，
若是诵咒朝拜频，
功德成亿空行说，
无间诸罪俱离身。
此地若是作思修，
禅修通达证高行，
寿命延长三五春。
顶礼百供酥油灯，
粮食水果彩绸呈，
经幡五佛宝冠献，
依据财力表诚心，
心愿清净来供养，
此生八执违逆尽，
来世恶趣断生门。

猛兽猿猴等野兽，
鸟类以及水中生，
光头财神和家畜，
不惧一切救其命，
利于地力及稼穑，
从此断绝人畜瘟，
一切事业如愿成。
如此殊胜之圣地，
一生修行得虹身，
心法具尽自然证，
后代有缘去修行，
若是听进乞丐话，
此生来世无欺心，
声望钱财自然舍，
广大十方诸佛尊，
普通成就成殊胜。

利乐源泉佛法愿弘扬，
祈愿生生世世学佛法，
祈愿一切国土呈吉祥，
一切同时获得佛果位！

二、祭祀活动

朝拜绕转角落森东神山有内转和外转两种。外转时间是藏历六月十五日。角落三地的信徒，每年举行转山和夏宴活动。在空行授记中说，转一圈等于念诵亿万遍六字真言的功德；藏历每月的十日、二十五日念诵和转山，其功德将成亿倍。此神山有消除罪障的洗浴圣水和莲花生大师长寿水。

期供、祭神、呼喊"神战

胜"，还有挂经幡，念诵六字真言、莲花生大师心咒和金刚萨埵咒，供石堆及曼札，如此善业完成后，拿出素食品，摆放在碟盘中享用，还有茶、酸奶和菜粥等。饭毕，就开始唱歌跳舞。此处草场，鲜花烂漫，大金莲花、小金莲花、红黄狗尾花等等，姹紫嫣红；还有各种草药，香气四溢。

三、供赞文

（一）阿晓杰帕赞卡巴供赞文

角落森东圣地的西门护法神赞鬼阿晓杰帕赞卡巴，位于多吉乡角落村境内，距角落森东圣地

呼喊"神战胜"的尼姑　普布多吉摄

祭祀神山的信教群众　普布多吉摄

约1公里。其供赞文如下：

喂！

夕阳西下地方鬼，

红铜宫堡里面神，

山妖赞鬼阿晓杰，

令人恐惧红色身，

手持钢铸弓和箭，

胯下白蹄黑马奔，

十万赞兵随从在，

祈请受祭此坛临。

（二）宗拉俄亚供赞文

宗拉俄亚（堡神佳颜）是角落森东圣地的主人及守护者，位于多吉乡角落村境内，距角落森东圣地约3公里。其供赞文如下：

西北白色岩山中，

树木茂盛雾朦胧，

白人身披绸缎衣，

白马四蹄呼隆隆。

白色长矛空中舞，

天龙妖魔十万拥，

时显不同之装扮，

此相当地有灾凶，

立马显示完成事业相。

411

达果觉沃圣地　普布多吉摄

第 四 节　　达果觉沃圣地

一、圣地志

达果觉沃（马头观音）圣地位于多吉乡西南约 5 公里处，距毛江村约 1 公里，在曲宗藏布河西岸，与念青唐古拉山脉相连，海拔 3450 米，地理坐标为东经 96°09′、北纬 29°86′。开启圣地之门者是扎贡巴·曲吉多吉。

马头岩石被茂密的森林覆盖，像大鹏鸟为降伏毒龙而伸出爪子，名叫毛江达果觉沃圣地，北边的守护者是赞鬼阿夏杰，西边的护法神是登普三姐妹。

达果觉沃圣地主要是马头明王和金刚亥母的圣地，最初有天成的至尊羯沙流波坭①像，故被称为达果觉沃。在山坳右边，有金刚亥母降龙母及猪面天成像，马头明王的身像和头部像在山坳左边。此外，有天成的北神红色马头明王、佛母金刚亥母和双运

---

① 羯沙流波坭，系梵语，意译为"空行"，是观世音菩萨的一个化身。

达大湖　波密县政协提供

等持佛像。另有一个能容纳三四个人的修行洞，还有护关者住的木屋遗迹等，是名副其实的修行地、禅定地、祈祷处和寂静处，没有嘈杂之声，是积累福德资粮的地方。在马头明王的修行地，曾有许多修行者前来闭关修行。

每逢吉日，信徒们络绎不绝地朝拜转山。专门磕头的地方叫磕头山岗。还有一处小草甸，据说是桑朵白日神山和达果觉沃圣地举办会供的地方。每年藏历三月十日举办马头明王会供，加上望果节，共有两天。有唱歌跳舞等文艺表演，还有赛马等多种活动。据说，马头明王会供是由大成就者益西顿丹创办的。在登普桥畔，有天然泉水和天成的雌雄金翅鸟像，还有天成的大金翅鸟的爪子。

在祭祀神山时，进行煨桑，献会供；在转山时，垒石供，燔柴烟祭，念诵六字真言和莲花生大师心咒，转经轮，挂经幡。

二、传说

（一）达大泉水的传说

达大村曾经有这样的说法：达大的圆形神地，无水也能丰收。虽然有这样的传说，但是每

413

逢旱灾时，都会歉收。此事被住在达大村上方沟里的上师得知后，为了给家乡人民办好事，他就带上一名僧人，历尽千辛万苦前往印度，取水伏藏。回来时，上师让僧人背上一个锁住并加封的箱子，告诉他不到达大不要打开箱子。途中，箱子里不断发出各种声音，僧人感到奇怪。他们继续前行，还没有到达大村，就在木古日杂仓夜宿。上师用完餐，开始休息后，僧人悄悄打开箱子，看里面到底有什么。一条小鱼（另一种说法为一条蛇）跳出来，虽然僧人赶紧关箱子，但箱子里只剩下鱼尾巴。上师得知此事后对僧人说："你这个不守信用的人，我们的辛苦白费了！"上师虽然非常生气，但也毫无办法，就说："现在，这个水只能当饮用水，不能用来灌溉。"所以，现在的木古水只能做饮用水，不能用来灌溉。此后，师徒俩来到达大村上沟，因为箱子里只剩下鱼尾，就只形成了一处小泉眼，常年涓涓流淌。自从任命龙妖为护水神以后，此泉水成为达大村境内湖泊的源头，水量始终没有增减。湖泊颜色为灰绿色，面积约3.3万平方米。春、夏、秋三季，很多水鸟前来栖息。1996年，此湖被列为自然保护区，由当地村民管理。

民间祭祀活动上扮演的阎罗及众鬼 普布多吉摄

（二）俄·直赞地方神

西藏原始六氏族[①]的后嗣扎嘎尔昂玛噶尔瓦四部之巧久益西喇嘛的法脉、以政教两方面护持部落的多康地主琼崩赛布桑杰崩曾经接受居士戒，勤奋地办好宗教和世俗事务，经营生意，但最后亏本，不得不做猎人，后在追杀岩羊时坠落悬崖而死，死后变成猎人装束的魔鬼。他平时变化成人残害其他生命，并在草匙上插羊粪蛋。一次，他装扮为猎人，到俄巴的古东家去，跟家人一起吃饭。女主人从外面进来时，看见坐在锅灶边的那个人的脊背和内脏都是透明的，非常害怕，就问："孩子，你的脊背怎么了？"他说："哎呀，我忘了在草匙上插羊粪蛋。"他虽然马上隐去，但因为只能待在此地，没有去别处的自由，所以就变成一个非人非鬼的怪物。后来，扎贡巴·曲吉多吉把他纳入居士觉沃亚赞护法神的随从里，让其发誓做俄这个地方的直赞（刀暴死鬼）。

（三）吉祥天女魂湖

堆康杰姆（欲界皇后）是藏传佛教各教派的护法神，堆康杰姆措则是曲宗强巴林寺吉祥天女的魂湖。此湖位于通参村一个叫普绒细的地方，湖泊呈蓝灰色，面积约为 6700 平方米。据说，很早以前遇到大旱灾，曲宗寺专门制作三白三红济龙药，采集阳起石、朱砂、诃子等，往湖里浸泡济龙药，在河川竖立汉地水转嘛呢轮。结果，天降甘霖，解除了旱灾。于是，将赞鬼·桑巴顿珠（完成心愿）任命为保护湖泊的地方神。从此，无人敢在此猎杀野兽。

莲花秘境波密地，
布德贡杰[②]此称王，
菩提狭道上部地，
处处闪烁兆吉祥。
通根果布吉且福，
三山三身须弥样，
妖龙护法此居住，

---

① 原始六氏族，是神话传说中由猿猴繁衍而来的吐蕃远古六氏族，即色、木、董、东、惹和柱六氏。

② 布德贡杰，是吐蕃王止贡赞普的次子，系早期二上之一、吐蕃王朝第九代君王，领有波密地区。

波密多吉乡风光　普布多吉摄

沟水山俱法音香。

声音清晰谓净音，

坝如莲花曼札芳。

据传说，此地具有中不动四大护法、内不动三大怙主、外不动四大山门和三水一塘（大平坝）。中不动四大护法是东方花纹巨虎、南方蓝色玉龙、西方红色公鸡和北方乌龟大王；内不动三大怙主即：北边的宝山是金刚手菩萨，西边的比卡山是文殊菩萨，东边的白色大山是观世音菩萨；外不动四大山门是绒隆山谷的门、冈仁玛山谷的门、喜隆山谷的门和央热娃山谷的门。还有绒隆山谷水、冈仁玛山谷水、喜

隆山谷水，这三水如同哈达；而塘坝则如孔雀开屏，吉祥的广阔原野，具备岭国大塘刹姆的外形。

三、祭祀活动

（一）祭祀达果觉沃修行洞

达果觉沃修行洞位于金刚亥母的某个位置，其形状好似剥开的蛋壳。在登普桥畔有天成的雌雄大鹏双鸟像，与达果觉沃圣地相连。为何金翅鸟处于此地呢？据说，黑屠户龙曾在毛江村的达塘下部居住，致

达果觉沃修行洞　格桑摄

使当地很多人患龙病。自从金刚手和金翅鸟在此承办饶益众生的事业以后，患龙病的人逐渐减少。大成就者益西顿丹于每年藏历三月十日举办达塘会供法会，同时在水池中举行煨桑祭龙仪轨。

（二）祭龙香大消魂

若欲祭祀龙，首先要具备五种珍贵材料：金、银、珍珠、珊瑚和青金石；五种粮食：青稞、小麦、豌豆、大米和芝麻；五种药材：苦参、山龙藤、佛掌参、海浮石和菖蒲；六种良药：肉蔻、竹黄、红花、丁香、豆蔻和砂仁。同时，燃烧没有六毒素的树木，潜心祈祷：

呀！

最初香料何处来？

香料来自自然中，

空中生阳驱晦暗，

地上植物长势宏，

从此生长大乳海，

育出香料供享用。

降落甘霖润万物，

大乐五姓无量宫，

生产龙王财神香，

圣地龙族宫殿里，

龙王顶髻珍宝香，

龙类香料在此中。

白色龙族部落香，

通根财宝山　普布多吉摄

蓝色龙族部落香，　　　　　红色龙族部落香，

紫色龙族部落香，　　　　　黑色龙族部落香，

黄色龙族部落香，　　　　　白色刹帝利龙族熏香，

青色龙族部落香，　　　　　黄色吠奢之龙族熏香，

花色龙族部落香，　　　　　黑色婆罗门龙族熏香，

通根文殊山　普布多吉摄

蓝色戍陀罗龙族熏香，
黑色最下种龙族熏香，
四大天王眷属香，
八大龙王眷属香，
星耀辰宿众熏香，
还有龙女如马香，
龙女如羊如禄香，
龙女如食如矿香，
住于彼山右边天龙香，
住于此山左边天龙香，
住于流水中的天龙香，
住于坚硬岩石天龙香，
住于飘荡风中天龙香，
住于坚固堡垒天龙香，
住于一切圣地天龙香，
住于一切泉水天龙香，
烟祭众龙功德广：
断除人类诸瘟疫，
断除牦牛之耗损，
断除马匹之鬼祟，
断除绵羊之疾病。
养生甘露药物香，
若有患疾今煨桑，
若有伤者今煨桑，
若有不宁今煨桑，
若有晦气今煨桑。
煨桑石头变黄金，
煨桑枯树发新根。

祭龙香大消魂仪式　波密县政协提供

祭龙香大消魂仪式　波密县政协提供

煨桑三百六十龙，
煨桑二万一千龙，
煨桑妙欲宝藏龙，
煨桑培育牲畜龙，

煨桑增添福禄龙，
煨桑繁衍人类龙，
煨桑繁衍牦牛龙，
煨桑护佑百兽龙。
时时保护佛教法，
延寿救命望继续，
福报缘分维护中。
煨桑龙族各种宝，
煨桑十二龙护法，
我等人畜祈保佑，
龙神恩德铭心中！

四、祭文

（一）烟祭赞鬼阿夏杰

呀！

夕阳西落的那边，
红岩好比食子圆，
红铜宫堡里面驻，
阿夏杰赞大神仙。
骑着棕色高头马，
威武身躯泛红颜，
手持弓箭及铁钩，
面目愤怒獠牙现。
红衫上面穿金甲，
右手挥舞红矛鍪，
左手牵着红赞马，

十万赞兵绕四边。
朝觐群众哗啦啦，
祈请莅临受贡献。
喂！
曾在轨范莲师前，
如何发誓要忆念。
赞鬼白发七随从，
击溃魔障神力硕。
佛教护法阿夏杰，
显露獠牙除魔脸。
应我何居都护法，
颂尔神力为吾伴。

（二）达大上沟龙妖祭祀文

喂！

前世本续如来尊，
莲师辛绕大持明，
更有珠堆达摩师，
跟前发誓护佛诚！
达大上沟龙居士，
魔女莲花微笑景，
祈请追忆昔誓铮。
汝之双眼如云雨，
一生伴侣为黑骏，
三身意化赞魔仆，
护佑玉普好战神。
勿忘曾经昔日誓，
保佑我辈享安宁！

（三）男子肩头守护神直赞的祷赞

吽！

观音化身小猴子，

六氏族源雅砻人。

扎嘎昂玛四部落，

巧久益西族脉承。

护持政教多康主，

佑政琼崩少先生。

前世化身大赞鬼，

天地为帐做人神。

身为红色威武像，

语出愤怒狮吼声。

意凶威德具神变，

骑红马舞红矛镖，

曾伏毁誓魔掌人。

尔仆壮年之热蜕，

天龙妖魔巧化身，

飞行空中如闪电，

无碍诛杀事业成。

我等供施及眷属，

病魔恶缘不幸人，

祈请除逆消障碍，

寿福富贵名望升；

人畜食物诸善德，

犹如上弦月日增；

山川果实亦无尽，

人畜四分① 乡土宁，

掌控方时无差分。

宿敌既伏起新仇，

毁教之敌斩不休。

杀生敛气食血者，

彻底消灭名不留。

天神护法及眷属，

祈请将我所愿酬，

增怀诛业俱丰收。

（四）桑巴顿珠供赞文

消除一切怖畏阎罗敌，

手持三股金刚歌舞者，

海生金刚洛桑扎巴② 师，

应机教化不欺胜皈依，

凶残难调十恶之怨敌③，

---

① 四分，指四分圆满，即四缘、四德，包括法、财、欲、果世出世间皆称圆满的四种条件。法谓佛法盛行，财谓资财俱足，欲谓享受色、声、香、味、触等五妙欲事，果谓修习佛法能证解脱涅槃之果。

② 洛桑扎巴（1357—1419 年），指藏传佛教格鲁派创始人宗喀巴，其俗名为洛桑扎巴。

③ 十恶之怨敌，即十逆怨贼，是佛教密乘所说应杀不赦的十恶怨敌：毁灭佛教、摧残三宝、劫夺僧财、谩骂大乘、戕害上师、挑拨金刚兄弟、障难修行、绝无慈悲、背弃誓戒、颠倒业果。

421

见此护法即要魂身离。
改吉铜堡闪耀无量中，
珠更赞王本性自然伸，
完成一切心愿之大王，
骑上赞马全副武装神。
吞噬人体摆设尸体宴，
赞鬼随从住此次第临，

渝盟命脉喷出鲜血液，
波浪飘荡盘旋世间顶。
熏祭荤腥各种树焦烟，
箭矛尖利金刚武器纷，
牛马野兽狼狗在奔走，
祈求所托事业俱完成。

第 六 章

扎木镇山水文化

　　扎木镇政府驻地，位于波密县县城以西约2公里的帕隆藏布河西边以桑登村境内，海拔2700米，地理坐标为东经95°77′、北纬29°85′。全镇辖9个村，是以农业为主的半农半

牧地区。大圣地白玛圭的分支嘎瓦隆沟和卓隆沟就在该镇境内。开启嘎瓦隆沟和卓隆沟圣地之门的是达香①·努典多吉和觉姆邬坚布赤二人。

第 一 节　嘎瓦隆圣地

一、圣地志

嘎瓦隆位于巴琼村西边的喜马拉雅山脉，海拔 3900 米，地理坐标为东经 95°70′、北纬 29°76′，位于波密县西南部，距波密县县城约 24 公里，是进入墨脱县的必经之路。

> 高山峻岭覆白雪，
> 岩山石山布密林，
> 各类鲜花献圣地，
> 佛母魂湖净水呈。

该圣地东边由伏藏保护、马头明王本尊护佑着，南边住有土地神大黑神，西边住有鸦面护法，北边住有黑顶苍鹭。

> 殊胜相好圆满吉祥身，
> 具备正义六十妙语②纷，

---

① 达香，意为藏族的虎皮边饰袍，是波密多东寺上师世系的名称。

② 六十妙语，即佛语所具有的特点。

> 遍知五分别智之圣意，
> 顶礼众生上师三宝尊！
> 总集广大诸佛之智慧，
> 生于吉祥莲蕊变化身，
> 慑服万有佛王莲生者，
> 顶礼君臣持明诸师承！
> 诸佛三密智慧集一体，
> 具有智悲力量金刚身，
> 伏藏师繁星中探日月，
> 顶礼邬坚桑丹林巴尊！

莲花生大师为了浊世藏土众生，藏下了很多法和财伏藏，并且授记挖掘这些伏藏的有缘伏藏师。此处要介绍的是莲花生大师和空行母益西措杰的弟子、马头明王的化身、勇士阿亚萨里。莲花生大师父母在大密本尊意集坛城中成熟了阿亚萨里，并授记他为未来法主。在《深发本尊意集伏藏》中云：

> 未来浊世纷争时，

嘎瓦隆圣地的吉祥铜色山　普布多吉摄

曲洛贡布为末世，

马头明王赐加持，

空行天女会供主，

具有多吉琼名号，

勇士虎皮裙身注，

阴木羊年降人世。

正如无欺金刚授记所赞颂的，莲花生大师的弟子曲洛贡布，化身为大伏藏师邬坚桑丹林巴，或名大持明师达香·努典多吉，出生在被莲花生大师加持过的洛隆县巴尔堆岗热的朗玛隆，时间为藏历第十一绕迥木羊年（即 1655 年）。他从小亲见莲

花生大师父母尊面，并获得许多授记；后参拜诸多名师勤作闻思修，具备圣人九德，身为具有三比丘① 的金刚持。他在 18 岁时得到伏藏目录，从巴尔堆朗玛隆和察姆扎的岩石中首先挖掘出《金刚萨埵心滴法》，之后次第挖掘出《莲花普解脱》等甚深伏藏法本，并创建巴尔堆桑丹林寺，在巴尔堆朗玛隆孜达山岭小寺和党珠邬坚山岭小寺等寂静处闭关

---

① 三比丘，分别是形象比丘、名想比丘、真实比丘。

425

嘎瓦隆寺鸦面护法天成像　曲尼多吉摄

修行。尤其是，其主要化机徒众在波密地区。正如前后伏藏所授记的，他开启了嘎瓦隆圣地之门，将甚深伏藏法本《本尊意集》等传授给人们。波密属于秘境白玛圭的后花园，是嘎瓦隆圣地的北花园，此情况在诸伏藏的授记中有显示。一般而言，西藏有八大秘境，其中最为殊胜的在伏藏《本尊意集》中赞颂道："尤其圣

嘎瓦隆寺　曲尼多吉摄

地白玛圭，门隅哲孟雄最殊胜。"如此，从内外密四大园的位置看，此地为北忿怒园，形似降龙金刚亥母身，有五轮八寒林。位于左肾穴的北园威猛欢喜苑，是马头明王双尊的刹土，与大势火风搅净土没有区别。在伏藏授记中又说：

尤其此大圣地之北门，
"哎昂"两字显示大乐空，
"哎"字本是空性之法身，
"昂"字大乐受用身庄严，
"哎昂"无二方便及智慧，
称为双运化身欢喜苑。

梵文"哎昂"，在藏文中为嘎瓦隆，即欢喜地，"哎"表示空性智慧，"昂"表示大乐方便。在此双尊乐空双运之地，能在心绪中迅速生起乐空四喜[1]智慧，故名嘎瓦蔡（欢喜苑）或嘎瓦隆（欢喜地）。自然形成的此佛净土，在《伏藏历史·名钥》中记载道：

八大秘境九大隐蔽地，
东南方树木茂盛嘎瓦隆，

本是白玛圭圣地北花园，
不可思议河流水流淙淙，
逢七由旬[2]域有阎罗地，
过七就到密境桑塘中，
或有波密栋曲卡神殿，
东南方向有沟名章给隆。
河水和太阳一起前行，
到达要地巴拉琼，
沟尾险峻如忿怒面北向，
茂密树林好似欢喜融融，
沟头有雪山、石山和草山，
美犹如雄鹰飞翔空中。
此山后面还有三条沟壑，
名为达隆、斯隆和桑昌隆，
三条沟壑显示三条源踪[3]；
达隆本是马头明王刹，
斯隆本是白玛斯丹刹，
斯措湖似莲花开沟中，
具备持舟普陀山彩虹；
桑昌乃是独髻度母刹，
弟子毗沙门王常游历，
好似拂尘庄严卧罗刹土中。
三大山沟各有三支沟，
九眼方格九曲弯无穷，

---

[1] 四喜，即喜、胜喜、殊喜和俱生喜，指四种不同层次的欢喜心。

[2] 由旬，梵音为逾缮那，是古印度的长度单位，约13公里。

[3] 三条源踪，指三脉，即人体的中脉及左、右脉。

嘎瓦隆圣地的鹏鸟山右侧　普布多吉摄

好似喜旋珠布撒模盘中。

正如以上所记载的，此地主要有3个圣地，每个圣地还有3个分支地，共有9个分支地，状似喜旋珠。另外，还有43条小沟和137条微沟，其数目与马头明王坛城的137本尊数相等。曾有诸佛和诸位成就者或亲临或以神通莅临此地，在岩石山上留下许多身印及手足印，以及咒语、法器相，以示加持。另有许多修行洞和大小不等的魂湖，奇特且不可思议。在《伏藏授记目录》中记载道：

中门造有马头王，

金刚亥母之身像，

外加不动佛手印，

龙树菩萨头颅样，

莲师足印与身印，

猪面夜叉五凶狂，

还有鸦面护法神，

足证圣地大吉祥。

在《伏藏历史·名钥》中记载：

猪面夜叉双尊像，

金刚亥母马头王，

空行猪面黑忿怒，

护法像有鸦面样，

马头明王坐龙宫，

人尸杂陈甘露降，

洗浴池塘树围绕，

欢喜林苑净土上。

428

燃灯佛曾赐加持，
猪面护法双耳井，
留下手印二庹半，
留有佛祖加持证；
弥勒佛陀亦莅临，
一度手印为佐证；
能仁王佛亦莅临，
六卡双手印佐证。
三世诸佛临此地，
若按累积只手印，
佛祖印声可耳闻。
此乃双尊无别之圣地，
能获殊胜普通成就身。

如此，白玛圭圣地北门嘎瓦隆的主要伏藏物，有用罗刹欢喜

童子的头部筋脉塑造的马头明王和金刚亥母双尊的见解脱像，还有猪面黑母及鸦面护法、四臂护法等身像。这些都是天成的，被称为天成"五石像"。尤其是在猪面黑母的耳朵旁，有三世佛及龙树菩萨的手印。在《海螺眼目录》中记载道：

见解脱像之下方，
磐石形似猪蝎鹏，
其下埋有深伏藏。
又说：
马头明王身意像，
此尊身像上方地，
一箭之地有龙像。

嘎瓦隆寺的马头明王天成像　波密县政协提供

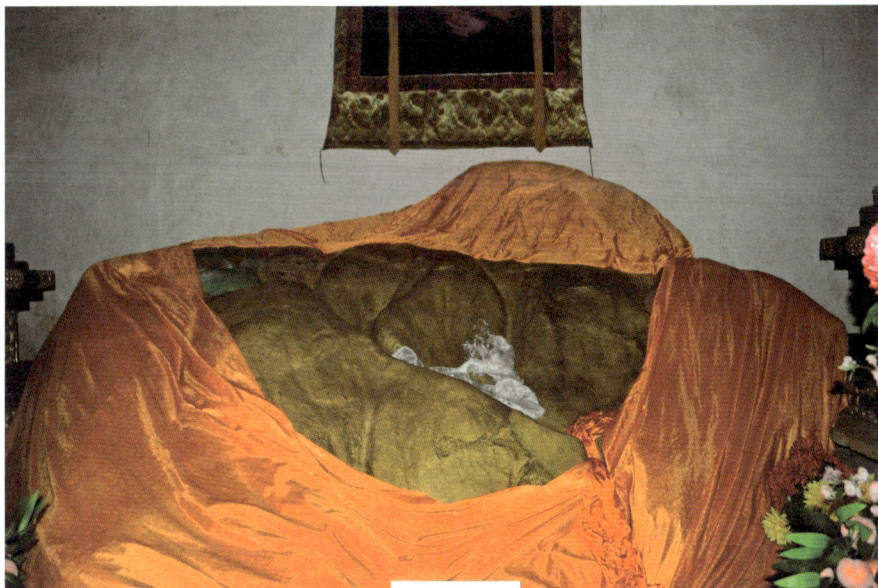

429

地下半庹之处有，

埋藏鹏鸟加封印，

装在珍宝盒子里。

三根本本尊密意集的伏藏地，现在被称为"伏藏器"，有一块磐石，上有猪、蝎子和大鹏鸟的身像，还有教化对象龙王宫，能清晰地看见莲花生大师的宝座和大手印等。另外，有半圆形大氅形状的沟谷、百张全皮形状的天空、颅盆样子的大地、具五甘露的河水、具五智慧的平坝，还有表示五大肉①和八大寒林的象征物。总之，是真实的忿怒马头明王和莲花生大师坛城及其所依。在智慧的净相中观察，能看见与二十四域脉②、三十二圣地、八大寒林完全一样的景象，是色究竟天刹土。但是，在上、中、下三士凡夫的眼里，有不同的景象。对如此的大圣地，本尊无比释迦牟尼佛以神通莅临加持，有许多大手印为证。

莲花生大师曾经在此长期修

---

① 五大肉，指密乘内供用甘露品的五种肉类：象肉、马肉、狗肉、黄牛肉和孔雀肉。

② 二十四域脉，指人体的二十四域脉。

行，留下许多传说。圣地历史中云：

马头像前修习三个月，

开启马头意集曼陀罗，

亲见本尊融入其身中。

又云：

莲花我在此圣地，

总共住锡十五月，

两个年头赐加持。

当时塑造了开口像，《伏藏目录》如此说：

奇哉莲花生大师，

佛陀化身上师身，

叙述吾之诸功德，

宣说未来诸有情。

现在将法做伏藏，

目录留给未来人，

吾亦成办利生事，

有关祈愿皆得成。

触者断绝恶趣道，

见者获得佛位升，

闻者清净诸业障，

受者解脱轮回身，

忆者生起验证境，

知者亲见圣理真。

三世诸佛之慈悲，

一切祈愿为吾承。

吾此身像之加持，

藏区密法固如金，
永远没有增减衰。
无比释迦牟尼尊，
被龙迎请到龙界，
无常身像消时分，
吾此身像见解脱，
成为怙主证有情。
成为释迦牟尼子，
见闻觉知佛果临，
无上密法得传扬，
一切祈愿俱得成。
请汝广宣此意义，
广作祈祷发愿心，
证悟真理无疑问，
十地怙主莲花生，
汝与吾二无区别，
汝知教化有法情。
哎嘛啊斯底舍！

如上所说，从语言、意义及象征三个角度赞颂莲花生大师身像的诸功德，以及《伏藏目录》、圣地历史等特点。益西措杰和曲洛贡布等有缘弟子进行祈祷赞颂后，将其作为伏藏埋藏。

如此殊胜的圣地，无疑成为后代子孙皈依三宝、积累福德、洗涤罪障的地方。在《伏藏目录》中说：

嘎瓦隆寺的天成释迦牟尼佛手印　波密县政协提供

与此圣地结缘者，
实现祈愿不回转。

在圣地历史中亦说：
圣地犹如须弥山，
世界他方未闻见，
见闻觉知此圣地，
就算罪女孽深男，
亦消三门 ① 业障不回转。

以如此真实不虚的金刚语广泛赞颂，确实名副其实。如此的圣地伏藏，由大成就者挖掘迎请并广泛传播，为人、天所有目共睹。与大伏藏师曲杰林巴相见并一同修持和弘扬伏藏密法，世称

————————
① 三门，指身、语、意或行动、言语和思想。

431

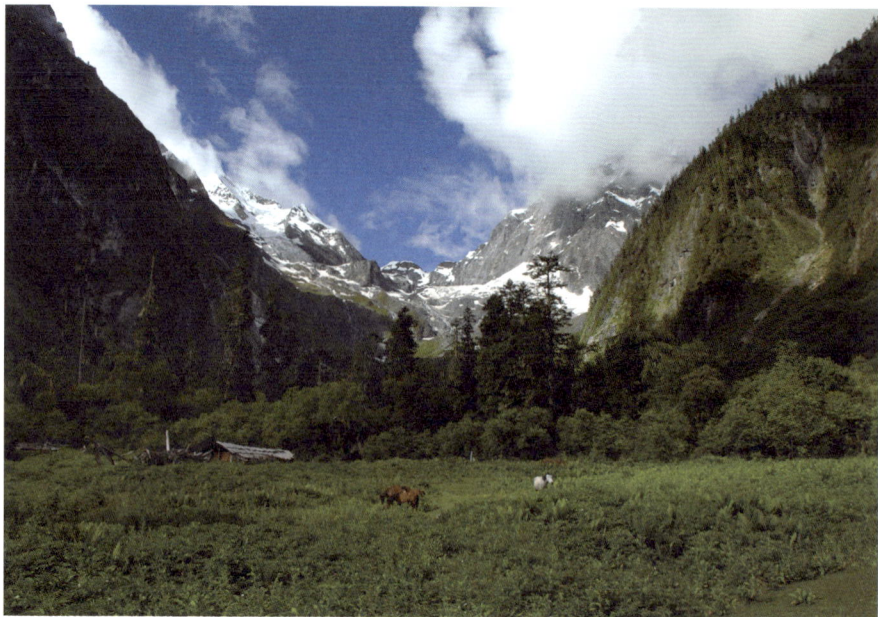

与嘎瓦隆圣地相连的金刚亥母净土——卓隆　普布多吉摄

"日月二伏藏师"。

与此相连的是名叫"卓隆"（放牧沟）的圆满空行刹土，是金刚亥母的净土，是天母和空行母的聚集地，是佛母邬坚布赤的住锡地。此圣地也有许多贤人手印等，与嘎瓦隆一并被称为"双尊方便智慧双运的圣地"。加上多东的桑丹曲林寺，被称为圣地寺院三处，由历代达香活佛护持。

此大圣地属于北部猛力庄严土，因此非常险峻，能无碍地完成威猛诛法。此圣地的诸护法神皆具慧眼，具有通达无碍的神通法力，不违背以往持明传承的教导和誓言，承办事业非常利落、

迅速。多吉扎赞（金刚岩妖）和堆杰（魔王）是整个波密地区的护法，也是此处圣地和寺院的护法神，性格粗暴易怒，常取薄命失戒邪见者的性命，喝其鲜血，是非常有名的、凶猛残暴的护法神。

大持明达香·努典多吉被人们称为莲花生大师的化身，不会自诩自赞，或者弄虚作假和自我吹嘘，在很多经得起考证的伏藏中都有授记，在一生中先后挖掘迎请了11类密意伏藏。他生活在五世达赖喇嘛阿旺罗桑嘉措和六世达赖喇嘛仓央嘉措，以及第司·桑杰嘉措执掌西藏政教事务时期，受到藏区佛教大德异口同

声的赞誉，成为不同教派的救主。他向根本弟子邬坚土多林巴等被授记的法主传授伏藏，并解脱诸弟子，在康区新龙①以上藏区都有其弟子弘法利生。在邬坚多吉授记中有记载的五大亲近弟子中的第三个法主桑丹丹增，把达香·努典多吉的成熟解脱伏藏教法通过讲听修持传播到各地，以不了义的因果取舍等将众生引向解脱道，以了义②大圆满教法，让男女瑜伽证悟真实义。他的有缘弟子很多。继承其法脉的寺院，有大持明创建的巴尔堆桑丹林寺，新龙地区的桑阿沃鹏林寺、措卡阿尔雅琳寺、土丹绕杰寺等。在类乌齐③境内，有巴日邬坚诺布桑培林寺、杰钦寺的邬坚南珠林、日巴寺的扎西曲林、塔尔美寺、僧格寺、日格寺。还有八宿④的琼寺、察隅的曲续寺、八盖的衮松寺、白玛圭的直隆桑珠寺等。

一切佛法唯一之近道，
佛所赞颂胜乘大圆满，
胜王莲花生传旧密法，
佛法传遍十方愿吉祥！
甚深密道以及密意集，
法王努典多吉所传教，
传遍十方犹如天神鼓，
响彻轮回各处愿吉祥！
伏藏大海法轮常转动，
忿怒莲师化身达香尊，
甚深伏藏传遍全世界，
祈愿时时处处得吉祥！

二、魂湖

（一）大母白玛斯典（莲花显威）魂湖

据历史记载，伏藏师达香·

---

① 新龙，县名，在四川省甘孜藏族自治州中部、雅砻江西岸。

② 佛经分为不了义经和了义经两种。不了义，又作未了义，为诱导寻常徒众，以世俗的现象为主，指出补特伽罗、有情和蕴、界、处等，及其生灭往还，能渐次以言说思议称量而增益者，以及开示此义的佛经及其注疏等，如《三摩地王经》等等。而佛对殊胜化机，所说诸法法性远离生灭戏论的甚深空性，及实有事性自然光明，超出一切思议言说境界的究竟义等，均是了义。此等经典及其注疏为了义经，如大、中、小《般若经》。

③ 类乌齐，县名，在西藏昌都市。

④ 八宿，县名，在西藏昌都市。

433

大母白玛斯典魂湖　扎西洛布摄

努典多吉从大母白玛斯典的魂湖中，挖掘迎请了水晶塔和《火晶虎皮裙密意集》经函等。马头明王和金刚亥母圣地的魂湖为蓝色，面积约3.3万平方米。此魂湖距离波密县县城62公里，在喜隆三岔路口。传说，此湖能显现幻景，有缘的人能看到寺院和佛像、佛经、佛塔及各种植物和动物等。

（二）朵日魂湖

朵日魂湖是马头明王夫妇双尊及其公子的魂湖。父名马头明王，母名金刚亥母，公子叫吉拉布续（猫戴胜鸟）。湖头为父亲的魂湖，湖中为母亲的魂湖，湖尾为儿子的魂湖。大部分时间，此魂湖的颜色为黑红色，有时为蓝红色。面积约6700平方米。此地名叫朵日，湖名亦叫朵日湖。

三、传说

很早以前，波密地区有一个名叫央钦的强盗，非人非鬼，非常有名，是未被人发现便偷窃、被人发现了便抢劫的恶人。人们都惧怕此人，他每次偷盗基本都能成功。有一次，央钦到嘎瓦隆寺中偷窃佛像和珍宝等贵重的东西。寺院管家发现后去抓他，他将寺院管家打得半死不活，背上宝物扬长而去。

寺院管家忍受着巨大的疼痛，摇动金刚岩妖像，不断地批评岩妖护法："我每天祭祀供养你，未曾断过。今天，小偷打我，抢走了佛像。需要你时，连个影子都见不到，不知害臊。"于是，岩妖前去追赶央钦，央钦在一块平地上不知往哪里走。金刚岩妖使用神力迅速抓住了央钦，并砍断他的右手。金刚岩妖回到寺院，将央钦的右手交给管家；管家高兴万分，将央钦的右手悬挂在大经堂门上。据说，此手比一般人的手大许多，朝拜的信徒如果摸摸此手，就能带来福气。因为岩妖护法非常凶狠，砍断强盗央钦的右手后，任何人都不敢去碰嘎瓦隆寺的财产。

四、祭祀活动

绕转嘎瓦隆神山的最佳时期是从藏历四月开始，先朝拜寺院里的天成马头明王和金刚亥母像及鸦面护法神像等，然后再去转拜孜日大鹏鸟和江林忿怒圣地。此处有降龙金刚亥母身庄严五轮及八大寒林的圣地，还有大母白玛斯典的魂湖。在此，意虔诚地发愿祈祷，语虔诚地念诵六字真言，身虔诚地顶礼膜拜，并煨桑、竖经幡、垒石供、拜魂湖，然后享用素食。藏历六月十五日，以桑登村和巴琼村为主的上千信徒去转山，并在野外宿营过望果节。多东寺的上师和活佛主持法会，并给信徒讲经说法，为保护环境、遵守佛戒、护持十善法、维护社会和谐进行祈祷。因为嘎瓦隆神山位于由波密前往墨脱的必经之路上，所以在夏季的好日子里，朝拜的人络绎不绝。

五、供赞文与祷祀文

（一）圣主替列栽玛供赞文

护法替列栽玛神，
天铁岩山三角形，
若进黝黯铁堡里，
罗刹女嘴岩洞行。
护法金刚替列栽，
九头黑狼铁骑乘，

嘎瓦隆圣地的灵鹫山　普布多吉摄

咒士装束貌恐怖，
祖父天之威猛尊。
祖母乃是地母主，
父为魔鬼母妖精，
妖魔鬼怪具神能。
西南罗刹之山脉，
玛拉雅山之东邻，
罗刹女嘴之岩洞，
翻卷黑风阴森森，
金刚手授长寿瓶。
护法金刚替列裁，
九魂二一立姿身，
九头黑色狼铁骑，
不时变化不同形。
供品三百六十种，
遥祭印度八寒林，

极喜金刚 ① 传灌顶。
举办会供护法神，
嘴里念诵恶咒经，
蓄发人头骨项链，
咒士装束恐怖身，
钦普 ② 吉祥寂静地，
莲花大师赐灌顶。
护法金刚替列裁，
熊熊大火燃上身，
八部妖军绕环形。
一年四季淅沥沥，

---

① 极喜金刚，藏语为噶若多吉，是藏传
　　佛教宁玛派三传承的第二持明语传承
　　祖师，结集有《自性大圆满》等经典。
② 钦普，是位于西藏山南市扎囊县境内
　　的修行圣地。

436

嘎瓦隆圣地的善根千佛山　曲尼多吉摄

雷電风雪突纷纷，
火光武器哑啦啦，
嘎瓦隆山铁岩震，
马头慑服岩洞里，
莲花生师亦灌顶。
护法男子具特点，
魔鬼装束白蹄骏，
身燃黑色之火焰，
庞大魔军做随行，
妖军跑马似飞箭，
龙妖麻毒啪浑浑。
罗刹地母会众等，
还有密意之化身，
黑风翻卷阴森森，
黑色门巴怖畏身，
千总战魂持武器，

玄治护法亚觉命，
有情生命之屠夫，
卓艮会众祈降临，
千总大神祈降临，
命主大神祈降临，
加害我等之怨敌，
刹那之间消灭净。
神通制服佛法敌，
迅速呼唤令送命，
惩办施灾诸妖魔，
消灭障碍事业成，
息增怀诛四事业，
赐我力量愿我胜。

（二）金刚黑岩妖祷祀文

南部十八地方，加拉孜东

437

嘎瓦隆圣地的嘎龙日追　普布多吉摄

山，麻麻丁丁湖，朵嘎尔温泉，上、下扎玉地方十八大宗，印度东西，杂日杂康等，各住各圣地，祭祀祈请，请来此地。

苏绒白玛嘎布之圣地，
父亲阎罗头结九辫形，
母亲黑色罗刹搓牙齿，
儿子金刚岩妖罗刹身，
下跨红马游历大千界，
手持武器拼刀恶森森。
强力铠甲千户人之众，
前有红狗开道作狂奔，
右有一千只饿虎长啸，
左有一千天母血淋淋，
后面跟随红色护法神，
赞颂护法岩妖及众亲！

此乃达香·努典多吉伏藏师的伏藏。

（三）黑头冈给祷祀文

黑岩高大风火起，
北门护法勇士惊，
黑头冈给大妖魔，
显现微言黑红身，
紫色甲胄佩身上，
三兵呐喊摇军旌。
下跨红色白鼻骏，
风驰电掣向前奔，
人皮鞍垫蛇肚带，
无生金刚法界性，
任运出现各种景，
无阻庄严大圣地，

438

保护北门护法神。
黑头冈给大妖魔，
显现威严黑红身，
各种珍宝所装饰，
一唱嗡吽梵歌鸣。
前有龙女夺魂魄，
双手合十持宝珍，
身穿各种珍宝衣，
上身人面下蛇身，
右边水晶白鬼卒，
化身难驯之鬼神。
左边还有大魔鬼，
赤裸黑色之身形，
披着人皮湿漉漉，

蛇皮带系虎皮裙，
红黄头发燃火焰，
右手持柳左病囊。
后有天母多装饰，
温和手持珍宝盆，
面露万般欢喜相，
天龙八部为护兵。
谨此布施独角鬼，
以及凶神恶煞神，
变化各种各样像，
风烟滚滚中火生，
自身铁钩之光芒，
迎请享用供养云。

第 二 节　　卓隆神山

一、圣地志

卓隆神山位于扎木镇桑登村南面，属喜马拉雅山脉，海拔 3350 米，地理坐标为东经 95°75′、北纬 29°81′，地处波密县县城以南约 10 公里的卓隆河畔。

高高雪山宝冠戴，
清清溪水彩带飘，

原始森林涛声急，
清凉寒林胜景妙。
文殊天成乌龟像，
措杰幻化殊胜地。

开启卓隆圣地之门的是达香·努典多吉和觉姆邬坚布赤。卓隆圣地的护法有：北护法萨玛多吉玉珍，东护法土地神玛摩母卡，南护法堆杰，西护法当坚替列杂玛加。

南无古茹德瓦扎给尼！

卓隆神山的引导众生圣水瀑布　波密县政协提供

极乐空行刹土色究竟，
乐空俱生瑜伽之母亲，
乐空源头上师及本尊，
乐空空行护法顶礼诚！
无垢天女所请佛经中，
佛陀授记北方雪域境，
藏地乃是观音教化地，
亦是佛陀加持之胜境。
冈底斯和拉齐曲瓦山，
杂日扎乃身语意净土，
与此相关勇士空行母，
卓隆静神圣地常降临。
如此圣地之情形，
如实叙述请聆听：

东方矗立白色山，
乃是普陀宫殿形，
观音菩萨虚空幢，
二十一尊度母身，
法王松赞干布者，
释迦牟尼佛祖生，
十六罗汉等住锡，
经幡飘荡虚空呈，
法轮转动满大地，
一切声音是真经，
色日山是忿怒地，
住锡无数忿怒神。
十万空行聚昨山，
勇士空行多如云，

440

故有圣地魂山称。
下有四臂观世音,
白绿度母左右座。
虚空四万须弥山,
胜乐金刚父母亲,
成就持明排行座。
母续空行无量住,
邬坚大师莲花生,
跨上宝马诣拂尘,
形似迎送诸菩萨。
圣地噶林三瀑布,
乌江若三园林处,
大王五支歌舞队,
围绕阎罗法王尊。
天成佛塔山顶上,
清晰住锡千佛尊,
善趣恶道两条路,

具名为沃护法神,
奇异庄严无量形。
沐浴甘泉八功德①,
清除病魔业障根。
如此圣地之下方,
无量宫状磐石里,
胜乐本尊驻锡此,
随居六十二本尊,
趋向空行刹土路,
还有无量之天神。
前有一块椭圆石,
胜乐俱生父母尊,
象征智慧"沃"安身。

---

① 八功德,指八功德水,是佛书所说具
有一甘、二凉、三软、四轻、五清
净、六不臭、七饮时不损伤咽喉、八
饮时不伤腹等八种优美品质的水。

卓隆圣地的天成六字真言 波密县政协提供

空行舞场之右边，
如意末尼太极型，
上有奇异法器呈。
湖中还有双金鱼，
森林深处有寒林，
燃烧火焰无量宫，
巨大金龟这一只，
乃是文殊之化身。
外形金龟这模样，
内俱佛土坛城全，
本是静猛聚集宫，
外形却是八寒林。
为表宫殿之楼顶，
乌龟背有堡垒珍，
一千方便父坛城，
五方佛陀绕环形，
本是宫殿胜乐轮。
"哎"字三角形法基，
本是智慧母坛城，
五方空行绕环形。
黄金乌龟脖颈上，
双运十六龙栖身，
下身隐没乌龟身，
若要示现悬浮形。
上有大鹏金翅鸟，
布达噶如扎为名，
压伏地下伏藏鹏，
东南乌龟肩胛骨，

上有八大之寒林。
宫殿南方不远处，
无量光之佛母身，
莲花狮子座上宾。
其上莲花根茎上，
虚空十一种面形，
秘密智慧母如宾。
在那莲花花蕊上，
住有莲师三师尊①。
下有须弥山形状，
山顶住锡帝释天，
以及大洲小洲形，
趋向善趣梯接云，
松赞干布法王等，
吉祥八徽②七政宝③，
祈祷祭祀供品全。
宫殿西方不远处，
众多忿怒小本尊，
围绕不动忿怒神。
降龙马头明王顶，

---

① 莲师三师尊，指莲花生大师及其徒弟
益西措杰和曼达热娃。

② 吉祥八徽，指吉祥结、妙莲、宝伞、
右旋海螺、金轮、胜利幢、宝瓶和
金鱼。

③ 七政宝，指轮王七宝，即金轮宝、神
珠宝、玉女宝（又译为妃子宝）、大臣
宝、白象宝、绀马宝和将军宝。又有
用管家宝代替将军宝。

卓隆圣地的查看父母报恩天成洞　波密县政协提供

盘旋智慧大鹏鸟，
形似贡献身和心。
魔头狮面父与母，
千尊大黑天环形，
随行十万食肉鬼，
马头双运食子呈，
外加鸦面护法神。
宫殿北方不远处，
智慧火焰在升腾，
圣母至尊瑜伽母，
金刚亥母忿怒形，
右缩左伸踏尸体，
五方佛冠饰双鬓，
龙骨宝鬘冠顶升。
父尊示现隐没相，
周遭四部绕空行，

翩翩起舞歌声伴，
母续四周绕空行。
莲花日月宝座上，
释迦牟尼法王身。
宫殿东北不远处，
圆满成就忿怒尊，
最胜吉祥黑如嘎，
父续众神绕环形。
有求必应之宝瓶，
如意珍宝做饰品，
还有万物尽显镜，
照憨三界俱奉呈。
虎面猪面和狮面，
蛇面四方四护门，
骑狮护法金刚善，
骑着山羊在驰奔。

443

驱除黑暗太阳暖，
消除燥热月亮明，
二十八宿金光闪，
至纯至蓝虚空净。
犹如风马在驰骋，
还有不坏金刚境，
吽符号示永恒。
无漏颅器满甘露，
大象将其象牙呈，
邬坚莲师手中持，
加热纳为装饰瓶。
五瓣莲花正鲜艳，
食草兽皮数斑羚，
野象供养很清晰，
绿色野鸡法号鸣。
宫殿东南不远处，
吉祥怙主玛宁神，
坐骑上面挥旌旗，
保护佛法不松劲。
根据空行授记语，
马头明王父母亲，
大鹏布达噶如扎，
白色护法鸦面神，
如意珍宝密名等，
挖掘地下并迎请，
非常殊胜又奇特，
与此结缘若芳邻。
宫殿向北不远处，

卓隆神山的邬金布尺手印　波密县政协提供

是为施礼之苑林，
天人鬼等三众生，
下马顶礼示虔诚，
留下清晰手足印。
海贝宝座有三种，
上有静猛密坛城，
另见无量之本尊。
圣地红土修行处，
许多净相印记生，
因恐繁缛故不赞，
圣地志书述分明。
如此圣地称殊胜，
三世诸佛宫殿呈，
勇士空行母圣殿，
护法众神聚纷纷，
增长证量悟境处，
岩显佛面和手印，

哗哗流水是佛语，
所现佛意示空明，
植物供养天女舞，
众鸟齐鸣献妙音，
鲜花烂漫草坪绿，
嗡嗡蜜蜂花间鸣，
奇特风景赛天庭。
绕转会供竖经幡，
表达信仰之虔诚，
鲜花熏香酥油灯，
食物净水及幡等，
放生动物忏罪孽，
修补漏洞和残损，
谁人承伺及赞颂，
见闻觉知变化勤，
施主人畜及眷属，
病魔逆缘皆除净，
寿命财富及声望，
所愿所求皆完成，
来世获得佛果位，
成为舵主度众生。
如此功德不称量，
心怀利他诸众生，
努力修法日精进。
若使如此无量宫，
盗窃法物打僧人，
或者失戒持邪见，
魔头狮面及鸦面，

以及如海护法神，
威力无穷地方神，
夺取罪人之性命。
塑造空行母身像，
转动脑子做法棍，
内外祭肉当新献，
违教罪过当严惩，
魂识迁至亥母地，
祈愿自兹不投生！
自心示现为法身，
诸位上师吉祥呈！
赐予共不共成就，
本尊众神吉祥呈！
三世诸佛之生母，
金刚亥母吉祥呈！
四业无碍得办成，
四部空行吉祥呈！
保护佛法度怨敌，
护法众神吉祥呈！
本尊金刚亥母者，
犹如获得如意珍，
消除我他之贫困，
有求必应吉祥呈！
菩提圣心之事业，
慈悲光照十方明，
犹如十五之满月，
世界和平吉祥呈！
祈愿世界得快乐，

卓隆圣地的玛哈天成金龟　波密县政协提供

此地白昼吉祥呈，
夜晚亦得吉祥在，
无须勤奋和苦辛，
如意珍宝如意树，
生生世世上师亲，
无有分别吉祥呈！

扎木镇的信教群众，绕转嘎瓦隆和卓隆神山，拜谒天成马头明王、猪面护法、住有文殊菩萨的乌龟等胜迹，同时，竖经幡，念诵六字真言和金刚萨埵心咒，垒石供养，祭祀卓隆龟石上天成的文殊菩萨及寒林分支、具备成就的遗体弃处天然奇异大树等。朝拜嘎瓦隆神山和大母白玛斯典魂湖的时间，除了冬季因大雪封山不便外，春、夏、秋季都可以，最好选择良辰吉日。人们绕转三怙主时，要竖经幡，念诵六字真言；绕转大母白玛斯典魂湖时，要祭祀，观看湖景，清理湖边不净之物。其他各地信徒也常前来朝圣。

二、供赞文

（一）萨玛多吉玉珍供赞文

萨玛多吉玉珍护法神，
威武红岩铜堡中栖身，
蓝天白云彩虹成帐篷，
骑着绿色天马多吉珍，

祭祀神山的僧人　普布多吉摄

右手彩箭左手持宝盆，
十万医神龙女绕环形，
上界清净幻化无量宫，
珍宝白云制成帐篷里，
多吉玉珍以及女医神，
祈请享用食子供奉诚，
瑜伽所托事业祈完成。
吽！
诸佛生母多吉玉珍玛，
虽然未曾欢喜法身境，
显示五方空行受用身，
化身医神利生我颂称。
化身净土无有确定处，
须弥山洲及大海洲等，
珞藏门及印度尼泊尔，
各处赐予成就我颂称。

（二）玛摩母卡供赞文

玛摩母卡卓隆土地神，
居于波绒卓隆森林处，
天然形成寒林树葬苑，
保护经部伏藏① 护法神，
普贤天女摩母幕卡雷。
舍！
三世诸佛净土白玛圭，
天然形成安魂大寒林，
金刚空行刹土卓隆地，
保护经部伏藏护法神，
普贤天女摩母幕卡雷。

---

① 宁玛派教法分为经部和伏藏两部分，
经部叫"噶玛"，伏藏叫"德尔玛"，
总称为"噶德尔"。

447

万有玛摩天女常聚会，
吉祥智慧四臂护法神，
具善大黑天神和玛宁，
鸦面护法以及狮面神，
金刚骑狮护法大夜叉，
金刚岩妖眷属猪面神，

圣地鬼怪地母五姊妹，
内外秘密具誓护法群，
护持甚深密集之空行。
骑虎护法红色大夜叉，
具誓绿炬拉赞护法神，
祭祀如海牺牲表心诚。

第 七 章

玉许乡山水文化

玉许乡位于波密县北部，系半农半牧地区，与念青唐古拉山脉相连，乡政府驻地海拔约3200米。地理坐标为东经95°38′、北纬30°20′，全乡辖14个行政村。

波堆藏布河由东拉河及右边的林珠河、左边的则普河等诸多支流形成。玉许乡政府驻地位于波堆藏布河南岸。玉许乡境内有玉仁圣地、达宗圣地和达纳圣地等。

玉许乡山水　扎西洛布摄

玉仁圣地位于邦肯行政村下辖的麦热自然村，距玉许乡政府驻地约7公里，地理坐标为东经95°40′、北纬30°41′。据说，由珠旺·仁增杰布、噶玛巴·然琼多吉、古茹·曲旺等上师开启圣地之门。

> 须弥大山白雪冠，
> 二水汇合似龙盘，
> 圣地玉仁巍峨显，
> 圣地历史不一般。
> 一髻佛母身形象，
> 头部冈底斯圣山，
> 颈部拉齐雪岭语，
> 胸部杂日表意坚，
> 腹部空行功德地，
> 密处绒钦事业天，
> 如此五类殊胜地，
> 各有一百零八圣地环。

一、传说

以前，在玉仁寺有一位长期修法的上师。轮回无常，某时，他家中连续发生病灾，无人照看孩子和农田，他不得不还俗。还俗以后，他虽然勤奋经营农牧业，但维持家境遇到非常大的困难，最后走投无路，只好去打猎。一天，他前往东拉山去狩猎，猎杀了一只鹿。他将鹿扛在肩上，在东拉山上休息。此时，往事在他的脑海里翻腾，使他后悔莫及。他想，自己曾经是位合格的上师，后来却还俗并成为猎人。他觉得无脸见人，就跳下悬崖。后来，他转生为一个头生鹿角的鬼，被噶玛巴大师和珠旺·仁增杰布任命为玉仁圣地北面的守门护法神。

二、祭祀活动

玉仁神山有外转、中转及内转三条转经道。其中，外转要翻越东拉山，从边坝到察瓦冈、南卡佐、日昂寺，转此道需要24天。据说，以前有少数信徒沿此转经道转经，现在几乎无人走过。中转是从藏历六月十五日开

玉许乡白玉村　普布多吉摄

始，需要两天时间。内转一天就能完成。转山时，玉许的信徒身着盛装，带上素食，口诵六字真言等经咒，手持念珠及转经筒，垒石供、竖经幡、煨桑烟。中午，在鲜花烂漫的草坝上休息、吃饭，老中青信徒纷纷到舞场唱歌跳舞，好似文艺会演。接着，信徒们继续转经。

三、供赞文

(一)《吉祥玉仁圣地净相自解脱》

玉仁圣地的护法神有：玉仁北门护法东拉格念（螺山居士）和岗岭夏瓦热果（雪洲鹿角头），南门护法德松拉赞多吉拔尔（伏藏护法拉赞金刚焰），东门护法衮布雷丹纳布（怙主具善黑天），西门护法鸦面和恰玉赞杰·热巴加顿（福帝赞王七白发）。

关于圣地玉仁神山，有很多授记。在珠旺·仁增杰布13岁时的孟夏藏历四月十日，佛祖化身白衣绅士，面露微笑地说："珠旺·仁增大王您，妙喜世界① 愿去否？妙喜位在虚空中。"珠旺·仁增杰布回答："妙喜虚空不愿去。"化身又问："愿

---

① 妙喜世界，指东方不动佛净土。

451

玉仁圣地则普沟口风景　普布多吉摄

去喜足①璁叶净土②否？璁玉净

① 喜足，指喜足天，梵音旧译为兜率
天，是六欲天之一。妙欲资具胜于以
下诸天，身心安适，且喜具足大乘法
乐，故名喜足天。
② 璁叶净土，指璁叶庄严刹土，即至尊
度母刹土。

土在空中。"珠旺回答："璁叶刹土不愿去。"化身说："可以腾云而前往。"珠旺说："云乃雾气我不去。"化身问："愿去吉祥普陀净土否？普陀净土位在藏地边缘处。"珠旺说："藏地边缘我不去。"化身又问："愿去玉仁圣地

玉仁圣地神山　普布多吉摄

否？玉仁圣地位在黑色天赞处。"珠旺说："恐怖之地我不去。"化身说："中阴狭道比此更恐怖，故须前往玉仁山。玉仁神山大圣地，一切净土集一处，见闻忆此即得解脱，朝拜绕转便不堕三恶趣。"如此说罢，化身定睛看珠旺。珠旺生出信念，认真地问详情。化身说："我所叙述，你定不相信。如果不去如此大圣地，将有障碍并违背莲师令。比此恐惧之处有中阴，若去便能成为众人师。"珠旺说："若有方法，本人愿前往。"化身说："勿要三心二意计划去他处，前往玉仁胜过去他处。"说罢，化身隐遁于虚空。

此后又过了数年，一个夏季，珠旺住锡在锡金的噶杰修行地。一天夜里，他清晰地梦到一个红人穿蓝衣，手持红缨长标枪，骑鹿来到修行洞，敲击枪杆如是说："呀呀此处我战胜，咪巴毕巴贝哩贡，尼约嘎当比约呀。"

如此言语非常难理解。珠旺心想，他应是此地地祇。

他现怒相出狂言：

"你人也是我食品，

众生船夫桑米杂，
我按佛陀教导行，
利生慈悲无限量，
身是佛陀身所依，
语是佛陀语所依，
意是佛陀意所依。
只因身已献佛陀，
唯有剩余供你品，
若不犹豫能献身，
我也就此满足心。
三宝若是不离心，
我是三宝保护神。"

说罢，就不见踪影。珠旺逢人便问玉仁神山在何处。邬坚罗布回答说："波密上部有座玉仁山，不知是否属神山。"珠旺听罢顿生欢喜心。又有一夜，他梦见一个穿黄衣、举红旗、牙齿外露的人，红白眉毛有光泽，黑黑头发有顶髻。他赐给珠旺一串白色念珠，每颗珠子上都有文字。珠旺问："你是何许人？"那人回答说："我是穆松地方人，三根本和莲师派我来的。"并细细解说所赐念珠，然后说："我乃夜叉红妖怪，你随我来。"就隐遁了。

孟春藏历正月十日，珠旺喝

453

酒酩酊醉，赤身睡在茅棚外。有不同装束的三位女子前来，请珠旺喝酒，珠旺拒绝了。她们问珠旺："是否喝醉了？"珠旺说："没有醉。"她们又说："那就起来跟我们跳舞。"珠旺无法起身。她们说："那就端端坐着修炼。"珠旺因已喝醉，不能修炼。她们说："此人已醉不能修，我们自己来跳舞。"她们翩翩起舞，每人都从怀里取出白、红、绿绸赐予珠旺，并说：

奇哉圣乘有缘人，
密咒弟子如繁星，
阐释了义如月亮，
圣地人们善常行，
此时发现玉仁山，
显示各种吉兆呈。

珠旺反复询问，朝拜圣地有何益处。她们说：

此乃三佛殊胜地，
三佛昔年多惠临，
诸佛加持之圣地，
如同报身净土境。

珠旺问她们是何人，她们说：

我等来自度母刹①，

————————

① 度母刹，即璁叶净土。

一髻佛母旨意遵，
召唤您到玉仁山，
利益玉仁时机临，
请你即刻就启程。

珠旺问玉仁神山在何处。她们说："在波堆白玛嘎布上部，拜此圣地如同朝拜密严刹土。"

珠旺又问圣地能否拜。她们说："三年之内好因缘。"说罢，就不见踪影。

一年之后，珠旺准备前往玉仁神山，但是因缘不具，未能成行。两年之后，他才去了波堆玉仁神山，住在玉仁岩洞内。一日，前方的虚空中，上师以化身装显现，说出以下金刚语：

奇哉三世诸佛子，
加持慈悲本质境，
无比导师莲花生，
顶礼诸部遍主尊。
十方诸佛诸菩萨，
勤做大事利众生，
依靠方便及慈悲，
获证菩提示众生，
开示内外不欺语，
消除业障信众生，
加持岩石山和水，

玉仁圣地的莲花生大师修行洞　普布多吉摄

作为圣山顶礼诚。
诸佛慈悲赐加持，
圣地自兹得扬名。
世界各地利众生，
尤其雪域藏土境，
一髻佛母形俱全，
五处圣地修行圣，
身语意等三功德，
五大圣地俱神灵。
头部雪山①身圣地，
颈部拉齐语圣境，
心部杂日意圣地，
脐处玉仁功德境，

密处绒钦事业境。
五大圣地皆各有，
眷属一百廿八名，
根本圣地附近有，
从属圣地难量分。
尤其玉仁山之史，
此地主要聚空行，
根本八处十圣地，
周围圣地计百名。
主要空行玉仁山，
上面广袤虚空境，
法身普贤净土境。
下面自然玉仁山，
报身虚空净土境，
还有胜乐轮坛城。
八大本尊坛城具，

---

① 此处所说雪山，应特指位于西藏阿里
地区的冈仁波齐神山。

455

三世诸佛之佛身，

三大传承佛绕型。

还有续部神祇众，

各具奇特功德神。

珠旺说道:"请细说有何大功德好吗?"上师回答:

普贤加持第一名，

二是报身佛加持，

显示意续此传承。

大慈米扎佐给①师，

松赞干布伏藏深，

莲花生等曾加持，

显示奇特之通灵，

印藏诸师神通来，

加持史久根基深，

加持功德此分明。

珠旺又问，该山形如何，如何去转经。上师答道:

外有五顶之雪山，

内成五宝等水晶，

八面拥有八地方，

河流绕山水环行，

沟头矗立一山脉，

转道水源雪山成，

三世佛像此天成。

上师说完就隐遁了。珠旺对授记产生了坚定的信仰，身心安乐，于是下了朝拜圣地的决心，常作祈祷为众生。

当年藏历五月三日中午，珠旺·仁增杰布打瞌睡入梦后的梦境如下:

水流岩石山之间，

曾有桥梁便黎民，

我欲在此桥梁复，

忽闻东山乱纷纷，

一块黑色大磐石，

无由滚到桥脚跟，

本人② 恐惧身颤抖，

进入降魔震慑定，

顿显神通勇气生。

年轻红色一空行，

铁盘里取金刚锃，

击打神变黑磐石，

定中右脚压其身。

空行忿怒击打头，

滚石刹那变妖女，

红脸白发露獠牙，

双乳摇荡人皮巾，

---

① 米扎指姿纳米扎，8世纪中叶应邀来吐蕃，翻译佛经，称为翻经学者三大恩师之一。佐给是古印度的一位佛学家。

---

② 文中采用第一人称，应指开启圣地之门的珠旺·仁增杰布。

456

双手合十求皈依，

进入威严忿怒定，

承诺誓为护法神。

在梦境中，珠旺对魔女说："你若能如令受役使，善莫大焉。"说罢，抛撒朵玛食子。魔女说："我绝不违背命令，并愿献出生命。"珠旺说："如此甚好，帮助我修桥，还要修好转经道。"魔女说："我曾经听从莲师令，以后听从您命令。"珠旺手结期克印，顶着魔女胸部，念诵道："吽吽班杂尔萨嘛耶。"

魔女瞬间变成一位年轻美貌的空行母，并邀请珠旺去她家。他跟随空行母前去，发现：

外有围墙内红铜，

顶楼还有水晶房，

胜幢华盖来装饰，

坐在八层宝座上，

献上丰盛饮食品，

男仆女佣伺候忙。

于是，珠旺问："神变女以前叫什么名字？"她说：

我本忿怒胜世母，

还有金刚玉雾名，

亦名药女白杨母，

还俱可怖妖怪名，

亦名仙女闪光母。

曾经听从莲师令，

誓愿保护此圣地，

现为成就之母尊，

从此帮你护山门。

她给珠旺献上红白各色鲜花。珠旺命令神变女在前面走，他和空行母随后跟，修桥和转经道，并拿出五种授记文。神变女说："这些都是莲花生大师赐予我与空行等，现在修建转经道，加印失戒邪见人，现利圣地诸众生，如我令办诸事情。"说完，瞬即无踪无影。珠旺·仁增杰布续梦记述道：

我和空行在屋顶，

该转玉仁空行身，

心无旁骛做事情，

该转圣地现兆征，

东有具善开山门，

西有藏绒河石呈，

本是转经之兆征，

勿忘此事察分明。

此后休息待睡醒，

信念明亮大乐生，

开启转道将通顺。

于是，珠旺·仁增杰布等人组织当地信徒开启玉仁神山之

玉仁圣地的西门护法热巴加顿　普布多吉摄

门。他们开创转山习俗的经历，在转山途中的所见、所闻、所想以及圣迹介绍如下：

召集村民详细问，
圣地四方出兆征，
东边林苑有塌方，
倒下大树任选遴，
岩神开启大山门；
西边桥下凸磐石，
说明吉时该转经。
珠旺·仁增瑜伽师，
桑杰陈列比丘尊，
以及次旺罗布等，
绕转玉仁大山神，
时在藏历七月八，

获悉从前所未明，
形似心脏之山下，
想起曾经之梦境，
获得解脱四路灯。
南部河水流域地，
藏绒河水地狱形，
入此中阴之狭道，
获得解脱之重生。
流水附近有奇兆，
没有浅滩波浪呈，
哗哗派响水声大，
狭道口如脚指形，
观音菩萨度众生。
地狱后有阎罗名，
宝藏三门鬼碉石，

458

犹如叠加之佛经。
河水亦像鬼拔河，
岩山上有摩伽身，
上有地狱莲花生，
皆为圣地之象征。
若是竖立等身幡，
消除业障保平生，
来世富贵家投生；
若是竖立更长幡，
消除业障保三生；
若是竖立经咒幡，
熄灭诸障得长生；
若是举办供祭会，
享受不尽入天庭；
若是虔诚作祈祷，
自他事业顺利成。
从此往上有一处，
阎罗禅洞此修行，
八大伏藏俱兆征。
有条河水叫上颊，
登上梯阶岩洞呈，
阎罗黑色秘密境。
左有阎罗神众山，
还有奇景天成像，
夜叉狮面母五尊。
上有持明上师尊，
住锡之处圣地境，
具有诸多奇兆征。

再上经过中阴道，
极喜草坝此登临，
右山乃是诸佛母，
千座宫殿居空行，
成就雪山放眼明。
下面有块法座坝，
莲师宝座坝上呈，
还有莲师之足印。
蹚过河水到彼岸，
奇特狮虎俱天成，
都是圣地之象征。
山上成就修行洞，
是为杰瓦巧央①名，
马头明王此修身，
既是殊胜伏藏地，
也是殊胜修行境。
横过中间到阴山，
曲登白师此修行，
猪面杂扎修行地，
还有魂湖属空行。
吉祥如意此坝名。
尚有诸多象征物，
象征圣地加持成。
经过阴山往上走，
磕头山嘴帘遮门，
莲师宝座具足印。

---

① 杰瓦巧央，是宁玛派 25 位君臣之一。

尚有英雄下榻坝，
数万空行歌舞频，
舞场石像如意瓶。
东南山顶犹如是，
吉祥铜色之山型，
还有天成莲师像，
外加怙主三佛尊①。
五智加持下方地，
山有天成之财神，
峡谷名叫杨柳宫，
不空成就居山顶，
燃灯古佛像天成。
下榻坝之西北处，
天成大鹏在山顶，
自兹往上有圣地，
金刚亥母此栖身，
尚有天成亥母像，
亥母魂湖相毗邻。
大水奔腾山谷中，
晶库彩虹洲有名，
诸多奇景不具名。
若在此处打猎物，
转生地狱十八层。

再从玉仁行两日，
七小山沟相毗邻，
山体极像护法神。
翻过玉仁有圣地，
乃是事业橛之境，
童子金刚像天成，
还有吽噶热身形。
从此山谷走陡坡，
吉祥结如岩石型，
莲师宝座及手印，
供养天女俱天成。
自兹向上到右山，
金刚橛宫殿此呈，
岩石上有天成橛，
左山好似仙妙音，
内外双供好山形。
右有天成佛身像，
山顶大鹏亦天成，
持有蛇皮之索绳。
山顶法身金刚持，
五佛六佛作绕形。
天成顶端普贤佛，
以及金刚萨埵尊，
胜者密意之传承，
神众环形绕主尊。
佛上天成阿罗汉，
迦诺迦跋黎堕阇。
此山阳面上面有，

① 怙主三佛尊，即密宗事部三怙主：佛
部的文殊菩萨，金刚部的金刚手菩
萨，莲花部的观世音菩萨。文殊代表
智慧，金刚手代表力量，观世音代表
慈悲。

460

怙主三尊自天成，
下有五智加持水，
在此洗浴消烦心，
各种罪孽都去掉，
消除障碍五官明。
从此望去东南方，
见到玉仁如水晶，
见即解脱心愿成。
此山山脉像坛城，
天成玉龙在升腾，
人间传遍圣地名。
此山下方有魂湖，
圣地地祇是主人，
信徒在此作会供，
煨桑祭祀众神灵，
念诵六字大明咒，
竖立经幡风马旌。
经过此地有禁忌，
屎尿口水鼻涕等，
魂湖刹主将严惩。
经此平地时有山，
玉仁十三螺甲神，
众神宫殿就在此，
还有忿怒黑鹏身。
下有罗汉天成像，
注茶半托迦等等，
称为三世诸佛山，
称为雪域愉悦境。

珠旺翻越此山时，
遇见吹曲圣地神，
边唱道歌一旁立，
岩石好似弥勒身，
还有空行及勇士，
四大洲土奉献呈。
菩提胜者岩山颈，
公主曼达热瓦尊，
神通经过遗溺迹，
岩山洞里曾修行，
措杰修习长寿法，
曾被十三如来称，
三十二佛加持频。
在此山顶挂经幡，
供养粮食或宝珍，
所作祈祷如愿成，
故应祈祷示诚心。
翻越此山往下行，
天女轮回魂湖呈，
粮食供养宜干净，
再往阳山上面行，
狮面岩山此有名。
右边岩石间有草，
沿着陡坡往上行，
雪堆装扮岩山路，
此道解脱指明灯。
白雪覆盖呈陡坡，
通过此狭虽磨人，

461

一过解脱获重生。
从此横向岩山行，
天成明镜显果因，
显现益友诸善神。
陡峭岩山往上走，
来世不用父母生。
往上翻越大乐山，
授记梯阶砌黄金，
生死沙土山口处，
念诵观音之咒经，
大声祈祷做善事，
功德成亿诚殊胜，
法性证悟俱大增。
从此西边山坡上，
大日如来栖法身，
五方佛神作绕型。
下方岩石山上有，
大悲虚空王宫型，
旁有乐作佛塔升。
从此横走路不远，
虚空王山屹立境，
逐渐向下行走后，
经过平坝继续行，
岩石山上住锡有，
鸦面双尊及眷亲，
看到玉仁东北沟，
此地猛烈诅咒名，
居住忿怒具力神。

此地阴山下方处，
廿一度母自天成，
左山住有五护法 ①，
吉祥天女及眷亲，
殊胜酬补供品具，
独雄本尊此安身。
下面巍峨山顶上，
住有八大药佛尊，
大自在天旁边坐，
下有降敌莲花生。
附近还有莲师像，
莲台法座佛安身，
恩扎菩提王迎请，
西藏贡塘山莅临，
描绘莲师之生平。
山顶还有金刚持，
噶举师承作绕型，
鸦面护法在上方，
罗汉菩萨做世尊。
此地上方之山嘴，
寂护师和莲花生，
法王赤松德赞等，
君臣廿五此安身，
百名伏藏师环形。
在此岩面岩洞里，

---

① 五护法，即五姓怙主，是宁玛派的五位护法神：身怙主、语怙主、意怙主、德怙主、业怙主。

莲花大师神通行，
名叫法性虚空洞，
尚有法座天成成。
在此前方祥乐坝，
叫作度母长寿名。
山顶高石是天柱，
旁有矮石镇龙砧，
洞门天宫喜面号，
另号稻谷乡之称，
空行母洲为别名。
空行舞场在上方，
仙洞莲师秘密境，
还有大乐母魂湖，
降伏凶神岩化身，
修习菩提寂静洞，
具有种种奇特征。
在此岩山下方处，
邬坚师徒在山顶，
名叫诸佛大宫殿，
位于湖尾黑山心。
嗡！
巨大磐石在屹立，
上有莲师之手印，
奇特胜乐轮宫殿，
形似恐怖之寒林，
转此磐石十三圈，
合诵莲咒七万经。
旁有磐石似宫殿，

恰似玉仁山之岑。
上方耸立岩石山，
乃是护法宫殿形，
守护山下之田地，
护法黑红魂湖称。
山下还有一魂湖，
扎谢护法是主人。
水域上方有平坝，
名叫大乐任运成。
空行舞场在上方，
仙洞莲师秘密境，
还有大乐母神山，
修习菩提此寂静，
具有种种奇特征。
在此岩山下方处，
绿度母与救八难①，
度母宫和魂湖呈。
上有莲师修行洞，
前山有像自天成，
十六天女供养形。
从此碧湖往下走，
真实怒神净土境，
山上文武住众神。
下沟巨大岩石上，
天成十一面观音，

① 救八难，指能救狮、象、火、蛇、贼、镣铐、水、非人所致八种灾难的救度母。

463

文殊以及金刚手，
白度母等菩萨身。
下有殊胜洗浴水，
洗浴能消业障净，
以及诸多障碍因。
还有天成曼陀罗，
以及战胜忿怒神，
左右还有奇特山，
马面猪面塑其型。
沟边还有吉祥坝，
好似天成之坛城，
具有三世佛加持，
许多勇士和持明，
空行母等各种神，
坛城聚集无数神。
从那莲师指戳洞，
流出长寿甘露霖。
右边巨大磐石上，
还有莲师咒天成，
此乃胜乐轮坛城。
其左有一大磐石，
乃是文武神坛城，
天成空行母供盘，
上有天成"啊"字经，
酥油乳汁显分明。
拜谒能生殷殷信，
所谓殷殷竭此诚。
护法宫殿诚奇特，

还有白色海螺印，
莲师手足印奇特，
天女铃印令人惊。
在此煨桑献百供，
五谷丰登吉祥呈。
下有中阴解脱道，
此达山脉之峰顶，
好似脱脱日年协，
顶峰之上宫殿形，
大悲虚空宫殿名。
下有空行聚集处，
六洲圣地平坝上，
留有成就者足印。
还有空行舞场等，
比玛朝山玉仁登，
所留足印是天成。
昔时比玛① 大尚师，
大成就者鲁珠等，
勇士空行数百名，
在此歌舞供养呈，
故此地称百坝名。
上面沟尾有平坝，
黑色龙王俱妖名，
曾向莲师显神通，
莲师慈悲化凶神，

---

① 比玛，即比玛米扎拉，意译为无垢
友，是赤松德赞时期到过西藏的古印
度佛学家。

464

龙妖融入磐石中①，
龙妖立誓绝妖形，
莲师在此留足印。
或转或拜此磐石，
消除痘疮及龙病。
龙妖宫殿在水旁，
还有莲花生足印。
如此玉仁转经道，
圆满顺利得完成。
珠旺·仁增伏藏师，
乃是玉仁圣主人，
曾由莲花生大师，
护法勇士与空行，
或真或梦或定中，
给予授记述分明。
伏藏大师亲口说，
夏巴让珠笔录清，
写于火龙七月份。
嗡啊吽！
班杂尔古茹叭嘛斯底吽！
如此玉仁转经道，
乃是有缘诸众生，
获取成就好地方；
乃是无缘诸众生，
稳固寿命之胜境。

罪孽深重之人们，
绕转此山成佛身；
若是潜心修法者，
即生成佛别无凭，
来世饶益诸众生。
如此上辈之授记，
珠旺·仁增瑜伽尊，
入定净相中出现，
授记出定之情形，
色身出现等历史，
为利后世众徒孙，
智慧信仰此圣地，
为给有缘者转经，
点亮明灯指迷津。
人死文字无死故，
为了利益后来人，
祈愿广利未来者，
珠旺·仁增伏藏尊，
开启圣地传记文。
简明扼要文章好，
伏藏大师所说明，
近侍夏巴笔录细，
二章一篇世传承。
此外先贤所赞颂，
波隆白玛嘎布景，
奇异圣地玉仁山，
圣地加持史分明：
松赞干布发口谕，

① 指扎西岗行政村下辖的拿青自然村麦
瑞农田里形似马鞍的大磐石，上有清
晰的莲花生大师足印。

465

拔热卡瓦所奏请，
视为观音之净土，
壁画八九页载明。
三世噶玛巴·然琼师，
净相拜谒玉仁神。
古茹·曲旺伏藏师，
曾于桥下挖掘珍，
玉仁圣地伏藏志，
尚有一页世间存。
白玛仁增伏藏师，
拜谒玉仁净相呈，
结合曲旺圣地志，
讲说玉仁圣地根，
尚有四五页留存。
仁增督堆多吉师，
说出朝拜净相情，
玉仁六洲圣地志，
尚有七八页文字，
可靠资料世人惊。
玉仁圣地加持大，
愚昧法缘俱有情，
有福有缘者净土，
勤者修行之胜境。
玉仁圣地聚会宫，
功德源头如意珍，
祈祷利于佛事业，
曲旺志书说分明。
仁增督堆多吉著，

玉仁六洲志载明，
若为圣地作会供，
此生获得佛果身；
若在此处竖经幡，
来世普陀山投生；
舍弃恶意走七步，
五种无间罪孽净；
为此圣地拜七次，
十不善等皆消遁；
若修圣地转经道，
此生往生极乐境；
若在此处作放生，
获得不死长寿身；
若向圣地供神灯，
此生解脱大乐呈。

（二）北门护法东拉居士供赞文

呀！
莲花秘境不死洲，
圣地内外神佑门，
东拉好似水晶垒，
纳噶热嘎栽栖身，
凶暴龙须虚空舞，
三面六臂脸色分，
二臂挥舞蛇皮绳，
脚踩四部和龙精，
下属大神有多种，
金刚势力甲胄晶，

466

玉仁圣地的西门护法恰玉山　普布多吉摄

身挂盾牌及九铃，
虎皮豹皮箭囊袿，
右手武器虚空舞，
左手扬起具发铃，
下跨神通白色马；
红色珊瑚甲披身，
右矛上引损命根，
左蛇皮索如闪电，
红色妖马如风行。
还有诸多天龙魔，
无碍疾行势力能，
祈办瑜伽成就我愿心。

（三）西门护法恰玉赞杰供赞文

椭圆山体直入云霄中，
云雾缭绕细雨下蒙蒙，

恰玉赞杰地方大护法，
披上皮铠甲深色暗红。
右持红色彩矛虚空舞，
左持敌心绳索在前胸，
线中喷洒血液成浪花，
咬牙切齿狰狞面目凶。
红色妖马疾驰风呼呼，
金鞍玉饰威光闪闪宏，
双足穿着皮靴倏忽忽，
祈望黑夜白昼守望中。

（四）护法衮布雷丹供赞文

紫色片石山岭龙魔堡，
下方多眼泉水积湖蓝，
曲贵衮布雷丹黑色神，
一面双臂黑绸大氅穿，

467

披肩散发盘蛇骷髅戴，
右持弯刀左手持髅盘，
任命大神征服诸凶恶，
愤怒三眼闪耀威光显，
役使奴隶为未驯凶顽。
其右坐有罗刹赞杰启，
黑红忿怒持彩戟宝剑，
下跨红马身上铠甲穿；
左有曜圣毒面罗睺罗，
九首蛇尾全身俱是眼，
手持摩羯胜幢蛇皮绳，
红箭弯弓毒箭射敌面。
九首鬼身十只乌鸦伴，
四位魔女八曜星宿站，
后有护咒魔女三爱①胜，

红色忿怒四臂三只眼，
黑红血淋利刃套索持，
手持病囊骑九头狼犬，
身穿可怖裸女湿漉皮，
夺命魔女围绕众亲眷。
前有护法拉年结瓦启，
双手持有旌旗珍宝玩，
蓝绸衣服金翎白色帽，
骑着绿鬃白马珍宝嵌，
神念曼母地母做随伴。
如此飞行主从众神祇，
从属天龙鬼妖大王前，
在此住锡原始众神祇，
刹那迎请到此供品献，
祈求认真完成我心愿。

第 二 节　　扎西宗隆圣地

一、圣地志

扎西宗隆圣地位于达热村境内，距玉许乡政府驻地约13公里，海拔约3300米，与念青唐古拉山脉相连。地理坐标为东经95°31′、北纬30°28′。开启玉仁圣地扎西宗隆的名叫仁增·督堆多吉，是噶托寺上师督迥一世的弟子，出生于岭隅的拉卡松多。

岩山戴着白雪冠，
金刚亥母境庄严，
上有莲师修行洞，
莲师曾住整三年。
玉仁达宗东边近，

---

① 三爱，指死时三爱：贪著爱、怖畏爱、当生爱。

岭珠雪山　格桑摄

吾之修行殊胜洞，

此乃扎西宗隆地，

莲师授记世流传。

扎西宗隆圣地的东门护法是多吉玉珍（金刚绿度母），内院护法是扎拉衮布（岩神怙主），西门护法是阿续杰，秘密护法是拉钦贡嘎循努（庆喜青年大神），北门护法是鲁堆多吉（龙妖金刚），南门护法是扎拉衮布。

三世诸佛事业莲花生，三千佛陀事业均完成，

饶益众生降伏魔鬼众，顶礼莲花颅骨示心诚！

据莲花生大师授记，在玉仁达宗附近的东方，有其殊胜修行地，名叫扎西宗隆圣地，翻滚 13 个湖泊，水不外溢，是金刚亥母身净土。在中脉大乐轮之处，有一个叫海满的湖泊，聚集着文武百尊；在左脉上有胜乐轮宫殿，右脉上有金刚亥母宫殿，非常殊胜，非常奇特，神馐犹如繁星，非常稀有。开启如此圣地及其通道，使得众生获得幸福，消弭战争及瘟疫、饥荒等，无可置疑。

之后，前往雪坡平坝。如果有缘信徒举办大会供，就能创造消除种种障碍的因缘。在此，住锡着一髻佛母和鸦面护法等七部护法神众。再往上走一段，就能

469

玉许雪麦七姑娘山　普布多吉摄

见到一面湖，那是至尊度母的圣地，护法神是夜叉黑面母。若是供养绸缎及珍宝，可结下获得殊胜成就的胜缘。从此再往上方继续行，有内部护法扎拉衮布。在此下方还有中阴狭道，绕转此道就能结下截断恶趣生门的胜缘。此处还有甚深伏藏品，若作祈祷就能获诸成就。上面有吉祥胜乐轮的魂湖，如果献上绸缎、经籍等供品，就能结下获得殊胜成就的胜缘。前方有座名叫海生的大山，乃是吉祥普贤主的宫殿，上有天成的法身金刚持佛像，被印度八十成就者所围绕。其左有释迦牟尼佛，四大王天呈手持钵盂

状。另外，还有诸多天成像。

再往上行就是玛拉雅山（香山），金刚手菩萨降法雨的情形清晰可见。再往前行，能拜谒到萨霍尔国王火烧莲花生大师的情景，左边有天成的弥勒佛身像，被八大近侍菩萨所围绕，另外还有许多天成像。此外，有玛尔巴译师前往印度时的情景，有米拉热巴及其众弟子，另外还有许多天成像。水晶山顶上，有噶举师承围绕利见佛的像及八大菩萨围绕三世佛的像，此外还有许多天成像。再往上去就到了牧区的岩洞山，有莲花生大师师徒和吽钦嘎热师，被印度八位持明成就者

470

所围绕。右边是法身普贤如来王双尊，被十三位佛教导师所围绕。殊胜饮血忿怒黑如嘎，由八大法性神众所围绕，还有吉祥黑色怙主神众像和无数天成像。从此处来到上沟的当姆山，有天成的燃灯古佛像，以及化身极喜金刚像和大成就者萨乐合、独母吉祥天女、护法具善怙主等天成像，另外还有许多天成像。有缘信徒若虔诚地作祈祷，其心愿皆能实现。从此处前往草坝子，有天成的观音化身空行像，被救度八大可怖的度母所围绕。山体上有降魔莲花生大师的身印，符合珠旺·仁增杰布在志书中的记载。从此处来到陀罗贵仓山，有大持明莲花生大师三师徒像，由二十五位君臣所围绕，若作祈祷，心愿皆能实现。从此处前往丁东草坪，有缘的信徒如果举办大会供，就能无功实现诸心愿，并最终能登上持明地。

然后来到扎果姆，有缘的信徒如果顶礼供养，献上曼札作为会供，就能为截断人畜疾病结下胜缘。称为大海脐的湖泊，是法身静神湖。如果向湖泊献曼札供品，在湖边竖经幡，就能往生普陀山。随后来到冈瓦岗湖，那是持明总集的魂湖，若作祈祷，有求必应。对面的岩石上，有

471

普热岗杰姆神山　普布多吉摄

三十五佛围绕释迦牟尼佛的天成像，清晰可见。来到卓布玛如，有莲花生大师的修行洞，有真实的月洞、身印洞等见解脱神迹。在上方，有莲花生大师的足印及大成就者卓本译师的足印、吉祥杰瓦巧央的足印等。上方岩石上有莲花生大师的足印，清晰可见。在上方不远处，有莲花生大师的修行洞、法台、炉灶，以及莲花生大师父母的大足印，也清晰可见。如果在此举办会供法会，能长寿，并消除一切业障，使家族兴旺、人畜兴盛，最终能获得佛果位。

前往上部牧区，有一座玛拉雅山，是金刚亥母的大乐轮；还有个湖泊，是饮血忿怒五十八尊的魂湖，若在此举办会供，能结下消除人畜一切疾病的胜缘。湖边有一块磐石，磐石上有莲花生大师的大足印，清晰可见。湖泊所处的山是香山天铁炽燃顶，有诸佛相互交谈的情形和二十一尊度母等像，非常清晰。

在下方的山上，有玛尔巴身像，有圣虚空王神众，有化身极喜金刚在娘胎中获得鹦鹉授记的情形，有金刚手菩萨像和仙人曜魔像，另外还有许多天成像。在普萨拉山的岩面上，有莲花生大师运用神通前行的大足印，有金

472

刚手菩萨神众。然后，去朝拜大护法神贡嘎循努的魂湖，如果贡献绸缎、刀枪等，能消弭瘟疫、战争、饥荒等，结下众生幸福的胜缘。下方有丁通平坝，如果在此举办会供，就能获得成就。然后从护法魂湖往下走，此湖泊是马头明王和金刚亥母的有缘湖，其下方有吉祥怙主黑火焰的魂湖，再下方有一个黑底湖泊，是吉祥黑氅护法神的魂湖。湖泊的支流是金刚亥母的右脉，还有吉祥密集和喜金刚的宫殿。

此处有至尊金刚瑜伽母的魂湖，如果在此圣地举办会供，此生能获得佛果位；如果在此圣地竖立经幡，能往生普陀山；如果在此圣地心生出离心走出七步，就能清净五无间罪孽；如果在此圣地礼拜七次，就能清净无数劫以来的十不善等诸业障；如果维修圣地通道，此生就能往生极乐世界；如果在此圣地放生，就能获得不死长寿的成就；如果在此圣地供酥油灯，此生就能登上大乐解脱道。

玉仁圣地扎西宗隆的达尔宗措诺布圣湖约230万平方米，色

蓝。据说，此湖是上沟白雪金刚绿度母的魂湖，善良的人能在湖中见到显影。则普冰川也在此处。

二、供赞文

（一）金刚绿度母供赞文

树木葱郁形似宝瓶山，
雪山涧水山泉流潺潺，
小鸟鸣唱声中响杜鹃。
奇哉！
无生混沌原始无边际，
前世阻断现象又重现，
若把胜解现象如此弃，
化身身份此处可授权，
外是三尊护法及空行，
内是分别妄念转移间，
密意明界显现二真谛，
谁人拥有他人亦显现，
解脱瑜伽师我来授权。
本来如一心性不同故，
男续女续本尊护法现，
不必委托追随具誓者，
不必施咒夺取失戒难，
不必赞美各方化机兴，
虽然善说嗔恨黑心顽，

不用光看行为善与恶，
定趋恶趣吞噬其命关。
哈哈地母金刚绿度母，
嚯嚯长寿母等地母仙，
嚯嚯铁匠之王金刚善，
呼呼夺命杀手罗睺罗，
业因相连与人相融洽，
一切无上见闻皆显现。
甘授役使经办衣食等，
抬举诚实之人如胜幡，
十善美德更加得树立，
供养赞美接受诸贡献。
人虽狡黠役使护法神，
若能依靠佛法为靠山，
日日夜夜得到善保护，
祈求友好善结空行缘，
祈求保护二大命魔神，
祈愿封授之处皆圆满。

（二）香顶鲁堆多吉供赞文

则普地方香顶鲁堆神，
达宗扎西宗巴隆护法，
献上皑皑白雪洁供品，
献上珍宝碧湖圣水佳，
鲁堆多吉独眼金刚神，
奇异神通来到白玛嘎。
古隆圣地北边诚奇特，
福地净土大乐欢喜家，

空行护法宫殿真恐怖，
神力多臂发出吼声大。
身色蓝黑獠牙向外斜，
独眼明亮右手持珍宝，
左手挥舞标旗胜利旁，
下跨如风急行黑色马，
数亿龙魔随从围绕他，
曾在持明莲师及贝若，
饮血降魔面前诺不假。

（三）雪地神供赞文

情深如母金刚绿度母，
白里透红眉毛绿色呈，
年方十六珠宝所装扮，
身披绸缎双足自然伸。
右持明镜左手持宝瓶，
头戴如意王冠权势倾，
智慧护法以及世间神，
地母空行药母等环形，
现为欲界形象之主尊。
右边金刚善持三叉戟，
红黄天冠虎皮氅披身，
白绸黄线衣服饰珠宝，
粒皮靴子右手结权印，
显示九尖金刚彩缎饰，
左手拿着满宝珍宝盆，
肘挎装满珍贵宝物袋，
下跨神力雪山狮子乘。

474

玉仁圣地山水　普布多吉摄

左边站着事业军队将，
黑红蓝三色服威风凛，
虎皮箭囊坚甲武器具，
右持短矛三叉戟蛇绳，

左持弓箭绳索及病囊，
彩虹火风雷雹聚中心，
骑着神力威武高头马，
祈求常护人畜及眷亲。

第 三 节　　达纳圣地

一、圣地志

达纳圣地位于距玉许乡政府驻地约 5 公里处的林琼村和热西村之间，海拔约 3150 米，地处波堆藏布河西南岸，与念青唐古拉山脉相连，地理坐标为东经 95°43′、北纬 30°14′。

黑岩犹如大象形，
住有无数文武尊，
魔妖龙三为护法，
圣地具有加持信，
无数文武净土境。

热西达纳神山的东门护法是觉沃喜结（息增），西门护法是保护伏藏的大阿杂热（咒师），北门护法是魔妖龙三位，南门护法是亚日赞鬼（片石山妖）。

热西村的后山形似大象，物产丰富。开启此圣地的是大伏藏师白玛仁增，由伏藏师曲吉林巴和达香·努典多吉等人授记过。绕转此神山的转经道有4条，其中内转道上有大伏藏师白玛仁增挖掘伏藏时，仙人遍入天和大鹏鸟五部取黄纸伏藏的天成像，蓝色磐石上有天成的白色六字真言。在仁钦山上，有仁增·嘉村宁布的修行洞，还有莲花生大师的修行洞及莲花生大师用禅杖戳出来的伏藏水。在此金刚岩山

上，还有蓝、红、黑宝石。在转第二条转经道时，能朝拜到28座天成佛塔、犏牛舌头、墓葬地等。据说，如果能钻进岩洞，就能治愈手脚痛和各类疾病。另外，还有天成的鸦面护法神和无量寿佛像。

在珠脱董拉山上有形似马头的磐石，与马头明王的身像一样有加持。其下方有一修行洞，有一尊天成的莲花生大师背面身像。从此向上行，据说有魔、妖、龙三尊护法迎接。穿绿色衣服的龙女骑着蛇尾马，抛撒一升

珠脱董拉神山　格桑摄

476

金粉，故而此地现名"色雷"（意为金砖）。据传说，在这条沟里可以淘金。另外，还有原始人吃过、用过的东西。赞妖曾经变化成一只老虎，吼声如雷，来到伏藏师面前露出如雪山般的獠牙。伏藏师用禅杖击打老虎的头部，老虎惨叫着死了。在此消除伏藏护法违缘的地方，现在叫作"达西拉卡"（意为虎死山口）。

传说，伏藏师从此往前行，来到一块绿草如茵的草坪上。魔头兴起红色飓风，风声如雷，无数黑熊奔向伏藏师。伏藏师将白色寒水石的磐石举起，抛向黑熊，黑熊群自然消失。此地因此得名"董拉"（意为熊山），磐石现在还能拜谒。

由此往前行，有魔鬼魂湖，伏藏师从湖里迎请出莲花生大师的海生金刚像。从此向上看去，有一座神奇的天成宫殿，在岩石上有金刚亥母的大手印，还有金刚亥母的魂湖、寒林、勇士和空行母化身的各类鹰鸟，以及阎罗王的鬼卒。还能看见彩虹缠绕着的一座雪山，上面有面向西南方向的莲花生大师，他从此地翻越

让拉山，回到家乡康热拉。

伏藏师曲吉林巴和达香·努典多吉发现，授记为白玛仁增的伏藏地在玉仁圣地中间，南部的宅母伏藏地有他们的伏藏缘。于是，他们来到此地，最先献上曼札，看见此地好似无量青稞堆积而成，湖水犹如摆设净水，山峰形似大象饮水，城堡好像化身净土。据《波密教法源流》记载：藏王止贡赞普的公子夏奇的后嗣噶尔钦·益西桑布，在上辈时期修建了石头城堡，他是桑氏妃所生。在仁钦岩山上有白度母和绿度母的身像，清晰可见。下面有天成的帕·当巴桑杰身像及修行洞。从此往上望去，有印度圣地的附属圣地灵鹫山，有清净佛塔，有伏藏师供奉的杂日神山附属圣地护法刹土父母双尊像。另外，还有一座像鸡蛋的山，山顶有金刚手菩萨住锡的宫殿，被火焰山所围绕。从此处往回走，有无量寿佛圣地，引出长寿水，还有莲花生大师的长寿水，据说能治愈风湿等疾病。继续往回走，有一个像太阳的寺院，从此地取出白、蓝两色土，祈祷修建

达纳圣地的玛尼石刻　扎西洛布摄

吉也莅临波密地区，按照以前伏藏师朝拜圣地的记载来到此地。他首先拜谒了装有圣地之门钥匙的方形石头箱子、海螺石头、供盘石头、鲜花神殿等，然后从山顶挖掘出大鹏鸟石林，并竖立经幡，开创了每年藏历六月十五日绕转内道的教规，人数不少于100人，流传至今。

热西达纳神山的特点是，有30多种鸟类、20多种野兽，有菩提香树等12种树。另外，还有金、银、铝等多种矿物，有药水、修行水、水汁等各种神奇的水，有圣天①尊者修行洞和中阴狭道等。

众生怙主桑杰多吉观察神山后发现，这座彩云缭绕的雪山，曾是莲花生大师和苯教祖师次旺仁增辩论内外道、比试神通的地方。据说，苯教祖师首先显示神通，他来到片石山，说声"塌"，雪山就塌了下来。莲花生大师念诵"吽"，并说"扶起"。至今，他用手扶起雪山的印迹仍清晰可

寺院顺利。继续前行，有天成的五智慧空行母身像，身着白色绸缎，左手持白色彩箭，右手持长寿宝瓶，伏藏师供上青稞酒。有形似供盘的磐石，上面有白色的石头海螺，现在尚存右旋海螺图案，是由曲吉林巴伏藏师挖掘出来的。

后来修建了仁增·嘉村宁布的寺院，过了五代，由噶久·桑杰罗珠护持寺院。由于此圣地闻名遐迩，北部的众生怙主桑杰多

---

① 圣天，梵音为阿耶提婆，是瞻部洲六庄严之一，阐扬中观学的古代佛学家，著有《中观四百颂》等。

见。然后，莲花生大师跳跃到一块磐石上叫喊"吉卓"，此后便成为此地的名字。一头白色犏牛出现，在东边与一个叫诺拉扎西的人相遇。此人正感到奇怪，对面山上有人喊："你可以使用犏牛。"诺拉扎西向对方看过去，发现那人身穿黄色铠甲，手持长矛，下跨黄色骏马。那人说："你在12年内将奶汁品献上来。"据说，诺拉扎西每天从白色犏牛挤出奶后，将酥油献上来，从无间断。

信徒们每年都沿着以玉仁圣地扎西宗隆和达纳为中心的外转经道和内转经道，绕转、顶礼、供养、转法轮、垒石供、祭祀山头、念诵六字真言和莲花生大师心咒，并竖立经幡。

在此圣地之内有一面叫热西拔绒的湖，面积约有4000平方米，湖呈蓝色。据说，此湖是达纳神山的白度母和绿度母的魂湖。

朝拜祭祀神山的时间，春夏秋冬四季都可以。尤其是每逢藏历每月的十日、二十五日及六月十五日，朝圣者更多，因为在这几日行善，其功德是平时的亿倍。每临吉日，玉许地区的信徒们成群结队地前去转山，途中念诵六字真言等经咒，竖立经幡，垒小石子进行供养，并朝拜天成的佛像。

二、夕阳日光磐石的传说

玉许乡玉沙行政村境内有个叫尼落卡（意为太阳升起）的地方，此处有两块磐石，磐石有两个环，其中一个环坏了，另一个完整；还有格萨尔王神马的蹄印，清晰可见。传说，在门岭大战时期，门国珞·兴赤国王的内大臣古拉脱杰因为是极喜自在魔的儿子，所以神力巨大。格萨尔王曾经得过授记：某年某月二十九日如果不能降伏古拉脱杰，他会获得钢铁一般的生命，会给人间带来巨大痛苦；格萨尔王也难以饶益众生。根据格萨尔王的谕旨，岭国的丹玛、巴拉、幸巴、噶德等为主的7位勇士一起前去征服古拉脱杰。古拉脱杰残忍无比，他骑着马在四方搏斗，追赶打杀岭国的英雄，弄得地动山摇。最后，即将抓住古拉脱杰时，太阳就要落山，夜幕即将降临。于是，格萨尔王甩出金链，把太阳拴在一块磐石上，但磐石的环被拽断了。格萨尔王又将太阳拴在另一块磐石上，使太阳重新照耀大地。岭国七勇士一拥而上，将门国的古拉脱杰抓住，并将他捆得像线球，带到波密上部的扎朵。此地的岩石脚下有一块三角地，天空也呈三角形。七勇士在此活剥了古拉脱杰的皮，挖掘九层坑将古拉脱杰掩埋，并在上面建造了佛塔镇压。

佛塔至今犹存，两块拴住太阳的磐石也依然接受信徒朝拜。此地还叫尼落卡，波密上部至今仍沿用岭穷塘、岭钦塘、

据传格萨尔王拴太阳的磐石环　波密县政协提供

噶德塘、古塘、笘纳（今如纳）等地名，皆与此次门岭之战有关。

另外，在玉沙村有门国当许尼玛拉赞家族的城堡废墟，还有一户叫当许仓的人家。据传，这家是当许尼玛拉赞家族的后代。

三、热西达纳圣地护法供赞文

热西觉沃四庄严，
达纳岩山刹土神，
祷赞西门大护法，
白雪宫殿似水晶。
觉沃四严宝座上，
右有泉水在翻腾，
幽幽山谷水声响。
雪山威武无量宫，
马头明王语刹境，
彩虹乌云翻滚处，
绫罗绸缎宝座升，
觉沃大神四庄严，
闪耀光芒白色身，
绸缎衣裳饰宝珍。
珍宝链子金线穿，
如意火焰饰头顶，
右持长矛及宝贝，

左持宝盘及宝瓶。
骑着风翅云雾马，
怀抱彩虹女钗裙，
红绸珍宝所装扮，
珍宝装饰在头顶，
双手持有珍宝瓶，
十万龙女环绕形。
还有四位使者在：
东有龙魔独眼君，
手持宝剑及绳索，
骑着九头黑蝎骝；
南有夜叉具神力，

手持短橛及索绳，
骑着蓝色水影骏；
西有赞妖发辫神，
双手持有戟和绳，
骑着红色赞界骏；
北有居士大护法，
双手持有锤和绳，
骑着有角褐色骏。
上下左右及前后，
天龙居士赞穆神，
犹如云层在覆盖，
祈办瑜伽托愿心。

第 八 章

倾多镇山水文化

倾多镇位于波密县县城以北约35公里处，是以农业为主的半牧半农地区，与念青唐古拉山脉相连，海拔约2800米，地理坐标为东经95°60′、北纬30°05′。全镇辖11个行政村，著名的胜迹有亚龙亚古圣地和倾多莲花生大师修行洞。源自琼脱拉山的水系雅隆河、朱西河、顶仲河、古通河等在波密上部汇合形成波堆藏布河。倾多镇政府位于波堆藏布河北岸。

第 一 节　亚龙亚古圣地

一、圣地志

亚龙亚古圣地距倾多镇政府驻地约15公里，海拔约3300米，与念青唐古拉山脉相连，地理坐标为东经95°75′、北纬30°20′，位于倾多镇政府北部的西玛村境内。

> 森林白雪大山岭，
> 高山头上布乌云，
> 雨雪风暴不间断，
> 净土主人金刚神。

开启圣地之门的是四世班禅罗桑确吉坚赞的弟子仲·益西白和喇嘛索朗加措。仲·益西白出

倾多亚龙沟风景　普布多吉摄

生于多康松多地区。索朗加措是仲·益西白的弟子，出生在倾多的亚龙。

亚龙亚古圣地的北门护法神是琼脱格念（地祇），东门护法神是亚龙耐波（土地神），西门护法神是醒迥钦波（大护地神），南门护法神是曼尊拔曼嘎布（白色女医神）。

普兰四医师挖掘并迎请的伏藏中授记，莲花生大师与本师释迦牟尼佛无二无别，或者更胜于释迦牟尼佛。莲花生大师不受胎盘秽气，幻化而生，不要说沾染有业障和烦恼障，连所知障都非常细微，通达五佛智慧，神通不可思议。他出生在印度的达纳果夏海里，曾游历印度、象雄、里域、锡兰、大食、铜色洲等地区，制服了罪恶的国王，降伏了凶神恶煞及冥顽之徒，让他们立誓护法。莲花生大师以教理和辩才、神通，破除一切坚持常断两边见解的外道，传播果乘密教，使众生登上不退转的大地道。此类身、语、意、功德、事业五方面的无量功德，唯有住于三净地①的菩萨才了知；而那些被

---

① 三净地，指十地中的第八、第九、第十三地。

483

二十随①烦恼、五十一心所②、八万四千烦恼的铁链所束缚，远离一切知解脱境界的凡夫，则无法了解。

当时，藏王赤松德赞意欲修建桑耶寺，但遭到藏土凶恶神鬼的阻挠破坏。为了消除妖魔鬼怪的阻碍，赤松德赞迎请了莲花生大师，顺利建成了桑耶寺，实现了藏王的凤愿，开启了共乘尤其是嘛哈、阿奴、阿迪三上乘教法之门，并向二十五位君臣等弟子传授。由于藏土被非人所占领，魔鬼、龙妖、地方恶神等夺取了藏王等众生的利乐。为此，莲花生大师用猛咒制服众鬼神，使之立誓做佛教护法。莲花生大师莅临藏土各个角落，埋藏了许多无上密法，利益未来无量众生，并加持雪山、岩山、森林、湖泊等山川大地，对未来众生具有巨大恩德，被称为第二佛。

莲花生大师所加持过的藏地主要有五地、三区、一洲、二十座雪山等，如果细分，那就更多了。亚龙亚古圣地是莲花生大师的身净土，但那些业恼不清净的人难以洞见。被莲花生大师密意所摄受的仲·益西白学修兼备，虽然心里知道亚龙亚古圣地的诸

---

① 二十随，指五十一心所的二十随烦恼：忿、恨、覆、恼、嫉、悭、诳、谄、骄、害、无惭、无愧、昏沉、掉举、不信、懈怠、放逸、妄念、散乱和不正知。
② 五十一心所，即五遍行、五别境、六根本烦恼、二十随烦恼、十一善、四异转或不定，共五十一。

倾多的桑囊圣地　普布多吉摄

多功德，但是感觉时机不成熟，没有急着开启。其间，也有很多圣人想莅临此地，只因莲花生大师收服的鬼神凶狠怨毒无比，在途中出现夜幕提前降临，或饮食变成鲜血等奇怪的事情，因此，谁也不敢轻易前往亚龙亚古圣地，只有远远地磕头行礼祭祀。至今，尚留有一处"恰才岗"（意为磕头山岗）的地名。

没过多久，仲·益西白发心弘法利生的誓言未失，他从小智力超群，广泛闻思显密经教，获得成就。当时，他得到了智慧空行母的授记，云："弟子若想即生成佛，就应开启亚古圣地之门。"又道："在亚龙地方有圣地，你应该开启圣地之门，饶益众生。"根据空行母的授记，仲·益西白前往卫藏地区，途中历尽艰难。他心想，亚龙这样的地名应该在卫藏地区，不应该在上部多康波密地区。他如此想着向前走时，7只鸽子或在飞翔，或落在他肩上。他朝着鸽子飞走的方向前去，来到波密，到了授记所说的波密倾多亚龙。仲·益西白在清净智慧境界中看到，此圣地是

真实住锡四续三根本和护法神众的净土，不可思议。在中根人看来，众多山岭像是五方佛坐于法座上；诸多水流的潺潺水声就是五部空行母的咒语声，是能见到的字母文字。但是，世界上是胜义空性与缘起双运，岩山、植物、河流甚至野兽等，都在开示诸行无常、诸法无我、有漏皆苦、涅槃寂静的深刻佛理。下根人看到此圣地的岩山、雪山、河流、森林，也深感惊奇，情不自禁地阻止谋求眼前利益的想法，转而考虑来世的大事，心中自然产生出离心和菩提心。

尽管如此，仲·益西白仍觉得现在的人们福德浅薄，想起在末法代无论如何应该专心修行，于是在波密的卡绒栋曲专心修习了13个月，获得殊胜成就，制服所有黑业妖魔鬼怪。

仲·益西白再往前行的途中，遇到一个背着酒囊的人。此人将所有行囊都给了仲·益西白，成为开启所有圣地之门的好兆头，但是，仲·益西白不好全部接受。后来，很多贤达圣人来到这里。

仲·益西白再次启程前行，遇到一位牧童因很多羊被豺狼吃掉，不敢回家。他认为此孩童就是自己的教化对象，于是慈悲摄受牧童为弟子，取名索朗加措。此时，开启圣地之门的时机成熟。一位度母化身为孩童请求开启圣地之门，并授记道："你要举办会供，供养此圣地的主人忿怒黑如嘎及护地空行母，还有那些遵守誓言、不贪婪有情生命和血肉的鬼怪，给他们献上朵玛食子，令其满意。这样就能实现你的心愿。"仲·益西白决定开启圣地之门，他开示造100多个小灶台。他的朋友说："你应该开启圣地之门，作小孩游戏有什么用？"他不得不说："这个当然有意义，请闭上嘴。"以此缘故，因缘稍有减少，100多个灶台未能完成，未来的弟子也没有超过此数。此时，牧童索朗加措成为仲·益西白的心传弟子，师徒俩来到德庆塘住锡数日。然后，仲·益西白带上索朗加措继续前行，在多曲迥（法源石）出现了许多金刚亥母的无量宫等净相。此法源石非常奇特。后来，一位从杂日来的上师在此作荦腥会供，一道强烈的光芒闪出，覆盖了法源石，只露出一点点。此后继续前行，相继来到度母魂湖、狮子天宫等处，加持圣地，把有情众生引向解脱之道。

此后，仲·益西白又一次给索朗加措授记，让他去朝拜度母魂湖、马头明王修行洞、莲花生大师修行水等，索朗加措克服种种困难前往。他跟随一只獐子，如仲·益西白所说一一朝拜，发现獐子也在旁边停歇。他继续前行，来到湖边，看到很多空行母在歌舞。但是，空行母逐渐减少，最后只剩下一位，这位空行母将一束麦穗放在地上就不见了。索朗加措返回仲·益西白处，将所见情况如实向他汇报，仲·益西白非常高兴。

仲·益西白衰老后，还继续住在原地，召集朝圣者传法。仲·益西白对索朗加措说："你沿着岩山往前走，山顶有多闻天王的魂湖。"另外，告诉他三根本威武神众及众护法神的住锡之处。

索朗加措根据仲·益西白的

指示沿着岩山继续前行，翻越一座座陡峭的山崖，横跨一座座雪山，见到了仲·益西白授记的圣地后返回他的住处。从此，形成了信徒成群结队绕转神山的传统，最早是由索朗加措带领信众绕转神山。

后来，仲·益西白来到桑瓦尖桑山口，召集朝圣的信徒，动员他们念诵六字真言，并告诉他们断除十恶、修行十善是获得天人善趣和解脱轮回之因，这是日亲佛所开示的。此后，在此地弘扬十善法，老少很多信徒实践善法。

恰钦（大手印）成就者从云龙来到朗宗，住在光明洞，遇到朝圣回来的信徒。索朗加措再次得到仲·益西白的授记："你翻越此山继续前行，去寻找奇特的湖泊。"索朗加措不顾生命危险，攀岩走壁，看见一个绿草如茵、鲜花烂漫、犹如天界一般美丽的地方有一眼湖泊，像白银明镜。他从湖的四面看去，看见圆形、椭圆形、方形、三角形等四种不同的形状。湖尾的溪水像一条条珍珠链一样，从岩山空隙喷泻，非常壮观。索朗加措将所见汇报给仲·益西白，仲·益西白说："非常好！还有很多湖泊，你继续去寻找。"索朗加措按照仲·益

西白的授记前去寻湖。他在一个黑色湖泊里看见显影，还有黑红颜色的湖泊等等，非常壮观。他回来禀报仲·益西白，仲·益西白听了后非常高兴。师徒两人住在德庆塘，做了无数利益众生的事。

此后，仲·益西白感觉自己此生亲自教化弟子的工作即将完成，就对索朗加措说："从今天开始，我给你讲授圣地的特点、湖泊和经书的名称等。"于是，仲·益西白用韵文形式写了12首诗。这是以60支音律来讲授佛法，对眼前和未来都有大裨益。

为了给那些不思死亡的执常见众生显示无常的道理，仲·益西白对索朗加措说："我现在到了死亡的时候，你将把我的尸体进行火化，也许会出现舍利，而且会出现如头大的舍利。这些都是留给你们未来化机祈祷的所依。"仲·益西白说完就圆寂了。以索朗加措为首的众弟子及有缘人，为仲·益西白举行火化仪式，将他被许多舍利装扮着的头颅，作为装藏品供奉在菩提佛塔里，供信众顶礼朝拜。

此后，索朗加措广作弘法利生的事业。他是被大成就者仲·益西白摄受过的菩萨，因其缘分未尽，又成为仲·益西白的弟子。他出生的地方、他的父母，以及从小学修、成绩出类拔萃等情况恐冗不赘。索朗加措完成弘法利生的事业后，断绝忿怒身，以静相身圆寂。

接着，由索朗加措的弟子邬坚扎西护持圣地及其徒众。此后，由戒律清净的程列坚参主持。至尊恰纳多吉·曲吉杰布也莅临此地，并赞颂圣地的功德，禁止烧山、狩猎。

四世德木活佛阿旺格列坚赞、十世噶玛巴·曲英多吉、热西伏藏师白玛仁增等学修兼备的佛学大师都曾住锡此地，事业无边。四世班禅罗桑确吉坚赞的心传弟子珠旺·白久桑布得到授记，询问有关亚龙亚古圣地的情况。班禅大师告诉他："这是吉祥大威德金刚的宫殿，亚古是法王护法神的坐骑水牛。"四世班禅罗桑确吉坚赞、五世达赖喇嘛

亚龙亚古圣地的护法神魂湖——西玛湖　波密县政协提供

阿旺罗桑嘉措等关心此圣地的历史故事有很多。班禅大师的心传弟子益西桑布大师修建了甘丹曲阔寺，成为为达赖喇嘛和班禅大师举行长寿仪轨法会的寺院，每年举行无量寿佛、药师佛仪轨，还有斋戒和自入等法会。

一般而言，将报身净土和化身净上划分为大、中、小三种，化身小净土在印度、西藏各处都有。在《山法净土教授》中说："东方汉地的五台山、南方吉祥杂日圣地、西方雪山之王冈底斯山等，在业清净者眼里，发现山顶有无量宫，住锡三根本等无量文武神，被勇士和空行母如云围绕，转动大乘佛教法轮。劣等人前往这些地方，不见本尊神，只见森林雪山及乌云密布，还有暴风骤雨。这是化身小净土。"亚龙亚古圣地的特点非常符合以上所述。亚龙乃囊寺的后山是十三尊大威德金刚。德庆塘的右山是吉祥铜色山，左山是护法神净土，前山是杂日圣地分支，右山上还有雄鹰沐浴甘露水等。

每年的藏历六月十五日，倾多的僧俗信教群众例行绕转亚龙亚古神山。大部分人从六月十四日出发，带上简单的被褥及食物，夜宿能容纳1000来人的狮

489

子堡修行洞。每个村都有自己用石头围起来的院子，最上面的是上师的住处。

翌日，信徒们一边念诵六字真言和莲花生大师心咒、度母心咒等，一边缓缓前行，相继翻越草山、片石山、岩山，并拿出准备好的长绳，越过悬崖峭壁，朝拜奇异的天成胜迹。同时，长者向信徒作介绍。走过陡峭的岩壁，来到鲜花烂漫、香气扑鼻的草坪，可以观赏白花花的瀑布。

位于亚龙曲面村境内的西玛湖是亚龙亚古圣地的护法神魂湖，湖泊面积约为1.3万平方米，湖水为黑色，神湖四周是茂密的森林，有松树、桦树、红松等。除了藏历六月，其余时间冰雪封路，无法前去朝拜。

二、供赞文

（一）西门护法醒迴钦波供赞文

如意大王心愿得实现，
赐予殊胜共同事业成，
三世诸佛自性莲花生，

海生金刚诸部之主人。
本来清净法身天道上，
升起任运报身之光明，
慈悲化身闪烁万丈光，
三尊坛城成就我本尊，
莲花颅鬘下令为使者，
粉碎怨敌违缘护法神，
狮面双尊现出尸体状，
举办广大会供祈降临。
担任佛陀教法守护时，
冈底斯山顶上祈降临，
担任八部天龙将军时，
可怖寒林中间祈降临，
担任所有咒师战神时，
圣地杂日神山祈降临，
弹奏悦耳妙音迎接您，
祈请无碍降临会供呈，
祭祀醒迴钦波与随行。

（二）北门护法琼脱格念供赞文

吽！
遵从饮血忿怒莲师令，
保护亚古圣地不懈劲，
绕当天神格念大地祇，
自性任运成就护圣境。
瑜伽悲情心意来呼唤，
具有神力主众护法神，
祈愿无碍会供请降临。

（三）热阿岗赞供赞文

舍！

西方极乐世界主，
须弥山王之右方，
中间雪山诚奇特，
雪山燃烧怨敌邦。
左山犹如武器堆，
右山好似黑旗晃，
前方伸出雪山鼻，
如此圣地殊胜乡。
寿主大乐双尊神，
如来总集莲师享，
下令拥有神力神，
阿普海者游戏诳。

居士桑杰大赞妖，
身色为白绿绸翔，
头戴彩帽脚蹬靴，
三兵器加虎豹囊，
双手持戟与珍宝，
骑着红白幻化骧，
金鞍玉缰蛇皮带，
人革虎皮鞍垫装，
璎珞装扮其全身，
红狗行地红鸟翔。
随从眷属成部队，
密洞林苑奇异乡，
草坪岩石黑色湖，
左右上下军威壮，
阴山虚空聚神众，

491

七部游戏做营房。

海药龙魔及凶煞，

地母厉鬼罗刹王，

尤其医神欢喜母，

无数随从似海洋，

住于火风元素乡。

虽然各有各住处，

瑜伽我等呼唤忙，

犹如雪花纷飞样，

无碍迅速此地降，

祈请保护祈愿郎。

（四）东门护法亚龙耐波供赞文

吽！

自性大乐宏宫深，

住有护法之战神，

魔臣拔瓦及部众，

祈请无碍此降临。

在尔面前火风滚，

一面二臂持剑绳，

身色紫黑骑幻马，

祈请欢喜此安身，

祈请日夜守望诚。

第 二 节　　栋曲邬坚圣地

邬坚圣地又名邬坚修行洞，即莲花生大师修行洞，位于倾多镇政府驻地以东约5公里处，海拔约3200米，与念青唐古拉山脉相连，地理坐标为东经95°54′、北纬30°07′，地处栋曲村境内。

栋曲冰川　普布多吉摄

聂赤赞普的祖先神山——波日布赞　克珠群佩摄

一、圣地志

在达香·努典多吉撰写的《栋曲卡瓦神殿志》中记载，波密地区的中央岩石上，住有赞妖波日布赞（毛山毛赞），岩山名叫波日，莲花生大师加持后，名叫白玛圭，波密是白玛圭的外围秘境。以前，藏王赤松德赞修建桑耶寺时，民工在白天修建的墙，晚上就被妖魔破坏，于是邀请莲花生大师降伏西藏的妖魔鬼怪。此前，法王松赞干布修建拉萨的大昭寺和小昭寺时，勘察发现西藏的地形如罗刹女仰卧，就

修建了镇魔神殿。莲花生大师亲临此地，在栋曲修行洞住锡了三个月。栋曲卡瓦神殿是松赞干布时期修建的，在赤松德赞时期，莲花生大师进行维修并新建了黑白佛塔，用于阻止地煞作乱，后由多东寺的活佛、大伏藏师达香·努典多吉进行维修。莲花生大师在门卡岩石上留下身印的缘由是，他在岩山上修行时，遭到地方神罗布旺杰居士及独脚鬼和七位女妖的恐吓。莲花生大师说："我们比拼在岩石上留身印。如果你们胜出，此圣地归你们；如果我胜出，此圣地就归我。"正像麻雀无法与大鹏鸟比翼力一

493

样，罗布旺杰和七女妖等被莲花
生大师收服，立誓做佛教的护
法神。圣地志内容如下：

名为波密的地形，
犹如蝎子仰卧型，
亚藏松多是蝎尾，
蝎子六角在中心。

第一角是栋曲河，
地形好似龟仰呈，
胸部地方长三弓，
三处黑泉三流成；
心部应该修神殿，
塑造三世诸佛尊，
装藏宝瓶伏藏物，
如此修建诸事成；
如果未能探泉眼，
犹如射敌未射心，
前山好似骏马岩，
彼此两地高低分，
二十一种树木间，
藏有一眼真泉井。

说罢就往该处去，
地势有低三矛茎，
黑色前山有三泉，
喷出一矛水花伸。

汉地勘探地形者，
勘察地形并确定，
喷泉显示神通时，

宣读法王圣旨文，
阴阳山下石碑铭。

今天具名莲花者，
观察三洲之地形，
拉萨热玛换名称，
随着二尊佛祖请，
为此热玛沃塘湖，
桑耶地方刺梨树，
康地栋曲龙居泉，
三处一源为本真。

犹如脏腑不舒服，
手脚疼痛用火熨，
针刺利于脉络病，
藏地仰卧罗刹女，
左臂朗塘宫殿镇，
脐处多康大佛塔，
右臂栋曲寺庙镇，
此三镇魔破边兵。

白普禅洞嗡啊吽，
普龙天女岩山神，
库域观音心咒地，
亚曼甲库亚古名，
嘎龙贡龙及东堆，
东玛东普等八境，
波密明喜山脉成，
曼陀罗洞此清净。

佐姆岩埋金刚橛，
则普山埋地母深，

494

达热沟埋修心法，
贡隆山里埋天湖，
亚龙三岔蛇鼻形，
忿怒修法伏藏深。
骚布峡埋阎罗像，
如此骚多杂久境，
竖立圣地之界碑，
七位随从旨南行。
东充业印空行母，
催发洪水泥石奔，
神殿土石遭坍塌，
埋在地下有年景。
维修此类大神殿，
白玛圣地将重生，
霍尔凶兵不能侵，
故得白玛圣地名，
白玛圭之外围地，
心系祖师莲花生，
身的化身白仁钦，
语的化身嘛呢僧，
意的化身嘎尼嘎。
法王派遣七庶民，
阿热里嘎拉其名，
康巴·多吉赛穷等，
三十多匹驮物骏，
蛇年孟秋七月份，
初五始得此地临。
为治地煞水煞等，

黑白两座塔修成，
另建弥勒佛身像，
松赞干布画生平，
完成一切工作后，
莲师腾空离藏境。

东充沟的地方神格念·罗布旺扎山神的岩面上，有莲花生大师修行洞，莲花生大师曾在此修行三个月。邬坚海生金刚（莲花生大师）天成身像好似石雕，高两米，是其他地方很难见到的、最清晰最好看的鬼斧神工。莲花生大师所著的《莲花遗教》里说，他曾在南部门卡的岩石上留下身印，确实真实可靠。在天成的莲花生大师像旁边，有马头明王、金刚手、大鹏鸟的天成像，还有多吉妥美从尼落卡挖掘迎请的"七深法"伏藏法。在莲花生大师修行洞里，还有天成的右旋白海螺、觉沃热玛坚玛身像等。据说，如果绕转此神山一次，等于念诵马头明王、金刚手、大鹏鸟三忿怒尊的咒语 1 亿遍；如果绕转 10 圈，就等于念诵莲花生大师心咒 1 亿遍。正所谓：见此圣地就会产生来世出生在此地的愿望，听此圣地就会产生前去拜谒此圣地的愿望，想此圣地也会产生拜谒此圣地的愿望。如果顶礼绕转，就能消除身之三业障；念诵咒语就能消除语之四业障；忆念此圣地就能消除意之三业障。此圣地就是消除十恶的圣地。

在藏历四月的萨嘎达瓦节、九月十日的天降节、九月二十五日等时间，村里集体组织煨桑祭祀。分别在栋曲上坝和下坝举行集体煨桑祭祀仪式，然后转山，并念诵六字真言。此外，在全年的吉祥日子里，转山朝拜者络绎不绝。朝拜者除了波密地区的信徒外，从其他藏区来的人也很多。莲花生大师天成身像在吉日里像是专门涂了颜色一样，显得非常明亮，在很远的地方就能拜谒到，具大加持，非常奇特。另外，随时都可以去朝拜莲花生大师修行洞。当地有绕转神山、煨桑、竖经幡、献石供等习俗。

二、波若拔俄和本角孜

很早以前，在倾多的亚龙波若有一个地方神，叫作堆杰日纳（黑山魔王），具有大神力。一个牧女去放牧时在野外突然睡着了，梦见一个骑着黑马的黑人，留着发辫，跟自己做了男女苟合之事。睡醒之后，她感觉身心愉悦。不久，她生下一个男孩，个子比一般孩子大得多，头发卷曲，名叫波若拔俄。人们传说，这个男孩就是堆杰日纳神的儿子。随着年龄的增长，这个男孩的性格比一般孩子都刚烈，力量也无与伦比，对他人的权势和财富有强烈的嫉妒心。

在玉普的阿西有个叫本角孜的人，据说是地方神杂雷赞鬼的儿子。这个男孩从小就身材矮小，与矮桌一般高，于是叫他"本角孜"（意为矮桌）。虽然个子矮小，但他英勇无比，身手敏捷。波若拔俄得知本角孜的名声传遍四方，心中燃起嗔恨的烈火，冒出傲慢的烟雾。他怀着嫉妒之心，从倾多前来寻找本角孜。本角孜也听说波若拔俄具有大神力，也产生了强烈的嗔恨之心，像蛇被荆棘所刺，坐立不安，时刻想着与他一比高低。

一天，波若拔俄在松宗的角达窥视本角孜。波若拔俄看到本

在民间祭祀活动上表演格萨尔王故事　普布多吉摄

角孜在田里耕地，估计他就是身手敏捷的小矮人本角孜。波若拔俄将马拴住，前去寻衅："喂，你是谁？玉普的本角孜在哪里？"本角孜看着对方，将犁放下，像幻化一般绕转波若拔俄三圈，然后问："你有什么事？我就是本角孜。"波若拔俄哈哈大笑，说："看吧，不伤前面的耕牛，不伤后面的人，只射犁头。"呼地射出一箭，将犁头把手射掉了。本角孜也不甘示弱，叫嚣道："黑人波若拔俄你看吧，不伤下面的马，也不伤上面的人，只射前鞍桥。"呼地也射出一箭，射落了前鞍桥。他俩一时都惊呆了，但没有一会儿又

开始比试长矛，比了烧一壶茶的工夫也没有比出胜负。于是，他们停下来休息，一起喝茶、吃饭，然后约定下次在倾多的如纳坝子上继续比武，然后各自返回家里。

波若拔俄窥视本角孜的地方，后来叫"角达"，是窥视之意；波若拔俄拴马的地方叫"大达"（意为拴马）；他俩比赛射箭的地方叫"达阵"（意为比箭）；比试长矛的地方叫"董村"。这些地名使用至今。

波若拔俄和本角孜在玉普未能决出胜负，不得不按照约定在倾多第二次比武。住在玉普的本角孜来到倾多寻找波若拔俄，他

497

们在倾多果普大坝的磐石边相会了。他俩见面后互致问候，互敬鼻烟，并一起喝酒、吃饭、休息。饭毕，他们说："现在，我们该比个高低胜负了。"说罢，两人"呼"地一下飞腾到磐石上面，各自从刀鞘里抽出宝刀，开始比刀法，比了一盏茶时间，也没有比出高低胜负。但是，他们的刀碰撞到磐石上，断了。于是，波若拔俄像往常显示神力的时候一样，取出铁球，用手挤压，如同拧布衣一样从铁球中挤出水滴。本角孜也跟平时显示神力的时候一样，拿出手推石磨，将绳子从石磨孔

里穿进去绑好，然后像甩投石鞭子一样，在头顶上摇动石磨、石板。如此这般，两个人仍旧未能分出胜负。最后，波若拔俄对本角孜说："你从倾多寺取来比丘的袈裟，在我前面逃跑。如果我不能夺过来，就算你赢。"于是，本角孜取来比丘的袈裟，从波若拔俄前面跑过。波若拔俄穷追不舍，终于在纳塘抓住了本角孜。据说，现在倾多"如纳"（意为抓住）的地名就是当时形成的。他们在途中脚蹬磐石，相互拉扯袈裟，在磐石上留下了痕迹。此地形成"多改捏"（意为有痕石头）这个地名，

莲花生大师在门卡岩石上留下的天成像　波密县政协提供

百人百马祭祀活动　普布多吉摄

在今倾多如纳的上部。

他俩三次比试武功，仍旧未能分出胜负，于是结为好朋友，发誓同甘共苦，同生死，共患难。为了不失誓言，他们还到倾多寺寻找证人。

他俩前往倾多寺时，正好寺院在打墙。他俩问众人："砌墙干什么呀？"众人答道，"寺院堪布说，是为了阻挡强盗和敌人。"本角孜说："看看能否阻挡敌人。"说着，给波若拔俄使眼色。他俩将拿在手中的长矛插入地里，腿脚都没有碰上墙壁，就一跃跳过围墙，然后对众人说："你们要将围墙再砌高一肘，并在围墙后面挖沟灌水，必要时在上面铺上干草。这样，才能抵挡强盗和敌人。"寺院如此这般做了，他俩的提醒给倾多寺的建筑增添了新的内容。从此，倾多寺每年举行祭祀、跳金刚神舞时，都增加两个诙谐又吓人的游方僧角色。其中，高个是波若拔俄，小个是本角孜。据说，这是为了表达对他们出谋划策的感谢之情，并让他们的事迹永远传播。

三、圣地护法供赞文

（一）库益曼顿供赞文

舍！

曾听莲师命令人，

499

库益地方刹土神，
七位医神及眷属，
祈临此地享供品。
西边雪山高耸状，
各类岩山美女群，
前面流淌清澈水，
树木花草斗芳纷，
五色彩虹空中舞，
彩云雾气帐篷升。
十善特点悉具足，
欲住此处聚集频，
药师天尊意象形，
各类珍宝造宫庭。
缭绕妙欲之云彩，
中间珍宝法座呈，
雪山医神闪月光，
年方一十六岁龄，
双足平行状态坐，
右手白箭舞纷纷，
左手托着珍宝盘，
头戴天冠饰宝珍，
身着五色绸缎服，
腰系腰带质黄金，
悬挂各类璎珞宝，
身耀彩虹之光明。
六聚①清净众随从，

天药龙药海药等，
草药林药和岩药，
还有天龙妖魔群，
随从之多难述评。
祭祀汝等供品有，
外供二十七宝珍，
内供甘露及食子，
密供彩箭矿物呈，
香甜素食茶酒新，
牦牛绵羊山羊等，
飞禽走兽与家畜，
长矛短戟与剑锛，
大地树木与花草，
粮食绸缎果核等，
应有尽有敬供奉。
满足汝等诸心愿，
我等施主瑜伽人，
日夜守护做友亲。
荤素供品若有缺，
或有冒犯祈受承，
瘟疫损耗转给敌，
雹霜干旱虫害净，
豺狼野兽拒之门。
阻止地震泥石流，
四大错乱等灾星，
消除突降诸恶缘，
熄灭病饥与战争。
如意好似上弦月，

---

① 六聚，指眼、耳、鼻、舌、身、意六识。

500

祈降适意之甘霖，
盛开不好不坏花，
成就不满不空廪。

一切心愿都如意，
粉碎怨敌和灾因，
爱护生灵如爱眼，
严禁猎杀动物行，
断除身安之传承，
杀害性命喝血腥，
消除福报及运气，
人畜一同享公平，
供养唯一天尊你，
供施人畜及眷亲，
祈当救护做友邻。

以此圣地为主境，
幸福比拟月圆形，
三藏经和四密续①，
以及瑜伽教中人，
佛法兴盛做护佑！

（二）东充罗布旺杰供赞文

吽！舍！

---

① 三藏经和四密续，指佛教显密经论。
三藏为：经、律、论；四续为：事部、
行部、瑜伽部、无上瑜伽部等密乘四
续。藏传佛教宁玛派又将密法分为六
续：事部、行部、瑜伽部、玛哈瑜伽、
阿奴瑜伽、阿底瑜伽。

法身清净无戏界，
现为自明手印神，
马头莲花黑如嘎，
一面双臂梃杖人，
寒林装饰九舞姿，
住于智慧火焰升，
三处三字心中闪，
好似铁链放光明，
迎请赞王父母尊。

回望前方高山岑，
密意化身宫殿形，
装扮优美骏马上，
骑者罗布旺杰神，
一面双臂红色身，
手持长戟及宝盆，
身披彩帛戴饰品。

七大随从在左右，
还有天龙地母精，
夜叉罗刹及厉鬼，
医神地方鬼怪等，
三界神鬼作环形。

祈按莲师严命令，
不动欢喜而安身。
我等虔诚供养您，
赞界亲子供腥荤，
弹奏腿骨笛子等，
怨敌血肉五妙欲，
牦牛山羊及绵羊，

禽鸟野兽供奉呈；
茶酒奶汁面粉等，
烟祭供养云雾升。
一切供品悉俱全，
满足赞王父母心，
满足七位随从心，
满足化身神众心，
满足再化使者心，
我辈满足汝等心。
汝等帮助诸施主，
消弭瘟疫诸疾病，
打碎武器怨敌遁。
舍！
诸事拜托汝等承，
祷赞忿怒法会上，
第二佛主莲花生，
授权令汝立誓言，
汝等勿忘誓言铮。

佛陀教法得昌盛，
持法人们福寿临，
佛法施主权势增。
秘境白玛圭外围，
消弭病饥与战争，
不受敌盗野兽侵，
远离雹霜虫灾病，
地震塌方血光净。
消除逆缘诸时弊，
风调雨顺得丰盈，
无病长寿幸福长，
如月上弦日日升。
行善积德修佛法，
祈请日夜守护诚，
众生心意向佛法，
为了瑜伽大隆兴，
祈请弘法事业承。

第九章

古乡山水文化

古乡位于波密县县城以西约30公里处，全乡辖6个行政村，是个半牧半农乡。海拔2700米，地理坐标为东经95°40′、北纬29°90′。在古乡境内，有巴卡桑卓圣地和嘎朗王魂湖。波堆藏布河与帕隆藏布河在卡达大桥下面汇合，形成帕隆藏布江。

古乡冰川　普布多吉摄

第 一 节　巴卡桑卓圣地

一、圣地志

巴卡桑卓圣地距古乡政府驻地约10公里，海拔约3000米，与念青唐古拉山脉相连，地理坐标为东经95°51′、北纬29°85′。

红铜岩山烟雾所笼罩，
红岩罗刹忿怒向虚空，
红铜湖泊卷起红血浪，
主人阿普妖尊居岩中。

开启巴卡桑卓圣地之门的是扎贡巴·曲吉多吉。巴卡桑卓是秘境白玛圭的分支，是八大法行[1]八忿怒尊的安住之地。圣地主人是阿普多吉扎赞（金刚岩妖）和桑卓罗刹女，受佛母金刚法炬掌控。据说，此地只有无形神鬼之道，而没有有形人类之道。

古时，有一个男子在山里狩猎，游荡在此地的土地神不让他出山。时间长了，他就跟一个名叫玉洛珍的桑卓地母结为夫妻。一天，他诚恳地请求玉洛珍，允许他回家看望妻子和孩子。玉洛珍给了他金手镯，并对他说："你会遭到护法的为难，但不管如何恐怖，不要回头，一直往前跑。如果实在不能逃脱，你拿出这金镯子，就可以逃脱。"他快到沟尾时，有个叫曲纳玛（意为黑水）的地方，有茂密的森林、喷涌的泉水，地势狭窄，水声洪大，令人毛骨悚然。此时，后守门者无光龙妖，留着红白玉辫，身披碧玉铠甲，骑着能飞的水马，手持蛇皮绳索。另有一个身披黑熊皮、鲜血淋淋的女子使用迷魂阵，使男子迷了路。他拿出玉洛珍给他的金镯子，迷魂阵立即消失，他顺利地回到家里。

---

[1]　八大法行，指宁玛派生起次第所修出世五法行和世间三法行。前五者为妙吉祥身、莲花语、真实意、甘露功德、橛事业，后三者为召遣非人、猛咒诅詈、供赞世神。

岗门嘎莫神山　普布多吉摄

从此，此地成为人与地方神和睦相处的地方。据说，牧民路过此地时，在湖泊旁边借宿，第二天还能借到奶桶。由此，此地获得桑卓（意为铜牧）的名字。后来某时，一个贪婪的牧民将奶桶带回自家，从此就再也借不到奶桶了。

在巴卡桑卓圣地中央，有一座红铜岩的岩石山，高耸入云。平日里被云雾笼罩着，很难见到真容，其间有个叫红铜的湖泊。在前辈仁增诸师撰写的祭祀圣地的仪轨里，有很明了的记载："红铜湖泊之中央，红铜岩石山脚下，命令护法立誓言。"传说，这里就是阿普多吉扎赞的真实宫殿。还传说，此地以前是秘境，现在还能听到人叫声、狗吠声和鸡叫声。在其后山有修行洞，从一世巴卡活佛仁增央达加措至现在的十世巴卡活佛白玛丹增等10代活佛，都曾在此洞修行过。左边有一座名叫八大法行吉祥山的黑色岩山，被茂密的森林所覆盖。据说，此圣地能生长出9种母子树木。有天成的莲花生大师和智慧空行母益西措杰的身像，还有天成的金刚亥母、三世诸佛、长寿三尊等身像。岩间有瀑布喷出，白花花的水

505

花长 100 多米，非常美丽壮观。其右有一小山岗，名叫佐卓卡。沟头有一块草坪，草坪中间有奇特的岩石，据说是桑卓地母玉洛珍的宫殿。沟中间有处叫细夏的地方，上面一座黑岩山上有禅师洞，先辈仁增诸师曾经在此修行过；洞内有清晰的大手印和大足印，还有天成的经文咒语。

古村和巴卡村、索通村的信徒们，在吉祥的日子里朝拜绕转巴卡桑卓、比日、夏库扎如赤热等圣地，竖经幡、垒石供、祭山头、念诵六字真言及莲花生大师和阿弥陀佛心咒、顶礼膜拜，祈祷一切心愿如法实现，祈祷众生长寿无恙。

在《桑卓圣地祭祀》中有大持明师扎贡巴·曲吉多吉的名字，他是成就最高的先辈仁增诸师。21 世纪初，按照集录历史者的劝请，根据先辈仁增诸师所撰的祭祀祈祷文，以及长者口述补充的内容，在具大加持、记录巴卡桑卓圣地特点的《圣地祈祷文》基础上，增加了巴卡活佛仁增·央达加措、仁增·曲吉加措、仁增·康松雍卓，以及大持明师扎贡巴·曲吉多吉、仁增·达香多吉、法主杂木岭多吉、桑顿·米旁曲吉洛珠等人所写的内容，并由曲吉林巴执笔。

二、供赞文

（一）阿普多吉扎赞供赞文

舍！

巴卡桑卓后山风光 普布多吉摄

曾经第一大劫时，
北部方洲珍宝苑，
人王赞布为父亲、
莲花饰母之儿男，
坏失清净梵行戒，
铸就逆恶恶果缘，
生为木①王多吉雷，
白顶拉瓦鬼王赞，
所生公子和公主，
地在赞界红铜山。
紫黑铜岩为驻地，
红铜湖泊围绕间，
生子红色城堡中，
赞贵多吉雷巴称。
后藏绒钦地方至，
南诏沐王地域间，
掌控所有鬼神权。
邬坚莲花生大师，
桑扎红岩山之岚，
令做护法并征讨，
赐封岩妖金刚衔。
门域珞瑜广大境，
称其金刚岩生仙，
遂为圣地大总管。
其身生出诸化身，
其身岩山赞妖仙，

山上修行常闭关；
其鼻化身桑地妖，
戎赞卡瓦嘎布驻；
右手化身大雪妖，
印度热瓦把身安；
左手化身弯弓状，
化成朵日红赞妖；
当玛若萨当毒妖，
化身岗给黑头仙。
守护秘境圣地时，
以为阿普大示现；
保护寺院法会时，
又以红色夜叉现。
都为红人及红马，
手持红矛及绳套，
身着兵服嗓声响，
十万随从围绕转，
祈请降临受贡献。

（二）罗刹女多吉曲珍供赞文

上方大日如来界宫殿，
空密佛母多吉曲吉珍，
白色微笑右持颅小鼓，
左手持有智慧金刚铃。
白绸服饰垂挂孔雀翎，
牵上玉龙骑着浅黄骏，
白云彩虹翻滚广阔界，
金玉珠宝璎珞满身盈。

---

① 木，在此指水肿鬼。

507

面带欢喜微笑惹人醉，
为办瑜伽事业而降临。
其右安住金刚岩妖尊，
头戴盔甲黑红面目狰，
红矛绳索挥舞红色旗，
虎豹皮囊武器加三兵。
红风黑雾红人牵红狗，
七位化身扮作武士形，
门隅鬼卒十万妖降临。
左有魔鬼月光白顶王，
黑帽虎皮黑氅披上身，
长矛绳索虎豹皮囊俱，

胯下白蹄黑狐在狂奔，
黑风黑雾之中此降临，
其前乃是龙妖无光神，
密名多吉巴丹金刚勇，
红白璁玉瓣端彩绪呈，
蓝光红色璁玉甲胄披，
骑风马舞蛇鞭威风凛。
随从女子身着黑熊皮，
显示神通但见血淋淋，
手持令牌病囊骑驴祭，
无光龙妖等众祈降临。

第二节　　嘎朗王魂湖

一、魂湖志

嘎朗王魂湖位于距古乡政府驻地约 15 公里处的嘎朗村境内，海拔约 3000 米，与念青唐古拉山脉相连，地理坐标为东经 95°60′、北纬 29°90′。

在讲述嘎朗王魂湖之前，必须先讲讲嘎朗王朝的历史。据史书记载，第七代藏王止贡赞普和大臣洛昂比试马技，止贡赞普遇害死亡，他的三个儿子恰奇、夏奇、涅奇分别逃亡到工布、娘布和波窝（今波密）。洛昂掌权后，让止贡赞普的王妃当牧马人。王妃在牧马时，梦见香巴神化身为一个穿白色衣服的人，与自己发生了性关系，于是生下一个儿子，名字叫茹莱杰。此子长大成人后杀死了洛昂，派人迎请异父同母的三位兄长。夏奇和涅奇未能请来，于是从波窝将恰奇迎请到雅砻地区，修建了庆瓦达孜宫，赞普名为布德贡杰。恰奇

嘎朗王魂湖　普布多吉摄

王子逃亡波窝时，秘密来到倾多境内的桑囊村，地名也从此叫桑囊（意为密地），后被人发现，于是又转移到曲宗恰奇的领地，随从请求当地人说："请尊重此人。"于是，此地叫归囊（意为尊重），后变音为古董。恰奇在波窝地区住了十几年，他传出扎、珠、董三个世系；其中，扎又传出嘎、纳、查（意为白黑花）三个血统。扎嘎达玛噶尔有拉杰白央、松赞玉松、喇嘛邬坚三子；其中，喇嘛邬坚又名努岭顿巴，具有神力。据《普龙寺志》记载，嘎朗王宫就是在当时兴建的，其风水是：地像八瓣莲花，天空像八辐法轮，下有不变狮子座，前有不变鲜血湖，城堡建在不变孔雀翎下。如此，嘎朗王朝的第一代王应该是贡聂·波波（幼名巴载罗追桑布）。简而言之，嘎朗王魂湖中安住着护贝自在龙女，为了不使王国衰落，由嘎朗王魂湖守护着。在宗教教义里，龙是一切财富的来源。如果湖水干涸了，国家就会遭到灾难；如果湖水增长了，国政就会昌盛。国政盛衰如何，可以观察魂湖、魂树、魂山。据说，嘎朗湖是嘎朗王的魂湖，王宫的后山觉沃拉丹是嘎朗王的魂山。嘎朗王魂湖的面积约为560亩，水色为黑蓝色。

二、供赞文

（一）嘎朗觉沃拉丹供赞文之一

八瓣莲花开地上，
八辐法轮耀空中，
下有不变狮子座，
前有不变湖色红，
上有不变孔雀翎，
觉沃拉丹此地耸，

雪山犹如擎天柱，
嘎朗地名如此成。
山顶雪狮摇鬃毛，
山腰旃檀林饰胸，
斑驳陆离虎纹状，
无数禽兽乐其中。
湖泊好似碧玉盘，
金眼鱼儿从戏容，
多种野凫湖面舞，
杜鹃燕子妙歌宏，
觉沃拉丹美难颂。

（二）嘎朗觉沃拉丹供赞文之二

喂！
清净法界之中不躲避，
任运形成巍峨地庄严，
曾是吐蕃世间大战神，
名为嘎朗觉沃拉丹山。
八地摩诃菩萨之装束，
白色甲胄持弓一美男，
右手挥舞佛法彩色矛，
左手持有珍宝伏藏罐。
下跨乳白水纹色风马，
前有龙女手持伏藏罐，
七只蛇头身披珍宝衣，
七亿龙界医神所绕环。
右边宝贝天妖身红色，

嘎朗王的魂山——觉沃拉丹　普布多吉摄

忿怒威武白踵红马旋，
三兵装扮右手护心脏，
左手绳索渝盟者押牵。
八位威武天神所围绕，

左有乌鸦天妖龙王站，
一切无身神鬼眷属等，
祈请降临此地在瞬间。

第 十 章

八盖乡山水文化

八盖乡位于波密县县城西北方向约240公里处，东与波密县易贡乡相接。全乡辖7个行政村，是个半牧半农乡，与念青唐古拉山脉相连，海拔约2850米，地理坐标为东经94°34′、北纬30°39′。在八盖乡境内有森格南宗（狮子天堡）圣地、江普岗吉热瓦（雪岭）圣地，还有上部不变邬坚印章、中部不变邬坚法座、下部不变邬坚圣泉，以及大量天成胜迹。拉日雪山

八盖河畔　扎西洛布摄

波密八盖风光　普布多吉摄

水系的河流和龙普河、江普雪山水系等汇合，形成八盖河，或名易贡藏布河。

第 一 节　　森格南宗圣地

一、圣地志

森格南宗圣地位于八盖乡雄吉村境内，西距八盖乡政府驻地约 10 公里，海拔约 3800 米，与念青唐古拉山脉相连，地理坐标为东经 94°43′、北纬 30°48′。开启森格南宗圣地之门的人，是珠衮·土杰益西和成就者嘛呢仁钦。据说，他俩是康堆地区索朗扎巴沃色珠贝多吉的弟子。圣地志内容如下：

极乐世界阿弥陀佛尊，
普陀山上怙主观世音，
瞻部洲上八号莲花生，
祈请不二无别之化身！
法性深意上师离戏论，
有法象征上师相圆性，
双运智慧游戏遍三界，
文殊语言狮子愿战胜！
圣地印度迎请学译者，

513

雪域处处点燃佛法灯，
如法护持国政具大恩，
藏王赤松德赞愿成胜！
佛法即将被苯消灭时，
三位总集战胜敌战神，
兄弟英雄八十成就者，
顶礼镇压妖魔鬼怪人！
福德须弥山王庄严土，
成就金山宝鬘所绕形，
掌握无尽深法伏藏海，
诚心顶礼伏藏法王尊！
消除我等愚昧黑暗心，
无垢菩提心修自续身，
智慧功德思想得圆满，
祈愿无别吉祥上师尊！

首先顶礼先贤大德，叙述莲花生大师父母加持过的圣地、四大堡之一森格南宗堡圣地。

本师释迦牟尼佛作为净饭王和摩耶夫人的儿子来到人间，最后在印度的金刚座成佛。位于印度金刚座以北的三世诸佛慈悲总集、大悲观世音菩萨加持过的圣地雪域大地，犹如仰卧的罗刹女，上部有冈仁波齐狮面母身净土，中间有拉其雪岭语净土，右边有杂日金刚亥母意净土，左边有玉仁达巴水晶山功德净土，下部有绒钦卡瓦嘎布事业净土。在如此大小圣地所围绕的中央地，镇压罗刹女左肘的是大圣地森格南宗堡。

属于大圣地白玛圭的北忿怒圣地的西北方向 112 公里处，有波密的通麦，逆流而行大约走 10 公里，就到了易贡，在继续逆行 20 多公里，就到了八盖地界。所谓"上部不变邬坚印章，中部不变邬坚法座，下部不变邬坚圣泉"，就是在现在的八盖境内。八盖乡有 9 个村庄，其中的日卡、普龙、朗玉、雄金、珠玉是森格南宗嘎堆曲衮寺的部众。最初，莲花生大师加持过的泉水从智慧空行母益西措杰的奶嘴流出，如果心怀敬仰和虔诚地在此洗浴，就能消除一切外业障。于此距离不到 10 公里处有莲花生大师的法座，前面有天成的三供品，左边有天成的智慧空行母益西措杰的身像，还可以拜谒后靠垫及前石头供盘等。如果在此举办一次会供法会，就能截断转生恶趣之门；如果经常作会供，就能实现此生诸心愿，生生世世富足。据说，如果煨桑祭祀，八盖地区就不会有人畜疾病。在莲花生大师降伏七罗刹女时，罗刹女的灵魂逃到东珠地区融入岩石之中。莲花生大师加封岩石，使之不能出来作祟。再逆行10多公里就到了此地，且此处有当时加封用的天然金刚。大伏藏师的弟子贡觉坚参修建的菩提塔也在此处。附近10多公里远的右侧，有大圣地森格南宗的后守门护法神扎玛赞鬼（红岩厉妖）的红色宫殿，只有有缘有福者、福德祈祷清净者、心思和誓言清净者才能到此圣地朝拜；反之，就算前来朝拜了，也不能待得时间太长。附近还有格萨尔王征服罗刹女时留下的马蹄印，河水两边各有一只马蹄印。如果在此举办祭祀战神仪轨，就能增长福德运气，消除人畜疾病。再走10多公里，就能拜谒忿怒莲花生大师双尊天成身像。在此地，还能拜见到扎西朗龙（吉祥黄牛）和森格玉热（玉鬃狮子）等圣地，是八盖地区鬼、神、人三者聚集的地方。这里有一块像宝箱一样的石头，若在此处发菩提心祭祀，委托诸事，那么，生活在这里的所有人畜都能安乐，自己也能增长福报、一切顺利。

左边河对岸的扎西朗龙是忿怒莲花生大师的净土，业障清净者或者有证悟的禅师能拜谒到真实的忿怒本尊净土。此圣地具有与众不同的加持功效，使之永不衰落。

在扎西朗龙村中央，有空行母德庆措姆修建的莲花生大师神殿，后山有禅房废墟。当时，众人都嫉恨空行母，迫使她离开。她前往他处时在此留下了大足印，至今仍能拜见。以前，乃通拉山以上的路段很难行走，由于当地人共同努力修路，现在行走比较容易了。在此地还能拜见到珠衮·土吉益西的宝座和天成的石头长寿甘露丸。上面有装藏久美贡桑多吉舍利的108座佛塔，还有天成的南迦巴瓦峰护门当坚噶尔瓦的宫殿及度母身像。如果在此煨桑、供水、顶礼、供养，那么，本人的福报、运气、口碑、权势等都能得到增长，而且能消弭水灾、火灾、武器伤害、夜叉恐惧等。这里具有不可思议的加持，因果不爽故。

再往上行，有天成的头脑海螺无量宫，里面有58尊忿怒本尊神身像；在心脏无量宫里，有42尊静相本尊身像。文武百尊身像里流出甘露，空行母金刚亥母身体里发出忿怒本尊咒语"如鲁如鲁"的声音。在此，能拜见到天成的五宝白岩石明镜、洗浴盆、洗浴巾等，令人惊奇不已。还有外表三宝、内表三身、密表三根本尊。如果在此沐浴，第一能消除身垢，第二能消除语垢，第三能消除意垢，也就是能消除疾病、灾害、晦气、污秽等一切业障。如果没有沐浴，就不能进入此圣地。离桥不远处还有天成的白海螺，如果对此祈祷并把耳朵贴近它，就能消除耳疾。这里有一座像大鹏翱翔的岩石山，据说是内护门鸦面护法神的宫殿。大成就者白玛督堆用朱砂写的伏藏标记文中说："此护法是密咒总护法，尤其是曾给老僧反复显示其真身，是誓言相连的弟子。他将时时护卫和陪伴我的法脉传人，降伏一切破坏佛法的无身妖魔。若能经常煨桑、供水、委托事业，非常好。"右边的磐石内，

有天成的保护伏藏的龙王身像。再走一段路，有成就者阿卓的大足印，还有检验是否报答父母恩德的胜迹。有一块形似乌龟的石头，如果骑在上面伸展双脚，据说能治愈足疾。在恰彩岗（顶礼处）有吉姆刚洛尼姑的足印，来朝拜者必须对此顶礼三遍。在此附近有天成的狮子和大象身像，如果在此煨桑祭祀，就能增长家畜，不受豺狼伤害。再走一段路程，有四块非常神奇的磐石，那是四大天王的宫殿。在此煨桑、供水、供养、祭祀，就能够使外灾害不内侵，内成就不外漏，无勤获得共同和殊胜成就。现在庙宇所在的地形好似忿怒莲花生大师像，右手持金刚，左手持铁蝎，聚集的狭长地带像虎皮裙。此地主要的圣地有上部三堡、中部三洞、下部三水和三处天然形成的胜迹，还有一处被称为圣地领子的地方。三堡是森格南宗（狮子天堡）、央宗谢吉宗（水晶堡）、桑珠达吉宗（愿成老虎堡），三洞是莲花生大师秘密洞、央宗空行母洞、达塘洞，三水是央宗益西措杰洗浴水、河畔空行母洗

八盖沟里的杜鹃花　普布多吉摄

浴水、奇异三身洗浴水；三处天成的胜迹，分别是转经道上天然形成的度母身像、央宗天然形成的藏文"啊"字母、宗沃天然形成的见解脱像。

朝圣的信徒，首先尽力绕转圣地，然后拜佛供养。此大圣地有三条转经道，外转经道叫遍集转经道，中转经道叫三怙主转经道，密转经道叫吉祥山转经道。如果从白玛圭出发，首先能拜谒到三处天成像之一的至尊度母空密身像。若在此祈祷、顶礼、供养，就能消弭八大恐惧和十六恐惧，来世可前往上度母刹土。来到囊赛岗（明心山岗）后，如果是一位大禅师或瑜伽师，将心情坦然放松，就能产生明空赤裸的智慧；如果是一位修习圆满次第脉风的行者，可以摄受轮回涅槃一切处的精华；如果是一个凡夫男女，虽然没有深厚的修为，但若心怀至诚的信仰，进行吐纳呼吸，可以延年益寿。像明镜似的玉热草坪是空行母的舞场。据说，在藏历每月十日等吉祥的日子，空行母就聚集在此处。

这后面，有前解脱道的十三层阶梯，如果经常在此顶礼绕转，就能即生获得十三金刚持地道。在莲花生大师修行洞下面有长寿水和大乐清净道，若在此吟

517

诵梵歌，就能够获得自心内收、震慑他心的成就。离此地不远处，是名为遍集宫殿的岩山。据说，此山因为聚集所有大圣地、小圣地的加持，故名遍集宫殿，对此顶礼绕转，就等于绕转顶礼了所有圣地。如果在此山的桑热岗煨桑、竖经幡，就有比在其他地方做千百遍的功效。在吉祥铜色山附近，有天成的经墙。如果在此处的天成多闻天王尊身像前举行会供、献曼札、作祈祷，就会成为富足的人。在此处的怙主神山有18个弯，能堵截18层地狱之门。在天成的毒蛇石头上，男子在右侧集中，女子在左侧集中，就能解脱毒龙的灾害。杜鹃花丛中非常难行，象征地狱的泥沼，从此地通过，能够截断地狱的泥沼生门。曲桑姆（红铜水）湖象征地狱的红铜汁，用此湖的浪花洗身，就能截断地狱的红铜汁生门。宗沃达伏藏师旺扎珠堆载的伏藏神殿里，供有身、语、意三所依，在吉祥的日子里还能见到天成的六字真言或莲花生大师心咒。然后来到地下的达塘洞，洞内有二宝形成的所有内

供伏藏。如果绕转一次，等于念诵两亿遍六字真言；而且，做回向祈祷非常重要，有云："回向乃是无尽藏，能使功德得增长。"将自己绕转顶礼消业的善根进行回向发愿，那就可以事半功倍。中转转经道于20世纪就被堵死了，现在不能绕转。扎巴坚参活佛和空行母转世玛玛吽二位，伴随着诸多奇异征兆，开启了此圣地之门。这里的中山叫南卡杰布（虚空王），是大悲观世音菩萨的刹土，有天成的千手千眼观世音菩萨身像。右山是米拉热巴山，是文殊菩萨的刹土，有天成的宝剑。左山是金刚手的刹土，有天成的金刚手倚仗。业障清净者能看到五宝所成的无量宫，内有三怙主被无数眷属所围绕。在吉日，十方三世诸佛、菩萨、上师、本尊、勇士、智慧空行母、护法等，像风雪一样，通过珍宝水晶门降临。绕转此圣地等于念诵一亿遍六字真言，能听到法鼓与海螺的声音。

所谓内转经道，是绕转吉祥铜色山的转经道。绕转一周，有念诵1亿遍莲花生大师心咒的利

益。在此神山前煨桑作百供，此生一切心愿皆能实现，来世能转生在持明勇士、空行母的行列。逐渐走进左边的沟壑，约走20多公里，就能到达下工布加拉圣地的分支圣地。这里有大磐石，上面有莲花生大师的足印，如果运气好，还能见到深法伏藏。绕转一周，等于念诵10万遍莲花生大师心咒。由此处前行20多公里，就到了措普亚古龙沟，能拜谒到宝瓶山100多个黑白湖泊，绕转一周，等于念诵1亿遍六字真言。右边有地势为13层的地方，上空有九辐轮，东有花虎，南有蓝龙，西有红鸟，北有

黑黄龟。不分夏冬，都彩虹成帐；不分春秋，都花雨纷飞。此处乃是三宝有威望之地，佛法十善昌盛之地，有未来尊严之地，能清净心念之地。这里有大乐佛塔，有伏藏师贡桑多吉亲传弟子贡觉坚参和大成就者格桑欧珠、晋美仁增三位修建的噶堆大寺遗迹，有白玛央孜嘎列的修行洞，还有扎西列登上师、晋美仁增和波密成就者的灵塔。如果饮用顶嘎至尊度母魂湖的水，就能知前、后世。此地还有亚龙佛塔、胜乐金刚刹土、玛域觉天成度母身像。在莲花生大师修行洞里有药修伏藏，有奇特的长寿水，有

莲花生大师降伏七个罗刹女、令她不能逾越而加封时使用过的印章等，奇异得不可思议。

三堡之一的森格南宗嘎堆大寺，或名桑珠达宗。从12世纪末、藏历第三绕迥中叶，即1183年开始，康区的历代上师都前来转经。波密的珠钦（大成就者）·噶尔当巴和珠贡（众生怙主）·土吉益西一起前来，

森格南宗神山　普布多吉摄

在波密的卡达桥边喝茶、休息。休息好了，他们各自祈请自己的本尊和上师。珠钦的帽子和珠贡的茶碗被抛向空中，观察何处是利益众生之处。帽子被乌鸦叼到上沟，因此，珠钦来到此地修建寺院。而珠贡来到八盖的森格南宗。有个叫桑珠的当地人把城堡送给他，珠贡在此修建禅房、专心修行，没有将时间、精力分散到其他事情上。他进入法界后，其亲戚、成就者嘛呢仁钦为他修建了灵塔。如果绕转此灵塔，连寿命到期者都能延寿。在吉庆的日子，灵塔发出念诵六字真言和吹奏唢呐的声音并摇晃，被称为"能动善人塔"。苯教的上师仁钦旺丹在此住锡数年，修建了静相、猛相和狮面护法像。之后，空行母德庆措姆和她的儿子旺久多吉来此，开启了吉祥铜色山圣地之门。在"文化大革命"期间，寺院、经书和佛像都遭到毁坏。后来，根据大持明师旺扎珠堆载的授记，于1986年藏历四月初十，在贡乔坚参、晋美仁增、格桑顿

珠等信徒的带领和信教群众的大力支持下开始重建。大伏藏师运用神通，从尼落卡圣地抛撒鲜花，此地则降落花雨，又成为信徒心目中的圣地。目前，大伏藏师化身之化身、学修兼备的扎巴坚参活佛等男女瑜伽师恢复了此地的佛法余烬，祈愿佛法永驻世间，祈愿世界吉祥如意。

　　雪域佛法太阳邬坚化身众，
　　遍地降临加持甘霖显神威，
　　祈愿吉祥微笑遍及各角落，
　　祈愿享受空乐幻化大游戏！

本净空乐广大虚空中，
阳光灿烂闪烁万丈光，
消除一切寒冷及阴暗，
祈愿众生身心得健康！

　　森格南宗的仁增珠堆于八盖牛宿日写，愿成为弘扬佛法、众生幸福因。

二、供赞文

（一）鸦面护法神供赞文

　　鸦面忿怒护法神有其专用的供赞文。未来众生及密咒的所有

祈祷歌舞　普布多吉摄

意义在于大圆满教法中，保护极深极隐意义的护法神是鸦面护法神。在相关教派源流中说：

鸦面忿怒护法神，

九千万众化身等，

叭啊热哩及嘎声，

双足舞状而降临，

火焰之中当迎请，

班杂尔萨嘛哑砸，

弹奏乐器祷赞频。

吽嘎！

隐蔽之境八盖树林地，

森格南宗护法显神威，

保护内门忿怒鸦面尊，

下三出自涛涛水浪中，

严厉保护佛陀之教法，

迎请自性本土祈降临！

吽嘎！

原始离戏佛母普贤母，

红色身体游戏一髻母，

无误化现鸦面忿怒神，

祈请降临此地莫避躲！

独母天女亲眷热玛迪，

显现各种各样大神通，

四位天母随从九千万，

祈请降临此地莫留余！

鸦面忿怒护法语化身，

天母若卡拉等寒林主，

内外密处化身再化身，

祈请降临此地莫滞留！

如法慈悲垂念我等众，

未做祈请也请办事业，

空行母等所有大护法，

遍布一切虚空无空隙，

祈请降临此地享供品！

吽嘎！

身语意等诸化身，

守护中门护法神，

具誓护法大士夫，

担当密咒守护人，

为护佛法祈降临，

你是佛苯共同神。

呼唤降临此圣地，

具大神力护法神，

我等瑜伽行者们，

遇到命难不离分，

勿要远离及躲避，

慈悲守护示怜悯。

守护外门护法神，

天妖红岩厉鬼群，

十万妖兵所围绕，

迎请此地供养呈，

呼唤降临此圣地，

祈请救护修行人！

具大神力护法神，

犹如红铜色之身，

骑着红马行虚空，
红鸟飞翔在头顶，
前有九个红色人，
后牵红色游戏狗，
右有红铜九野猪，
欲吃敌方之鲜肉，
左有九个白肚熊，
欲啃敌方之骨头，
一千红人红马绕，
右边挥舞彩色矛，
左边吞噬敌心脏，
赞妖嗓声震天庭，
红色长矛在挥舞，
一千刽子手绕形，
断绝伤害众生心，
祈请保护瑜伽人，
赐予行者诸成就，
所托事业尔俱承。

（二）天妖供赞文

嗡啊吽！丰富供品献给伏藏护法神天妖及其随从。请保护佛法，赞颂三宝，救护僧众，增长众生福德。尤其是消除我等瑜伽行者的逆缘，创造顺缘，实现我们的愿望。

现出忿怒威严相，
身披玻璃铠甲装，

玻璃盔甲似疾风，
腰带虎豹皮箭囊，
挥舞白旗飓风起，
蒙古长靴蹬脚上。
骑着白蹄棕色马，
黄金鞍子玉索缰，
八位似已随从绕，
前面白鸡奔跑忙，
还有雌雄白色狗，
十万善神绕人墙。
威武俊俏光彩耀，
赞颂天妖主仆众。
吽！
听从莲花生命令，
保护伏藏法宝珍，
按住圣地江普雪，
水晶岩洞里安身，
秘境护法性暴躁，
如子保护修行人。

（三）天龙居士供赞文

吽！
无比恐怖山岭中，
河水荡漾山沟里，
龙界居士祈降临！
吽！
大海翻滚波浪中，
龙界居士大士龙，

天成的不变莲花生大师印章　波密县政协提供

文静微笑俊俏相，
身披碧玉之铠甲，
盔甲蓝丝在舞风。
右手持有伏藏匣，
左持蓝色丝长矛，
风马装饰鞍缰绳，
蓝绸大氆粒皮靴，
玛桑战神大护法，
保护佛法迅疾动。
赞颂天龙护法神，
汝乃龙界大居士，
安住贡龙山沟里，
强巴许普湖上旋，
行走四大峡谷中，
龙界居士具神力，
祈请供养办事业。

第 二 节　　江普雪岭圣地

一、圣地志

　　江普雪岭圣地位于距八盖乡政府驻地约 7 公里的沃普村境内，海拔约 3300 米，与念青唐古拉山脉相连，地理坐标为东经94°58′、北纬30°38′。开启圣地之门者是珠贝多吉（或名沃色珠多）。

雪山三顶湖泊饰，
不在近处在远处，
修习禅定好圣地，
忿怒八尊住锡地。

　　江普雪岭圣地乃是由普贤如来王、大日如来、观世音菩萨、莲花生大师、智慧空行母益西措杰、二十五位君臣、一百位伏藏

524

八盖的原始森林风光　普布多吉摄

师、五百罗汉、三怙主、贤劫千佛、八大菩萨、八十位成就者、二胜六庄严、金刚亥母、狮面母、白度母、绿度母等十方诸佛菩萨所加持的奇异圣地。一般而言，南部的门峡谷地，上部属于降妖金刚刹土，中部属于虎皮裙金刚刹土，下部属于天铁金刚刹土，具有三种宝藏，世间少有。达宗洞是金刚橛刹土，噶瓦龙是马头明王刹土，江普扎措是忿怒八尊刹土，三尊金刚刹土尤为奇特。在江普雪岭圣地有三处五轮宫殿，顶部是大乐岩洞雪宗堡，心部是马头明王该巴宗堡，密部是解脱道黑水龙妖宗堡。具备三

大宗堡的唯有此圣地。顶部的大乐轮处，有巍峨的江普雪岭；喉部的受用轮处，有清澈的湖泊盘旋在雪岭之中；心部的法轮处，有全聚火山宫殿；脐部的化身轮处，有五百罗汉安住；密部的护乐轮处，有天成马头明王身像。这些乃是江普雪岭圣地的外部景象，后代的人们如此传说，现在已开启新的圣地之门，下面简要介绍如下。

措岗黑色忿怒魂湖上，
住有九头黑色毒龙蛇，
它给众生带来诸灾难，
使人出现各种错乱梦。
勇士吼声管制众鬼神，

大鹏言出龙妖心颤抖，
我①是化身大鹏金翅鸟，
一切显现皆是我化身。
伤害众生毒龙及妖怪，
不敢违背大鹏鸟命令，
若敢违背大鹏鸟命令，
吞噬毒龙以及妖怪众。
圣地变成火海应谨记，
谁敢比拼勇士大鹏鸟，
不如谨记大鹏鸟命令，
充噶如扎纳噶落吽哌。
虽然毒龙嗔心得熄灭，
神圈铁门铁墙铁屋里，
住有破漏男鬼现獠牙，
贪婪饮血食肉性残暴，
显示各种恐怖幻化相，
抢夺空行嘱托者性命。
震天吼声震慑众鬼妖，
我现忿怒身形办事业，
黑红身色燃烧火焰高，
粉碎一切铁蝎等鬼妖。
贪婪饮血食肉众鬼妖，
不敢违背莲花生命令，
勿造障碍应做其伴侣，
勿要违背忿怒尊命令，

若是违背即要堕地狱，
不如遵从忿怒尊命令，
嗡啊孜呢孜纳木噶嘎哇嘚哌，
祈为行善众生当伴侣！
雪拉黑山红铜珍宝内，
刹主鬼妖忿怒王安身，
呼风唤雨制造各种灾，
朝圣信徒无妄灾害频。
唱歌嘱神观察空行母，
夺取鬼妖金刚之性命，
我是年轻金刚勇士男，
三界之中只有我为尊。
三世诸佛事业我承办，
加害圣地鬼妖你谛听，
忿怒咒语夺取汝性命，
勿要加害此地守本分。
积累空性慈悲诸功德，
播种永不变化植树邻，
永远享受神奇之圣境。
圣地庄严形象将叙述，
如此具有忿怒慢相生，
立誓空行母唱此梵歌，
发誓如有所需帮助诚，
立誓自兹再不害众生。
从此到达夜晚一更时，
不为三辩摇响金刚铃；
二更祭祀护法施食子，
但是不愿完成就不陈；

---

① 我，指江普雪岭圣地之门的开启者珠
贝多吉（或名沃色珠多）。

526

三更出现颠倒梦境时，
刹主勇士岩王示路径，
前往圣地跟前幸福坝，
一条大河横水浪涛奔，
若能蹚过一年灾难遁。
趋向善趣阶梯在前面，
隐蔽之处解决大小便，
在此前面不能大小便。
宝瓶台上煨桑作祭祀，
因有莲师法座及宝冠，
好似莲师亲自在住锡。
鬼神不分昼夜在巡礼，
巡礼之众悉生铜色山，
等于念诵十万莲师咒。
文巴黑湖吉祥天女刹，
又名江俄木洛蓝色湖，
静静祈祷能见湖显影。
还有前往中阴狭长门，
落此就称掉落恶趣门。
天成金刚亥母具加持，
业力净者能见亥母面。
黑红血泊湖住橛护法，
酥油汁湖乃是橛刹境，
自然响起金刚橛咒语，
绕此等于念诵亿咒经，
湖面水光粼粼似供水，
若作祭祀福德无限增。
修建桑耶寺时所剩下，

无数各色土堆堆在此，
在此供养曼札礼俗成。
黑湖八大忿怒尊魂湖，
住有南部七百廿五尊，
绕此等于念诵亿咒经。
湖边还有空行母住处，
还有大象身像自天成，
此乃印度清凉大寒林，
真假无别清凉一寒林，
若弃发甲等同实地临。
日月魂湖乃是梵天刹，
象征三百六十尊天神，
魂湖闪烁犹如闪繁星。
金鱼魂湖乃是珍宝境，
魂湖多呈八宝吉祥形，
呼财大坝度母魂湖具，
真实度母住锡此安身，
绕此等诵十万之咒经。
白静乳湖安住观世音，
绕此等于念诵亿咒经。
如此繁星湖泊不可量，
四周中间美日山隆升，
绕此等于念诵马头咒，
哈哑直哇一十八亿遍，
拜山等于念诵十亿经。
外围引导恶趣胜道具，
此等刹主勇士所述陈。
全聚火山燃烧美日山，

无数湖泊项饰四周呈，
拜此即能登上持明地，
巡礼者能往生拂尘境。
诸佛菩萨真实住锡地，
上师本尊赐予加持频，
空行母等助伴修道地，
实现一切祈愿之圣境。
上空天庭庄严而豪华，
地下龙界宝藏多如星，
中间人类秘境具加持，
天龙国土难以比分明。
见了就想转生此圣地，
闻了就想前往此圣境，
念起就想朝拜此圣地，
转变众生心念之圣境。
巡礼即能消除身三恶，
念诵咒语能消语四恶，
念起即能消除意三恶，
清净十恶业障殊胜境。
花草树木敬礼大圣地，
各种鸟类歌颂大圣境，
世间人们信仰大圣地，
圣地乃是解脱指路灯。
格萨人马远处曾临地，
遥远抛撒赞颂鲜花呈，
远处前来朝拜胜迹地，
远离村庄部落江普境。
上沟皑皑雪山所围绕，

中部清澈湖泊如星星，
下沟茂密森林在摇荡，
显示壮观江普之雪岭。

另外，在江普雪岭圣地还有多嘎魂湖、善财童子伏藏匣子、江普宫殿、绒嘎魂湖、王臣魂湖、白热大坝、朝拜岩洞、八顶雪山牦牛地、莲花生大师的雨滴、觉德桑杰多吉的修行地，卡卓德庆措姆的安身地、公子旺久多吉的出生地、珠贡·桑杰多吉的修行洞等。从以上的简要介绍中，能看到江普雪岭圣地的特点和功德，有云：

没有信仰去朝拜，
心怀猎奇凑热闹，
不懂功德的转经，
形式转经实则缪。

以前朝拜江普雪岭圣地时，有杀害动物并用动物的血肉祭祀的恶习。后来，为了改变这种恶习，在藏历第十七绕迥水蛇年（1953年）八月二十的吉祥日子里，由100多位出家师徒和40多位信徒一同前往，在天坛煨桑，并向龙、鬼、妖三护门献歌嘱托，请求它们立誓不害众生，舍弃血肉会供的恶习，实行佛教的好做法。

圣地志又有云：

错乱幻象频出游方僧，
日乱夜乱日夜错乱生，
出现错乱幻象梦境相，
虽是幻象或饶益众生，
幻象是真幻象亦是假，
世俗幻象诸相也许真，
胜义实相幻象也许假，
了知实相无须志分明，
朝圣不如朝拜自性身，
礼拜不如礼拜正确观，
转经不如绕转心净土，
拜礼转经自性中圆满，
朝拜蕴界菩萨男女众，
行礼根境护门男女神，
绕转分支忿怒诸神灵，
朝礼三位俱全之坛城[1]。

二、供赞文

（一）刹主山妖神供赞文

山妖天神具神力，

---

[1] 藏传佛教认为，在身内诸蕴界处，结
成具足三位坛城：蕴界结成佛、佛母
位，处结成菩萨、女菩萨，支体结成
阴阳忿怒明王之位。

现出忿怒欢喜相，
身披铠甲寨窄窄，
水晶头盔闪亮光。
右手持有珍宝匣，
左手挥舞彩带枪，
腰系虎豹皮箭囊，
白色绸带在飘扬。
脚踏蒙古长筒靴，
下跨白蹄棕色马，
鞍辔缰绳皆俱全，
八位随从所人墙。
白色公鸡在侧面，
红铜雌雄狗前方，
十万善业随从绕，
威武光鲜闪晶光。
赞颂山妖护法神，
莲师严令听端详，
保护珍宝伏藏法，
安住江普圣地方。
住在水晶岩洞里，
秘境凶险护法神，
保护持明修行康。

（二）玉荣天王白额父母供赞文

天王海贝白额神，
乃是男子之战神，
说说你的身庄严，
一面双臂白色身。

莲花生大师修行时留下的遗迹　波密县政协提供

风嗖嗖伴马群奔，
鼻声风声呼呼响，
三种兵器亮铮铮。
空中湖医女王住，
乃是女尊大欲神，
白色身体美如天，
彩带珍宝饰马身。
右手挥舞彩色箭，
左持食子意宝珍，
千尊湖泊药女绕，
铃铛饰品窸窣声，
吟唱道歌调啾啾，
欢喜之心溢面门，
地方天王及随从，
我今祈请此降临。

以卧普村为主的八盖地区的信教群众，于藏历四月的萨嘎达瓦节期间，以及平时藏历每月的十日、十五日、二十五日等吉祥的日子里，前去朝拜江普雪岭圣地。朝拜者心怀敬意，口诵经咒，身作顶礼，并煨桑、竖经幡。

海贝白铠身上披，
海贝白盔头上呈，
右手挥舞彩带矛，
左持敌心血淋淋。
骑着能飞白色马，
金鞍玉缰装饰精，
白色千名随从绕，

第三节　朗钦景日神山

朗钦景日[①](大象傲)神山，位于东距八盖乡政府驻地约7公里处的巴瑞村境内，海拔约3000米，与念青唐古拉山脉相连，地理坐

———————
① 朗钦景日，意为神象呈傲立状。

标为东经 94°61′、北纬 30°31′。

朗钦景日神山是玉绒天王的刹土，其东边的护法神是拉桑格年（贤手居士），西边的护法神是甲若董坚（鸦面护法），北边的护法神是玉荣拉杰（玉荣天王），南边的护法神是准塘格年（准塘居士）。

朗钦景日神山有顶峰转经道、中转经道和内转经道三条转经道。顶峰转经道又叫"孜果"，主要围绕山顶转，需要一天时间；中转经道又叫"后转"，需要三天时间；内转经道需要六天时间。大象的右眼里，有达纳果夏湖及天成的莲花生大师三师徒身像、大悲轮回涅槃伏藏品；大象的左眼里，有新圣地泉水；大象的脸部中央，有莲花生大师的修行洞。据说，莲花生大师曾在此洞内修行七个月。波窝·督堆多吉修建神殿后，里面供奉着叶衣女、莲花生大师八变化身像等，下面还有莲花生大师天成身像。在"文化大革命"中，这些内供所依遭到了毁坏。

朗钦景日神山的下方有天成的十一面大悲观世音，还有刻着经咒的石块堆。波窝·督堆多吉曾在此地传授六字真言法门，形成了信教群众平时朝拜、巡礼的场所。

信教群众平时在日卡山顶的胜乐金刚宫殿、雄金的森格南宗圣地、巴瑞的朗钦景日神山等处，进行煨桑、祭祀、供石堆、竖经幡、念诵经咒、唱诵"愿善神胜利"等宗教活动。

波密幸贡风景 普布多吉摄

第 十 一 章

易贡乡山水文化

易贡（正确读音应该是易翁，意即可爱）乡位于波密县西北方向，距波密县县城约140公里，平均海拔2200米，与喜马拉雅山脉相连，地理坐标为东经94°81′、北纬30°26′。全乡辖6个行政村，是以农业为主的半农半牧地区。易贡乡境内，有玛贡龙和塘拉觉以及成色密咒宫殿两个圣地。源自玛贡龙沟和珠郭沟、当绒沟的水系与八盖河汇合后，形成易贡藏布河。

第 一 节　玛贡龙和塘拉觉圣地

一、圣地志

玛贡龙和塘拉觉圣地位于易贡河上游，距易贡乡政府驻地约15公里，海拔约2800米，与念青唐古拉山脉相连，地理坐标为东经94°79′、北纬30°31′。开启玛贡龙和塘拉觉圣地之门的是三世噶玛巴·然琼多吉。

> 白银出自易贡沟，
> 因为可爱名易贡。
> 黄金出自易贡沟，
> 玉石出自易贡沟，
> 易贡地是珍宝地，

易贡雪山　普布多吉摄

绿青稞的收获地。
易贡地是茶叶地，
茶叶飘香气四溢，
旃檀等药布满沟，
此等吉地世间稀。

玛贡龙和塘拉觉是连在一起的圣地。从易贡的桑林寺到塘拉觉约有一个小时的路程，从塘拉觉到堆松寺约一天的路程。为何叫"堆松"？因为易贡河由玛贡龙河、珠郭河、当绒河等三河汇合而成，故名"堆松"，意为三合。据说，大成就者噶尔当巴修建了堆松寺。该寺在"文化大革命"中遭到破坏，现在只有废墟。此处有一块叫德庆（意为大乐）塘的平坝，坝中央有一座名叫日补仁青本巴（意为宝瓶山包）的天成佛塔。据说，龙神在早晨绕转此佛塔，人类在中午绕转此佛塔，空行母在下午绕转此佛塔。

从易贡前往玛贡龙和塘拉觉圣地需要三天时间。玛贡龙和塘拉觉圣地的第一道大门是其董玛（狗面女），有天成的花狗齐查巴拉的身像；第二道大门在那曲市索县境内，是北门吉祥天女的刹土；第三道大门在边坝和那曲之间，是东门金刚萨埵的刹土；第四道大门在玉仁和许木之间，是观世音菩萨的刹

533

易贡湖　普布多吉摄

土。玛贡龙和塘拉觉圣地主要是湖泊圣地，据说最初由莲花生大师开启了圣地之门。

玛贡龙沟里的嘎拉董措湖是大梵天的魂湖；德瓦拉措湖是怙主玛宁的魂湖；多格措湖为八位忿怒本尊湖，是古茹金刚萨埵的魂湖；四臂护法湖是摧毁金刚的魂湖。另外，还有八大文武本尊的魂湖、吉祥天女的魂湖、白度母的魂湖、绿度母的魂湖等。据说，共有108面湖泊。

当年，一世噶玛巴·都松钦巴①准备开启玛贡龙沟的圣地之门，但是接到西藏地方政府的命令，让他马上回拉萨，所以没有来得及开启。之后，三世噶玛巴·然琼多吉认为蒙藏军队开战会造成许多死伤，因此进行调停，但是蒙古兵不听劝，

---

① 一世噶玛巴·都松钦巴，本名白确吉札巴，生活在1110年至1193年，汉文史籍称他为"哈立嘛"。他因为具有能获知过去、现在、未来三世的神通，并在楚布寺为人们作了许多三世授记，故号称"都松钦巴"，意即知三世。他被尊奉为噶玛噶举派黑帽系活佛系统的第一世。

反而来追杀三世噶玛巴·然琼多吉。然琼多吉逃到塘拉觉，得到塘拉觉山神的保护。从此，这座神山名为塘拉觉。在此地避难时，然琼多吉开启了圣地之门。

玛贡龙和塘拉觉圣地据说是莲花生大师修行过三年的圣地，拥有金刚亥母圣地及许多魂湖。纳木措湖、青海湖、杂日神山的玉措湖等被称为世间八大圣湖的分支都在此聚集。玛贡龙和塘拉觉圣地还是世间难以找到第二的空行母聚集之地。自伏藏师法主昝岭多吉从此地挖掘迎请伏藏后，很多伏藏师也挖掘迎请过伏藏品，并开启了许多新的圣地之门。伏藏师和持明成就者都赞颂玛贡龙和塘拉觉圣地，说朝拜此圣地者最后都获得共同和殊胜成就；如果举行会供法会进行供养，就能转生到持明净土；如果产生信仰，成为有缘者，就能往生极乐世界和邬坚林净土。

玛贡龙和塘拉觉圣地有三道大门；其中，曲玛尔拉山为外道木制门，黑色魔头山为中道铁制门，北边的海贝为内道门。并且，该圣地有东、南、西、北四方守护神，东边有骑羊护法神，南边有鸦面护法神，西边有黑色魔头护法神，北边有刹主牛头王护法神。

坐落在此圣地桑林寺西南方向的塘拉觉圣地，是曾被莲花生大师及空行母益西措杰双尊所加持过的地方，经常彩云缭绕，也有许多伏藏。玛贡龙和塘拉觉圣地的伏藏匣子至今仍可以朝拜。据说，莲花生大师在此埋了很多伏藏法本。开启圣地之门后，最初的护法神有鸦面护法神、格萨尔吉普顿珠、密咒护法一髻佛母、曜王罗睺罗、骑狮护法、迅疾护法等。刹土的主人黑色怖畏勇士、彩虹勇士女和绿度母等，使出各类神通，以众生的福德力，俱全开启圣地之门的因缘。

玛贡龙和塘拉觉圣地有许许多多天成胜迹，如五百罗汉洞、十六罗汉修行洞、二十五君臣修行洞、八十成就者修行洞、二十一尊度母修行洞、益西措杰修行洞、金刚亥母修行洞、玛吉

拉仲①修行洞、千万空行母修行洞、三怙主修行洞、三世诸佛修行洞、贤劫千佛修行洞、普贤修行洞、八大持明修行洞、白度母修行洞、绿度母修行洞、法身报身化身修行洞、观世音菩萨修行洞、金刚萨埵双尊修行洞、莲花生大师和明妃曼达热娃修炼长寿法的修行洞、文武百尊修行洞、金刚亥母坛城、如意宝树、与印度八大寒林共同加持的天葬台、与三次结集佛经②相同的加持地、桑耶寺的白雄鸡、真实融入白绿度母的菩提树、长寿佛真实融入的长寿宝瓶等等，是与100名比丘同时传授100名灌顶相同的加持圣地。如果绕转与自己年龄相同的数目，就能消除一生的业障；每转一次就能获得长寿成就，内转一次相当于绕转拉萨一圈，中转一次就有在玉仁神山中转一样的效果，外转一次则有绕转杂日神山的功德。在吉祥的日子里，能听到海螺和唢呐的声音。玛贡龙和塘拉觉圣地是世间所有圣地之最，具备印度、汉地、尼泊尔和藏区所有圣地的功德。与玛贡龙和塘拉觉圣地结缘，就能了断恶趣生门；在此留下转经数量石子，就能获得持明地；作供养就能转生吉祥铜色山；煨桑则能成就善神，自然消除恶神业障。据说，三世噶玛巴·然琼多吉已融入此圣地中，人们现在能远远地见到天成的三世噶玛巴·然琼多吉身像。

巴域沟的主要圣地是塘拉觉，该圣地有三个刹主：顶峰转经道的阿达尔平措，内转经道的董鲁平措，后转经道的巴伦珠。这里有扎董大地黑色具雄勇士的洗浴水；在塘拉觉沟的文武本尊磐石上，有塘拉觉的足印和三世噶玛巴·然琼多吉的足印。据传说，莲花生大师曾在嘉村修行洞里闭关修行过，洞内有天成的长寿宝瓶、天成的如意宝树。在如意宝树上，有天成的印度起尸点金胜迹。据说，如果能爬上此处

---

① 玛吉拉仲，是西藏历史上的著名女尼，被称为女尼制的开拓者，并被看成是智慧空行母益西措杰的化身、西藏佛教觉域女传派的开山祖师，生活在1055至1141年。
② 三次结集佛经，指释迦牟尼佛圆寂后，其弟子先后三次把他在世时的言论、教义、诵述总集成经典。

易贡美景　普布多吉摄

的刺桐树，就能截断地狱生门。在塘拉觉神山脚下有天成的供盆，信徒们将糌粑和酥油扔进石盆里，可以观测年景如何。

玛贡龙沟里的玛贡龙圣湖面积约15亩，湖水为蓝色。德瓦拉措湖的面积约6亩，湖水为黑色。嘎拉董措湖是三世噶玛巴·然琼多吉的魂湖。

二、供赞文

（一）摩诃嘎拉护法神供赞文

寒林森森风火乍起处，

瑜伽吉祥怙主风水浪，

一面双臂身色为深蓝，

为获三身三眼斜坡观。

恐怖暴戾十五忿怒王，

卷起舌头发出腭声喧，

头戴五种珍宝骷颅帽，

黑蛇黑色飘带地上展。

双手持有黑帛索命绳，

旃檀大梃指挥天众兵，

蛇皮串起干湿骷颅饰，

黑帛大氅金鞍系人皮，

下垫尸体双足行走状，

顶礼赞颂摩诃嘎拉神！

前往办事身着命魔装，

一面双臂身色闪蓝光，

为观三界三眼现胸膛，

大将四眼骨节来装饰。

白蹄黑马虎豹皮箭囊，

537

魔戟挑起敌心走四方，
黑眼滴血鼻中出黑烟，
赞颂威武恐怖之战神！

（二）刹主拔蜕杰布供赞文

最初第一大劫时，
受命上师莲花生，
担任圣地护法神，
祈请护法神降临！
雪域西藏大地上，
完成莲花生命令，
承诺保护雪域地，
拔蜕杰布祈降临！
永宁地母十二尊，
承诺守护西藏地，
佛教衷心好朋友，
拔蜕杰布祈降临！
神力遍及瞻部洲，
修行伴侣护法神，
一切处所之主人，
拔蜕杰布祈降临！
名为密教本尊神，
八大忿怒具神力，
从事保护佛陀法，
授权佛教护法神！
名叫马头亥母尊，
天母空行做伴侣，
帮助实现诸心愿，
授权消诸业障者。
名为怙主护法神，
办事使者主人尊，
迅速驱逐怨敌众，
授权能驱勇士尊。
三十三天宫殿里，
帝释天王心传子，
人类唯一大救星，
授权天界居士尊。
吉普龙赞心传子，
具大神力诸赞神，
粉碎一切佛法敌，
授权赞鬼大护法。
天大医神之爱子，
担任医神之舵主，
顶尊珍宝之爱子，
担任八龙之伴侣。
祈请实现瑜伽愿，
三春保护藏地区，
担任斯母龙刹主；
三夏保护古龙沟，
担任杂扎圣地主；
三秋安住波堆南，
担任玛贡圣地主；
三冬保护多康地，
住锡嘎脱拔蜕地。
时时游历所有处，
圣地主人拔蜕杰，

身色阳光照雪山。

（三）多仍宗赞供赞文

吽噯！

前世业愿谛力所成就，

名为拉噶多仍宗赞神，

身为红色现出极怒相，

右手挥舞石头红带矛，

刺向损坏怨敌之心脏，

左手持有赞绳似闪电，

捆绑制造损坏之怨敌，

身披锦缎衣及黄金甲，

头戴闪烁金盔红线垂，

披挂三兵虹纹大盾牌。

骑着白蹄红色如风马，

大千世界围绕灭怨敌，

指向怨敌刹那消灭之，

赞颂具大神力孜赞神。

你能神变无数诸化身，

有时赞神有时大居士，

有时秘密护财管家装，

现出变化不定诸神通，

赞颂具大神通护法神。

天龙八部属于你眷属，

天女药女赞女及龙女，

左右簇拥赞界忿怒众，

赞颂化身以及再化身。

在吉祥的日子里，信教群众前去朝拜玛贡龙和塘拉觉圣地，从衮村出发，一个小时就能到达。每年藏历一月十日至十五日，易贡和八盖两地的信教群众前往该圣地举行会供。尤其是在藏历四月的萨嘎达瓦节期间，桑林寺的僧众前去该圣地举行会供，竖立经幡。易贡地区的信教群众，也前来朝拜文武本尊磐石上的三世噶玛巴·然琼多吉和黑惧勇士、度母等显示神通时留下的大足印。绕转玛贡龙沟时，要途经玉许，到达边坝，再从那曲市嘉黎县回到八盖。

第 二 节　　易贡成色圣地达巴室利

一、圣地志

易贡成色圣地达巴室利（净祥）位于易贡的甲热巧纳境内，从成色寺到易贡乡政府驻地约9公里，海拔约2350米，位于易贡藏布河西岸，与喜马拉雅山脉相连，地理坐标为东经 94°79′、北纬 30°24′。

开启易贡成色圣地达巴室利之门的是三尊总集德达林巴[①]，或称噶尔旺·南加多吉。该圣地四方都有护法神：东边护法神是五忿怒尊，西边护法神是岗堆拉益杰布（雪山王），南边护法神是牛觉米森（迅疾罗刹），北边护法神是卡热果古（九头卡热）。

《成色密咒宫殿降魔密洲圣地达巴室利神山简介》中，有"赞颂上师本尊空行母护法神，南无古茹扎给尼耶"的记载。《邬坚圣地志·明灯》中介绍，藏地和印度的 21 位雪妖、135 座雪山，有任运而成的三脉五轮宫殿：上部的冈底斯雪山非常著名，而且具有诸多功德，是白狮面母的身刹土。此神山有五百阿罗汉的大足印，由此闻名遐迩。中部地区有圣地拉齐雪岭，是花虎面母的

语刹土。大自在米拉热巴在此神山修炼风脉获得成就，五百多名热巴（布衣行者）修成虹身，具大因缘。卫地区[②]有无以伦比的杂日神山，是黑猪面母的意刹土。此神山真实驻锡着千万名空行母，故此无可比拟。下部的杂林耶夏有著名的觉沃斯杰圣地，是深蓝熊面母的功德刹土。莲花生大师亲自加持过此神山，并埋下十三种伏藏，一定有空行母聚集。因此，杂林耶夏非常著名。

绒赞神山也是个值得信赖的大圣地，是具神力狼面母的事业刹土，被毗若杂纳大师授命为白玛圭大圣地的护门，并进行加持，因缘殊胜。绒赞神山圣地的内、外、密各有四位粗恶使者，其中，内四使者是：东边的给杰尼卓、南边的玛本孜杰、西边的苯尼日扎、北边的密杰达纳；外四使者是：东边的玛吉雪山、南边的古杰秀尼、西边的卡纳杰布、北边的唐拉；密四使者是：东边的命主夏热、南边的蛇头阁

---

① 德达林巴（1646—1714 年），本名为久美多吉，是宁玛派著名伏藏师，亦是宁玛派大圆满心髓传承上师、扎囊十三智者之一、五世达赖喇嘛阿旺罗桑嘉措的上师。德达林巴出生在西藏扎囊县，于 1676 年主持修建了敏珠林寺。

② 卫地区，泛指今西藏拉萨市和山南市。

540

罗王、西边的阿尼木赤、北边的措纳格念。这些都是以忿怒形象守护圣地安宁的使者。这些使者都埋有伏藏，在金刚极顶坛城秘境央宗有众生所依五身。绒赞神山是引导有缘者净信的圣地，具备圣地的功德。

易贡达巴室利圣地，印度语叫"阿玛拉"山，藏语叫"达巴室利"（其中，室利是梵文）；邬仗那语称"拔姆让达"山，藏语称"曲丹扎西孜拔钦姆"（意为祥积大塔）。这个圣地的外形是三顶雪山，内看是水晶所成佛塔，叫吉祥光具佛塔。其顶触天界，受诸天神顶礼供养；腰部在吉祥光圣地，受众龙顶礼供养。

狮面空行母说：

勤奋好学诸弟子，
不修成佛殊胜境，
从此向东上部有，
吉祥自在之空行，
酒肉祭祀之圣地，
天女空行供室形，
有缘人们结缘地，
无缘人们送命根，
骗子被风吹走地，
善变人们着魔形，

邪见之人断性命，
有缘之人正法遵，
祈祷神灵得保护，
有福之人供养诚，
具缘人们遇伏藏，
贫穷人们财富生，
希求子女得子女，
遇到障碍脱困境，
善恶纠纷得决断，
空行聚集多如云。
意义同于空行刹，
见此截断恶趣门，
亲自朝拜更殊胜，
意等吉祥黑如嘎，
不修次第成佛身。

莲花生大师亦说：

天成佛塔水晶所组成，
十三由旬面积如量衡，
莲花狮子宝座数千层，
宝瓶以及三十七法轮。
牌坊装饰数种冕旒飘，
顶饰宝盖屋脊饰宝瓶，
五种智慧彩虹帐所罩，
佛塔庄严天然所形成。
住锡八十持明成就者，
外有天女空行罩如云，
中有传承上师如光绕，
顶部俱全四续诸坛城。

日月密咒神众如集市，
阎罗金刚持及千佛尊，
宝盖显现世间十忿怒，
法轮显现威武诸坛城，
牌坊显现如来诸坛城，
宝瓶安住无量极乐境。
岩山聚集护法及空行，
空行母之宫殿居顶层，
下层聚集七十怙主尊，
狮子宝座上有诸财神。
四侧兽面空行及护法，
四方四部王臣在护门，
四域护法使者如光闪，
四角俱全七生诸寒林。
龙年刹主祷赞莲瓣上，
如此不修佛塔乃天成，
顶礼供养赞颂及祈祷，
定获共通殊胜成就临，
诸位有缘有愿善子弟，
祈愿遇到《圣地志·明灯》。

《圣地志·明灯》中，记载了珍贵草药鲁堆多吉（龙魔金刚）党参。党参是一种珍贵的草。在大门宫殿九洲地，有一座岩山，像人一样站立，上面有泉水。龙王行苑药域，有一种仙草，其花像铃，其叶像绫罗，其果像荞麦，其节像竹子，其根像萝卜，其茎像索玛草，其香像炒青稞，其味像硇砂；三夏向东，三秋向南，三冬向西，三春向北；白天冒烟，晚上着火；时时降落菩提甘露，其左右经常有彩虹，若饮用甘露，则使人身心愉悦、具有百味，称为"见者有益花"，生在此地的人们能获得菩提。其甘露流入水中，能长出青稞那样大的白色元根，食用此物能获得虹身。取用其滴落的甘露水浴身，能消除业障。

奇哉功德诸多此鲜花，
莲花大师昔年种光华，
为了未来教人辨智慧，
消除烦恼疾病埋藏她，
示于具有善根有缘者，
祈愿有缘弟子遇到她。
誓言。
加印。
加印。
加印。

释迦牟尼佛曾将显密教法进行分类，百千万阿罗汉持三藏，修建了108座寺院及灵塔等。藏区有21座雪岭、8大空行母聚集处、8大聚集食肉的天葬台、具有梵志身肉特点的

542

8 具尸体、30 个无尽湖泊和 21 个湖泊、4 大秘境、21 小秘境、38 个大峡谷，以及杂日神山等，分为外、内、密三种。在释迦牟尼佛加持雪山圣湖时，天子、天女洒花雨，圆满开光因缘，授记诸多未来的天成佛塔。阿难问世尊何以故？世尊答曰，我等现在因缘、发愿、事业皆得实现。而未来世藏土的臣民，兀量魔鬼的化身遍地，没有寺院及寂静的修行地，非常恐怖。现在，金刚座的寺院等，也被持邪见的外道所毁灭。以前，21 座神山和天成佛塔等，祈愿战胜邪魔外道。为此，未来有信诸众生，如我所教奉行。我入灭后，将出现名叫莲花生的智者。由此授记和祈愿，一切结缘者皆掌握伏藏，获得加持实现祈愿，出现五身杂日神山等。

正如上述所说，佛子莲花生大师加持、祈祷、加印的历史得以公开。杂日神山，有外杂日、内杂日、密杂日。山是清净水晶山，草是龙魔金刚草，此乃外杂日山。如果不具有四大元素，不能叫作外杂日山。何谓内杂日山？虚空大日法身杂日，禅定不变金刚杂日，此乃内杂日山。不具有现空不二相，则不能叫作内杂日山。何谓密杂日山？中脉聚会山，自身四金刚聚山，为此名为密杂日山。如果不认识一切坛城的本来面目，就不能叫作密杂日山。

斯杰杂日山，又名功德杂日山。何谓功德杂日山？不到密咒盛行时，应该对其功德保密，故名功德杂日山。该圣地具有八俱全：东方千佛坛城俱，若想成佛，就转斯杰杂日神山；南方药师佛坛城俱，若想脱离疾病苦，

成色寺伏藏师南加多吉的手印　波密县政协提供

就转斯杰杂日神山；西方长寿佛坛城俱，若想长寿，就转斯杰杂日神山；北方弥勒佛坛城俱，若想形象俊美，就转斯杰杂日神山；东南方千尊财神俱，若想拥有财富福德，就转斯杰杂日神山；西南方金刚亥母坛城俱，若想风脉发达，就转斯杰杂日神山；西北方大天坛城俱，若想成为征服童子，就转斯杰杂日神山；东北方屠夫军坛城俱，若想具有神通咒力，就转斯杰杂日神山。

外转经道具备资粮道，中转经道具备加行道，孜果（绕转顶峰）具备拜谒坛城的见道，认证本来面目具备修道，产生专一心愿获菩提，显示九乘佛法在此俱。外三条转经道好似声闻乘，圣地坛城介绍好比三续部，圣地自成自现好似阿底瑜伽，故此称为九乘教法俱全。

朝拜圣地时，为了表达朝拜的心愿，要顶礼、供养、赞颂。在佛道旁有天成胜乐60尊神众及财神，下面有天成空行坛城，以及胜乐轮、金刚亥母坛城、头触宝瓶和沐浴池。在此下方有天成的成就法体，对此作祈祷，能创造获得殊胜成就的顺因。在此一旁，有天成的清凉寒林、啾啾寒林和食肉空行的屠宰石，应修施身仪轨，因为有天成的秃鹫和豺狼。在沃拔岗有天成的空行母供盆，在此应该作供养祭祀。此山形如马鞍，据说可见即能得解脱。从此处翻越度母山，在此有信度河门。下湖泊是度母湖，上湖泊是能仁湖。旁边是能仁雪山，还有能仁雪湖，天成的措杰被六部能仁所围绕。朝拜此圣地，能截断六道生门。在一处黑色片石林，有天成的米拉热巴像，被百位成就者所围绕。在此上沟，有天成的护螺天女身像，还有圣女邬坚玛堆袞的魂石。在空行心岩洞里，有伏藏湖泊和天成的法座。之后是天成的刹土神身像及降妖火药、五部忿怒尊和刹土神隘口，在这里请求刹土神慈悲关照，立旗子，作忏悔。在乱石中有天成的燃烧火焰宝，旁边八层下方有天成的金刚座，在此处外面是金刚狭路。在成就山口有天成的法体，有骑狮护法神等的坛城。在当坚（骑狮护法）山口有魂石，在噶尔仓魂湖里有解脱怨敌的宫殿。在当坚解脱狭道有降妖空行母的心伏藏，旁边有四臂护法神转经道，有天成的魂石，山顶有鸦面护法神的魂湖。还有名叫空行冰道的解脱道东拉山口和尼玛湖。在龙王佛手参平坝，有天成的地祇城堡、天珠、线球、星湖、月湖。在空行平坝有天成的五部空行母坛城，叫作空行密道。从德瓦卡前往卡卓（空行）山，有天成的金刚手身像、中阴神山、解脱道、空行山等，在此祈祷赐予所需成就。之后到查姆斯措拉（意为狭长的天珠湖），据说在此有108个湖泊，旁边有吉祥密集本尊神众。在隐境措仲旁边，有天成的弥勒佛身像，还有消除无明坛城和魂湖。之后是益当拉（本尊山），有天成的红忿怒和降龙金刚手身像，其上有天成的大威德金刚坛城，旁边有天成的忿怒尊身像，还有天成的珍宝石和成就石。在此作祈祷，能获得共通和殊胜成就。之后是洛德（安心）岗，有天成的毗瓦巴和唐东杰布[1]身像，还有信度河口，是具威光天女的宫殿。之后是曼札洲，在此作祈祷告白。旁边有天成的白度母和绿度母身像、成就者强唐巴身像。之后是门朗拉（祈祷山），门朗拉又分为忏悔山和度母山两座小山，女性从忏悔山过，男性从度母山过。旁边有天成的观世音菩萨坛城，四方有象鼻天城堡、嘎拉董措（管道螺湖）。峡谷内有天成的成就者夏瓦日巴身像、马头明王坛城，故名马头明王峡谷。之后是措嘎湖（白湖）。措嘎湖就像装满乳汁的银盆，据说这里有10万空行母和10万空行母伏藏。该湖泊右边有天成的胜乐轮坛城和宝座。上面有玛纳热嘎（深红血）湖，是密咒护法神一髻佛母的魂湖。

---

[1] 唐东杰布（1385—1509年），本名为绰沃白丹。唐东杰布是空行母赐予他的名字，意即证悟空性之王。唐东杰布是香巴噶举派传人、西藏历史上杰出的建筑师、藏戏的祖师，也是宁玛派百名伏藏师之一。

大鹏鸟天成像　波密县政协提供

如果身上带着湖中的石头，可以避雷击。一般来说，此湖中的石头能抵挡敌方的加害，避免不时之灾，不受诅咒灾殃。在此，可以祭祀湖神或沐浴祈祷。绕转圣湖能截断恶趣生门，绕转 5 圈等于念诵 10 万遍咒语。在嘎多平坝应献曼札供养，在旁边可以朝拜阎罗王、无量寿佛坛城和密封印鉴。之后前往女勇士、男勇士平坝，与旺秋朵（自在经）结缘。旁边有天成的贤劫千佛坛城和天成的红色马头明王，前方有 80 位成就者面向这边。之后到达扎西（意为吉祥）旁边，有罗汉磐石。再前往杂林建曲赤（世界严法座）前作祈祷。之后，有招成就 4 湖、消业 4 湖、增势 4 湖、驱逐怨敌 4 湖、获取成就 4 湖、刹土神 4 狭道、天成 4 佛塔，以及具有神力的 4 赞神：刹土神、戴螺梵天、戴曼珠阎罗、戴头巾阎罗，还有波涛汹涌的 4 河、4 朱砂地、天成佛塔 4 座、成就 4 洞、授记 4 洞、兽面 4 尊伏藏、业空行母 2 尊、冤鬼化身尊、好似凶死男鬼、施财富的空行母尊等等，接连不断。

斯杰杂日大圣地，转 1 圈就能消除二障；如果转 2 圈，就能圆满资粮；转 3 圈，就能消除障碍；转 4 圈，就能获得财富；转 5 圈，就能圆满寿缘；转 6 圈，就能获得共通和殊胜成就；转 7 圈，就能出现无碍因缘；转 8 圈，就能成就不死虹身；转 9 圈，就能获得 9 乘地；转 10 圈，就能现证第十法云地，圆满成佛；转 20 圈，等于在董措湖山顶巡礼 1 圈、在玉措湖中转 1 圈、在莲花魂湖山麓巡礼 1 圈。山顶巡礼和中转巡礼相同，开启了长短 3 条转经道。山顶巡礼 1 次，等于念诵 20 万遍咒语；山腰巡礼（即中转）1 次，等于念诵 50 万遍咒语；山麓巡礼 1 次，等于念诵 120 万遍咒语。12 年中应在此山麓巡礼 1 次，在不是山麓巡礼之年转 2 次，等于在山麓巡礼之年转 1 次，因为没有怨敌和障碍，不能消除业障。那么，为何在同样的圣地，修正法时要接受痛苦呢？不受痛苦，何以收获？不经过寒暑煎熬，怎么能触及慈悲？不消业障，何以成佛？因此，必须首先努力消除业障。措杰问莲花生大师：为何说此圣地胜于其他圣地？莲花生大师道：觉沃有各种珍宝伏藏，是多康六冈①的魂所依和转经所依，容易获得成就和五行精华，故而比其他地方神奇，是要地，具有势力功德，土石都是饶益众生的佛，其修行的效果和功德比圣地外面大。在外面修行 3 年，不如在这里修行 3 个月；在外面修行 3 个月，不如在这里修行 3 日效果好。其他圣地的上师加持他方，这里也能得到加持。巡礼其他圣地 100 天，不如巡礼此圣地 7 日的功德和效果，教法加持的效益也比其他圣地大。因此，为了后来者，埋藏了许多伏藏教法，授记有缘者都能成佛，写在珍贵的纸张上，掩藏在如蛇颈的岩石山上，为了不使它们衰落，还盖印加封。龙王佛手参教敕是佛所说，祈愿未来时有缘的弟子能遇到。黑如嘎拉阿孜从觉沃斯杰雪岭如蛇颈的岩石中挖掘迎请，并给予公开。

---

① 六冈，指下区青康六高地。古代藏文典籍中，康、青、藏被分为上、中、下三区。下区青、康一带，依水流和山势起伏情形，又分为色莫冈、察瓦冈、玛康冈、彭波冈、马杂冈和木雅热冈。

另外，三尊德达林巴大师和噶尔旺·南加多吉，简要介绍了成色寺下方及易贡恰纳村前面的神山、圣水。

莲花生大师的《密明灯》中说：白玛圭圣地是印度和藏地21位雪妖、135座雪山等天成的三脉五轮宫殿，附近有号称恰纳圣地中心的达巴室利神山，还有成色密咒宫殿，其下有戒律密咒洲寺院。在宫殿各域，上部屹立皑皑雪山，下部流淌龙王河流，中间生长繁茂树木，平坦的平坝像碧玉曼札，不分冬夏，鲜花烂漫，天成稻生长在山川大地，众生福报大。在此大圣地四周，东有马头明王圣地嘎瓦隆，南有阎罗圣地加拉白垒峰，西有空行圣地旺日瓦山，北有八大忿怒本尊圣地玛贡龙，被众多大圣地和小圣地所围绕。另外，四方有四事业山：东有尊姆长坚喜威日（夫人胸饰息灭山），南有觉沃罗布杰斯日（尊者珍宝国政山），西有卡姆吉桑旺给日（堡女欢喜怀柔山），北有曼姆曲迥扎布日（药女法源忿怒山），任运成就息、增、怀、诛四事业。天空好似九辐轮，大地

好似本底甘露。尤其是那些忿怒尊圣地，有山酷似勇士、空行，是将有缘者引向净信的圣地。之所以说此圣地具备各种坛城，是因为它是胜乐金刚圣地。据说，此圣地的形成原因是：一位朝圣者从杂日神山来到此地，后来不想返回杂日，要住在此处。杂日神山的施主们说，如果不回到巴室利圣地，就会断了空行母会供，但他坚持住在此处。

10世纪末叶，三世尊德达林巴修建寺院，然后前去朝拜达巴室利圣地。达巴室利圣地生长着党参，还有引渡众生水。达巴室利圣地有外、内、密三层。初业人（即刚信教的凡夫）朝拜外达巴室利，山是水晶山，草是党参草，故名杂日（草山）；如果不具备四大元素，就不能叫作外达巴室利。内达巴室利是虚空大日法身、禅定不变金刚山，故名内达巴室利；若无现空不二相，就不叫内达巴室利。密达巴室利，脉是中脉，山是自身四金刚聚山，故名密达巴室利；若不认证自身坛城的本来面目，就不叫密达巴室利。

达巴室利圣地之所以神奇，

有这样一段故事。以前，易贡羌纳的一个人，牵狗带枪去狩猎。猎狗追赶羚牛，圣地之门自动打开，猎狗和羚牛都进去了。猎人将猎枪挂在门上，进去看个究竟。结果看见到处堆着各种粮食，山川处处都是牛羊，房是玻璃房，还可以随意享用各类食品，吃也吃不完。看到如此神奇，他心想，我如果住在这里，那么，孩子和老婆都在家里，不如把他们都接过来享受美好生活。此时，一位银发女主人进来了。猎人问她："你是这家的主人吗？"她说："是的。"猎人问："这里物产丰富、生活富裕，我回家把妻子和孩子都带来可以吗？"女主人说："3天内可以，如果超过3天就不能进来了。"他说："好的。"就回到易贡的羌纳，把情况详细告诉妻子和孩子们，可是他们怎么也不相信，这样过了6天。到第7天，猎人跟家人说："你们不去就算了，我要去。"结果，他的妻子和孩子都跟随他来了。到了岩石门前，因为已经超过女主人说的时限，岩洞门关闭了。猎人挂在门上的猎枪也夹在岩石中间。据说，此处是未来末劫到来时，人们可以进去的秘境。

朝拜圣地的情况基本相同，就是念诵六字真言和莲花生大师心咒，供石头，祭祀山头，朝拜神山、本尊修行洞和天成胜迹，煨桑，供净水，竖经幡，等等。

二、易贡铁山的传说

易贡铁山在距易贡乡政府驻地约 9 公里处，海拔约 2400 米，与念青唐古拉山脉相连，地理坐标为东经 94°91′、北纬 30°19′。

> 易贡铁山山之王，
> 山脚产铁腰银藏，
> 山顶更有黄金矿，
> 矿产丰富幸福乡。
> 黑色之铁出易贡，
> 白色之银产铁乡，
> 易贡还是黄金地，
> 故名易贡美丽劫，
> 因为美丽称易贡，
> 易贡远有白玉藏，
> 地下珍宝处处有，
> 地上青稞在飘香，
> 旃檀宝树满山布，
> 旃檀香气遍山乡，
> 易贡还是产茶地，
> 润茶美名扬雪水。

关于用铁山土地神帕更森旁的魂铁锻造的易贡刀，有三个传说。

第一个传说是，很久以前，天界派遣格萨尔王征服鲁赞和霍尔古嘎等魔王时，格萨尔王想，岭国的 30 名勇士需要宝刀。他就请示莲花生大师如何做到。莲花生大师命令骑羊护法神去人间打制宝刀，但骑羊护法神没有马上答应。莲花生大师发怒了，将骑羊护法神的铁匠工具箱子扔到人间，箱子落到了今天波密县易贡乡的仲白村。从此，骑羊护法神的打铁技艺流传到了易贡地区。

易贡铁山又名帕更森旁（猪罗刹）。关于易贡刀的第二个传说是，格萨尔王时期，在极喜自在魔王的魂铁里，有一个嘴里喷出火焰、鼻中冒出烟雾的铁蝎子，大如野猪。格萨尔王为了降伏妖魔鬼怪，首先将大如野猪的帕更森旁铁蝎子压在一座大山下降伏，后来形成了帕更森旁，即铁山。格萨尔王为降伏珞·兴赤魔王，需要锻造宝刀"亚斯嘎晨"。要锻造此宝刀，必须用九种铁来混打。这九种铁是：上部印度的诶铁、下部汉地的磁石铁、卡瓦嘎布地区的铜色铁、珞·兴赤地区的阿铁、克什米尔地区的响铜铁、马尔康地区的黄铜铁、工布巴松地区的湖泊铁、波堆地区的银色铁、易贡地区的老罗刹魂铁。俗话说："上弦月头三天往上打造，下弦月头三天往下打造，二十九日浇灌淬利水，九头罗刹鲜血做淬利水。"又说："宝刀挥向天空，蓝天划开似蓝布；宝刀挥向岩石山，粉碎岩石像白灰；宝刀挥向黑大地，剪断黑土皮条般。"据传说，易贡刀共有 15 种，即甲玛刀、阿斯刀、古斯刀、亚斯刀、色瓦刀、拉绒刀、木古刀、景珠刀、细卡刀、多确刀、布直刀、底邬刀、涅古刀等。

关于易贡刀的第三个传说是，某天，一个名叫杰威蜕嘎的威武雄健的人和一个名叫吉岭的具有神力的人，在易贡不约而同地相遇了。他俩来易贡的目的是因为知道在易贡有铁矿，想显示各自的铁匠技术。他们都知道住在一起肯定不行，就约定在神技磐石和头人磐石（这两块磐石现在易贡铁山处）上比试神力。他能从神技磐石跳跃到头人磐石上，他就住在此地；谁没有跳跃上去，他就去别处。吉岭先去跳跃，结果用力过猛，跳过了头人磐石。之后，杰威蜕嘎跳跃，正

易贡藏刀　波密县政协提供

好站立在头人磐石上。于是有云：吉岭不住此地去远方，杰威蜕嘎就住此地也。相传最初，杰威蜕嘎从帕更森旁山开采铁矿，在易贡的仲白村打刀（此处有天成的藏文"白"字），之后在江让打刀，再之后在薄参打刀，最后在噶尔拉纳打刀。目前，有数个传承易贡甲玛刀技艺的人，他们打造的甲玛刀非常受旅游者欢迎，几乎供不应求。他们不仅继承发扬优秀的传统手工技术，而

且进行创新改造。他们的手工技术被列入西藏自治区非遗文化名录，他们所在的村也成为依靠手工技术发家致富的模范村。

三、供赞文

（一）岗堆拉益杰布供赞文

南迎巴瓦岩山顶，
上有美丽无量宫，
拉益杰布现祈请，
安住红岩金刚山，
持守持明师命令，
各自欢喜诸己地，
贡献鲜花等供品，
堆满供品及净水，
一切供品皆供养。

吽！

前方大海浪涛中，
波涛汹涌坛城间，
生有男子具神力，
父魔母龙像奇谈。
无二聚集中央地，
威猛凶恶相难看，
速疾难驯护法神，
身体颜色草乌般，
上身忿怒罗刹相，

一面二臂三只眼，
黑蛇笼罩似暗夜，
右手持有黄金轮，
轮辐缠绕怨敌头，
左手持有黑蛇纤，
捆绑怨敌之脖颈，
手脚肢体都有眼。
下跨蛇尾黑色马，
黑蛇上下遍身缠，
尾綮间现蜘蛛蝎，
燃烧熊熊大火焰。
纳热益温阴体母，
身为红色鲸鱼面，
手持蛇绳及病囊，
蛇尾以及红乌龟，
还有红色绊胸索，
闪烁红光溜溜圆。
派遣尸体化身后，
身体好似血红鲜，
九头伸向罗刹界，
四臂持有铁橛子，
十万蝎子黑蛇绕，
阎罗鬼卒持电链，
盲人麻子赤裸身，
蛙蝎毒蛇绕十万。
阎罗鬼卒持电链，
凶狠残暴诸护法，
迅速降临此圣地，

跳战神舞　普布多吉摄

所托事业祈实现。

（二）三部忿怒护法神供赞文

密业圣地大寒林①，
听从忿怒上师令，
伏藏护法鲁堆赞②，
美妙音乐接惠临，
迅速顷刻祈降临，
安住各自欢喜境。

---

① 密业寒林，是古印度八大寒林之一。
② 苯教将宇宙分为三界：上天界、中赞
　 界、下鲁界。赞是妖精，有山妖、水
　 妖等等。鲁的范围比较广，有时相当
　 于汉文语境里的龙，生活在地下。藏
　 文里的鲁，包含青蛙、鱼、虾等所有
　 水中的动物。堆是魔鬼，是一种害人
　 命、障善法的邪魔，为六欲天的一类。

喂！
美丽大海宫殿中，
城堡俱是宝砌成，
安住鲁界之大王，
身披蓝甲笑无声，
手持蓝矛蛇绳索，
下跨蓝马肤水纹，
赞颂威武护法神。
喂！
威猛燃烧火焰中，
血海电闪波浪滚，
安住赞界之大王，
黑红龇牙铜甲身，
手持赞矛及绳索，
下胯黄色风马乘，
赞颂迅疾诸部尊。

553

喂！

九头卡热圣地主，
恐怖布满荒山岭，
安住魔界之大王，
黑色忿怒铁甲身，
手持板斧及绳索，
下胯白蹄黑马乘，
赞颂威猛魔王尊。

喂！

夜叉部主三神祇，
动员前去御敌凶，
各自带有四侍从，
凶鸟食肉起红风，
降落风雪及雹雷，
乌云密布似黑夜，
无身叫声满大千，
恐惧噤声惊雷轰，
如此夜叉难驯服，
恐怖身上披甲胄，
汝等三位大夜叉，
祈求所托之事工。

（三）多仁年布神供赞文

离戏空性本质密义中，
世俗显现高洁山善业，
嗔恚红岩繁茂树林中，
险要宫殿巍峨且宏大。
云飞雷鸣火红电光闪，

飞窜鹞鹰岩雕猫头鹰，
奔跑虎豹豺狼等野兽。
如此恐怖险峻宫殿中，
迅疾巨力红色骏马上，
具有神力无碍神通神，
金刚宗赞鲁赞咒师装，
身色鲜红现出忿怒相。
右手挥舞红矛夺敌命，
左手持有绳索套怨敌，
身披红色大氅及甲胄，
头戴红色镶边大帽子，
腰系宝剑虎熊皮箭囊。
八部天龙骑着白色马，
黑马花马黄马枣骝马，
还有牦牛黄牛麋鹿等。
后有赞女天女和药女，
前有办事使者侍从众，
手持剑矛刀枪及套索，
蛙蝎蜘蛛走狗鹞鹰等。
令人毛骨悚然诸化身，
持守誓言随从眷属等，
祈请迅速降临此圣地。

祭祀朝拜易贡成色圣地达巴室利的时间，为藏历每月十日、二十五日等吉祥的日子。尤其是藏历四月，成色寺的师徒及信教群众前往圣地进行煨桑祭祀，并竖经幡。

第五篇

墨脱县山水文化

第 一 章

墨脱县山水文化概述

第一节　地理位置及名称起源

墨脱县位于林芝市东南方、雅鲁藏布江下游、喜马拉雅山脉东麓、岗日嘎布山脉西部，东经 93°46′ 到 96°05′ 之间，北纬 27°34′ 与 29°56′ 之间，县城所在地墨脱镇地处东经 95°19′、北纬 29°19′。县境东西方向长 227 公里，南北方向长 262 公里，面积为 31394.67 平方公里。其中，我国实际控制面积为 11950 平方公里，其余部分在印度非法占领区。墨脱县东部的丹巴河流域同林芝市察隅县接壤，南面的巴昔卡与印度非法占领的藏南地区接壤，西南部在苏班西里河与

山南市隆子县及错那县隔河相对，西面及西北部与林芝市米林县及巴宜区接壤，北面同林芝市波密县接壤。

关于墨脱县的地名来源，有这样一种说法：相传，莲花生大师在藏地弘扬佛法时，驾云在空中飞翔，飞经如今的墨脱县境，看见此地群山环绕，峡谷交错，状似八瓣莲花盛开，便取名为白玛圭，意为"莲花状"或"盛开的莲花"。在莲花生大师授记的 16 处秘境中，白玛圭是最大的一处。此地也被称为"莲花秘境"或"欢乐秘境"。白玛圭为

从卓玛拉山上俯瞰墨脱县县城　曲尼多吉摄

墨脱县①旧称，即今墨脱全境。据传说，白玛圭境内有诸多大小圣地，如贡堆诸佛总集金刚萨埵宫、无量寿佛洞、吉祥铜色山、莲花吉祥山、度母神山、火焰龙神湖等。其中，贡堆神山有心识总集洲、财神洲、空行洲、授记洲、八大法行洲、金刚亥母洲等六大洲及六小洲；加上顶洲，总共有十三洲。《诸佛总集金刚萨埵宫志》中记载："见之即可除去病魔障，闻之即可脱离恶趣道，莲师允诺不堕恶趣道。"又在宁玛派大成就者邬坚多吉妥美

孜手抄的《长寿光网甚深七法开启秘境如意光·慈悲道除障志》中记载："被称大乐莲花庄严地，世人光闻此地圣名号，即可脱离轮回恶趣道，虔信前往此圣地迈开七步者，来世生此刹土获正果。"事实上，墨脱县境内不仅有闻名遐迩的神山圣湖，而且在秘境白玛圭四周有象征圣地十三洲永固的四桩子，分别是：东部象山之脚，有天成的六字真言佛塔；南部巨蟒翻滚般的山脚，有伏魔佛塔；西部大鹏展翅般的山脚下，有天成的吉祥八宝图；北部铜牛般的岩山上，有三层石供。总之，墨脱县境内奇特无比

① 墨脱县，因县政府驻地在墨脱村，故名。

558

的神山圣湖不胜枚举，并且流传着许多神秘的宗教传说。据传，在墨脱县境内的"莲花秘境"有通往极乐世界的神门；而打开极乐世界神门的金钥匙，就伏藏于此，待有缘之士来此掘取，并开启神门。

相传8世纪，宁玛派创始人莲花生大师按照吐蕃赞普赤松德赞的意旨，来到藏地南部地区，开启圣地之门，弘扬殊胜佛法。由莲花生大师加持的神山称为"莲花秘境"，意为"如同莲花般的殊胜圣地，暂时隐匿于此，并开启圣地之门"。由于此处还有其他15个圣地的缘故，因此有"圣地之中最殊胜"的美誉。据传，该圣地地形由本尊金刚亥母的殊胜五轮构成：顶尖大乐轮，是南迦巴瓦峰，面朝虚空，海拔7782米，山峰常年被积雪覆盖；喉间受用轮，即金刚玉宗寺，位于波密排龙①境内；心脉法轮，位于神岩壁上，即现在的

---

① 排龙，即今西藏林芝市巴宜区更章门巴民族乡排龙村。旧时，该地属于波密管辖，故在旧时资料上称为波密排龙。

墨脱县帮辛乡肯肯村，据说，居于此地的村民异常聪慧；脐间变化轮，位于德瓦仁青崩（仁青崩寺），故被称为白玛圭大圣地的轴心；密处护乐轮，位于其美仰桑嘎啦央宗；右手在工布的布久寺；左手位于波密倾多栋曲卡瓦神殿。据传，莲花吉祥山圣水即金刚亥母的右乳，涓涓流下的河水是其乳汁；而诸佛总集贡堆金刚萨埵宫，是金刚亥母的左乳；右膝落在地东的列热宗；左膝在南部的珞瑜协孟；左脚是上、下察隅以及位于察瓦龙境内的卡瓦嘎布山系；右脚就在今印度非法占领的仰桑河流域；东北部的雪山和南部连绵不断的山系，由金刚亥母的头部、颈部、身体和手足构成；而漫山遍野的植被，便是金刚亥母的头发；四处流淌的江河，则是金刚亥母的血管。据传说，金刚亥母的全身都被珍宝覆盖着，因此，这里的粮食堆积如山、取之不尽，肉食各取所需、用之不竭，各类名贵药材俯拾即是，被称为"欢乐秘境"。另有传说，"莲花秘境"四周被珍珠般串起的108个大小圣湖环

绕，恰似供养给极乐净土白玛圭的净水供。当太阳的光芒照射在这片圣地的时候，显得格外美丽和更加引人，并且凸显了秘境白玛圭的殊胜之处。

第二节　自然资源

墨脱县自然资源丰富。珍贵的野生动物栖居在原始森林最深处，孕育着种类繁多的名贵草药，孟加拉虎、黑熊、云豹、长尾灰叶猴等国家重点保护的野生动物在此出没，阔叶林、针叶林等珍贵的植物不计其数。墨脱县的植物资源极其丰富，被世人赞扬为"自然博物馆"和"世界植物的标本宝库"，声名远播世界各地。因而，墨脱县可以说是植物的王国、动物的家园、资源的宝库。由于长期与世隔绝，亦可称其为"秘藏于人间的桃花源"。

墨脱县管辖1个镇、7个乡，共46个行政村，常住人口主要以门巴族、珞巴族为主，另外还有藏、汉及其他少数民族。截至2013年年末，全县人口为11720人；9965名乡镇人口中，门巴族7745人，珞巴族1383人，藏族801人，汉族和其他少数民族36

墨脱的"植物活化石"桫椤树　普布多吉摄

墨脱村拉贡稻田　曲尼多吉摄

人。墨脱县政府驻地距西藏自治区首府拉萨市 757 公里，离林芝市巴宜区大约 347 公里，距离波密县扎木镇约 117 公里。2013 年 10 月 31 日，墨脱公路正式通车，结束了墨脱县作为中国最后一个不通公路县的历史。墨脱县的主要特产有水稻、玉米、小麦、荞麦、鸡爪谷①、花生、甘蔗、橘子、柠檬、香蕉、茶叶等，并盛产铁皮石斛等各种名贵中草药，还有名扬四海的石锅等手工制品。

墨脱县未揭开的神秘面纱和"莲花秘境"的宗教传说，引来了无数虔诚的信徒前来朝拜，并诚挚地祈求来世能生在如此殊胜的地方。在墨脱县美丽的传说中，这里有无须磨的天成糌粑窟、不需挤的天成乳汁泉、无须宰牲的天成鲜肉林、不需建造的天成蒲葵屋②，有能普度众生的授持甘露泉，有名贵药材藏党参，还有引导众生圣水。相传，在这里死去的狗都能虹化得解脱。

① 鸡爪谷，是生长在墨脱等亚热带地区的一种农作物，形似鸡爪，故得此名。

② 蒲葵屋，即用蒲葵搭建的木屋。

561

第 二 章

神山圣湖及祭祀仪式

第 一 节　　秘境白玛圭

一、圣地传说

白玛圭是西藏自治区林芝市墨脱县的旧称，由"四崩""四登"构成，也是门五措和珞巴上下两部及金珠域措①所在地。"四崩"即仁青崩寺（位于墨脱镇仁青崩自然村）、玛尔崩寺（位于德兴乡那尔东村）、加崩岗寺（位于甘登乡加崩岗自然村，原白玛维林寺旧址）、罗崩寺（位于德兴乡易贡白村），"四登"即曼札登（位于帮辛乡境内）、拉扎登（位于帮辛乡肯村）、巴儿米登（位于墨脱村）以及贡格登（位于帮辛乡境内）。白玛圭圣地四周，分别有东门岩洞、南门白晶雪谷、西门双运大乐、北门骑狮护法。此地地形犹如本尊金刚亥母仰卧状，在《秘境白玛圭志》中记载："秘境白玛圭位于形似蝎子仰卧

① 门五措，即当布措、荷扎措、背崩措、萨嘎措、达昂措等五个相当于现在乡级的行政机构。珞巴上部落，即今印度非法占领的藏南珞瑜玛尼岗至墨脱珞巴族聚居区一带。珞巴下部落，即今玛尼岗以南至阿萨姆河一带的珞巴族聚居区。金珠域措，即今西藏林芝市墨脱县格当乡一带。

秘境白玛圭美景　普布多吉摄

般的地方，阎罗王耶摩有一殊胜的道场也恰好在此处。"秘境白玛圭四周被红、白、黄、绿、蓝五种颜色的湖泊环绕着，这五种不同颜色的湖泊又分别被与其颜色相同的 108 个小湖泊围绕。相传，此地曾是莲花生大师加持并闭关修行 3 年 3 个月 3 天的地方，也是曼达热娃明妃①虹化解脱的圣地，更是空行母益西措杰获得无生永固之地。白玛圭圣地地势较低处有自然生长的荞麦，地势较高处长满青稞，乡间野外长满稻谷，此地的四沟头、八沟尾长满萝卜、芜菁和荞麦。居于秘境正中央的圣地白玛圭，长有 108 种树木。据传，在白玛圭还长有一种奇妙的果树。这种果树会长出五种不同颜色的叶子，开出五种不同颜色的花朵，结出五种不同味道的果子。这五种色、味不同的果子能治世间 404 种疾病，食用此果能消除饥饿、延年益寿。邬坚·多吉妥美孜②手抄的《长寿光网甚深

---

① 曼达热娃明妃，是莲花生大师的明妃、五大佛母之一。

② 邬坚·多吉妥美孜，19 世纪出生于多吉卫宗（今西藏墨脱县帮辛乡境内）。

七法开启秘境如意光·慈悲道除障志》记载:"金刚亥母身形各地处,右腋之下寒林粗恶苑,左腋之下寒林极惧苑,左肾之处寒林巴森苑,右肾之处寒林喜林苑,密处坐落寒林清凉苑,尻头附近寒林狂笑林,右肋下面寒林杂日扎,左肋下面寒林呼喊苑,八大寒林点缀于四周,殊胜圣地八大尸陀林,吉祥八物供养八方佛,天成神众伏藏有无数。"毫无疑问,此秘境是由八大尸陀林镶嵌而成的阎王殊胜之地。关于白玛圭秘境四方的护法神,上述手抄本记载:"守护圣地四门之护法,东门护法神王大梵天,头饰白螺神怪皆畏惧,千千万万天兵来围绕;南门护法冥界大将军,忿怒东赞怒火映天红,千万凶曜死神围四周;西门守护夜叉大将军,金刚具善护法大将军,麾下千万魔兵立帐外;北门守护夜叉岗吉杰,千千万万夜叉来围绕。四门外围护法武艺高,神祇多杰扎赞护外围。内有护法众喜俊青年,骑虎罗睺罗及岗赞吉,十二地母众神守护之,密宗护法鸦面护法神,蛇眼神祇威压众罗

刹,大密护法依怙黑中性,四臂护法持咒忿怒相,空行天母守护密宗道。"详细描述了守护秘境白玛圭内、外、密的众护法神。上述手抄本还记载:"位于金刚亥母心口处,天地法轮形似扣莲花,名曰大乐莲花庄严地,正中犹如水晶帐篷般,各方侧面均长二十庹①,被称殊胜水晶之岩石,亦称珍宝堆积处,又道胜乐金刚之神殿,又称总集珍宝精髓地。外有晶石天成之帐篷,内部胜乐金刚之神殿,秘密普贤静猛大宫殿,大密莲花普贤金刚持。二百零八众神之宫殿,日出彩虹夜有光明处,智海持明上师之宫殿,本尊智海佛陀之坛城,圣母天女空行之圣殿,智海誓愿聚集尸陀林。白云彩虹时常缭绕处,时有仙香弥散烟云涧;闻得仙女九天乐声处,莲师心咒随风阵阵传。普贤金刚持如来,利众普贤五如来②,佛界本尊金刚亥佛母,密宗怙主马头大明王,观世音与

---

① 庹(tuǒ),是长度单位,一庹有5尺长。
② 五如来,即大日如来、不动如来、宝生如来、无量光如来和不空成就如来。

十方诸佛子，普世八名化现莲花生①，殊胜天成威德像成林。"恰如《甘珠尔》②所载："大秘境地白玛圭，圣地之中最殊胜。"墨脱秘境不仅是一个俱全了本尊金刚亥母的殊胜五轮的圣地，同时也是无量殊胜天成的神圣地域，是千万天女空行成就虹化解脱的圣地，是未来无数福德俱全的有缘人聚集修习的地方。尤其是，伏藏师嘉村宁布从莲花生大师修行洞迎请的伏藏《秘境白玛圭志》记载："位于此秘境中天成的金刚岩堡是三世诸佛的净土，福德俱全的上士能目睹诸佛真身，中士能耳闻佛法声，而下士也能清晰看见诸佛天成像。"

《秘境白玛圭志》载："沿着从桑耶寺东部到塔布地域内滔滔而下的雪域母亲河——雅鲁藏布江行走，或攀古嘎拉山而走，一块神秘的地方将映入眼帘：东山形如群兽结伴而行，山脚恰似攀岩的野兽，山背有如抛向苍穹的武器，而在群山环绕中有一朵八瓣莲花盛开般的秘境，在此秘境中有座巨大尸陀林，夜幕降临时的寒林，宛如熊熊燃烧着的火焰。距尸陀林七俱卢舍③的地方，有一处堆满各种大小不同石供的殊胜地，此处便是众鬼神集聚的地方。该秘境有四大神门，此处有无论是谁都能目睹自身形象的镜像岩，峡谷深处生长着无数参天大树，树与树之间仅隔着二庹之差，大树散发馥郁馨香，食之味辣。此处还有一座大如须弥山的石塔。在被称为极怒洲的地方，各种幻化如同真实显见，并有无数石桥。抵达清净彩虹洲时，能够清晰看见吉祥八宝图和八财图。此地

①　八名化现莲花生，即莲花生八号。宁玛派对莲花生大师常用的八种别号，即释迦狮子、莲花生、日光、狮子吼、忿怒付金刚、莲花金刚、莲花王和爱慧等八种名号，前面均冠有梵音古茹咖即上师。
②　《甘珠尔》，是由佛说三藏四续经典汇编而成的一部丛书。全书有一百零四函或一百零八函。

③　俱卢舍，系梵音，是古印度的长度单位。古印度以人寿百岁时代所用弓的长度为一弓，一俱卢舍约500弓，相当于250尺。

白玛昔日山　格桑摄

熏香四溢，涓涓水流恰似咒语声，使人能够迅速进入禅定的境界。爬过一座小山坡，一条梵文'觉'字形路将映入眼帘。"又描述道："大地状如八瓣莲，天空形如八辐轮。山面呈吉祥八宝图和八财图的圣地，有闻名遐迩的'五大庄严地'和'四小庄严地'，即：东有清净大庄严地和铜镜小庄严地；南有大庄严地吉祥岗和小庄严地智慧岗；西有大庄严地白玛圭即墨脱县境域，和小庄严地白玛圭即波密、工布、察瓦龙三大境域；北有大庄严地雷热岗和小庄严地粗恶岗；中有大庄严地无边岗。五大庄严地各占地面积均有108俱卢舍，四小庄严地各占地面积均有35俱卢舍。如此殊胜地域的四周被连绵起伏的雪山和石山紧紧围绕着，并流传着常年有美丽的花瓣雨从空而降的美妙传说。"

由西藏藏文古籍出版社出版的《大持明嘉村宁布文集》载：

殊胜十六秘境白玛圭，
凡是耳闻目睹业障除。
向此方向迈过七步者，
死后必定转生此秘境。
为此磕过七个长头者，

不堕六道轮回苦海中。
凡人特来此地转一回，
可获虹化金刚不坏身。
能饮此地山泉滴水者，
皆可消除百疾生死苦；
可使五官变得更灵敏，
此地亦有返老还童力。
不闻正法恶业缠身者，
到此朝拜可获成就身。
秘境灰土进入嘴里面，
将死之人亦可延寿命；
寒时暖风可以避寒冷，
渴时可饮甘露圣泉水；
饥时可食各种奇异果，
五谷丰登少有饥寒岁。

《长寿光网甚深七法开启秘境如意光·慈悲道除障志》记载：

雅鲁藏布江流如禅杖，
流域境内圣地五十八，
天成像有三十六万余，
圣地内有五大宝藏区，
三十五处伏藏藏于此。
萨玛雅！
东方清净彩虹庄严地，
雪域持明金刚莲花生，
修行洞似殊胜众神殿，
金刚萨埵奇异幻化地，

九尊主眷① 虚空藏② 菩萨，
无数天成塑像如真身。
萨玛雅！
南有吉祥珍宝庄严地，
莲花大师以及宝生佛，
众神宝殿殊胜修行洞，
宝生佛及地藏王菩萨，
财续母等无数天成像。
萨玛雅！
西有极乐莲花庄严土，
长寿世尊无量光佛陀，
神众宫阙栩栩如生现。
萨玛雅！
北有具德善业庄严地，
莲花生及掘藏卓堆林，
众神之殿殊胜修行洞。
萨玛雅！
正中无边大乐白玛圭，
莲花大师修成极乐王，
众神广聚雄伟大神殿，
壮阔伏藏天成修行洞，
广袤五大庄严之地方，

---

① 九尊主眷，包括中间主像释迦牟尼，以及左、右眷属像八尊，即弥勒、文殊、观音和大日如来、不动如来、宝生如来、无量光如来、不空成就如来。

② 虚空藏，是八大菩萨之一。

均有二百五十俱卢舍，
圣地处处皆为宝藏地。
萨玛雅！
东南全显明镜小庄严，
西南交界智慧小庄严，
西北即为莲花小庄严，
东北交界粗恶四庄严，
殊胜四小庄严布四周，
各为三十五个俱卢舍。

如上详细描述了秘境白玛圭的地形地貌，以及该秘境各大殊胜圣迹。

一世达香活佛达香·努典多吉手抄的《秘境白玛圭志》，也描述了圣地白玛圭的地理概况："莲花秘境形成的地域，就如我加持过的一切藏地神山圣湖，东部是甲摩森林谷地，南有察瓦龙砂岩谷地，西部是工布加拉岩石谷，北有察隅阿扎雪山冰雪谷。走进此地，就是走进莲花生大师加持的众神聚集的福地。朝拜白玛圭，可洗脱一切冤孽，脱离世间一切恶趣，成就虹化解脱之果。"

关于白玛圭成为莲花秘境的原因，《长寿光网甚深七法开启秘境如意光·慈悲道除障志》中记载："大成就者玉扎宁布[①]在白玛圭修行，在意境中聆听莲花生大师布道，于是问莲花生大师：'世间秘境之首白玛圭，连骁勇无敌的蒙古铁骑也永远无法攻破，这个秘境最初如何形成的?'莲花生大师回答说：'玉扎宁布等众弟子请听好，此地本是三世诸佛加持的地方，是人、鬼、神三界勇士和自在空行集聚的大乐莲花庄严地。大地尚在混沌的时候，空中出现十字佛陀快速旋转的风轮，狂风搅动大地，形成世间的四大洲三千婆娑世界。后被三大魔鬼部所统治，掌管三界有情众生之生死，有情众生死后皆被拉入地狱。为了让有情众生能够脱离恶趣，观世音菩萨化为马头明王，在金刚亥母的协助下，降伏为害各界的妖魔，将镇妖伏魔之地加持成为八大寒林。于是，千万空行母翩飞于此地上空，众神聚集于

---

① 玉扎宁布，出生于 8 世纪中叶，是吐蕃翻译家毗若杂纳的徒弟，在吐蕃时期是翻译佛经方面的有功人士之一，属二十五臣民。

巴登则水晶佛塔天成像山　曲尼多吉摄

圣地白玛圭。为让世俗之人产生畏惧与崇善之心，观世音菩萨又将众神之像幻化为白玛圭随处可见的天成像，后我受观世音菩萨之法谕，前来此地加持秘境，从此此地遂成雪域秘境之首。'"

如上述所载，在秘境之王——白玛圭内，有通往极乐世界的神门；然而，由于众生福浅罪重，前去逃离的人很少。又有传言说，对大秘境白玛圭之名，世人听闻或思念，即可除诸业障；信徒如若朝此圣地前行七步，死后即可转世于此；信徒如若面朝此圣地叩七个等身长头，

便可脱离轮回。无论是谁，不分男女，只要来此圣地，死后即能得金刚虹身。秘境白玛圭内的一滴水、一根草，只要人饮之、食之，就有化痼疾、返老还童之效。甚至不闻佛法，而且造孽极其深重，死后必堕阿鼻地狱的人，但凡在此秘境涉足过，便可度己。

如上所载，秘境白玛圭是三世诸佛加持的圣地，是持明空行自然聚集的殊胜地，亦是未来众生被苦海压制而死时解脱的圣地。物华天宝，聚日月之精华，野果的果实大如马头，五谷的粒子如桃核。百姓质朴

569

向善，路不拾遗、夜不闭户。此地是具有种种神奇功能的殊胜地，故被人们称为"不死秘境"或"欢乐隐秘谷"。

花若绽放，蜜蜂自来。越来越多的虔诚信徒接二连三地前来朝圣，他们虔诚地祈祷能受诸佛的加持、洗去一切烦恼、消除一生一世的业障，并祈祷死后不堕入恶趣生门。尤其是每逢藏历猪年，以安多和康巴为主的三区（卫藏、康区、安多）藏族同胞，以及近万名僧俗信众，会克服一切艰难险阻前来朝圣。

宗教祭祀活动　普布多吉摄

二、祭祀活动

在藏民族祭祀神灵的仪式中，烟祭是最普遍的宗教祈愿礼俗。远古藏民的烟祭主要祭祀三界神灵，即上界的天神、中界的念神和下界的鲁神。烟祭是为洗去人身上的所有污秽之气，焚香净化周围的环境，而为迎请神灵做的准备仪式。烟祭最早始于苯教，后被佛教各教派使用，已成为藏民族的一大民族习俗。与其他藏区一样，在秘境白玛圭盛行举办烟祭仪轨。烟祭的主要草料，是杜松、刺柏、冬青子（小杜鹃花）、蒿子等馥郁馨香的植物；而白旃檀、红檀、沉香、藏红花、松香等名贵植物，作为上品熏香也加入其中。烟香糌粑主要由糌粑、酥油和冰糖搅和而成，最好把三白三甘①和药粉撒向燃烧的松柏上。撒完烟香糌粑后，用柏枝蘸上新茶、新酒和清水向烟火上挥洒。同时，煨桑者口诵熏香祷祝，美言赞誉上至十方诸佛菩萨与上师、下至地主护法为首的诸神眷属。

《长寿光网甚深七法开启秘境如意光·慈悲道除障志》所载秘境白玛圭的烟祭祷祝文如下：

嗡！顶礼根本三尊静猛神，朝拜秘境善男信女众，皆要祈祷三尊如以下：嗡啊吽！班杂古如白玛退称孜，班杂萨玛雅杂，斯底帕拉吽啊！嗡啊吽！班杂古如白玛斯底吽！②古如白玛斯底吽！嗡啊吽！法身大日普贤如来佛，报身智慧究竟自性佛，能调根本三尊为化身，祈祷遣除违缘诸障碍，顺利朝拜秘境祈加持。嗡啊吽！班杂古如白玛退称孜，班杂萨玛雅杂，斯底帕拉吽啊！嗡啊吽！班杂古如白玛斯底吽！古如白玛斯底吽！嗡啊吽！三世诸佛一切总集身，三界慑服邬坚大宝师，降伏恶魔忿怒金刚尊，祈祷消除恶缘诸障碍，顺利朝拜秘境祈加持。嗡啊吽！班杂古如白玛退称孜，班杂萨玛雅杂，斯底帕拉吽啊！嗡啊吽！班杂古如白玛斯底吽！古如白玛斯底吽！嗡啊吽！三世诸佛慈悲之总集，佛界至尊菩萨观世音，降魔傲慢马头大明王，祈祷消除恶缘诸障碍，顺利朝拜秘境祈加持。嗡啊吽！班杂古如白玛退称孜，班杂萨玛雅杂，斯底帕拉吽啊！嗡啊吽！班杂古如白玛斯底吽！古如白玛斯底吽！嗡啊吽！利众善识一切三世佛，成就虹化不灭益西措杰，降妖伏魔无敌空行母，祈祷消除恶缘诸障碍，顺利朝拜秘境祈加持。嗡啊吽！班杂古如白玛退称孜，班杂萨

---

① 三白三甘中的三白即乳汁、乳酪和酥油，三甘即冰糖、蔗糖和蜂蜜。
② 均为梵语音译。

玛雅杂，斯底帕拉吽啊！嗡啊吽！班杂古如白玛斯底吽！古如白玛斯底吽！

三、祭文

（一）祷祝文

《长寿光网甚深七法开启秘境如意光·慈悲道除障志》神饮祭祀祷祝文如下：

作为所有仪轨先行的金轮祭祀即神饮祭祀，是把纯净的新酒倒入一个涂有金壁的器皿内，用其供养神灵的一种宗教祭祀。借此祭祀加持力消除一切污秽气，观想供奉神饮变成五欲供，将其供奉给神灵，并把加持力引向下界。

具备三身六种传承的，
根本以及次第传承之，
开示解脱持明众上师，
祈授神饮完成心想事！
事部行部无上瑜伽部，
无量坛城不剩一切众，
尤其根本三尊静猛神，
祈受神饮完成心想事！
金刚亥母大乐天女等，

住锡寒林本域之游方，
智慧母与世间空行众，
祈受神饮完成心想事！
智慧怙主中性母与子，
四臂怙主金刚忿怒母，
二八自在天母空行众，
祈受神饮完成心想事！
鸦面护法大神遍入天，
及其欢乐妃子邬摩妃，
日帝四圣骑虎罗睺罗，
祈受神饮完成心想事！
金刚善神庆喜童子神，
螺髻白梵天王蛇目王，
红黑东赞冈给杰瓦①等，
祈受神饮完成心想事！
金刚岩神吉祥天女神，
尺巴岗赞神②等七山妖，
金刚绿炬地母十二尊，
祈受神饮完成心想事！
依怙五尊煞神三十二，
一切听命幻化众眷属，
守舍五神战神念神等，
祈受神饮完成心想事！
伟大导师莲花生大师，
译师徒弟玉扎宁布圣，

① 地祇赞神之名。
② 地祇赞神之名。

座前担承发誓众护法，
祈受神饮完成心想事！
喂！
神圣法界之中无戏论，
为伏妖魔显现忿怒相，
达拉大神冈布之念神，
祈受神饮完成心想事！
堆积珍宝琉璃宫殿内，
幻化如意不畏宝座上，
赤精夜叉一切众眷属，
祈受神饮完成心想事！
邬坚大宝深深伏藏主，
食肉夜叉黑色大护法，
以及厉鬼念赞鲁等众，
祈受神饮完成心想事！
住锡秘境心间法轮处，
护法吉祥天母金刚赞，
牧场之王神魔赞三尊，
祈受神饮完成心想事！
居于秘境脐间变化轮，
立誓守护秘境内外密，
德木堡神金刚善眷属，
祈受神饮完成心想事！
住锡大乐燃和阿莹燃，
守护秘境内外鸦面神，
护咒护法蛇目罗刹王，
祈受神饮完成心想事！
住锡大畏炽燃大神殿，

众魔听闻摩诃嘎拉令，
供命君臣妃子众眷属，
祈受神饮完成心想事！
住锡那嘎裏扎宫阙中，
圣地护法耆那热杂众，
眷属妃子随行一切众，
祈受神饮完成心想事！
不变寂静永住成就心，
护持瑜伽犹如母待子，
神变法王嘎玛赤列神，
祈受神饮完成心想事！
听从莲花生命之神众，
守库大神鲁赞具燃龙，
祭坛幻化再化众眷属，
祈受神饮完成心想事！
住锡胜乐宫殿外围处，
誓愿护法金刚岩堡神，
丘陵赞鬼妃子众眷属，
祈受神饮完成心想事！
大势莲花堡之护法主，
阿普鲁赞赞堡金刚神，
护贝龙母无畏燃魔王，
祈受神饮完成心想事！
地主圣地主和伏藏主，
远行道神安居守舍神，
天龙星曜八卦九宫等，
祈受神饮完成心想事！
地祇君臣随从年月日，

明示圣地变化众神鬼，
尤其住锡此地众地主，
祈受神饮完成心想事！
洁净酒新供品此神饮，
供养三根本及八大魅，
冤亲债主守舍众神祇，
祈受神饮完成心想事！
虔听佛法三宝二谛言，
不住四洲不饮海水无，
亦无不顾己命己身者，
不畏王法舍弃正义无，
天龙八部遵守莲师命，
明辨善恶成就所托事，
祈受殊胜五欲之神饮！
吽！
身负莲师之命人，
七十依怙八部神，
三十部首十万众，
十八咒主和听命，
土地神和空行母，
八天八龙八曜星，
八大自在护法众，
生神战神乡土神，
尤其护法伏藏神，
刹神地祇静地神，
恭请光临受神饮，
增息怀诛业完成，
不要愤怒与嫉妒，

成就我等之愿景！
除匪除瘟息战争，
为弘佛法筑善因，
佛光好比上弦月，
不负莲师之命令，
所托事业俱完成！
护持佛法颂三宝，
延长僧众瑜伽命，
吹螺挥舞名誉旌，
增长受用惠眷亲，
壮而不老青春体，
聪而双目辨毫分，
双耳常闻旖旎乐，
鼻子不离馥郁馨，
享尽人间诸美食，
衣物柔软倍舒心，
心生五彩智慧光，
无漏利乐满愿心！
时常供祭偈颂你，
力如天大情海深。
吉祥如意居家顺，
利益众生旅安平，
远离一切无妄灾，
一切如意心愿成！
我等无量众有情，
无上菩提道修行，
祈求遣除诸障碍，
任运创造诸缘顺！

为人只要佛法念，
便可赐予成就升，
护法诸眷如意宝，
护佑我等心愿成！
祈愿上师永驻世，
弘法利众悦己生！
持法佛子满世间，
施主富足业繁荣，
佛法驻世事业兴！
地无饥饿等灾难，
人无不睦等纷争。
佛法密咒十方布，
众生获得成就身，
供施双方共愿景，
同心同德弘佛门。
尤其我等瑜伽众，
无论安居与远行，
身心与佛永同在，
护持佛法尽所能！
时刻供奉颂祈请，
一切障碍俱战胜，
欢乐成就伴随身！
诸佛弟子菩萨心，
如意弟子众传承，
噶举① 旗帜岗波巴②，

噶举教法开山人。
护佑秘境逆缘息，
祈愿任运创造顺，
开示静猛得解脱，
祈愿驻世佛法兴！
至诚祈祷！
名震世间莲花生，
利他伟业力践行，
万丈光芒如意法，
祈愿驻世佛法兴！

如嗔心重，即念诵：
信佛持法诸眷亲，
心怀憎恨各类人，
借以自在天神力，
瞬间引来指路灯！
此乃意乐之幻境，
息增怀诛俱唤醒，
各种障碍业力苦，
一瞬即逝俱战胜。

分别层次为：
无明嗔起分别心，
四大失调病上身，
男鬼女鬼别加害，
违缘障碍遁无声。

妖魔变幻有：
变幻无常难识现，
三百六十种妖精，
曜神龙神世间魔，

---

① 噶举，是藏传佛教四大教派之一。
② 岗波巴，即噶举派创始人塔布拉
杰·索南仁青。

祈求灭于佛法境!

若咒兆重,即诵:

彼岸咒师恶意行,

依稀作孽颂咒经,

言语败拆放恶臭,

请除恶法现原身。

外出时诵:

顶礼守舍诸神灵,

护佑我等去远行,

在外远离各种灾,

遣除逆缘万事顺!

若要做重要的事情,即诵:

心中事业执念深,

本尊加持请降临,

浩如烟海众护法,

保佑我等事业成!

若到新圣地,即诵:

贵地黑白众神灵,

布施财物示心诚,

心慈各位望守誓,

护佑所从佛法兴!

闭关修行之时,即诵:

密乘精髓二次第,

念修四支三摩境,

逆缘熄于内外密,

祈求增长觉沃身!

总业诵:

意乐之地幻化境,

息增怀诛俱唤醒,

各种障碍业力苦,

一瞬即逝俱战胜。

中述:

护持潜修智慧神,

祈愿任运创造顺!

开示静猛解脱道,

驻世日久事业兴!

(二)祈愿文

以上托付诸事业颂词,作者为金刚猛咒师。吉祥!

喂!天龙夜叉食香瓶腹鬼、主宰四大洲的各位转轮王,请将三千世界的各种功德和圆满福祉都招至此地。所呈供品虽有腐烂但禅定不明显,谨表示至诚忏悔!现当着众宾客之面祭祀以桑烟,祈求赐予共与不共二成就!各就各位各路司各职。瑟瓦布达艮杂①!

身如须弥山吉祥,

如似六十妙音唱,

意像无边无垢境,

佛陀三密皆吉祥!

福瑞装扮世界美,

_____

① 音译咒语。

玛尔崩寺的神舞　普布多吉摄

三部围绕雪域芳，

祈愿佛法得隆兴，

世界和平呈吉祥！

如上，抛洒花朵住于广大发心中。

（三）内、外、密护法祷祀仪式及颂词

昔年师君三尊[1]在世时，莲花生大师来到吐蕃藏地制服了所有凶煞恶灵，建成了吐蕃第一寺院桑耶寺。桑耶寺圆满建成后，在黑波日山上举办烟祭仪轨，犒

赏诸善神。从此以后，在雪域藏地逐渐形成了煨桑烟的宗教习俗。在秘境白玛圭，也广行煨桑烟、祭供神饮的仪轨。人们通过煨桑烟、供奉新茶和新酒等方式，祈请秘境护法神和其他各种神灵庇佑。

祈请护法众神位临秘境的仪轨如下：首先是将上师、本尊和自己三心合一，以借本尊神的威力祈请众神驾临；其次是根据神威安排位置，并念诵阿弥达除晦，念诵萨巴哇净化，观想朵玛食子成为无漏智慧甘露海，再念诵从"让央康、嗡啊吽"到"嗡啊嘎热"等颂词，并在摆上供品

---

[1] 师君三尊，指亲教师静命、轨范师莲花生和法王赤松德赞。

577

后念诵：

> 吽意化供品成圣品，
> 甲胄箭矛兵器呈，
> 牛马象羊诸家畜，
> 五肉①五香②五药③等，
> 供物俱全丰盛故，
> 成就归功各神尊！
> 牢记昔日莲师命，
> 金刚誓言铭于心。
> 雪域殊胜之佛法，
> 恍如夏花绝甘霖，
> 吃住俱难众生苦，
> 祈请息解欢乐临，
> 成就所托诸事业！
> 烦恼惰性去无形。
> 诚心忏悔祈请承受之。

口诵完毕后，祭祀包括内、外、密护法在内的圣地四门护法众神灵。

按照本尊的生起次第，对伏藏护法诸神的祭品应有：新茶、新酒、鲜血般红色朵玛食子、金

刚顶朵玛食子和九拇指印丸等，按其顺序，陈列在前。先迎请护法神：

> 观想自为忿怒莲花生，
> 心间蓝光吽字祭火升，
> 疾如流星飞向莲花顶，
> 降落金刚岩堡右山顶。
> 尤其秘境白玛圭圣地，
> 外门护法金刚岩堡神，
> 住锡雪山震慑空行刹，
> 不分四季云霭帐篷形。
> 山腰岩石森林交错布，
> 栖息虎豹豺狼以群分，
> 夜叉鲁赞念等此长聚，
> 八部鬼神此地伴眷亲。
> 山涧水声震如万龙啸，
> 住锡护法神号金刚名，
> 红身红马疾如电光闪，
> 叩请身披甲胄护法神！
> 班杂萨玛雅杂杂！

祷祀颂词如下：

> 舍！制伏毁盟嗜血鬼，
> 缔结善缘大战神，
> 今日特别奉供品，
> 祈请践约此光临！
> 永驻圣地做友伴，
> 排遣违缘事业成。
> 黑渊响彻惨绝声，

---

① 五肉，即象肉、人肉、马肉、狗肉、黄牛肉或孔雀肉。
② 五香，即檀香、麝香、肉蔻、红花和冰片。
③ 五药，即苦参、乌贼骨、悬钩子、佛手参和建菖蒲。

那是罗刹鬼吃人，
尊为凶手索命者，
直取心脏血淋淋，
魔首获报赴地狱，
善恶报应析分明。
护持雪域刹土境，
保护佛法显奇能。
桑耶不动铁堡住，
夜叉孜玛热战神，
玉扎宁布莲师嗣，
守护伏藏诸化身，
一髻佛母鸦面神，
事业差龙狰狞神，
疾如闪电虚空显，
雷霆力击敌粉身。
身跨妖马巡世界，
敢叫教敌难藏身。
身披赞甲长矛舞，
红色妖绳套敌颈。
长矛刺敌一刹那，
大乐刹土度灵魂。
杀敌不舍慈悲心，
除魔只为度众生，
对待三宝持邪见，
即为公众之敌人，
任他幻做无形鬼，
渝盟诛杀不容情。
尔乃莲师护法神，

解脱十逆①誓言铮，
除害收魔取心血，
供于祭坛做神饮。
虽授正法未归心，
不信有果就有因，
善神昌盛邪神妒，
祈除毁佛各恶灵。
凡是僧伽座前人，
无论兄弟或姻亲，
信仰丧失谤佛者，
一律诛杀不留根。
破坏地方之安宁，
不辨阴性与阳性，
此类盗匪与鬼祟，
一律正法于兵营。
雪域藏地佛法境，
如海佛陀授记清，
显密二宗如日月，
祈求无阻放光明！
持法无上众师尊，
圣贤僧众结同心，
戒律清净无障碍，
普度众生佛法兴！
萨玛雅！
皈依三宝获解脱，

---

① 十逆，指佛教密乘所说应杀不赦的十恶怨敌。

白玛圭圣地波弄贡风光　普布多吉摄

祭祀神灵障碍清。
尤其金刚岩堡神，
证得八地护法神，
一旦末法时代到，
他是成就之战神。
加印！
东门护法大梵天供赞文：
吽！
头顶螺髻梵天尊，
右手宝剑净白身，
左手托举如意宝，
跨下风翅白骐骥，
恭迎战神祈莅临！
甘露丸等法供品，
神乐包括丝竹磬，
心实意满贡世界，

祈愿化身再化身！
末法时代之佛法，
永恒不舍慈悲心，
内外邪魔鬼蜮众，
绝迹不留一微尘，
天行有常日月明！
瑜伽一起奉战神，
我等渝盟忏悔诚，
不净秽气皆尽除，
护佑藏地众生灵！
南门护法神阎罗王摩耶供
赞文：
啊嘎热杂！吽！
阎罗父母请光临，
花药血等此供呈，
乐空双运无漏智，

580

外加兵器和法品。
禅定颂咒除污秽，
祈受酬谢荣耀增。
息增怀诛调众巧，
三界三地胜敌能。
威猛双尊众眷属，
祈求护佑佛业兴！
清灾肃敌除邪教，
幸福降临众有情！
西门护法誓愿护法金刚力供
赞文：
吽！
具誓护法金刚善，
身像坐骑变化频，
持咒伏魔祈莅临！
杂！
酬谢护法献供品，

计有神灯无魂命，
怨敌灵魂甘露丸，
血肉法物神馐等，
不计胫骨与号筒，
殊胜供品如海呈。
祈受供品护圣教，
消除障碍惠生灵，
打击邪魔躯疾病，
送走灾害息战争。
魑魅幻化俱毁灭，
忏悔坏失戒律等。
今我供奉且赞誉，
祈愿有情导师圣，
寿命事业双增长！
佛法如日得隆升！
瑜伽我所托办事，
具誓护法来办成！

中阴神舞　普布多吉摄

内密护法多吉玉珍玛① 供赞文：

吽！

金刚绿炬永宁神，

祈携眷属此光临，

莅临圣地依次序，

护法随从把座升。

药酒法物神馐供，

意之幻化殊胜呈。

供品兼具五妙欲，

八吉八物七宝珍。

人天两界诸荣华，

化作酬谢示虔诚！

如若有缺或冒犯，

真心忏悔且容情！

请除末法时代障，

驱除病饥与战争，

享受和平众生乐，

圣教如月上弦升！

昔日莲师所诲言，

今日成我偈颂经，

经年累月铭于心！

增息怀诛调众法，

乃是处事一法门，

成就俱善事业成！

形影不离护持咱，

伴随事业顺利成！

内密护法凶煞罗睺罗供赞文：

吽！

三角红黑之中心，

四面母与凶煞神，

八头千眼顶髻鸦，

祈请受祭此地临！

八宝八物五欲俱，

三障朵玛供品呈。

昔日失信诚忏悔，

酬谢护我荣耀增，

祈除疯癫或僵缩，

死于非命等祸根。

诵咒招魂瞬间度，

引向万无虚空境，

所托事业速速成！

雅礱佛业由你护，

犹如慈母待儿孙！

赞颂奇异护法神，

恩布雪域众有情，

今日共同来祭祀，

祈愿谒见白莲尊，

护佑增息怀诛成！

内密护法神金刚童子② 供

---

① 多吉玉珍玛，是十二尊永宁地母之一，意为翠聪绿炬地母。

② 金刚童子，是无上续本尊金刚橛的异名。

赞文：

吽！

金刚童子载百轮，

不二虚空事业神，

双运幻化诸眷属，

祈请大驾此光临！

三生无二金刚橛，

幻化远离二希品，

供奉二现① 护法神！

祈获二谛② 双运果！

人天两界荣华增，

敬献盈天铺地供，

祈受瑜伽此心诚！

祈愿誓言莫减损，

祈愿酬谢荣耀增！

祈赐四业俱顺遂，

祈祝两种成就③ 升！

大密护法鸦面护法神供赞文：

吽！

莲日座上依怙主，

刀鬘天衣狰狞神，

血海中立奎宿母，

手持利剑诸天女，

九头四臂蛇尾兽，

手持幢箭水妖精，

神界大仙罗睺罗，

持钺三尊众眷亲，

今奉酬补供圣物，

兵器乐器物纷呈。

心中所愿皆供奉，

懒惰失信忏悔诚。

祈除邪魔佛教敌，

疾病灾难与战争，

四业事业顺利成！

大护法神乃琼金刚称供赞文：

吽！

红黑血海漩涡心，

多吉扎旦及眷亲，

敬献朵玛及药酒，

圣物兵器祭祀诚，

胫骨号筒与伞幢，

长角号等做供品，

人神两界诸意化，

祈受心愿保安平。

威力具足金刚称，

恩布雪域众有情。

饮水思源不忘本，

祈愿事业日隆升！

难中呼唤诸护法，

迷里慧眼指路灯。

情愿昼夜相守护，

同心同德不离分。

---

① 二现，是承认内心和外境分别存在的
感觉。

② 二谛，即世俗谛和胜义谛。

③ 两种成就，指共与不共成就。

恳请赐予四业长，
两种成就日隆升，
原宥末法时代里，
一切毁盟失信人！
具力降伏诸魔敌，
黑白善恶明辨分，
三宝慈悲法力长，
佛光普照众有情！
讲修教证二种法，
速给盲途指迷津。
祈愿发愿皆实现，
上师明鉴慈悲临，
瑜伽所乞承应诺，
除却恩师别无人。

大护法神妖王孜邬玛布供赞文：

喂！

日落西山晚霞飘，

孜邬玛布供品到。
红甲红盔红旗耀，
红马飞处赞众绕。
雪岩江林山谷住，
赞神眷属影飘摇。
请享血肉朵玛等，
丰盛外供五欲妙。
祈愿继续护福田，
各种赞病皆除消。
莲师座前曾应允，
竭力尽心奉圣教。
护持三宝发荣光，
护持瑜伽增荣耀。
居家外出皆平安，
圣教怨敌俱除掉。
佛光普照人间乐，
百业兴旺大地好。
夜叉孜邬玛布尊，

墨脱县的亚热带原始森林　曲尼多吉摄

盟友教敌莫混淆，

刹那取其魔头命，

魔心魔血当佳肴。

谨祝事业成就俱圆满！

大护法神阿奇曲珍① 供赞文：

吽！

昔年佛教遇困境，

萨迦直贡② 临复兴。

兴教有奈大护法，

阿奇曲珍祈莅临！

末法时代到来时，

还望莫舍慈悲心。

无二分别之供品，

圣物法物咒物呈，

甲胄兵器乐器等，

物供幻供无量呈。

祈受供品护释教，

内外敌魔消除尽。

驱除病兵自然灾，

原谅渝盟失戒人。

祈请承受勿离去，

相助时时做友邻！

大护法神工尊德木③ 供赞文：

娇！

速证事业尊母神，

工尊德木祈莅临！

内供法物血酒等，

外呈乐器丝竹磬。

实物意化无量供，

祈愿接受瑜伽心。

恳请肃清圣教敌，

驱除魑魅于无形。

原谅失信毁盟者，

护佑瑜伽事业成！

日夜皈依徒相伴，

工尊德木赞声声。

第 二 节　　嘎瓦隆圣地

一、圣地志

17 世纪中叶，由掘藏大师

达香·邬坚桑丹林巴及其弟子邬坚·图多林巴开启了秘境白玛圭北洲嘎瓦隆神山圣地之门，挖掘出了以马头明王和金刚亥

---

① 阿奇曲珍，是藏传佛教止贡噶举派的一位护法神。

② 萨迦直贡，即萨迦派和止贡噶举派。

③ 工尊德木，是当年工布地区的一位护法神，也是十二尊永宁地母之一。

嘎瓦隆圣地的善根千佛山西面　普布多吉摄

母为主的无数尊殊胜佛像，以及殊胜密修伏藏经《本尊密意集》。后来，又在波密的倾多栋曲仓巴陇伦、卓隆圆满岩等地开启圣地之门，并修建寺庙和禅房。不久之后，金刚瑜伽母同时授记师徒二人。根据授记，师徒二人来到了圣地嘎瓦隆。邬坚·图多林巴从空行舞池伏藏中挖掘出了莲花生大师石像，并将此殊胜石像进献给上师达香·邬坚桑丹林巴，结下可使

嘎瓦隆神山　普布多吉摄

嘎瓦隆圣地的吉祥铜色山　曲尼多吉摄

上师永驻世间的善缘。在开启圣地之门的地方修建了多东寺，培养僧众，大力弘扬佛法，广行利他事业。

　　嘎瓦隆神山圣地的地理位置，属白玛圭北洲粗恶苑的范围，故而地质粗恶，施行诛法①极为灵验。护持此地的护法神皆身具慧眼，神通广大，而且不逾越历代

----

① 诛法，是祈求鬼神加祸于敌人的诅咒仪式。

嘎瓦隆圣地的鹏鸟山　普布多吉摄

嘎瓦隆圣地的灵鹫山　曲尼多吉摄

持明的教诲和盟誓，有速成事业的能力。被莲花生大师收服的金刚多杰扎神和蛇目魔王，是守护整个秘境白玛圭的两大护法神，性情粗暴，善用恶疾生取渝盟和持邪见者的性命，故以其凶猛残暴而名满天下。达香·邬坚桑丹林巴实则是圣无上莲花生大师胜乐金刚的化身，他先后掘取了无量的殊胜伏藏，在其一生中开取了11部殊胜如意伏藏经。大师在世之时，对其心传弟子邬坚·图多林巴等无量持戒教主，传授自派伏藏的成熟解脱法，并在康区新龙等广大藏区大力弘扬佛法。后人为此赞曰：

诸佛唯一方便道，

众所礼赞圆满经，
传承莲师宁玛义，
光耀世界吉祥呈！
妙法总集诸佛意，
达香活佛又复兴，
薪火相传四方播，
八面回应神鼓声。
吉祥难分上与下，
功勋殊胜古与今，
莲师化身达香佛，
妙法弘传世扬名。

在嘎瓦隆圣地境内有一面圣湖，据传是白玛思丹（莲花耀）佛母的本尊圣湖。昔日，达香·努典多吉大师从这座圣湖开取了灵骨塔、火晶、水晶等殊胜伏藏。

588

盛夏之时的嘎隆拉天池　墨脱县政协提供

二、圣湖与瀑布

（一）嘎隆拉天池

嘎隆拉天池坐落于距扎墨

公路 24 至 60 公里的扎木镇和墨脱两地交界处的嘎隆拉神山之顶，平均海拔 4332 米。嘎隆拉神山南望墨脱县。此地有三面小湖泊形成的嘎隆拉天池湖系，圣湖面积约 6 平方公里。嘎

冬寒之时的嘎隆拉天池　墨脱县政协提供

嘎隆拉瀑布　墨脱县政协提供

隆拉隧道开通之前，嘎隆拉天池是通往墨脱境内的必经之路。圣湖南北长约 10 公里，东西宽约 6 公里。嘎隆拉神山隶属于墨脱县达木珞巴民族乡的管辖范围，距乡政府驻地 60 公里，距墨脱县政府驻地 90 公里，距波密县 30 公里。山顶有草甸、雪山、冰川、圣湖、瀑布、林海，自然风光旖旎。嘎隆拉神山已成为墨脱县最有名的旅游景点之一。

据传，嘎隆拉神山是莲花生大师的修行圣地之一，因此也是圣地白玛圭的重要组成部分。该神山状如大鹏展翅，天池湖面呈翠绿、鹅黄、奶白等缤纷的色彩。传说，此地牛羊喝了圣湖之水，乳量即可大增。另有传说，昔日南部大部分地方被 18 个魔王霸占，他们肆意屠杀波密和墨脱境内的牛羊牲畜与村民。格萨尔王得知后，率兵制伏了群魔，并在白玛圭击斩魔王。其后不久，岭国将领古拉脱杰在波密的如纳河口生擒魔王，并取了其性命。魔王的坐骑白马幻化成一条巨大的毒蛇，与古拉脱杰搏斗，却被制伏。古拉脱杰在此处建了一座伏魔殿。所以，嘎隆拉神山亦被称为"秘境白玛圭的伏魔台"。

（二）嘎隆拉瀑布

嘎隆拉瀑布位于嘎隆拉神山的北部山麓，瀑布高100余米。盛夏雨水充沛，瀑布顺着巍峨险峻的岩石咆哮而下，气势磅礴，极其壮观；寒冬雨水稀少，瀑布沿着岩石涓涓流下，似水帘悬挂，景色旖旎。

第 三 节　　贡堆颇章神山与圣湖

一、地理位置

"贡堆颇章"意即众佛聚集的神殿，神山因此得名。世人也称之为金刚萨埵大圣地或金刚空行大圣地。雪域藏地有四大神山，即西藏林芝市墨脱县境内的诸佛

诸佛总集金刚萨埵宫神山　曲尼多吉提供

贡堆颇章神山的大鹏鸟母子天成石　曲尼多吉提供

总集金刚萨埵宫、阿里地区普兰县境内的冈仁波齐雪山，云南德钦县与林芝市察隅县察瓦龙之间的卡瓦嘎布雪山，以及西藏山南市隆子县境内的杂日扎神山。其中，贡堆颇章神山是莲花生大师的16个圣地之一——秘境白玛圭的重要组成部分，其圣地之门被莲花生大师的25位心传弟子之一——达威讯努（月光童子）邬坚·卓堆林巴、玉扎宁布·多吉妥美以及贡桑嘎旺·其美多吉三大持明大师所开启。

诸佛总集金刚萨埵宫神山的东部与上察隅接壤，南邻下部珞瑜，西部与墨脱县县城相连，北部与波密相邻，人们也称此神山为金刚空行大秘境。《圣地白玛圭之诸佛总集金刚萨埵宫胜迹志·现见解脱》记载：

内是法身普贤佛净地，
密即大日如来佛刹土，
外是寂静金刚萨埵殿，
山顶乃是三怙主宫殿，
此山乃为刹主龙王宫。

贡堆颇章神山是莲花生大师垂怜加持的殊胜胜迹。据传，在该神山圣地之门还未开启时，任何人都不知道神山的具体位置。有一次，莲花生大师借助无边的法力，幻化成一头白色羚牛漫游此地，恰被邬坚·卓堆林巴看见。他追随羚牛的脚步来到贡堆颇章神山，并且目睹了守护此圣地的天成狮子像、八大化名莲花生大师法座、邬坚甲琼岩洞（大鹏鸟修行洞）、无量佛聚集的圣湖、药师佛的药碾、空行母的宫阙等殊胜六大洲和六小洲，以及顶洲共十三洲境内的神山圣

592

湖，心想此地一定殊胜无比。另有传说，为了防止福德颇深的有缘人士在山间迷路，一头神幻羚牛指引他们出山。久而久之，越来越多的信徒前来瞻仰贡堆颇章神山。

民间又流传着另一美丽的传说，在很久以前，此地瘟疫横行，并且深受凶恶地祇和龙祇的压迫，人们生活在水深火热之中。莲花生大师得知后，从印度派遣一只大鹏鸟制伏了恶魔。从此，人们过上了幸福、快乐的生活，此地也成为莲花生大师加持的秘境福地。

二、胜迹志

在前去贡堆颇章神山朝圣的途中，不仅能够瞻仰六大洲和六小洲，而且还能瞻仰莲花生大师为了洗清众生的罪孽而留下的莲花法帽现见解脱帽天成像。《胜迹志》中载："信徒若转绕此法帽十三圈，其功德等同于转贡堆神山一圈。"三大持明大师开启秘境之门时，为此圣地取名为"不死欢乐大秘境"或"金刚空行大秘境"；同时，将此圣地分为神祇、地祇、龙祇三界。格当金珠久茹登，是通往诸佛总集金刚萨埵宫的第一道门。朝拜神山者通过此门，首先会到达阎罗王摩耶的宫殿。据传，凡是到此供奉神灵者，即可消除杀生邪见之心，清净病魔等一切罪障。莲花生大师也曾允诺过："世人闻即不堕三恶趣。"

诸佛总集金刚萨埵宫的六大洲分别是：清净总集洲，财神洲，空行洲，羚牛授记洲，八大法行洲和金刚亥母洲。六大洲各有其护法神灵，而且在朝圣途中可瞻仰天成佛像、莲花生大师降伏的印度大象天成像、莲花生大师的大手印和大足印，以及天成的六字真言等无量殊胜胜迹。

第一洲清净总集洲上，可瞻仰无量殊胜伏藏、比丘虚空藏、大成就者萨热的化身嘎绕多吉和译师益西曲英的殊胜修行洞、莲花生大师的大鹏修行洞等无量殊胜胜迹。另外，在此处还可瞻仰守门狮子天成像、空行母舞池、八大化名莲花生大师法座、贡堆

拉措、药师佛的药碾，以及无量智慧空行母的宫阙。据传，信徒在贡堆拉措湖畔喝湖水或用湖水洗脸、求加持，能熄灭此生的一切孽障，还能清除无量世的业障。在第一洲和第二洲交界处，有空行刹土、阿育王塔和莲花生大师法杖天成石像。据传，信徒转绕此法仗便可消除三灾五难。

第二洲财神洲上，有多闻天王宫阙。据传，善男信女在此洲礼拜、转绕和供奉，可获得凝财聚福的福果。

第三洲空行洲上，可瞻仰空行文字（一种密宗经典）、莲花生大师大宝法座、十一面观音菩萨天成像、状如琵琶的妙音天女神湖、空行密洞，以及莲花生大师的伏魔身迹等殊胜胜迹。

第四洲的岩壁上，有幻化的白色羚牛授记，有明辨善恶者红色阎魔王的住锡地、分辨善恶黑白、中阴狭道、同印度清凉大寒林的殊胜性无二的阿扎唐寒林；对面的岩壁上，可瞻仰狮子吼和标有释迦狮子（莲花生大师的八大幻身之一）胜迹的路标石。白玛圭秘境三大持明大师曾严饬：

"任何人不得在此圣地出大小恭。"由于此地殊胜无比，因此，邬坚·卓堆林巴特意在此堆积了大小石头用以指路。世人如果在此以外的地方出大小恭，死后必堕阿鼻地狱。违反三大持明大师禁令者，来世尽管偶得人身，也必然受聋哑、痴呆、残疾之苦或患麻风、狐臭等疾病之苦。

到达第五洲八大法行洲时，可瞻仰八大法行宫阙、雌雄摩伽罗（传说中海里的大鳌鱼）、十三大伏藏匣子、忿怒金刚（莲花生大师八大幻化身之一）天成像；还可瞻仰莲花生大师为了降伏龙祇显现忿怒相，幻化成忿怒金刚的殊胜天成像。

然后到达顶洲①，可瞻仰莲花生大师法帽现见解脱帽、莲花生大师的大手印、空行母益西措杰的大足印、无著菩萨前世坐骑的脚印，以及莲花生大师的法座和空行母的灶锅等无量殊胜胜迹。

---

① 诸佛总集金刚萨埵宫为绕山圣地，由起点经第一、第二、第三、第四、第五洲后到达顶点，此后绕山而下即到第六洲。

贡堆拉措湖　曲尼多吉提供

到达第六洲金刚亥母洲时，可以瞻仰静猛百尊的宫阙、十六罗汉的法杖、莲花生大师的天成像、众空行母的浴池、诸佛总集修行洞等无量神山圣湖。

此处略说转绕诸佛总集金刚萨埵宫的功德利益：转绕杂日扎神山1圈的功德，等同于见佛13回的功德；转绕杂日扎神山13圈的功德，等同于转绕莲花吉祥山1圈的功德；转绕莲花吉祥山13圈，其功德等同于转绕诸佛总集金刚萨埵宫1圈；如若转绕礼拜诸佛总集金刚萨埵宫13圈，便可证得金刚不坏之果。莲花生大师曾允诺，如若未证得此果，死后，莲花生大师则会顶替此人过中阴；并且，留下了许多殊胜的大手印和头印以示盟誓。

诸佛总集金刚萨埵宫的高深莫测，以及那些美丽的传说，引来无数虔诚的信众朝拜。每逢藏历六月至十月下旬，朝圣的信徒背着睡袋和干粮，从格当金珠久茹登河谷徒步行走，开始为期半个月的秘境白玛圭朝圣之旅，在诸佛总集金刚萨埵宫瞻仰胜迹、煨桑烟、念诵莲花生大师心咒，并在山顶立旌旗、挂风马旗。每逢藏历八月、九月，墨脱县的雨量相对减少，风和日丽，景色旖旎，因此，到诸佛总集金刚萨埵宫朝圣的信徒和旅游观光的人群源源不断。

三、贡堆拉措圣湖

贡堆拉措即诸佛总集圣湖。圣湖位于诸佛总集金刚萨埵宫六大洲的清净总集洲，状如海贝，是以忿怒金刚亥母为主的无量殊胜佛菩萨集聚的圣地。据《诸佛总集胜迹志·现见解脱》记载："世人若在湖畔喝水或者洗脸即求加持，不仅能消弭此生的诸障碍，并可清除无数世间所造的孽障。"另有传说，

格当金珠神山　曲尼多吉摄

此圣湖湖面能观望未来。从前，一位福德丰厚的有缘人士从贡堆拉措看见了聚集成千上万僧众的大寺院，寺院富丽堂皇如龙宫的宫殿。在寺院门口的一块大磐石上有一个修行者，顷刻间，该修行者骑着神鹰飞向虚空。数年后，朝圣者再次前来朝拜圣湖，才得知骑在神鹰上的修行者看上去只是一个普通的牧羊人，实际上是在此修行多年的大成就者。后来，朝圣者又来到此处。有一天，牧羊人问他："你家住何

处?"然后，将他送回了故乡。朝圣者才恍然大悟，其实并无神鹰，而是牧羊人借法力将他送回了故乡。

第 四 节　格当金珠神山

一、地理位置

状如本尊金刚亥母仰卧地上而形成的大秘境白玛圭，实则分内、外、密三个不同区域：外围是持蛇左手，即波密县；内院是欢乐秘境白玛圭，即墨脱县；密部是状如宝鱼游弋般的格当金珠鱼之乡。格当金珠神山位于距墨脱县县城67.03公里的地方，东与上察隅接壤，南与墨脱镇毗邻，北与波密县接壤，西与墨脱县帮辛乡接壤，西南与达木珞巴民族乡接壤，是前往秘境白玛圭的圣台诸佛总集金刚萨埵宫的第一道关卡。

二、胜迹志

玛迪 ① 是瞻巴拉财神的圣地，也是格当金珠神山的圣地。状如宝鱼游弋般的河谷上部有星阁寺遗址，该寺属旧密宁玛派隆钦宁提（悟境精义），传承上师是桑杰妥美，寺院主供莲花生大师像，与格当寺合并。此圣地的后山叫大居士山，前山称度母山。右有寂静神42尊，左有饮血金刚58尊。措普湖里有魔赞鲁众聚，智布夏隆便是殊胜白度母，有大乘三大姐妹聚和珍宝三位兄弟。在察曲卡，有庆喜父母；在嘎所东隆地域内，有鸦面护法神；在布隆有白梵天，扎嘎曲宗（白岩佛堡）也在此地。在萨松普三地的修行洞有忿怒莲花生大师的魂湖，是莲花生大师的殊胜修行洞。在玛宜隆有格萨尔王的修行洞。杰仲活佛开启了有莲花生大师和桑杰妥美大手印、大足印的格当诸佛总集金刚萨埵宫神门。杰仲活佛是桑杰妥美·贡堆桑布的转世灵童，全名

---

① 玛迪，指西藏林芝市墨脱县墨脱镇玛迪村。

叫桑杰妥美·赤列强巴迥乃，亦是莲花生大师的化身。曲那塘的黑水谷有屠户黑龙和人主白龙。从同隆阿格①甲桑唐到布隆沟头，途经桑珠扎仓、八朵、格当和尼日卡村。布隆沟头的九如垫位于九如垫村，是通往诸佛总集金刚萨埵宫的起始点。此地称为扎嘎曲尊（白岩尊者）的磐石，据传是大梵天王的母亲。磐石前方有桑达圣地和占根卡村②，沟头有格当村。卡卓亚垫水沟头有空行密道和空行母密处，即秘境白玛圭五密处的第五密。其上有萨伊水和萨称卡山，山沟头有日荣隆巴，又叫上那巴村。向前可抵达下那巴村，又叫萨松隆巴，此地有忿怒莲花生大师的宫阙。徒步向前，可达秘境白玛圭第四密处即达布密处。此地原来有座寺庙，后迁移至玛哈古扎，此乃秘境白玛圭的第三密处。有云：

　　殊胜秘境白玛圭，
　　地如八瓣莲开状，
　　缤纷虹彩光晕照，

格当金珠神山上的柏松　曲尼多吉摄

　　大鹏展翅碧空翔，
　　鱼儿欢快游圣池，
　　植被浩繁披绿装，
　　奇花异草园林广，
　　珍贵药草宝库藏。

仁青崩是秘境白玛圭圣地的轴心，背崩村有珍宝堆砌山；地东村有菩提长寿洞，可瞻仰忿怒莲花生大师的修行洞，还有莲花生大师加持的长寿水。秘境白玛圭的虚空状如八辐轮，大地形如盛开的八瓣莲，天地

----

① 阿格，是方言，意为猴子。
② 占根卡村，即西藏林芝市墨脱县格当乡占根卡村。

之间聚齐了转轮王七政宝和八吉祥徽，四周流淌着八功德之水。山顶终年覆盖晶莹剔透的冰雪，山腰布满奇花异草和葱翠林海，秘境白玛圭是天然形成的极乐净土。大圣地白玛圭的主要守门护法是具誓护法神，其后是金刚岩堡神和大梵天。守护仁青崩的主要护法神是旬崩。墨脱镇有塔布寺，寺内可瞻仰塔布顿珠多吉的殊胜天成像，而且可瞻仰天成的六字真言。巴日山（在墨脱镇巴日村）山背上，显现十分清晰的莲花生大师脚印。在珠村可瞻仰十万六字真言的殊胜胜迹。五彩斑斓的彩虹常照秘境白玛圭上空，秘境白玛圭是莲花生大师所藏16个秘境中最殊胜的秘境。此地的丛林中，鸟鸣皆为诵经声，所有鸟类都能清楚地念出金刚萨埵、空行母益西措杰和岗布巴以及掘藏师曲吉林巴的圣名。大圣地白玛圭是五谷的故乡，青稞、米、麦、豆、玉米、荞麦等茂密地生长；四季山青水绿。多雄拉山上有守门护法金刚岩堡神，嘎隆拉山上

有本尊马头明王和金刚亥母，达兴阿扎①山上有具誓护法神和魔赞鲁众护法，岗日嘎布②山上有白雪无肉护法神，阿普宗地护门是金刚洲女医神，崩崩拉山上有护门49白梵天和地祇护门。多吉妥美、伏藏师曲吉林巴、岗布巴、杰仲强巴迥乃、桑杰妥美等众佛子遵照莲花生大师的授记，逐步开启了秘境白玛圭的圣地之门，制服了这里的地方神等天龙八部，并煨桑烟、献神饮、供赞诸神灵，加持了此殊胜地。

另外，门巴族活佛直美唯色通过圆光占卜得到的《格当金珠志》记载：

奇哉！
普贤金萨极喜室利僧，
莲花生及二十五君臣，
索苏努等百名掘藏主，
月光童子邬坚·卓堆林，
多吉妥美玉扎宁布等，
顶礼三师开启圣地门！

白玛圭秘境圣地由本尊五轮构成，分别是：顶尖大乐轮、喉

---

① 阿扎，意即山势陡峭，状如悬挂的法鼓。

② 岗日嘎布，意即白雪山。

格当寺　扎洛摄

间受用轮、心脉法轮、脐间变化轮和密处护乐轮。白玛圭圣地外为金刚萨埵的宫阙，内是普贤佛的刹土，密即无量光宫阙。上达天界，下达龙殿，中遍人世间。且说白玛圭秘境在世间的胜迹：东部金刚庄严，南部宝生庄严，西部莲花庄严，北部事业庄严，中央朗巴无量光庄严，此乃五大殊胜庄严。事业具足四门：第一道门即在形状如鼓的山对面，叫替钦（大乘）的地方，右山是菩提萨埵的道场，左山是罗刹女的居住地，各种动物发出各种妙音。继续向前，朝白玛圭圣地的方向走，便可抵达名为强白塘（文殊地）的第二道门。此乃无量成就者的辩经场，风景旖旎怡人。由此继续前行，就抵达名为星阁的第三道门。相传，昔年有位嘎陀大堪布，名曰白玛让卓僧，曾云游到此。此地的地祇神众，派去坐骑恭迎。大师见此地右山如大鹏展翅伸向空，左山状如卧虎紧贴地，前山沟壑像夜叉心脏血，认定此处为十六罗汉集聚地。他还称，有缘之人居于此，必受神灵护佑，三灾五难皆不沾；大成就者居于此，能弘扬事业功德深。继续徒步前行，即到达扎西曲林（吉祥法洲）山的第四道门。此圣地之门由嘎

600

陀·都堆多吉开启，为二十一尊度母的道场——右山度母伸右脚，左山度母缩左脚。

继续行走，便可抵达格当寺，此殊胜之门由大持明师热乃林巴的伏藏徒次旺扎巴开启。据传，世人只要迈入此圣地，即可获得大乐，故而信众都会向此殊胜之地虔诚祈祷！密咒护法神艾嘎杂帝的授记中有载：

居于此圣地的各位善良地祇，不分此山彼山、左山右山、前山后山的所有护持正法的神祇：

祈愿接受洁净饮，
调风顺雨五谷登，
消除人畜诸灾难，
所托事业俱完成！
前方虚空彩虹罩，

孔雀支撑宝座升，
益西措杰身像绕，
十万空行与眷亲，
空行密语响切切，
男鼓女唱闹纷纷。
以上均为我所历，
谨以授记记见闻。

此处有殊胜地白玛圭、殊胜山金珠隆巴、殊胜人卓堆林巴、殊胜寺那巴寺、殊胜甘露水白晶、殊胜草普贤草和殊胜牛羚牛。如此集聚人间殊胜于一处的殊胜地，念颂其名即心旷神怡。

此地还有莲花生大师修金刚橛的修行洞、大成就者萨热的修行洞和修行水、十六罗汉的僧帽、至尊度母的神树、财神多闻天子的仙草和密咒护法神艾嘎杂帝的魂石等。

第 五 节　　卓玛拉神山

一、地理位置

卓玛（度母）拉神山坐落在墨脱镇墨脱村管辖的仁青崩自然村内，是前往秘境白玛圭朝圣的信众必须朝拜的神山之一。在卓玛拉神山境内，有座寺院，叫仁青崩寺（意为欢乐珍宝堆积），位于仰卧状金刚亥母的莲花秘境肚脐处，是广大僧俗信众朝拜的主要胜迹。仁青崩寺面朝诸佛总

卓玛拉神山　高荣华摄

集金刚萨埵宫神山和神鹰堆积神山，东南隅有马头明王和金刚亥母的宫阙，南边屹立着吉祥铜色山，西面有度母神山和长寿三尊①神山。

据传，卓玛拉神山山顶由长寿三尊的身躯构成：从仁青崩寺前方眺望神山，状如一座大山头顶3座小峰，分别象征无量寿佛、尊胜佛母和白度母。卓玛拉神山山顶距墨脱镇10.7公里，朝圣者和观光者从墨脱镇乘车可到达神山山顶。转绕神山前，需朝拜仁青崩寺。仁青崩寺坐落在

---

① 长寿三尊，指无量寿佛、白度母和尊胜佛母。

神山之顶，由三大持明大师之一邬坚·卓堆林巴所建。据传，信徒们转绕卓玛拉神山13圈，其功德等同于转绕诸佛总集金刚萨埵宫神山1圈。卓玛拉神山最高海拔为2094米，转绕长度有3公里余。从前，由于墨脱县的经济条件有限，转绕道路狭窄、险峻。现在，修通了墨脱县县城至仁青崩寺的公路，转绕条件大为改善。

二、胜迹志

在距仁青崩寺800米处，可瞻仰天成的大鹏鸟像和八功德水。传说，此大鹏鸟从印度飞

602

来，人们因此亦称其为"神鸟"。在神鸟像正中有个石洞。据说，人若得了疑难杂症和不治之症，往石洞里塞酥油后虔诚礼拜并转绕此神鸟像，最后取出酥油涂在伤口或者疼痛的地方，即可化解疼痛。人们称此酥油为"大鹏神加持的酥油"。人们极其信仰此神鸟像，因为它还是压制龙祇之石，转绕神鸟像千圈有消除龙病的功德。此地的八功德水等同于西南罗刹域内的八功德水，据说喝了此水，可治疗108种疾病。还有传说是，在此泉水边念诵莲花生大师心咒，泉中之水即能沸腾起来；世人若喝此沸腾水，死后可断恶趣生门，而且对五脏和胃有疗效。

在距八功德水5米处可瞻仰名曰"加持地"的胜迹，莲花生大师曾在此地挥洒了碗中剩茶并作祈祷加持，故取名"加持地"。传说，莲花生大师在此修行时，附近村民食用加持地的土灰（即高岭土，也叫观音土），不仅充饥饱腹，还能解渴和预防疾病。在莲花生大师修行地附近有两棵参天大树，后来，这两棵大树的

卓玛拉神山的八功德圣水　吉梅摄

根部冒出了两眼泉水。据传，人喝了此泉水可治胃病。泉水与加持地相毗邻，通常，朝圣信徒们都会带泉水给亲朋好友。继续徒步行走5米，便可瞻仰莲花生大师的明妃空行母益西措杰用过的灶台。传说，莲花生大师在加持地修行时，空行母益西措杰在此处为大师烧茶、做饭。现在，灶台中间有条小溪涓涓流向加持地。据居于此地的村民们传说，夏季雨水充沛时，小溪水量稀少；然而寒冬雨水稀少时，小溪水量却会变大。人若放下杂念，坐在小溪边听淙淙的水流声，则能听到清脆悦耳的诵经声。

继续向前徒步走300米，便可瞻仰空行母益西措杰的大手印和天成的密护像。据传，世人拜此大手印和天成的密护像即不堕三恶趣，若虔诚祈祷可助事事如意。由此前行30米，可瞻仰空行母益西措杰的修行洞和测量劫时身高石。修行洞上方有块大磐石，信徒需要跳起触摸此磐石。据说，跳得越高代表越孝顺父母，而且能报答父母的养育之恩。修行洞旁边的磐石则可测量劫时人的身高与饭量，上有天成的日月像。传说在空行母益西措杰生活的那个时代，人人的身高都如磐石，但饭量小如石子，说明当时的人福德深厚；而现在的人身高比以前变矮了，但饭量大增且营养不良，说明现在的人大多福德浅薄。

继续向前徒步行走，在距磐石70余米处便可瞻仰空行母的

测量劫时身高石　曲尼多吉摄

舞池。距磐石400余米处，可瞻仰寂静的中阴狭道。佛家认为，世人如若穿越此狭道，即可消除一生一世所造诸恶业，而且有瑞象天成像作为圣地的标志。继续徒步行走100余米，可瞻仰忿怒神的中阴狭道。佛家认为，世人若能穿越凶暴的中阴狭道，死后即可转生极乐世界。传说，卓玛拉神山的中阴狭道是人死后未投生前必须经过的狭道。其中，忿怒神的中阴狭道有入口和出口两扇门，造孽深重的人无法通过此道；本性善良之人则无论高矮胖瘦，皆可顺利通过。

向前徒步行走50余米，便可瞻仰莲花生大师坐骑的天成马鞍像。在距马鞍像400余米处，可瞻仰莲花生大师的拴马桩（是一棵树，也有一说为格萨尔王的拴马桩）和休憩石胜迹。传说，绕转此圣地可清除一切恶业。后来，这棵树被砍。莲花生大师的明妃空行母益西措杰曾祈祷树根永不腐坏，因此，我们现在能瞻仰完好无损的树根。

继续向前徒步行走90多米，

中阴狭道　吉梅摄

拴马桩　吉梅摄

天成马鞍像　吉梅摄

莲花生大师法帽见即解脱像　曲尼多吉摄

可瞻仰天成的莲花生大师法帽见即解脱像，传说世人见之即不堕三恶趣，因此常被瞻仰礼拜绕转的无数信徒簇拥着。在法帽前供养擦擦①，不仅能消灾解难，而且还能增加运气。

再向前徒步行走50余米，即可瞻仰度母的修行洞和可以衡量报答父母之恩的胜迹。传说，昔年莲花生大师首次进入秘境白玛圭时，至尊二十一度母手捧洁白的哈达在度母修行洞门口恭迎。在修行洞内，信众可以测知自己能报答父母多少恩情。

在距此10余米处，可以瞻仰天成的虚空藏比丘和法钵像。

---

① 擦擦，即神塔小像，是用模型印造的小泥塔或小泥像。

传说，世人若转绕此像且虔诚祈祷，便可得到丰衣足食的福报。继续徒步行走400多米，可瞻仰煨桑烟的磐石。据传，在此磐石上煨桑烟不仅可清除诸孽障，而且可防猛禽野兽之侵。

距此磐石50余米处，有一棵名叫一根七杆的参天大树。据传说，此树是三十三天聚集的圣树，属于八功德神树之一，因此每逢吉日，神树会滴下甘露水。在距神树150余米处可瞻仰莲花

三十三天聚集的圣树　曲尼多吉摄

生大师的修行洞，状如在三块小石头上屹立的大磐石，而磐石被繁茂的树木镶嵌，宛如一尊庄严的神像。洞内有 3 根天然柱。此洞为修行的殊胜地，在此修行的功德是其他地方的无量倍，而绕转此洞也能延年益寿。

在距此修行洞约 5 米处，可瞻仰莲花生大师的天成法杖。世人若礼拜绕转此杖且虔诚祈祷，年迈时可不依靠拐杖行动。继续向前徒步行走约 5 米，可瞻仰莲花生大师在盟誓时留下的螺形大手印。莲花生大师允诺，绕转此手印 1 圈，其功德等同于念诵莲花生大师心咒 1 亿遍；并在神石上留下了大拇指印。大手印石状如白螺，故而，世人又称其为白螺状神石。神石恰恰落在绕转仁青崩寺 1 圈的地方，因此，绕转卓玛拉神山 1 圈，其功德等同于念诵莲花生大师心咒 1 亿遍。大拇指圣印即此盟誓的标志。

在距此神石约 5 米处，可瞻仰天成的莲花生大师瞻部洲的伏藏匣子像。据传，匣子内的土灰中有五谷的种子和各种牲畜的毛发。抓到五谷的种子便象征来年

莲花生大师的螺形手印　吉梅摄

瞻部洲的伏藏匣子　曲尼多占摄

丰收；若抓到牲畜之毛，即象征来年牲畜繁衍。莲花生大师曾在匣子内藏了开启秘境之门的钥匙和无数珍宝，待未来的有缘人士从匣子内取出钥匙并开启秘境之门。这个美丽的传说遍布秘境白玛圭各地。

在距伏藏匣子约 5 米处，可

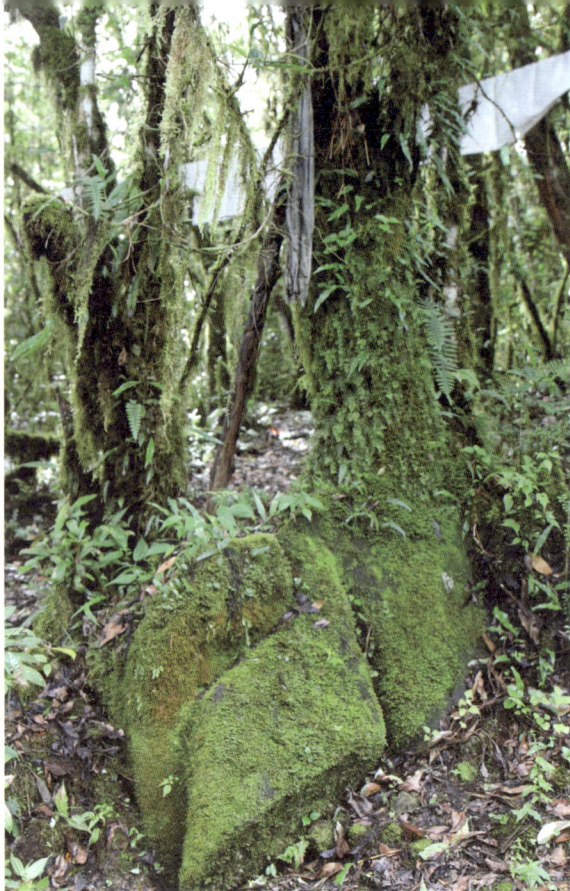

多那隆寒林　曲尼多吉摄

瞻仰天成的度母密轮像和二十一尊度母殊胜像。据说，当年莲花生大师首次进入秘境白玛圭时，诸智慧空行母在修行洞门口恭迎。然而，莲花生大师一丝不挂，因羞涩而隐入磐石内，因而形成了天成的密轮像。如今，女信徒或女性观光者若转绕礼拜天成的度母密轮像，可消除妇科疾病。

继续向前徒步行走 300 余米，可瞻仰天成的护法神和伏藏经像。传说在世界末日来临之际，伏藏经会自动打开，并指引众生走向极乐世界。

从天成的护法神像向前徒步走约 280 米，就抵达转绕的终点，即殊胜等同于古印度清凉寒林的多那隆寒林。因为邬坚·卓堆林巴曾幻化成秃鹫，在古印度的清凉寒林上来回翻滚，并将身上的土灰带回卓玛拉神山，挥撒在多那隆寒林上，故其殊胜性等同于古印度的清凉寒林。多那隆寒林状如大象之鼻，故名多那隆，意即象鼻石。墨脱当地的丧俗是，人死后下葬前，先要背着

秘境白玛圭的轴心——仁青崩寺　赵俊伟摄

遗体转多那隆寒林三圈，然后用一条绳子拴住死者的颈项，另一条绳子拴在状如大象鼻子的石头上，将遗体平放后念诵度亡经并作虔诚祈祷，再行入葬。

三、祭祀仪轨

居于此地的门巴族，每年都会举办名曰朱巴大法会的重要宗教活动。事实上，所谓朱巴大法会指的是，为纪念1796年由邬坚·卓堆林巴在卓玛拉神山上修建仁青崩寺而举办的跳神仪轨。按照当地习俗，跳神仪轨一般在每年藏历一二月间举行。法会是墨脱县广大僧俗群众最隆重的宗教活动和节日，其主要活动是跳旧密宁玛派神舞。至今，仁青崩寺传承的神舞共有九大种，分别是：祭祀白玛林巴父母双舞、忿怒金刚、金刚咒、护法金刚岩堡神、格萨尔王、夏哇（即神鹿）、伦觉和强钦夏那等。举办朱巴大法会的主要目的是通过供养十方佛菩萨及众神眷属，为死去的人们祈

一年一度的朱巴大法会　中共墨脱县委统战部提供

609

祷；为在世之人祈福——来年风调雨顺，人畜平安，事事如意！

四、圣湖与瀑布

（一）列措湖

在墨脱县县城东南约 60 公里的地域，有若干大小不一的湖泊。这些湖泊总面积为 60—70 亩，名曰列措湖。列措湖位于印度非法占领的藏南地区边界中国一侧，其水源为西莫河。

较之青藏高原上的其他湖泊，列措湖宛如待字闺中的妙龄少女，很少有人知晓其存在。它静静地躺在深山的怀抱之中，面朝湛蓝的苍穹和白色的云朵，倾听丛林中的鸟叫声，与自由游弋在水中的金鱼为伴。这里鲜为人知，甚至连长期生活在青藏高原上的人也知之甚少。然而，景色旖旎、令人心旷神怡的列措湖是墨脱人心中的圣地，是护佑着此地人们生息的地方神祇，也是他们的魂湖。每逢佳节、吉日，人们会聚集在列措湖畔祭祀圣湖并虔诚祈祷，祈愿来年风调雨顺、

五谷丰登、人畜平安！

当地流传着无数关于列措湖的美妙传说，其中最引人注目的便是佛祖释迦牟尼降伏黑牙毒蛇的神话。在很久以前，珞巴族的祖先生活在美丽的列措湖畔，清凉、甘甜的湖水养育了世世代代的珞巴族人。然而一天清晨，一个珞巴人在湖畔取水时，突然从湖中跃出一条巨蛇猛扑向他，致其重伤，回到家不久便不治身亡。此后，巨蛇一直在此为害，人们再也不敢去湖畔打水了。释迦牟尼佛得知此事后，幻化成一位威风凛凛的年轻上师前来湖畔打探，得知巨蛇是来自印度的蛇妖，通过摄取人的灵识，来增强自己的法力。佛祖明白手无寸铁的村民根本不是毒蛇的对手，遂决定亲自降伏蛇妖。十五月圆时，微风徐徐吹来。从月亮升起的东山之巅，佛祖盘坐于五彩缤纷的彩虹镶嵌的莲花宝座上，驾临列措湖上空，结金刚跏趺坐，入禅定，念诵经咒迫使蛇妖出湖。蛇妖从湖底出来，见是佛祖，心想终于等到名扬四海、流芳百世的时候了，欲打败佛祖释

滨古沟瀑布　墨脱县政协提供

迦牟尼！于是，它毫无畏惧地跳出湖面并向释迦牟尼佛喷毒液，妄想置其于死地。佛祖见蛇妖喷毒液，便扔下了手中的经书。散落下来的经书顷刻间变成一座大山，挡住了蛇妖喷来的毒液，同时将蛇身压在了经书山下。蛇妖感觉不妙，欲逃到湖底，却被经书山压着动弹不得。佛祖将蛇妖压在经书底下后，并未当即返回梵宫，而是在列措湖中央打坐并念诵经文，祈祷此地永久祥和。

因此，过了很长时间后，被金刚跏趺坐的佛祖和经书山压住的蛇妖都幻化成了湖底的石头，至今还清晰地在湖中显现。

（二）滨古沟瀑布

滨古沟瀑布的流程长约15公里，最终流入雅鲁藏布江。滨古沟瀑布位于墨脱镇亚东村境内，距墨脱县政府驻地约500米。瀑布高约150米，瀑帘宽3—5米，所在地海拔1500米左右。

第 六 节　东拉嘎布神山

东拉嘎布神山位于墨脱县东北面的加热萨乡境内，其海拔约3600米，距离墨脱县县城约91.5公里，其中65公里贯通了

东拉嘎布神山　罗布次旺摄

公路，剩下的 26.5 公里需要徒步行走。东拉嘎布意为白海螺。相传很久以前，上波密地区东拉山附近有五位身穿白衣的空行母飞向秘境白玛圭，在今加热萨乡龙列村山上的一块大磐石上修行。后来，曾久寺三世活佛邬坚·娘尼多吉来此地朝拜时，五位空行母吹响了白色法螺恭迎活佛。法螺声响三遍后，空行母的修行洞门自然开启。因五位空行母来自上波密的东拉山地域，且为活佛吹响了白海螺，活佛为此山赐名东拉嘎布（白海螺山）。自此以后，人们将其视为殊胜的修行地，前来礼拜者源源不断。

在此地可瞻仰到无量的殊胜胜迹，其中最殊胜的就属长寿五尊，礼拜长寿五尊天成像有消除病灾的功德。在墨脱县南部地区生活的广大僧俗信众，常来此神山礼拜转绕，祈福众生平安、远离三灾五难。

第 七 节　　珠拉玛美措曲神山

一、地理位置

珠拉玛美措曲神山位于北距墨脱县县城约 43 公里的达木珞巴民族乡珠村上部，海拔 3000 米。神山脚下的珠村海拔 1390 米，为藏族、珞巴族、门巴族聚居的村落。

珠拉玛美措曲神山的地理位

置比较特殊：东临格当乡，西接墨脱镇，北界帮辛乡，西北壤嘎隆拉神山。神山坐落在北高南低的喜马拉雅山脉南坡，空气潮湿，原始森林密布，植被繁茂，有楠树、香樟树、油松以及种类繁多的竹子。农作物有玉米、水稻、荞麦、鸡爪谷等，农副产品有花椒、木耳、蘑菇、香蕉、葡萄、桃子、柠檬等，山上栖居着蝙蝠、花豹、黑熊、鹿等野生动物。

二、神山传说

传说，岭国的格萨尔王曾跨骑神骏枣红马经过珠拉玛美措曲山，在当夜依稀看见山尖有无量燃灯，恍如空中闪耀的星星，故而，该山得名玛美贡布，意为酥油供灯怙主。若干年后，邬坚·卓堆林巴前来神山修习，每当夜幕降临，就看见湖面上灯光闪耀。当随行僧众问大师其为何物时，大师回应："此乃酥油供灯湖。"故此湖得名玛美措曲，意即酥油灯湖。当地广大僧俗信

珠拉玛美措曲宫　罗布次旺摄

珠拉玛美措曲宫　罗布次旺摄

珠拉玛美措曲宫　罗布次旺摄

桑朵白日（吉祥铜色山）净土山天成像　边巴扎西摄

众视玛美措曲为朝拜圣地，仁青崩为本尊金刚亥母的肚脐，玛美措曲为本尊金刚亥母的心脏。

传说，珠拉玛美措曲神山四周的守护神分别是四座神山：东方的阿布僧格神山，南方的若拉坚赞神山，西方的扎西达东神山，北方的仓拉嘎布神山。山脚下有三条神水：从喜隆流出的水称阳水，从鲁魔戒流出的水称阴水，从那木戒流出的水称作珠拉玛美措曲神山的心血。

三、神山圣石

（一）珠拉玛美措曲宫

珠拉玛美措曲宫的岩壁五颜六色，其中，黄色代表金，白色代表银，红黄色代表铜。各种颜色象征着与其色彩相同的金属。据说，宫殿内世间所需的东西应有尽有，世人只要根据各自心愿虔诚祈祷，即可获得享用不尽的荣华富贵和无上的权力。然而，珠拉玛美措曲的凤愿为世人放下世间杂念，一心一意地观想六字真言，祈祷六道众生早日脱离苦海、离苦得乐。

（二）珠拉玛美措曲湖

据传，世人如若虔诚地礼拜、供养珠拉玛美措曲湖，即可消弭世间所有疾病与瘟疫之灾，还可绝贪、嗔、痴三念，不再沉沦于轮回的漩涡之中。

614

白神 罗布次旺摄

黑魔 罗布次旺摄

珠拉玛美措曲时刻为六道有情祈祷，祈愿众生皆可进入吉祥铜色山的净土。

传说，世人在世时弘扬佛法或修善积德、广行利他之业，那么死后，珠拉玛美措曲神山的白神会引领其灵魂走进佛土；如若背道而行，在世时造尽恶业，死后，黑魔会带其灵魂入地狱。

在朝拜珠拉玛美措曲圣湖的道路上，福德深厚的有缘人士朝山内看，不仅可以得见汪洋大海，还能闻听法螺声及悠扬的乐声。

阎罗王摩耶脸天成像 罗布次旺摄

东嘎曲岭神山坐落在墨脱县德兴乡德兴村后。据传从前，东嘎曲岭神山状如右旋法螺，然而1950年墨脱县发生地震灾害后，神山的形状发生变化，之前的右旋法螺状消失得无影无踪。另有传说是，大约在300年前，位于秘境白玛圭的阿甲寺的朗卡诺布上师携众弟子前往秘境朝圣，途中偶遇一只鹦鹉。它带领上师一行来到德兴村的达隆时，鹦鹉连续点头三次，并且十分欢快地依偎在上师身上。此时，众随从听到了悠扬的法螺声和诵经声，便不约而同地询问上师所传声为何。上师说："此乃殊胜的法螺声。"故而，此山得名东嘎，意即白色法螺，后被人们视为圣山并常来礼拜。

东嘎曲岭神山前的海螺广场　曲尼多吉摄

一、地理位置

格林村位于墨脱县县城以南约36公里处，为背崩乡下辖的行政村，地理坐标为东经95°43′、北纬29°21′，村委会驻地的海拔约1400米。目前，尚未通公路。

背崩乡格林村　吉梅摄

二、神山名称起源

格林达帕意为法王法帽和马头明王及金刚亥母。传说，格林村境内有六座大山，六座山犹如莲花生大师法帽的六角，故名"格林"。六座大山是马头明王和金刚亥母的圣地，故名"达帕"。六座大山分别是：达帕山（意为佛母双尊），多吉贡巴山（意为一个人的寺庙），东扎山（意为小蘗树生长之地），雍布山（意为瀑布源头），玛布嘉索山（意为孔雀尾巴），布琼山（意为观景台）。

格林达帕圣地　吉梅摄

马头明王和金刚亥母天成像　吉梅摄

三、格林达帕寺的传说

格林达帕寺坐落在格林村附近的达帕神山上，在寺内可以瞻仰红色马头明王和金刚亥母双尊殊胜天成像。相传大约200年前，达瓦诺布上师发现并开启了此神山之门，并在神山上建造了达帕寺。后来子承父业，相继由普巴上师、古茹上师以及丹珍多吉上师传承，共传至4代。

那么，为什么达帕寺坐落在朝拜诸佛总集金刚萨埵宫——贡堆颇章神山的途中，而不在位于中心区域的仁青崩呢？此处又有一个美丽的传说：在很久以前，卓堆林巴大师遵照莲花生大师的授记，筹备建造仁青崩寺，却遇到了重重困难。一方面，珞巴族人反对建造寺院。另一方面，遭到了魑魅魍魉的破坏，导致无法正常施工。因此，卓堆林巴大师再次向莲花生大师祈祷。一天晚上，莲花生大师在梦谕中说：要想顺利建造仁青崩寺，首先必须在达帕境内建造一座寺庙。若想找到此地，顺着马鸣声走即可。该寺院圆满建成以后，人们才得知卓堆林巴大师便是莲花生大师的心传弟子，因而十分恭敬地称他为邬坚·卓堆林巴，在大师的名字前面加了"邬坚"[①]二字。

---

① 邬坚，是莲花生大师的别名。

另有传说，昔日，莲花生大师曾传天书于达瓦诺布上师，信中提到要在此地建造马头明王和金刚亥母像。达瓦诺布上师遵照莲花生大师的圣令，建造了马头明王和金刚亥母殊胜像。达瓦诺布上师建造殊胜像的目的在于，消除广大僧俗信众遇到的三灾五难和诸障碍。

格林达帕圣地的护法神大鹏鸟　吉梅摄

四、神山圣石

相传很久以前，此地有一头野象。当它欲前往印度时，莲花生大师施咒并用铁链将其制伏在此地，后来石化了。

传说，本尊金刚亥母沉浸在舞蹈的欢乐中时，一群孩子偷看她跳舞，为金刚亥母曼妙飘然的舞姿着迷。从此，本尊金刚亥母跳舞的地方也石化了。

神象　吉梅摄

五、圣湖与瀑布

（一）布裙湖

布裙湖是天然形成的湖泊，

金刚亥母的舞池　吉梅摄

布裙湖　普布多吉摄

坐落在背崩乡政府驻地东北约 6
公里处的山顶上。湖泊面积大约
11.5 平方公里，状如秤盘，以状
为名，布裙在门巴语中意为秤
盘。湖泊四周被郁郁葱葱的林海
环绕，平静的湖面上飘着一层薄
薄的雾，长年有成群结队的白鹭
和天鹅栖居在湖上，湖畔四周的
山林内有长尾叶猴、野山羊、斑
羚羊等珍稀野生动物。传说从
前，布裙湖的湖面比摩哈湖（位
于墨脱村境内）小。后来，两湖
的神祇比法力，并约定谁输了，
就把己方湖水的一半交给对方。
最后，摩哈湖湖神惨败，致使摩

汗密瀑布　墨脱县政协提供

620

摩哈湖　中共墨脱县委统战部提供

哈湖的面积逐渐缩小，而布裙湖的面积逐渐变大，这才有了今天的规模。

（二）汗密瀑布

汗密瀑布位于背崩乡汗密驿站附近，三层高低不同的瀑布总高约400米，有"三瀑叠层"的美称。第一层瀑布源自雪山之巅，垂流直下，声如九天雷声，隆隆震耳；第二层瀑布源自深山林海，潺潺水流急缓交错；第三层瀑布既宽且长，飞跃磐石，蜿蜒地流向江河之中，形成了无数深潭。

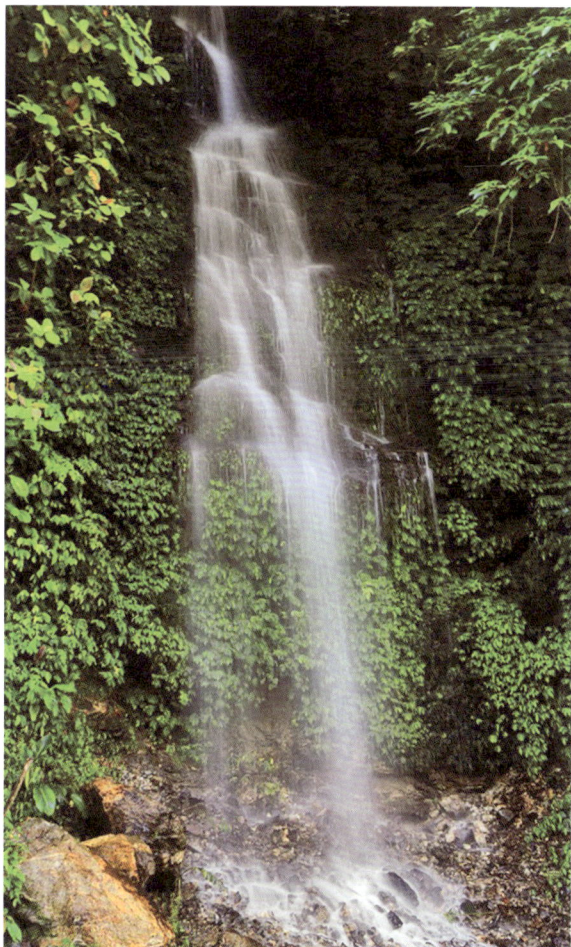

背崩瀑布　曲尼多吉摄

（三）背崩瀑布

背崩瀑布在雨水稀少的冬季，水量少，瀑流缓缓，景色旖旎且水声清脆悦耳；在雨水充沛的夏季，瀑布汹涌澎湃，声响犹如雷鸣，雄浑壮观，宛如一条巨龙从天而降，让人胆战心惊。特别是在雨后，瀑布高达百米。半空中弥漫着层层云雾，四周沐浴在绵绵细雨之中，使人心旷神怡。

第 十 节　　阿普宗神山

阿普宗神山位于背崩乡境内。相传，莲花生大师曾在秘境白玛圭藏了无数法藏和宝藏，并遣无数护法神守护殊胜伏藏。其中，大护法神阿普多吉扎赞（金刚岩堡神）是莲花生大师特意派遣的重要护法神。阿普宗神山由两座小山构成，莲花生大师曾派遣阿普多吉扎赞和白哈尔王两大护法神分别守护阿普宗神山的两座小山。山上有两处温泉，即达郭日温泉和贝羞日温泉。这两眼温泉均可治风湿病、关节炎、痛风、骨病。

在阿普宗神山上有一面湖，湖中有天成的金刚亥母像显现，在山脚下有空行母的魂石和大梵天王的宫阙。

阿普宗神山　曲尼多吉摄

阿普宗神山山麓的温泉　吉梅摄

第十一节　菩提长寿洞

一、地理位置

菩提长寿洞位于墨脱县县城

以南约50公里处的地东村[①]境

[①]　地东村，是西藏林芝市墨脱县背崩乡
　　所辖行政村。

菩提长寿洞圣地　曲尼多吉摄

长寿五姊妹神山　曲尼多吉摄

内，洞口海拔约 4000 米。

　　相传，世人如若朝拜瞻仰菩提长寿洞，即可延年益寿。该圣地有佛菩萨加持的四大圣湖：郎嘎达措（原始清净）、白玛措（莲花湖）、日那措（山嘴湖）和菩提措（菩提湖）。据说，在四大圣湖周围，环绕着形似仆人的附属湖 108 个。

　　菩提长寿洞分上、中、下三层。每层岩壁上都可瞻仰到众多天成殊胜像，状如妇女双乳般的石头滴着串串水珠，据说水珠是菩萨加持的殊胜甘露水。洞前宽

长寿五姊妹神山脚下的新村　曲尼多吉摄

墨脱秘境莲花公园　曲尼多吉摄

敞的绿茵地，名曰德庆塘，意为大乐场。从山顶鸟瞰此圣地，状如摆在巨桌上的盛满净水的供杯。在每年藏历六七月间，圣地都会迎来众多礼拜转山的信徒。

二、胜迹志

次仁贝觉编辑的《雪域胜迹志节选》之《秘境胜乐轮菩提长寿洞胜迹志——现见解脱》记载：

连入三夜我① 梦境，

---

① 我，指《秘境胜乐轮菩提长寿洞胜迹志——现见解脱》一书的作者，名字不详。

山状五股金刚钲，
伸向虚空中央立，
犹如空行宫殿升。
群山围绕栅栏里，
风景旖旎尚有村，
或见男女与老少，
经堂庙宇幻似真。
僧众倚仗行队列，
神舞激热伴梵音，
为我摆设会供品，
食品琳琅足酒瓶。
有以铜瓢献吾酒，
甘甜味美妙欲增。
忽有一女款款至，
白色发髻头顶生，
手中铜镜赐予我，

625

然后因缘说分明。
奇哉兄长具善愿，
今日至此吉祥呈！
昔日莲花生大师，
君臣教友计五人，
曾从桑耶修行洞，
骑狮飞翔此地临，
临此马头明王境，
观修马头明王神。
大密天成法界洞，
大乐密道交汇境，
一髻佛母森哈玛，
红色三尊转法轮。
天然秘密殊胜地，
外为刹土胜乐轮；
内是密道交汇处，
密即长寿佛五尊。
殊胜地同空行刹，
九格圣轮十三尊，
天成圣地俱庄严，
第一圣地莲花境，
三世佛陀与七佛①，
千尊佛像俱天成。

兽面菩萨四门护，
狮虎猫外加戴胜。
邬坚大宝与眷属，
手印脚印无量呈。
第二莲花弥扎境，
地如莲师伏魔形，
捏泥有手入岩石，
插橛留迹金刚印，
金刚十字岩上画，
五脏六腑布岩身。
悉知三世莲花生，
伟大导师药佛尊，
手持宝瓶甘露溢，
四百零四病除根。
沉香树底一角落，
莲花一髻游陀离，
九宫格内聚众广，
多有密宗众眷亲，
包括毕夏怎查玛，
喜尺杂拉比陈吉，
班杂嘿如巴尼宗，
杂拉那嘎嘿顿等，
比那巴和仲比巴，
共有五千多尊神。
第三莲花顶髻宝，
金刚亥母马头尊，
猪面五尊古里玛，
莲师君王五友亲，

<hr>

① 七佛，指毗婆尸、尸弃、毗舍浮三佛，与现在贤劫初的拘留孙、俱那含牟尼、迦叶、释迦牟尼四佛。这七佛皆已入灭，故而又称过去七佛。

法杖插地留痕迹，

天成长寿五尊瓶，

长寿佛父佛母像，

另有身印与甘霖，

足印身像及法器，

经文咒语难述清。

第四莲花嘛呢① 燃，

金刚梵界之坛城。

坛城神众饮血尊，

圣十一面观世音，

空行不空羂索母，

曾扎嘛呢② 狮子鸣，

如海佛陀及眷属，

松赞干布与妃嫔，

噶氏③ 吞米④ 贤臣二，

毗若杂纳⑤ 三怙尊⑥，

殊胜善逝八宝塔，

住有无量佛天成。

第五莲花尼热杂，

金刚亥母伏魔尊，

身具三脉及五轮，

通透无上智道行，

巨山之间有溪水，

间隙状如内续序，

女根燃烧饰五轮，

拜吉多吉⑦ 续布筝，

丹玛孜芒⑧ 密文现，

水具八功足殊胜，

金刚萨埵水除障，

若有怪疾能断根。

苏嘎空行成就母，

狮面五部三密尊，

菩提提瓦⑨ 底微玛，

遍入天王梵天尊，

无量佛像俱天成。

第六莲花比如释，

马头明王五头形，

俄玛雷根更扎雅，

马猪狮虎四面憎，

透明燃烧门之内，

吉祥之结九宫恒，

住锡莲花火神部，

藏印八师大持明，

---

① 嘛呢，是音译，意为六字真言。

② 曾扎嘛呢，是一种如意宝的名字。

③ 噶氏，是吐蕃法王松赞干布时期的贤臣，全称为噶东赞。

④ 吞米，即吞米桑布扎，是吐蕃法王松赞干布时期，藏文文字的创造者。

⑤ 毗若杂纳，是赤松德赞时期的大译师，也是"预试七人"之一。

⑥ 三怙尊，指金刚手菩萨、观世音菩萨和文殊菩萨。

---

⑦ 拜吉多吉，全称为拉隆·拜吉多吉，是吐蕃王朝末刺杀藏王朗达玛之人。

⑧ 丹玛孜芒，是赤松德赞时期的大译师。

⑨ 提瓦，指神。

还有八十成就者，
无量佛像俱天成。
第七莲花遍入地，
莲花胜乐金刚境，
尼热塔郎苯第嘎，
白色琉璃山岭群，
那咯信度之河滨。
广袤无垠大海中，
莲花夏哇古如尊，
身披树叶空行母，
天女五尊名光明，
消毒母和玛琪母，
天女五尊名妙音，
菩提班杂热单者，
十万事业诸母亲，
地祇护法空行母，
空行坛城众眷亲，
天成法衣九宫内，
座有九部诸大神。
第八莲花蓝巴嘎，
金刚棋呈十字形，
吉祥莲花之净土，
观音净土普陀名，
中央乃是度母刹，
五部八神作绕形。
内有五部空行母，
大慈四臂观世音，
父母与子三不动，

黑色马头铁发人，
如意轮间白度母，
救难度母共八尊，
无量佛像俱天成。
第九莲花吋嘿哈，
莲花堆积成寒林，
应有尽有庄严中，
舍利佛塔如莲芯，
古拉狮子宝瓶里，
莲花顶髻一宝珍，
浩繁大续部卷帙，
译班① 所译未衰损，
益西措杰藏伏藏，
过去佛名拘留孙② ，
装藏灵骨舍利盒，
质地天成宝石瓶。
第十莲花嘿让呼，
九股金刚岩山形。
山下忿怒马头居，
外有殊胜九神尊；
间隙之间九层楼，
住锡天母族诸神。
空行会灶喜旋灶，
所供食品俱肴珍；
会供锅如莲花旋，

---

① 译班，指译师和班智达。
② 拘留孙，是火累佛，即贤劫第一佛。

香气引领妙欲升；
还有供瓶伏藏匣，
无量圣迹难述清。
十一莲花杂萨哈，
寿命自在持明境。
五部持明八空行，
寿命自在诸持明；
任运异熟和手印，
各种名号大持明；
八大寒林空行母，
金刚岩刹护法神；
状如心脏岩山壁，
秘密虚空住空行。
十二莲花萨诺孜，
佛地光刹庄严境。
无贪莲花属五部，
甘露曼陀罗七层；
萨努热恰酷哈呀，
帝夏热恰忿怒形；
静猛坛城众神现，
金刚寿命之坛城；
五部马头双尊等，
装扮圆满立红身；
手持长寿宝瓶中，
甘露圣水降不停；
谁饮谁消诸障难，
谁饮谁除各病根。
十三莲花威慑顶，

获得法轮会供地，
离戏天成智慧得，
密严刹土庄严等，
五部净土庄严住，
五部总集双尊等，
极乐世界刹土中，
无量光佛无量寿，
观世音及金刚手，
八大菩萨女菩萨，
速证寿命四仙女，
八大守门护法众，
法报化之幻化神，
不可思议难思量，
深入奥妙法藏显。
另外过去燃灯佛，
加持过的法铃上，
凸显现见五解脱，
七世佛之舍利住，
谁见千劫罪孽除。
岩山状如莲师帽，
内部白色法螺内，
藏文字母天成像，
圆满六字真言显。
闻修帽般山脊上，
托付未来有情众，
授记深奥殊胜法。
状如吉祥八宝山，
吉祥结状不断水，

629

内有莲师修行洞，
益西措杰修行地，
铁狮脚印天成像，
留下"当"字之手迹，
胜迹标志无量显。
下角释迦底瓦之，
修行洞里岩画显，
帕苏达热龙之王，
幻化描绘脚印等。
五部金刚橛之众，
凶猛魑魅魍魉等，
可怖天成像无量。
伏魔释迦牟尼佛，
颅骨状之神变洞，
诛敌神咒坛城见。
杰瓦巧央修行洞，
洞内矗立四根柱，
马面猪面正中现。
那嘎杂那阿阇梨，
降伏龙众画面现，
蛇蛙各种蛇类五，
顶礼释迦尊者迹。
阿姆利噶石板上，
如意伏藏宝瓶住，
药酒食子甘露丸，
内供无量天成像。
空行浴池舞池五，
此有阿育王佛塔，

莲花事业山寒林，
玛阁黎等八天母，
非常灵验灵塔在。
天然形成深洞内，
殊胜四谛法轮及，
有光莲师身印现。
岩中伏藏之标记，
玛妥仁钦手印留。
岩石劫数米粒中，
任运成就可获得。
洞穴世间伏藏地，
天成径直旋光在。
状如乌鸦磐石上，
五部怙主可瞻仰。
黑旗延伸般岩石，
中性怙主天成像。
如同红色朵玛岩，
可见祥燃土地神。
状如棍棒磐石壁，
显现空行忿怒相。
状如利剑岩壁上，
非常严厉三利剑，
且有无量天成像，
不可思量难思议。
有缘善男信女众，
观修本尊念心头，
虔诚祈祷信任坚，
转绕礼拜供奉之，

630

用其身语意祈祷，

即除三门 [1] 所造业，

死后可登吉祥地。

奇哉未来有缘众，

虔诚祈祷受加持！

大师梦呓既毕，睡梦渐醒，口中依然酒气熏天。看大师肚子鼓胀，却也甘甜，仿佛会供酒还未醒，但心情无限快乐！哈哈，顶礼古茹底瓦扎吉尼耶瑟瓦森底帕拉吽！

本来具足二净之法身，不灭圆满报身日月明；

慈悲方便广大之化身，顶礼身语意之莲花生！

由莲花生大师加持过的秘境白玛圭，有十六大分支，其形状如金刚亥母伏龙妖。

此地的中心为水晶山。山前有至尊五部七寿洞，其中菩提长寿洞最主要。过去，邬坚国的君臣民众，曾在此修习3年又3个月。在莲花生大师法座上，有大手印、大足痕和天成的邬坚海生金刚像，每逢吉日良辰会滴下甘露。还有其他无量的天成胜迹可以瞻仰。

赤色的山体如同珍宝正燃烧。有天成的善逝八大法行像，在轮廓清晰的石像上面，不分四季，常滴甘露水；在头顶的大乐法轮内，集聚有小洞360眼，住有菩提班杂白玛嘎玛孜及其父母以及众眷属；法轮正中心的甘露水，涓涓细流如丝结万线，饮之不仅能长寿，还能除障，证得共与不共成就。

位于左右两边的大乐普陀山上，有天成的吉祥庄严莲花生大师颅鬘尊、五佛、莲花生八号、印度八持明、二十五君臣、八十成就者等无数胜迹可瞻仰，头形、手印、足迹清晰如新。到此一拜便可断恶趣门，与勇士空行同分。在左下方的胜乐金刚大殿内，有喜白密九宫库洞和内深法藏，莲花生大师曾在此住了3个月。还有天成的莲花生大师无量法座、贤劫地味莲花生大师糌粑等。殊胜甘露于斯不竭。

居于正中的神山十分神奇。山下有莲花生大师的空行密洞；在洞内大乘法轮的中央，有七世佛的麝香舍利子和一肘深的露珠

---

① 三门，即身、语、意。

伏藏洞。若在洞内转绕可除劫世业，逝后登入空行刹。伏藏洞两边有空行苏卡森底及至尊二十一度母、五部空行和日月像，为五部命运空行旖陀离和森林仙女空行母的驻锡地，住有国王以及成千上万的勇士空行母，无量的天成大手印、大脚印难以计数。其中，曼达热娃密库藏有虹化物和五具药丸 7 亿多。在状如莲花的小洞内的天成猪面空行五尊像前，压住法原如同喜旋般的天成狮泉河水流潺潺，饮之即可除神鬼障。洞顶火山爆发般的岩石上有天成的吉祥怙主 75 尊像，生动而逼真。

行至僻路岩山壁之侧，有大乐密洞隐藏于此，洞内有圆满三部法库的无量伏藏。在洞右边状如金刚岩的山壁上，有金刚勇士遍照雪海佛、金刚勇士五部庄严佛、金刚勇士幻化网本尊、金刚勇士真实忿怒神、第九供灯忿怒胜一切、摧毁金刚五部秽迹尊和罗哲巴拉神等像。

流自山顶的沐浴乳水潺潺流淌，注入浴池莲花旋内积，有缘人若饮或浴都能除罪业。在天成

的秘密坛城里，东门有天成的坛城众护法像，前门有大王持国天王和天成的虎面护法像，西、南、北三门依次有坛城之王增长天王、广目天王和多闻天王，各门均有守门男女父母三兽面和身色法器不混天成像。

在秘密坛城下状如圆鼓的小洞内，有空行大密道。密道上方的石堆密库内，世界上的各种宝藏都在此。在密道的九重头骨岩山壁上，有八大法行 725 尊、主尊普贤胜乐金刚摄受灌顶自在燃烧像，以及二十一面四十二手臂、八只脚下怒压凶恶神的明妃朝天头手十八个和双脚盘绕佛父金刚身。还有马面、猪面忿怒衣冠在熊熊大火中悲鸣，八大法行九大吉祥神清晰不混俱全圆满身而彰显殊胜天成像，无上身后旁生十八个小像。在莲花日月尸呈血海状的法基之上，有十辐轮各种寒林庄严清晰像。

在秘密坛城前方是玛哈森都大神洞。在菩提长寿洞上下，有天成的莲花生大师君臣眷属大手印、大脚印和嘎如扎大鹏鸟像；有殊胜穆烈沉香圣树，此树一干

五分枝，叶谓之不死传承丸，可治疗404种疾病；还有会供坛城和无量圣物，神树树冠伸向岩壁。在菩提长寿洞上方的不动真言"吽"字显现处，有真身隐于岩壁上。在洞的右下角有3条沟壑，为三身空行加持的殊胜地，此处有智慧光阿阇梨的修行洞和益西措杰的伏藏洞。沟壑下有大鹏展翅磐石像，还有无量深奥伏藏目录藏于此。在鹏石下方的黄丹小洞内，有伏龙金刚亥母密液，饮之可消除各种龙病。

向上爬至岩山崖窠内，有天成的作明佛母像。佛母像上方状如法鼓的岩壁上，有天成的月亮大成就者比哇巴和胜乐金刚像。山崖后草甸上部的山坡上，有形如乌龟的魔赞鲁登魂湖。湖中有八种珍宝，湖水湛蓝，水下有红色密智空行魂石，石上的密智身印清晰可见。

继续向前走，可见吉祥天女的魂湖，湖中有刀鞘和法杖像。此圣湖外为宫阙，内即胜乐金刚灵魂，密是睽云佛甚深法。前方不远处有被认为是鸠摩逻多道场的山洞，内有奇多达玛部众和在魂湖中显像的空行几十尊。附近的金刚萨埵、救八难度母和五部崔破金刚，也在湖中显现。

向前行至岩山背面的树林处，有秘密智慧空行魂湖和红黑饮血法杖，既安详端庄，又威严雄浑。整座岩山呈经书堆砌状，山中有静猛神42尊罗列。在岩山附近的金刚隧道内，有左右长寿三尊像50尊、四六续部医药神像7尊，还有七佛退称五部殊胜像若干和状如法衣的岩壁。

再由金刚隧道秘密门、扇形法基状道路前行，在窄长的中阴狭道上，有火山兵器心脏岩壁和天成的饮血五十八部像。在被称为"殊胜六度"的窄门上，有天成的六佛莲花生大师的6尊殊胜像、莲花生大师遍知三时大乐王像和无量光佛普贤像。

连接中阴狭道的是伟大解脱中观道。狭道与岩山的间隙有五股金刚橛，金刚橛中心有骷髅形象，骷髅上有莲花生大师的大手印、大脚印和身形像。有缘信众若从磐石内穿过，死后可不过中阴狭道赴净土。

中观道之后是空行密道，距

离山内的道路较远，可见天然水流不断的狮泉河及天成的甘露颅骨血状湖，在湖边可朝拜天成的大鹏鸟像。道路终点有青色八瓣莲之门、九重骷髅楼梯、人神鲁三界所望国王杂、恩扎菩提论师龙树藏和阿耶提婆等圣像。只是因缘未到，此处圣门目前还未开启。

然后行至法轮内、外、密，在草甸山路穿行，回到晶山，远望如层层佛塔的圣山显现在面前。在如刀鞘、似颅血的岩山上，九重法基网格中间、顶上风火交错中，天成的伏魔忿怒九尊及其眷属、夜叉二十八种自在天成像清晰如生。晶山前有威猛女神的魂湖相映。

在魂湖树皮展开法基交错处，有获得自性威慑四方像。湖右畔的磐石犹如宝箧顶，上有殊胜圆满64万偈陀 [①] 和密咒真言空行母咒语等经文。在圣湖左畔磐石圣轮上的如置宝瓶中央，有殊胜魂藏三格藏于此，若在磐石

下忏悔可祈得成就。湖上方有黑忿怒母的魂湖和猪面空行五尊的魂湖。湖对面的层层晶山背面，有一层楼高的莲花生大师神变脚印和杰瓦巧央的修行洞。

继续向前行至坡顶，即到达圣乘之巅的恰蔡岗，在此处可以观看晶山前方所呈曼札。有缘信众可在此叩拜并供曼札，一心一念，虔诚地作祈祷！顶礼颂词如下：

嗡啊吽！
色穷竟天三根本，
功德无量静猛神，
我等三门身语意，
在此顶礼示虔诚！
祈愿消除所造业，
赐予共与不共身。
献供曼札后，继续唱颂：
嗡啊吽！
无量三千婆娑界，
须弥大小各四洲，
日月交错碧空下，
本尊化身此刹土。
祈愿我等亦如愿，
证得佛缘化身酬！
获得蕴界五智身，
五官之花我身受，

---

① 偈陀，为梵语"颂"，即佛经中的唱词。

634

本尊报身刹土境，
祈愿我等报身酬！
无为五智光芒处，
不造任运聚成就，
与生俱来各障碍，
一清永洁尘不留。
本尊法身刹土呈，
祈愿我等法身酬！

供奉曼札后，唱颂结束词：
嗡啊吽！
顶礼三宝佛法僧，
白玛空行秘密境，
所有上师及本尊，
勇士空行诸众神！
祈愿消除诸恶业，
消弭一切障碍因。
赐予瑜伽满心愿，
共与不共事业成。

杂日扎神山尊胜陀罗尼咒为：
嗡啊吽！
莲花秘境聚空行，
金刚藏处事业成，
神圣五轮皆具备，
空性欢乐炽燃境。
好似琉璃晶山前，
色究竟天莲花升，
刹土清净九华胜，
中间长寿之坛城，

位在三圈圣地心，
净土三叠之神众，
本续伟大导师尊，
诸神空行如云海，
圣母怙主护法神，
内外密等曼陀罗，
吾等至诚作祈请。
祈愿消除恶业障，
消弭内外诸障因；
登入空行母刹土，
此生获证大持明。
比肩空行天母众，
获证无漏虹化身！
二种事业皆圆满，
二种成就俱齐升。

会供仪轨词为：
让央康！嗡啊吽！
世间万物与资财，
殊胜辐轮上供台。
本尊空行护法神，
守护秘境诸伏藏，
无量神灵祈受哉，
赐我二种成就来。

祈愿词为：
奇哉！
大密神圣之坛城，
有缘我等众有情，
祈除暂时之宿业，

清扫一切障碍因，

受用寿命双获得，

万事如意吉祥呈。

继续前行有空行舞池，有缘信众在此唱歌又跳舞，可与众空行天母同分。从此地仰望晶山，可见晶山九乘层次分明，各层都有神灵居住。全山如莲花生大师比拉菩萨埵的身形，呈法王赤松德赞供养曼札状。

圣地中心的莲花水晶山，外如莲花宝塔，1800座塔围绕四周；内即瑞象地上坚固立，犹如背驮燃烧如意宝；密是三叠净土莲花光，九乘坛城次第分明众神住。山顶尖为无漏金刚性空洞，由五部普贤众神眷属住。山脚下的岩壁上有三世诸佛和七世佛，忏悔神众和十六阿罗汉，三大怙主八近侍中舍利子、目犍连、阿难陀及迦叶尊者，近侍弟子中的日中阿罗汉，无著以及世亲陈那等，经、律、论三大藏，旧译密咒圣乘成就者和印尼持明菩萨成就者等像。岩壁之上，依次有事业部诸众神、上瑜伽三部坛城神和根本瑜伽法库居住。

正前方大地云海的虚空中，一切部主邬坚·卓堆林巴呈一面双臂胜乐金刚的枣红色装扮，右手摇铃铛，左手握大乐嘎拉长寿瓶，身跨狮子的微笑慈悲相，在五彩斑斓的光晕中显现。

继续前行有菩提长寿洞，洞顶正中有三身持明如海、莲花生大师师徒三尊、地上寿命自在持明异熟、大手印的持明和任运持明可以瞻仰。修行洞中，有天成的莲花生大师法座、三层宝塔和大手印等。

由修行洞继续向下行，有阿育王为发愿而修成的殊胜神鬼塔。

从鬼塔下行可见天成的心形帐篷，帐篷中莲花生大师的震慑宝座分上、下、中三层，若钻不进法座之下则孽障难息。还有莲花生大师的身形、大手印与足迹等。在状如乌龟的磐石上面，有大师埋藏的伏藏若干。

由心形帐篷下行可达法衣圣洞，洞内有长寿佛旃陀离圣水和莲花生大师加持的殊胜甘露水，还有莲花生大师眷属手印成就像。

法衣圣洞下面是胜友修行洞，洞内有三轮须弥山，山中间

636

有天成的无量胜迹像。圣洞前方是静猛金刚界、坛城和五座碧绿的魂湖。圣洞四周的境域内，有胜乐金刚魂湖、明妃南协玛魂湖、八大法行的七色魂湖725眼和真身真言法器等。洞的深处有晶岩珍宝库，内藏译班译注的百部密续经和九大凶煞根本续等伏藏。岩壁上有莲花空行母密文。这些在胜迹志的授记有准确无误的记载。

由胜友洞继续向下有足迹岩，是邬坚君臣加持之地。

继续向下行可至塞聂叉山，在此处祈祷必能见到各自的本尊神。

然后，下至方形磐石壁。石壁正面有天成的铜色吉祥山、三怙主和八大化身伏魔忿怒像，背面有天成的忿怒莲花生大师和不动怙主像，上方躺槛阿莫里嘎诺，下角岩壁有天成的四臂观音、五佛、八大菩萨、女菩萨、松赞干布、吞弥·桑布扎、赤尊公主、文成公主和贤臣噶尔禄东赞天成像。

山下有一座岩山状如宝塔，塔面上有莲花生大师殊胜净土刹、九具顶髻的庄严宫殿、佛塔及神殿。宝塔西南边有乳汁海，在海上升起的昙花蕊中，有天成的五部颅鬘像；在海中泛起的一叶扁舟上，有崇法宰相智那增巴跪拜供养曼札的形象。宝塔周围是八大龙神呈珍宝状，塔身的缝隙中遍布灌顶七天女，塔顶有天成的法身报身观世音和凸显狮子吼像。塔域内还有身语意地、五圣寿洞和君臣修行洞等胜迹百余处。

特别需要介绍的是无上受教成就者聂氏古玛热的修行洞。该圣洞东有息业修行洞，南有增业功德伏藏库，西有怀业莲花璎珞洞，北有诛业鹏鸟黑马洞。此圣洞有黑色马头明王九眷属、威猛八部三十猛将和世人供赞，威严无比：东方有清凉大寒林，南方有古拉宗寒林，西方有楞伽孜寒林，北方有列热孜寒林，东南方有伦珠孜寒林。这些森然恐怖的寒林，各俱八火、八木、八云、八风、八水和八佛塔，各有八位持明成就者、八大护法神和八位刹土神守护，寒林八饰一一俱足。

根据志书记载，绕转菩提长寿洞圣地有如下功德：

菩提长寿洞圣地境内的双叠瀑布　曲尼多吉摄

若绕转殊胜胜迹，即除无量劫之诸业障，等如念诵真言7亿遍；若供养鲜花，三世之后登入极乐土；若供养桑烟，七世登入无垢光明地；若供奉酥油灯，即除黑暗打开慧脉结，一世即登不动佛净土；若供奉净水，则戒律清净暇满身具意，三世登入具德佛利土；若供养神馐，则暇满人身生生世世得，三世之后可登空行刹；若供养声乐，则生生世世美名扬四海，且得殊胜梵音之成就，三世登入善业之净土；若供奉会供，则此生受用无尽衣食财富，来世登入杨柳宫净土；若供奉歌舞，则不惧具寇吉祥如意，三世登入邬坚空行刹；若供养哈达，则消弭己过诸事

如意成，来世登入色究竟天界；若修缮圣地道路，则消弭眼前短暂诸障碍，获得解脱得大乐；若在此勤奋修苦行，即可证得无漏三摩地；若在此闭关修行，则证得生圆次第三摩地，此生证得无漏光蕴身；若在此举办会供轮，则可与天女空行众同分，来世登入佛洲铜色吉祥山；若呈献顺缘之种种，则能消除身语意各种障难，心想事成手印足迹显，来世可登入邬坚空行刹。

总之，无论是礼拜、供奉还是结善缘，只要是与此圣地有缘有情的大众，都能消除眼前违缘诸障碍，断除恶趣诸生门，所祈祷之愿都会有如意的允诺！

638

第三章

山水传说

第 一 节　　雅鲁藏布大峡谷

关于雅鲁藏布大峡谷的美丽传说不胜枚举，其中，大峡谷的形成便是精彩篇章：在很久以前，湛蓝的苍穹之下，水路纵横交错，流向东西南北各方。在世界屋脊的脊顶，有被称为冰川之母的冈仁波齐神山，山母膝下子女有4人，分别是：大哥雅鲁藏布江，二哥狮泉河，三弟象泉河，四妹孔雀河。四兄妹很是听从双鬓如霜老母亲的教诲，巡游世界山山水水，探查社会方方面面，广结志同道合者。兄妹4人经共同商定，决定兵分4路共闯天下，穿过广袤的地平线，相约3年后齐聚印度洋，并以深厚的情谊相互告别。

他们在寻找广袤平地的同时激流直下，狮泉河一路向西，象泉河直奔北方，孔雀河流向南方。大哥雅鲁藏布江水向东流，他一边念想素有"冰川顶髻"美称的南迦巴瓦峰，一边又琢磨着一睹旭日东升的壮景。四兄妹遇山则绕，一边修平坝，一边朝着印度洋迂回前进。

大哥雅鲁藏布江身强力壮，如一头公牛。他横劈巨山，拓宽一条条狭窄的河谷，汹涌而下。到达工布地区（今西藏林芝

639

市）后，他被翠绿的山水、一望无垠的草原、绚烂绽放的花儿以及巍峨雄浑的雪山等旖旎景色所吸引，奔跑的脚步因欣赏一路的湖光山色而缓缓放慢。当他来到直白村冰川顶髻南迦巴瓦峰山脚下，费尽九牛二虎之力挖山脚时，飞来一只鹞鹰。雅鲁藏布江问道："喂！朋友，你从何处来？"鹞鹰抖抖身子，扑打扑打翅膀，高昂着头，傲气十足地回答："我从印度洋飞来！"雅鲁藏布江闻即，抑制住心中的怒气，急切地询问："你可曾遇见我的弟弟、妹妹们？"鹞鹰说："雅江爷爷，您的三位弟弟、妹妹早已聚在印度洋了，正焦急地等着与您相聚呢！况且，他们早已化成了一道道吉祥虹身，并时刻回眸着你们的老母亲呢。"鹞鹰又以嘲讽的语气接着说："您还磨磨蹭蹭的，难不成想在此驻足吗？"雅鲁藏布江听完，便疾速前进。他心想，弟弟、妹妹们早在印度洋聚齐，我若还不动身，他们一定会提前返回故乡冈仁波齐。他越想越着急，便不畏死亡地奋力冲向大峡谷，一心只想前

雅鲁藏布大峡谷　中共墨脱县委统战部提供

从墨脱县远眺秀美壮观的南迦巴瓦峰　曲尼多吉摄

进，斩钉截铁地径直奔向了印度洋。雅鲁藏布江避开陡峭的悬崖，奋勇冲进大峡谷，终于来到了印度洋，然而不见三弟妹的踪影，这才恍然大悟，原来被鹞鹰所诓。雅鲁藏布江在印度洋整整等了两年后，其他三弟妹才接踵而至。他们都问人哥为何提前的缘故，雅鲁藏布江羞愧地解释："是鹞鹰欺骗了我。"三弟妹又迫不及待地问："你在途中可修缮平坝？"雅鲁藏布江应道："刚开始还修平坝，然而遇见鹞鹰后，为了追赶你们就没修，最终不得不穿越巍峨险峻的大峡谷而来。你们呢？"三弟妹都应道："我们

都按约定一路修缮平坝而来，何况我们穿越的尽是些宽广无垠的平原。"

了解情况后，兄妹们愤怒至极，便唤鹞鹰前来问罪。狮泉河首先质问："你为何欺骗我们的兄长？"鹞鹰答曰："我未曾到过什么印度洋，更不认识你们三弟妹。我只是跟雅江爷爷开了个小玩笑，没想到，他居然当真了。"象泉河质问："你怎么能开如此大的玩笑？"鹞鹰应道："我只是想看看他是不是一个言而有信的人。"此时，孔雀河愤怒地说："你妨碍我们成就大业，必须受惩罚！"四兄妹经过讨论决定，

641

让这只欺骗长兄的鹞鹰生生世世都喝不到雅鲁藏布江之水。

还有传说，南部一些地方皆是巍峨险峻的山崖和峡谷。生活在此地的人们运输物品，只能扛在肩上或驮在背上，进出村子只能靠马和骡子，甚至有些地方根本无法穿越。究其原因，都是因为那只万恶的鹞鹰所致。而它也正在接受惩罚，根本不敢靠近雅鲁藏布江附近，只能忍受干渴在半空中盘旋。居于此地的珞巴族人认为，这是它欺骗他人而遭到的报应。

第二节　贡拉嘎布雪山

贡拉嘎布雪山屹立在甘登乡境内雅鲁藏布江对面鲁古村右侧3公里处，是墨脱县境内最有名的神山之一，号称"东王贡拉嘎布"，是工布地区的一位护法神，海拔为4354米。

据《大慈大悲观世音普度众生》记载：昔年，西南邬坚地区的恩扎菩提王有五位公主。其中，长公主黎敏嘎热因受父王冤枉，以死谢罪，用锋利的金剑割喉自杀，流淌出了白色的血液。又转城池七圈示众，众人都目睹此奇观，故名曰"斩首圣女"。

贡拉嘎布雪山　曲尼多吉摄

她有一个妹妹，名唤嘎尖(白饰)公主。嘎尖公主的妹妹叫列珠(完成)公主，列珠公主的妹妹叫丹赤(法座)公主。丹赤公主死后，转生为印度国王赤德祖之女，名曰"丁丁响"。丁丁响公主死后，投胎转生至雪域藏土，投生为父名拉吉卓穆和母名拉敏杰布的长子，名叫贡拉嘎布。

墨脱珞巴族民间又有这样的传说：贡拉嘎布雪山是借人名为山名，雪山旁边屹立着工尊德木神山。很久以前，贡拉嘎布和工尊德木是对温顺善良、和蔼可亲、诚恳正直的夫妻，共同抚育了面目俊俏、聪明伶俐的儿子(相传，这两座神山之间的小雪山即是他们的宝贝儿子)。有一次，贡拉嘎布远赴印度经商，待回到家时，发现儿子在家中夭折，故与妻子发生争执。贡拉嘎布一怒之下，拿起火炉里熊熊燃烧的火把，直接刺向妻子工尊德木。从此以后，夫妻俩关系决裂，将儿子的尸体放在中间，彼此背对背，老死不相往来。正值寒冬之时，站在甘登乡眺望远方的雪山，整座雪山被皑皑白雪覆盖，唯独有一片灰溜溜的地方裸露着，这片地就是当年贡拉嘎布刺火把时留下的痕迹。后来，人们为了纪念这对既深爱对方又争吵不休的夫妻，给雪山命名为"贡拉嘎布"。

另外，一些老村民之间流传着这样的传说：贡拉嘎布雪山是见证众生宿命的神山。昔日，莲花生大师前来秘境白玛圭时曾授记过，在遥远的将来，若是贡拉嘎布身披黑色铠甲，即象征着末劫的来临。

第 三 节　　天神岩洞和地神岩洞

在喜马拉雅山脉南段的多雄拉山上，有一个天成的大岩洞，洞周围有无数小岩洞。仰望岩洞，仿佛屹立在蓝天白云间的大磐石。相传很久很久以前，天王住锡于此岩洞，而岩洞周围的无数小洞则是天王的金库与银库。大岩洞左侧的林海内有一泓湖

泊，宛如被安置在林海之中的一颗绿宝石，此处是地王驻锡地。以前每逢春夏两季，来自尼泊尔、不丹、印度等地的藏传佛教信徒，以及西藏境内的藏族、门巴族、珞巴族等广大僧俗群众，赶着成群的牛羊，前来朝圣。待返乡之际，他们会带走圣地的土灰和神湖之水。这是因为，此地的土灰是天王生产出来的粮食、青稞酒和酥油茶，世人食之即可延年益寿；神湖之水是众神为了消灾解难、治疗疾病而加持的甘露水，人们饮之即可预防所有疾病。

另一传说是，在很久很久以前，此地平原上突然冒出了一股青烟。待袅袅青烟渐渐消失后，出现了无数面目清秀、婀娜多姿的少女和俊俏挺拔的少男，还有一位被少女少男们簇拥的白发仙人，这位仙人其实是地王的化身。少女少男们围着仙人，争着吵着要仙人带他们去人间漫游。仙人只好满足他们所愿，并叮嘱一定要遵守人间的规矩和风俗。少男少女们谨记仙人的嘱咐，每到一个地方，就给当地村民带去

牛羊牲畜、五谷杂粮和金银珠宝，并为村民治病疗伤。而村民们为了感谢仙人一行，会献上洁白的哈达以示诚挚的谢意。

一天，仙人一行来到多雄拉山山顶，遥望四周的山水，忽而发现头顶缭绕着绛红色的天空和白色的云朵，山腰上下弥漫着云雾，在层层云雾之间有一块状如鹏飞龙跃的神奇地方。一时，众人沉浸在旖旎的景色之中。突然，一块云朵变成了缤纷的彩虹，挂在多雄拉山上，并笼罩了整个山顶。在众人十分好奇之时，一位红发仙人出现在他们眼前，慈眉善目地微笑。白发仙人一见红发仙人便知是天王驾到，而且还目睹了天王的众随从。两位仙人情同手足，同被多雄拉山的旖旎风光深深吸引，决定一同住在多雄拉山上。于是，天王在多雄拉山上变出了一个巨大的岩洞，并在周匝变出了无数小洞。众神眷属住锡于此，并为此地的百姓造福。地王则在左侧的林海内变出了一面湖泊，而众地神栖居在林海中。他们特意收集甘露，专为百姓治病疗伤。

雅鲁藏布江蛇形大拐弯　曲尼多吉摄

第 四 节　　果果塘蛇形大拐弯

雅鲁藏布江源于上阿里三围的杰玛央宗，经年楚河，最终流入印度洋。雅鲁藏布江由雪域藏地境内百川汇流而成，是我国境内最长的河流之一。雅鲁藏布江流域在墨脱县境内的果果拉山附近，形成了巨大峡谷。关于峡谷形成有如下传说：在莲花生大师还未到秘境白玛圭之前，此地是聚满凶煞罗刹的罗刹国土。莲花生大师入秘境后，降伏了众罗刹。唯独有一个胆大包天的罗刹幻化成一条巨大的蟒蛇，欲截流雅鲁藏布江，涂炭生灵。莲花生大师识破了它的阴谋诡计，并将蟒蛇制伏于此，故而形成了蛇形大峡谷。如今从空中鸟瞰此峡谷，其形状宛如一条巨大的蟒蛇，因而被称为果果塘蛇形大拐弯。

参考文献

第四篇　波密县山水文化

1. 普布多吉：《波密史》，西藏人民出版社 1986 年版。

2. 西藏林芝市波密县多东寺僧人强久多吉提供的《卓隆圣地志》，作者不详。

3.《松宗桑朵白日圣地志》，转引自《波密史》。

4.《倾多雅龙亚古圣地志》，转引自《波密史》。

5.《曲宗度母神山志》，转引自《波密史》。

6.《波堆玉仁神山志》，转引自《波密史》。

7.《玉仁圣地扎西宗隆圣地志》，由玉仁丹增贡布提供，作者不详。

8.《曲宗绕卓无量寿佛圣地志》，由西藏林芝市波密县多吉乡退休教师次仁提供，作者不详。

9.《角落森东圣地志》，由西藏林芝市波密县多吉乡角落村的阿旺扎西和退休教师白玛仁青提供，作者不详。

10.《毛江马头明王觉沃圣地志》，由木古多丹口述，次仁整理。

11.《康玉圣地拉日布鲁和扎纳孜、叶古湖来源》，由珠蚌寺僧人扎西顿珠口述，次仁整理。

12.《玉普五神山圣地志》，由西藏林芝市波密县玉普乡格巴村的顿珠提供，作者不详。

13.《玉普乡境内圣地历史及

供赞文》，由西藏林芝市波密县玉普乡阿西村的次旺多吉，米堆村的旺久、顿珠和其美次旺等人提供，作者不详。

14.《康玉达曲地方神达措鲁曼供赞文》，由西藏林芝市波密县康玉乡达曲村的丹曲提供，作者不详。

15. 松宗桑朵白日神山护法神朵格普拉和董宗年布、贡脱杰、格尼扎拉嘎布等神祇的供赞文，由西藏林芝市波密县松宗寺僧人嘎多提供，作者不详。

16. 圣地祭祀和巡礼、煨桑等仪轨，由西藏林芝市波密县松宗寺僧人嘎玛多吉，西藏林芝市波密县松宗镇纳玉村村民洛桑绕丹、尼玛次仁，格尼村村民晓阳、阿旺西绕等人口述，次仁整理。

17.《绕卓无量寿佛圣地护法供尼赞文》，由西藏林芝市波密县曲宗寺僧人玛坚参提供，作者不详。

18.《嘎瓦隆护法供赞文》，由西藏林芝市波密县多东寺僧人阿布其瓦和强久提供。

19. 玉仁圣地的供赞文，由西藏林芝市波密县玉仁寺僧人罗布顿珠和曲尼沃色提供。

20.《亚龙亚古圣地护法神供赞文》，由西藏林芝市波密县倾多镇的布拉提供，作者不详。

21.《栋曲邬坚修行洞护法神供赞文》，由西藏林芝市米林县卧龙镇普龙村的阿尼提供，作者不详。

22.《巴卡桑卓圣地志》，由西藏林芝市波密县巴卡寺的布佐提供，曲吉林巴整理。

23.《达巴室利圣地简介》，由西藏林芝市易贡乡成色寺的扎西班丹提供。

24. 玛贡龙圣地和易贡塘拉觉相关资料，由西藏林芝市桑林寺的格桑久美提供。

25.《八盖江普圣地志》，由西藏林芝市波密县八盖乡日卡村村民白玛多吉提供，作者不详。

26.《八盖森格南宗圣地志》，由尼玛坚参提供。

27.《倾多邬坚修行洞圣地志》，由西藏林芝市波密县普隆寺的顿珠益西提供，西藏林芝市波密县易贡乡通麦村村民加措和仁青平措口述补充。

28.土丹平措:《西藏历史儿童喜宴》,西藏人民出版社2011年版。

29.平措次仁:《西藏历史普明镜》,西藏人民出版社1987年版。

30.丹贝贡布:《八宿寺达擦吉仲呼图克图丹贝贡布传》,木刻版。

31.《东噶藏学大辞典》,中国藏学出版社2002年版。

32.《格萨尔王传》之《门岭之战》,扎巴说唱,西藏人民出版社1986年版。

33.《西藏历史大事记表》。

第五篇 墨脱县山水文化

34.《白玛圭志以及保护秘境的方法》,由门巴活佛直美唯色提供。

35.《诸佛总集金刚萨埵宫志——现见解脱》和《秘境白玛圭胜迹志》,由门巴活佛直美唯色提供,作者不详。

36.《开启秘境之门如意宝之光——除障调众道志》,是邬坚·多吉妥美孜所著手抄本,由西藏林芝市波密县的扎西提供。

37.《雪域文库》第46集中的《大持明嘉村宁布文集》之《秘境白玛圭志》,西藏藏文古籍出版社2013年版。

38.《白玛圭志》,是达香活佛努丹多吉所著手抄本,由西藏林芝市波密县的扎西提供。

39.《秘境白玛圭之祭祀祷祝文和秘境内外密之护法祷祝文》,是邬坚·卓堆林巴所著手抄本,由门巴活佛直美唯色提供。

40.直贡工确嘉措:《塔布噶举佛教史》,西藏藏文古籍出版社2013年版。

41.次仁贝觉编:《雪域文集》第27集里的《西藏地方志选集》,西藏藏文古籍出版社2012年版。

ཉིང་ཁྲིའི་ས་ཁོངས་རིག་གནས་དཔེ་ཚོགས།

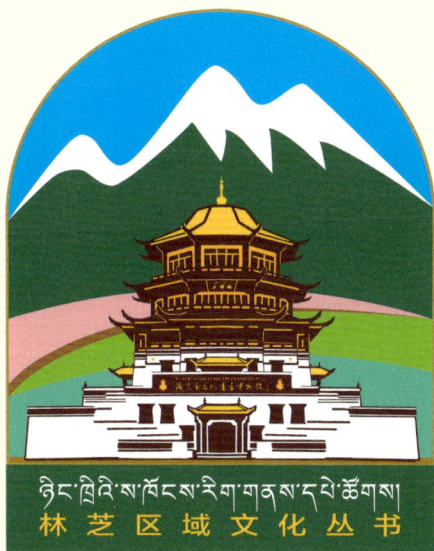

ཉིང་ཁྲིའི་ས་ཁོངས་རིག་གནས་དཔེ་ཚོགས།
林芝区域文化丛书

林芝山水文化

主 编 普布多吉　副主编 丹增 格桑

下卷

人民出版社

目　录

第七篇　米林县山水文化

第六篇

朗县山水文化

第一章

朗县山水文化概述

第 一 节　　地 理 位 置

上塔布水草美，
下塔布森林密。
塔布是否美丽，
请向小鸟询问。

美丽富饶的朗县在历史上有塔布朗宗或下塔布朗宗之称，亦称朗宗或囊宗。"朗"在藏语里为显现或光明的意思。吐蕃时期，朗县属于吐蕃王室外戚钦氏家族辖地。后来，拉萨墨竹工卡杰拉朗家族迁移至如今的朗镇朗村一带，当地人称他们为朗人或朗巴，意为杰拉朗氏族人，后来，家族姓氏演变为地名。西藏和平解放前，西藏地方政府在现在的朗县境内设置了古如朗杰宗、朗宗、金东宗三宗。西藏民主改革后三宗合并成立了朗县人民政府，划归山南地区行政管辖，政府所在地建在原来的朗宗旧址上，县名仍保留原名。1986年林芝地区恢复后，划归林芝地区。

朗县坐落在西藏东南部，雅鲁藏布江中下游，喜马拉雅北部，东连米林县、南接山南隆子县、西邻山南加查县和曲松两县、北衔工布江达县。县域地理坐标在北纬28°40′—29°29′，东经92°28′—93°31′之间。县城

雅鲁藏布江畔的村庄　索朗摄

距西藏自治区首府拉萨市约 420 公里、距林芝市政府驻地巴宜区约 240 公里。全县平均海拔 3200 米，国土面积约 4200 平方公里，其中耕地面积为 2.7 万亩、草场面积为 164197.5 公顷、林地面积为 209801 公顷。下辖 3 个镇 3 个乡 51 个行政村和一个居委会。全县人口约 1.8 万人，是农、牧、林发展比较全面的县。

第 二 节　　山水文化资源

朗县风光秀美、资源丰富，属宜农宜牧宜林地区。农田面积为 2.7 万亩，主要农作物有青稞、豌豆、小麦、油菜、辣椒等；草场面积约 16 万公顷，主要牲畜有牦牛、绵羊、山羊、黄牛、马、骡子等；林地面积约 20 万公顷，主要植物有松树、柏树、杜鹃等；农区种有桃树、花椒、苹果、葡萄等，村内到处可见高耸入云的柏树和杨树。有虫草、贝母、红景天等珍贵药材；有金、玉、铬铁等矿产；有棕熊、狗熊、豹等猛兽；有杜鹃、

塔拉岗布神山　曲尼多吉摄

鹦鹉、雪鸡等野生禽类。朗县最有名的特产为朗镇核桃、藏冬桃、洞嘎辣椒、拉贡塘酥油、金东玉碗等。

朗县地处吉祥胜乐轮圣地杂日神山南部和藏传佛教塔布噶举派源头圣地塔拉岗布寺东南部，成为杂日神山的北门要道。周边有很多神山圣湖和宗教圣迹，如金东邬坚修行洞、洞嘎堆巴错日神湖、拉多昌巴赤本圣地、拉丁雪扎西岗圣地等，均属于杂日神山的分支圣地；洞嘎琼热和邬坚莲花洞、拉多杂堆莲师足迹等是莲花生大师①加持过的圣地；至尊塔布拉杰·索朗仁青②和怙主

---

① 莲花生大师，吐蕃王朝时期的"师君三尊"中之轨范师。生于印度西方古国乌丈那境内，得其国王因陀罗菩提抚养为太子，命名莲花生或池生金刚。八世纪中期，应吐蕃王赤松德赞之请入藏，倡建桑耶寺，教藏族弟子学习翻译之学。为赤松德赞及王妃益西措杰等有缘者传授无上密乘八法，金刚杵及诀窍正见等教法。

② 塔布拉杰·索朗仁青（1079—1153年），是西藏著名医学家、佛学家，出生于塔布涅地区（今属隆子县）的尼氏家族，幼年学医，稍长以医理医道驰名，有塔布神医之称。继承玛尔巴、米拉日巴一派噶举传统，阐发弘扬成为塔布噶举教派。

653

江白伦珠嘉措①等修行过的帕仓日追,由四世噶玛巴·瑞白多吉开山门,嘉村宁布大师长期潜修佛法的嘉村洞马头明王②和金刚亥母现见解脱之地等,都是十分灵验的修行圣地。还有噶举派大师益西多吉前往杂日神山开启圣门之时途中加持③过的胜迹和天成大足印,著名南派藏医

奠基人苏喀·娘尼多吉大师住地拉多苏喀圣地,巍然屹立的藏区九大护法神山之一的钦氏神山钦拉天措,还有金东牧神董炯黑面赞山,战神觉沃扎赞山,朗镇其次村的将军神山,仲达镇折玛囊战神逊布山等具有动听传说的神山,以及格萨尔王降伏妖魔阿琼和穆琼古如的神奇传说。

第 三 节　　祭祀传统

在朗县境内的这些神山圣湖净地上,人们一直怀着敬畏的态度,与大自然和谐相处。根据藏族传统山水保护概念,古树有树神居住,严禁乱伐;泉水中有龙祇、念等居住,故在泉水边禁止大小便、乱扔不洁之物,也不能砍伐附近的树木。

在朗县境内转神山、拜圣湖的活动习俗极为盛行。在活动期间,广大信众向佛法僧三宝磕头、献哈达、点佛灯、转经、烧香煨桑;转圣水、供湖神,求加持;向出生神、土地神、牧神、农田神、战神等多种神灵煨桑供献神饮,同时挂经幡、跳金刚神舞、洒供粮,祈求神灵护佑一方平安。

---

① 江白伦珠嘉措(1845—?),是巴尔曲德寺第三世活佛。
② 马头明王,藏传佛教上著名的护法神,也是观世音菩萨的忿怒像。
③ 加持,是指加附佛力于软弱之众生或物品。

第 二 章

登木河流域山水志

第 一 节　　登木山水志

登木河流入仲达镇后注入雅鲁藏布江，该河上游属于登木乡，下游属仲达镇，流域面积约 760 平方公里。登木河源头为外普热水、内朗贡水两处，是由格拉溪水、巴桑贡隆溪水、举巴

登木乡古村落　朗县旅游局提供

溪水、森木溪水、洛龙溪水、亚雪溪水等许多小河聚焦汇成的一条河。

登木河流域的登木乡位于朗县西部，雅鲁藏布江南岸。该乡平均海拔 4100 米，乡政府驻地海拔 3800 米，地理坐标为东经 93°11′，北纬 29°00′。全乡共有 10 个行政村，2983 人，全乡面积约 705 平方公里。

登木河流域登木乡贡隆释迦牟尼神山，海拔 5414 米，该山脉在北纬 28°48′，东经 92°47′处；久村次旦米久神山海拔 5192 米，地处北纬 28°54′，东经 92°45′处；登木比亚乌孜山海拔 5217 米，坐落在北纬 29°56′，东经 92°48′处；洛龙村东央孜姆神山等多个神山海拔 5000 米以上。还有拉贡塘、比亚、夺巴等多处草场和拉贡塘双连神湖、崩巴神湖等大小湖泊。

各种各样的野生动物生活在登木河流域，如岩羊、羚羊、鹿、獐子、羚牛等野生草食动物；狐狸、狼、棕熊、狗熊、雪豹、花豹等食肉猛兽；褐马鸡、雪鸡、杜鹃、戴胜鸟等禽类。柏树、小叶杜鹃、杜鹃以及杜松、柽柳、高山柳、野蔷薇等各种野生植物生长在登木河流域。盛产虫草、贝母、党参草、茴香、当归等天然名贵药材。

之外，还有一些古老寺庙，如亚雪寺、森木寺、孜列寺等。其中，孜列寺是塔域一带早期的宁玛派寺庙。

第二节　杂日神山分支圣地

朗县坐落在杂日神山北部，从朗县前往杂日神山，有三条路线：第一条路线，从登木乡翻越亚雪孔木拉山到达。第二路线，从拉多乡杰村和藏村分别越山到达。第三条路线，从金东乡嘎木一带经仁普到达。其中，第

亚雪孔木拉山口　索朗提供

一条路线为主线。先从朗县仲达镇，沿珠隆河畔的柏油路往沟里行驶大概一公里，到达瑞村。接着经瓦力、拉丁雪、协岗、堆雪（东雪）、赞达龙村等地，到达当年益西多吉尊者找到开启山门钥匙的登木岗，过登木河进入左侧的山沟到达左嘎村，接着是崩达、桑琼村。从此处爬上亚雪孔木拉山顶，翻越该山，经吉祥长寿五仙女山一带以后，最终抵达杂日曲桑。

从 2014 年起，朗县开始修建从亚雪桑琼村到杂日曲桑村的公路，现可通行各种车辆。

二、马头明王和金刚亥母双尊圣地

登木乡久村东部和森木村北部交界处的贡日朗水域西面，坐落在杂日神山圣地分支圣地马头明王和金刚亥母双尊圣地。

按照转经顺序，从森木村往西北方向行驶 1 公里即到山嘴越界处，这里就是众多大师曾经赞不绝口的龙琼白玛卡庆，沿山腰行驶 3 公里，到达久村或久日追。

1. 久村山神岗赞

久村西面山腰 500 余米处，

有久村山神岗赞的神堡和香炉。据传，该山神十分富裕，往来时总会有很多马骡驼队随行，因此，此神被认为是钦拉天措神山巴瓦七兄弟中的一个。

久村的村民每年藏历新年时会前往此地祭祀山神岗赞，挑选藏历吉祥日和根据自己的生辰八字算出的吉日，到此处朝拜，祈求神灵保佑。久村东部的山嘴处有一眼叫鸟泉的山泉，鸟泉两边有两棵神柏，传说是当地山神岗赞的居住之所。久村以北500米处，有一条左右两边都长满各种植物的长约两公里的山沟，据说是山神岗赞的头发。

2. 桑丹林和玛日日追

桑丹林坐落在久村北部约两公里处山腰的悬崖上，曾是格西益西旦增的修行洞，后为地方私塾。从桑丹林往山顶约两公里处，有一座叫玛日日追（又称达康哲普）的修行点，可容纳七八人修行。如今也有不少修行人在此潜心修法。

3. 次丹米久山

在玛日追北部海拔5194米处，有座叫次丹米久的神山。此山神属猎神，只有当地猎户祭祀。传说，猎户在打猎之前去此山祷祀，就能顺利猎到很多猎物。

玛日日追　索朗摄

4. 金刚亥母湖

金刚亥母湖又称宝瓶湖，坐落在久村东北方向，海拔4963

米处。传说，此湖为胜乐金刚亥母本尊的魂湖。该湖地处久村沟内的羌玉溪日山后、松木材村贡

金刚亥母湖　索朗摄

659

从金刚亥母湖中取出的玉石　索朗摄

日朗普山左侧的石岭盆地上。湖的后部被乱石山岭包围，山岭中长有红景天等名贵药材；湖的前面是一片宽阔的草原，成群的牲畜安然自在，草坪上长各种花草，风景旖旎。

金刚亥母湖面并不大，但十分美丽，给观湖者一种非常独特的感觉，周边的信众经常到此朝拜供湖，结缘者能够观到显影。关于此湖传说较多，例如，金刚亥母湖的湖底与塔布鲁卡湖底相通的传说：从前，在湖附近的一个牧民牧场搬迁时，一头牦牛不幸掉进了湖中，刹那间消失得无影无踪，若干天后，掉进湖中的牦牛在数百公里外的塔布鲁卡湖面漂了出来。又有传说，从前，森木寺的一名尼姑和其他寺庙的尼姑到金刚亥母处观湖相，突然，从湖中跑来了一头红牛，并在湖边留下了一坨大牛粪，尼姑们把牛粪带回寺庙后，却发现牛粪变成了一块玉石，据说，玉石至今收藏在森木寺内。每当藏历吉祥日时，信教群众前往金刚亥母湖举行转湖朝拜、献哈达、给神湖供养珍贵的供品、烧香煨桑等佛事活动。

5.马头山

金刚亥母湖的南面4公里处有一座叫达觉的山峰，因山顶上有马头明王的天成像，故名马头山。传说在山后修行的人可以听到从此山传来的马叫声。山背后有一处被称为马头明王和金刚亥母圣地的山岗，叫叩拜坡（顶礼处），在叩拜坡能看到很多先人修行过的岩洞。继续往上爬有一处大坑，当地传说此坑为地狱之门。

6.噶尔普达玛神殿

金刚亥母湖和马头山中间长满杜鹃和柏树的树林中，有一座

660

叫噶尔普达玛神殿的修行洞，据说是噶尔丹巴大师①曾经修行过的一座极为殊胜的修行洞。在每年春天气息弥漫大地、万物复苏的时候，修行洞周围开满了杜鹃花，显得格外漂亮，因此人们将此地取名为噶尔普达玛神殿，"达玛"，意为杜鹃。传说，噶尔丹巴大师圆寂后法体送往岗布，走到森木村东部古城堡废墟森卡一带时，大师法体开口说道："从这里能看到我的修行洞，我不走了。"因此，在此地修建了一座佛塔，名为森卡崩巴，并把大师的肉身塔葬于此。在修建佛塔处雕刻有《南无藏钦佛经卷》的石刻，雕刻人不详。

7.贡巴朗

从崩达村往西面的山沟徒步行走一小时左右，在山腰上能看见一处寺庙遗址及马头明王、金刚手、大鹏金翅鸟的佛塔。据当地老人介绍，此处为杂日神山圣地之分支，在此转山朝拜的功德相当于转圣地杂日神山本身。如

---

① 噶尔丹巴大师，聂噶尔曲三尊之一，是直贡·觉巴三界怙主弟子。

噶尔丹巴大师灵塔遗址　索朗摄

贡巴朗古寺佛塔遗址　索朗摄

今每逢藏历吉日，会有很多从登木乡和仲达镇前来朝拜的信教群众。据群众介绍，朝拜此圣地，有让自己心神安宁、消除疾病、解除各种障难等诸多益处。

在每年的萨嘎达瓦节举行祭神仪式时，僧众作法，群众烧香、挂经幡、竖立经幡柱、洒供物、祈愿，之后男人们大声喊三遍"祭神灵！祭神灵！祭神灵！"后用一柏树枝沾新酒供天，同时喊着"给给嗦嗦！祭神灵！"随

贡巴朗风景　索朗摄

后便把青稞、小麦等供物洒向空中，祈求风调雨顺、人畜平安。接着由 5 位父母健在且美貌年轻的盛装女子手持彩箭、哈达、酥油灯，缓缓喊着"招福！招运！"举行招福纳财仪轨，骑手们说白谐、敬酒女开始列队举杯唱酒歌，最后跳一场圆舞，表示向神灵供新舞。

三、益西多吉尊者前往杂日神山开启圣地山门沿途的传说

噶举派大师益西多吉出生在塔布吉尔的一个陶匠家中，小时候随父母靠做陶瓷工艺品，维持生计。后来，尊者继承了父辈的手艺，努力钻研烧制陶瓷的技术，并收了大量学徒。传说，尊者每到一处都会给当地群众传授陶瓷制造工艺技术。因此，在藏区民间，人们一直认为陶艺是益西多吉尊者所创造的。今天，林周和山南、墨竹工卡等地的陶艺工匠们将益西多吉尊者作为陶艺祖师。益西多吉随后到达塔拉岗布，晋谒塔布拉杰·索朗仁青，一刹产

益西多吉尊者像　尼玛摄

生无限敬畏之心，顶礼膜拜，受大手印法门，随后按照上师教诲前往杂日圣山开启圣地山门。

《圣地杂日神山志·净晶山自光》中记载：

明亮塔巴室利峰，

任运浮用无量宫，

秘密智慧自现轮，

略述吉祥兹志中。

圣地杂日神山是世间二十四域之一吉祥胜乐金刚宫，是吉祥胜乐大轮身语意圣地中的意圣

663

地（上冈底斯神山为狮面雪岭身圣地，中有拉齐雪岭虎面为语圣地，下部杂日猪面黑色神山为意圣地），历史上莲花生大师，班钦·比玛拉米札，益西多吉尊者，卓贡·藏巴加热[1]，珠妥聂、噶尔、曲三尊[2]，噶玛巴，竹巴·白玛嘎布[3]等诸多尊者到此修行并开启杂日圣地山门。益西多吉尊者曾四次经塔布珠隆一带前往杂日圣地开启圣地山门。珠妥聂、噶尔、曲三尊也经珠隆前往杂日圣地，因此，也有人认为是卓贡·藏巴加热开启了杂日圣地山门，但民间更认同益西多吉尊者为杂日圣地开启者。在《岗布圣地志·伏藏大师之信》和《圣地杂日神山志·胜利幢火焰》等文献中也有益西多吉尊者开启杂日圣地之门的传记。

---

[1] 卓贡·藏巴加热（1161—1211年），出生在后藏娘堆一带，是珠巴噶举派创始人。

[2] 珠妥聂、噶尔、曲三尊，分别是聂杰瓦拉朗、噶尔当巴、曲益西三人，均为直贡·觉巴三界怙主弟子。

[3] 竹巴·白玛嘎布（1527—1596年），出生在钦域寺一带，是一位珠巴噶举派高僧。

塔布拉杰·索朗仁青成道后按照上师的授记，在岗布达尔仙帝山滚桑龙大法台上与众位僧伽讲经授法。在给弟子益西多吉尊者开启杂日山门的授记中，大师指明道：在那霞光四射、烟雾弥漫的东南方向，静坐众吉祥大轮之神，行运天成杂日杂贡巴热札宫，金刚亥母受酒肉之供，具缘者能够赐成大业，无缘者之血肉之躯将被空行母[4]所感化，各类鸟兽自由奔跑，花草与熏香芬芳溢满四周，耳边回响着神乐妙音，此圣地需开启山门，能者谁去也？同时大师把手指指向了杂日神山方向，顿时在手指上长出了七颗水痘，显示去往圣地之艰险。次日，大师手持一炷香向东南方向烧去，仍无人回答。最后一天，圣师朝着益西多吉尊者望去，益西多吉尊者明白上师有意让自己去圣地开启山门，就自告奋勇，率弟子十一人经塔布珠隆前往杂日神山开启山门。

益西多吉师徒十一人越过塔布卢卡尔热索到达懂藏嘎时，被

---

[4] 空行母，证得殊胜成就的瑜伽行母。

瓦力修行洞遗迹 索朗摄

当地的地祇挡住了去路。尊者一行施朵玛食子降伏地祇，地祇幻化为一头红牛，尊者又将它降伏。接着尊者一行向珠隆走去，晌午时分，在现在的瑞村一带途遇抬尸人，瑞村地名也由此而来。尸体一词藏语发音为"若"，瑞村的"瑞"是"若"字在朗县方言中的变音。

晚上到达瓦力一带时，当地土地神变身为一只鹞迎接益西多吉尊者。当地流传的"瓦力"一词也由此而来，"鹞"藏语发音为瓦力。自当晚起几日内，益西多吉师徒在附近的一座山洞里修行过夜，因为此地缺水，尊者用手杖从山崖中捅出一眼泉水。传说，当地有个叫"瓦力康萨"的居户，对师徒一行热情款待，后来为了感恩瓦力康萨的施舍之德，益西多吉尊者把泉水的管理权交给了该户，从此，当地其他村户年年向瓦力康萨交付水费。益西多吉师徒到达赞达时，在此祈愿诵经，开启杂日山门的第一把钥匙也在此找到。现在在此地的一处岩壁上有一处钥匙的天成印迹清晰可见，该地也有"杂日神山第一圣地之门"的称号。益西多吉师徒到达嘎玛顶草坝后想休息片刻，但不料他们一路过于疲乏，竟在此睡着了，醒来时天色已黑，星空闪烁。"嘎玛顶"地名也由此而来，"嘎玛"意为星星。益西多吉师

665

贵山沟　索朗摄

徒走到孜度拉一带时，由于此地牧民生活十分艰苦，故为此地取名孜度拉。"孜"意为牧人，"度"意为艰辛。走到恰斜一带时，一只鸟告诉他们忘记带碗了，地名"恰斜"一词由此而来。"恰"意为鸟，"斜"意为讲或说。走到鲁琼时又拾到被忘记带走的碗，故为此地取名"鲁琼"。"鲁"意为遗忘，"琼"意为得到。走到协岗时，因肚子饿本想借用一个木盆，想用粘在盆壁上的面渣填饱肚子，没想到主人把木盆冲洗得一干二净后才借给师徒。因此，地名"协岗"

一词由此而来。"协"意为冲洗。走到糌达隆时，他们到村中化缘，村民施舍了很多糌粑，地名"糌达隆"一词由此而来。他们继续向前走，突然当地恶魔幻化成的一座巨大的黑石挡住了他们的去路，于是他们用化缘的糌粑施朵玛食子制伏了黑石头魔王，因此该地取名"堆卡娘"，意为伏魔口。他们一路前行，正当中午之际走到贵山沟一带，并在此地烧茶，故该地取名为"贵"，意为烧茶之地。他们发现此处有两座小山洞，于是在洞中修行七天，期间以

666

荨麻为食。有一天，熬荨麻的砂锅滚到山下，捡回时他们发现砂锅奇迹般地没有任何损坏，尊者非常高兴，在一座磐石上跳起了金刚舞，石头上留下了尊者的大足印，该足印石如今收藏在崩达神殿。传说，由于当年益西多吉尊者在此处撒下荨麻粥，山腰上的小山沟内植物繁茂，植物返青快，春季来得比其他地方早。《圣地杂日神山志·胜利幢火焰》中记载："尊者一行，在一个阳光明媚、水

益西多吉尊者的足印　索朗摄

益西多吉尊者撒荨麻粥后沟内生长的植物　索朗摄

益西多吉师尊的座驾神马天成像　索朗摄

质极佳的地方熬荨麻粥，地名'贵'一词由此而来"。贵山沟对面的山崖上可以朝见益西多吉尊者的座驾神马天成像，旁边有一处凸起的山尖，传说是尊者坐骑的拴马柱。贵山沟前去一公里处，有一个叫登木岗的地方，据说是益西多吉尊者开启杂日山门时，在此地找到钥匙，后来人们称之为登木岗。"登木"是由藏语钥匙音译而来。登木岗右边的山崖上有一个像鸡冠的石头，民间传说是开启山门钥匙的天成像。

益西多吉师徒十一人认为从登木岗开始即进入杂日山圣

登木岗处的钥匙天成像　索朗摄

登木岗处的佛塔遗址　索朗摄

地范围，因此在登木岗发愿祈福，并修建三座佛塔，该地称为"杂日圣地第二关口"。益西多吉尊者在登木岗修建佛塔后，孜列寺的僧众前往登木岗举行诵经祈福的宗教仪式，此活动延续至今。

　　益西多吉师徒接着到了珠

隆追岗拉，地祇化为一条黑蛇挡住去路，他们在此修建了三座佛塔以镇地魔，因此此地叫追岗拉，"追"意为蛇，"岗拉"意为坡。接着他们走到一处山口，被一只黄色的獐子挡住了去路，师徒施朵玛食子驱魔降妖，獐子消失在小丘陵中，所

拉丁圣迹　索朗摄

崩达斯崩佛塔　索朗摄

以此地叫拉丁，意为獐子坡。传说该小丘陵有永驻不变的加持。接着他们又被一头白额的犏公牛挡住了去路，他们驱魔后这头犏公牛消失在旁边的泉水中，因此此地叫"左嘎"或者"左曲卡"，"左"意为犏公牛。传说益西多吉师徒为伏魔长期在此修行，在此处修建两座佛塔，开启崩达斯崩为始的杂日

阎罗王镜子天成像　索朗摄

空行母额头天成像　索朗摄

益西多吉尊者的足印　索朗摄

天成的陶瓷佛塔　索朗摄

神山圣地，正如朗县古汝朗杰一带的民歌所唱"圣地之首何地成？就在崩达斯崩处"。

　　崩达村群众用石头筑围栏，

对这两座佛塔进行了保护，同时将原先在杂日神山的部分殊胜天成的佛像、佛经和佛塔收集到此地。如：释迦牟尼佛像、珠

令刚亥母猪脸天成像　索朗摄

杂日神山月轮形成的天成图案　索朗摄

佛塔石天成像　索朗摄

杂日护法神的坐骑天成像　索朗摄

671

代表贡某拉山的梯纹石头　索朗摄

空行母天成号角　索朗摄

印、开口护法神瓦卓像、形成杂日神山坛城①的天成像等，诸多有加持力的圣物，在此均可朝拜。

现在每到藏历初八、十五等吉祥日，崩达村及周边的村民，以及登木乡和仲达镇的信教群众，都会前往此地朝拜崩达神殿及崩达佛塔，并转经祈福。特别是每年藏历十月十日至十五日，众多信教群众聚集在此，集体念诵六

鹿角上形成的金刚亥母面天成像　索朗摄

贡·藏巴加热像、金刚亥母像、莲花生大师像、杂日神山护法阿奇曲珍像、观世音佛像。除此之外，还有益西多吉尊者的大足

---

① 坛城，梵音，直译为曼荼罗，指密乘本尊及其眷众聚集的场合。本智以为主尊，道果功德以为眷众，眷众环绕本尊游戏庄严，称为轮圆。

672

字真言。每年藏历正月十五日，崩达村信教群众会举行活动清早到杂日空行母、刹土神、阿奇曲珍等护法神像面前祈祷求福，下午饮酒欢歌、载歌载舞赞颂杂日神山。传说，如果在此圣地转经祈福，会得到无尽的福报，转经者心想事成，能够消除各种疾病，功德无量，意义匪浅。

师徒继续往前行进时，一位持弯刀的黑恶神挡住了去路，大约午后时分起，此地遍地乌云，无从找到去路。黑恶神摇铃铛、挥金刚，将恶咒抛掷于空中，顿时马儿惊慌狂奔，包袱散落，鞍具被水冲走。此刻益西多吉尊者思修上师瑜伽，施朵玛食子，降

魔解障难，将黑恶神收服为弯刀护法。如今弯刀护法神天成像立于此山崖上。

离此不远的桑琼村有座叫"桑琼桑卡曲登"的佛塔。佛塔周围有很多马蹄印及马鞍的天

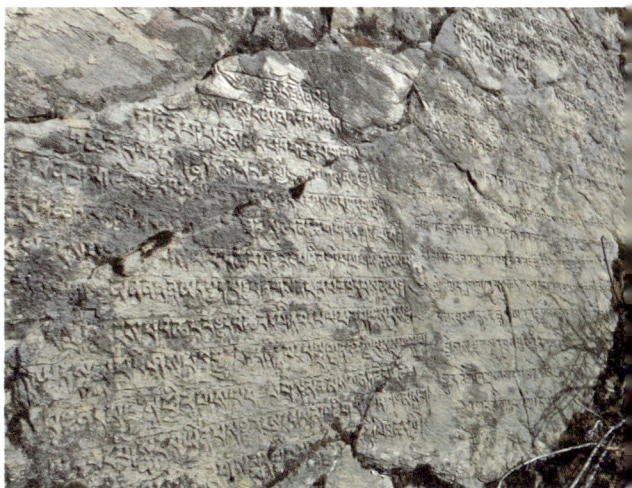

益西多吉尊者的天然马鞍石像　索朗摄

益西多吉尊者手杖所穿的石孔　索朗摄

成像。传说尊者一行到达此地时，深山园林中跑出来一只棕熊，使尊者一行的坐骑受到惊吓。师徒从马背上掉落，鞍具、被褥及食物均散落了一地。于是，益西多吉尊者尾追马儿来到贵一带时抓到马匹，却发现该马为杂日神山山祇幻化之马，于是降伏在此。贵山沟对面的

山顶上能看到天成骏马石像。而散落一地的鞍具等就成为现在的各种天成像。

杂日神山山祇吓跑尊者坐骑制造磨难，是因为在授记开启杂日圣地山门时，尊者一行穿着盛装而不是瑜伽服。

董卡那前面有一座长满杜鹃、野柳的山，传说是五部空行

星炯热苏宝座遗址　尼琼摄

五部空行的魂山　索朗摄

的魂山。在山脚下，有一处叫
"星炯热苏"的地方，人们可以
朝拜传说是尊者益西多吉前往杂
日神山开启山门时，杂日山神为
他举行迎接仪式的宝座遗址。在
空行宝座的右边，山边有两处冰
雪，据当地群众介绍，无论四季
如何变化，冰雪都不会融化，如
若冰雪融化，是时代巨变的预
兆。再往前走，杂日门神弯刀护
法神和刹土神父母迎接了尊者，
并告诉师徒一行："今年并非开
山门时机，明年依照上师的诲令
前来即可"，并指明了去往拉瓦
昌巴的路，接着消失在对岸的山
岩中，在山崖上形成了护法神天
成像。因此此地取名为星炯热
苏。"星炯"藏语，意为"刹土神"，

"苏"藏语，意为"迎接"。接着
师徒在此安居坐夏①，不久一位
狮面空行母指令他们返回岗布一

———————

① 坐夏，指佛教三毗奈耶事仪轨之一的
夏令安居仪轨。事前洒扫殿宇，准
备坐垫，安排人员，正式仪轨行于
有遮盖之处，趋比丘前，颂仪轨三遍
后，答愿夏令安居。此后，未经加持
许可，不得在安居界外住宿到次日黎
明。在此期间勤于闻思修的行持，直
到解制。

千古不融的人形雪山　索朗摄

朱曲卡的修行洞与促康的遗迹　索朗摄

带，明年此时再来，于是师徒返回了岗布。

第二年，益西多吉尊者再次来到杂日神山，并随有聂、噶尔、曲三尊，《杂日神山圣地志·胜利幢火焰》中记载：次年按照狮面空行母的授记，尊者装束齐备前往杂日山，并唱吟道：

无上圣地日月座，
祈拜根本上尊者，
请求引导启圣地，
化身神众常祈祷，
心自解脱赐加持，
化解内外诸障难，
赐予殊胜之成就。

他们经过崩达斯崩一带到达朱曲卡时，聂大师告诉门徒需要饮食，但门徒说道："此地没有水。"噶尔尊者接着道："有水就说有水。"便施展法术，用手杖点击山崖，从山崖中点化出一眼泉水。"朱曲卡"一词也由此而来。

在朱曲卡往前100余米处，有一座小湖，是杂日玉措的湖尾，传说，众空行母每七日到此地来洗一次澡。离小湖不远处有一眼泉水，当地传说该泉水是空行母的阴户。

孔木登山是杂日圣地山门的梯阶山口，也是朝圣者爬山时最艰难的地段。据村民介绍，孔木登山脊上长有其他地方罕见的各

朱曲卡的小湖泊　索朗摄

种珍稀植物及名贵药材。

　　从小湖一直往前走，就会到达戳索普，此地可朝拜益西多吉尊者的宝座及大足印。再往前走就会到达孔木附近的贡玛丹一带。《杂日神山圣地志·胜利幢火焰》中记载，师徒临近孔木登时，五只雪鸡走在前面，表示对他们的欢迎，因此该地取名为孔木登。"孔木"

传说中的空行母阴户泉水　索朗摄

益西多吉尊者的宝座　索朗摄

益西多吉尊者的足印　索朗摄

意为雪鸡。五只雪鸡到达山顶时变成了五位姑娘，并向他们说道："请各位尊者慢走！"接着分别消失在里面的五座山峰中，后来知道这五位姑娘是吉祥长寿五仙女。

贡玛丹右侧有几座山峰，传说是杂日刹土神宫殿。宫殿右侧

杂日刹土神宫殿　索朗摄

的几处尖峰是十二丹玛①的居住地。从贡玛丹到贡玛山顶路程较近，翻越山顶后沿一条山沟行走几公里就会到达亚普。

尊者到达亚普一带时遇见

① 十二丹玛，即永宁地母十二尊。立誓永远保佑藏土的十二尊地祇女神。

十二丹玛山峰　索朗摄

一个牛头人身的女子，此女子叫他们停留在此并盛情款待，于是尊者一行当晚留宿在亚普。《格萨尔王传》的《门岭之战》中记载："在亚普降伏了恶鬼独脚鬼之母……"此地悬崖上能看到格萨尔王的手印及十字金刚杵的天成像。再往前走就会到达杂日朗培佛塔处，恶鬼独脚鬼被压在两座佛塔的底座之下，并令独脚鬼以一百驮白元根种子作为口粮，每天只能吃一粒元根种子，只有等到乌鸦长白羽、河边的沙粒变成青稞、白磐石变成羊群、黄断岩变成牦牛之时方得解脱。传说，此地还留有格萨尔王坐骑赤色马的蹄印及格萨尔手印和一盏不灭酥油灯天成像。

接着走到杂日贝龙雄，遇见了一个叫拉拉龙王的长满肉鬙的八岁男童。益西多吉尊者问他："你叫什么？住在哪里?"他答道："我叫鲁墨竹思金，冬天住在上黑泉水之处，夏天就住在此地，这里也叫旺布拉拉。"于是尊者及噶尔大师在河边施朵玛食子驱魔降妖，咏诵大乘经，男童顿时消失在湖中。因此，该地取名为替钦，意为大乘。

益西多吉尊者一行到达杂日曲桑时，杂日刹土护法神化身为一个狮面白人，骑着一匹绿尾白马，十分欢喜地说道："欢迎，我的上师们!"接着邀请他们来到自己的宫殿，过河时用法衣做桥，因此该地取名杂日曲桑，意为法衣桥。

一、贡隆仁青岭神山

"莲花秘境塔布末、百花林园工域头、空行圣地杂日北、奔腾汹涌河水畔、莲花大师所加持"之地，乃是《上师密意集根本续》中记载的伏藏之地。密意集史书《晶鬘》记载，这些伏藏都是加七重印之后，深藏在"东山似举经卷与法杖、南山有如忿怒黑罗刹、西山好似忿怒红赞魔、北山好比水帘做旌旗"的神奇之地，此秘境叫"昂"或"堆"，就是登木乡孜列村西南方向贡隆仁青岭神山。该神山东西两面山腰上能看见很多修行洞，此处称之为修行净地仁青岭，孜列寺的僧人及其他僧人经常在此修行。此山海拔 5475 米，地理坐标为北纬 28°48′，东经 92°47′。

贡隆仁青岭神山北部坐落着塔龙措布日神山。据传，措布一带有面秘境神湖，业障清净者能在此湖中看到自己的今生来世。此神山东南方向的山顶上，有座叫东央孜母的山峰，据说是洛龙神祇的宫殿，山腰上有天成的海

修行净地贡隆仁青岭　索朗摄

东央孜母神山　普布多吉摄

螺像，为洛龙神祇之法螺。此地为历代高僧修行四心滴[①]和八大法行[②]的修行处，有百余座修行洞。洞中可以朝拜神泉、天成法螺、天成黑石宝幢、天成马头明王的金刚杵等。在东央孜母神山上可以朝拜天成药妃像、孜列仁增大师的酒坛天成像、天成释迦牟尼像及天成日月像。除此之外，还有伏藏铙钹、唢呐、长短号、鼓等天成像以及狮子天成像等圣物。在此神山上，孜列寺每年要举行"孜列初十宗教仪轨"，进行祷祀活动。

二、念朗日追

念朗日追坐落在登木乡登木村河对岸的一块长满刺柏及小杜鹃的山顶上，山腰下柏树繁茂的树林里各种野生动植物极为丰富。在这神奇的山崖上，有一座大修行洞及三座大佛塔。念朗佛塔的占地面积约 30 平方米、海

---

① 四心滴，即《空行心滴》《空行要滴》《上师心滴》《上师要滴》。

② 八大法行，即妙吉祥身、莲花语、真实意、甘露功德、橛事业和世间三部、本母召遣、诅詈猛咒、供赞世间。

念朗日追所在地　索朗摄

拔约 3800 米，当地群众将这一带称为"念朗杰康"或者"念朗崩巴"，至今约有 320 年的历史。

根据当地群众介绍，在五世达赖上师时期，孜列仁增大师在此地修行过。修行洞岩石上能看到各种各样的岩画，传说是孜列仁增大师和当地的土地神为谁居此山洞发生争执所留下的印痕。

第 四 节　　拉贡塘和拉日色布神山

拉贡塘是朗县、隆子县、加查县和曲松县交界处的一个大牧场。该牧场盛产优质的酥油、牛肉、牦牛绒等特产。从前，该地出产的畜产品作为贡品供给甘丹颇章。拉贡塘、约来列波、鲁古、玛酷塘等牧场水草丰美，牧业兴盛，民歌这样称颂：

秀美牧场色多岗，
黑色牧帐搭建地。

形如莲花之牧场，
牧养健壮牦牛地。
约来列波草地上，
雅穷牛犊欢乐地。
无边鲁古大牧场，
健壮牦牛角逐地。
无垠玛酷塘草场，
盛产金色酥油地。
湖畔瑞祥圈牛场，
祈立吉祥经幡地。

682

拉贡塘牧场　朗县旅游局提供

坝顶牧场多多岗，

系拴黑色牧犬地。

拉贡塘牧场牧业十分发达，朗县、隆子县、加查县和曲松县四个不同地区的牧民杂居于此。

在拉贡塘牧场的南部有一座海拔5516米高的山峰，叫拉日色布神山。拉日色布神山前面有两面双连湖泊，人们称之为拉贡塘双连湖，湖泊所在地海拔5084米。

据说，拉日色布神山是父亲，两面双连湖为母亲。在父亲拉日色布神山和母亲双连湖周围有恰芒果吉、唐门雅日赞、絮库图娜赞、达热塔娜赞、阿拉勇赤赞等众多神山，据说都是他们的儿子。附近还有一处泉水叫公主泉水，传说是他们的女儿。

拉日色布神山是拉贡塘牧民的牧神。因此，每年藏历四月十五日，拉贡塘一带的牧民会前来祷祀祈福，在神山前举行烧香、挂经幡，向神灵供酥油、供酸奶、供牛奶、跳舞，祈祷人畜平安、风调雨顺。当地传说，在举行宗教仪轨的当日，各种鸟类也会聚到此山参加祷祀。最让人惊奇的是，平时此地因海拔高根本看不到褐马鸡，但祭祀当日却可以看到褐马鸡的出没。

从下面这段民间流传的在拉日色布神山竖经幡时所唱的民歌里，可体现到拉贡塘牧民拜祭神山的情形：

您头上所挂之经幡，

拉贡塘双连湖　朗县旅游局提供

为谁所竖？为谁所挂？
是康定商贾所竖！
是商行伙计所挂！
你面前所供之饮食，
为谁所供？为谁所献？
是拉贡塘的牧主所供！

是牧场公子所献！
您脚下的双连湖供水，
为谁所供？为谁所献？
是卡布若洛庄园主所供！
是卡布若洛管家所献！

拉日色布神山　朗县旅游局提供

第 五 节　　拉贡塘双连湖

拉贡塘双连湖位于拉日色布神山前的草坪上，海拔5084米。因为这两湖水中位相连，为此人们称为双连神湖母亲湖。关于此湖，有一段从湖中牵取牦牛的神奇故事在民间广为流传。

拉贡塘大牧场的牦牛与别地的牦牛有所不同，拉贡塘的牦牛体小毛短、头部呈面具形。传说拉贡塘牦牛的种源是由一位叫闻喜的男童从双连神湖牵取的。

传说，在恰贡昌①一带有一户人家，家中有三兄弟，其中老三叫闻喜。有一次，莲花生大师托梦授记给男童闻喜："在拉贡塘双连神湖中有牦牛伏藏，由你速去牵取此伏藏。"紧接着，男童闻喜右戴贝饰糌粑袋，左挎一根六尺长的套绳前往双连神湖母亲湖湖畔烧香祈祷，转湖三圈后，用贝饰糌粑袋向湖畔敲打三

下喊道："机灵神牛请出来！招福神牛请出来！"连续喊了三次，但湖中没有任何动静，心想大师授记于我从湖中牵取牦牛伏藏，如今如何才能牵取？于是，闻喜潜心向大师祈祷，不久便从湖中央幻化出来一头乌黑壮硕的母牦牛。它开口对闻喜讲："取牦牛宝藏你来正是时候，牦牛我叫措若杰母，双连神湖牦牛宝藏地，牵我鼻绳往前莫回头，赶快牵取牦牛宝藏吧！"闻喜迅速拿出早先准备好的一条六尺长的套绳，抛向神牛，套住措若杰母神牛的头部用力牵着往前走，从措若杰母后面接连不断跟出来了许多神牦牛。闻喜脚滑倒在草坪上，他说道："往前迈三步，向后滑三步，草堆乃我闻喜之神，湾湾湖水措若杰母神。"他没有回头继续往前牵，跟着后面的牛群越来越多，顿时牛蹄的踏步声震天动地，牛儿嚎叫的声音四处飘荡。此刻他觉得非常好奇，又觉得十分疲劳，于是闻喜想休息片刻。

---

① 恰贡昌，指今西藏山南市隆子县恰域一带。

到了杰古岗时忘记了不能回头的嘱咐，转身一看草原上遍地是白色、黑色、褐色、乳色、棕色的牦牛。他转身的那一瞬间牛就停止从湖中出来，未能将黄、红、蓝毛色的牦牛牵出湖面，因此，如今的牦牛没有这几种毛色。如果当时男童闻喜没有转身回看，那现在拉贡塘草原上将会出现各种毛色的牦牛。在拉贡塘下游草原上，当时措若杰母生出的第一个小牛犊，成了牦牛的源种，后来人们叫该地杰杰，"杰"意为出生。

第 六 节　　土地神的祷祀

亚雪村的村民除在自己的魂曜日祷祀出生神外，主要在藏历新年时举行祭祀土地神和出生神的宗教仪轨。

每年藏历新年大年初三或者初五，全村的村民聚集在土地神垒附近烧香。当日全村男女老少身着盛装，手上端着酒新，用小叶杜鹃和柏树烧香，迎请僧尼作法，向神灵供祭品、煨桑酬谢神灵护佑。男性村民手中拿着一片柏树叶沾新酒后酒向空中，同时口中喊"愿神得胜"。女性村民端起新酒祈求神灵解除诸恶障难，祈愿新的一年里风调雨顺、身体安康、诸事顺成。

第三章

仲达河流域山水志

第 一 节　　仲达山水志

　　仲达河也叫珠隆河,是雅鲁藏布江的一条支流。珠隆河下游的仲达镇,位于雅鲁藏布江南部和喜马拉雅山北部,全镇平均海拔约3400米,镇政府驻地海拔3166米,地理坐标为北纬29°04′,东经92°50′。全镇辖有14个行政村,总人口2217人,总面积约340平方公里。

　　仲达河流域是动物的王国。山上有獐子、野山羊等食草动物,有狗熊、棕熊、雪豹、土豹等肉食动物,有褐马鸡、雪鸡、杜鹃、戴胜鸟、鹰等禽类。仲达河流域原始森林面积较大,有柏树、杜鹃、刺柏、野柳、野蔷薇等各种植物,也有苹果树、核桃树、桃树等经济林木。

　　仲达河流域的战神孜拉雪布日神山海拔5230米,地理坐标为北纬28°56′,东经90°55′,该地区有许多海拔4000米以上的山峰、有噶玛林草坝和吉塘草坝等诸多牧场。独具风格的芝玛朗古遗址有历经千年风霜而魏然屹立的古城堡群。仲达一带有很多关于大师益西多吉尊者开启杂日神山时的动听传说。此地诞生过享誉藏区的佛教大经师仲达·土多朗杰和地方官吏德巴古热朗杰等

扎西岗风景　索朗摄

杰出人物，自然景色秀丽，人文底蕴深厚。每逢藏历六七月，有很多信教群众前来朝拜圣地，向土地神祭祀祈祷，特别是祭拜战神孜拉雪布神山和甘丹绕登寺药师佛等祭祀活动极为盛行。

第二节　杂日神山分支圣地扎西岗

一、扎西岗圣地

被称为杂日神山分支圣地的扎西岗，坐落在朗县仲达镇拉丁雪村西南方向约 500 米处的大鹏山，海拔 3337 米。

据当地群众介绍，此地是杂日神山的分支圣地，到此转山朝拜，功德等同于朝拜圣地杂日神山。10 世纪，塔布拉杰的弟子益西多吉尊者前往杂日神山开启圣地之门，到达桑琼的星炯热苏时，当地的山神迎接益西多吉尊者，并授记于他：开启杂日神山之门，暂因机缘未到，需明年再来。于是，益西多吉尊者返回珠隆一带修行并长驻此地。之后，珠隆成为众多修行人的修行圣地。特别是尊者在现扎西岗大鹏山上潜心修法、悟证，修行不久后，杂日圣地的形成结构浮现

扎西岗天成药箱岩石　索朗摄

佛经卷形天成石　索朗摄

在大师眼前，并在此地岩石上显现出许多神奇的天成像，杂日神山之门从此开启。12世纪，直贡·觉巴三界怙主到此并修建神殿、神像、佛塔后，人们称之为扎西岗神殿。在此可以朝拜到神殿、直贡·觉巴三界怙主药神像、帕·当巴桑杰像、益西多吉

尊者的修行洞、以觉巴怙主门齿作为塔藏像的佛塔、以帕·当巴桑杰舍利为塔藏像的佛塔等遗址。除此之外，还有尊者益西多吉大手印、大足印为塔藏像的佛塔、静猛众神岩画像等。

扎西岗石雕佛像之一　索朗摄

供品朵玛食子天成石　索朗摄

扎西岗经堂　索朗摄

扎西岗石雕佛像之二　索朗摄

扎西岗石雕佛像之三　索朗摄

扎西岗佛塔旧址　索朗摄

天成胜乐父母像　索朗摄

二、天成胜迹

1. 天成胜乐父母像

这是到杂日神山朝拜过的人都知道的天成像。转山朝拜杂日神山时需经过胜乐之父的右臂，此天成像上部为胜乐之父、底部为胜乐之母。

2. 杂日圣地天成像

在亚雪神殿里有一块石头，据说是转拜杂日神山上、中、下三条转山线路的天成路线图。中间有一块凹进去的形状，传说是杂日神湖的天成像。前去朝拜杂日神山的人们，都能在

691

杂日圣地天成像　索朗摄

天成阎罗法王面具石像　索朗摄

沿途朝拜这面被称为白菩提的白湖。

3. 天成阎罗法王面具石像

天成阎罗法王面具石像位于杂日白湖湖尾一髻女神埃噶杂迪居住的圣地，此处有一条能发出"嗡啊哄"之声的殊胜河流，河畔可拜见阎王面具天成石像。

4. 天成求子石像

以前，玛吉拉准修施身法时，将自己的修为全部施舍给了祈愿的信徒，施舍到功力几乎全失，但是，有个男子还是坚持要求她赐予孩子。玛吉拉准无法拒绝，勉强布施于他，不料却使该男子怀上身孕。当男子痛不欲生时，玛吉拉准心生怜悯，把胎儿

玛吉胎儿天成石像　索朗摄

天成扎西维巴佛塔石像　索朗摄

天成黑石金刚亥母像　索朗摄

天成刹土神面具石像　索朗摄

引到自己腹中，这就是玛吉胎儿天成石像。在该石头上，朝拜者能够清晰地看到胎儿在母胎中的形象。据说，如果不孕不育者把石头抱至怀中，在此地转三圈，就能够怀孕。

5.天成扎西维巴佛塔石像

扎西维巴佛塔，即光明吉祥佛塔，在朝拜杂日白湖时能够朝见。传说转此佛塔时，塔会自语道："我在转山路上。"真实的佛塔与石上天成的佛塔非常相似，但实体塔略显歪斜。

6.天成黑石金刚亥母像

金刚亥母天成像共有三尊，上界彩虹形成的金刚亥母像我们无缘朝见；朝拜者在杂日吉佳寺内能够朝见地下龙界的金刚亥母像，该像是从地里生出来的头部；人间的金刚亥母就是扎西岗圣地能朝拜的这尊天成像。

7.天成刹土神面具石像

杂日护法刹土神面具天成石像是在杂日神山护法刹土坛城营的地方。据说，业障清净者在此地可找到护法坐骑的马其。

8.天成降伏鬼神之印

据传，益西多吉尊者曾用此石印降伏堆卡娘一带的雌雄双魔。

9.天成冈仁波齐石像

冈仁波齐天成石像位于杂日神山中央的一座如意石岩上。传说，该石岩是益西多吉尊者从杂

天成降伏鬼神之印　索朗摄

天成冈仁波齐石像　索朗摄

日神山迎请过来的宝石，朝拜者在此祈祷，就能够实现各种善缘。

　　每逢萨嘎达瓦节吉祥之日等特殊吉日，登木和仲达的很多信教群众，前来扎西岗一带转经祈福，煨桑祈福，祈求神山帮助解脱诸难、赐予福德。据当地老人讲述，经常朝拜此地，功德等同于转杂日神山，并能消除各种魔

障。转此地佛塔者能解除龙祇带来的各种疾病。据传，以上所介绍的天成胜迹石像起初均在仲达扎西岗圣地。后因各种原因，这些天成像被请到甘登绕登寺里陈列摆供。

　　另有传说称，三世噶玛巴曾驾临此地并建有佛像、佛经和佛塔。扎西岗圣地东部修建了甘丹绕登寺，寺庙的四面为护法神神

天成二十一尊度母山　索朗摄

天成魔障内脏石　索朗摄

天成马蹄形石　索朗摄

殿和四方护法天成佛像。

扎西岗圣地的四面各有一座神殿，东为三尊护法天王嘎玛赤列之殿堂，南为魔剑护法、金刀仙女、遍入曜刃等三尊持刃护法的神殿，西为赤塔历任转世灵童的奇卡日追神殿，北为瑞祥弥勒佛神殿。

四大天成护法像则是，东面岩山为天成狮子像，此山底下有一处来自杂日措嘎圣湖的泉水，名叫赞坚鲁康，传说为龙祇宫所在，曾经在此泉水中出现过蛇类；南面岩山为天成绸缎彩帷像；西面岩山为天成空行母阴户像；北面岩山为天成二十一尊度母[①]像。

第三节　孜拉雪布日神山

一、孜拉雪布日神山

在仲达镇芝玛朗达贵村的上部，有一座威严壮丽的三角形岩山，它就是人们所说的战神孜拉雪布日神山。此山坐落在喜马拉雅山脉北部、雅鲁藏布江南岸的珠隆河东面，海拔约5230米，地理坐标为北纬28°56′，东经90°55′。

山顶冠似三角天，

————————

① 度母，梵音译作嗒绕。佛教依救度八难而立的一类本尊佛母名。依身色、标帜、姿态不同，分为二十一尊度母。其中最主要是白度母和绿度母。

战神孜拉雪布日神山　普布多吉摄

四周小山拥王臣。

前有碧湖献供水，

草坪浸油色金黄。

孜拉雪布日神山自然景观十分美丽，山顶为岩羊及野鹿的欢快之地，山腰草坪为雪鸡歌鸣之地，山底森林为獐子、羚牛安然生息处。右边有普瓦龙日神山，左边有莫东谷冬日神山等，诸多神山如同近臣般列坐于孜拉雪布日神山四周。神山东面有钦拉天措神山，南面有亚雪觉沃札赞神山，西面黑岩孜母日神山，北面有塔拉岗布神山，四方四座神山巍然屹立在战神四面。战神孜拉雪布日神山四周有四面不同颜色

的神湖，东面有白色措嘎神湖，南面有黑色普纳神湖，西面有拉日协嘎神湖（传说是神山的碗，湖水的颜色是茶色），北面有深蓝亚拉神湖等。这些大小湖泊仿佛为迎接将军战胜归来，而供上各种颜色的曼札庆贺。据当地群众介绍，这座神山像一座宏伟的红色宫殿，或像一团火焰般红光四射。山顶上有一块船型石头和一块铁锚形石头以及很多沙粒。传说，很久以前，藏区是一片汪洋大海，是天上的神仙们需坐船往来的迹象。

山脚下能朝拜号称是将军神牛的很多磐石，还有传说中为将

军拴马、拴狗用的不少柏树，使此地显得更加神圣。

将军神据传为芝玛朗加涅地方一带的远古神祇，这座神山传说面部有时朝向东方、有时朝向西方。右边有一百个行脚僧、左边有一百座寒林。转此山三到五次，功德等同于转一次杂日神山。

二、战神孜拉雪布日神山的传说

传说，孜拉雪布日神山为塔域四大战神山之一，塔域四大战神山为：加查战神聂拉强玛山、朗县芝玛朗战神孜拉雪布日山、其孜战神斯纳达布日山、金东西日卡战神觉沃札赞日山。战神孜拉雪布日神山也有人视为芝玛朗牧神。

关于孜拉雪布日神山，传说工布护法女神工尊德木极为美丽，有一次她前往塔域时，要经过拉沃牧神山一带。拉沃牧神是个非常英俊的神，战神孜拉雪布日担心工尊德木被拉沃牧神迷住，所以暗地里向塔拉岗布神山请求援助。在塔拉岗布的帮助下，拉沃牧神山处下起了大雪，阻止了工尊德木前往拉沃牧神山。从此之后，拉沃牧神山一带终年积雪，但孜拉雪布日神山山顶平时却不积雪。

孜拉雪布日神山山脚下有四五处修行洞。传说曾经有几个咒师前往此地修行，起初他们想用邪恶的咒术降伏战神孜拉雪布日，不料激怒山神，天气大旱。当地群众认为，以往的日子里在战神孜拉雪布日的保佑下从无旱灾，如今天气大旱，定是咒师造成的，于是赶咒师出境。此刻，在一位咒师的身下有一只蝎子，村民救了蝎子的命，后来发现此蝎子为战神孜拉雪布日的化身。神山为报答当地群众的恩情，一直护佑芝玛朗一带，风调雨顺。

三、祷祀仪式

按照传统文化习俗，孜拉雪布日之神不仅是塔域一带的战神，而且是芝玛朗一带的远古神祇。

信教群众在藏历四月十日遇

祭祀遗址　索朗摄

到特殊事件时祷祀此神山。

　　过去，西藏地方政府有专门派官吏祷祀战神孜拉雪布日神山的习俗。据老人介绍，每逢藏历萨嘎达瓦节等特殊时期，祭神人到神山举行烧香、供神饮、念护法经、供食子等活动。

　　达贵村上部有一个大沼泽地，据当地群众介绍，以前在此地有一面湖泊，传说是战神孜拉

祭祀台　索朗摄

雪布日神山周边四面湖泊之一。平时当地群众到此地观湖相、求神佑，特别是干旱时节，举行祭神求雨活动。

每年藏历五月望果节时，达贵村群众祷祀战神孜拉雪布日神山，会从登木乡孜列寺迎请僧人举行祭神仪式。僧人作法，群众烧香、挂经幡、竖立经幡柱、抛洒神粮、祈愿，接着男人们大声吆喝"祭神灵！祭神灵！祭神灵！"三遍后，用一柏树枝沾酒新供天，同时喊着"给给嗦嗦！祭神灵！"便把供神粮粒洒向空中，祈求风调雨顺、人畜平安！接下来由年轻貌美、父母双亲健在的5位盛装女子手持彩箭、哈达、酥油灯，轻声缓慢地喊着"招福！招运！"的祷词，举行招福运仪轨，骑手们说唱白谐，敬酒女子举杯高歌。最后大家跳圆舞，表示向神灵献舞祈福。战神孜拉雪布神山的装束及随从在供词中如此描写：

蓝色岭山琉璃宫殿中，
世间大神孜拉显光芒。

战胜凶顽强敌凯旋者，
祈愿众神携眷驾此地。
猛风烈火顿时降雷雹，
天地轰鸣瞬时震天地。
前列八部鬼众与眷属，
无碍降临猛誓坚贞地。
享乐供品酒茶酥油新，
俱全祭品摆如天上星。
不违曾日应之初誓言，
欢喜大慈大悲降此地。
又如：
散风烈火猛袭中，
浮空神牛似如风。
威武之气无尽具，
恃勇之神大战神。
右手持有利刃剑，
左手握紧套妖绳。
身着绸缎皮盔甲，
净心赞颂盛装神。
时有印装藏王裳，
利刃皮带系弓套。
随从人马众将领，
阵容动地颂威神。
绿色恒王耀朝阳，
祈赐福禄均成就。
吾辈颂扬护法神。

第 四 章

雅鲁藏布江流域
朗镇山水志

第 一 节　　朗镇山水志

朗镇，原称子龙乡，2000年乡政府驻地迁至现址后改为朗镇。政府驻地位于雅鲁藏布江南岸，海拔3200米，地理坐标为北纬29°03′，东经93°57′。全镇共有17个行政村、24个自然村，平均海拔3700多米，辖地总面积约4410平方公里，总人口2557人。

朗镇有荣龙河、沃普河、娘达河、森木河等几条河流和贵拉钦·西热赞布神山、战神其次神山、颇拉觉沃札赞神山等海拔5000米以上的神山。在荣龙河以及沃普河流域有很多小湖泊，

荣普、沃普、森木一带均有几处大牧场及久杰冲草场等。

在朗镇辖区内的山上有岩羊、鹿、獐子、野山羊等食草动物；狐狸、狼、狗熊、棕熊、雪豹、土豹等肉食动物；褐马鸡、雪鸡、百灵鸟、戴胜鸟、鹰、红嘴鸦等禽类。据说，有被称为吉尔贡大师魂树的古老大柏树和雅鲁藏布巨柏树林、巴尔曲德寺园林大杨树等古木；山上林地覆盖面积较大，有松树、金钱松、柏树、杜鹃、刺柏、野柳、野蔷薇等各种树木。盛产冬虫夏草，贝母、红景天、党参、手掌参、马

兰草等名贵野生药材。

朗镇坐落在朗县雅鲁藏布江两岸核心经济带，在吉尔河下游的冲康有以千年核桃为主的核桃林区，其中冲康卡噶热苹果、冲康核桃最为有名。

该镇境内有十三世达赖上师的冲康庄园遗址和尧西朗顿庄园遗址，有千年古寺戎卡寺遗址和由吉尔贡大师修建的甘丹林寺以及该寺历史悠久的马头明王神像、林芝市境内最大格鲁派寺庙巴尔曲德寺、神奇修行洞帕仓日追、受塔拉岗布大师旨意开启杂日神山之门的大师益西多吉尊者故土吉尔、仲唐温泉、古如朗杰宗遗址，以及诸多神山圣湖等，是历史文化资源极为丰富的旅游圣地。

第 二 节　　冲康庄园前后山

一、冲康村前后山

十三世达赖上师土登嘉措出生地冲康村后山山形非常独特，像一头沉睡的大象，因此，十三世达赖上师土登嘉措的庄园就叫朗顿庄园，"朗顿"意为大象。民间歌词里有这么一句话"前山乃是金子山，冲康乃是玉制盆"。

冲康千年核桃树　朗县旅游局提供

冲康村的四周被千年核桃树等绿树簇拥着，被称为金山的前山，传说是十三世达赖上师的魂山。金山右边有一座山像玉龙俯游似的山林，叫玉龙山；金山左边有座山像猛虎腾空，叫百花虎山。

另外，金山与玉龙山中间有一处茂密的森林，森林中央的一小块草坪犹如一面明镜，有小溪流出。山背后有一土山，传说是天成男性生殖器；正对面远处有一条山沟，传说是天成女性生殖器。

冲康后山还有一座叫萨玛日的山岭，据说修建庄园时土料全是从此山挖运，因土质色泽为红色所以起名为萨玛日，意为红土山。

距萨玛日约80米处有一座山叫帕鲁孜日，以前在此山上没有帕鲁（小叶杜鹃），十三世达赖上师出生后，山上便长满了小叶杜鹃，因此起名为帕鲁孜日山。

沿着帕鲁孜日山脉，就会到达一个峡谷，此峡谷中段有一座非土非石冠有扁形石头帽的山，形象恰似一个站立的人体，此山名为强萨顿珠扎西，意即男性生殖器殊胜状的吉祥山。

后山上还有一座方形岩石，该岩石叫古如巴卡奇。传说很久以前，拉萨城准备建在此地，有一个妖魔从坚参嘎布一带的三座

古如巴卡奇　索朗摄

强萨顿珠扎西　索朗摄

山中移来一座山，准备堵住雅鲁藏布江，把此地毁灭。妖魔背着该岩石到此休息时，一位高僧用金刚把岩石拴在此地，但是妖魔未放弃堵江的想法，于是他从岩石上削起岩片扔进雅鲁藏布江，高僧最终降伏了此妖。岩石上至今能看到红色的藏文印刷字体的百字经，当地传说是用妖魔的血写下的字。

冲康村后左侧有座小沙岭，叫吉尔白沙岭。在公路右边有一座白塔。传说过去高僧们为寻找十二世达赖上师转世灵童到拉姆拉措神湖祈求授记时，湖像显出了吉尔白沙岭到白塔一带地方的整个地形物貌，于是寻访者知道了十三世达赖上师的具体出生地点。

二、祷祀神灵

冲康村斯琼峡谷中有十三世达赖上师之本尊神西热赞布神

传说中高僧用妖魔鲜血写下的字　索朗摄

祭祀台　索朗摄

垒。每年藏历八月十日或者藏历五月五日即十三世达赖上师生辰日时，当地所有群众到此地祷祀神灵。首先以冲康村为主，以邻村信教群众为辅，邀请5位僧人念经诵法、吹海螺和奏唢呐，并排成两队骑马走在前头；接着是戴着铁环帽、穿黄色藏袍的两位俗官；紧接着穿白色藏袍、头戴红缨帽的两位白马骑士；再接着是戴着红缨帽、身着茧绸衬衫和氆氇，腰系绫腰戴、脖子上围白色哈达、左持长剑、右挂碗套、脚穿长靴的盛装骑手队伍，马鞍马具也要装饰齐全；最后是戴金玉帽和金耳环、垂系辫尾，佩戴宝盒、珊瑚、天珠、绿松石等首饰，身着丝绸衬衫、氆氇藏袍，腰系雕花带、前围彩色围裙、后围绸缎围裙，脚穿雕有丝线花藏靴的16位妙龄少女背着经卷跟队转田野。12点半左右到达神垒所在地后，集体举行祷祀祈福活动。下午3点开午饭，4点至晚饭前举行赛马活动。赛马结束后，骑手说唱白谐，接着跳亚卓圆舞①。起跳亚卓圆舞时，青年骑手们手拉着手，围成一圈，边跳边唱：

① 亚卓圆舞，是流行于山南、林芝一带的一种集体歌舞形式。亚卓，意为求上进或进步之意。

704

亚卓上师赐予，
具善上师赐予；
亚卓父母赐予，
大恩父母赐予；
亚卓官员赐予，
清廉官员赐予。
亚卓使我懂得，
青年使我懂得，
心中只想亚卓，

玛卓① 未曾想过。

按照传统仪轨载歌载舞，接着，众多敬酒女子举杯高歌、跳起舞蹈，再将银酒杯端给骑手们，骑手们首先用无名指沾酒往天上弹三次，示以酒新供三宝，接着干杯。最后所有人互相敬茶酒、敬饮食，直至夕阳西下方才散去。

第 三 节　　贵拉钦·西热赞布神山

贵拉钦·西热赞布神山在朗镇久杰村普果嘎拉日山脉，海拔5212米，地理坐标为北纬29°7′，东经92°54′。山岭中长有各种药材植物；山脚下是牛羊遍野的大牧场，还有传说是十三世达赖上师魂湖小湖泊；山后遍地是小型湖泊，远看仿佛一串绿松石洒落大地。

贵拉钦·西热赞布神山是

---

① 玛卓，与亚卓相对应，指倒退或者不求进之意。

贵拉钦·西热赞布神山脚下的贵寺遗址　索朗摄

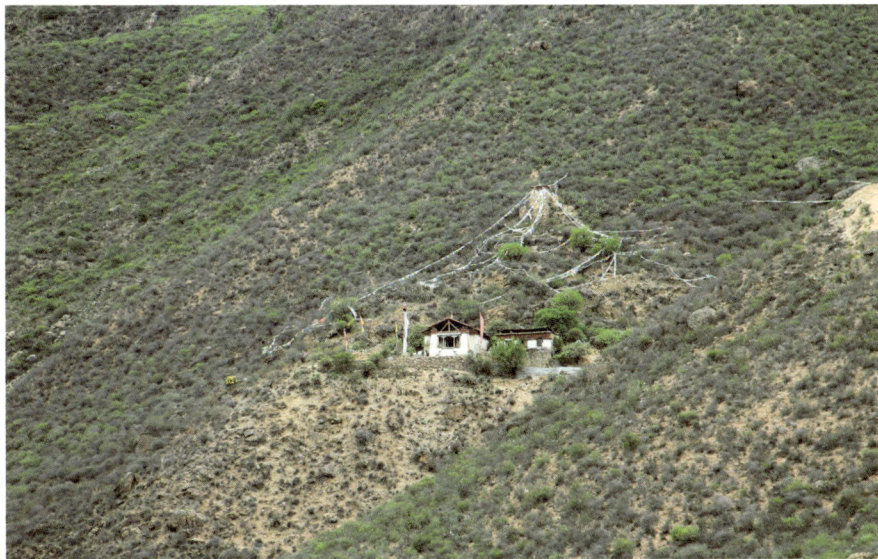

十三世达赖上师的本尊神山，也是久杰村护佑神祇。传说，贵拉钦·西热赞布山神和聂村地方神祇拉根、嘎贡村地方神祇阿沃普达三座神山为三兄弟。

贵拉钦·西热赞布神山四周被妃子多吉玉珍（金刚绿炬母）神山以及传说是他的太子及公主的几座神山包围，犹如一位国王被众臣子拥围似的，极为漂亮。另外，在此山上，有一座叫札玛奇茹颇章的山崖，传说是贵拉钦·西热赞布神山之宫，为红焰之宫殿；山腰上还有绿松石之宫，为蓝光之崖等，依次分别为太子及公主的宫殿。

贵拉钦·西热赞布神山为红色身，骑着一匹云马，身着皮制盔铠甲，右持红长矛，左握金色套妖绳。妃子多吉玉珍为白色身，右手持彩箭和明镜，左手拿着伏藏瓶。太子赞贵多吉和太子妃玉琼吉等众多随从拥围着贵拉钦·西热赞布神山。据说太子妃玉琼吉是从别的地方嫁过来的，贵拉钦·西热赞布神山下面有一座湖泊，传说是太子妃玉琼吉远嫁之时家人送给她的嫁妆。贵拉

钦·西热赞布神山祈愿秘传《祝告心车》中对此有记载：

空乐无二法界中，
渝盟教敌灭一旦，
威武之身忿怒相，
赞颂拉钦英武神。
乱世滚滚血海中，
风轮暴尘怒啸驰，
腾云借力马儿骏，
赞颂飒爽英姿神。
身着盔甲持利器，
见者胆战掉魂魄，
赞颂威猛拉钦神。
把持三界身色红，
腰束三兵威武饰，
张嘴大齿露獠牙，
舌尖闪电砸腭响，
赞松争眼滚珠神。
右手举矛伏邪恶，
为善送福助威武，
抛绳捉捆失誓者，
赞颂召回赐成神。
尊妃多玉身色白，
脸颊红润尽欲望，
一日方能转世间，
赞颂三地空行母。
右持彩箭与明镜，
显明三界一切物，

贵寺内存放的古藏文经书　索朗摄

左手握有伏藏瓶，
赞颂悉地赐成神。
子等随从众如海，
威德伟业无限量，
打杀喊声震天地，
赞颂怨敌灭除神。

每逢藏历吉日时，冲康村和久杰村的信众前来贵拉钦·西热赞布神山祷祀，特别是每年藏历新年初三举行煨桑祭祀仪轨。当天，首先久杰村信众到神垒前，用柏树和小叶杜鹃，以及刺柏等灌木烧香祷祀，接着洒神供粮，祈祷神灵保佑无天灾人祸、无病魔缠身。接着，群众喊"神得胜"祭拜祈愿词，同时作法僧人念经、供神饮、酬谢神灵并祈求保佑。最后，部分人到山顶挂经幡，也有人到十三世达赖上师魂湖处朝拜并烧香祷祀。除此之外，在场的女性向贵拉钦·西热赞布神山献供新歌。歌词内容如下：

莲花大师之子嗣，
智慧善贤之后代，
富足金银妙高山。
红岩珊瑚之宫殿，
我等世俗众眷属，
请求神灵来灌顶。
祷祀烧香神山处，
顶礼叩拜供善神，
请求赐予加持力。

707

群众唱完接着向神灵供青稞酒新，青稞酒连续向空中弹洒三次，然后相互敬切玛（糌粑油团）、敬酒等。

贵拉钦·西热赞布祷祀文为：

念诵梭拔瓦，一切皆为空性，滚滚血海之中，在红黑暴风怒啸之上的黄白怨敌，云力之马戴着镶嵌着各种珠宝制成的鞍和辔，发出烈焰将众妖魔灭于一旦。统领者贵拉钦·西热赞布神，赤色身如珊瑚万轮日，一面二手，右手举起长矛降邪恶，妖魔之血喷遍地；左手抛绳捉拿众怨敌领至赞神屠宰地。身穿漆亮皮甲头戴亮皮盔，腰束剑矛弓之三兵装饰好，脚穿蒙古之长战靴，张开大口露出四颗獠牙如雪山，口舌灵动似闪电，横眉怒目似火焰，马背之上显出霸王势，威武之身炫耀九天舞。左居王妃多吉玉珍身色白里透红光，面颊红润尽欲望，一面二手。右手饰有彩箭与三界显现明镜。左边持有伏藏宝瓶为修行士授成就、前有太子杂兹赞贵多吉，右持宝瓶左持头盖骨，八岁等身男童像。另外四周有化身与再化身之身及众多食肉饮血众神在围坐。众主仆顶部为白色"嗡"字，颈部为红色"啊"字，心脏部为蓝色"哄"字，胸前的"哄"字中发光四射，顿时从法界之宫及贵普喜地红岩宫，召请众多神灵到此地。

召请文为：

启请从法界体性智中起，催办普度众生诸等事，祈请所托之事别懈怠。法界身语意的宫殿中，召请无碍神通西热赞布神；从无量极乐殿堂中，召请无碍神通西热赞布神；从十方地祇宫殿中，召请无碍神通西热赞布神；从贵普龙宫殿中，召请无碍神通西热赞布神；从红岩水晶之宫中，召请无碍神通西热赞布神；从红岩绿松石殿中，召请无碍神通西热赞布神。哎哑嘿萨玛呀，咋咋咋巴哄！嗡玛哈呀夏萨萨热巴日瓦热啊哈咋提咋哄嗾哈！祭祀汝巴至夏达。密供是：嗡！祭十方三世根本等诸具德根本上师；嗡啊哄！祭本尊坛城诸神灵及眷属；嗡啊哄！祭吉祥大德诸慧眼护法；嗡啊哄！祭诸勇士和空行母；嗡啊哄！祭护法战神西热赞布神；嗡啊哄！祭密母金刚绿炬母；嗡啊哄！祭祀太子赞贵多吉；嗡啊哄！祭祀四方化身及再化身众眷属；嗡啊哄！自身意处吽字显光芒，金刚众神迎请到上空。念诵百字明经二十一遍。

忏悔是：金刚持至本尊师，无明与痴具自在，诸法正而二取惑，误认二现深忏悔。殊胜西热赞布神，与众眷赐四业功勋，如若有违神意愿，诸多懊脑深忏悔。有如我等染污者，犯下三门诸罪孽，向着上师护法等，深深忏悔洗晦气。

酬补仪轨为：

大乐大慧化身处，祭上内外诸圣物，使其天地空皆满，无漏甘露送欢喜。八维空合血阿哈，满堆世间恶根花，满载天地空供云，此乃供奉灯触天。满愿师本空二尊，满愿匹热赞布神，满愿多吉玉珍神，满愿太子多吉赞，满愿大臣化身众，遣除违缘诸障难。填满各方甘甜水，满地堆积百味食，天地震响乐器声，使人意足妙五欲。满愿西热赞布神，满愿多吉玉珍神，满愿赞贵多吉神，满愿大臣化身众，遣除违缘诸障难。

三千余的颅骨中，敬献五钩圣甘露，云力褐马美鞍辔，金刚之蹄此黑牛，满愿师本空三尊，满愿西热赞布神，满愿多吉玉珍神，满愿赞贵多吉神，满愿大臣化身众，遣除违缘诸障难。柔性之幡如肥羊，劈破敌头盘旋鸟，凶神如同恶熊黑，满愿师本空三尊，满愿西热赞布神，满愿多吉玉珍神，满愿赞贵多吉神，满愿大臣化身众，如愿使其我师徒，遣除违缘诸障难。四洲妙山日月星，内外显密诸神像，集聚三界诸妙汇，一切能祭供奉品，满愿师本空三尊，满愿西热赞布神，满愿多吉玉珍神，满愿赞贵多吉神，满愿大臣化身众，遣除违缘诸障难。吽！大神西热赞布神，及其母子臣眷属，自因法力所托事，速成心愿所托事。释迦狮子如来佛，洛桑扎巴至尊者，弘佛教义之法宝，祈愿广传四方地。不变雍仲铺于地，不可摧毁金刚墙，竖起永垂不朽幢，祈愿日夜做守护。一切至尊殊胜地，怙主观世音尊者，祈愿消除法身障。大自在天与众眷属，守起从前庄严誓，降伏怨敌众邪魔，祈愿瞬时灭一旦。一切邪恶及怨敌，祈愿外寇众魔鬼，瞬时摧毁灭一旦。

按照密供朵玛施受加持，念诵：

战神西热赞布神及与众眷属的舌头变成甘露光芒管状，吸纳并享用一切供品朵玛食子等的精华之味。

赞词为：

空乐无别双运中，摧毁一切教敌者，宏伟威猛之身像，赞颂西热赞布神。血海汹涌大浪中，红黑狂风坛城上，持云借力骏马美，王者坐姿向您赞。身着犀甲犀盔武装像，三兵装饰恃勇众，一见惊恐心胆战，赞颂威猛忿怒神。统领三界红色身，张口露牙如雪山，舌尖闪电发响声，盛赞怒目无敌神。右手举矛除邪恶，筑起善神高威望，抛绳捆捉失盟者，赞颂修行成就神。多吉玉珍身色白，红润面相显欲念，一日遍行满宇宙。赞颂三圣空行母，右手持有彩箭镜，能显三界一切物，左手持有宝藏瓶，赞颂赐予成就神。太子眷属众如海，法力无穷功勋著，震天呼啸天地动，灭除怨敌赞众神。

第四节　胜乐之宫札日杰东贡嘎孜姆神山

朗镇久杰村北部的归寺悬崖上，有一处形状像顶髻的山峦从草原上拔地而起，这是胜乐之宫札日杰东贡嘎孜姆神山。此山海拔约4500米，地理坐标为北纬29°6′，东经92°53′。

胜乐之宫札日杰东贡嘎孜姆神山的背后主峰，传说是杂日神山圣地的分支，称杂日雄，此山水草丰美。相传，有108个神泉在此地。夏季鲜花争艳，冬天犹比一个金盆，草原上牛羊成群，也有各种野生动物安然自在地生活在这片美丽的圣地上。

胜乐之宫札日杰东贡嘎孜姆神山左边不远处有帕仓日追顶峰的永宁十二地母神山，右边不远处有贵拉钦·西热赞布日神山。胜乐之宫贡嘎孜姆神山被诸多神山圣地围绕着。传说，此处为胜

胜乐之宫札日杰东贡嘎孜姆神山　索朗摄

乐金刚①的宫殿，业障清净者在此山顶上可以看到人骨幢和红珊瑚顶、铜门等。此外，也有贡嘎

孜姆日神山底下有秘境的传说。据传，很久以前，有一位生活在此山背后的牧民到山上寻牛时，看见山腰上有扇开启的山门，但里面十分黑暗，待他回去拿火把回来准备细探时，山门已经关

---

① 胜乐金刚，梵音，译作泗鲁迦，指出现证大乐智道果次第之无上母续及其本尊名。

帕仓日追顶峰的永宁十二地母神山　索朗摄

胜乐宝库山　索朗摄

闭，未能进去。

　　山脚下有一座名叫觉多的山丘，传说是胜乐宝库山。再下来有一座叫俄多的山丘，传说是胜乐宫殿大门。山脚下还有一处很大的沼泽地，目前整体得到了很好的保护，每年春季时万物复苏，青草繁茂、百花齐放，优质的气候带来新的生命气息，显得格外美丽。

第 五 节　　其次大战神山

　　其次大战神山坐落在朗镇其次村西北阔卡山脉段，海拔4936米，地理坐标为北纬29°5′，东经93°1′。在鲜花盛开的美丽草原中央，有一座巍然屹立的黑色山崖，传说是战神瑟纳达布的居处，周围被妃子董炯玛、霹雳般神勇的太子朗卡珠扎、公主玉琼吉姆、商业护神瑟纳亚卓等众神灵所围绕。

　　山腰上有一个叫马夫顶的地方，传说此地有将军喂马和喂骡子的食槽天成像。在食槽下方有上下两根石柱，传说是将军拴马的石柱。之前，在山顶上有很多湖泊，据说其次大战神山一带的

712

其次大战神山　索朗摄

其次村以前水源非常丰富，但如今人畜饮水极为困难，究其原因，是因为其次大战神瑟纳达布与山背后的名叫菊母神的仙女在暗地里相恋，大战神瑟纳达布便把这座湖泊当作礼物送给了菊母神。后来此湖的水直接流向菊母神一方的山沟里，因此，如今形成了菊母神居住的地方水源极为丰富，而其次一带水源非常稀缺的情形。

另说，其次大战神山脚下的村庄是至尊度母寝宫，左右两边的山岭犹如至尊度母右伸左缩的坐姿形状。此外，其次村一带以前叫"巴卧龙巴"，即英雄之地。据说，当年在其次一带有一位叫

阿乌唐嘎的人，传说是神的化身，如今在此地也能看到阿乌唐嘎修行过的山洞。有一天，阿乌唐嘎到一眼神泉处，遇见了五位年轻漂亮的女孩，为了显示自己的神通，阿乌唐嘎杖击石崖打出了很多石眼。接着要求五位女孩也要各显神通，但不料那五位女孩顿时消失在山崖上，让阿乌唐嘎不知所措。在这些山崖上如今

阿乌唐嘎神变迹象石头　尼琼摄

阿乌唐嘎所修的佛塔　索朗摄

也能清晰地看到当年阿乌唐嘎击
杖的崖孔。后来，阿乌唐嘎慢慢
发现自己遇到的那五位女孩是空

行母的化身，感到非常后悔，为
洗清罪孽，他在山腰上修建了一
座佛塔。接着他准备在其次村附

阿乌唐嘎桥的基石　尼琼摄

714

近的堆村下部的雅鲁藏布江上修建一座铁索桥，在河岸边堆积了很多石头，后来到工布一带去找铁索，据说再也没有回来。阿乌唐嘎当时堆积的石头堆如今尚在雅鲁藏布江江畔。

当地传说阿乌唐嘎是神的化身，神通广大。如修建巴尔曲德寺时，阿乌唐嘎从其次山顶用放牧鞭把石头全部赶回到巴尔曲德寺修建工地。另修建塔拉岗布新殿时工人把外围墙体建完后，准备铺盖屋顶时发现房屋大梁短了，当木匠们正不知所措时，阿乌唐嘎已先知此事，于是当晚显神通不仅把屋顶大梁完整安放完，而且安放的大梁直接穿用两间房屋墙体上，并在外墙有露出，这就是塔拉岗布殿堂六大怪中的一怪。

第 六 节　　颇拉觉沃札赞神山

其次大战神山左边是将军山，还有一座与此山高度与形状相等的另外一座山，就是颇拉觉沃札赞神山。该山峰据说是观世音菩萨化身的藏传佛教父族神觉沃札赞神山。该山地处阔卡神山

颇拉觉沃札赞神山　索朗摄

715

山脉，海拔5034米，地理坐标为北纬29°6′，东经92°53′。在四周草山的中央，巍然屹立着一座灰白色的山峰，仿佛伸向空中的长剑。旁边有很多小丘陵，如同众臣子列坐于国王周围一般。

颇拉觉沃札赞神山是观世音菩萨的化身，为藏传佛教的护法神。该神身色洁白，骑着一匹乳白色的神马，身穿锦制白袍，外套镶满各种珠宝的盔甲，右手持长矛，左手时而持着莲花，时而持水晶佛珠，四周有妃子董炯和大鹏鸟、白狗等八部鬼神众围坐。在每年4—5月，其次东村和鲁村的群众在这里举行祷祀该神的宗教仪轨，在仪轨上，要迎请巴尔曲德寺上师作法，念诵祭词：

> 原始界中成就正觉者，
> 善识大圣观世音菩萨，
> 为伏顽固显现愤怒相。
> 拉钦颇拉觉沃札赞神，
> 洁白身色骑着乳白马，
> 右手白矛刺击敌魔心，
> 左手莲花时而水晶珠，
> 镶满珠宝盔甲身耀光，
> 脚穿蒙古战靴显威武。
> 白色身袍镶嵌诸珍宝，
> 慈母护贝龙女发光辉，
> 鹏鸟白狗大神及眷属，
> 各种恃勇八部鬼神等。
> 此地清净吾等供祭处，
> 敬信召请如誓驾临此，
> 欢喜而坐护佑众信徒。

第七节　朗钦山

坐落在巴尔曲德寺的这座山叫朗钦山，形状像一头沉睡的大象，故又名大象山。巴尔曲德寺大致建在大象的头部之处。大象山西下方山腰的岩崖上，有一座雕刻的尊胜佛母像，其岩画高

弥勒佛石雕像　索朗摄

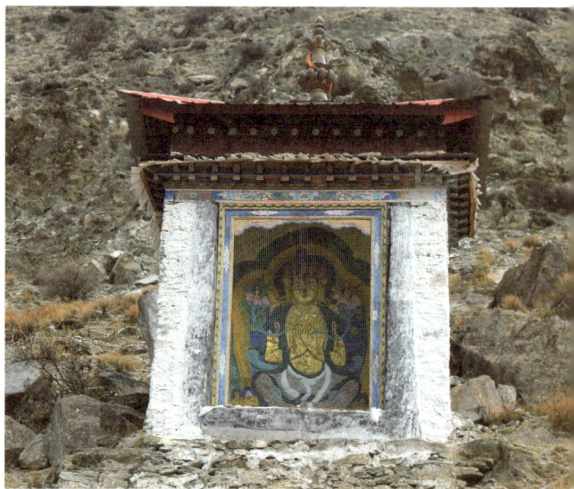

1.95 米、宽 1.23 米，其中，莲花台高 0.2 米、宽 1.4 米。此处东面，也就是巴尔曲德寺后面磐石上，有一座弥勒佛像，该佛像高 2.96 米、宽 2.1 米。两座佛像雕刻技艺精湛、色彩鲜明，独具工艺特色。2009 年被列为县级文物保护单位。

尊圣佛母石雕像上方，有一处神奇的山泉，传说是大象的溺迹。该泉水对人体长痘及眼病等有疗效，因此，信教群众喜欢在路边停车，到泉水处洗漱并将圣水带回家。

在弥勒佛像上方的公路边，

尊圣佛母石雕像　索朗摄

神奇的山泉　索朗摄

桂化木化石　索朗摄

有一块桂化木化石，该化石长14米，宽6米。桂化木是西藏高原亿万年沧海桑田地质变迁史的实证。

第 八 节　　子龙戎普沟神湖

帕仓日追顶峰的永宁十二地母神山后方叫戎普沟，戎普沟山顶为云冠乱石山岭。山腰下是仿佛遍地洒满酥油般的金黄色草山。在四周被那些草山和雪山环绕的中央，有协嘎上下两湖、雄湖、真木湖、本妥湖、赤木朗湖、吉列湖、朗旦湖、塞玛湖、当木湖、果仁湖等十几处大小湖泊，仿佛在金黄色的草山上镶嵌着的绿松石一样，显得格外漂亮。这些湖泊平均海拔约4550米。

传说，协嘎上下两湖为这座神山的敬酒瓷碗，在雄湖和真木湖这两座湖中也可以观湖相。如果信众在湖边举行供养、唱酒歌等祷祀活动，此地会有降雨现象；如果在湖边大声喊叫，白湖中扔石头等，顿时会电闪雷鸣，下起暴雨，甚至冰雹，这是湖神不高兴的表现。

每当藏历吉日，当地的信教群众到湖边举行观湖相、转湖、供祭品、烧香、修筑神垒、挂经幡等宗教活动。

第 九 节　　卓唐温泉

卓唐温泉在朗县政府驻地西面 3 公里的雅鲁藏布江畔，海拔约 3200 米。该温泉面积不大，但对关节炎等疾病疗效明显，每年秋春两季有很多人到此地泡温泉。因温泉在雅鲁藏布江畔，夏季因江水上涨完全淹没，秋季水势下降后可泡温泉，而泡温泉的最佳时期为初春。

第 十 节　　放生

使被人剥夺生存自由，送到屠宰场准备宰杀的动物从恐惧与痛苦中得到拯救，是藏传佛教慈悲之心唤起的重要行为，也是保护生态平衡的重要举措。这种习俗，不仅在寺院内流行，而且在群众中广为盛行。因此，放生动物的行为，到处可见。

巴尔曲德寺针对当地放生活动的需求，寺院会饲养牲畜。当群众需要举行放生仪轨时，巴尔曲德寺不定期派僧人到户作法，放生仪轨完毕后，所放生牲畜放回寺院中一起饲养。

在民间算卦行为中，按照卦词的预言，占卦者需要放生，或者因慈悲善心，自愿放生。被放生的牲畜耳部戴上耳珰，肩胛上涂红黄色泽做标记，同时作法僧人供养祷祀，祈求神灵赐予保佑。最后给被放生的牲畜带上哈达、喂切玛然后放生，任何人都不能占有，更不能宰杀。

第 五 章

拉多河流域山水志

第 一 节　　拉多山水志

拉多河是雅鲁藏布江的一条支流，该河水的水源以从杰沟和藏沟流下的两条水为主，汇有昌巴河与吉河。径流长度达 70 余公里，流域面积约 780 平方公里。

坐落在拉多河畔的拉多乡，地处雅鲁藏布江南岸、喜马拉雅山脉北部，该乡平均海拔约 3500 米，乡政府驻地海拔约 3200 米，地理坐标为北纬 29°00′，东经 93°11′。全乡有 7 个行政村、27 个自然村，全乡辖区面积为 1167 平方公里，总人口为 2027 人。

拉多河流域内有岩羊、鹿、獐子、野山羊等食草动物；有狐狸、狼、狗熊、棕熊、雪豹、土豹等肉食动物；有褐马鸡、雪鸡、百灵鸟、戴胜鸟、鹰、红嘴山鸦等禽类；有小叶杜鹃、杜鹃、松树、金钱松、柏树、刺柏、野柳、野蔷薇等各种树木；有冬虫夏草、贝母、红景天、马兰草等多种天然野生药材植物。藏村一带有 5 面秘境神湖和昌巴巴玉湖等诸多湖泊；有昌巴赤崩圣地、拉多苏喀遗址、格萨尔圣地等圣迹。

广大信教群众到苏喀遗址和秘境神湖、魂湖边朝拜、转经、烧香，供养钦拉天措、苏赞多吉占堆等神灵；到山顶神垒处挂经幡、竖立经幡柱，祈求众生祥运亨通，积累福德，消除灾难等。在神山上不准打猎、不能乱砍树木，圣湖边禁止捕鱼。

第 二 节　昌巴赤本圣地

从拉多乡白诺村沿山腰公路向上行驶4公里到达昌巴村，从昌巴村徒步行走两公里，到达长满柏树、杜鹃花、小叶杜鹃等茂密植物的杂日神山分支昌巴赤本圣地。传说，以前在此地准备形成杂日神山，但因面积窄小而未能形成。

据传，在此圣地居住着很多空行母，因此起名为赤本，意为聚空行。此处主要以赤本佛塔为中心，周边有很多面积较小的古建筑遗址。有一处叫杜布戎的草坪，草坪上坐落着被称为杂日红俱刹土神天成像的一座红山崖。还有一面在度母怀抱中的巴姆玉措湖。该湖是朗县境内最神奇的圣湖之一，原先是当地求雨之湖，在此湖举行求雨仪轨，非常灵验。东面有一面白色的湖泊，据说可以观湖相。前往此地途中，能朝拜到一座传说是天成护法神像的岩石，也是永宁十二地母中最主要的一尊。

昌巴赤本圣地　索朗摄

该圣地的主要所依为赤本佛塔，由邬坚平措的上师修建并开光。据说，该上师举行开光仪轨时，天空中会出现彩虹等神奇现象。转此佛塔对肢体不良及身体长痘等疾病疗效明显。

赤本佛塔西面有被称作空行母会供盆的草坪和此地的地方神祇阿米东博岗赞圣地。此圣地下方有阿米神祇磕头处以及洗礼泉、阿米神祇拴马用的两棵柏树。再下方有一片草坪，据说是阿米神祇的马场。

山顶上有两面红黑色湖泊，传说业净者能观到湖相。又有传说，如果不能走路的儿童朝拜此湖，很快就能走路；如果学语慢的儿童朝拜此湖，很快就可以说话。

当地信教群众除了在藏历吉祥之日，即每月初十、十五、二十五、三十日向赤本佛塔转经

祷祀之外，每年藏历新年一月十五日和四月萨嘎达瓦节、九月二十二日将神日、十月二十五日燃灯节等日子里也会前去朝拜。特别是每年藏历四月十五日会举行一场名叫松祝的祭山活动。

每年萨嘎达瓦月十五日举行赤本松祝祭祀活动。当天村里的信教群众从家中带上酸奶和牛奶在此集会，他们邀请8到9位僧人祷祀作法、转赤本佛塔、拜祭地祇东博岗赞，举行东博岗赞神灵降身仪轨。神灵降临时，僧人用刀把糌粑捏的土地神像上下两体劈开，上半身坐在宝座上，下半身放置于别处，掏出象征内脏的供物放在前面的浅铜盆里，并用符咒给当地信教群众治疗，对群众进行众善奉行、诸恶莫作、助人为乐、团结友爱等内容的教育。

第三节　　拉多苏喀神山胜迹

一、苏喀

苏喀遗址位于朗县拉多乡拉多村镜内。苏喀是苏喀·娘尼多吉的诞生地，也是藏医南派的创始发祥地，具有重要的历史地位。藏医南派苏喀是15世纪以

朗县拉多苏喀为主、在塔工一带兴起的一个藏医学派，因主要流行于西藏南部地区，所以称藏医南派学，创始人是藏传佛教塔布噶举派塔布拉杰的亲传弟子、著名藏医苏喀·娘尼多吉尊者。

二、苏喀周围的圣地

以藏医南派创始人苏喀·娘尼多吉诞生之地苏喀为中心的拉多一带自然风光十分优美，是个具有加持之力的神奇福地。在《神奇的苏喀圣迹简介》中记载："嗡嗉底，愿得祥。所谓四业大洲，恰似黄金庄严，秘境犹如千瓣莲花，四方遍地铺展处，出乎意料真神奇。""初劫之时，普贤金刚持降伏众夜叉地，大自在众骷鬼欢喜聚地；暴行斗之时，大自在天用坚固盖骨所筑神奇宫宝处；后格萨尔征战之时，岭国勇士降妖伏魔，降伏一切未隐魔之地。""尊者莲花生大师，四方坛城所在处；众仙加持之宝地，自然获得成就地；肉食行空众魑魅，寻之坐享寒林地，此等神奇极妙地。"拉多河流域的巴顿村上部有个叫嘎贡昌的窄路悬崖，传说是圣地门神刹土神城堡之门，故被称为"圣地第一门卫岗"。《神奇的苏喀圣迹简介》中记载："北方境域口，在两座山中央的嘎贡昌下面有一座非常恐怖的猪面磐石，此磐石以大腹行为主的刹土城堡门卫神的形式居住。到此处朝拜的人们祭拜祈求能够随心如愿。"

三、江罗坚圣地

沿着公路向山谷行进1公里到达日布新村。在该村的西面山谷里，可拜见日布寺邬坚林和江罗坚圣地。从山脚下的拉多河畔第一门卫岗沿山坡行进约500米到达叩拜破。信教群众首先从叩拜坡向圣地江罗坚磕三个头，接着去朝拜里面的身语意三所依。

叩拜坡的前面有块农田，传说是天成雌海螺像。此田上面另有一块农田，传说是天成公海螺像。田边有一棵柏树是上师的拴马柱，传说上师每次到寺庙时，骑马至此便徒步到寺庙。

往上走可见天成莲花生大师

面具像，该像下部有 108 眼神泉、108 个修行洞。接着往上走，在一座山崖处，能朝拜到天成长寿瓶像和神羊蹄印等。

寺庙下面能朝拜到莲花生大师的大足印。路边有两棵柏树，传说是天成普贤法身双尊像。右边有间放小泥像的擦擦屋，当地人称转此擦擦屋对龙祇病（麻风病或疮）有益。从寺庙外围转大经堂的途中会遇见两棵柏树，传说是龙祇的头发天成像，此处附近有天成大鹏鸟像。辩经场右边的悬崖上，有很多柏树，这些象征着寺庙集中念经时僧人的人数和座位次序。从辩经场过去有一座朝着杂日神山的石头，传说是

天成马鞍像。据说，如果不能去杂日神山朝拜，到达此地也能得到朝拜杂日神山的功德。寺庙右边的石崖上有莲花生大师修行洞，从寺庙左边的石崖上往远处看，就能看到石崖城和石崖门等很多圣迹。

四、苏喀东北圣地

从日布翻越一座小山岗，后山西部山坡上有几座小土丘，传说是天成二十一尊度母像。《神奇的苏喀圣迹简介》中记载：金刚亥母显见极乐仙境之药师欢乐修行之地上方，有能容纳 300 多人秘修之洞，右边有流着八功德

天成二十一尊度母像　索朗摄

老虎根形状的岩石　索朗摄

之水的帝释洞，左边有能落药神长寿粉的仙人洞，在此处祷祀朝拜洗浴，能够洗清业障，并能得到仙人的慈悲摄受。东北圣地上方有一座叫札白增的山崖，在秘境称为札恰热，从远处看能清晰看见一只虎根的形状，近处看能看到在宝幢下静坐大自在天相。最底下为一座名为断马鞭的牛殖器形状岩，中间为被称为盟布赛纳的大自在天之地。多龙水域下游有陀玛山谷和3处天成男性生殖器像，是杂日吉恰尔圣地。多龙山脉谷底，有护法神燃烧七兄之宫，传说护法神燃烧七兄非常容易被激怒，如果不经常祷祀祭拜，会将此处的几个圣地之位分开，不让朝拜者顺利进入杂日圣地，朝拜者会有很多障难，所以祷祀祭拜该护法神是朝拜者到达该地后一项非常重要的事。

苏喀东北部的杂堆村一处磐石上大概有二十几处大足印。据当地群众介绍，昔年莲花生大师在降伏八大魔鬼时，为了伏降日布鬼和其强鬼，来到此地。这两个魔鬼精通法术，到处逃窜，莲花生大师最终在现杂村上游的杂堆一带赶上两魔后用一个大磐石镇压这两个魔鬼，并且在磐石上跳起金刚神舞，于是磐石上留下大师跳金刚舞的大足印。后来大师把这两个魔鬼收服为当地的护法神。

杂堆莲花生大师足印　索朗摄

五、苏喀中央圣地

关于苏喀中央圣地，在《神奇的苏喀圣迹简介》中如此记载：中央圣地坐落着普贤佛母殿东方显乐宫，此宫四周被茂密的森林所环绕，此处还有智慧大仙、极喜自在、普喜王、四面大梵天、尊胜佛母、吐热哈大师等众善恶宫殿共九处。

六、苏喀南部格萨尔王圣地

在苏喀圣地有许多关于格萨尔王的传说，据《神奇的苏喀圣迹简介》记载：有上大殿之称的威镇洞是 10 万个空行母修行洞，传说此洞与莲花天界无别，有格萨尔王显神通后留下的头印。在距此处不远处有多龙里、内、外 3 处的诸多修行洞，在这些洞中，有很多像被长矛刺穿的印迹，是格萨尔王放箭的痕迹，左边的石崖上有恰玛十三大士的大足印和格萨尔神马显神通的蹄印。此处前上方垂下的凸岩是格萨尔众军及战神驻锡地，若作祭祀供养，能够被三界百尊空行母所摄受，也能完成众护法事业。格萨尔王曾经降伏众妖魔后，在这上方的苏喀尊者修行洞中居住，后来神医们为此洞取名为威震四州洞。另外有传说称，在此处入定修禅，能够自然证悟进而得到成熟解脱。在这上部的山洞中有镇魔孔洞，传说是格萨尔王伏魔后，诸多仙人将魔鬼火烧于此地，众火神长期居住在此洞中。

苏喀师尊修行洞　索朗摄

格萨尔沟　索朗摄

镇魔孔洞　索朗摄

坐落在下部殿堂的威猛女中阴洞或称不空圣母宫殿，周围长满了各种野生草药，其黑暗的洞中居住着两性怙主和58名饮血忿怒尊，如若到此处朝拜，能够消除年灾、月灾等各种灾难，降伏寒林鬼及怨敌鬼等鬼神。在这左边有个叫火灶崖的山洞，传说是有位叫比奇的行医仙人显神通造此洞。当地有不孕不育女性到此山洞领取土壤佩戴于身上当作求子符的习俗。山洞上方还有仙人留下的大足印。此山洞上方左侧有处形如大鹏鸟翱翔般的大岩穴，传说里面住有五部大鹏金翅鸟，有龙病之人前去朝拜，可消

727

月崖　索朗摄

除麻风等龙类疾病。这附近的月牙形山崖，叫作月崖，是毗若杂纳与比玛拉米札曾经潜修佛法的殊胜之地。

七、民间格萨尔王传说

在拉多村东南方向的一处林沟里，能朝拜到当年格萨尔王修行的山洞，海拔约 3400 米。沿公路往山坡上行进 1 公里，到达修行洞底下的、被称为格萨尔林卡的一处树林小沟。再往上行进 1 公里，到达上下两座格萨尔王修行洞，洞内有莲花生大师天成像。当地民间传说，当年格萨尔

王降伏门国辛赤王眷属、阿琼魔王和穆琼魔王后到此地，静想自己虽然伏降众妖魔，为佛教及六道众生作了善业，但在战争中牺牲了众多生命，如今为洗清自己的罪孽需潜心修法忏悔，因此，此地起名为格萨尔王修行洞。格萨尔王神殿下面，有传说是格萨尔王林卡的一处林沟，此沟左边山腰上有称嘛呢寺的遗迹。在格萨尔王修行洞下坡山脚下的拉多河对岸，有一座方块磐石，传说是格萨尔王的宝箱。磐石上方山腰上，有据说是格萨尔王神垒的几座小土丘。格萨尔沟岔口左边沿公路深处，有一处面积较小的

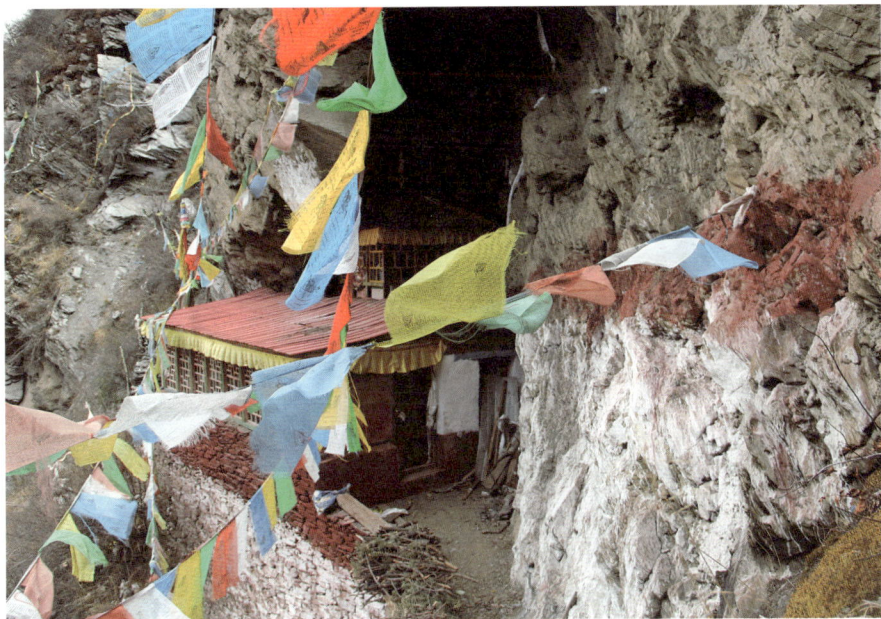

格萨尔王修行洞　索朗摄

土洞，传说是格萨尔王圣地门神赞妖之洞，此外，在格萨尔王修

行洞左边还有一块称为格萨尔王马糟的凹形石头。

格萨尔王的宝箱　索朗摄

格萨尔王神垒的小丘陵　索朗摄

八、苏喀西北部圣地

在《神奇的苏喀圣迹简介》中记载：此圣地西部为莲花生大

白哈尔净土的火焰红岩　索朗摄

师曾经驾临并加持过的形如金刚亥母天成神山：右臂林日妥沃有大自在天及眷属，右手犹如斜握向下的钺刀；左臂状似柏树山，左手在柏树山上部略伸，呈细心

赞妖燃烧七兄弟居住的柏树　索朗摄

闻听仙乐状。在唐日深山沟里，有十六罗汉及胜乐金刚宫殿，邦登莱卡位于金刚亥母脐轮处。此殊胜伏藏地等于万千龙宫，左边有乌摩妃中阴狭道，内藏有法源的三角忿怒神圣地。离此不远处的左边，有巨型火焰红岩，是白哈尔净土。在此右边周围有一眼被布满荆棘的灌木包围的泉水，据说在此泉水处举行施龙朵玛食子祷祀仪轨，能获得繁衍牲畜、风调雨顺的成就。另外，在这下面有一处叫玉拉岗的地方，其形状恰似一处被凸起的女性生殖器，是空行母中阴狭道，右脚收缩。宗山脚下还有大威德张胯之

身的山洞，有天成大鹏像。离此不远的桥底阳面处，有头部是大鹏鸟的龙祇天成像。

在《神奇的苏喀圣迹简介》记载：此殊胜之地的上、中、下、左、右各方均被护法神祇当拉钦布、赞妖燃烧七兄弟、觉沃九头耀龙守护，为守信誓坚贞的随缘者当天佑福星；为弃信背盟之徒的无缘者给予惩罚，因此众人需小心谨慎。特别是此处的护法神为白光骷髅和金刚旭日母，据说经过此地者，能清除数劫所积业障，能迅速获得共通和殊胜成就。

按照持明乘众金刚空行主尊

731

授记，于藏历土鸡年善月吉日隆重举行祭祀庆典，周边三根本之神会驾临，并与众神享佛道无穷之乐。警告此地的守卫者，三界之主梵天、大药妃金刚绿炬母及其众眷属、骷髅红护法、金刚白具光等诸多金刚类盟誓者身色俱全在此，缘起妙汇献花祝福。此圣地为秘境白玛圭护乐轮中的外林东北格萨尔之林的殊胜之一，众随缘信徒在此地祭祀祈福必得吉庆、受吉祥。所云：

千瓣莲花盛开金刚洲，
谁为开启圣门之尊者，
妙龄空行欢喜之妙音，
保持贞洁之女所需也，
恰似大海之中一滴水，
汇集诸多精华殊胜志。

第 四 节 　 工布昂拉山

从朗县政府驻地沿拉多河往山谷里大约行进5公里，到达与拉多乡政府驻地不远的一条山沟，往山沟里行进两公里，到达工布昂拉山前。前人把该山的背后称为加帕罗，前面称为加促罗。在未修建306省道之前，从朗县前往洞嘎镇及工布一带的老路都要翻越昂拉山。《弟吾宗教源流》中记载："聂赤赞普从波

工布昂拉山　索朗摄

密一带前往雅砻时，先后到达昂拉贡塘及索嘎一带"。文中记载的昂拉贡塘应为昂拉山，在《西藏简明通史》中也有类似记载。另外，山顶上有一棵大柏树，传说是玛吉拉卓尊者路过此地时，将拐杖立于此地后长出的，后来，路人把自己的拐杖也立在此处，同样长出了多棵树木。该山顶左侧有一处叫作给吴的地方，可以朝拜莲花生大师和毗若杂纳修行洞。山背后的盆地是大鹏鸟山圣地，信教群众可以在此接受马头明王、金刚手和大鹏金翅鸟三忿怒灌顶。

第 五 节　　藏秘境神湖

> 诸佛慈悲化身观世音，
> 猛烈法身智慧护法神，
> 秘境圣地诸等大魂湖，
> 神奇殊胜圣地倍加持。
> 四周环绕绿茵百花艳，
> 六足蜜蜂唱响悦耳音，
> 四周山峦植被繁茂林，
> 空气鲜而洁净无污垢。
> 清静之地众人心神怡，
> 风尘无垢人间仙境地，
> 明净神湖优如碧玉盆，
> 天然圣泉汇集而成就，
> 神奇殊胜之湖人人赞。

藏秘境神湖在朗县拉多乡南部，藏行政村往南约3公里处。此地自然风光独特，空气新鲜，是个清静优美的圣地。此地可朝拜益西贡布护法神魂湖等5面湖泊，以及其他殊胜天成像、修行洞等神奇圣迹。

从朗县往拉多沟行驶约30公里左右，到达藏村地界，从此处开始，进入藏秘境神湖境内。继续行驶，映入眼帘的是鹦鹉展翅般的茂密柏树林，可以闻到四溢的清香。

藏村海拔较高，冬季寒冷，但夏季被花草树木环绕，非常迷人。因此，当地流传着"冬季很想卖藏村，夏季更想买藏村"的说法。

从藏村往南部的山沟行驶，首先朝见的是东面山腰丛林中的札日追。传说很久以前，开启圣

札日追　索朗摄

湖之门的云丹佐尊者按当地刹土神授记，在山顶上历经千辛万苦潜心修智慧护法神，不久护法神化作一头牦牛，显见护法神尊容。随后他塑了一尊智慧护法神泥像，传说，该泥像很有加持力。他修建的札日追修行洞，现称巴若神殿。

关于云丹佐尊者如何开启圣湖之门有这样的传说：

有一天，云丹佐尊者把随身的法器放在一处叫索邦的草坝上，自己在一块磐石上跳金刚神舞。此地的岩神为他敬献了具九种树木的曼札，此刻，一只雪鸡叨走了尊者的法器飞向西面山上，并把法器送至山上一处叫作拉沃德木齐的地方。尊者边施朵玛食子边想，此处是否是自己修行之地？此时，又有一只大乌鸦叨走了自己的朵玛食子器具，飞向东面草山的一处叫作札日的牧场上。于是，尊者便认为这是护法神授记于他修行之处。于是，尊者在此山上修建修行洞。云丹佐尊者多年禅修护法神，佛珠也将磨尽，但终未果，感到非常灰心便离开了此地。

在路上，尊者遇到了由当地神祇董炯玛化身的一位老阿婆，

734

她在用一根羽毛砍柏树。老阿婆问他："你去哪里？"尊者回答道："我常年在此地禅修护法神，但至今未果，要去别处。"老阿婆又道："我也不知道这棵柏树何时能砍断……"尊者心想："阿婆能用羽毛砍断柏树，自己为何不能坚持？"于是便又回到了原来的修行洞，继续静修护法神。佛珠又一次将要磨尽，但仍然没有结果，尊者又一次放弃修行离开此地。他到达山背后拉炯母一带时，发现之前那位神祇化身的老阿婆背着木桶等水滴。老阿婆问："你去哪里？"尊者答道："我一直静修护法神未果，如今要回去。"老阿婆又道："这是因为你的心志还不坚定，如果继续努力就没有修不来的护法神。"于是，尊者又回到原来的修行地继续修行。有一天，护法神化作一头牦牛，从东南方向驾着日光威风凛凛地来到尊者的修行洞，问："我坐何处？我坐何处？"尊者非常慌张，在慌乱中，错将"坐"字说成"融"字，指着山洞岩石道："融在这儿，融在这儿。"于是护法神融入此岩。

云丹佐尊者的足印　索朗摄

岩神多吉坚赞的殊胜之地山崖　索朗摄

如果不去朝拜该日追，直接前往神湖，从去往日追的路口再往南行驶约 600 米，会看到此地土地岩神多吉坚赞的殊胜之地山崖。山崖下方是一片宽大的绿茵草地，草地上的一块磐石上有当年云丹佐尊者跳金刚舞的大足印。继续往上，就有当年土地神多吉坚赞给尊者敬献的具九种树木曼札的森林。

具九种树木曼札的森林　索朗摄

三根本圣地　索朗摄

接着往树林行进约 300 米，到达三根本圣地，此殊胜之地四周被茂密的树林包围，中央有一座白山崖，山崖上流着纯净的小瀑布。传说，此瀑布是当年莲花生大师挖掘的伏藏药泉，饮此泉水能够增长福寿，清净业障，心情愉悦，有利于各种疾病的康复，特别是对胃病、中风、眼病等疾病疗效显著。此山中央为吉祥铜色山，右侧为观音菩萨净土，左侧为至尊度母净土。山腰上有很多修行洞，并且在洞中可朝拜天成度母像。传说，在此处转 3 圈，功德相等于念 10 万遍莲师心咒，转 103 圈，功德相等

奇妙的度母岩洞　索朗摄

益西多吉尊者的帽子天成像　索朗摄

智慧护法神的魂湖 索朗摄

于转杂日神山山腰一圈。

　　接着往上约 300 米处的森林中，有益西多吉尊者前往杂日神山时洗浴的神泉。传说，当年尊者把拐杖、帽子、马鞭三样东西留在此地，如今也能在这儿看到拐杖、帽子、马鞭形状的天成石像。再往前行进约 200 米，到达

神湖区。此地有威猛观世音菩萨立身像。此湖是智慧护法神之魂湖，也是杂日神山 108 神湖中的其中一面。湖面海拔 3700 米，湖水深度 3—4 米。智慧护法神大秘境神湖的湖头为深蓝色，为息业湖，接着依次是增业达拉湖，怀业彭扎西湖和湖尾诛业湖。4

湖头息业湖 索朗摄

增业达拉湖　索朗摄

怀业彭扎西湖　索朗摄

湖尾诛业湖　索朗摄

胜乐山峰　索朗摄

面湖泊加上山顶上的拉姆拉湖共有5面湖，分别叫拉姆拉措湖、娘赤卡勒湖、拉达湖、彭扎西湖、措久湖。5面秘境神湖被穿流的溪水串联在一起，形成了一幅月牙形湖链，显得格外漂亮。这些湖泊是山顶的泉眼水流下后天成的湖，总面积约6.5平方公里，湖水十分清澈，可以看到湖底的砂石。

对于湖周围而言，正如"夏季在鲜艳的花丛中显得十分美丽、冬季在皑皑的白雪中绚丽多彩"所形容，夏天在秘境神湖四周的草山上长满各种鲜花，沟头被雪山环绕；冬季多半时间湖边铺盖着层层冰雪，仿佛整个大地换上了白色的束装，景色迷人。除此之外，大秘境神湖被柏树、杜鹃、乔松的绵延树林包围，一到春季满山开满杜鹃花和小叶杜鹃花，给湖边的景色添加了新的活力。湖泊周围那一簇簇灌木林中盛开着的各种花朵，犹如绿松石盘中镶嵌着的各种珠宝般美丽，四野弥漫的鲜花清香让人销魂夺魄。5面秘境神湖的西山是五部财神山，西北处是胜乐山峰。山腰上有被称为天成8岁弥勒佛等身岩石像的山崖，此山崖形状像站立的人；山脚下有一座名叫护法魂山的山岗，此山西南方向是被誉为千手千眼观世音菩萨的魂山。另外，此5面秘境神湖不仅是智慧护法的魂湖，也是当地刹土神靴子上装饰的5朵饰花。

据说，很久以前当地没有水源，干旱、冰雹等天灾频繁，农畜产量不高，人们的生活极为困难。因此，需要到其他地方乞讨生活。杂日刹土神知道此事后，带着七七四十九名村民，到七七四十九个村庄找水源。有一天，他们找到了一处快要枯竭的泉水。于是，多日便在此挖水，但未果，刹土神感到十分担忧。到了晚上，刹土神亲自带着铁锹到此处挖水，出来了少许水迹，接着挖掘时，泉水突然变大了并带来了危险，于是，刹土神带着他的同伴跑到了山顶上。不料，在路上刹土神靴子的5朵饰花掉在地上，他们从山顶往回看，十分惊讶的是，刚挖出来的水，居然变成了5面湖泊，于是人们认为这5面湖泊就是杂日刹土神靴子的5朵饰花。随从的人们发现此事后欢呼雀跃，为这些湖泊分别起名刹土神魂湖、娘赤卡勒湖、达木湖、彭扎西湖、措久湖。藏村自从有这些湖泊后结束了干旱季节，群众生活日新月异，从此过上了幸福的日子。

藏秘境神湖四周环境优美，湖水清澈，空气清爽，信教群众把它称为前往杂日神山途中的秘境神湖。此圣地已成为旅游者前来观光休闲的人间仙境，前来朝

参加修供仪轨的信教群众　索朗摄

拜的人逐年增多。

每年藏历三月，湖面冰雪融解，信教群众开始前来朝拜转湖，到湖边举行烧香、放风马旗、挂经幡等祷祀活动。

在被称为藏秘境神湖殊胜之地的札日修行洞，会举行一种很有加持力的修供仪轨，每年藏历五月十八日至二十日连续三天的宗教活动。按照原来的习俗，举行札日修供仪轨时，从巴尔曲德寺邀请8位僧人主持活动。其主要活动内容有换寺庙年朵玛食子、念诵空行母酬补满愿法。同时，将寺里的十万六字真言宝瓶带到札日寺给当地的群众灌顶，并从宝瓶中把密封一年的婆罗门七生肉珍丸赐给当地群众。

历时三天的修供仪轨上不仅有藏村群众，还有从拉多乡一带前来的信众共几百人集会在此地，举行转佛塔、朝拜殿堂及供朵玛、祈求赐珍丸、宝瓶灌顶等仪轨。

第 六 节　　秘境传说

一、吉村的秘境传说

从拉多乡吉村向东南方向望去，能看到一座高耸入云、千年不化的雪山。此雪山为吐蕃时期国舅钦氏家族的家族神，也是吐蕃十三大神山之一的钦拉天措神山。传说，钦拉天措雪山附近的山脉均为秘境，秘境四周有四扇门。在吉村上部有一座红崖，形状像一扇大门，传说这是秘境西门。离此不远处能看到很多黑色磐石，传说是钦拉天措神赐予当地人的牛群变成的磐石。据传，很久以前有个吉村人到神山处向钦拉天措神祈求赐予成就，钦拉天措神开口告诉此人，你不要回头一直往吉村走，我会赐予你成就。此人按照钦拉天措神的旨意翻越钦拉雪山往吉村返回时，突然从背后的草坪上传来巨大的蹄步声，于是觉得很奇怪，便忘记了钦拉天措神的嘱托，回头一看，发现自己后面跟着的一大群牦牛，突然变成了黑色的磐石。

二、绿嘎村的秘境传说

绿嘎村坐落在拉多乡杰行政村辖区内的一山沟中，四周被茂密的森林所围绕。绿嘎村在钦拉天措之神山西面，从此处可以清晰见到钦拉神山顶峰。传说，以前益西多吉尊者前往杂日神山开启圣地之门，尊者迷路到达此地，于是开启了此地的神山之门。如今在绿嘎一带很多地方能朝拜到天成益西多吉尊者大足印。此地被称作绿嘎是因为当年尊者迷路到达此地后，发现这里的景色十分迷人，心旷神怡。尊者虽迷了路，但非常愉快，于是取名"绿嘎"，意为滞留而欢喜。据当地群众介绍，绿嘎的野菜味道清香可口，益西多吉尊者当年在此地，就以吃野菜荨麻为生，因此当地人说其有尊者的加持。在最里面的山沟里有益西多吉尊者的修行洞及被称为长寿丸的小圆形石头。

绿嘎村上面是善趣度母，中间是白面仙女，下面是八祥瑞山。左边阴山面有玛岗赞和暴躁易怒的埃米堆朗，以及拉多岗赞等众神祇环绕。还有吉祥三姐妹之称的天成空行母像神山。在绿嘎山谷中有父登嘎多吉坚参、母

益西多吉尊者的足印　索朗摄

措门杰母、子扎贵多吉、公主玉琼吉的神山。有一座本赞将军山，传说是赞妖燃烧七兄弟中的一个，是统帅十万天兵的将军，左右两边各有 100 名勇女勇士围绕。沟中还有 3 面神湖，传说这 3 面湖是本赞将军的妃子。从前此村不准打铁，也不准养猪，如有人违背习俗，将会受到土地神的严厉惩罚。

也有人说，绿嘎山谷是秘境，且有这样的传说：很久以前，有个猎人到山上打猎，发现自己的猎犬不见了踪影。过了一会儿，猎犬又回到自己的身边，鼻尖上贴着一朵从未见过的花，猎人觉得非常奇怪，便到山沟的秘境处祈求山神赐福。神给赐予了两个包裹。猎人到达牛圈时打开了第一个包裹，顿时牛圈里填满了牦牛；猎人怕牛圈太挤，在牛圈外面把第二个包裹打开，没想到全部变成了石头。如今在此牛圈外面能看到很多黑色石头，就是从第二个包裹中倒出来的。

第 六 章

雅鲁藏布江流域
洞嘎镇辖区山水志

第 一 节　　洞嘎山水志

洞嘎镇坐落在雅鲁藏布江两岸，喜马拉雅山脉和果嘎拉山脉一带，洞嘎镇政府所在地的右侧有座山，地貌恰似一枚白海螺，白海螺在藏语读音为洞嘎。后来，地名借用为山名。洞嘎山上的寺庙叫洞嘎寺。

洞嘎镇平均海拔约3300米，镇政府驻地海拔为3077米，地理坐标为北纬29°00′，东经93°11′，下辖7个行政村、11自然村，全乡国土面积1167平方公里，共2027人。

洞嘎镇在历史上叫工堆塔麦，意为上工布下塔布区域，为吐蕃时期外戚钦氏家族领地，钦氏家族的家族神钦拉天措就在洞嘎镇境内，现称勃勃朗雪山。过去，洞嘎寺把钦拉神当作寺院的护法神来祷祀。洞嘎镇境内可朝拜大鹏鸟圣地、莲花生大师修行洞、堆巴次仁或者措门圣地等，还有嘎贡瀑布、雅鲁藏布大柏树林、工孜荣原始森林等旅游景点。该乡祷祀魂山护法的习俗有着悠久的历史。

洞嘎镇境内有嘎贡朗河、工孜荣河、白噶河等，其中，工孜荣河流域的面积约600平方公里，径流长51公里，年降水量

钦拉天措神山　朗县旅游局提供

为 503 毫米。嘎贡河流域面积约为 400 平方公里,径流长度约 40 公里。

洞嘎镇境内有岩羊、獐子、野山羊等食草动物;狐狸、狼、狗熊、棕熊、豺狼、土豹等食肉动物;鹦鹉、褐马鸡、雪鸡、百灵鸟、戴胜鸟、鹰、红嘴山鸦等禽类。有栎树、小叶杜鹃、杜鹃、松树、金钱松、柏树、刺柏、野柳、野蔷薇等各种树木,特别是嘎贡和工孜荣一带有较多的栎树林,此地是朗县栎树林最大产地。另外,此地还盛产冬虫夏草、贝母、红景天、马兰草等多种天然野生药材植物。

第 二 节　　钦拉天措神山

钦拉天措神山,在敦煌文献中记载为钦拉天措,但有的文献记载为钦拉沃岗。此雪山坐落在雅鲁藏布江南岸的喜马拉雅山脉东段,是洞嘎村勃勃朗冰川中最高的一座山峰。《钦拉祷祀诵》中记载:"威武雪山如云伞,祥云如作飞幡扬,中有雪山高入

钦拉天措神山的冰湖　朗县旅游局提供

云，插入云天为天幡。"此雪山海拔为 6179 米，地理坐标为北纬 28°50′，东经 93°13′。

沿 306 省道从边嘎桥往沟中行驶 12 公里，就会到达此雪山，钦拉天措神山的前后左右有众多的山岭、山沟、小河。整个地貌形似众大臣围绕着君主，非常神奇、威武。同时，钦拉天措神山的四周被各种湖泊围绕，洞嘎沟境内有兔子湖、白蛇湖、公牛湖，果贡沃、钦拉果、乃玛果等诸多大小湖泊。兔子湖因形状像一只朝天的兔子而得名。离兔子湖约 1000 米处，有一条蜿蜒的河流像蛇，附近还有一棵松树。据当地传说，当年莲花生大师第一次驾临此地时，当地的地祇化作一条白蛇想陷害大师，大师用禅杖降伏蛇妖，使其化为一条河，后来人们把这条河称为白蛇河。

钦拉天措神山最初是西藏吐蕃时期国舅钦氏家族祖神。吐蕃时期，钦氏跟吐蕃赞普联姻，使得钦氏家族势力越来越大。作为钦氏家族的祖神，钦拉天措就变成吐蕃赞普世系所依的战神之一。钦拉天措神山周边的洞嘎、金东、拉多等地的村民，一直以来把钦拉天措神山当作战神和牧神来祭祀。

钦拉天措神山脚下的兔子湖　朗县旅游局提供

洞嘎与金东地区的信教群众一般都叫牧神钦拉天措，在拉多乡一带叫钦拉巴瓦七兄弟。传说中的巴瓦七兄弟是钦氏族的护法钦拉赞贵七兄弟。据民间传说，实际上有九个兄弟，莲花生大师降伏了七个，并委任护法神，其中两个逃走。如今在朗县境内的很多地祇名为巴瓦崩登赞（巴瓦七兄弟），七兄弟有：金东乡东雄村巴瓦崩登东雄赞，金东乡松木材村地祇巴瓦崩登森木赞，拉多乡拉多村巴瓦崩登多吉占堆赞，拉多乡嘎村一带巴瓦崩登龙祇赞，拉多乡绿嘎巴瓦崩登芒崩赞，登木乡久巴村巴瓦崩登吉拉岗赞等等。

世间大神钦拉天措的祷祀诵文深刻地描绘了他的面貌形象：

嗡班杂啊咪哒煨桑，一切皆为空性，敬上诸供品，祈愿五妙供。嗡啊！富饶辽阔之大地，威武宝幢之雪山。如飞幡般的祥云，五彩绸缎之彩箭。金鞍木辔

748

虎皮垫，绘满吉祥佛结图。三千大千刹那游，白面双臂为本真。文武双具显峥嵘，三色披风盛装隆。右持彩箭及大轮、左持如意玛尼经。五花珠宝饰髻上，腰系虎皮囊宝珠。

在金东乡松木材村一带每年藏历正月隆重举行名为"阿布参步"的仪轨来祭祀钦拉天措之神。除此之外，洞嘎一带信教群众不定期祷祀钦拉天措神，据说，从前洞嘎寺把钦拉天措当作寺庙护法神来供养。

坐落在勃勃朗山顶的钦拉天措是钦氏家族的祖先殊胜之地。传说，在此雪山下有神奇的秘境，在秘镜里的人们生活无灾无祸，无生死，无忧无虑十分幸福。此外，还传说此秘境四周有四扇岩门，在洞嘎镇卓村勃勃朗山谷、金东乡松木材村与来义村后山的止卡才沟、拉多乡吉行政村与杰行政村一带绿嘎地区的山腰上各有一处形状像门的山崖，据说就是这四扇大门。

在洞嘎镇境内流传着这样一个故事。在勃勃朗境内有一个叫莱热库孜的地方，其上部有个白色岩石的山门。传说，从前有个猎人去打猎，有一只獐子中枪后受伤，于是猎人追赶受伤的獐子。不料到此地时，獐子跑到崖缝中，猎人把自己的枪放在崖门外，也跟着獐子进到里面，到了一个从未见过的地方，这就是传说中的秘境。秘境四季如春，到处盛开着美丽的鲜花，居住在这里的人们吃穿享乐无忧无虑，幸福美满。猎人感到十分快乐，他把自己的妻儿老小都忘掉了，一晃几年就过去了。有一天，猎人无意间念诵六字经，被身边人发现了，于是告诉他如果不想死亡就不应该待在这里，该回去过适合自己的生活，说完送给他装有不同物品的三个包裹，告诉他到了家里才可打开。但是猎人没有听那个人的劝告，路上打开了第一个包裹，于是里面的青稞种子全部洒在地上变成了沙粒，这就是如今卓村公路沿边的那些沙堆。这件事使猎人感到非常不愉快，一气之下接着把第二个包裹也打开了。里面本可以变成牛群的全部变成了石头散落在地，这些石头就是现在卓杂当一带的那

卓杂当一带的乱石岭崖　索朗摄

些乱石岭崖。此刻他边想边走，很快就到了自家的羊圈门口。他把一只脚迈进羊圈内侧，另一只脚放在羊圈门槛外，把第三个包裹打开了，里面的一半东西洒在羊圈里面，另一半东西落在羊圈外面，掉落在羊圈里面的东西全部变成了红色的山羊，掉落在羊圈外面的东西全部变成了树林，此刻他才明白自己浪费了很多财产，感到非常可惜，也很痛恨自己，垂头丧气地走进家门，发现自己一双儿女头发已变白，比自己还要老，顿时说不出话来了。

第 三 节　　杂日神山分支圣地大鹏鸟山

俗称杂日神山分支圣地的洞嘎大鹏鸟山，坐落在洞嘎镇聂村西面。从306省道附近往山上行进约两公里，到达天成大鹏鸟山崖和一眼泉水边。大鹏鸟山一带平均海拔约3400米，山顶海拔约4800米，地理坐标为北纬28°50′，东经93°23′。此地

有天成雌雄大鹏鸟山崖各一座，最初叫琼日，意为大鹏山，后来受朗县地方方言发音影响，变成琼热。在此地四周山崖上长满柏树和松树。各种各样的动物在此安然自在地生活，周围不时传来悦耳清脆的鸟鸣。每年春季，漫山遍野都是鲜艳的花朵，山间的大小沟里经幡飘动。在景色优美的人间仙境中，我们可以朝拜到两座天成雌雄大鹏鸟山崖。如果信教群众在此山崖磕头膜拜，其功德等同于得到马头明王、大金刚手、大鹏鸟神的灌顶。此处的一个山洞里有一处泉水，专治眼病。大鹏鸟山上部转经路上有引导众生之水及鲁堆多吉草（藏党参），附近草坪上有莲花生大师和空行母益西措杰①的修行洞，

---

① 益西措杰，妙音天女的化身益西措杰的父亲叫南卡益西，母名努姆格娃本。生于扎地区（今西藏山南市扎囊县境内），祖籍姓氏为卡尔钦。最初，益西措杰是吐蕃赞普赤松德赞的王妃，后来赤松德赞把她作为传授灌顶的报酬献给了莲花生大师，成为莲花生大师的明妃。在接受灌顶时她所抛洒的花落在了金刚杵像上，她亲见金刚诸神，获得成就。

751

坚斯崩巴　索朗摄

洞中有泉水、灶脚石、石梯等。据说，大译师毗若杂纳①在此洞修行坐禅时，山腰下的一棵柏树上居住着一个凶恶龙妖，白天躲在柏树上，天黑以后化成一只蝎子出来害人，黎明时分又会消失在这棵柏树上。此事被莲花生大师知道后，便到此修行洞授记毗若杂纳译师：在柏树上有只龙妖作祟，降伏此妖之命非你莫属，如今时机已到，赶快去捉拿。有

一天，大译师毗若杂纳出门时发现山脚下有一只大蝎子，译师便扔下三角朵玛食子降伏了此妖，并在此地修建了一座佛塔，后来

朵玛食子天成像　索朗摄

---

① 大译师毗若杂纳，是大学者，种姓巴阁。是吐蕃"七觉士"之一，从亲教师静命大师出家，取名为毗若杂纳热卡达，意为大日如来护。他精通梵文和藏文翻译，是吐蕃著名大译师。

人们把此塔称为坚斯崩巴。

在大鹏鸟山脚下的雅鲁藏布江中有一块三角形石头，是大译师降伏龙妖时所用的朵玛食子天成像。

8世纪，莲花生大师在全藏降伏天龙八部时，和空行母益西措杰从康区前往杂日神山途经洞嘎一带。为降伏此地的鬼神，莲花生大师和空行母益西措杰驾光来到了山顶的给昊洞，并在此修行七天。后来，两位尊者化作两只雌雄大鹏鸟降伏了所有妖魔，并在一天中此地修建了108座佛塔，同时开启了此地的山门。

传说大鹏鸟山崖上的两只雌雄大鹏鸟天成像便是两位尊者的化身，从大鹏鸟乳房中流出神水造福众生。这两位尊者不辞艰辛降伏了当地的妖魔而形成的纪念碑，也为给后米的有缘者积累福德留下所依，以化石形式长驻与此。

朝拜大鹏鸟山的时间是从每年藏历萨嘎达瓦月十五日开始。但从藏历五月十日开始，周边地区信众就络绎不绝前来朝拜，向雌雄大鹏鸟山祭祀祈福，祈求神灵护佑。用大鹏鸟山上流下的神水净洗自己的眼睛及头部、喝神水等方式祈求消除自己的障难，也有不少群众从这里装神水带回家。在这些重要的祭祀活动上人们都会烧香祷祀、转山祈愿。

从大鹏鸟山继续往沟里走两公里，就会到达加帕罗促罗的山顶，接着继续往上走1公里就会到达工布昂拉山顶，此山峰海拔4400米，地理坐标为北纬29°00′，东经93°00′，过去是塔布至工布必经之路。

第四节　杂日神山分支圣地莲花生大师修行洞

从达朗一带往山坡上行进约1公里后到达吾组村旧址。接着往山沟行进约800米，左侧山腰上有一座塔形白山崖，此处就是8世纪莲花生大师和空行母益西措杰的修行洞。据当地群众介绍，业净者能够从洞中听到法鼓发出的声音。修行洞下方不仅长

塔形白山崖　索朗摄

有各种各样的树木，而且有一眼泉水。

　　距达朗村约1000米处的路边山腰上有一座山，形状类似雄大鹏鸟。传说是天成雄大鹏鸟像。此处上方不远处的路边还有一座山崖，传说是天成雌大鹏鸟像。在雌大鹏鸟像底下镇压着另外一块石头，据说，此处是当年莲花生大师和空行母益西措杰两位尊者化成大鹏鸟降伏妖魔之地。周边有转经路及顶礼膜拜处，每当藏历吉日吉时，会有很多信教群众到此处祭祀祈福。

　　此地除了莲花生大师修行洞及天成雌雄大鹏鸟像之外，在四

莲花生大师修行洞　索朗摄

天成雄大鹏鸟像　索朗摄

天成雌大鹏鸟像　索朗摄

邬坚崩巴　索朗摄

周被树木环绕的村入岔口有一座佛塔，称为邬坚崩巴，据说是莲花生大师在金东与洞嘎一带修建的108座佛塔之一。每年藏历五月十日，信众前往此处举行宗教仪轨。当天村民很早就集中在此地，首先到莲花生大师修行洞、天成雌雄大鹏鸟像、邬坚崩巴处烧香转经，之后从各自家中收取适量的糌粑及酥油当作供品，从寺庙邀请圣僧念经诵法，以做朵玛食子、供曼札等方式祈求风调雨顺，消除障难，万事如意。下午所有的群众会在附近的草坪上欢歌起舞，共度吉祥。

当坚岗佛塔遗址　索朗摄

第 五 节　嘎贡河流域的山水

　　洞嘎镇境内的嘎贡河流域风景迷人，自然资源丰富，山水文化资源也极为丰富，有护法神圣地、三怙主①山、嘎贡瀑布风景、切寺及周边山水的传说、贡隆修行洞、号称至尊救度母的圣水、堆巴措日圣地等。除此之外，还有很多碧蓝的湖泊及宽阔的牧场，此地绝对是受加持、得到成就的殊胜之地，更是旅游休闲者观光游览的最佳选择。

一、骑羊护法神山

　　1. 当坚岗

　　沿 306 省道行进，过工孜荣铁桥，从雅鲁藏布江附近往东面走约一公里，到达江多。从江多往山沟行进一公里，到达当坚岗。此处有静猛天众之殿，周边树林丛中到处可以看见当年修建佛塔的废墟遗址，左右两边挂满五彩经幡及各种风马旗。值得一

　　① 三怙主，藏传佛教把观世音菩萨、文殊菩萨和金刚手合称三怙主。

756

骑羊护法神魂山　索朗摄

提的是，此圣地是骑羊护法神的祭祀地，祷祀骑羊护法神的香炉及神垒至今仍可以朝见。

2. 当坚岗神殿

切寺森木布上师在当坚岗神垒附近修建了一座静猛神殿，主要神像有莲花生八名号、释迦牟尼主尊三，二十一尊度母。还有完整石刻金刚经、小型菩提塔等，转经路上也有转经筒。如今该神殿做了维修，每当藏历吉日吉时，信教群众会到此地祷祀朝拜，祈求神灵消除障难，事事安顺。信教群众为洗清自己杀生的罪孽，路边放有很多牲畜骨头。

当坚岗树林丛中有两处旧塔废墟遗址，山脚下也有另一处旧塔遗址，人们把这些塔称作若朗崩巴，即起尸塔。传说，以前在这一带经常有起尸的灾难，一天，一位噶当派高僧降伏了起尸鬼，并为镇压厉鬼修塔。原计划一天之内修好，但当日未完成，因此在当坚岗修建另外两处佛塔。

从当坚岗走一段时间就会到达嘎贡一带，嘎贡的三面有三座山，传说是三怙主之山。北面山腰上坐落着嘎贡奥普达土地神，是此地第二门神。从此山右侧走就会到达老堆村，从左侧走就会到达切村。

757

当坚普巴山　索朗摄

3. 骑羊护法神魂山

在当坚岗对岸有一座茂密的松树林山，这就是骑羊护法神魂山。该山海拔 4570 米，地处北纬 28°31′，东经 93°55′。此山左边有一座当坚普巴山的小山，以往在此小山峰上有挂风马旗的习俗。在骑羊护法神魂山脚下有十二条沟，传说是永宁十二地母的天成像。山的右后方有一条叫西卡日的河水，河边有格萨尔王曾经在此处取过宝瓶的痕迹。山上丛林中有狗熊、棕熊、野山羊、獐子、猴子等动物。传说在此神山上不准打猎，也不准砍伐树木。在附近的泉水边更是不能破坏树木，如若不遵守将会有短寿之灾。

在骑羊护法神魂山上放生，只能放生山羊，因为藏传佛教中骑羊护法神的坐骑是山羊。因此，当地群众按照卦词或者预言放生，就会先给放生山羊打耳孔，接着在羊肩胛骨上涂上颜色作为标记。与此同时，放生人向神灵祷祀祈福，最后给放生羊献哈达，喂一口切玛放走。被放生的山羊不能抓捕更不能杀害。

4. 祷祀

关于骑羊护法神祭祀，第一种情形是，当地群众在藏历吉日或者自己的魂星之日作祷祀宗教仪轨；第二种情形是，有人遇到障难，按照卦词需要祭拜时举行祷祀活动；第三种情形是，每年藏历十一月十八日定期举行祷祀护法的活动，当天邀请圣僧作法、举行酬补满愿仪轨；第四种情形是，每年藏历新年初三全村男人祷祀护法神的习俗。当天，全村所有男人身穿盛装，佩戴刀剑很早就集中在当坚岗。祷祀程序是：先由四位僧人举行作法、换朵玛食子、念经、供神饮等宗教仪轨，信教群众烧香祈福，全村男人面向护法神吆喝"祭神灵！祭神灵！祭神灵！"三遍后，将供粮洒向空中，同时喊着"嗦！

当坚岗的祷祀活动　索朗摄

嗦！嗦！"祈求风调雨顺、远离天灾人祸，消除障难，世界太平。其次，每一户都要立一根上面挂有牦牛尾巴的经幡柱，据说此牦牛尾巴是护法的布料。接着男人中会说白谐的人寻找自己的说白谐对象，开始说白谐。每人所说的白谐内容各不相同，如："沟头不成，沟头成，沟头形成白雪山，沟头若无白雪山，沟尾何以有碧水；沟尾不成，沟尾成，沟尾形成碧绿水，沟尾若无碧绿水，田里何以长庄稼。"最后说一句有气势的话赞美自己，激起对方的挑战之心后，直到无人对说才停止；说完白谐后玩扔圆石击牛角，扔圆石时，男人们依次排队来回各扔三次，如果自己扔过去的圆石击中牛角靶，口念"给给索索"，同时跳跃起来。在当地有击中牛角靶者在新的一年里将会运气大升的说法，因此玩扔圆石不仅仅是娱乐活动，还有提升自己运气之意。

男人们在骑羊护法神的祷祀活动结束后返回村里，按照年龄大小依次排序列座，村里的妇女给他们敬酒唱歌。当所有的男士列座完毕后，要举行依序唱歌活动，这是必需的程序。如果在当坚岗祭祀活动中没有说好白谐，玩圆石时未击中牛角靶，回

759

到村里将会受到唱跳顺列队歌的惩罚。如果歌唱得不好或接不上来，就不允许喝杯中的酒，同时也不让其坐在上方位置，甚至不能与其他顺列队男士同座。

5. 祷祀骑羊护法神的诵词为：

吽！

神通广大统领八部神，

威力无边金刚大战神，

赞颂咒力无比护法神。

雄伟红宝石座妙高山，

犹如末时烈火在燃烧，

艳红之身光耀大无比，

赞颂英俊众神大护法。

无人鼓动自灭众魔敌，

神奇显灵瞬间变身通，

众魔顿时化为一尘埃，

赞颂英姿飒爽自豪神。

心想方能万事皆如意，

时时助我圆满之力神，

犹如如意之宝如意树，

赞颂诸事如意护法神。

远招四方能者居此地，

随众眷属享乐一切事，

事事蓬勃向上似弦月，

赞颂坚守护法大护法。

我等如此敬仰祭拜您，

祈愿一切障难远消除，

结满顺缘心想万事成，

息增怀伏四业得圆满。

吽！

威猛四射坦城中，

红黑火焰燃烧般，

骑座雄狮探世界，

赞颂战神金刚善。

挥起右手烈金刚，

左手紧握敌心脏，

无尽英姿气魄神，

赞颂佛教护法神。

您乃威猛力行神，

无能胜者万物王，

破灭刹土索命者，

赞颂勇猛大英雄。

偶尔骑座黑山羊，

俗称骑羊护法神，

伏藏风箱吹旋风，

赞颂天锤驱众魔。

世间三时护法中，

静猛不期面神姿，

喜怒万千大变化，

赞颂万物恃勇王。

二、嘎贡瀑布

从嘎贡村往北行进约两公里，就会在山腰丛林中看见嘎贡

嘎贡瀑布　尼琼摄

瀑布。此瀑布非常壮观，仿佛一条哈达从空中伸向大地。瀑布所在地海拔约 3400 米，地处北纬 28°32′，东经 93°55′。距 306 省道 6 公里、朗县 17 公里。嘎贡瀑布高 17 米，宽 7—8 米。周边是茂密的森林，丛林中长有多种野生天然药材植物，生活着各种各样的野生动物，是个风景诱人的旅游景点。

三、贡隆岩洞和神水

从嘎贡瀑布继续往西北行进约 300 米，到达堆村旧址。从达堆村旧址往北走约 500 米，就会到达贡隆岩洞。此处有两座修行洞，若是敲打洞中的石头会发出各种声音。据说，敲打时一边喊"请来酥油，请来茶"，一边虔心祈祷就能心想事成。此地俗称贡隆，是因为该地区的圣地就像衣服的领子一样，前来朝拜的人们必须先从贡隆开始朝拜，然后才去堆巴措仁等其他圣地朝拜。传说，从贡隆山岩流下的水为度母圣水，此圣水对治疗疾病有疗效，还能够消除障难、积累福德。前来朝拜的人们在圣水处洗浴、喝圣水。离开时也会将圣水带回家。

从贡隆继续往西面走一公里，就会到达叫作劫波耕牛的地

761

方，这里有座酷似犏耕牛的山崖。据说，如果犏牛山崖自然移动到山脚下时，将是末日。此外，附近还有天成马鞍像及其他天成像。

从劫波耕牛继续往上走，就会到达叫作白加如阔的地方。因很久以前，有个牧人掉进堆巴措仁湖，尸体从此地捞出，所以起名为白加如阔，意为牧人。此地还有很多白色的石头，传说是白加如阔的骨头。白加如阔附近有一处泉水，如果信教群众要到堆巴措仁朝拜，首先必须在此泉水处洗浴清洁后才可朝拜。另外，这里还有几处凹形的石头，信众把腿脚在石头上触碰几下，就能使自己走路更加轻便。

第六节　杂日神山分支堆巴次仁圣地

从白加如阔继续往前走，到达堆巴措日神山和堆巴措神湖旁。如果信教群众到湖边观湖相，必须先朝拜神山洞。此地海拔 4754 米，地理位置为北纬 29°11′，东经 93°02′。

进入堆巴措日神山洞时，要从外面两米高的方块岩门中进入，然后可见两个不一样的洞，男女要分开进，就能各自到达山洞中央。该山洞长约 1 公里、宽约 1000 米，是分形洞，进入山洞时必须带照明工具。进入山洞后要捡黑白石头，然后到达观测自己内心善恶的地方，接着会到达最深处的神湖。信教群众站在神湖上方的石头上，往湖里扔供品，等待显湖相。传说，堆巴措日神山洞里的神湖与杂日神山莲花生大师修行洞中的神湖连在一起，每当杂日神山莲花生大师修行洞中的神湖水势上涨时，堆巴措神湖中的湖水也会上涨。进入另外一个洞，就会到达俗称铁崖的地方。据说，从此山崖底下钻进去，死后不用受热地狱之苦。接着会遇见天成大鹏鸟像石岩，如果信教群众在此石岩上触碰额头诚心祈祷，就能心想事成。此外还有一个小山洞，爬行十五分钟才能出洞，通过此洞能消除障难。此处还有一眼神泉水，传说

堆巴措日神山的珍珠湖　朗县旅游局提供

此神水对治疗眼病有疗效。

朝拜完堆巴措日神山洞后就要前往堆巴次仁观神湖相。堆巴次仁前方有座山峰，山后面有一面湖，叫堆巴措神湖；左边还有另一眼神湖，叫珍珠湖，在这两座湖中间坐落着堆巴措日山峰。

两湖海拔约 4500 米，湖周边被草原环绕，春季遍地鲜花盛开，形成一道迷人的风景线。朝圣者和游客们会前来观湖相。转湖、烧香等朝拜活动结束后，在下方的达居塘（赛马场）游玩。

第 七 节　切河流域的山水

切河是嘎贡河的支流，切一带山谷是宽阔的草坪，进切入口处是茂密的森林，中间坐落着切寺。传说，该寺庙的后山是金刚亥母神山，其周边的山水有很多传说。

现在切一带，以前叫切多。此地上方有一座山崖，传说是展佛崖；下方的山崖传说是叠佛经之崖，形状像层层叠起的经文。

往上走，就会到达切拉山脚下。切拉山附近有天成雌雄大鹏鸟石像。再往上有一眼泉水，传说，到寺庙朝拜，首先要在此泉水处洗浴清洁自己的身体。泉水附近有柳树、柏树、杨树等很多树种。据当地群众介绍，这些植物是龙祇之树，不能随意砍伐；若在此处砍伐树木，会遭到土地龙

763

祇的惩罚。

　　泉水附近有一座山崖，上面长有很多缠绕的植被，传说是空行母神树。在这个上方有天成莲花帽石像，其右侧有度母所藏的金钥匙的石像。天成莲花帽石像上方有传说是铁刺林的凸起石头，很多信教群众前来转石。在铁刺林石头上方的一座大山崖上面，可朝拜天成海螺像及莲花生大师的脚印。从莲花生大师脚印之地继续往前走，到达一处叫迎请酒的地方，这是上师外出回来时的迎接之地，此处还有上师的宝座。走过迎请酒就会到达天成石狮像之地。从此处继续往上走，就会到达叩拜坡，叩拜坡上有香炉、嘛呢神殿，还有休息之地。如果到寺庙朝拜，首先要在叩拜坡磕三个头才能去，不能直奔寺庙。

　　切寺东面有塔朗贡嘎刹土神山和被称为天成空行母乳房的博嘎怒马山崖。山崖边有烧香之地，中间有一处山洞，在这上方还有转经路，每年藏历吉日有很多信教群众前来朝拜。寺庙东北处有座山，传说是天成猎人贡布多吉身像。此山附近有几处山洞，其中大的山洞是从前切寺经师上师的修行洞。切地西北处的森林中有一个小瀑布，瀑布内侧有一个叫夏嘎的山洞，传说是当年切寺尊者修行之地。洞门口有天成雌雄大鹏鸟石像。山洞内侧有一条从崖顶上流下的溪水，当地村民称，如果念诵莲师心咒，此水将会慢慢变大。

博嘎怒马山崖　索朗摄

工孜荣河谷　朗县旅游局提供

第 八 节　　工孜荣流域的山水

　　工孜荣河水是从洞嘎镇辖区工孜荣山谷中流下的一条河水，径流长 51 公里，流域面积为 626.5 平方公里。山谷深处是皑皑雪山。山下宽阔的牧场上牛羊成群，大小湖泊犹如串联的一面明镜。草原中央被茂密的原始森林覆盖，森林丛中的各种动物

工孜荣原始森林　朗县旅游局提供

工孜荣山崖上的天成岩洞　索朗摄

安然自在地生活。沟尾田野上，生长着青稞等粮食作物，自然风景极为美丽诱人，各种资源极其丰富。

一、工孜荣原始森林

洞嘎镇达母村山谷处的工孜荣原始森林坐落在距 306 省道公路约 8 公里、距朗县 12 公里处，海拔 3200 米。

工孜荣原始森林主要分布在工孜荣河水左右山峦上，一到春季鲜花遍地，四处飘扬着春的气息。丛林中的山崖上还有一处天成岩洞，此山洞的形状极具特

工孜荣山谷里的湖泊　朗县旅游局提供

色，仿佛是一位能工巧匠的精心之作。

二、工孜荣山谷里的湖泊

从洞嘎镇往山谷里步行约 2 个小时会看见三面不一样的湖泊，此处海拔 3200 米，距 306 省道公路约 8 公里。三面湖泊形状不一，最大的面积为 1 平方公里。这些湖泊是从几个不同的山谷里流下的溪水积水而成的，湖水非常清澈，可以看见湖底的砂石。湖四周是布满鲜花的草原及茂密的森林，让人心旷神怡。

三、工孜荣山谷里的雪山及草原

走过工孜荣原始森林就会到达工孜荣山谷里的牧场，此牧场坐落在距 306 省道公路约 8 公里、距朗县 12 公里处。宽大的牧场就是鲜花的海洋，成群结队的牛羊在牧场上欢快地享受着美丽的大自然。牧场四周被一座座山岭环绕，山谷深处雪山巍然屹立，一年四季白雪皑皑，像一座水晶制成的白塔。

工孜荣山谷里的牧场　朗县旅游局提供

767

工孜荣山谷里的雪山　索朗摄

第九节　卓村天成石狮像

　　洞嘎镇卓村西面 500 米处的田野上，有一块形状像沉睡的狮子的石头，据当地群众介绍这是天成石狮像。离石狮不远处有当年莲花生大师一天中修建的 108 座佛塔中的一座。

天成石狮像　索朗摄

雅鲁藏布江畔的大柏树林　索朗摄

第 十 节　　雅鲁藏布江畔大柏树林

雅鲁藏布江到达朗镇东北部时，绕弯经洞嘎镇直流米林。朗镇至洞嘎镇江水流域两岸河川边，长满了一排排整齐的大柏树林，这些古柏树不管风吹雨打，仿佛运动员排起整齐的列队般挺拔矗立着，景色非常迷人。此林被列入国家二级生态保护区。江水两岸大柏树生长区长 25 公里，共有上千棵大小柏树，其中大的有上千年的历史，小的也有几百年的历史。这些柏树生长姿势也不完全相同，各有各的特点。

关于这些大柏树有这样的传说：当年修建桑耶寺① 时，莲花生大师显神通把塔工一带的树木运至桑耶，树木排队前往桑耶寺

① 桑耶寺，是坐落在山南扎囊县内的古老寺院之一，也是西藏佛、法、僧俱全的第一座寺院。始建于 8 世纪中叶由法王赤松德赞和印度莲花生大师、寂护（静命）大师三人仿照古印度阿登达布日寺形式，糅合汉地、西藏以及印度的建筑风格于一体，共同倡建。主殿代表须弥山，周围有代表四大部洲，八小洲和日、月的小殿，虽曾几度遭受火灾，均重新修复。

天成乌鸦石像　索朗摄

千年巨柏　索朗摄

时，途中遇见一只乌鸦，乌鸦说谎道："桑耶寺已修建完毕。"于是，这些柏树就停留在了此地。后来莲花生大师惩罚了说谎的乌鸦，把它变成了江边的一块石头。据说，从此卫藏一带的乌鸦叫不出声来，都变成了哑巴。并且，莲花生大师不让塔工一带的乌鸦前往卫藏地区，因此，卫藏地区至今没有乌鸦。

另外一种说法，当年修建桑耶寺时，寺庙所用的木材由信教群众从塔工一带运到桑耶，运输过程十分艰辛，很多人受伤，甚至有人死亡，大乌鸦看到这一情景后感到十分痛心，于是在加查波唐拉山顶上大声喊："桑耶寺已修建完毕，你们不用再运木材。"山下的群众听到乌鸦的话，十分高兴，把木材就地扔下立马回家了，因此，雅鲁藏布江边就长出了这些柏树林。

第十一节　滚堆麦的山水传说

在雅鲁藏布江北岸宗果山腰上，有一座叫宗果的寺庙遗址，以此寺庙遗址为界，坐落在寺庙上部的叫滚堆仲，意为寺庙上部村，坐落在寺庙下部的叫滚麦仲，意为寺庙下部村，两村合名即滚堆麦村。其沟头是茂密的森林，沟尾是宽阔的田野。此地山水文化底蕴丰富。

一、阿爸嘉乌班丹神山

在洞嘎滚堆沟一带山谷里有一座山顶为乱石，山腰为草坪、为茂密森林覆盖的山峰，这就是阿爸嘉乌班丹神山。离此不远处，坐落着阿妈藏戎甲母神山。阿妈藏戎甲母神山山腰上有一眼泉水，泉水右侧有一座山峰，传说是天成弥勒佛像，附近还有被称为嘉乌班丹公子与公主山。此外，此山上有传说是阿爸嘉乌班丹的天成锣、箱子、帽子、手摇鼓等的崖像，山脚下还有天成阿爸嘉乌班丹的宝座、香炉、神垒等。

阿爸嘉乌班丹的妻子叫阿妈东龙吉，公子叫达贵多吉，公主叫玉琼吉，传说玉琼吉公主为了爱情跑到了洞嘎工孜荣一带，河水也跟着公主流向工孜荣一带，因此滚堆到现在水源还非常稀少。

阿爸嘉乌班丹及阿妈藏戎甲母是当地牧民们的牧神，每年藏历正月初四滚堆麦一带的牧民集中到此处，先是迎请僧人向神灵敬神饮，念经作法；其次信众烧香、挂经幡；然后女性敬酒，男士唱牧歌，一起跳果协，给神灵敬献歌舞新。在紧张热烈的气氛中结束一天的祭祀活动。

108 棵珠串般的柏树　索朗摄

二、滚麦大柏树的传说

洞嘎滚麦北部山脚下有片柏树林，这些柏树仿佛是人工种植似的，一排排非常整齐地长在河川边。柏树数量刚好有 108 棵，其中一棵柏树为扁柏。关于这些大柏树的来历，当地群众讲，当年，塔麦巴尔曲德寺第三世活佛降白伦珠加措于藏历第十四绕迴木蛇年（1845 年）诞生在塔布滚麦，其父亲为赤列索巴，母亲为格桑卓玛，家境富裕。当活佛成年后，有一年，滚麦一带的后山险些崩塌，由尊者潜心祈愿后长

扁柏树　索朗摄

神奇的核桃树　索朗摄

出这些柏树挡住了山崩，消除了灾难。在此山顶上如今也能清晰可见当年山崩之时裂开的痕迹。

三、活佛诞生时的传说

降白伦珠加措尊者诞生的房子，现在已随滚麦村迁移别地，如今原址只剩下废墟。但活佛诞生时的神奇传说至今还在当地广为流传。当年尊者诞生时，故居下方的核桃树开满鲜花，其中的一根核桃枝仿佛给灵童鞠躬磕头似的直接弯向尊者诞生房。更奇怪的是，此树枝上结出的核桃更加美味可口，与同一个树上的其他核桃有很大的区别。另外，活佛诞生后，在诞生房附近长出了檀香、桃树、核桃树等以前从未生长过的树木，环绕着活佛故居。其中檀香为活佛的魂树，如今长有十六根树枝，当地人称如果在此地乱伐树木，会有灾难上身。山腰上有一座山洞传说是活佛的宝盒，宝盒洞上还有一处天葬台。这些柏树中的一棵于2009年获得"大柏树"的称号，登上了古树名录。

四、滚麦一带格萨尔王降妖的传说

滚麦往东1公里处，有108眼泉水。附近的擦龙朗山顶上有一个山洞，传说是阿琼魔王的住处，叫魔鬼洞。魔鬼洞附近有一

773

格萨尔王扔向阿琼魔王的大山崖　索朗摄

块石头，据说是天成魔鬼肝脏石像。

格萨尔王降伏阿琼魔王来到此地，他知道阿琼魔王在山洞中，于是从洞顶天孔中向里射箭，魔王受伤后从洞中逃出来，跑到了卓村下游河水中。格萨尔王用自己的先知能力知道了魔王的藏匿之处，于是往河里扔了一座大山崖，山崖击中魔王使其奄奄一息，格萨尔王便揪住魔王的头发，因此，此地取名叫堆札连，意思为揪魔王头发。魔王极度恐慌害怕，跑到不远处的地方后，不由自主地拉出稀屎，因此，此地取名为堆娘杂热，意为魔王拉稀。最终格萨尔王降伏了

阿琼魔王，给当地群众创造了祥和太平的幸福生活。当年，格萨尔王砸向阿琼魔王的大山崖至今仍在卓村下游的河中央。卓村对岸的山腰上长有几棵树，传说是由格萨尔王揪住的魔王的头发幻化而来。

传说中由魔鬼的头发幻化出的树林　索朗摄

774

传说中的鬼城铜门山　索朗摄

第十二节　格萨尔王降伏妖魔的传说

民间传说，朗县洞嘎镇达木村和嘎贡村一带是鬼城，属南域阿琼魔王领地，现老堆村一带是阿琼魔王宫殿所在地。鬼城有四扇门，分别是两扇东门和两扇西门。第一扇东门是从洞嘎西村河对岸巴吉堂上方有个白色的山崖，传说是鬼城铜门；第二扇东门是达木村西面电站上方的一个非常窄小的山崖，传说这是鬼城玉门。此外，在工孜荣铁桥上方一个山崖窄路，叫白若铁门，传说是鬼城的第二扇西门；鬼城第一扇西门是在朗县朗镇朗村一带，即朗县人民政府驻地北面，雅鲁藏布江两岸处对立的两座山崖。

传说，格萨尔王从岭国来到此处降妖，到达朗县朗巴村鬼城门口准备进入城门时，江水两岸的山崖互撞使格萨尔王一时无法进入。此刻，坐骑神马告诉格萨尔王："你用鞭子重抽我三下，轻抽三下，也许能进入。"听完神马的这番话，格萨尔王依旨而行，神马顿时跳跃起来，进入了山门，但马尾巴被夹在两个山崖间，变得非常细。据说如今的马尾巴细就是因为如此。穿过第一扇门走了一段时间后，又遇到了同样的山崖门，格萨尔王又按照原来的方式重抽三下，轻抽三下后，人和马均进入了山门。之后，他们走了几天的行程到达鬼城，但是由于鬼城城墙防御严密，暂时没能进入鬼城。

后来，格萨尔王慢慢了解到阿琼魔王白天会到山上打猎，晚上回到宫中休息。于是，格萨尔王趁魔王不防，悄悄进入鬼宫，并赢得了魔王妃子的支持。魔王妃子白天热情款待格萨尔王，晚上待魔王快要回来时，便把格萨尔王藏到房顶。格萨尔王晚上在

房顶练习射箭。一天，魔王听到射箭声后告诉妃子自己听到了一个从未听过的声音。妃子回应说，那是她编制毛线织机发出的声音，于是魔王放下了心。

又过了一些时日，一天妃子告诉格萨尔王，降伏魔王的时机已到，并指点格萨尔王："此妖与其他鬼神不一样，在他额头眉毛处有一个光点，那是魔王的魂魄所在。你要用力将箭射到他的发光点上。"当晚妃子把魔王的睡铺安在天孔底下，格萨尔王按照妃子的旨意从天孔用力将箭射向魔王额头的发光点。魔王惨叫着"格萨尔来了"，奄奄一息地跑到了山

格萨尔王箭翎　索朗摄

下。格萨尔继续追赶魔王。魔王感到十分疲惫无法走动，因此，此地取名为切，意为疲惫。嘎贡非常窄小，格萨尔王把魔王挤在白色山崖上，因此，此地取名为嘎贡，意为石脂石。魔王也有一定的神通，他趁格萨尔王走神，又逃了出去，格萨尔王继续追赶到了江多一带时再次射箭，但没有击中魔王，落到了旁边的柏树上。如今在此柏树上长有一根箭头形状的树枝，传说是天成格萨尔王箭翎，此柏树就叫格萨尔箭翎。接着他看见魔王在森木村落的山岗上逃跑，因此，此地取名为岗岗。后来，格萨尔王在现森木村落一带逮住了魔王，所以此地取名为森木。但是，此魔王有九个命根，其中两根还未断，因此又从格萨尔手中逃了出去。

格萨尔王继续追赶，到唐琼时彻底降伏魔王，剥下魔王的皮晒在地上。因血迹喷洒的到处都是，故此地名为玛江唐，意为通红之地。此处至今有天成的被称为魔王皮及魔王肝脏的石像。石

天成魔王皮石像　索朗摄

天成魔王肝脏石像　索朗摄

像上部有几行红色字迹，传说是格萨尔王用魔王的鲜血写出的字。

格萨尔王为能够降伏魔王阿琼感到十分的高兴，于是酬谢当地的土地神，在此烧香祷祀。在森木北部山崖上有一棵柏树，传说是格萨尔王的神垒。

格萨尔王的神垒柏树　索朗摄

格萨尔王降伏了阿琼魔王后，返回鬼宫继续降伏魔王众眷属，并开化那些鬼神要行善业，因此此地取名为达木，意为制服。

778

第 七 章

金东河流域山水志

第 一 节 金东山水志

坐落在金东河流域的金东乡历史上曾有金、塔麦金东、工布金等多种叫法，如今称金东乡。金东辖区在塔域下部和工布上部交界处，但从人文风土及语言、着装等多方面看，属于塔麦风俗。金东乡东部与米林县卧龙镇接壤，南面是杂日神山，西面与拉多乡相邻，北面与洞嘎镇相连，历史上是钦氏家族居住区，此处有钦氏家族的墓葬群——列山古墓群。

金东河是雅鲁藏布江的支流，是由巴龙河、西日卡河、拉玉河等河流汇集而成。流域面积约 780 平方公里。

金东河的源头是杂日神山之地塔巴西日神山南面的一条水系，流经仁普牧场、嘎木村、康玛村后注入金东河。因此，人们把仁普神水当作有加持力的圣水。

金东河流域有岩羊、藏羚羊、鹿、黄羊、獐子、野山羊等食草动物；有狗熊、棕熊、雪豹、豺狼等肉食动物；有褐马鸡、雪鸡、百灵鸟、戴胜鸟、鹰、红嘴山鸦等禽类。有核桃树、大果桃树、苹果、花椒、葡萄等经济林园；有柏树、

仁普圣水节　朗县旅游局提供

松树、雪松等原始森林；有冬虫夏草、贝母、红景天、党参、石棉、热巴鼓腿草等野生药材植物。

巴龙山谷里铁矿资源极为丰富，因此，巴龙一带流下的水颜色为红色。巴龙，意为英雄的故乡。传说，从前有一位叫达多吉的金东王出生在巴龙一带，他英勇善战，不仅在金东一带有名，而且名扬整个藏区。

金东河流域有达乃寺、贝寺、恰琼寺、比朗寺、日龙寺等很多古庙遗迹；有仁普圣地、邬普岩洞、止卡才等殊胜之地；有仁普神湖、拉当湖、鲁库湖、红俱拉措湖、玛纳湖等神湖；有牧神东炯赞那神山、战神觉沃札赞神山、钦拉天措神山等神山。在金东乡各村落有祷祀牧神及祭拜钦拉的阿布赞贝、邬普祷祀等民间祭祀活动；有内容丰富的白谐、列歌、亚卓等民间歌舞。

金东乡一带历史上是西藏地方政府制造银箔的材料基地，在嘎木村和康玛村附近能看到银箔厂废墟。除此之外，金东拉达和玉琼北部还有藏医南派创始人苏喀·娘尼多吉的弟子金巴次旺和他的弟子李琼·索朗杰布等人行医救世的诊室遗址。

第二节　杂日神山分支仁普圣地

一、仁普圣地

深沟雪峰似立水晶塔，
山腰森林如裹碧玉衣。
金色草坪好比金制镜，
清澈圣水药香液潺流。
信我佛者临此倍虔诚，
不诚佛者临此起虔意。
号称第二杂日殊胜地，
仁普故事悠远令人迷。

取名仁普是因为此圣地深沟的修行洞中放有珍贵的殊胜佛像，仁普，意为珍贵的修行洞。

到仁普圣地前来朝拜和观景的人们都觉得此地是人间仙境，这里有千年雪山、天然形成的湖泊、飞流直下的瀑布、茂密的森林、翠绿的草坪、清澈的河水、形状非常漂亮的天成羊圈、盛产体型壮大的牦牛、威猛的藏獒、肥壮的羊群、珍贵的冬虫夏草等物产。

仁普圣地坐落在距金东乡约40公里、距县城约90公里、距306省道公路41公里处，海拔4440米。据史料记载，第四世黑帽世系噶玛巴·瑞白多吉和第四世红帽世系噶玛巴·曲吉扎巴曾驾临仁普一带，因此此圣地倍有加持力。

如果到仁普圣地去朝拜，坐车一小时经康玛、西日卡、嘎木就到达热木仓平原，从此处可以看到仁普圣地迷人的风景。从此处开始经过一条羊肠小道，小道边那些青嫩的各种植被树枝随风摇曳，感觉向前来朝圣的人们鞠躬欢迎。从热木仓走20分钟，就会到达传说是金门槛的小山坡——一个山岭交叉处。传说这里是仁普圣地第一圣门，此处能看到很多小磐石形成的天成乌龟石像，传说是仁普第一圣门门神。金门槛坐落在仁普圣地的前面，是为普度众生、消除障难、增长福德而向神灵祷祀祈愿的主要祭点。同时，在此处可以看到两座神山，左边的神山像母亲抱着婴儿、右边的神山像把武器举

天成乌龟石像　索朗摄

向空中。

　　据旧志记载，当年第四世黑帽世系噶玛巴·瑞白多吉驾临此处时讲到，仁普圣地是色究竟天，是神奇的药师佛、吉祥胜乐金刚的宫殿。此圣地是天有八辐轮、地有八瓣莲花、周围具有八吉祥徽的殊胜之地。山谷中似海螺宝塔的雪山代表着息业，右边武器举空般的神山代表着诛业，左边母亲抱着婴儿般的神山代表着增业，前面莲花盛开般的妙欲供代表着圆满怀业。他还说此圣地是成就四业，具有很大加持力的殊胜圣地。旧志中记载，业净具守誓者在此地住一晚，能不

再受恶道；住两晚，能够进解脱道；住三晚，能得不退因；住四晚，得持明之位；住五晚，能得化身、报身、法身、自性身、不变金刚身等五身天成佛的境界。噶玛巴·然琼多吉① 发誓说："如果思我的圣地，而死后堕恶道，那么我噶玛巴·然琼多吉应该发誓替他们受过。"

　　再往前行进约一公里，有个叫德木玉雄巴的地方，传说以前是空行母揉供品的盆，如今变成了牛圈。这儿左右两边有很多毛

① 噶玛巴·然琼多吉，第三世噶玛巴黑帽世系的活佛。

782

天成石狮像　索朗摄

色不一的肥壮牦牛，各个显得非常威猛，再加之凶猛的藏獒，陌生人来此地会感到十分害怕。

接着走约两公里，要经过一座木桥，桥下流淌的河水清澈见底，水中的白腹鱼儿游来游去，此水的径流像藏文30个字母排列般，非常神奇。周边有各种各样的野生动物安然自在地生活，在丛林中行走，使人心情舒畅，感觉不到疲惫。偶尔会看到敏捷的猴子在丛林中戏耍，到处能听到悦耳的鸟叫声。

再走约3公里，到达卡康拉措。卡康拉措的湖水清澈得可以看见湖中的鱼儿，奇怪的是此湖汛期不是在春季与夏季，而在秋季。据当地群众讲，每当秋收时节，农民把粮食装满粮库后，湖水也同时会上涨，因此取名卡康拉措，意为满水神湖。

继续往前走100米，就会遇见传说是此圣地第二门神的天成石狮像，从远处看，此门神形状跟一只狮子毫无差别。接着走300米，就会到达被称为龙宫或大象卧睡之地。此处下方有一条河，河水里有天成的牛黄，大的有肉蔻大，小的有豌豆大。据旧志记载，这种黄色颗粒物可以入药，牛黄类药剂中牛黄最为珍贵而稀有，因此，在大象卧睡圣地

噶玛巴·然琼多吉天成法帽石像　索朗摄

处的牛黄与现实生活中的牛黄类药剂颜色相同。再往前走约600米，右山腰上有一座旧佛塔，接着继续走约80米，还有一座旧佛塔，再前面约160米，又有一坐旧佛塔，此处连续有三座佛塔，均被茂密的森林包围。

接着走约40米，就会到达崩纳圣地的山腰处，在此处，旅游朝圣的人们可以朝见到一尊天成乌龟石像，上有龙王菩提心与十万空行母融入其中的神奇佛塔。据说，如果转此塔108圈，能消除一切龙病灾难。在这附近还有天成第三世噶玛巴·然琼多吉的法帽石像及能够消除龙

病（麻风病或疥疮）的功德磐石。因该神山处坐落着浸化龙王菩萨及十万空行母佛塔，故取名"崩纳"。民间流传，此塔与尼泊尔夏绒卡雪佛塔、杂日吉祥佛塔是同时开的光。

继续走300米，到达一处飘扬着杜鹃花清香的天葬台。为了自己死后的灵魂能找到正道，信教群众如佛祖涅槃姿势躺在此处，右半身贴在地上，左脚放到右脚上，右手放到脸颊底下把头托起。此天葬台附近有一座天成石塔，离此处约100米的地方有洞嘎寺分寺丁卡寺的废墟遗址。因丁卡寺坐落在湖面上，所以取名"丁卡"，意为湖上寺。不远处有一座叫扎西孜巴曲登的天成塔，旁边的草坪上有一口用铝合金做成的旧锅，在锅上写有乌毗拉王曲扎比丘献的字样。传说，用此锅做饭无论供10多人用餐，还是供100多人用餐份量都会刚刚好。

仁普圣水地处海拔4144米，此处海拔高，空气新鲜，周边一座座山峰仿佛像是仁普圣水的护卫，夏季四处芬芳着花草树木及

丁卡寺废墟遗址　索朗摄

各种药材的清香，给人一种人间仙境的感觉。此外，飞流直下的瀑布水声及夏春之际鲜花盛开的迷人风景中杜鹃、百灵鸟等鸟类的声音更是让人心旷神怡。

关于仁普圣水有很多传说，其中之一是该神水以狮子的形象出现，分别从母狮子的四个乳头里流出，一条流向印度圣地，一条流向仁普圣地，一条流向列戎

扎西孜巴曲登天成塔　索朗摄

圣地，一条流向杂日圣地。

仁普圣水流域山顶挂满五彩经幡，烟祭的浓烟弥漫大地，山尖在云层中耸立，周边一连串神山仿佛一位丹青圣手所画的画卷，左右两边有各种各样的天成像及108座佛塔、108面神水，从山顶流下一饮甘、二饮凉、三饮软、四饮轻、五饮清净、六饮无味、七饮对喉管有益、八饮对胃有益的八功德水。

文殊感德神山是仁普圣地中像朝天挥剑般的神山。每年藏历五月十五吉日，三声雷声后，从山上流下的河水颜色均立刻变成乳白色。此情景使前来朝拜及旅游的人们赞叹不已，仁普圣水的声名布满雪域大地。

仁普一带有很多天成佛与菩提心像。据记载，若从外围看，中央金子般的圣山有释迦牟尼佛像，其左右两边为弥勒佛与燃灯佛，右边列座有500尊罗汉，左边垒起诸多法宝佛经，此处为殊胜弘法圣地。从内看，神山中央有天成如来威猛胜乐父母双运（贴面）像，在双尊双运处不断流下白菩提，如果信众喝三口就能够消除业障、烦恼障、所知障、定障四障，并能得到宝瓶灌顶、私密灌顶、智慧灌顶、向义罐顶四灌顶。此山右边为勇士众神，左边为勇母空行众神，如此之分的主要原因是为敬重主尊。

仁普圣水湖　索朗摄

胜乐父母双运（贴面）像神山　索朗摄

右边方便山上有明照佛、宝生佛、无量光佛、不空成就佛、不动佛等五种姓佛以及释迦狮子、莲花生、日光、狮子吼、忿怒金刚、莲花金刚、莲花王和爱慧等莲花生八种名号。左边智慧山上有大白在妃、乳母宝度母、白衣菩萨、誓言度母等如同五仙女所供。另外，噶玛巴活佛称右山显现金刚杵、金轮、剑矛；左山显现莲花、红莲花等，此圣地是今生能够达到佛的境界的最佳修行圣地。

从密经讲，仁普圣地如同已打开的中脉，四周被诸殊胜之位环绕，大致为村入岔口像伫立的金梯，右边吉祥多门塔上部有弥勒佛和观世音菩萨相向而立像，南为空行宝生部、西为空行莲花部、北为空行事业部、中央为空行佛部所围。此处右边有无量寿佛被五姓佛包围，下面有四臂护法被 1000 尊大黑天包围，再下面有骑虎护法，再下面有天成"啊"字母像。此处右边是持梃护法和财神，中央有水主龙王，其左方有四臂大悲观音，被众观音围绕；莲花生大师被众静猛神围绕。再继续往下走就会看到龙泉圣水，泉眼边有众空行母显神通的大足印。总之，此圣地神山如同供奉着无数佛菩萨像的大经堂。

在美丽的丁卡大草原上，到处是当地牧民大小不同的帐篷。前来朝圣的人们休息之时不用付任何费用，还可以享用甘甜的纯净水。站在丁卡草原上环顾四顾，前面是雪山，右边是林山，左边有妙相佛、珍宝佛、赤金佛、自在明佛、法赞佛、慧力佛、药师佛、释迦牟尼佛八大药师佛天成石像，地下有各种的矿产，地上生长着极其珍贵的天然药材。在此下方有座圣塔及天降佛塔，塔下有红帽世系第四世噶玛巴·曲吉扎巴的宝座，左山腰下有围裙彩条般的杜鹃花，仿佛向仁普圣地敬献它的美。

丁卡草坪左边一处磐石上，可以朝拜天成镇压龙祇的吉祥大鹏鸟石像，此处四周被高山柳包围。右山像九股金刚杵耸天而立，四周被十万万金刚手包围。右山列戎边界的一块磐石上，可以朝拜天成度母石像，此处左右均有美丽的瀑布。在下方圣水流域河水旁有一块大卡车大小的磐

石，此石是药用矿石石棉，可以治疗筋络曲张和筋络损伤。

右边崩纳神山前下部，有代表刺桐树的天成刀刃石。信教群众在此石头上翻滚，翻滚方式为男左女右。传说，在此石头上翻滚，死后不用受刺桐树磨难。再往下走不远处，到达空行母沐浴所用圣水的神山脚下，首先要在圣水边清洗自己的脸和手，接着用左手取水后向神山祭洒三次。再往下走约 300 米，到达天成弥勒佛 8 岁等身岩石像处，此处翠绿的树木散发着醉人的清香。

再往前约 200 米，到达一处小山坡，到达此处时，任何一位高僧大德都要步行前往，因为前方已临近圣地，要诚心步行朝拜，不能骑马。

前往仁普圣地及圣水风景区要经过几个村落。从金东乡往北 12 公里，到达康玛村，从康玛村前行约 6 公里，到达西日卡村一带，从西日卡村前行 6 公里左右，到达嘎木自然村。这些村落的主要资源是冬虫夏草和用手工艺打出的各种大小藏刀。嘎木是金东乡的最边缘的一个村落，

刺桐树的天成刀刃石　索朗摄

主要特产是金东藏纸制造。历史上西藏地方政府所用的银箔及粮票、布票的藏纸等均是金东藏纸材料。如今已列入国家非物质文化遗产名录。另外，山上各种动物形状的天成岩画很多，满山遍地被各种树木披上绿色的装束，到处可见珍贵的药材植物及泉眼，从东西南北各处观望，都能看到千姿百态的吉祥神山。

朝拜仁普圣地，每年藏历四月开启朝圣之门，之后的几个月里，来自四面八方的信教群众络绎不绝，到此处举行烧香、祭祀等活动。平时，离仁普圣地较近的金东嘎木及其他几个村落的人们每逢藏历吉日之时，会按照原来的习俗前来祷祀神山。

以前在祷祀仁普圣水的活动之际，前来朝拜领加持水的信教群众不仅来自金东及朗县一带，还有很多是来自拉萨和康区的。

每年藏历五月十五吉时，神山上会自然响起三次雷声，与此同时，仁普圣水及水源湖泊颜色均变成乳白色，直到三天后才退

天成弥勒佛 8 岁等身岩石像　索朗摄

回原来颜色。传说，喝此水能够消除障难、解脱病魔的缠绕，死后不会堕入恶趣①。当地的信教群众在每年这个时候都会到圣水边朝拜，并在此处居住三天。藏历五月十四日那天，村民们从家里出发沿路朝拜，过了中午，转扎西孜巴佛塔和丁卡寺。

第二天早上，人们在此地烧香祷祀，然后到药山沟里采药材及香材，同时转白湖、洗浴，朝拜天成石棉及铁刺桐子天成石像。最后，来自洞嘎寺的僧人作法祈愿后，下午人们唱酒歌、跳果协，给神湖献新歌舞。第三天早上，到崩朗一带朝拜天成噶玛巴法帽、天成大鹏鸟石像、天成佛塔后，下午回家。

如今在藏历五月十五日那天，还会组织开展仁普圣水节，当天邀请各地方的代表参加庆祝活动，同时也会邀请周边嘎木及西日卡的村民加入活动。村民首先热情接待外来的宾客，接着表演节目、开展赛牦牛活动；下午给宾客唱酒歌、敬茶酒，与宾客一起跳果协。直到今天，村民祷祀圣水的传统习俗仍然得到很好的传承与发扬。

---

① 恶趣，指众生以恶业之因而趣之所。

二、仁普胜迹详述

嗡啊吽班杂古如白玛斯底吽！班杂扎给尼！空行圣地祷祀如下：塔布圣地空行刹土杂日札，班杂古如白玛斯底！此圣地志为：

莲花生和外部诸坛城，
在这如实介绍吾身密，
终究智慧坛城所显现，
不分内外密宗诸功德，
佛身坛城名号放光芒，
佛语妙音满是化机缘，
佛意满是天众珍宝愿，
顶礼上师大德众尊者！
上师所具信仰和慈悲，
不顾身和生命皆可舍，
嫌恶之心如理守誓言，
勤奋修习为人谋福利，
弃世合格瑜伽积善根，
指引启明犹如燃灯照，
如讲授到彼岸之路劲，
此处详情讲解并记录，
敬请地母空行母原宥！

在然琼多吉旅途纪实中记载，所谓智慧曼札杂日扎圣地，是宇宙形成后大自在天等威猛众神来此受灌顶时，为了调伏此威猛众神如来众进行加持后，此威猛众神完全调柔，并吸收灌顶时，从此完全传播开来。《毗玛拉旅途纪实》中记载，享誉上部的冈底斯为身圣地，中部最严密的拉其曲瓦为语圣地，下部战无不胜的黑猪面为意圣地。上部著名之处是北方能仁如来胜乐轮宫殿。能仁如来处有 500 位罗汉，在金色雪崖窝处有金光明经，在玛旁雍措湖边有楞伽经，冈底斯西部神域娘索山处有大宝积经，在冈底斯四周有如来大足印及 500 罗汉大足印，因此冈底斯闻名于世。中部严密拉其曲瓦著名是因为此处是十万三怙主集居之宫，十万空行母集居之地，是米拉热巴等 500 位白衣行者成就之地。卜部无比南杂日札是南方如来胜乐轮之宫。

空行刹土仁普圣地是以前噶玛巴·然琼多吉驾临时亲见药师佛的净土、吉祥胜乐金刚所在地。此处有当时讲经授法的两个宝座，一在仁普，一在杂吉佳岗，后者是日月度母与药师佛及十万空行母会面宝座。后来，莲

791

花生大师授记瑜伽师米久多吉朝见杂日札内外三密，其中，仁普殊胜之地为色究竟天天成宫。位于仁普殊胜之地内的列戒圣地是佛净土，其宫殿山犹如仙女起舞完成增业，前方的山像莲花盛开，又像妙欲仙女供祭，完成怀业，此处是圆满完成四业的加持圣地。从列戒圣地的外围讲，中央有释迦牟尼像，其左右两边为弥勒佛与燃灯佛，右边是列座的罗汉，左边是法宝佛经。首先能朝见空行刹土仁普为主其他新圣地，空行刹土药师佛宫及吉祥大轮宫非常殊胜。此处是天具八辐轮、地有八瓣莲、侧有八吉祥徽的殊胜之地。山谷中似宝塔的雪山完成息业、右边像武器升空般的神山完成诛业、左边像母亲抱着婴儿的神山代表着无量佛经。从圣地内围讲，神山中央有如来威猛胜乐父母双运像，在双尊双运处不断流下白菩提，如信众能饮上三口就能消除四障，并能得到四灌顶。此山右边为勇士众神，左边为空行母续众神，如此之分的主要原因是为敬重主尊。右边方便山上有五姓佛以及莲花

生八种化身。左边智慧山上有五仙女。另外，噶玛巴活佛称，右山显出来的是金刚杵、金轮、剑矛；左山显现的是莲花、红莲花，此圣地是一生能够获得正果并能达到佛境的最佳修行之处。

继续往下走可以看见龙泉，泉边有众空行母显神通的大足印。再往上去是天成骷髅寒林及印度寒林，信众在此处躺地祈愿，躺地方式为男左女右。山峰犹如锋利的刀刃，此处居住着文殊大威德众神。右边是九股金刚杵耸天而立的山峦，四周被亿万金刚佛围绕，右边有八大药师佛天成像，顶上有天成药材库。此下方有尊胜塔及天降佛塔，更下方有噶玛巴红帽曲吉扎巴的宝座。恃勇金刚额处是圣地中心，有主尊众坛城，此处右边是大悲观音菩萨，再右边是文殊智慧菩萨佛面向山洞，再往上的林山脚下有四臂护法兄妹像，林中一座四脚朝天的乌龟磐石上，坐落着融化一亿位龙王及空行母佛塔，如信众在此转108圈，就能清除各种障难。在往上去有121尊金刚亥母像，此处右边有一尊黑袍

圣水泉眼 索朗摄

护法像，从佛塔处往前走就有八功德之水，夏季此处八功德水中流淌着很多藏党参露珠，若能饮上一口就能往生仙境。再往上坡走，就有忿怒佛母像，右边有智慧护法被 10 万黑天围拥，此处右边有金刚童子像，此处周边有莲花生大师被莲花生八化身围拥，再右边有至尊圣者被修行僧包围，再右边有弥勒佛像，接着就是吉祥总摄轮正位，传说在此处转圈一次就能得到不退因，如果此处修行，智力最弱者也能在三年内成就。业净守誓者在此地住一晚，能不再受恶道，住两晚，能够解脱，住三晚，能得不退因，住四晚，得持明位，住五晚，能得到五身天成佛的境界。噶玛巴·然琼多吉说："如果心有我的圣地，而死后堕恶道，那么我噶玛巴·然琼多吉应该发誓。"

从前噶玛巴·然琼多吉驾临列戎后曾撰写过一本圣志，尊者从山岭进入，与朗卡桑布上师和恩师降贝师一起开启了圣门。三人均观到忿怒金刚手身和体液。再往上走，山坡上有金刚亥母岩洞。传说朝拜此岩洞，就能够从恶趣道中解脱。从此处往前看，左边有两座如矛头朝天的山峰，一座是黑袍护法宫殿，一座是宝账护法宫殿。右山为土地神

793

宫殿，上部七座大山为黑具善护法宫殿，再往上走，在山岭上部前山为具善马头像，此处有八部黑马，旁边又有六臂护法宫殿。接着在旁边有中性护法；接着山坡上有鸦面护法，左边的山上有十方护法，此处为事业宫殿；护法们在山坡上做朵玛食子举行祭祀仪式。在此处还有红帽系第四世噶玛巴·曲吉扎巴观见龙王等天女宫殿。有瑞白多吉尊者聚舍利佛塔、聚莲塔、尊胜塔，还有三怙主和度母天成像。天成像上方是大乐洞，洞外金刚亥母密处流下长寿水。在右边有马头明王洞，洞中有马头明王天成像，空行母殿中有清晰的邬坚坛城及毗玛拉米扎的大足印，此处往下走就有大悲观音永断轮回宫殿，中有得道者曲吉旺久的智慧四臂护法像。再往下走，有瑞白多吉尊者的天降塔、神变塔、土地神大足印及马蹄印，此处有阎罗羊身牛头像，下方有阎罗九辫热巴、众多蛇头、蝎子等阎罗使者。此处下方的瀑布是红面阎王的宫殿，是阎王爷宫殿天成像，铁柱山有地狱铁嘴鸦面判官天成像，

此右边是 80 位成就者往地狱观看众生像。此方正是持守阎王瀑布，瑞白多吉尊者从阎王瀑布到达列戎沟里，观见红宝石长寿瓶上有九尊无量长寿佛，有查瓦玛塔、积屋塔、尊胜塔、菩提塔。再过去有莲花水晶洞，传说是莲花生大师修行洞，接着是五亥母像，据说，在此处稍坐片刻，就能清除障难，迅速得到成就。得道者曲吉旺久山洞后山，就像诸多门佛塔聚集而成，中央有莲花生大师被众噶举派上师围拥，有寂静 42 尊和忿怒 52 尊，被无量静猛本尊及八大胜乐塔所围拥。在这前面的碧绿湖中，有吉祥天为首的 500 位天母，各类供品种类。红帽系第四世噶玛巴·曲吉扎巴观见此湖中有九头龟，后山为宝藏经。另外，瑞白多吉尊者在有称黑湖佛宫殿中忿怒母佛被 42 万金刚空行母包围。以上所述为圣地核心位置，在此供品祭祀祈愿，定能成就大业。

得道者曲吉旺久从前山如骆驼沉睡般的山上看，此圣地乃是息增怀伏四业俱全之圣地。此处下方的珞瑜四山为四大天王山，

再下方的小白湖为观音宫，更下面的大白湖为见者有益湖。湖边有当年瑞白多吉尊者的聚舍利塔，越过山岭就有乳奶般白的金刚亥母魂湖，能够朝见此湖者意义匪浅，因此叫见者有益。如信众在此湖边挂经幡祈愿，塔布月光童子、得道者曲吉旺久等人立即现身，乳白的金刚亥母魂湖中能够显见五仙女和旧密宁玛派众神。红帽系第四世噶玛巴·曲吉扎巴也曾在此处看见胜乐六十五位众神宫，尊者称，所见者有益是名不虚传。接着走，就在山岭左右两边有忿怒明王及忿怒佛母。接着走就会到达尊者库，此处有具善洞，进到此洞就不会被任何灾难及障碍所困扰。再往下看，有莲花生、弥勒佛、度母、多闻子等众佛像。接着走就会到达骑狮山崖，此处有狮面空行母。继续走，在一箭射程之处的山脚草坪处，有红黄文殊菩萨像，此草坪呈金刚亥母卧状，水流像经脉。草坪下部有佛塔。草坪上有恰似搭黑帐篷般的很多非人鬼神，传说是门神。再往上走，对岸有药师佛身像，接着往

795

上走，有如老虎等猎物般山口，此处有护法空行母，防卫内外诸障。再往上走，在碧绿的湖水中有白龙女，此处下方有伫立的螺狮子像，防御障难。再往上走，在沉睡的大象般的草坪上可见欢喜龙王，此处可授取药王像黄丹成就，但只能取一点用来加持，如取太多将会惹怒八部龙神。此圣地底部呈金曼札上画银斜椤花彩图，这是三圣地的众勇士与空行举办会供坛城之地。再往下走，在山脚下有然琼多吉圆形佛塔，塔东边有弥勒像。接着走，在吉恰多山崖下有不计其数威猛金刚手及神奇的佛塔，也有芝麻开花般智慧空行母，给业净者赐予殊胜成就。

《莲花生旅途纪实》中记载：到达大草坪上部的雪线处，从恰似聚宝的三座下界处观看圣地的性相。此处上方天具八辐轮，地有八瓣莲花，非常吉祥，是息业所成圣地。此处东边有神奇的水晶塔，在众神似火团，长刀对空般的山上有众本尊空行母。下方有上百余十一面观音像及米拉日巴像。此处左边是五种报身、圆满之地，居住着静猛五种报身众神，前方聚宝之地及上部多尔拉措湖等湖，有从各种佛塔中生起的金刚等无数个本尊空行护法众神。西面莲花盛开般的净地上有本尊胜乐轮众神被普贤童子及空行绿炬母围拥。北面四层吉祥多门塔上有静猛本尊身语意所依，内外密宗的勇士空行即噶举派上师所围拥。除此之外，瑞白多杰尊者把列戎视为忿怒佛母之地。很久以前，莲花生大师在此地坐禅，了悟生死无常。传说，在马头明王洞坐禅，心灵统摄三界；在除障洞坐禅，灭除烦恼等四魔；在深洞坐禅，时观见清净空行刹土。同时，红帽系第四世噶玛巴·曲吉扎巴在雪线处观见了黑色的青蛙。再往上走，得道者曲吉旺久在山岗上看见七尊金刚佛、佛母、水晶塔、金刚亥母，山脚下左右两边观世音菩萨及无数个静猛众神。接着走，有鸦面、猫头鹰面、狐面等内门四护法。他们在此处进行祭祀祈福。接着走，在山顶上有两处称为嘎拉东措的湖泊，两湖形似右旋海螺，据传由众白色空行母所护卫。

从金东乡来义村和松木材村向北部行走约两个小时,到达钦拉天措神山北部被称为杂日圣地分支的止卡才圣地。此圣地山顶为乱石岭,山腰为仿佛洒满融酥油般的草坪,山脚下为茂密的森林。除了树林中各种鸟悦耳的声音之外,此处显得非常寂静。不远处有108面显现的神湖,108面不显现湖,形成了美丽的风景。该地区海拔约4100米,地理坐标为北纬28°50′,东经93°52′。

传说,此圣地是世界四大佛州之一,由珠巴噶举杰布其热旺久尊者开启圣门。此处有止卡才寺与德庆寺上下两座珠巴噶举寺庙,以及各种神奇的天成像。如要到此圣地朝拜,从来义村一带往山坡上走4公里,到达戎巴拉山后,首先朝拜俗称此圣地第一门神的两座相向而立的天成白绿度母崖像。接着往北走1公里,到达号称第二门神的叩拜坡,从此处可以朝拜止卡才寺。信众到达此

来义村周边风景　索朗摄

处时先到叩拜坡磕三个头，然后到寺庙去朝拜。在快到止卡才寺的地方，可以朝拜到三层高的五座佛塔。接着往山坡上走，到达吉佳玛布一带，此处有向圣地及寺庙烧香祷祀的神香炉灶，再走几步就会到达寺庙。

止卡才寺是珠巴噶举杰布其热旺久尊者所建，是珠巴仓的子寺，有三层楼的拉章上师殿。止卡才寺是朋仁曲德寺三世活佛降白伦珠嘉措出生地。在民间有这样的传说，为寻找活佛转世灵童而举行降神仪轨时，神开口提示："在才一带在才一带。"于是，寻访灵通的队伍按照神的指示去找灵童，刚好到止卡才时，有一户人家诞生了一个非常灵异的孩子。据说，此男童诞生时，家里出现了房梁柱上沁出奶汁、灶炉里长蘑菇等诸多吉祥征兆。除此之外，有关这位三世活佛的功绩评价在民间还流传着一首歌：

远处山峰甚为高，山之顶上见獐子。此山不算最高峰，活佛威望更为高。一世活佛似山顶，尊者威望耸入天！前方草坪多宽阔，此处乐居绵羊群。草坪不算最宽阔，活佛经堂比这宽。二世活佛似草原，先知草坪一般宽。那边湖泊很清净，白腹鱼儿游戏处，那边湖儿不算清，活佛思想比湖清，三世活佛如清湖，具有清净持戒严。

从此歌中可以看出人们对三世活佛的评价是思维清晰，戒律严明。

从止卡才寺西面往右转去朝拜，首先到达被称为空行母石盆的三块磐石下求长寿灌顶处，信众在此处碰头就会听到与众不同的声音。接着到达被称为空行母资粮盆的天成石盆处，旁边有马头明王、金刚手、大鹏金翅鸟灌顶的三尊天成石像。此处不远处，有天成马头明王的马头左右耳朵像及铁刺桐子林石像，此处下方有所谓是清净罪障之地的钻山崖洞一处。接着到达萨丁卡寒林。再从左面下山，就会到达欢喜林，此处四周被各种各样的花草树木包围。接着往下走，到达古古沟，此地地貌形成与杂日神山古古沟相同，这一带盛开的杜鹃花叶，有手掌大。民歌中唱道："在欢喜林里跳次舞，幸福坝上唱首歌，古古沟里赏杜鹃，是为人生三乐事。"从古古沟下山坡，到达所谓白母狮奶的白色神泉处，传说此水对中风病及长痘痘等疾病有疗效，同时增长福德、清除障难。在这下方的水呈红色，此处地面也呈红色，传说，此红水也会变成黄丹泥药。接着从山坡下山，到达久木隆岩洞，洞内有各种各样的天成像，还有水滴掉落，信众把头伸向滴水处，此水对头痛、中风等凶曜病有疗效。

在来义村和秀村交接的山沟里有108面显神湖和108面不显神湖，这些湖泊是杂日吉佳玛布及金刚佛母的魂湖。除此之外，还有多觉湖和东安魂湖、红黑湖、莱上师魂湖、颇章上师魂湖等很多湖泊。传说部分湖泊还可以观湖相。

此圣地和钦拉天措神山的前方，有条叫班杂古如的瀑布，此处出产金东玉石。传说此瀑布附近有处秘境，生活在秘境的人们不受生老病死之苦，是个幸福之地。

关于秘境，当地有个传说：据说，一位叫松木材江罗的猎户，一天带着猎犬去打猎，不久猎犬看见了一只獐子并追赶它，于是，猎人紧随其后追杀獐子，不料到此地时，獐子钻到崖缝中，猎人也跟着獐子进到里面后，到了一个从未见过的地方，此处四季如春，开着美丽的鲜花，居住在这里的人们没有生老病死之苦，猎人感到十分快乐，因此忘记了回家。一住几年过去了，一天，猎人突然想到生死无常，便无意间念诵六字真言，同时准备回家，身边人告诉他："你带足用一生的衣食回去吧。"接着赐予他一袋东西，并告诫他切勿在半路打开。猎人一路上都在猜想着袋子里到底装了什么东西？便打开糌粑袋一看，里面全是青蛙，他吓得到处甩撒里面的东西，结果掉在地上的青蛙全部变成了玉石。

第 四 节　　帮玛莲花生大师修行洞

金东乡帮玛村左面后山顶碧绿的草坪上，长有小叶杜鹃、杜鹃等各种树木，山腰是层层叠起的悬崖被柏树及杜鹃围绕，此处有以莲花生大师修行洞为主的岩洞及古塔。过去，当地人们称"邬普"，邬普是邬坚扎普的缩写，意为莲花生大师修行洞。现在人们称"帮玛哲普"，意为岩洞，或者"旺普哲普"，因为此山洞里面有一块可以求长寿灌顶的磐石，所以也叫旺普，意为灌顶洞。此处海拔 4243 米，地理位置在北纬 28°52′，东经 93°22′，距离 306 省道南约 40 公里。

据当地老人介绍，此山洞是杂日圣地分支，莲花生大师曾开启了此处的圣地之门，并在此修行。此地有很多当年格萨尔王、噶玛巴等诸多高僧大德加持过的神奇岩洞。到此处去朝拜，首

祭拜的群众　索朗摄

800

邬坚扎普入口 索朗摄

洞内长寿灌顶处 索朗摄

先从帮玛村往山坡上行进3公里，到达小草坪上的神垒处，此处有莲花生大师的修行洞和当地祷祀牧神之位。从此处草坪的后山处下行约50米，到达莲花生大师岩洞的入口，从下方洞口进去，上方洞口出来。上下两洞口之间的距离约20公里，洞内面积最大处有半平方米。从岩洞外部仅能一人通过的洞口进入，一到洞内比较宽阔且有几条小道。里面有一面小湖泊，传说此湖与杂日神山莲花洞相连。湖中有一根水瓢，此瓢有时出现在帮玛莲花生修行洞，有时出现在杂日莲花洞。进入岩洞不远处就是空行母经堂，有供酥油灯台及空行母取新供品的地方。再往上走，到

达所谓消灾免罪之地的光滑石头处，如果信众在此磨指甲，可以免去自己的罪孽，也有人说若在此处磨指甲，可消除扣杀虱子之罪。快到岩洞内湖之处，有空行母供盆及求取长寿灌顶、马头明王天成像，因此洞名为灌顶洞。再往前走，到达一个小湖泊处，传说此湖是金刚亥母的魂湖，湖

邬坚扎普洞内通道 索朗摄

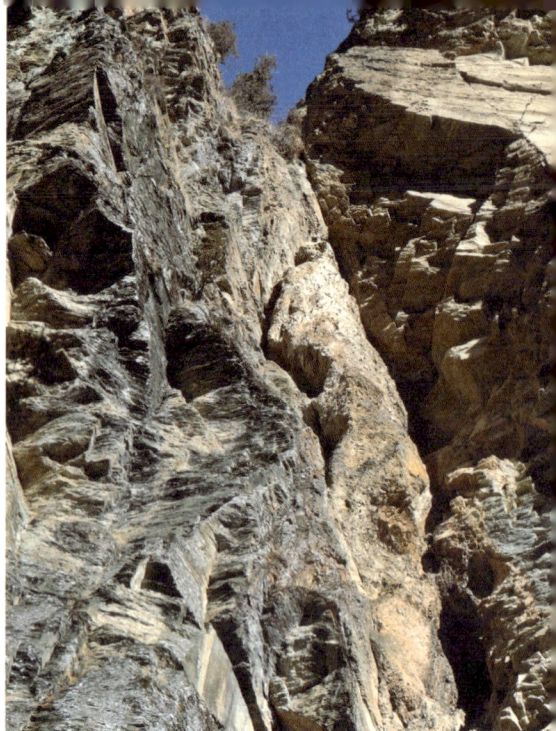

弥勒佛天成像　索朗摄

桑朵白日神山　索朗摄

水对眼病及头部疾病有疗效。朝拜完山洞出来时，门口有两处低陷的山崖，一处是男性消灾免罪地，另一处是女性消灾免罪地，在此处男女各自以骑坐山崖的方式来免去自己的罪孽。还有孕妇骑坐此山崖上能够顺利产子等说法。朝拜完岩洞出门时，男性要从岩洞右门出来，女性要从岩洞左门出来。传说洞内有108条路径，如果迷路，则多日不能出洞。

出山洞右转下坡时，左边有一座尖山峰，此处是桑朵白日神山（吉祥铜色山）。附近也有一座旧塔遗址。山洞下方的山崖上有天成长寿三尊像及弥勒佛像。此处下方有空行母洞，洞内传说

传说中的空行母晾衣架　索朗摄

修行洞建筑痕迹　索朗摄

有空行母晾衣架。左边山崖上有当年修行洞建筑痕迹，此处下方有岩画及佛像。外部岩石上挂有经幡及哈达，山崖下方有一处小经院，经院里面有一座小神殿，神殿里面有当年的佛像、经书和面具。小经院下方的森林中，有莲花生大师修行洞护法地祇的魂树及被称为拴马桩的柏树。除此之外，左边有名为鲁崩巴的旧佛塔一座。接着往下走就会到达河畔公路，可以看到处于四季如春的柏树林中的邬普洞山崖。沿山脚下的公路返回，有一处被吊起

鲁崩巴旧佛塔　索朗摄

空行母伏藏地　索朗摄　　　　　　　　　　　　　古古热杂狗爪印　索朗摄

的岩石，俗称是空行母伏藏地，岩石上还有红色方形点状，传说是噶玛巴加盖的印章。不远处还有古古热杂狗爪印。邬普岩洞河对岸的山坡上，以前坐落着毗朗寺，如今能看到当年寺庙的建筑遗迹，寺庙曾有一位出家人，人们称为毗朗寺上师。邬普洞下方的河边山沟里有一块磐石，传说是格萨尔王镇压魔鬼之地。此处下方有被称为格萨尔王战箭的地方，此箭只能从远处观看，无法靠近。不远处还有一棵被称为格

萨尔王射箭痕迹的柏树。

传说当年格萨尔王降伏众妖魔时，在此岩洞里潜心修法。在降伏魔鬼时杀生罪孽深重，因此格萨尔王为了消灾免罪，到金东乡帮玛一带修行，在修行期间他以果实为食，因此当地的人称他星朵上师，意即树果上师。

如果到邬普去朝拜必须按照上面所述的顺序进行朝圣，朝拜完后右转下坡时，顺路可以朝拜其他殊胜之地。在朝圣路上有神垒、香炉，信众为消灾避难，经

常在此祭祀祈福。

除了外地信教群众到此地祭拜之外，每年藏历五月十日，与牧民祷祀活动的同时，举行"邬普初十祭"的活动。五月九日当天，作法僧人及炊事员前往此地准备前期工作。十日早上，当地信众聚集在前方的草坪上开始举行活动。当天，首先是僧人向神灵敬神饮，念经作法。其次，信教群众烧香。接着女性敬酒，男士唱牧歌，一起跳圆舞。举行完这些活动后，信教群众一起朝拜并转佛塔、挂经幡、喝神水。最后，当地农民给牧民敬青稞酒，牧民请农民吃酸奶、喝牛奶，持续一天的宗教活动在信众的虔诚和热情中圆满结束。

第 五 节　　嘉村洞与达奈通绰钦母圣地

嘉村洞与达奈通绰钦母圣地坐落在距金东乡路顶 23 公里处的西日卡村西南方向、康玛村西面山坡上，嘉村洞修行圣地的海拔约 4500 米，达奈通绰钦母圣地海拔约 4000 米。

达奈通绰钦母圣地坐落在金东乡西日卡村西北处的森林中，坐车往上坡行驶一公里，再徒步走一公里就会到达达奈通绰钦母

通绰钦母佛塔　索朗摄

圣地。此处可以朝拜到古代寺庙遗址及桑朵白日形貌的通绰钦母佛塔。除此之外，在寺庙转经路上有天成金刚亥母石像，在这上方有天成马头明王石像。另外，在达奈圣地上部有菩提忏悔珍宝塔。在这下方有桑朵白日石像，此处附近有功德等同于印度八大寒林中的一处寒林。达奈寺遗址及佛塔于2009年被确定为县级文物保护单位。

第四世噶玛巴·瑞白多吉经孜钦多前往杂日开启圣门时，在金东西日卡河对岸的曲阔登一带居住一段时间，在达奈，噶玛巴每晚都能看到一团火焰。一天，大师把随从叫到身边，叫他探个究竟，随从回来后告诉大师只有一面湖、一匹马和一头猪，没有其他任何东西。噶玛巴认为此处

天成金刚亥母石像　索朗摄

天成马头明王石像　索朗摄

桑朵白日形貌天成石　索朗摄

是受加持的达帕（马头明王和金刚亥母）双尊圣地，于是，在此殊胜之地长期潜心修法，并建修行洞，开启了此圣地山门。在此地可以朝拜噶玛巴的大足印及法台。

后来红帽系喀居旺布、伏藏师桑杰林巴、仁增·嘉村宁布、巴窝·祖拉嘎瓦等尊者先后驾临此地并潜心弘法，特别是仁增·嘉村宁布的弟子巴窝·祖拉嘎瓦晚年驾临此圣地，对原来的遗址进行改扩建，建了桑朵白日形貌的四层高四角八面八门，极为漂亮的佛塔。此后寺庙成为乃宁寺的子寺。

传说，达奈寺坐落在湖泊上，在达奈寺下方约3公里处的下方有一眼泉水，据当地群众介绍，该泉水与达奈寺相通。据说，有一年当地发生了一场地震，震后，达奈寺的很多砖瓦从此泉水中流了出来。

达奈寺的主要宗教活动是每年举行达奈寺"央郭"，以前，在央郭期间香客的饮食，都由该寺庙的尼姑轮流供应，这些饮食的费用均由化缘而来，官方对该寺尼姑颁发了允许化缘的证书。

从达奈寺继续往山坡上行进约两公里，到达山崖顶上的嘉村洞。嘉村洞也叫嘉村桑丹林，此处有三个大的和很多小的修行洞，最大的洞为两层。此山洞的面积为上层两柱宽，下层两柱宽，上下总共四柱宽。那些小修行洞一般都建在山崖上，大多数是天成洞，简单做了围栏。另外，山崖顶上修建了阳台，附近有天成至尊救度母像和很多其他天成石像。

嘉村宁布尊者是该修行洞的创建人。尊者于1585年出生于工布江达县巴河镇朗色村，系父亲曲迥贡布和母亲南朗普赤之子。藏历第十绕迥铁猴年（1620年），嘉村宁布尊者初次掘取空行母益西措杰的伏藏名录等，接着打开扎龙汗昌铁锁，迎请《极密三宝总集》等密宗伏藏。尊者开启嘉村洞圣地山门，修建禅房并长期静修。尊者从此处开启了《马头明王和金刚亥母修法·如意玛尼经》《静猛要义精要》等诸多伏藏经，由叔侄保护和弘扬伟业，由塔布资助管理。在法主授记中，

达奈伦珠寺遗址　索朗摄

"一根长有两枝八树叶，愿开鲜花结满大果实，此根就是毗玛拉化身。"又"如若法主收悉供经，远离战争熄灭诸灾难。临灭佛法之火又燃起"。尊者接着到塔拉岗布把诸伏藏经供给法主。藏历第十一绕迥火猴年（1656年），在巴日觉布寺圆寂，享年72岁。

嘉村宁布的修行地，经成为伏藏师邬坚林巴、第四世红帽系噶玛巴活佛、巴窝·祖拉嘎瓦等诸多高僧大德潜心修法的加持之地，特别是巴窝·祖拉嘎瓦晚年是在此修行洞中度过的。从现有

的山路已被过往人畜压成凹形来看，曾经有一段时间，到此地朝拜的信众甚多。

达奈通绰钦母圣地的达奈寺上部，有一处菩提忏悔塔。传说以前有一位西日卡村妇女，生了空行日月度母的化身灵童。一天，她给孩子喂奶时不小心睡着，因此空行母夭折在此处。于是，她到上师处算卦，卦辞显示，为了忏悔，一天之内必须修建完一座佛塔，并在当日开光。在众十万空行母的帮助下她修建完成了这座佛塔，并在塔内装藏

808

绿松石、珊瑚等诸多珍宝。

达奈通绰钦母圣地下方有新建的伦珠寺，此处可以朝见古寺的遗址及莲花洞、五座佛塔等。

传说，当年伏藏大师桑杰林巴在此地长期修行，最后圆寂在此。关于这个说法在《库扎教法源流》中也有记载。

第六节　牧神通炯赞那日神山

嘎木自然村坐落在金东乡上部，该村落四周被牧神通炯赞那日神山以及吉祥天女山等诸多林山包围，有拉当湖、阿普札赞湖等大小湖泊。此处与圣地杂日神山接壤，不远处可以朝拜杂日圣地分支仁普圣地。该圣地的吉祥天女峰海拔 3884 米。地理坐标为北纬 28°50′，东经 93°52′。

嘎木村西北山顶是巍然屹立的雪山，此处下方是长有小叶杜鹃的草坪，山腰是长满杜鹃及柏树的原始森林，森林中有老虎、豹子、狗熊、棕熊等野生肉食动物及岩羊、獐子、野山羊等食草动物，也有褐马鸡、雪鸡、百灵鸟、戴胜鸟、鹰、红嘴山鸦等禽类。在树林的清香中到处能听到鸟儿的鸣叫。此处是牧神通炯赞那日神山，海拔 4286 米，地理坐标为北纬 28°50′，东经 93°28′。

在此神山附近有一个俗称是神山草场的牛圈，牛圈旁边有很多像牛群一样的石头，传说是通炯赞那日神的牛羊群。前方还有一面叫协嘎的湖泊。

此神山西面下方岩崖上，有一座叫赞玛洛的小山崖，此山又叫札日洛。传说，若是嘎木村一带的妇女怀孕，此山右面将会变红；若是贝村一带妇女怀孕，此山左面将会变红。除此之外，河水两岸还有天成男女生殖器山。

牧神通炯赞那日是当地畜牧之神。据当地群众介绍，该牧神身穿袍衣，骑着一匹白色骡子来回走动，高兴时是财神；不高兴时是鬼妖。如果平时没有做好祭祀供养，或者在此处乱伐树木，他就会变成山上的猛兽来残害牲畜；如果平时好好祭拜此神，

牧神通炯赞那日神山　索朗摄

就会风调雨顺，牧业生产年年丰收。

另外传说，山腰上有一处俗称是牧神通炯赞那磨箭之地的大磐石，嘎木丁卡草坪上有很多白色磐石堆放，此处是牧神上战场前练箭术之地。此外，在嘎木村上部有一大块方石，传说是通炯赞那的酥油，此处上方的草坪上还有祭拜牧神的神垒一处。

每年藏历九月天降节，所有的牧民下山举行祷祀牧神通炯赞那活动。按照传统的习俗，从嘎木和西日卡聚集信众，邀请作法僧人，举行为期三天的祭拜或者祷祀通炯赞那的传统宗教活动。

活动第一天，当地群众很早集中在此地，两位僧人及炊事员，还有15名左右的随从骑马人，15名左右的骑牦牛牧民一起前往旦塔一带的牧神通炯赞那日神垒处。要骑的牛必须盛装出行，需要木雕精致的牛鞍，藏毯鞍垫，有金银琢雕的鞦鞧及辔绳全套；牦牛要有精致的耳饰和尾饰及响亮的铃铛。骑牛人叫亚巴，头戴皮帽，身穿氆氇藏袍，披上圆统皮长坎肩，身戴糌粑

810

袋，脖子上系红色围巾，脚穿藏靴，膝盖套绸缎膝套等。其他人也都要盛装出行。

在活动上，首先，由僧人举行念经、供神饮等宗教仪轨，信教群众烧香祈福；接着，群众面向护法神喊神得胜、挂经幡，说白谐、跳唱亚卓，向神灵献歌舞；此后，举行扔圆石击牛角的民间传统活动，与此同时，祭拜山腰上的修行洞。如果当日活动需要的东西不齐全，就会罚跳唱亚卓。第二天，到贝寺祷祀护法神直贡阿奇曲珍，当天作法僧人及其随从跟第一天一样，骑牛马，身着盛装出行，与前日不同的是，第二天有四位敬酒女。到达贝寺后，首先，由一人拿起事先准备好的烧香木点火烧香；接着，僧人作法念经、供神饮，此刻亚巴们排列整齐地喊着祈愿神得胜；接着，挂五彩缤纷的牦牛尾巴经幡，上挂经幡时颜色分类上挂。最后，敬酒女手拿银碗，在歌舞相伴的气氛下给诸位亚巴敬酒，这就叫敬冲斜。与此同时，亚巴和敬酒女一起唱歌跳舞给护法神直贡阿奇曲珍敬献歌舞。下午，亚巴们开始赛牦牛，炫耀自己高超的骑牛技术，接着每个人说白谐。白谐的主要内容是赞美自己骑牛的勇敢及自己的盛美服装。晚上回到村后一起跳圆舞。

当日还给直贡阿奇曲珍护法神敬献酸奶、牛奶、酥油等食品，同时也给寺院供献饮食。寺庙的尼姑们给亚巴和敬酒女敬酥油茶并提供木材等所需物品。

第三天称巴拉，意为活动小结，主要是把前两天剩余饮食全部解决完毕，同时当日也是本届与下一届的工作交接仪式。在交接仪式上，首先由本届负责人做本次祷祀宗教活动的总结报告，完了后交给第二年的活动负责人，并给他敬献青稞酒一碗，同时在额头上贴酥油，洒神粮，献牛奶。最后把一根萝卜分成四块拍打下一届活动负责人，表示工作已交接完毕。为期三天的牧神祭祀宗教活动，在人们载歌载舞声中圆满结束。

第 七 节　　大将军觉沃札赞神山

大将军觉沃札赞神山坐落在西日卡村钦拉山脉东南方向，海拔 5034 米，地理坐标为北纬 28°48′，东经 93°26′。

神山山顶上是乱石岭，长有红景天、贝母、雪莲花等野生珍贵药材，同时有岩羊、狼、雪鸡等野生动物。山腰处是宽大的草坪，草坪上有成群的牛羊安然自在生活，还有冬虫夏草等很多珍贵药材。山脚下有柏树、松树等茂密的森林，森林中有獐子、野山羊等食草动物以及棕熊、狗熊等食肉动物。

据当地老人介绍，以前在此神山附近经常能找到藏式火药枪及其他武器零件。据说，当年西日卡村的一位奴仆从大将军神那里借了一支藏式火药枪，后来主人知道自己的奴仆有枪后，便问其来源，可是奴仆始终不说明，于是，主人用鞭子抽打奴仆，刹那间，发现奴仆身体被蛇缠绕。接着奴仆告诉主人，枪是自己用唯有的一枚银币当在大将军神山处借来的，主人派人到山上探究竟，结果在山上确实发现了奴仆的银币。

关于神山的祭祀方面，一般情况下，西日卡和吞仓两个村的群众，在自己的家里遇到一些不顺利的障难或者藏历吉日时会去祭拜此神，特别是在每年藏历五月要举行盛大的祭祀将军神山的仪式。此时，在达奈寺聚集的不仅有西日卡及吞仓两地信众，而且还有本乡辖区的其他信众。

当天信众前往达奈寺，首先，僧人向神灵敬神饮，念经作法；其次，信众烧香、挂经幡，大声祈愿神得胜利；接着，男性说白谐、跳唱亚卓，女性敬酒唱酒歌，大家一起跳果协，祈求新的一年风调雨顺，万事吉祥。

后藏八仙女神山　索朗摄

第 八 节　　后藏八仙女神山

在吞仓村东北部的河对岸有八座小山，这就是后藏八仙女神山。此八座山最高者海拔3873米，地埋坐标为北纬28°52′，东经93°27′。每座山后面有一座比它们更大的山，仿佛一位母亲抱着自己的婴儿般坐落在此地，在灰白色的山崖上，长有几棵松柏，冬季山顶上还会有皑皑白雪。

关于此山有两种说法：一是当年日喀则（史称后藏）一带因战乱，有八位女子到西日卡西部投靠大将军觉沃札赞，因此，大将军把河对岸的这八座山借给了她们，从此叫后藏八仙女神山。另外一个传说是，当年西日卡代本的执事人从日喀则一带迎娶了一位新娘，嫁到此地时，新娘老家的这八位土地神因舍不得新娘而一起来到此处。所以有了河对岸的后藏八仙女神山。

东拉三兄弟神山　索朗摄

第 九 节　东拉三兄弟神山

从金东乡往沟里走约 30 公里到达帮玛村，帮玛村东面不远处有中间较高、左右较低的三座并排的山，人们称为东拉三兄弟神山，传说是帮玛神祇。其中最高山峰海拔约 4200 米，地理坐标为北纬 28°50′，东经 93°23′。东拉三兄弟神山附近还有一座祭拜神灵的香炉，不远处分别有钦拉天措和大将军觉沃札赞神的祭拜香炉。每当遇到障难及藏历吉日，当地信众前来烧香、挂经幡等祭祀祈福，在藏历元月初三及九月降神节之际当地信众开展为期三天的祭祀牧神东拉三兄弟活动。

活动当天，每户出一个骑牦牛的人，当地叫亚巴，全村需要 15 个亚巴，他们在活动第一天头戴皮帽，身穿氆氇藏袍，披上圆统皮长坎肩，脚穿藏靴。同时，还需要敬酒女羌玛 15 人，这些敬酒女头戴绸缎镶玉帽，身穿氆氇藏袍，披圆统猴皮坎肩，脚穿彩绘藏靴，身佩火镰，环扣，盛装出行。除此之外，还安排5名专门帮助亚巴的人，叫作骑牛助手。牦牛需要全套精致的木雕牛鞍、藏鞍垫、金银雕琢的鞦鞦及辔绳，牦牛要精致的耳饰、尾饰。

活动第一天，首先所有的亚巴、羌玛、骑牛助手以及信众身着盛装早早来到村口坝子集合，接着去神垒处祭祀地方神祇东拉三兄弟，烧香完毕后举行念经作法仪式，祈愿全村除却障难，增长福德，风调雨顺。

第二天，男性头戴金丝帽，身穿水獭皮藏袍，脚穿藏靴，妇女们身穿纤维纱衣，脚穿日喀则藏靴，盛装出行。

第三天叫闭幕日，人们互相敬自己的水果、麻花等食品，白天羌玛敬酒，晚上大家一起跳舞，在欢快的歌舞中圆满结束三天的活动。

第 十 节　　拉贡嘎山和阿翁觉贡山

松木材村坐落在金东河流域西面的山腰上，历史上吐蕃国舅钦氏家族祖神钦拉天措神山就在该村西北处。以前，祭祀钦拉神山的宗教仪轨在此地举行，据说，钦拉天措雪山上有祭祀钦拉天措神山的雪梯和金桌。该村海拔为4300米，在金东乡辖区内属于海拔最高的村落。村西南方向有夏季翠绿如玉、冬季金黄如洒满融化酥油的草坪，树林中央有上下两座神山：山顶叫卡布贡日神山，此山腰上有修行洞及寒林遗址；再往下方有一座小山是土地神拉贡塘嘎神山，此山顶上有钦拉天措为主众刹土之神祭拜神垒，每年祷祀土地刹土之神时，每户要在此处立一根经幡柱；再往下还有一座小山，叫阿翁觉贡山，此山也是松木材村土地神之一。据民间传说，此山的仙女是从洞嘎卓一带嫁到此处，为拉贡嘎神山之妻。在这些神山附近不能打猎、砍伐树木，或者

拉贡嘎山和阿翁觉贡山　索朗摄

大声喧哗，如有上述现象，将会惹怒众神祇，招致冰雹、暴雨、泥石流等自然灾害。

在此山上有放生的牛、羊、鸡等动物。放生动物耳部戴上耳珰、肩胛骨上涂上红黄色泽作为标记，与此同时，作法僧人祭祀祈祷，祈求神灵赐予保佑。最后，给放生羊献哈达，吃切玛放走，任何人都不能占有，更不能杀害。

松木材村信众在每年藏历新年和其他藏历吉日，或者家里遇到障难，万事不顺之时前来祷祀此神山，祈求神灵保佑。除此之外，每年藏历元月十四日至十六日的三天时间内祭拜钦拉天措神山为主众土地刹土之神，此宗教节日叫阿布参布。

阿布参布祷祀活动在拉贡塘山顶举行，在山顶上有祭祀钦拉天措神山的神垒。过去，西藏地方政府在有战乱时会派官员祭拜

祷祭钦拉天措神山活动中的骑马人　索朗摄

此神灵。另外，藏历元月举行的松木材祭祀钦拉天措神山活动上，也要有西藏地方政府官员参加。

祭祀钦拉天措神山的活动从元月十四日开始筹备，十五日准时举行，如果出现祷祀日子前挪后移现象，是该年的不祥之兆。十四日为筹备日，十五日为活动正式日，十六日为收尾日。在为期三天的祷祀活动中，举行祷祀土地刹土神、赛马活动。据当地传说，当天要一一喊出钦拉天措神山为主的其他土地神灵的名字，把所有神灵要请到此处，并要说出众神灵地位、着装以及身色。

在祷祀钦拉天措神山方面有这样一个传说，祭拜当日，迎请过来的众神，因醉酒不能回家，晚上会睡在路边。有一天，松木材的一个牧民祷祀那天忘记带东西，回家去取东西的路上遇见了几位骑白马着白衣之人，这几个人告诉他要守口如瓶，叫他五月六日到珠隆唐布齐领取成就。后来此人去珠隆唐布齐时找到一只白铜牛奶桶，他把白铜牛奶容器带回家后，从此牧业极为发达，过上了幸福的生活。

在祭祀活动期间，从村里挑选 15 名骑手和 20 名羌玛（敬酒女）以及部分随从助人，所有人十四日早上盛装出行，与此同时作法僧人祭拜钦拉神山、十二尊永宁地母、拉贡嘎神。

活动当天，所有骑手头戴金丝黄腕帽，耳戴绿松石，套扳指的发鬓放在后背，脖子上戴有哈达，身穿茧绸衬衫及藏袍，右配汉刀碗套，左配刀箭囊，脚穿长靴。所有羌玛头戴绸缎镶玉帽，发辫上垂系汉地丝线，耳戴嵌绿松石金耳环，项部戴绿松石、珊瑚、天珠等珠宝及宝盒，身穿绸丝衬衫外套有珠链的上衣，系绸丝腰带及上等氆氇围裙，后系丝线围裙、雕花腰带，脚穿后藏靴子。十五日祷祀活动当天，骑手及羌玛还有随从助手均集合在东热一带，在此处立经幡柱后接着去恰米和日隆一带，作法僧人在前，骑手骑马居中，其余羌玛和随从人员殿后，依次前行。

到达日隆后，首先，作法僧人向当地的神灵敬献神饮祭祀祈福；接着，羌玛敬酒，骑手烧

香；最后，骑手举行罗亚仪式。罗亚，意为丰收。在此仪式上要迎请钦拉天措神山九兄弟、生神美东、邬普地祇等当地众神，供上饮供品。罗亚仪式结束后，信众吃中午饭。接着就会到达拉贡塘嘎神山处，这里的罗亚仪式具体内容与上相同，但是有一个特别的地方是，需要一位父母双全的骑手主持举行引福招财活动，此活动主要是祈求荣华富贵。另外，每户都要立一根经幡柱，立经幡柱时男女比赛，如果男方快就说明来年牧业盛产；如果女性立得快，就说明来年是农业丰收之年。立完经幡后开始祭天祭神。祭词为：

> 三祭天地三界神，
> 祭祀四面八方神；
> 竖起竖起再竖起，
> 佛法大旗再竖起；
> 圆满圆满再圆满，
> 征兆喜事再圆满；
> 满意满意再满意，
> 土地利土俱满意。

接着，羌玛端酒杯唱酒歌，翩翩起舞给神灵敬献歌舞及酒新，然后给每一位骑手敬酒。据说，当天的酒新已给神灵供饮，骑手们喝一天也不会喝醉。活动结束后回到东热。下午，首先举行赛马活动，赛马活动结束后，骑手说白谐，羌玛敬酒唱歌，最后骑手和羌玛一起跳果协。

晚上回到家中，所有骑手列坐屋内唱顺列歌。所谓顺列歌就是骑手列坐一起，按座次顺序唱顺列歌，如果不能唱顺列歌就无法列坐在一起。因为骑手们要按座次顺序唱歌，歌词和曲调有严格要求并不准停顿。接着羌玛手端酒杯，唱酒歌，同时要跳舞，羌玛跳的舞必须跟着骑手的节拍走；如不合骑手拍子，就要接受罚酒。十五日是正式祷祀之日，当天，僧人念经祈福，信教群众很早就在神垒处烧香祈愿，祈求神灵无天灾人祸，清除障难，积累福德。下午唱酒歌、顺列歌，跳舞蹈。晚上跳果协，欢快地度过一天。

十六日早上，首先一一查收活动所用的器具；接着对骑手、羌玛和其他相关人员祭祀期间是否有违规情况进行总结并视结果进行罚唱亚卓；下午大家一起享用剩余的饮食品，然后明确举办下一届活动的负责人，并做交接工作。

钦拉天措神山的祷祀文为：

嗡班杂尔啊咪达煴桑。一切皆为空性中，为神敬上诸供品，祈愿成为妙欲供。嗡啊哄，富饶辽阔大地上，威武的岗仁布切雪光四射顶上，祥云如飞幡，五彩水晶宫中，中央莲花坐垫上，有具足神变蓝风马，铺上虎皮坐垫金鞍鞯，满绘吉祥之图上，三千世界能够顷刻转游的钦拉天尊，一面两臂白色身，睁目喜面耀光辉。身着红蓝三色大披风，右持彩箭长矛及大轮，左持如意玛尼经，棕黄怒发立向天，头巾上镶珠宝五鲜花，宝饰虎皮弓套箭囊系腰部：东有仁弟白夜叉，握翼旗手持宝瓶，骑鸭子；南面有阎王蓝夜叉，握翼旗手持棍棒，骑水牛；西面有黑色魔龙深黑夜叉，握翼旗手持蛇技套绳，骑水怪；北面有绿黑魔龙夜叉，握翼旗手持骷颅，骑猫头鹰；东北部有妃子七御医，握翼白箭手持龙蒸，骑獐子；西南有罗刹蓝黑夜叉，握翼旗手持长剑，骑着龙；西北有利土黑夜叉，握翼旗手持套绳，骑黑马；东南有星曜绿黑夜叉，握幢手持箭囊，下半身为蛇尾。诸神持器披盔甲，震天杀声镇众魔。

第 十 一 节　　神水圣湖

一、曲崩巴山空行母长寿水

吞仓村河对岸有一个叫曲崩巴山的山崖，从此处崖顶树林中流下一条溪水，传说是空行母长寿水。当地海拔约4000米。从前，在此山顶的曲阔登一带有一座寺庙，现为废墟。

据当地村民介绍，此地是十万空行母聚集之地，天成宝瓶状的山崖上流下的小溪为空行长寿水，饮此水能清除障难，增长福德，特别是对中风、眼疾等有疗效。此水的神奇之处是，如果有人在此长寿水处祭祀祈福，水

曲崩巴山空行母长寿水　索朗摄

量就会变大；如果无人祭祀，水量就会变小。另外，业净者在此水处能听到法鼓法号声，并看到彩虹。信众在此处住一晚，就能洗清罪孽；住两晚，能消除三烦恼；住三晚，就会赐予先知神通。

有很多来自远方的信众，不定期到此地取受长寿水的加持。邻近的吞仓和西日卡信众每逢藏历吉日时到此山转山祭祀祈福，祈愿洗清罪孽，消除障难，增长福德，不堕恶道。

前来朝拜的人们喝长寿水或者用水洗头、洗脸；或用手把水送到头部轻轻敲拍，感受圣水加持；或把长寿水灌到瓶中带回家。

二、拉当湖

拉当湖位于嘎木村东南方向，在海拔约4500米的一盆地处。据当地传说，此湖是杰拉姆魂湖的最小妹妹，也是吉祥天女的魂湖。有很多人在此湖中曾观到湖相。湖形头部大、尾部小，此形状据说是由于湖中神牛和陆地牦牛曾相斗而形成的。

每当吉日吉时，会有很多信众前来烧香、转山、观湖相。此湖水专治龙祇病。患者白天在湖

拉当湖　索朗摄

水中泡澡，晚上睡在湖下方的牛圈里卜梦；如果没有梦到龙祇病治好的梦境，第二天就要继续泡澡，晚上还要继续卜梦。

传说，从前有一个牧民用酥油做了一头牛后放入湖中。不料，湖中神牛与酥油塑牛交配，并产下了牛犊。信众因此认为此湖乃是满足一切愿望的神湖。

第十二节　东雄村周围的神山传说

东雄村位于距 306 省道 10 公里处，海拔 3217 米，地理坐标为北纬 28°58′，东经 93°22′。在该村有康玛、来义、巴龙三条河汇合，汇集成东雄河再向西北汇入雅鲁藏布江，形成了独特的山水风景。此处是天地水聚集之地，东南北各有一座巍然屹立的

山峰。这几座山峰都有各自动听的传说。

据说，东面山叫作颇拉山，此山是男性神山，祷祀该神山时只有男性可以登顶，女性禁止上山祭祀。传说，以前金东王达多吉的女儿远嫁经此山时消失在山崖中，从此禁止女性上山。在平

颇拉山　索朗摄

时生活中，信教群众除在特殊的日子里祷祀此神山外，每年藏历元月五日，男性身穿盛装，首先祭祀孜钦朵神山，接着祭祀颇拉神山，在山顶上烧香、挂经幡、立经幡柱、供神饮，男性站立排成整齐的队伍高喊"神得胜利"，接着给神灵供献卓舞，最后跳三次舞，相互敬酒和切玛后方才结束。

在东雄一带果协歌词中有："祭祀再次祭祀，祭祀男士战

扎拉鲁嘎山　索朗摄

巴瓦七兄弟山　索朗摄

神；竖立再次竖立，竖立佛法旗杆；竖立白色旗子，白色旗子两面；白色旗子两面，绘有吉祥图案。"

东雄村北面的山叫扎拉鲁嘎山，是女性神山，只有女性可以祷祀此山，男性禁止上山，更不能参加祷祀活动。祭拜此神山时，女性不能上山顶，妇女们身穿盛装在山脚下举行，供神饮，供歌舞，洒神粮，祈求消除障难，积累福德，一切如意。

东雄村南面山为巴瓦七兄弟山，山崖壁上有天成巴瓦七兄弟面具像。村民在此山上放生。西藏和平解放前，每年从拉萨来十几个僧人到此处修行，并在东雄北部的扎拉鲁嘎山下方的佛塔中，装藏有很多降魔宝瓶。

第 十 三 节　　康玛村的孜巴祭祀

每年秋收之际，所有的牧民下山后将牛群放在农田上，让牛儿吃秋收后农田里的草，与此同时，金东乡康玛村牧民举行祷祀牧神仪式。由于金东康玛一带海拔较高，因此牧民下山的时间为

每年藏历十月十日至十五日左右，期间举行为期三天的牧神祭祀活动。

具体来说，十日早上，所有的信众聚集在一起收取活动开支所用的各种费用及材料，作法僧人早上准备仪轨前期工作，下午开始念经诵法。十一日，僧人及牧民骑牦牛，羌玛们徒步到恰琼寺。首先朝拜寺庙，同时给神灵敬献神饮，祭拜该寺庙护法神吉祥天女，最后牧民们说白谐，羌玛唱三首酒歌。从恰琼寺回村的半路上，每一位亚巴都有一位妇女迎接，并在此地敬酒唱歌。下午，先是在附近的草坪上举行赛牛节，赛牛节结束后大家一起观看亚巴说白谐。白谐的具体内容例如："我有一支好箭，好箭就在箭囊里。如说箭射不中，岂能算为好箭？我有一匹好马，好马就在马圈里。如果赛马不得冠，岂能算为好马匹。"

唱完后依次列坐，羌玛给诸位亚巴敬酒唱歌。其歌词例如："歌声献给我上师，如若不献上

尊者，谁来助我脱恶道？歌声献给靠山官，如若不献父母官，谁来执法持正道？歌声献给我父母，如若不献父母亲，谁来给予衣与食？"羌玛唱完酒歌后亚巴开始唱亚卓，其歌词例如："亚卓是上师赐予的，是尊贵的上师赐予的；亚卓是官员赐予的，是清廉的官员赐予的；亚卓是父母赐予的，是恩重如山的父母赐予的；亚卓是自我学会的，是我年轻的汉子学会的，亚卓如上楼梯，一层更上一层。"按顺序几位亚巴站着给另外的亚巴和羌玛敬酒唱歌。除此之外，当日牧民们也会敬献牧歌。其歌词例如："祷祀护法牧神，祭供烟火神香；祷祀医神神母，祭供牛奶供品。向上供神灵，下赐我成就。赐我牧产丰盛，成就牛羊繁衍。"

十二日，羌玛继续给亚巴敬酒唱歌，与此同时大家在坝上互相敬茶酒、互相敬各种饮食品、继续跳果协，欢快地度过一天。

十三日，把前两天剩余的饮食一起享用，用完后各自离散。

第七篇

米林县山水文化

第 一 章

米林县山水文化概述

第 一 节　　地 理 位 置

米林县位于西藏东南部,雅鲁藏布江下游、喜马拉雅山脉和念青唐古拉山脉之间。北部为念青唐古拉山脉,南部为喜马拉雅山脉,西北部为冈底斯山脉。平均海拔约 3700 米,地理坐标在北纬 28°39′—29°50′,东经 93°07′—95°12′之间。全县辖卧龙、米林和派 3 个镇,里龙、南伊珞巴民族乡、扎西绕登、羌

米林风光　普布多吉摄

纳、丹娘 5 个乡，其中丹娘、羌纳和派 3 个乡（镇）位于雅鲁藏布江和尼洋河汇合处的大峡谷即俗称工布河谷一带。

据历史典籍记载，该地原称为工布直纳宗①，顶部称为工布则拉岗宗②。称工布直纳宗是因为该宗位于众山峰围绕的山梁上，故名。另外称工布则拉宗③或则拉岗宗④，是因其位于卫区贾桑曲沃日神山⑤的下方，此处的山形像一头大象背着聚宝盆，著名神山美乃的形状也酷似聚宝盆中摆放的宝石。则拉岗聂域⑥的地形像大象的鼻梁，因此，被称为坐落于大象鼻梁上的宗府。第五世达赖喇嘛⑦时期，在工布设立由西藏地方政府六品官员⑧孜仲⑨担任宗本的则拉岗宗（藏历第十四绕迥水虎年，即 1842 年重编的噶厦政府行政官位设置里的记载有六品官的 43 宗中就有则拉岗宗）；1954 年归属为工布基巧（相当地、市级，由四品官员⑩任宗本）管辖范围之内；1959 年民主改革之后设置米林县至今。

据《米林县志》记载：米林在民间流传有米林（ཟ་ལུང་།）、梅林（ཟ་ལུང་།）和麦林（ཟ་ལུང་།）三种说法。米林（ཟ་ལུང་།）是 8 世纪藏医泰斗宇妥·云

---

① 工布直纳宗，历史上工布地名的称谓，这里的"宗"（རྫོང་།）是县级行政区或治所区。

② 工布则拉岗宗，是工布的山丘顶上形成的县城或宗的称谓。

③ 工布则拉宗，藏文为 གོང་པོ་རྩེ་ལ།，直译为工布顶部的意思。

④ 则拉岗宗，藏文为 རྩེ་ལ་རྫོང་།，意为宗府建在山岗上。

⑤ 贾桑曲沃日神山，位于拉萨曲水县和山南贡嘎县交界处。与拉萨药王山、泽当贡布神山和桑耶海波神山统称为卫藏四神山。

⑥ 则拉岗聂域，藏文为 རྩེ་ལ་སྒང་གཉིས་ཕྱོགས།，位于贾桑曲沃日山下方，即今布久乡政府驻地附近。

⑦ 第五世达赖喇嘛（1617—1682 年），名为阿旺·洛桑嘉措，生于山南琼结。从四世班禅罗桑·确吉坚赞受戒出家。1642 年，在固始汗帮助下，建立甘丹颇章政权。1653 年受清室册封，是西藏历史上著名的宗教领袖，学问、人品均受世人钦佩。

⑧ 六品官员，甘丹颇章时期实行的西藏地方政府的官位等级。

⑨ 孜仲，甘丹颇章时期的西藏地方政府僧官。

⑩ 四品官员，甘丹颇章时期实行的西藏地方政府的官位等级。

丹贡布①和随行弟子在此地进行长期研炼藏药而得名，意为药州；梅林（ཎེན་ཁྲིང་།）则指的是该地植物茂盛而易得果实，意为成熟果园；麦林（ཎད་ཁྲིང་།）是根据历史文献中记载，过去，有堆林和麦林上下两个村落，其中堆林村在与珞巴族的械斗中被毁灭，剩下的麦林村（意为下村）逐步演变成为现在的米林。三种说法中，药州说可信度大一些，扎贡一带宇妥·云丹贡布曾经踏足过并遗留的藏药制造工具石盘和佛像遗迹等至今还淋漓尽致地展现在我们的眼前，成为直观的实证。

第 二 节　　野生动植物

米林县的卧龙和派镇、丹娘乡和南伊珞巴民族乡等地比米林县城海拔稍高一些，所以植被中有檀香木、杉木、白桦、红桦、栎树、阳雀花、小杜鹃、柏树、柳树、荆棘花、柳树、三尖树、苏木、高山柳、沉香、竹子、杨树、桃树、核桃树、苹果树、红树等树种。米林镇、扎西绕登和羌纳乡的海拔为2900米左右，这一带的树木品种比其他地方少一些。野生动物主要有鹿、岩羊、麝香鹿、野山羊、猴子、黑熊、豺、狼、棕熊、狐狸、雪豹、老虎、褐马鸡、鹰、鹦鹉、布谷鸟等，品种繁多，不计其数。

第 三 节　　神山和天成圣迹

如西藏其他圣地一样，米林也是众多贤者莅临之地，是三世诸佛加持过的圣境。其中有南迦巴瓦峰、丹娘桑巴吉玛拉、羌纳古如宝瓶、增寿修行洞、苯教神山之母、雪卡邬坚修行洞、马头明王金刚亥母双尊圣地、莲花生

---

① 宇妥·云丹贡布，729年出生于拉萨堆龙吉那。自幼随父学医，他以古藏医为基础，博采中、印医学及译师白若杂纳所译《他方医术精义》之众长，撰成著名藏医学巨著《四部医典》。

大师修行洞、殊胜阎罗王净土加拉巴东①瀑布、白玛霆普（莲步轻盈无踪洞）、伽囊修行洞、当布隆等著名的圣地。特别是大成就者唐东杰波②大师开启的扎贡圣地和第二世噶玛巴·拔希③开启的新圣地杂日扎西宝地、搭巴昔日、卓玛神山、嘛呢夏嘎等圣地，是所有众生都向往的修行圣地。

---

① 加拉巴东，是生死关门的掌握者，即阎罗王的净土。
② 唐东杰波（1385—1509年），出生在后藏的堆拉孜，父亲多吉坚赞是地方官，母亲甲嘎拉姆具备空行母的形象。他一生云游四海，修建寺庙和铁桥甚多。在拉萨贾波日创建药王庙，编定以歌舞剧形式演唱历史故事的藏剧剧本多种。卒于康区类乌齐，享年125岁。
③ 噶玛巴·拔希（1204—1283年），生于康赤隆，被认定为噶玛巴·都松钦巴的转世灵童，开启西藏活佛转世制度的先例。元宪宗蒙哥时，赐金边黑色法帽、金印等，从此所传遂称为噶玛噶举派黑帽派系。

第 二 章

神山圣水名谱

第 一 节　神山

一、南迦巴瓦峰

南迦巴瓦峰坐落在米林县城以东 103 公里、派镇南 11 公里处的直白村后，为喜马拉雅山脉东段主峰，山系覆盖巴宜区和米林、墨脱两县。如同喜马拉雅山脉受印度板块冲击呈弓形状态一样，南迦巴瓦峰也呈弯曲的弓形。地理坐标为北纬 29°46′，东经 95°10′。海拔 7782 米。在世界高峰中排名第 15 位；以独特的美景在西藏高峰中排名第

冬季的南迦巴瓦峰　普布多吉摄

一，被誉为中国最美山峰。

南迦巴瓦的全名为现见解脱玛拉雅南迦巴瓦。传说莲花生大师曾在南迦巴瓦的峰顶降伏过妖魔马张如扎①。降妖伏魔之后，当南迦巴瓦准备飞往天空的时候，莲花生大师用三根天铁杵钉住该山，此后该山的顶峰形状犹如宝剑竖立天空，又像天铁杵斜立，因而名南迦巴瓦，意为燃烧的天杵峰。

还有一种传说是有两座南迦巴瓦山，一座在西藏，另一座在印度境内。在莲花生大师的简要祷词中记载道："南迦巴瓦山峰巅处，诛灭马张如扎大魔鬼，与众罗刹②魔女修双运；罗刹众女双修该宝地，密宗从此初次传扬开。祈请威武大山神！"民间传说，南迦巴瓦峰是世间24大修行宝地之一。普陀山净土周围的四大名山有南迦巴瓦峰、梅里雪山、岗仁波齐神山③和杂日神山。南迦巴瓦峰同时也作为法身普贤如来王的净土，若能拜见该神山，即可封住恶道④之门。

伏藏大师桑杰林巴的《莲花生大师的详传——金碧解脱明镜集经》和民间的传说都记载着妖魔马张如扎对世间造成极大伤害，最后众佛把它降伏在南迦巴瓦峰的山顶处。伏藏经文里记载道：妖魔马张如扎给世间带来巨大灾难，若不降伏，佛法将不能兴盛而陷恶道之中。五佛⑤开言达成一致：商议结果要降伏，谁有降伏之缘呢，如来佛们慧眼观，苦行青年和丹帕，制服如扎有缘分，苦行青年已成金刚萨埵⑥，丹帕已是金刚持，可为眷属众、十方诸佛菩萨统一加持

① 马张如扎，传说中的妖魔名称，又译马茹嘎、马占嘎茹扎、马占茹扎、马丈茹扎等。

② 罗刹，恶鬼之总称。男曰罗刹娑，女曰罗刹私。以人为食。

③ 岗仁波齐，为冈底斯山主峰，山顶海拔高度为6714米，在西藏阿里地区普兰县境内。

④ 恶道，众生以恶业之因趣之所。

⑤ 五佛，即五种性佛：大日如来、不动如来、宝生如来、无量光如来和不空成就如来。

⑥ 金刚萨埵，梵音，译作缚日罗萨恒缚。密乘百部本尊之共主，右手当胸执金刚杵，左手持玲置左般，两足结跏趺坐，身色洁白，皎如皓月。

灌顶开光。命令之言如下：

应急度母、观世音，变作金刚亥母、马头明王二本尊，现在到了佛陀收伏马张如扎的时刻。遵照佛祖如来喻令，双尊化为饮血忿怒像，演示出9种金刚舞蹈的姿势，降落在玛拉雅（即南迦巴瓦）山峰顶，四门守护者为马、猪、狮、狗，圣者与此行无欲双运给予加持，马面变成白色，猪面变成黑色，狮面变成红色，狗面变成绿色。再次往里行，内有狮子、老虎、狐狸、土狼、老鹰、伽玛噶①、乌鸦、猫头鹰8种护卫，至尊与此行无欲双运给予加持，生出狮子头等八个魔女。因其父为胜乐尊，故具神智慧；因其母体为畜生，故各自具有似母亲的头部，成为智慧尊和世间神混体的魔女。再次往里讲入，有妖魔之女陶醉女、惊恐女、无味女、枯瘦女、坐碗女和坐盘女等8位，至尊又与此行无欲双运予加持，生出8种天母，因其父为智尊，故具神通智慧；母为罗刹女，故其体为忿怒相。再次进

入内部，未见马张如扎，去寻觅人肉。智尊化为魔王如扎形体，与其妻妖女卓帝夏日玛行无欲双运给予加持，生出胜乐金刚子，为三面六臂忿怒相。此后马头明王和金刚亥母各自大叫三声。马张如扎惊恐万分，但装镇静道："马面、猪头二小子，胡乱嚷什么，人间和非天，以及其他傲慢者，都把我的功德来歌颂，看我的脸色敬仰我，谁也不可能调伏我，你们一边儿歇着吧，从前谁也没能制服我。"说完伸手捂住头顶。马面本尊从如扎密处钻进身体内，从他头顶探出马头来，又伸胳膊又踢腿，马面被体油熬成绿颜色。猪面金刚从马张如扎妻子密处钻进身体内，从她头顶探出猪面来，猪面被体油熬成黑颜色。马头明王和金刚亥母相互拥抱，成秽迹金刚。马鸣六次、猪叫五次，万千如来佛像雪花一样飘过来，有的平静有的忿怒，全都钻进如扎身体内，致使其身体膨胀痛难忍。佛祖大声嚎呼道："巴玛、胡玉②！马面、亥面征服

_____

① 伽玛噶，一种鸟类的名称。

② 胡玉，梵文，是惊叹词。

了如扎！佛祖① 调伏了魔鬼。异教被宗教制服了，僧侣调伏了外道②。帝释天收伏了非天③阿修罗，非天制服了月亮，大鹏制服了海洋，火制服了木，水制服了火，风驱散了云，金刚钻通了宝物。昨晚我的梦不佳，请尽快处置我吧！"魔王发出了畏惧的声音。魔身滴漏物，入海变成树，胜利如意树④；蛇心㤞檀如意藤，根扎龙世界；叶展在非天界；果实在天界，果名叫甘露。马面亥面二本尊，因好，道好，结果好，作出姿态大欢乐。马张如扎那些轻而多的装饰品，都被加持为智尊装饰品，马面亥面入空性。马张如扎的所有饰品加持为智慧本尊饰品：本尊三颗头，寒林八饰，福德八饰⑤。饰品长有翅膀，原因就在此。

金刚手大势至⑥的化身之再化身乃大怒显灵，马张如扎不示弱，增强神通显威力，变作九头十八臂，身如须弥山。因为马张如扎本是八地菩萨，连诸佛如来也难以降伏。此后金刚手大势至显示无比的神力，巨大胜大的九大怒神的化身再化身，布满虚空，采用各种妙法来降伏马张如扎，把他的身体压在如来佛宫殿下。马张如扎疼痛难忍，呼喊十方魔兵，城堡大门两边果树林子里生出千万夜叉⑦、罗刹和魔鬼。居住在24个地方，看马张如扎的千万魔军，服从我命令的使者和随从，赶紧到我跟前来。无数的魔兵从四面八方赶来了，布满了天空和大地，大喊大叫，张牙舞爪，挥动兵器战斗。但是没有一个听从命令，都叩拜于大如来金刚黑如嘎门下，之后对马张如扎的众眷属下达命令，32尊空

---

① 佛祖，二障清净，二智圆满。如佛教创始人佛祖释迦牟尼佛。
② 外道，是佛教徒称其他宗教徒之名。
③ 非天，阿修罗界，佛教轮回中六道众生之一。
④ 如意树，是神话所说的一种果实可食，叶可作衣的宝树。
⑤ 福德八饰，又称吉祥八饰或吉祥八宝，分别是吉祥结、妙莲、宝伞、右旋海螺、金轮、胜利幢、宝瓶和金鱼。

---

⑥ 金刚手大势至，总集一切佛意，大势为性，手持金刚杵，随佛八大弟子之一。
⑦ 夜叉，梵音，指佛书所说的一类鬼的名字。

行母，7 大女妖，4 个魔王，8 个巴玛，8 个骷髅鬼卒，64 个使者等成为黑如嘎的眷属。那秽迹金刚公子，对敌群进行骚扰，金刚持带着天杵钉来，分发给 10 位忿怒神，明示除掉马张如扎。马面长鸣 3 次，马张如扎的部下又是哭又是叫，将所居地及身装、命心、兵器全都献出来。可怜的马张如扎就这样被征服了。马张如扎发誓顶礼皈依处佛陀并道："顶礼实现异熟尊！我的业造成如此果，上一辈的罪过这一辈子报，来世祸福系此生，业如身体，如影随形，自讨苦吃；然而后悔也没用，命运既定无可改，命中注定如我辈。"现在我们看到忿怒智尊脚下有那马张如扎的原因也在此。之后，马张如扎及其眷属作祈请，对自在母①等随从说："我们没有住在坛城中间的资格，就让我们住在坛城外围吧；我们没有吃新鲜供品的资格，就让我们吃剩余供品吧。我们愿做属下永远不背叛，有何

旨意我们去完成，像母亲热爱孩子般，永不脱离此誓言。"此时密主金刚手大势至用法杖镇压马张如扎，仰卧在地的马张如扎一时清净了业障、烦恼、罪孽等。之后给他灌顶传戒，劫持其身语意，让其饮用戒水。又将誓言金刚杵放在南迦巴瓦三处，授权其为善黑护法神，赐密名摩诃嘎拉，收进金刚盛内，预言将在报身佛的佛土成佛。马张如扎身体仰卧在地上，头部朝向西南，脚部朝向东北，抛向南方瞻部洲②。现在马张如扎头部在斯里兰卡，右手在突厥，左手在于阗，右脚在尼婆罗，左脚在克什米尔，内脏在萨霍尔③，心脏在邬仗那④，生殖器在玛卡迪⑤，成为 8 大地：分别有祖日玛等 8 天母、八达拉等 8 座佛塔、欲望之见闻等 8 个德者、护法神女奶汁等 8 个护法，其他还有 8 大树根、

① 自在母，又叫自在女天。胎藏界外金刚院 205 尊之一。肉白色，持青莲花，为马张如扎部属。

② 南方瞻部洲，指佛书所说须弥山南方海中大洲。

③ 萨霍尔，根据藏史记载，谓古印度东部一小国地名。

④ 邬仗那，是古印度因陀罗菩提三国名之一。今属阿富汗。

⑤ 玛卡迪，是古印度东部的地名。

8大护地、8大圣湖、8大龙神、8大云神、8大地方神、8大天葬台。

另据民间老人口述，南迦巴瓦的山峰原本状如矛尖，但是在1950年大地震时，分裂成现在的水晶塔状。南迦巴瓦峰前面有卓崩①和乃崩②两座小山。在两座山体未成形之前，南迦巴瓦峰上有个通风间隙，人称风刀口。两座小山逐渐形成之后，高度达南迦巴瓦峰的腰部时，风刀口也逐渐变小了。传说，当两座小山的高度与南迦巴瓦峰比肩时，雪域高原将成为巨大的小麦和青稞的储备库。

南迦巴瓦峰外观优美且有千佛驻锡，是座非常殊胜的神山，只要拜谒到该神山，即可断恶趣之门。

还有一种传说是，很久以前，外部世界形成之后，梵天派南迦巴瓦和下工布加拉白垒③两兄弟来雪域守护西藏东南部。因

为南迦巴瓦是兄长，所以派遣他守护雅鲁藏布江大峡谷以南的地域；加拉白垒是弟弟，所以来守护海拔稍高而景色怡人的雅鲁藏布江以北的地域。善良而勤劳的加拉白垒茁壮成长，他的身体和能力逐渐强大。当他即将成为西藏群山之首时，一位心胸狭窄而又诡计多端的妖魔，幻化为其兄南迦巴瓦，在一天晚上趁加拉白垒沉睡之机，偷偷越过雅鲁藏布江砍断了他的头部。从此加拉白垒再也没有长高，反而成为无头的加拉孜东④，因此该山顶看上去像是被刀砍断的形状。

当天上的众神、人间的凡人知道该悲剧之后，兄长南迦巴瓦在雅鲁藏布江的对岸永久低头默哀，并且永远用一层乌云将自己遮盖，以表达未能保护好弟弟而万分惭愧之情。

二、加拉孜东山

加拉孜东山又名加拉白垒

---

① 卓崩，山名，意为10万粒小麦堆积。

② 乃崩，山名，意为10万粒青稞堆积。

③ 加拉白垒（ཀ་ལ་སྒྲུབ་དབང་རི），即加拉白垒峰，米林下部的神山。

④ 加拉孜东，意为无头峰。指米林县派镇西部加拉村境内的加拉白垒峰。

加拉孜东山　曲尼多吉摄

山，坐落在米林县城以东143公里处的派镇西部加拉村南部。海拔7294米。地理坐标为北纬29°6′，东经95°0′，与南迦巴瓦隔雅鲁藏布江相望。加拉孜东的东西方向各有弧形的小山峰贯穿，山脉的下部向南方延伸，山脉的分支大部分在西北一带，都是岩壁。由于温差和雨水丰沛，加拉孜东山顶长年被白雪和秀云所遮盖。

该山成为无头山除被魔鬼砍头外还有两种传说：一种传说是，在建造桑耶寺的时候，各地山神都要供奉土石，加拉孜东也有义务给桑耶寺供奉土石。因此，空行母砍断加拉孜东的山顶来供奉桑耶寺，在路过今里龙乡

玉松村时，遇见两个背着空篮子的寡妇。其中一位说："山在走动。"另一位答复道："是的，看到了，看到了。"当地土神阿达仁青听到她们的对话后，立即用铁链将山头锁在了玉松村。

另一种传说是，加拉孜东山神为表虔诚，用自己的山顶来供奉桑耶寺，在路过朗县东嘎村庄时，遇见一只小乌鸦，乌鸦骗他说："桑耶寺已建成。"于是，山顶停留在里龙乡的玉松村，现在村庄背后的山就是加拉孜东的山顶。因山顶未能供奉给桑耶寺而工布土地未能得到加持，所以不能存水。而乌鸦也受到撒谎的报应，其活动范围不能超过朗县，因此，如今在拉萨和加拉孜东山

837

位于米林县里龙乡玉松村的加拉孜东山尖　普布多吉摄

南就看不到乌鸦，且其他地方的人倘若听到乌鸦的叫声就预兆着不吉利。

三、加拉森丹圣地

加拉森丹圣地在米林县城东部 143 公里处的派镇加拉村境内，在加拉孜东不远处的一处海拔约 3100 米的草坪上。加拉森丹是莲花生大师为末法时代的众生而埋藏佛法伏藏的殊胜圣地。传说，莲花生大师途经此地时，坐骑狮子陷入了泥滩，于是，在该地建立了寺院。香火旺盛时森丹寺僧人达数千。但该寺在 1950 年大地震时被毁坏，现在只有遗址。在寺院背后约 100 米处的一块巨石上有狮子的爪印，是莲花生大师的坐骑猛狮爪子的天成像。

第二节　圣水

一、雅鲁藏布江

雅鲁藏布江发源于喜马拉雅山脉西段的杰玛央宗冰川，经北部的峡谷自西东流至林芝，长 1000 余公里，在林芝境内途经朗县、米林、巴宜区和墨脱 4 县

（区）后流向南方。

西藏有个古老的传说，雅鲁藏布江从山南到塔布加查县，经米林县与尼洋河汇合后到加拉森丹，然后流入山体，从印度东部的阿桑流出。江河流入山体的地方不明确，故称为消失的工布河。藏族古籍《贤者喜宴》记载道：南无格夏热亚！慈悲观世音菩萨，担负起调伏雪域众生之重任。其时雪域西藏，上部阿里三围 ① 状如池沼，中部卫藏四茹 ② 形如沟渠，下部朵康三岗 ③ 宛似田畴，这些均淹没于大海之中。见到众生痛苦无比，便授予六字真言经 ④，为使之成为未来所化而

进行加持。随后，来到雪域中心五茹之红山顶，看到中心全都浸在水中，中间有恶道众生居住，边缘被黑暗森林覆盖，各种凶残的动物在相互杀戮。尤其看沃塘湖为无间地狱之门，经受着无法忍受之苦。见到自做恶之果报，遂在心中生起无限悲怜。犹如莲花般的双眼中，甘露般的泪水在滴，随之幻化为忿怒佛母。曰："善男子，你要调伏边地众生，不要懒惰和悲伤，我将助你利益众生。"言罢隐于双眼。随后，慈悲观世音菩萨来到地狱湖中，念诵六字真言经，无限怜悯地祈祷道：当初聚恶因之故便在这无边的大地狱中，忍受痛苦煎熬，祈愿众生到达解脱的彼岸。煎熬在沸腾的毒海中，地狱之火常烧身，无怙痛苦悲吟，祈愿他们得到利乐雨水，永久滋润。在毒海中忍受着寒冷、饥饿、煎熬之众生，弃身前往吾之刹土，祈愿他们投身于优越种姓，持佛布道。念诵"嗡玛尼叭咪吽"，无限光芒照射边地，消除地狱众生之痛苦，获

① 阿里三围，一般多指湖水围绕的芒域　十林围绕的古格　雪山围绕的布让三地。
② 卫藏四茹，其建制始于吐蕃，即卫带的伍茹和茹如，藏一带的叶茹和茹拉。
③ 朵康三岗，藏史中多称"朵康六岗"。所谓"六岗"包括：塞莫岗、擦瓦岗、玛康岗、勃波岗、玛杂岗和木雅热埔岗。
④ 六字真言经，吽六字陀罗尼咒即观世音菩萨的六字真言，梵音，译作嗡玛尼叭咪吽。

雅鲁藏布大峡谷　米林县政协提供

得利乐及解脱。后因观世音菩萨为处于水深火热之中的众生祈祷，热海①始而冷却、平静，并像注入桶中一般，从称为"工曲拉"②的地方中间打开缺口，充满"四如"之水亦渗于此处，随后方使西藏地区面貌清楚地显露出来。

---

① 热海，据《贤者喜宴》记载，西藏的海水因受地狱之火的烧煮，海水逐成"毒海沸水"，故谓热海。
② 工曲拉，藏语，意为消失的工布河。

二、雅鲁藏布大峡谷

雅鲁藏布大峡谷在喜马拉雅山脉、横断山脉和念青唐古拉山脉汇集之处，雅鲁藏布江流淌在巴宜区、米林和墨脱3个县(区)境，在雅鲁藏布江由西东流向转为北南流向的拐弯处称之为雅鲁藏布大峡谷。地理坐标为北纬29°05′，东经94°39′。

相传，冰山之母岗仁波齐育有四个儿女：大儿子是马泉河，二儿子是狮泉河，三儿子为象泉河，唯一的女儿是孔雀河。

一天，岗仁波齐把所有孩子都召集在一起说：俗话说得好，大鹏鸟 ① 壮年之时就得展翅翱翔，人类在青春之时就得环游世界，现在你们都已经长大了，该走出大山，去看外面的世界，拓展自己的视野。经过商量，4兄妹决定分4条线路出发，即长兄向东、二哥向西、三弟向北、小妹向南，相约3年后相会印度洋。

长兄马泉河即雅鲁藏布江，之所以选择东线出发，一是想看看太阳是如何升起的，二是想拜望父亲南迦巴瓦。雅鲁藏布江穿越千山万水来到了工布地域，它流过碧绿的草原，看过盛开的花朵；流过茂密的树林，看过飞禽走兽，蜂蝴翩翩起舞。当雅鲁藏布江陶醉在美景中时，远方飞来一只鹞鹰到雅鲁藏布江河边饮水解渴。雅鲁藏布江问鹞鹰道："你可曾见过我的两位弟弟狮泉河、象泉河和妹妹孔雀河？"这只鹞鹰撒谎道："他们3位已经汇集在南方印度洋。"

长兄雅鲁藏布江听到后心急了，立即折向南方印度洋狂奔直流。因此，形成了现今的雅鲁藏布大拐弯。

雅鲁藏布江到达印度洋后，发现弟弟妹妹并未到达，才明白自己被骗了。兄妹4人回到岗仁波齐后，对撒谎的鹞鹰作出"不准饮'雅江'之水"的惩罚。因此，如今看不到鹞鹰在雅鲁藏布江中饮水了。

---

① 大鹏鸟，传说中的神鸟，长着牛角，是镇压龙爪的神鸟。

841

第 三 章

卧龙镇山水文化

第 一 节　　卧龙镇镇情

卧龙镇政府驻地位于米林县城西南部约 62 公里处的 306 省道旁。地理坐标为北纬 29°8′，东经 93°42′。海拔 3000 余米。由于卧龙镇西部与朗县接壤，故被称为米林县的西大门。

卧龙镇美景　普布多吉摄

圣地玛尼协噶　米林县政协提供

第 二 节　　神山和仪式

一、圣地玛尼协噶 [1]

在米林县卧龙镇仲塘村的念瓦蔡一带有一座门寺，是由珠衮东措热巴 [2] 大师建造的，距今有 600 多年的历史。据载，该寺院曾有 108 名僧人，后因染上疾病全部去世。此后寺院毁坏，现只剩下遗址。在门寺坐落的山沟里，有一座神山叫玛尼协噶。该神山是三怙主神山。

此神山的经道坡隆是该圣地的起点。第一道门护法被称为狮面拉热，形如佛塔状的土堆；第二道门护法被称为猫头鹰面神，在一块岩石上有一个猫头鹰的天成喙印；第三道门护法被称为黑马忿怒神，在一块光滑的岩石上有一个黑马白蹄的天成像，岩石下方有鹿、上部有齐热瓦·贡布

---

[1]　玛尼协噶，意为水晶六字真言。

[2]　珠衮东措热巴，当时非常有名的一位藏传佛教上的高僧大德。

多吉[1]和猎狗的天成像。此岩石下面有一个尼姑庵，其西北处有赞贵巴瓦[2]七兄弟的天成像；岩石的东北处有天成二十一度母像；度母像东有一座称为南拉嘎布王的岩石；岩石下部有一泓乳白色的湖，名为门白湖，为圣地的四大神湖之一。

很久以前，珠衮东措热巴大师在门白湖处取盐时，北方牧民的护法神化作一位壮年男子告知大师：倘若要从此地取盐，我的藏北人就会饿死。大师只好仅取一碗。圣地的其他三大湖分别是巴宜区百巴镇的刻巴长湖，塔朗的羌董湖，扎西绕登乡的嘎桑长湖。其中刻巴长湖是阿琼魔王夏季所居住的地方，传说被格萨尔王用宝剑将湖劈成九片。

门白湖附近有一座名山，叫加布日，意为铁橛山。据说，莲花生大师曾从此山挖掘出打制橛

的伏藏。还相传商人诺布桑布[3]经商路过此地并降伏大鹏鸟时，驮马受惊后把马背上的财宝箱翻倒于此，致使装满绿松石的箱子滚下了山，形成一处断崖。现在山下面有很多绿色石头，据说是诺布桑布遗失的绿松石。

修行洞不远处是乃瓦察拉让，意为用石木围成的羊圈。该地有一堆据说是牧人留下的灶灰，被视为被珠衮东措热巴大师加持过的圣物。据说，从此堆灶灰中带一点灰放进自己家的灶膛，煮任何东西都不会溢出来。修行洞下面有缩成椭圆形的毒蛇和蝎子的天成像。据说，这两个妖怪在珠衮东措热巴大师开启圣地之门时制造过障碍而被降伏化成石头。草坪一侧有虎皮条纹清晰的天成虎像，另一侧有豹皮花纹的豹子天成像。附近有一块石头是天成的铜锅像，象征着八热地狱受苦阶段。这附近的湖里有各种石头，据说是忍受八冷地狱痛苦的有罪众生。北面有一座上有天成莲花

---

① 齐热瓦·贡布多吉，是米拉日巴传记中的一位狩猎人，后来在大师面前放下猎刀，立地成佛。

② 赞贵巴瓦，是当地土地神的名字。

---

③ 诺布桑布，是民间流传的一位精通于商业的大商人。

生大师法帽的巨大岩石，据说，若围绕此石转15圈就等同于绕门圣地转1圈。此山的西北方向有一个叫察卡洞的地方，山沟里流淌着一条小溪水，若喝9杯后呕吐出来就能使胃病痊愈。沟的深处有一个朝南的岩洞，口大无底，岩洞内布满了小洞，足下阴黑的溶洞深处可以听到河水的奔流声音，使人倍感敬畏。溶洞里面有空行母的供盘和灯台天成像，还能拜见一个小圣湖。溶洞上部有个黄金大支柱和108个小支子，撑起一块酷似一个吉祥宝伞的大岩石。附近有一棵柏树，据说是莲花生大师的禅杖。溶洞周围的树木像是接受灌顶，都向岩洞鞠躬。旁边有天成喜鹊和乌龟像。

由察卡洞向西山沟走，就可以发现形似海螺且有孔的长方形石头。民间流传"雄海螺在山顶上，雌海螺在大海边"。当吹起这个海螺时，扎西绕登乡能听到；当吹起扎西绕登乡的海螺时，工布江达县加兴乡泽荣山沟能听到。上面有天成空行母水轮像的两层岩石。再往里走一点，能遇到一个很深的洞，传说，当

珠衮东措热巴大师开启神山圣门时，嘱咐自己的随行弟子守住门口，不要大声喧哗。大师用手慢慢掰开岩石，做出通道。到黎明时，从泽荣山沟处传来一声公鸡啼鸣声，随从弟子也因此惊叫了一声。由于弟子们的叫声扰乱了因缘，大师未能继续开启这便捷的转经道。从这溶洞往北走就会见到一处天成阎罗王脸的土坑，土坑周围有天成鸦面等5个阎罗王护法。旁边有一眼泉水，据说是莲花生大师挖掘的伏藏水，喝了此水不仅可以延年益寿，而且可以避免非正常死亡。泉下是白海螺湖，此湖的颜色每年都在变化。若在此地捡一块石头许愿后抛到水里，会有结果示现：如果是业障清净者，湖的颜色会变得很漂亮；如果是业障不净者，湖的颜色会变得很浑浊。在此还可以拜玛尼协噶圣地的三处圣迹。传说很久以前，格萨尔王下地狱救妃子时被阎罗王挡路，岭国将领丹玛将军一怒之下误认此山为阎罗王并射箭，故此山的顶尖分裂成三个部分——第一峰为赞巴拉（意为财神），第二峰为

观世音，第三峰为度母。三峰之间有一面湖被称为沃玛湖，意为乳湖，有很多生灵在此安然生活。此处还有神牛尼玛加布的蹄印，关于这神牛有一个动人心弦的传说：很久以前，珠衮东措热巴大师在建立门寺时，土、石、木都是从达丁沟头采集，由这头牦牛来回驮运。此后从门寺到扎西绕登的所有物资也都是由这头牦牛来托运。一天，牦牛从扎西绕登驮着物资去往挺普荣的搭替地区时碰到了一位由妖魔幻化的背负筐子的老太婆，老太婆试着卸掉牦牛身上的物资，致使牦牛中了妖气而生病，耽误了回家的时间。寺院的香灯师到处寻找牦牛。最后在乃瓦察的加伟朗①找到了它的角和几个肋骨——牦牛的身体已经在此虹化了。

二、旧圣地普龙乃宁玛

旧圣地普龙乃宁玛地处米林县卧龙镇的普龙村上部。很久以前，一位上师在开启普龙圣地之门时，被一条巨大的毒蛇挡住了。无奈之下上师把自己的躯体装进箱子里，存在白杂村的一家农户，并嘱咐户主不得打开箱子。上师用密宗的"夺舍"②大法把自己的灵魂转移到一只大鹏鸟身上，指导大鹏鸟制服了这条巨大毒蛇。但灵魂还没能返回到自己的躯体，农夫就打开了箱子，因此上师的灵魂无所依托只能停留在那只大鹏鸟身上。后来莲花生大师前来准备开启圣地之门，却受到了大鹏鸟的阻挠。大师因此认为必须首先降伏这只大鹏鸟，于是命令当地的护法神阿弥格念去寻铁橛。阿弥格念去寻铁橛时，骑狮护法神化身山羊为其引路。在山羊的引导下阿弥格念从乃瓦察挖掘出了铁矿，然后在达顶岗和林朗两地锻炼，最后在林嘎仓打造了一只金刚杵献给莲花生大师。大师闭关修行七天后，用金刚杵一举击碎大鹏鸟。

---

① 加伟朗，意为彩虹沟。

② 夺舍，指使死者灵魂往生净土或进入其他尸体以借尸还魂。纳若六法之一。

旧圣地普龙乃宁玛　洛桑顿珠摄

普龙圣地还有一座岩洞，可以容纳数百人，洞里可以拜见到佛塔和莲花生师徒三尊像，洞内的一块石板上有上师向杂日神山顶礼时留下的膝盖印迹。由洞往下走，就可以看到一个小岩洞，据说进到里面能听到海螺和长号的声音，小岩洞下面有一处叫安吉医生的岩石，腰腿有疾的善男信女若在此摩擦会脱皮换康。安吉石下方有一帘瀑布，据说若在此浴足可以治愈麻风病。瀑布旁的岩石是格萨尔王的天成长箭像。长箭像不远处有一座石山，道路艰险，难以到达。山上有一个马圈，据说是霍宪巴的军马围栏，若是障业清静者，可以寻到喂马的谷物。马圈背后有一面形似铲子的小湖，名曰铲子湖。湖前有佛法万通的黑色佛塔。佛塔附近有伏藏大师桑杰林巴曾经修行的阿米旁洞。洞口上方有一眼泉水是大师的伏藏圣水。

三、新圣地普龙乃萨玛

新圣地普龙乃萨玛在米林县卧龙镇的普龙村下部东侧，此圣地的开启者是齐库查琼上师。相传，这位上师因养有一条小花狗而被称为齐库查琼，意为小花狗。此地曾经有座两层高的寺

847

新圣地普龙乃萨玛　洛桑顿珠摄

院，其佛法神为金刚绿炬母和吉
祥赞贵。寺院附近有一圈由石块
垒成的围栏，里面安放着一座神
奇的佛塔。

据说，该佛塔的神奇之处是
能逐年自行变大，从前佛塔四周
能通过一个人和一匹马，而现在
人只能侧着身子通过，这是佛塔
变大的实证。

此圣地的第一道守门护法神
是空行母宇琼佳姆。通道路边有
四方形拴马柱，由拴马柱往上走
一段就可以在一处岩石上拜谒天
成弥勒佛8岁等身岩石像。第
二道守门护法神为名达江多吉
扎，意为达江旁的峭壁狭路。此

路段有一块岩石被认为是空行母
的供盘。第三道守门护法神阿弥
格念①原本是妖魔，因在莲花生
大师建立桑耶寺的时候作乱，大
师将其追至此地降伏，命为此地
护法神。过了三道门再往上走一
段，就能拜谒到莲花生大师开启
圣地之门时留下的神树——树顶
为柏、中部为松、根部为杉的三
合一树。神树旁边的岩石上留有
齐库查琼上师及其小狗去往净土
的脚印及狗链拖地的痕迹。传
说，齐库查琼上师吩咐随从弟子
外出化缘，随从只化到一根萝卜

_____

① 阿弥格念，也称阿尼玛卿、护法神名。

848

准备充作斋饭。当随从削皮时惊奇地发现萝卜出血，故在烹好萝卜后只供给了上师，把剩下汤喂给了小狗，自己一点都没有吃。殊不知萝卜是点化人的机缘，上师和小狗食用后都成佛了，而那位弟子却没能成佛。

四、布日神山

布日神山坐落在米林县卧龙镇扎村的西南处。因为藏历木龙年七月二十五日那天，大师桑杰林巴从布日普穆仁钦巴尔瓦地方挖掘出上师密意集典籍及大悲观世音修法秘籍等大量伏藏，从此，布日神山作为迎请伏藏的殊胜圣地而闻名遐迩。在伏藏地前方是一座8根柱子的布日白玛寺。寺内原有佛塔及伏藏圣物，主供佛为能言佛祖像和莲花生大师像，有600多年的历史，在"文化大革命"期间遭到毁坏。改革开放后，为了满足广大信教群众的意愿，修复了两层高的佛堂。

关于布日神山的神奇故事在民间广泛流传：流经扎村旁的雅鲁藏布江在此地也称扎瑟萨多。从高处往下看，该江段如一条黑色曲线，形成了许多漩涡。据说，江里有金犏牛、金牛鞍、金犁等宝物。这些宝物原本是伏藏大师桑杰林巴在普穆齐掘藏所得。然而在一个食物极其短缺的灾荒之年，大师只好让随从弟子去化斋。弟子心想前往外地化斋并不是什么光彩事，他把寺庙里的宝物"隐身木"带在身上前去化斋。弟子下山走了一阵路后，在路过扎村的一户人家时，看到这家正在煮肉，于是掀开了锅盖想看看，不意被蒸汽蒙上了眼睛，弟子在擦眼睛时隐身木掉落在地。隐身木落地的声响惊动了这家的三姐妹。三姐妹误认为有小偷偷肉遂放狗追弟子，弟子把隐身木贴在鼻子上，跑一步就祈祷一声"巴若树"而得以逃脱。当桑杰林巴大师得知此事后，说："我一心普度众生，可扎地上下部的人还是毫无善念，普穆齐的宝藏留而无益。"于是，把掘出的金犏牛、金牛鞍和金犁都扔进了江里。据说，从前扎村所产谷类籽实饱满，在拉萨哲蚌寺

布日神山　洛桑顿珠摄

主供弥勒佛面前供的青稞就出于此地。放狗咬僧事件发生后，此地所产青稞籽粒变小了，且在扎村境内长满了的巴若树。

现在在岗蔡央岩石上还能拜谒到大师倒立的瑜伽天成像，四周有天成十二生肖像环绕，岩石旁还有伏藏大师桑杰林巴的法杖。在岩石上方的草坪上，有大师挖掘白海螺、金刚铃伏藏时留下的坑洞。草坪附近有莲花生大师的修行洞，修行洞附近有一棵松树、一棵柏树、一棵杉木都被认为是莲花生大师的法杖。

布日神山脚下有一个岩石，据说是空行母的酒库。岩石正面下方流出的泉水即是空行母的迎宾酒。因为受到了空行母加持，来此转山的人若能喝上此水就有充盈的体力爬山。岩石背面有天成日月像和桑杰林巴大足印，右侧有天成千尊佛像，左侧则有蓝色天成六字真言。

布日神山附近还有一座小神山布琼，布琼之名也是小布日山的意思。据说，布日神山的前身就是这座小山，在此可看到旧佛塔和寺院的废墟。在废墟旁可以看到 3 个圆鼓形的石块，若是业净者去听就会听到敲鼓的声音。据说，此鼓形石原来只有一块，另外两块是后期长出来的。路旁

850

有块岩石，形如大象，信男们经常会把它当作坐骑骑一下。左侧有一块岩石，上面被称为伦珠格东的地方有一尊天成开口释迦牟尼佛像。民间传说，布日白玛寺的尼姑德庆旺姆背着寺院的主供佛在此休息时，佛像开口说道："请不要把我背过去，我就要在白玛寺普度众生，我可以承诺布日神山不会被烧。"尼姑恐惧万分只好请回佛像。上部宽敞的地方就是白玛寺坐落的地方。旁边小洞里有莲花生大师右手大手印。不远处有天成乌龟石像，石像周围有从地下渗漏出来的泉水。上方有至尊尼姑大成就者的修行洞，洞旁边有天成白色海螺。溪水下端有一棵松树，据说是尼姑的魂树。在岩石上面有五棵柏树是五部空行母的魂树，另有一块牦牛大小的岩石，酷似公鸡，公鸡旁边有天成空行母的灶炉。附近有一条叫穆曲的泉水，有金属味，据说，若喝9杯后并能吐出来，就可以治愈胃病。从此往上走一段路，就可以发现形状酷似大鹏鸟的岩石，石下有一眼小泉水被称为大鹏鸟水。大鹏

鸟岩石附近有天成空行母的供盘、赞贵神的红色垫子、财神的等身像、一层楼高的菩提塔。修行洞上面还有一块巨大的岩石，民间流传，在此处念莲花生大师的心咒，就会滴漏出甘露。

在布日神山的转经道上有一座顶部倾斜的天成弥勒佛等身像，据说，孩子若触摸此佛身体就会长高。自此往上走就有一块巨大岩石，据说是空行母的供盘。嘎瓦蔡有布日神山的神祇巴沃仁布切天成像，在此地的有一处空行母的舞场。从舞场上能看到的岩石上有天成空行母像。山顶上有一处莲花生大师的修行洞；洞旁有一棵松树是大师法杖；另有一座天成石狮像，下方有一眼被称为狮子奶的泉水，据说对眼病和腿脚不方便者效果明显。据说，若有小孩子到龄不能说话和走路，此水具有辅助治疗作用。

在布日神山烟祭达拉赤嘎神时只许男人进，不准女人入。从神坛翻过日月山，就会到达美隆措湖，美隆措意为盲人湖。从美隆措湖翻过恰阿拉山就会到三友

湖，因为三湖并在一起故得名"三友"。从三友湖翻越札拉山，就到刹母魂湖穆曲湖，此湖跟杂日神山的魂湖一样殊胜无比。据当地人的说法，信徒们可以从湖中目睹各种善恶作为在未来的结局等奇特现象。湖的附近有天成莲花生大师宝座和法帽。湖附近有眼泉水叫穆曲泉，此泉水若喝9杯后呕吐出来，就能治愈胃病。湖上部有块坪地，据传是空行母的舞场，在空行母跳舞的场地中央布满红黄色的草，从远处看好比玉盘中布满了金色的耳环。从穆曲湖下坡的时候，可以发现一个跟杂日神山的黑湖似的小黑湖。湖边岩上有3块竖直的石头是扎村的三姐妹被伏藏大师桑杰林巴施法后化成的石像。石像下面有一块巨大的红色岩石是赞贵神的宫殿。

布日神山山脚有块箱盖形岩石，据说那是伏藏大师桑杰林巴的宝箱。宝箱旁边的岩石上有天成莲花生大师身像。宝箱下部有个巨大的岩洞，是莲花生大师的修行洞。洞旁边生长着的一棵柏树，是莲花生大师的法杖。在此

殊胜的修行洞上空，善缘者能拜见莲花生大师幻像。莲师洞下面有骑狮护法神的修行洞，有人曾在夜里见过此洞里有熊熊大火，洞中还有骑狮护法的九眼铁甲天成像。骑狮洞下面的峭壁下，有伏藏大师桑杰林巴挖掘伏藏的洞穴。伏藏洞下面有一洞穴被称为取食洞，据说，若吃点该洞的土可以治愈胃病。由伏藏洞往下走一点，可以看到天成狼狗石像，人们相信在狗身上坐一坐能消除自己的罪孽。由此通过一段狭道就到达一处山岩，此岩被认为是洗清罪孽的地方。洗孽岩不远处有一处隙缝是由两块岩石相依而形成的，据说，人们通过此隙缝可以测试自己的罪孽清净与否，须合掌方能通过。洗孽岩下有一块岩石是天葬台，据说与印度的寒林有着同等的地位。

五、灵鹫山

灵鹫山位于米林县卧龙镇北部10公里处的甲竹村和仙村之间。据说，此神山功德与印度灵鹫山没有区别。卧龙灵鹫山的山

灵鹫山　洛桑顿珠摄

腰处有天成佛经堆积石像。山下有岩石形成的山门，传说，从前恰米富家女仆来此地给农田灌水，无意打开了圣地山门，进去后再没出来。山门附近有天成乌龟像和莲花生大师的法帽像。

到山门之前要经过一处巨大而平滑的天葬台，传说是从印度迎请的宝物。

六、沃桑拉山的传说

沃桑拉山在卧龙镇东部，关于此山有许多民间传说。传说之一：从前蒙古准噶尔部[①]侵藏路过此山时，遇到了一位由空行母化身的老阿妈背着一篓破烂靴子在路上行走。当蒙古兵向她问路时，老阿妈答道："过此山没有任何路可走，也没有水草，只有一条悬崖峭壁上狭窄的道路，而且要走上几十天的路程，这会使你们的靴子破烂不堪。"老人家边说边从篓子里拿出几双破靴子给蒙古兵检视，士兵们信以为真，于是绕道走了。看着蒙古兵离去，空行母念道："工布沃桑拉山口，骑马要走十八天；倘若老人我去，一日即能越此山。"

传说之二：从前此地有一百多户人家，生活安定，后来此地被一位恶毒的国王占领。一

[①] 准噶尔部，厄鲁特蒙古四部之一。

853

沃桑拉山 普布多吉摄

天，国王把野羊皮反穿之后跳入湖中捞取了一袋子的绿松石。这事被龙王所知，于是龙王施法使天空被一层黑暗笼罩住。当国王从袋子里抓出一些绿松石放回湖里时，天便晴朗一点；再放回一些，天空中的黑暗会再减少一点。如此，除了一颗小的绿松石以外，国王什么也没得到。另外，国王还专横跋扈，说什么"东边的沃桑拉山挡住我庄园的太阳"，动用大量的臣民去砍掉山头。传说，从山顶到山脚都是他的人马在活动，场面极为壮观。然而在家中照看王子的仆人却边哄孩子边说道："砍掉千山

头不如砍断湿人头。"此话传到卧龙和嘎加两位酋长的耳朵里，他们认为此言有理，于是开始谋划暗杀国王。一天，两位酋长合伙给国王准备了盛宴，宴会前备好了藏有细绳的哈达。国王在宴会结束返回的途中被两位酋长用哈达勒死。国王死后，百姓们再也不用砍断山头了，但如今再看此山时还能看出山顶被挖掉的一些痕迹。两位酋长在分配国王的遗产时，嘎加酋长只获得了绿松石，而卧龙酋长则获得了沃桑拉山一带的地域，所以现今卧龙的土地面积比嘎加的面积大得多。

传说之三：近代在卧龙出现

854

了一口生铁锅，据说是挖掘出来的伏藏品。当年国王的一位女仆给挖山人去送饭时，发现沃桑拉山腰处有很多生铁锅，但当女仆返回来时发现除了自己用鞋子打记号的铁锅之外，其他的都不知所踪。王国覆灭后，女仆的铁锅也销声匿迹了，若干年后被一位高僧掘出了，出土时锅周围有一些无法辨认的文字。如今在出土该生铁锅的地方还有一块岩石被认为是空行母的供盘，据说，业净者可以听到岩石发出的法鼓声。

七、岗浦祭祀活动

岗浦祭祀活动是由卧龙镇的卧龙、单嘎和直美3个村的群众举行的祭祀活动。每年藏历二月十日，3个村庄的信教群众集聚在单嘎小寺举行较隆重的祭祀活动，其主要目的是祈祷人畜平安吉祥和风调雨顺。此外，仪式上宣扬佛法，倡导人们慈悲为怀，一心向善。从前有甘丹寺的僧人在仪式上念诵十万般若经，并做广大供养。现今仪式的主要内容是祭祀龙神及地祇。举行活动的当日上午，在单嘎日追的僧尼们念诵佛经，信教群众排成长队，带队的男人手持弓，女人手持彩箭，其余人都手拿树枝向神山进发，边走边诵莲花生大师的心咒。到了佛塔处要进行煨桑、念

岗浦祭祀活动 普布多吉摄

经和献歌祭拜活动。歌词唱道：

圣山之主提孜杰布，
宝地怙主菩提萨埵，
神母工尊德木女神，
加拉神母和空行母，
布久寺的主尊佛祖，
杂日神母和空行母，
岗波童子达瓦旋努，
佛母玛吉白拉天母，
本尊佛祖释迦牟尼，
岗浦神母和空行母，
波密金刚岩山赞神，
药神觉沃六种神女，
赞神父祇贡杰赞贵，
堆绒之地食肉空行，
诸方护法将军赞神，
噶贵扎西岗地赞神，
岗珠地方土地众神，
藏地四茹土地众神，
阿里三围土地众神，
啦喔，呀啦！

尔后要献长调歌。献歌结束后再到山岭日追处，所有人合唱齐舞，祈愿来年获得丰收。合唱的歌词为：

印度上部有个嘉地，
印度国王真神奇！

佛经中取福禄财运，
祈愿青稞麦苗齐。
汉地上部有个嘉地，
汉地国王真神奇！
丝绸中取福禄财运，
祈愿青稞麦苗齐。
尼泊尔上部有嘉地，
尼泊尔国王真神奇！
宝石中取福禄财运，
祈愿青稞麦苗齐。
波斯上部有个嘉地，
波斯国王真神奇！
牦牛中取福禄财运，
祈愿青稞麦苗齐。
羊卓上部有个嘉地，
羊卓国王真神奇！
绵群中取福禄财运，
祈愿青稞麦苗齐。
工布上部有个嘉地，
工布国王真神奇！
青苗中取福禄财运，
祈愿青稞麦苗齐。

这一天，信教群众还会迎请僧尼在此进行诵经祈祷。主要念的经文有《简易烟祭·如意宝》和《八部饮供》等。

金瓶泉水位于卧龙镇日村东边的酷似一座宝瓶的山坡上，故名金瓶泉水。此泉水从天成马头像岩石上面流过，因此民间流传着这样一首民歌："泉水胜于青稞酒，自流马头岩石卜；若是有缘饮一口，恶道之苦不用受。"据说，长期饮用此水，能使人心情愉悦、头脑清醒。当地还流传着这样的佳话：因为有了金瓶泉水，生活在此地的人们当中从未出现聋哑者。马头岩石处有两棵巨大的檀香树和50棵柏树，都散发出香浓的味道。据说，檀香木是日村一富户人家的女仆所植，曾经有108棵，但是后来被人砍伐，现只剩下两棵。还有一种说法是，一富户人家的主人让女仆种植檀香木，因女仆懒惰，记恨主人布置苦差，树木种完后便诅咒道"多长柏树，多长柏树，长几棵檀香木就行。"因此，除了这两棵檀香树之外都是柏树。在这些柏树中，有一棵被称为门巴大柏树的巨柏，需要十几个成年人牵手才能抱得住，被当地人视为日村的神坛之树，受人祭拜。

关于金瓶泉水神坛柏树还有一则传奇的故事。据《格萨尔王——门岭之战》记载，此圣地曾是门岭大战的主要战场。此战役中，格萨尔王的对手是门国年仅18岁的战将达娃扎赞。骁勇善战的达娃扎赞曾数次打败过格

金瓶泉水　洛桑顿珠摄

萨尔王的军队。大战开始后的一天晚上，格萨尔王得到大梵天的授记，只能通过自己的铜盔先镇压住门国达娃扎赞将军，才能战胜门军。格萨尔王依大梵天的授记战胜了门国，如今此地留有诸多军队扎营遗迹：在金瓶泉水上方的空地处有格萨尔王战马和马鞍天成像。那块巨大的、被称为博多卡伯①的岩石是格萨尔王的铜盔，门国达娃扎赞就压在此巨石下面。格萨尔王的军队扎营在此地时，因军马众多，此地的乃姆泉水不够饮用，格萨尔王就让自己的大叔晃通去寻找水源。大叔晃通在山顶处发现了盛满水的

金瓶泉水，可未能抬动金瓶，回来后向格萨尔王禀报了此事。于是，格萨尔王用神箭射穿了金瓶，将清澈的泉水引到此地。当战争结束，准备班师凯旋时，看见岩石顶上喷射出泉水。格萨尔王心想我打了胜仗凯旋时，遇见从岩石顶上喷射出泉水是非常吉祥的兆头。于是，格萨尔王不由自主地说道："遇到了，遇到了。"大叔晃通听到之后误以为是又发生了战争，当即问道："遇到谁和谁?"格萨尔王开着玩笑回复："是达夏（壮年男子）和曼穷（青年女子）遇上了。"格萨尔王话里的青年壮男是借指供水，青年美女是借指金瓶水源，用以表达泉水的良好品质。

① 博多卡伯，藏语，意为白帽子。

第 四 章

里龙乡山水文化

第 一 节　里龙乡乡情

　　里龙即圣地辖区之意，因为里龙在新杂日神山圣地域内，故名。里龙乡位于米林县城以西约40公里处的306省道旁，乡政府驻地地理坐标为北纬29°07′，东经93°51′。海拔约2900米。东与南伊乡相接，西与卧龙镇毗邻，北与扎西绕登乡交界，南与印度非法占领的藏南地区接壤。

里龙江心岛　普布多吉摄

第二节　神山

一、新杂日神山
扎西迥与勤勒

　　在藏区非常有名的扎西迥、勤勒与塔巴西日3座神山坐落在里龙乡朗贡村境内，曾有无数高僧大德驾临过此地，是一处备受加持的圣地。新杂日圣地之门由第二世噶玛巴·拔希授权益西多吉尊者的转世灵童益西旺久开启。因为此时噶玛巴·拔希正准备前往印度朝圣。彼时，杂日刹土神贡嘎旋努前来邀请噶玛巴·拔希到杂日开启圣地之门。刹土神贡嘎旋努讲道："印度乃佛教圣地，有诸多瑜伽师。大师从佛国沐光归来，恳请作为除黑明灯，点亮杂日！我乃工域24处殊胜地之首的杂日之主，我愿将一切供奉于您。"噶玛巴·拔希同意了刹土神的请求，并在此地对僧俗部众讲经后回到楚布寺。当时大师已听闻直贡吉丹贡布已派弟子在岗底斯、拉其

曲帕、杂日圣地一带弘法，并回想到当年恩师噶玛巴·都松钦巴①嘱咐自己管理杂日并弘法利众一事，心想开启山门弘法的时机已到，只是不知何处有此有缘之人。没几天，大师得到益西多吉尊者的转世灵童出生在扎龙察旭地方并已成人的喜讯，便派人去邀请。噶玛巴·拔希嘱咐道："在察旭山崖顶上有个苯教徒叫多尔沃，速去带多尔沃来。"于是派去的人将多尔沃带到楚布寺与噶玛巴·拔希会面，噶玛巴·拔希为其灌顶并赐名为益西旺久，开启了扎西迥的所有

---

① 噶玛巴·都松钦巴（1110—1193年），旧译哈立玛，塔布拉杰弟子，噶玛噶举派创始人，生于康区日沃齐。1139年赴前藏，学中观、因明及噶当派刀炬论等，又从塔布拉杰叔侄学道。1147年，在康区日沃齐附近建立噶玛丹萨寺，形成噶玛噶举派。晚年又于拉萨附近堆龙德庆县建立楚布寺，与噶玛丹萨寺并称为噶玛派上、下二寺。享年84岁。

圣地。

其后，噶玛巴·拔希的转世灵童噶玛巴·然琼多吉想开启措嘎外圣门，但此处是三殊胜之地中央，极为险峻，且无开启内门因缘。故只讲了坛城外与中的详情：

外部四门围坛城，
凡间俗子难近身；
各种山崖周遭绕，
形如金刚宝轮剑；
林如城墙四沿立，
溪似哈达挂山襟；
泉音哗哗随风唱，
恰似山神在念经；
响声流传播大地，
雪域佛光映梵音；
岩中各种植被茂，
恰似武器结成网；
林中各种禽与兽，
安享自然天成群；
圣地外围多城堡，
各种人居无悲悯；
起身复尸寒林舞，
犹如食肉刹土境。

上述为外部境域，连绵串起的金刚石栏外部被珞、门、娘、塔、工等地环绕。圣地之门初启之时，在金刚岩赞域一带只有拉贡塘和珞巴等 7 户人家。

在下至戎赞卡瓦嘎布圣山、上至尼泊尔修行殊胜之地，南至嘎玛茹殊胜之地以内的区域，有诸多大小圣地。噶玛巴·然琼多吉如此讲述流浪天女的故事：

世人居住幽静境，
多部乡间立柴门。
河水流向四周地，
坛城围廊如画屏。
金银铜铁伏藏地，
犹如壁垒如意宝。
山乡谷地时节转，
四季四色各分明。
夏绿犹如孔雀项，
秋黄好比黄金地。
冬季飞雪寒意重，
山开莲花地铺银。
春季刚束百花艳，
大地焕彩色缤纷。
居于林中众仙女，
随风荡漾舞裙飘。
百花争艳花儿串，
靓色巧合悦耳音。
药香花香四处翻，
飘上重霄九天外。
湖面犹如串花珠，

桃花丛中的农户　普布多吉摄

水珠成串似珍珠。
各种药材满大地，
大地犹如香囊园。
猛兽众多野禽广，
犹如镶嵌牌坊刊。
满山青黛多植被，
犹如少女齐步莲。
银白小溪直流下，
雾伞笼罩山峰顶。
云蒸雾蔚降甘露，
祥雨连绵兆丰年。

朗贡村上部的珞拉山前方，有加持殊胜之地，当年噶玛巴·瑞白多吉开启了此圣地之门并在此弘法，修建茅舍及经堂并献给喀觉旺布证士[1]。证士言："献得好！"并给此地赐名勤勒德瓦钦布[2]。相传，因该寺庙的柱子是由鬼神掘藏出来的，故寺庙被毁后，那根柱子至今仍然挺立着。寺庙附近一处岩盘中流出的水，据说是噶玛巴的伏藏水。一个叫加持明镜的地方有 108 个修行洞，其中可朝见金刚亥母修行洞、莲花洞、古如洞、护法洞、宝瓶洞等修行洞。此处下方的森林中，有处叫丁增桑杰的山崖，崖缝中有流水的痕迹，据说，信

[1] 喀觉旺布证士，是噶玛巴红帽世系第二世活佛。
[2] 勤勒德瓦钦布，意为善献大乐土。

862

塔巴西日神山　卓玛央宗摄

教群众在此处烧香祷祭，会从崖缝中流出水来，若喝此水与自己年龄相同数目的口量，即多大岁数就喝多少口，就能解脱病魔缠身。山崖南面有 3 座伫立的山峰，是天成三怙主像；在三怙主像正对面，也有 3 座天成日月星辰像。

二、塔巴西日神山

塔巴西日[①]神山坐落在朗贡村上方的一处山谷里，是新旧杂日神山的核心，《西藏古迹志选编》记载：大山塔巴西日又称毗若杂纳，被四佛及佛母围绕，其形状如同佛塔。另一传说是，释迦牟尼被众罗汉围绕，内境像胜

乐双运处流下菩提之水，外密如脐轮火水晶。噶玛巴·瑞白多吉尊者讲：大山塔巴西日乃诸佛之界，主要是普贤佛父母像，周围有密乘静猛众神的 8 座宫殿，有水流 4 灌顶，其中宝瓶灌顶之水流向朗贡，如饮此水或在此水处洗浴，能够得到宝瓶灌顶，清除身业障，心生四喜智慧，有权修生起次第，获得化身佛果位；南部密灌水流向措嘎湖，饮此水并用此水洗浴，得到秘密灌顶，清除语业障，心生四喜之胜喜智慧，有权修风脉明点等圆满次第及明空无别身，获得报身佛果位；西面智慧圣水流向珞巴 7 户人家，饮此水并用此水洗浴，获得智慧灌顶，消除意业障，心生四喜之殊喜，有权修四喜智慧乐空无别义，获得法身佛果位；北

---

①　塔巴西日，意为无垢晶石山。

863

面四灌顶水流向日普，饮此水并用此水洗浴，能清除身、语、意业障，得到句义灌顶，心生四喜中的俱生智慧，有权修觉空无别，获得自性身果位。这些水均为八功德水，饮此水或用此水洗浴，能得四灌顶。

三、度母神山

度母神山坐落在吉玛曲登佛塔北面，传说此山为至尊救度母神山。山腰上可以朝见多处寺庙遗址、天成像、修行洞等；山间还散布有梅朵寺、天成的藏文"ཨ"（阿）字母、恰载上师的大足印、静猛神殿、度母殿等；山顶上有两处泉水为度母乳汁，还有坐落在度母怀里的止唐寺遗址。度母神山西面一处被认为是天成大象的山顶上有寒林，东面一处被认为是天成蝎子的山顶上有一座叫贡萨的寺庙遗址。在大象山和蝎子山两地还有古如无量寿佛、空行母益西措杰、曼达热

度母神山　卓玛央宗摄

娃公主①、大译师毗若杂纳、班杂尔等修行洞。其中在莲花生大师修行洞的崖面上还有天成无量寿佛、白海螺、彩箭等像，传说伏藏大师桑杰林巴当年曾在此长期修行。莲花生大师修行洞下方有处裂开的山崖，据说是天成马头明王和金刚亥母双尊像。另外，还有一处叫曼札岗的盆地，此处有噶拉旺布王行宫，至今尚存许多城堡遗址。据说，曼札岗

上还有 108 座寒林、108 眼泉水。如今寒林无迹，部分泉眼尚在。

在藏历正月十日，周边群众都是先转一圈龙达吉玛曲登佛塔，然后再去转度母神山。转山时要向度母神山烧香祭祀祈福，同时念度母经，祈求六道众生得以解脱，脱离苦海，祈愿自己不被病魔折磨。转 1 次度母神山功德等同于念诵 1 遍《二十一度母礼赞偈》，转 5 次修行洞功德等同于受 1 次长寿灌顶，转 10 次功德等同于受一次马头明王灌顶。

四、泉水及佛塔

1.度母伏藏水

巴让村北面的巴苍山腰上有一处水，传说是二十一尊度母伏

---

① 曼达热娃公主，曼达热娃的父亲是萨霍尔国王，叫祖拉增，母亲叫哈邬吉，因为出生时伴随有许多奇异现象，一生下来就闻名遐迩。印度和汉地的许多国王都想迎娶她，但是她心里产生了无法抗拒的厌离之心，就一心皈依佛法。莲花生大师观察到她是可教的弟子，就为她受了戒。这样，莲花生大师和曼达热娃得长寿持明双运金刚身，在印度等地直接和间接地作出了伟大的利益众生的事业。

莲花生大师修行洞　洛桑顿珠摄

龙达吉玛曲登佛塔　洛桑顿珠摄

藏水。因水渠有 21 层土，故被认为是天成二十一度母像。此泉水对眼病、痘疮、头疼等疾病有疗效，故常见外地人到此取水，带回家里饮用。

2. 东玛水

巴让村巴苍山下的路边有一块被认为是噶玛巴·然琼多吉宝座的扁石，与河对岸大小与搅乳桶口相等的蓄水池相对立形成。相传当年噶玛巴·然琼多吉途经此地时，发现几只腿部受伤的猴子在此水池处泡脚后得以痊愈。人们相信此水能治疗胃病、关节炎等疾病。

3. 邦参温泉

在邦参村山谷里有一处苦味温泉，传说对风湿病有疗效，但若体质较弱的人喝了此水就会出现醉酒症状。

4. 玛纳日巴湖

在杰旁村山谷内有一面名玛纳日巴的湖泊，湖水有时变红有时变蓝。另外，还有一座一日内转不完一圈的大湖，叫孜当湖。

5. 朗贡村附近的山水

朗贡村坐落在新杂日圣地护法大象的颈部和头部，所以叫朗贡，意即象颈。此村周围的山水有很多传说。传说一：在陡峭的嘉普热娃山腰上有块红色方形岩石是噶玛巴·然琼多吉大师为防止山体滑坡而加持的印证。传说二：在一处名查吉的地方有许多青稞状的岩石是噶玛巴·然琼多吉的粮库。传说三：在桑东一带，邦参的一位牧民去寻找丢失的怀胎母牦牛，当他到达朗贡与邦参交界的山顶时，看见了几根牦牛的粗毛，故此处名为孜巴拉，意为粗毛山；而后，他顺着掉落的粗毛寻找母牦牛踪迹却未找到，所以很纳闷，故此处名为桑东，意即思考。往前走一段，在一处牛圈里看见了牦牛产下的小牛犊脐带，故此处名为迪瓦顶卡，意为掉落脐带的山坡；继续往前走，在河对岸看见了自家的母牦牛，当牛看到主人时，伸头试图用角撞过来，故此处名为孜旦岗，意为伸颈。

在孜旦岗上部路边有一处叫长寿岩的长形石，石上有一条深孔，说明此岩是未开启的圣门；据传，如果有一天开启此圣门，此山将与印度金刚座、杂日神山、无生死地等三大圣地连在一起。岩石上方有一块名醒芳的刻有六字真言方块石，据说，此磐石根部扎进了极乐世界。磐石上方有处名为齐嘉恰崩的山崖，形如两个头互相碰着，中间流出的泉水到冬天会结出宝瓶状的冰凌，传说，结冰最多的方向会人丁兴旺。

朗贡村境的主要圣地是塔巴西日。巍然耸立的塔巴西日坐落在山谷里、印度非法占领藏南地区与中方实际控制线交界处，成为新旧杂日圣地主要神山。由于山南麓属印度控制区，因此，信教群众不能实现圆满日常转山的愿望，但在每轮猴年到来之际，信教群众依然有前往此地朝拜转经的习俗。塔巴西日神水是八功德水，每逢藏历五月十五日，从塔巴西日山顶会传来3次雷鸣声，雷声后，圣水的颜色会变成乳白色。当地群众传说，乳白的圣水是雪狮的乳汁，并用此圣水祷祭神灵、祈求加持。塔巴西日下部有一座叫帕朗的神山，传说，此山的山门是由神牛开启的，所以，此山名叫帕朗。此处下方还有处叫帕朗玛布的草坪，据说，那头神牛在开启圣山门之后消失在此草坪上，人们为纪念那头神牛开启圣山门的恩德，给草坪取名为帕朗玛布。草坪下方的小山上有一块磐石，传说是从印度飞来的现见解脱之塔。与塔不远处又有一块磐石，上面有天成空行母的大足印和金钥匙印，据说是开启南面圣地之门的钥匙，但因时机未到，由噶玛巴·然琼多吉尊者藏于此地。在当地群众中广泛流传着"若具福德因缘，找到黄金钥匙"之说。钥匙岩上方有一帘瀑布名为曲杰巴东，瀑布帘后有天成阎王面具。

第 五 章

扎西绕登乡山水文化

第 一 节   扎西绕登乡乡情

扎西绕登乡位于米林县城以南46.8公里的雅鲁藏布江南岸。乡政府驻地地理坐标为北纬29°45′，东经93°13′，海拔为2992米。扎西绕登乡东连米林镇和羌纳乡，西接里龙乡，北连巴宜区，南临雅鲁藏布江。

传说，从前有一位贤者叫阿瓦仁青朗杰，计划在该地建立一座寺院。当他到达此地时，碰到两位男子，贤者询问两个人的名字，两个人分别回答说叫扎西和绕登。贤者觉得这两个名字合并在一起非常吉祥如意，于是，被用作新建寺庙的名字。后来，地名借用寺名，也就有了扎西绕登的乡名。

第 二 节   圣地及传说

一、贡扎森波沟圣地

贡扎森波沟圣地在扎西绕登乡森波村境内的一条山沟里，距离米林县城约30公里，离乡政府驻地约5公里。海拔为3015米。

森波沟圣地之父——马头明王神山　洛桑顿珠摄

贡扎森波沟圣地是马头明王和金刚亥母的修行地。据说，从前山沟里有8座寺院，目前只有沃青寺遗迹尚存。沃青寺由齐古查琼上师所建，相传建寺时，由于得到神助，建设速度非常快，故名沃青。

圣地附近还有一座叫作果拉崩松的神山。传说，山上有大商人诺布桑布的茶箱，并有很多形似藏式餐桌的石块堆成的石碓，高度大约有现在的4层楼高。在圣地另一座无名石山上还建有一个小小的修行洞，叫珠康，意为禅房。当初齐古查琼上师修建完沃青寺之后，经常在查仓、泽隆扎嘎和扎古等修行洞闭关修行。一次，借上师闭关之机，徒弟下山游玩。当徒弟回寺院时发现师傅不在，于是吹起胫骨号筒来呼唤上师。当徒弟在嘎拉草坪上吹法器的时候，感觉上师在嘎拉，可到了嘎拉的时候不见上师身影；又开始吹号，感觉上师在果拉崩松，可到了果拉崩松时又不见上师的踪影。就这样徒弟边吹边追寻上师，最终在名叫扎古的地方发现上师飞向天空。正如俗话所说：上师虽有引导钩，近侍却无上挂环。上师去了净土，可徒弟却未能成佛。师徒分离的地方从此称之为扎古。此外，沃

森波沟圣地之母——金刚亥母神山　洛桑顿珠摄

青寺附近有座山叫洛瓦岗，山的形状如肺。传说，齐古查琼上师问徒弟："肺油往上抽还是往下抽"。徒弟答道："往上。"然后上师说道："这个放到肺部。"然后给了徒弟用丝绸包裹的东西。徒弟很好奇地拆开后发现，里面有一颗精致的绿松石，于是想要掉它，即刻带它下山。快到山脚时，徒弟发觉衣兜里有个东西在活动，掀开一看，是一只青蛙，原来的绿松石已变成了青蛙。青蛙从衣兜里跳出，钻进一个岩石缝隙中，即刻，缝隙里流出泉水。该泉水被称为沃青泉水或洛瓦岗泉水，据说，该泉水中住有唐东白玛龙女。

贡扎森波沟圣地的左侧是金刚亥母神山，右侧是马头明王神山，山沟里面还有碧日神山。金刚亥母神山处有眼泉水，相传，本来金刚亥母神山应该坐落在才巴村，但是金刚亥母最终化作一头母猪横穿群山从森波沟出来，它到过的所有地方都有一眼泉水，故该泉水名为金刚亥母泉。另外，碧日神山是很著名的一个圣地，据说维修布久寺[①]的时候请卦师算卦，卦象表明必须迎请

---

① 布久寺，在西藏林芝市巴宜区布久乡，建于 7 世纪初吐蕃王松赞干布时期。

871

碧日神山的圣水用于维修。

二、鲁堆佛殿的传说

　　鲁堆佛殿地处扎西绕登乡堆村。有关该佛殿有这样的传说：直贡梯寺[①]有其仓和琼仓两个活佛世系。一天，其仓活佛派遣近侍通知全寺僧众："今晚在上师住处会有巨大声响，不允许任何人进屋探究。"寺里有位成就者是聋人，近侍就没有通知他。当夜，从上师住处如期传来巨响，聋僧却听到了声响，他担心上师有难就前往察看，结果是墨竹思金龙王[②]化成蟒蛇，头靠在上师寝宫门槛上，尾伸向后面。聋僧担心蟒蛇会加害上师，就去抓蟒蛇头；蟒蛇逃跑了，聋僧化成大鹏鸟追赶它；蟒蛇欲钻进湖里，聋僧所化大鹏鸟一个俯冲制伏了蟒蛇。聋僧回到直贡寺向上师禀报了降魔的详情，上师赐给他一头牦牛，让牛驮着行李，并嘱咐他牦牛睡在哪里就在哪里盖个佛殿，以示镇龙。牛走到鲁堆才睡觉，聋僧遵嘱在此建立了鲁堆（镇龙）佛殿。佛殿曾经有二层：一层主供佛为佛祖，二层供有 16 罗汉，护法神为直贡护法阿齐曲珍[③]。佛殿在"文化大革命"时被损，现虽经修缮，只有一层。

①　直贡梯寺，墨竹工卡县境内的噶举派名寺。1179 年由直贡噶举派创始人觉巴·仁青贝所倡建。

②　墨竹思金龙王，墨竹工卡一带著名圣湖的守护神，即龙王。

③　阿齐曲珍，是藏传佛教直贡噶举派的护法神名。

鲁堆佛殿　洛桑顿珠摄

三、彩门莲花生大师修行洞

扎西绕登乡彩门村山顶上有座中阴狭道，勉强容纳一人穿行，据说，莲花生大师在此陕道中修行了数年。离中阴陕道 4 步之处有个圆形小洞口，若从洞口扔进个小石头，就能听到其滚向很深远的声音。从前，彩门村所在地有一座莲花生大师神殿，主供佛为莲花生大师。神殿附近有棵被视为莲花生大师法杖的柏树和一眼曾是莲花生大师斋沐的泉水。

彩门莲花生大师修行洞　洛桑顿珠摄

第三节　圣湖和佛塔

一、格念拉措 [①] 魂湖

格念拉措在扎西绕登乡吞布容村山沟里。百姓认为，若此湖能积蓄大量的水，则表明当年的农牧业会喜获丰收。

---

① 格念拉措，是扎西绕登山沟里地祇的魂湖。

二、朗达湖

朗达①湖在扎西绕登乡康萨沟里的朗达山谷。湖中有一块巨大而酷似公牛的岩石被认为是天成公牛像。从前，若遇到干旱，人们就会带着供品到湖边祭湖祈雨。

三、拉彭湖

拉彭湖是一面小湖。据说，

---

① 朗达，源于吐蕃王朝第 42 代赞普的绰号，真名为俄东赞。

修建嘎玛尼姑庵的时候土石均取自于该湖。

四、聂兴佛塔

聂兴佛塔在扎西绕登乡森波村的入口处，被认为是怙主金刚亥母的眼睛，据说，修善者能在塔里见到佛灯。在过去，每年的藏历五月十日，当地贵族德木和扎达两个家族的所有人会聚在一起转塔，然后进行射箭、跳锅庄等娱乐活动。西藏和平解放后，在藏历萨嘎达瓦节期间的十五日和五月十日，信教群众会在佛塔面前进行煨桑及转经等活动。

第 六 章

南伊珞巴民族乡山水文化

第 一 节　南伊珞巴民族乡乡情

南伊珞巴民族乡政府驻地位于米林县城以南约 3 公里处，地理坐标为北纬 29°28′，东经 94°45′，海拔约 2900 米。南伊珞巴民族乡辖域内的南伊沟，地处扎贡圣地中心地带，故名南伊，意为圣地。

第 二 节　圣地和神湖

一、扎贡圣地

扎贡圣地在南伊乡南伊村境内，距米林县城约 7 公里。据传，扎贡圣地为末法时代主莲花生大师加持过的 5 杂之一，（另 4 杂分别为杂日扎、杂贡（扎贡）、杂囊、杂扎，均为佛教圣地），将在合适的机缘下开启并利益众生。开启扎贡圣地的是大成就者唐东杰波。根据唐东杰波大师传记和当地老人口述扎贡圣地的来龙去脉如下。

当年，根据莲花生大师和空行母的预言，佛母吉祥天母要化

扎贡圣地　洛桑顿珠摄

身前往凡间利益众生，佛母向大师和空行母叩拜祈福后，不断精进佛教要义，于五百年后化身唐东杰波启程到杂日扎贡圣地利益众生。佛母根据莲花生大师的授记准备开启神门之时，认为工尊德木可以为开启圣地之门创造条件，于是唐东杰波大师前往工布去寻工尊德木。在到达工布巴嘎的时候，金刚瑜伽母授记唐东杰波说："从这山沟一直前行就会遇到殊胜的扎贡圣地，金刚亥母也将降临此地，故此地是无比殊胜的宝地，打开圣地之门的机缘已经成熟。"唐东杰波大师及随行的弟子们到达一座酷似野猪鬃毛的山上，受邀出席了五部空行母化身及上千随从举行的、隆重的供养迎请仪式。唐东杰波大师在此建造了密杂佛塔，五部空行母也建造了成千上万的土质佛塔。因为此地聚集过千万个空行母，故名吉玛林，意为千万部洲。然后到达察这个地方，唐东杰波大师在一座 3 岩叠成的法台上入定，至第三天夜晚，他召集扎贡圣地的地祇觐见。地祇将伏藏的目录和钥匙交给唐东杰波，并提出开启工布和珞瑜地区[①]圣

---

① 珞瑜地区，指今西藏林芝市墨脱县等珞巴人聚居区。

南伊沟风景区　普布多吉摄

地之门的请求。与此同时，很多善男信女和唐东杰波大师的随行人员在此跳起欢快的庆典歌舞。作为对唐东杰波大师的纪念，该舞蹈迄今还流传在南伊村，称为南伊亚久嘎巴，意为白牦牛尾舞。此地由此名为修赤拉岗，意为法台。法台上还能看到当年的唐东杰波大师法相。大师一行从此地往沟里前行一段路，遇到了一位美若天仙、年仅16岁的莲玛圣女，手持牛奶和酸奶出现在唐东杰波大师一行面前。大师言道："请布施您的牛奶和酸奶。"圣女将牛奶和酸奶供奉给他们。往前走是一块巨大的方形岩石，

唐东杰波和圣女在此地修乐空双运，具相女子在岩石上留下大足印。再往前走，到了一处叫迎接台的地方，据说，当时鸦面护法神和长寿五尊在此迎接唐东杰波大师，周围有大师和坐骑的脚印。继续往前走一段就会发现一个小洞穴，传说是取宝藏的洞，这洞名为素日苏东的宝洞，有圣地护法门神的城堡和神坛，是求子求孙的地方，此地有天成男女生殖器的岩石。当人们在触碰此洞奇形怪状的岩石时，有时会动，有时不动，动或不动是子孙后代多寡贫富的预兆。

　　然后大师一行到达吉吉草坪

马头明王山　洛桑顿珠摄

和扎贡新寺，此地左右两侧都有八功德泉水，据说共有108个泉眼，此地龙祇曾经向唐东杰波大师奉献了龙界财宝。吉吉草坪上方是传说中白度母的白岩宫殿，在白岩宫殿西方有阿拉牧场，北方红岩石是马头明王神山和修行洞，南方是黑色普穆奇修行洞和尼玛修行洞，东方耸立着唐东杰波大师曾挖掘铁伏藏的诺布日神

空行母修行洞外景　洛桑顿珠摄

山。在附近嘉村山顶上有空行母
的修行密洞，从密洞里流出3种
泉水——流自岩缝中的是空行母
泉水，流自岩洞顶部的是催破金
刚泉水，流自洞口的泉水是修行
泉水即修行者的饮用水。在此岩
洞里还可以拜到后人雕塑的宇
妥·云丹贡布石像。白岩宫殿南
部聚宝山的右边是措杰修行洞，
中部是降妖溶洞，左边是如鲁修
行洞，每洞都有长流不绝的圣
水；山脚下有个八功德的药泉，
能够治愈440种疾病；还有一座
传说中的米姆女神石碑，碑文不
是很清晰，后来人们在石碑上刻
了六字真言；石碑下面有刹土神
塔和九头泉眼水，刹土神塔则是
扎贡圣地最大佛塔，民间口传此
佛塔是当年建造门莫岗藏医寺院
时同一时期建造的宝塔。传说，
每年周边群众在此献歌舞祭祀神
山时，佛塔也会因喜悦而舞动，
因此，塔的四方被铁链固定着。
不幸的是，1950年的大地震中
佛塔受到毁坏，现只剩下遗址；
佛塔右边有珠巴噶举的修行坛城
及门莫寺的遗址。后山帕姆山
顶，是金刚瑜伽母的宫殿，前面

空行母修行洞内景　洛桑顿珠摄

是雅翁寺。雅翁寺主供佛是一层
高的十一面千手观世音泥像。据
说，此佛像虽然长时间没人扫尘
除垢，但面目依然闪烁着光。寺
庙在"文化大革命"时期被破坏，
现只剩下遗址。左边珠宝山是财
神坛城，其四面为八吉祥徽所环
绕，地面形似绽放的八瓣莲花。
民间口传有108座修行洞、108
眼泉水、108面湖泊、108个天
葬台，圣地周围还环绕着108座
天成佛殿。

扎贡圣地转经路线主要有三条：第一条是从雪卡沟翻山至帕普白贡山沟里出来；第二条是从东多牛布沟到琼林的转经道；第三条是从南伊村村头的江噶日山翻过去，由扎贡普的夏巴拉山口走出。以上转经路线都是民间传统的线路。后来，有经过江噶日和牛布日的转经人相约汇集在卓玛林，从卓玛林到夏巴拉山就可以到达扎贡山，从而形成了新的线路。新的线路经过江噶日山顶的修行洞和门莫岗佛殿的遗址，在到达协嘎崩日山腰的阿巴扎卓天葬台，朝圣者从自己的头部取下几根头发，放在天葬台上以求超生。帕姆山顶的后面有噶穆拉措圣湖、玛纳拉措圣湖和工布拉措圣湖等5种不同颜色的圣湖，据说是五部空行母的魂湖：东面是金刚部空行母的魂湖，为乳白色；南面是宝生部空行母的魂湖，为金黄色；西面是莲花部空行母的魂湖，为枣红色；北面是事业部空行母的魂湖，为绿茵色；中央是佛部空行母的魂湖，为蔚蓝色。另外，还有一座酷似印度灵鹫山的小山以及度母洲、度母山、度母修行洞。小山左边是琼林顶卡山沟，右边是夏巴拉山。从这下山就到了扎贡圣地的刹土神佛塔下的主寺遗址，圆满转完了一次扎贡神山。

二、甘露药水泉眼

八功德俱全的甘露药水泉眼距离扎贡圣地主寺遗址约90米。此圣水是民间传说中藏医泰斗宇妥·云丹贡布大师掘出的八功德水，可以治愈224种疑难杂症，尤其治疗眼病有着特殊的功效。曾有大师为此泉水利益众生而专门祈祷，并将泉水托付给土地神及龙王，大师在一块等身石碑上刻下药水祈祷，并嘱咐给地神与龙王：

此圣泉由聚集圆满诸佛、菩萨、大慈聚宝和无数贤者，特别是我辈上师药师佛①等诸多贤者所加持。是药水与甘露合一之圣水。普天之下芸芸众生若饮此圣水，一切痛苦都会解除。

---

① 药师佛，是佛祖释迦牟尼的一种化身，通常有八大药师佛。

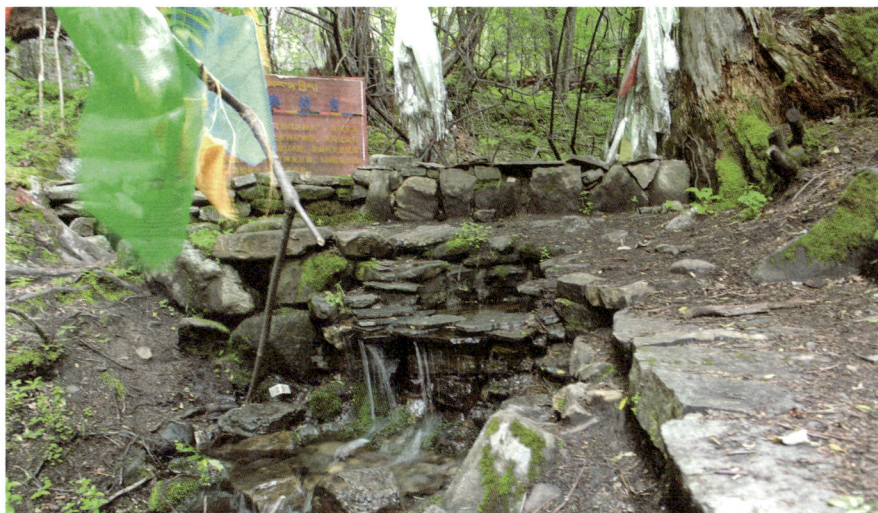

甘露药水泉功德记述如下：

八功俱全甘露水，
一滴入腹见神奇，
平衡内外五大气，
身心健康肤色美！
若用分秒闻气味，
精神饱满如山巍，
战胜一切非命死，
去除病魔得春回！
离此向前行一步，
旅途刹那思此水，
生老病死皆平息，
获得长寿持明位！
耳闻心缅此泉水，
饮用众生佛缘追，
此生喜乐无疾病，
终获金刚持果位！
凡是此间居住者，

遍尝诸类圣药种，
拥有神力强健体，
一切病痛去无回！
凡是此间行医者，
精于医道知冷热，
认真为医利众生，
不让病人徒伤悲！
凡是此间患病者，
倾听医嘱莫乱为，
一旦疹病得解脱，
生生世世笑扬眉！
凡是此间护理者，
善待病人示慈悲，
语温体勤搞卫生，
病人心欢疾灰飞！
凡是此间无病者，
雨润嘉禾勤助威，
爱护病人得圆满，

家庭富裕人和美！

清净乃是祈祷力，

虚空众生道轮回，

登上一切地与道，

祈愿获得佛果位！

大师书写完返回了修行洞。

传说，某夜出现了一位头骨装饰的女性对宇妥·云丹贡布大师预言道："在太阳落山的西边，不久的将来会出现文殊大师的化身——吉祥笑金刚米拉日巴的圣地——雪山围绕的拉齐神山，请您前往开启圣地之门，并净地、守地。"说完就消失了。大师前往刹沃拉地方去开启圣地之门，拉雄满溢湖水，山梁处有村庄，路过此处的人很少。大师向遇见的人寻问圣地之路，可没人能说清楚。大师心想既然问不到，不如一心向药师佛祈祷。没多久，大师在路上遇见了一位姑娘，说道："您是宇妥·云丹贡布大师吗？"大师答："正是！"姑娘又说："我奉药师佛之命，给你指引道路。"大师与她并行，穿过了一个黑暗而狭窄的道路。在一块岩石旁边，姑娘指出这块岩石就是圣地之门，之后就不见了。宇妥·云丹贡布大师沉思道："以我的法力是无法打开圣门的。"

于是，他向本尊药师佛祈祷道："顶礼上师药师佛以及传承诸上师、本尊菩萨并圣众！诸佛时时住在我的头顶，我一心为利益众生祈加持！金刚亥母真化身、空行门女请聆听，我是学者宇妥，生生世世不会忘记殊胜药师如来佛——未曾忘过一刹那！我一心一意作祈祷，真心希望得加持及成就"。宇妥·云丹贡布大师说完，遁形门女回复道："哈哈，我只是开玩笑，我作忏悔，圣地之门是此地，直走山沟里即知圣路。"说完就隐遁了。之后大师心中念着药师佛，并虔诚祈祷前往沟头，因此没有遭受野兽加害。但是一条像梁木大的毒蛇和一条如牛轭小的毒蛇挡住了宇妥·云丹贡布的去路，彼时，从大师的左肩上显现出黑色忿怒度母，将那条大毒蛇吞了下去；背部显现出狮面空行母，用忿怒度母同样的方式降伏了那条小毒蛇。之后，两位空行母又融入大师的肩背里。

第 三 节　　唐东杰波石刻像

唐东杰波的石刻像位于米林县城以南约 3 公里处的南伊乡南伊村境。当年唐东杰波大师受空行母的授记，前往开启扎贡圣之门时，从吉玛林到扎贡沟途中，大师曾在一座三块岩石叠成的宝座上入定。后此岩被称为讲经台或法台。为了纪念唐东杰波大师的恩德，人们在法台上刻画了唐东杰波大师的法相。

第 七 章

米林镇山水文化

第 一 节　　米林镇镇情

米林镇政府驻地在东多村。镇域东邻羌纳乡，西接南伊乡，北临雅隆藏布江，南与印度非法占领的藏南地区嘛呢岗接壤。

第 二 节　　圣地及祷祀文

一、雪卡邬坚日追

雪卡邬坚日追在米林镇雪卡村的东面。正如莲花生大师的预言，此山是马头明王、金刚手和大鹏鸟的圣地。

此圣山由掘藏师维色多吉于

雪卡邬坚日追　洛桑顿珠摄

1700 年前后开启。此后第四世噶玛巴·瑞白多吉、工珠·云丹嘉措①、加央·钦泽旺布等众多贤者都来此地修行过。在此山前面山顶处有两座修行洞，据说，上面的是莲花生大师修行洞，下面的是空行母益西措杰修行洞。在空行母修行洞前面的草坪上有一座佛殿和佛塔等遗址。在莲花生大师修行洞里主要供奉着师君三尊像。在修行洞下面建有一座小佛堂，里面主要供奉着马头明王、金刚手和大鹏鸟的塑像。

据当地老人介绍，此圣地的转经道分为内转、中转和外转三条。其中内转经道是从寺院向后山启程，到达一处岩洞时能聆听到悦耳的诵经声音，据说那是有

缘者才能听到的空行母诵经声。岩洞里有六字真言和苍狼天成像，据说莲花生大师曾在此闭关修行7年。岩洞附近有天成毒蛇和龙祇的石像。从岩洞往下走就可以发现一处岩石上有清晰的天成老虎爪印和叠层佛经像。

若走中转经道则首先可以拜见到一眼清澈的泉水，此泉水对治疗眼病具有奇特的疗效；从泉水处往里走一段，就可以到达一处树木较少的地方，信徒中有缘者可以在这边捡到一些奇特的草，传说是空行母的头发；从树少处可以到达一处据说是空行母种植萝卜的地方，在这信徒们要吃喝并休息片刻；从此处往上爬一段上坡路，就可以到达山顶，在山顶上人们会祈祷金刚绿炬母保佑大家一路平安；从山顶往下走几步，就到达了名为阿里阶梯的岩石山，在此处有一眼被认为是空行母的甘露之水的泉水出自岩石缝隙间，据说，若在此煨桑祈祷，就可以使得甘露之水更加充足；从阿里阶梯往右走，就可以到达长寿佛修行洞，洞里有朝南的岩块，岩块上有天成日月星

① 工珠·云丹嘉措，又名噶尔旺洛珠塔耶，他是全面继承流传在雪域大地的十大讲说传承的所有讲修佛法的教主。工珠·云丹嘉措出生在色莫冈范围的白玛拉孜。家族姓氏为琼布，父亲叫索朗培。云丹嘉措是个为人性情耿直，精于工艺，具备信仰和精进，前行精进合格，通达如法修习的持咒行者。云丹嘉措师从上师邬坚白久，学习了汉地历算、诗歌、辞藻、藏文文法、玛达传现的《白文殊随许》和《名诵》等，并每日如数念诵。

和上师大足印等像，据说，从前在此洞里有过一位高僧修习禅定并且在此修建过一座佛塔；从长寿洞往前走一段有一片竹林，在竹林中有一处泉水，可以进行沐浴；从竹林往山下走，会见到一块磐岩，据说，那是空行母的供盘，上有大如孩童的天成大手印和大足印；从供盘再往山下走，在途中可以拜到天成大鹏鸟像，传说，此天成像是修建桑耶寺时候第一个供奉石料的大鹏鸟。

圣地的外圈转经道是，从东部神山到第一煨桑处，途中可以拜到天成马头明王、金刚手和大鹏鸟像。从这里可以到达日嘎村和雪卡村的交界处，此处有祭祀台和两棵特别大的古木。据说，这两棵大树是掘藏师维色多吉在

开启此圣地之门时留下的手杖。从日嘎村和雪卡村的交界处往里走一段路程，就到达一处犹如用刀劈开的岩石狭路。继续前行到达一个空行母的舞场。按传统在此处信男善女们要跳舞，以此表示对空行母的敬畏之心；此后可以到达山顶上，信众在此处要举行隆重的烟祭；从山顶向下走一程就到了中阴狭道，狭道上有一个岩洞，信徒们将能否顺利通过此洞作为衡量自己业障轻重的指标。

朝拜此圣地的时间一般为每年藏历四月十五日，此日来自周边各地的善男信女会聚集在此圣地举行祭祀、朝拜活动。主要烟祭龙祇山神，祈求人畜不遭龙害，来年风调雨顺。据说，如果

扎贡圣地神树　曲尼多吉摄

藏历四月十五日能够转该圣地1圈，能获得马头明王、金刚手和大鹏鸟三本尊的灌顶，使人消灾健身。

二、金刚绿炬母祷祀文

顶礼至尊头饰项鬘母！金刚绿炬母供品，形如莲瓣天成四众状，陈列三白三甘诸鲜果。念诵桑帕瓦来除秽，皿中盛满天地诸宝物。天成普贤供云：念诵喔萨巴比卟茹卟茹啊迦来加持供品。生起所依过程是：自己观为本尊，所明跟前由幻光所成之善法堂林苑，令人心旷神怡；药州福地鲜花争艳，飞禽走兽悠然自得，水声潺潺，鸟语悦耳；四周环绕着皑皑白雪山，植被丰茂，郁郁葱葱，其中央是琉璃两屋两层楼房以及沙石墙檐；其内宝座和缎子厚垫之上，从藏文"ཀྵ"（穆）① 字中出现大医药女神金刚绿炬母的水晶体，恰似艳阳高照；洁白缎子上面犹如金色莲瓣绽放，在那形如斑驳的孔雀翎眼处，右手持聚宝盆，左手握白银明镜和五彩箭，显得格外妖娆动人，头缠绿色丝巾和金玉花装饰；其前后和左右四处为如己四同门，边隅围着勇士和空行；在顶轮、喉轮、心轮3处，由嗡啊吽表象中发出一道光芒，从其驻锡处迎请。

迎请献词为：

前堡雪山园艺林，
中间良屋藏宝珍。
宫内珠宝宝座上，
端坐金刚绿炬母。
洁缎袍子金玉饰，
右持心想事业成。
头缠串珠宝丝巾，
左握白银明镜宝。
容光满面跶跌呈。
四周恰如四同门，
边隅勇士空行绕。
妖娆欢喜坐姿状，
耀眼光芒发于心。
雪峰天姑所居处，
白云飘扬净土境，
智慧菩萨作贵宾。
持明骨鬘莲花尊，
恳请驻此持有恒。
药神金刚绿炬母，

---

① 穆，是咒语的音译，意为坐。

887

延请此处欢喜临。
叭吽尔萨嘛吧。
供奉献词为：
吽！
禅定咒语和手印，
情器世界足珍贵。
富足各种必需品，
智慧甘露遍地盈。
吾等师徒作供养，
违缘过失空遁形。
空乐自然俱显现，
顺缘寿瑞能量生。
嗡叭吧扎嚷莫哈咔咔咯赫！
细明忏悔词为：
亘古极乐之情形，
禅定行相酬补频。
六根所欲应求物，
千粮所酿珍品饮。
白甘乳酪汁成蜜，
野坝河中甘露生。
水果庄家熟食物，
吹拉弹唱转妙音。
受用功德所欲具，
面粉神香箭彩翎。
林园玉米雄牦牛，
绵羊山羊灰白分。
身怀三技骤马好，
迅疾如风善奔跑。

水牛牦牛犏牛众，
金翅孔雀色缤纷。
野鸭鹤子空行鸟，
黑色红色黄金色。
众禽色泽心愿呈，
心若染污失言行。
平日祷祀怠慢神，
灶被熏黑怨毒散。
虔诚不足犯悔心，
祈赐殊胜事业成！
接着颂赞金刚绿炬母身美：
艳阳高照雪山峰，
赐予行者造化功！
顶礼五妹众眷属！
先前莲花尊前处，
所作承诺祈应从。
对着行者露慈意，
所托事业俱成功。
授位词为：
大乐普贤佛母山，
悲悯好比旭日旋。
正值韶华时紫艳，
佛光一临现金刚。
天女之城令人悦，
曼达罗女显仙姿。
天地艳美都属你，
异常美艳耀世间。
十二合时因缘满，

世间地母须幻显。
空行净土哇热哈，
授位各位列仙班。
异常勤劳智慧火，
圣法大乐之根源。
世间中道清净境，
地道苦海使者岸。
因处末法唯相期，
如法修持然障现。
使用权势办事业，
授位护僧之母仙。
总之三时皆依你，
无时明觉一味潭。
坚守无别之承诺，
明示诸大成就愿。
圆满空成四事业，
四大祷祀成果遍。

委托事业词为：

十力圣人释迦王，
教证二法辉迦言。
法脉相延众僧伽，
盛赞稀世三宝传。
正教法王三祖孙，
开辟显密二法坛。
经典法轮静修处，

充当施主作护监。
皈依三宝为上师，
尊崇世间诸正见。
祈愿无疾得享福，
崇法心愿得实现。
人世顽疾与饥荒，
霜雹霉旱皆消除。
风调雨顺人畜旺，
幸福圆满逢喜宴。
尤以吾等师徒供，
六根遍显诸心愿。
所欲世间诸功德，
盛似如意瓶树般。
法性自然无动摇，
邪导魔障灾三难。
诅咒放蛊等恶业，
金刚利器彰威严。
世间八难十六畏，
消尽扰幻等违缘。
以使审及惯事福，
状如碧空月上弦。
居业悠闲吉祥顺，
旅业河道消匪患。
如何发愿结何果，
一一顺应尊宝鉴。

第 八 章

羌纳乡山水文化

第 一 节　羌纳乡乡情

　　羌纳乡位于米林县城东南方约 43 公里处，地理坐标为北纬 29°4′，东经 94°5′，平均海拔约 2900 米。因为羌纳山地处雅江南岸，故名羌纳，意为阳山（此地以雅隆藏布江为界，在江南米瑞和江北有羌纳、羌嘎两座山，意即阳山和阴山）。镇域西接米林镇，东邻丹娘乡，南与墨脱县接壤，北面隔着雅鲁藏布江与巴宜区米瑞乡对望。

苯日阿妈神山　洛桑顿珠摄

第 二 节　　神山和圣湖

一、苯日阿妈神山

色沃村的西南方向有一处山包，称为苯日阿妈神山[①]。若转此小山100圈，其功德等同于转巴宜区的苯日神山一次。在苯日阿妈神山附近曾有一座佛殿，现今只存一片废墟。

二、吉伯[②] 圣地

米尼村山沟里有处叫吉伯的圣地，此处有一块枣红色门形的岩石。传说，该石是吉伯圣地之门，因为迄今为止没人能开启该圣门，所以，圣门钥匙尚在此风水宝地伏藏。

三、才巴修行地

才巴修行地或修行洞在羌纳

乡政府驻地西约6公里处的才巴村的后山上。史载：莲花生大师在此闭关修行的时候，某天，听到外面有只乌鸦在叫唤，当大师走出洞外准备探究时，将法杖忘在了洞里面。于是，大师让弟子去拿法杖，弟子进洞后惊奇地发现法杖已经变成了一棵巨大的柏树。弟子赶紧向大师禀告，大师听后感叹："这是才巴。"意为增长寿命的缘起。从此，该修行洞被称为才巴。民间的传说是：莲花生大师在此修行洞里修成了长寿法，想要传授长寿佛灌顶，但是，只有一位年迈的老人家和一位年幼小男童前来接受灌顶。于是，大师把所有的长寿丸都抛向天空，在长寿丸落地处长出了一片桃林，这些桃树所结果实比其他任何地方的桃子味道更佳、营养更好。

关于桃林也有一个传说：某天，一位牧马人在找马的时候路过此地便摘了几个桃子。吃了之后惊喜地发现所有桃子都无核，

[①]　苯日阿妈神山，是苯教徒最崇拜的神山之一。

[②]　吉伯，是快乐之地的意思。

才巴修行地　洛桑顿珠摄

好奇之下他装了一袋子的桃子带回家，当他再次来该地时却发现再也没有桃树了。

四、结果拉热[①]

结果拉热在羌纳乡结果村内。据传，觉沃颇拉协嘎是米尼和结果两村的地方神。过去，每年藏历五月十二日噶厦政府的官员要在此举行祭拜仪式。当地老百姓无需向噶厦政府交其他差税，只要按照噶厦政府的指示，做好祭神活动即可。附近曾经有一座佛塔和一座石碑，据说是莲花生大师降妖伏魔时曾将妖魔绑在此碑上，因此碑上面有刀和矛的天成像。

山沟里有一个叫作堆隆扎普的岩洞，朝向东方，约有两层楼高、7根柱子的面积。从岩洞向上爬15节梯子就可以到马头明王的修行洞，据说，若转此修行洞7次就等同于转杂日神山1圈的功德。每年藏历五月十五日南部瞻洲烟祭节[②]时如果在此举行煨桑祭拜仪式，并念诵莲花生大

---

① 拉热，意为地方神或地祇的祭祀点。

---

② 南部瞻洲烟祭节，是藏历每年五月十五日，在拉萨等地郊园林间举行的烧香拜佛节日，主要来源于莲花生大师时期的祭拜习俗。为藏传佛教四大供养之一。

892

结果拉热　洛桑顿珠摄

师心咒，岩缝中就会流出甘露。

觉沃颇拉协嘎神供养祭拜文为：

喂，居住在三千世界各地各方的土地神、龙王、山神以及各路神仙及眷众，瑜伽我等今天特别来迎请！具备广大神力、身为下地之主，分辨善恶之事，并居此地的神仙，特别是居此殊胜之地的觉沃战神嘎布切。瑜伽我等今天特别来迎请！恭请诸神光临！

为诸神供养物品有：上等米和谷类青稞等、上佳家畜牛羊等、上好武器彩箭等、三白三甘及圣药；另加燃烧各种香木、纸钱铜钱、彩色毛、生熟参半之炒麦、干净无垢之圣药等。上述物品，我等心甘情愿做奉献！

三世诸佛谛力敌，禅定咒语加持力，也一并供于汝等五官之前，请享用妙欲得满足！

恳请满足我等之愿望：远离疾病和战争，去除冰雹、旱涝等灾害，护佑家人福禄及健康，赐予财富有成就。吉祥！

五、嘉岩洞

嘉岩洞在羌纳乡岗嘎村东南方的山腰上，传说是唐东杰波大师挖掘铁矿的地方。在村子周围还可以发现唐东杰波留下的炼铁池和废弃的铁渣。在村子东面有邬坚莲花生塔，南面有上师佛塔，业障清净者可以从佛塔里见到劫火。据说，莲花生大师曾用神通拴住了太阳，在此降伏了怨鬼，并一天之内修建了9座佛塔，以此镇压9怨鬼。其他7座分别在扎西绕登乡的彩门村、多卡村、南伊乡的才召村、羌纳乡的才巴村、巴宜区的喇嘛岭寺和甲日卡村。莲花生佛塔的上面有莲花生大师伏藏泉水，据说，若喝此泉水就能得到平息战争之功力，并且有助于身心健康。在村

中曾经有一座静猛百尊佛殿，后来该佛殿被毁坏，现只剩下一堆废墟。

六、鸟头圣湖

鸟头圣湖在羌纳乡达泽沟（当扎村）里。因湖形呈鸟头状，故称鸟头圣湖，并被视为圣湖。传说，此湖是吉祥天女护法神的魂湖，因此当地群众于每年藏历五月十日在此要举行供奉仪式，并拜湖、转湖。

第 三 节　　圣地与佛塔

一、莲花生大师佛塔

莲花生大师佛塔在羌纳乡米尼村的路边。传说，莲花生大师在降伏魔王亚恰纳布时，魔王逃往下工布岗囊地方，大师入神禅定，勾住魔王，并在湖边燃起火堆，欲烧魔王。此时魔王说道："烟雾遍及天空下，化身成为乌鸦身，享用生灵肉和血。"众生苦苦哀求莲花生大师。为了满足

众生的需求，大师施法让魔王身体变成虱子般大小。以此谛力，魔王获得了虱子般的蚊蝇身。在焚烧魔王的烟雾遍及地方，便有虱子般大小的黑色蚊蝇。后来佛塔被毁坏，只剩下了遗迹，据说从此，上下工布地区就有了虱子般的蚊蝇。

二、三座古如佛塔

三座古如佛塔主要指米林

岗嘎村的夏隆古如佛塔　洛桑顿珠摄

县羌纳乡岗嘎村的夏隆古如佛塔、扎西绕登乡多卡村的古如佛塔和巴宜区布久乡甲日卡村的古如佛塔三座佛塔合称，属藏传佛教宁玛派圣地。据说，倘若一天能转完三处古如佛塔圣地就能获得长寿功德。因此，平日转经的信徒是连绵不断。

多卡古如佛塔在多卡村西南方同的山脚处。在此可以升见到三座佛塔。岗嘎村的夏隆古如佛塔在岗嘎村北面半山腰上。据说，此圣地是莲花生大师的圣地，之前有座佛堂。佛堂的主供佛是莲花生大师和金刚手。佛堂外有忿怒莲花生大师和金刚手的石像。甲日卡古如佛塔在甲日卡行政村西南方

向的山坡上。有关这三佛塔的形成有两种说法：第一种说法是，莲花生大师为阻止地祇、龙妖和山妖加害人类，用神通拴住太阳，一天之内修建了三座佛塔，即上述三座佛塔。第二种说法是，莲花生大师为降伏九魔王，用神通拴住太阳，一天之内修建了三座佛塔。

据传，三此古如佛塔上的黄土，可治愈痘子或皮肤病。三座佛塔上方均有一眼莲花生大师掘出的泉水，据说，用此水洗浴之后可以治愈眼病和皮肤病。总之，由于此三座佛塔都具有大加持力，人们未曾得过龙病等恶疾。

每年藏历一月五日，信徒们

895

参加望果节活动的群众　普布多吉摄

不约而同地聚集在岗嘎的夏隆古如佛塔前进行煨桑供奉等仪式，然后转佛塔，饮泉水，来消除身、语、意的罪孽。从藏历六月四日开始，米林村举行为期3—7天的望果节煨桑祭祀活动，主要念诵极乐世界愿文和六字真言。藏历每月十日或二十五日摆供品进行祭祀，若未摆设就念诵莲花生大师心咒及供灯愿文。藏历五月十五日世界烟祭日那天，来自四面八方的近千名信男善女聚在一起，在此举行隆重的煨桑和朝拜。早晨念诵《烟祭神山》祭拜煨桑来祈福世界和平共处，同时会迎请宗教人士来举行相关法事。男女一起念诵数遍《共同创造诸因缘的悦众神烟祭文》。

烟祭神山口诵正序：

嗡啊吽！

望果节时的药神与护法扮相　普布多吉摄

空悟有寂皈依总精华，
威严持明莲花骨鬘力。
汝身俱全一切佛坛城，
为度众生虔心而皈依。
发心献词为：
桑煨智慧光芒明点中，
众生清净三障身与语，
意之精华任运四相显，
虔心为获童子宝瓶身。
自生法词为：
本净法身空性无障碍，
莲花至尊肤白透红颜，
威严本相手持金刚颅，
美若红莲点缀圆满池，
无二誓盟诸佛总集身，
成为轮回涅槃总主人。
嗡啊吽！
班杂古如白玛斯底吽！
一切世间妙欲誓言物，
□□□□□□□□□□，
万物供养满足诸愿望，
上师本尊空行及护法，
十方诸佛坛城诸度母，
世间刹主六道冤债客，
疾病魔障形成之根源，
噩梦邪兆诸般不吉利，
恶主妖魔男鬼与女魂，
大鬼小鬼妖魔众鬼等，

命债红色火焰之上烧，
各自如意所欲为诸法，
永世长存犹如天空间，
妙欲功德至上且无漏，
吾于三世所造诸罪障，
偷用三宝超荐诸财物，
以此火供祭祀得清净，
桑烟遍及世间尘埃中，
供养普贤香火无穷尽，
祈愿遍及一切佛净土。
智慧烈焰五光称供云，
遍及六道众生无间狱，
三世轮回成就虹化身，
众生现证菩提成佛陀。
嗡啊吽！
三身清净器世无量宫，
法报化身万物诸形体，
化为甘露彩虹满虚空，
轮回涅槃无漏甘露精，
开无障地以束五个日，
皆能成为宾客作回向。
地道果位功德得通达，
见修行之障碍皆消除，
奇异普贤密意虚空中，
祈愿获得童子瓶身位。
轮回大海彻底枯竭时，

色究竟天①莲花祈成佛!

蕴界光彩火供燃荣耀,

白甘菩提火供燃空乐,

空性慈悲火供满法界,

万物生灭金刚五光源,

圆满等觉成佛而火供。

过去一切业债消除尽,

现在不住心性发忏悔,

祈愿未来不为障碍轮,

别解脱和菩萨及持明,

律仪学处密宗誓言等,

知与不知统统发忏悔,

病魔晦气污垢愿清净,

饥疫战乱诸事愿平息!

边人踏入中部不迎接,

迎请修法上师除障碍,

加持藏地吉利得清净,

凶曜龙王夺命也消除,

八难十六畏惧得消除,

吾等众生不吉也消除,

怨鬼诸魔力量也消除。

萨嘛呀!

结行词为:

供养诸佛愿欢喜,

护法心愿愿满足,

六道愿望望实现,

仇恨冤债得消除。

二种资粮获圆满,

二障习气净清除,

法身获得世间殊。

以此广大布施力,

为利众生天成佛,

此前佛陀未度者,

加持众生得解脱。

无惧魔鬼其无敌,

不怕地聋满空虚,

凡人时常慈悲度,

夜以继日修佛书。

以此善业诸众生,

福德智慧粮满屯,

福德智慧所生起,

祈愿获得殊胜身!

不被勤奋所污染,

如意宝树如意藤②,

满足众生诸愿望,

心事圆满吉祥呈!

如此赞颂,

一切吉祥!

---

② 如意宝树如意藤,由古印度善自在王著。书中用诗歌体裁描述释迦牟尼宿世为菩萨时行道经历,内分108枝。13世纪时,印度诗人拉喀迷迦罗及藏族译师匈多吉坚赞译为藏文并校正。

---

① 色究竟天,《佛学大辞典》载:第四静虑之第五净居天为色究竟天。

898

第 九 章

丹娘乡山水文化

第 一 节　　丹娘乡乡情

丹娘乡在米林县城东面 69 公里处的雅鲁藏布江南部和喜马拉雅山脉北麓。地理坐标为北纬 29°28′，东经 94°45′，平均海拔 2900 米。丹娘乡东连派镇，西接羌纳乡，北临雅鲁藏布江，南与印度非法占领的藏南地区接壤。

关于丹娘地名的来源史书中有这样的记载：古时智美更登王

由智美更登王子取名的丹娘山　曲尼多吉摄

丹娘秋季风光　曲尼多吉摄

子被流放到哈相妖魔山。途经此地时，他问佣人："还有多长的路。"佣人指着前方的哈相妖魔山说："就在那里，快到了。"一路上的颠沛流离，听到终于要到了的消息，喜出望外，说了一句："没有比这更好的消息。"于是，此地被称为丹娘，意为好消息。

第 二 节　　圣地及传说

一、桑巴吉玛拉山

桑巴吉玛拉山位于丹娘乡桑巴村西面不到一公里处。传说，此地有一户人家靠制造沙罐为生，但此地极度缺水，而且，当时桑巴吉玛拉山只有制造一只陶罐的沙量。途径加拉山口的一位瑜伽师向当地百姓讨要水喝，因为当地缺水，无人满足他的要求。瑜伽师不知实情，心想此地的人太吝啬，连一口水都不肯给，于是他诅咒道："此地的这一陶罐沙子能够沸腾不息。"后来咒语应验，形成了现在的沙丘。还有一种说法是，桑巴吉玛拉与杂日神山山脉相通，山底下

桑巴吉玛拉山　普布多吉摄

有莲花生大师伏藏的牛轭。因此，当地信男善女经常在此山转经膜拜。

二、桑巴白色公鸡

桑巴村附近山腰处有一块公鸡形状的白石头，被称为桑巴白色公鸡。传说，从前村中有户人家，家中只有母女二人。由于她家白色公鸡的加持，地里的庄稼总是收割不完，母女二人年年有用之不竭的粮食。因此，母女俩也越来越变得懒惰，不想做农活，甚至秋天收割时，收一部分庄稼，放火烧一部分庄稼。白色公鸡看到此情，心里非常难过，于是，从田里飞到了山腰处。

第 三 节　　烟祭文

根据伏藏《送神香火仪轨》记载，祭祀的仪式如下：

首先选一非常干净之地，摆上三白三甘①的供品，有红色朵

---

① 三白三甘中，乳汁、酸奶和酥油为三白，冰糖、蔗糖和蜂蜜为三甘。

玛食子及酒肉，并备有糌粑糕、香粉、青稞、药材、奇花异卉、骏马、山绵羊、牦牛、犏牛、蛙蛇、滕、青竹、柳树、蒿草、杨树、杜鹃花、沙棘等必需品。然后举起刀枪，舞起经幡，敲锣打鼓奏美乐，供上各类供品。

实施的场所要选择在纯净的山顶之上，用干净的白布作垫子；将供品盛于干净的供养器具里，供用6种良药和珠宝制作的甘露丸，或者圣药三白三甘等无上瑜伽之所喻供品，用糌粑、酥油以及纯净之水，揉成朵玛食子供品，其顶端贴椭圆形的4片白色酥油花瓣，其中部用莲花花瓣环绕，其下部叠成四角白色供品，另外，其顶端插上12个心脏形状的红色糌粑团，再作12个三角形的红色朵玛食子供品，中间大的三角形朵玛食子供品供给唐拉神，右边羊头形的朵玛食子供品供给地母神，左边椭圆形的食子供品供给怙主。祭台左右两边摆设吉祥八宝等供物；战神供品摆放盔甲、五彩神箭和铜镜；四周竖起经幡，由祭师在前面敲鼓，煨桑助手协助煨桑，祷词如下：

观想自己为莲师，
藏香水酒持供品，
一切所愿得实现，
意化供品宝藏出。
观想天地皆呈圆，

祭祀神山时的鹰舞 普布多吉摄

点燃香木煨桑烟，

妙音连连祈祷意，

恳请加持获佛缘。

祭祀逐渐进入仪轨。首先为《八大法行①善逝集》皈依，伴随的美妙乐器唱如下献词：

吽！自然任运成本身，

大日佛旨光明意，

慈悲心将诸众生，

佛法上师我皈依！

自显智慧之身体，

不离一心之密意，

赐予加持除诸障，

佛法上师我皈依！

誓言戒律洁身体，

大慈大悲之密意，

取舍善恶赐成就，

空行母众我皈依！

皈依，皈依，皈依！

忏悔一切之恶行，

为使佛果报众生，

生起大愿菩提志，

为使众生得超生。

行那甚深密宗意，

圣义离戏菩提心，

自然天边修空明。

发心，发心，发心。

上师善逝降空行，

莲花座上安乐身，

身语意齐示虔诚！

供奉里外诸供品，

忏悔无始十恶②身，

三世③善业当随喜，

请为解脱转法轮，

众生怙主不涅槃，

三门④善业为菩提，

祈愿众生证三身⑤！

吽！三千世界绝妙香，

藏药圣水作琼浆，

如意云中降甘露，

一切污垢荡无疆。

吽！八辨莲花宝座上，

业地颂有日月明，

己为金刚萨锤身，

纯净一面双臂尊，

---

① 八大法行，指宁玛派生次所修出世五法行和世间三法行。前五者为妙吉祥身、莲花语、真实意、甘露功德、橛事业；后三者为召遣非人、猛咒诅詈、供赞世神。

② 十恶，即十不善，杀、盗、淫、妄语、离间语、恶语、绮语、贪欲、瞋、邪见。

③ 三世，是前生、今世和来生。

④ 三门，指身、语、意或者行动、言语和思想。

⑤ 三身，指异熟身、习气身和意生身。

祭祀香火仪轨　普布多吉摄

金刚铃杵执胸前，
金丝绸缎装饰屏，
头顶蓝色普贤帽，
妙相佛母行双运，
身具静猛自尊佛，
恰似水中明月形。
嗡班杂尔萨埵吽！
六枝东部莲花处，
住有释迦牟尼尊，
双手摄地执钵盂，
吉祥妙相最动人。
双手合十中为空，
白色"啊"字执手心。
翁萨拔瓦旭达，
萨瓦达玛，
萨拔瓦比旭夺捏哈！
三念此咒之功德，
清净情器执手心，
器中自有莲枝展，
交织大日如来佛。
手持法轮金刚铃，

相好圆满庄严呈，
手结指尖之手印，
光照情器颜色青。
七念此咒之功德，
情器善业如日增，
此之边界莲枝上，
甘露旋幻蓝色神。
十字金刚及铃持，
相好圆满庄严呈，
双手微开手印中，
红色光芒甘露霖。
七念此咒之功德，
情器无漏化甘霖，
甘霖边界莲花处，
住有如来号宝生。
手持珍宝金刚铃，
相好圆满庄严呈，
施愿印与黄色结，
无勤获得大光明。
七念此咒之功德，
一切获得众客宾，
宾客旁边莲枝展，
住有不空成就尊。
手持宝剑金刚铃，
相好圆满庄严呈，
手持施愿印中间，
蓝色光芒悦客宾。
七念此咒之功德，

一切满意众客宾，
宾客旁边莲枝展，
大雄金刚青红分。
手持金刚铃与杵，
相好圆满庄严呈，
红色接指手印处，
光芒聚集四客心。
七念此咒之功德，
息怀增诛事业成。

以上为加持。第二是正行：
伏藏典籍记分明，
此后供养为正行，
自己观想莲花意，
再迎四方之贵宾。
递次供养讲先后，
食供摆呈分主尊，
神水新水清净水，
粉面青稞谷物珍，
倒入火塘祀神灵。

观想自己受戒者莲花生大
师为：
莲花日月宝座升，
三世一切佛陀尊。
左侧大意之持明，
右边神像莲花生。
身色红白跏趺坐，
状为佛祖八岁身。
有着黑色咒师服，

有穿红色伽装僧。
右手金刚胸前置，
左手颅器手放平。
头戴莲花之冠冕，
上饰各种之宝珍。
具大光芒和神威，
本续上师本尊神，
空行母与伏藏主，
一切随从绕环形。

迎请智尊如下：
吽！邬坚刹土西北境，
莲藕莲叶莲花芯，
无上胜妙成就者，
世称圣名莲花生。
空行眷属众围绕，
我随修持伴至尊，
为赐加持祈降临，
莲花上师成就神！

观想誓尊和智尊双合供养法：
吽！花卉香料及油灯，
摆满珍馐祀神灵。
幔帐胜幢和法衣，
经幡宝伞诸乐等，
各种花卉与珍宝，
有色有香还有形。
正法合以慈悲心，
难思供品堆如云。
根本传承诸上师，

本尊静猛诸本尊，
法主大勇空行众，
四方地祇护法神，
祈赐身语意成就于我等。
嗡啊吽班杂古如白玛斯地吽！
源流供养：
瞻部藏地之中心，
赞普赤松德赞① 尊，
当年修建桑耶寺，
地祇鲁赞心不平：
白昼修建夜间毁，
山石滚到山脚根，
平地土石搬山上，
一切花草尽火焚，
疾病灾难连连降，
眼看王寺修不成。
无奈王臣共商讨，
决计迎请莲花生。
扎玛桑耶之地方，

无上尊者莲花生，
兴建金刚杵坛城，
降伏一切恶魂鬼，
供养佛法僧三宝，
天神与那护法神，
地祇鲁念一切供，
完成桑耶大法轮。
君臣万民得安乐，
王臣寿命得增岁。
鲜花烂漫累硕果，
功德昭彰照汗青。
尘世渡劫之所需，
后世诸多修行人，
祈愿承办诸事业，
遵守佛陀正法行。
消除修行诸障碍，
护法破魔扬名声。
修建佛殿及佛塔，
除污防止恶疾生，
修建庙宇求吉祥，
奔波四方弘佛法，
踏遍江河与山川，
千辛历经始成果，
谨此供养，
望能遂愿！
吽！奇妙无上正果成，
四方怙主莲花生，
解疑释难乌仗地，

---

① 赤松德赞，吐蕃王，其父亲是松赞干布后吐蕃第四代赞普赤松祖赞，其母亲是唐皇女金城公主。于阳水马年鬼宿八日出生。赤松德赞17岁之前以办理国事为主，之后圣者种姓得以觉醒，决定修建佛寺，与大臣郭氏商量巧使方法，使得所有大臣都同意修建佛寺。迎请了大亲教师静命大师，又按照静命大师的提议，迎请莲花生大师入吐蕃。

获得成就印寒林。
雪域之地兴正教，
西南之界摄妖精。
不入涅槃佑众生，
三身金刚忿怒尊，
三世思念至尊师，
吾与上师无区分。
在此清净佛国土，
不变天成莲花神。

上师本尊空行母，
佛祖正法比丘们，
息增怀诛诸本尊，
内外诸多护法等，
密宗持明众天神，
过去未来及当今，
天神护法具誓者，
夜叉飞天及空行，

世间众多殊胜地，
具大加持宜修行。
以及地上或地下，
一切地祇或地神，
从属八大部众等，
遍及大千神力人，
九大天神九山神，
寺院以及参禅境，
所有严厉护法神，

食香瓶腹及空行，
应供一切众嘉宾。
消除佛法之魔障，
降伏一切妖魔群，
解除一切恶疾等，
回向一切良愿景，
迎请众神祈降临，
且能享用供奉物。

正法兴盛如意呈，
祈能实现诸愿景，
祭祀祷词为：
煨桑圣物源何处？
煨桑圣物天上来。
天公雷声轰隆隆，
大地电闪势如摧，
男体如骏肤如雪，
大海本是水之积。
其有玛旁雍①水滴，
是为珍贵药材力。
焚烧一切香火祭，
乃是甘露树香气。
金叶闪闪桦树耸，
绿叶葱葱青松立，
斑斑点点杜鹃花，
野蒿香树及芦荟，
乃是甘露树香气。
药供以及美酒供，
只为祭祀众鬼魅。
佑主无上功德田，
本尊传承上师供，
缘法功德具备之，
祭祀本尊诸神众。
过去现时与未来，

三世诸佛同祭祀，
满天佛陀一念中，
五方诸佛皆献供。
三怙主等诸菩萨，
一切菩萨皆献供。
无上导师佛祖供，
无上救护正法供，
无上引导比丘供，
无上三宝一起供。
四十二位静神供，
猛像奇妙神献供，
五十八位怒神供。
文殊之身神众供，
莲花之语神众供，
真实之意众神供，
最胜功德众神供，
圣概事业众神供，
甘露明王众神供，
差追非人众神供，
上师持明众神供，
世间诸神众赞供，
猛咒诅詈众神供。
七十二种怙主供，
满天天神俱献供，
布满空间念神供，
挤满大地龙神供。
具戒天龙八部供，
消除战争非天供，

---

① 玛旁雍，指玛旁雍措，湖名。在西藏
阿里普兰中部。

黑色吉祥天母供，

亿万天女眷属供，

永宁十二地母供，

内外密咒护法供，

持明传承护法供，

上师传承护法供，

父续传承护法供。

寂静护法念神供，

齐阿噶噜护法供，

大梵天等八天供，

天空八大星曜供，

昂宿诸等星宿供，

龙界无边众神供，

香食等众土地供，

内外密等护法供，

一切战神①俱献供，

远古祖神战神供，

五行形成战神供，

世间白色天神供，

十八欲界匝神供，

人成空性战神供。

九欲形成战神供，

无敌三位战神供，

祖辈传承战神供，

氏族献供战神供，

外祖传承战神供，

木氏传承战神供，

祖氏传承战神供，

原始六氏②战神供，

父氏亚拉六神供，

母尊杰母大神供，

曼尊德木白发供，

王族十三战神供，

远古形成③战神供，

天密金刚善神供，

巴瓦七位兄弟供，

三百六十玛氏供。

南瞻部洲小洲供，

三百六十龙族供。

西部念青唐拉④供，

三百六十神众供。

北方拉尊布拉供，

三百六十赞神供。

---

① 战神，是佛教上的好战的神。

② 原始六氏，是神话传说中由猿繁衍而来的吐蕃远古六氏族。即色、木、董、东、燕和扎六氏。

③ 远古形成，指远古形成的世间九尊，藏区九山神。神话传说中，沃德贡杰雪山有八子，即八座雪山：雅拉香布、念青唐拉、玛卿本惹、交钦董惹、干波拉杰、肖拉纠波、觉沃余杰和修喀惹。这八座雪山位于上区阿里三部、中区前后藏四翼和下区朵康六岗，即位于藏区全部。

④ 念青唐拉，雪山名，苯教、佛教徒视为神山，在拉萨当雄县境内。

东南与那西北神，
一切佑主战神供。
玛热其与姊妹供，
雅拉香布①山神供，
沃底贡杰②山神供，
古拉格左等神供。
阳神白色拉乌供，
天年众神莲花生等，
三界③龙王地神供，
威猛男神战神供，
居于大地诸神供，
居于宫堡众神供，
嘉雅江色等神供，
居于炉灶灶神④供，
居于大路路神供。
烟气飘散到空中，
遍满虚空众神供；
烟火烧在天空中，
布满天空神明供；
火焰照亮天地间，
布满大地神明供；

火焰犹如天霹雳，
消除一切妖魔众，
狂风卷起天地灰，
妖魔身碎如土同。
外器世间天神供，
花草树木诸神供，
内情众生诸神供，
安居右边神献供，
居于左边诸神供，
居于阴阳地神供。
后世传人护法供，
木氏传人护法供，
祖氏传人护法供，
大千世界空行供。
牛毛大棚诸神供，
青稞神明亦供奉，
马鞍有神宜献供，
怀神战神亦同供。
附于己身战神供，
附于友身战神供，
降敌战神也要供，
壮年战神更要供。
亲近战神必须供，
三百六十善神供，
二百五十巴玛供，
一百八十威玛供。
无中生有战神供，
远古白色拉隆供，

---

① 雅拉香布，雪山名，苯教、佛教徒视为神山，在山南琼结县境内。
② 沃底贡杰，雪山名，苯教、佛教徒视为神山，是山南桑日沃卡地区所属的雪山。
③ 三界，是欲界、色界和无色界。
④ 灶神，藏民族信仰中认为火、灶都有守护神。

威震四洲战神供，

身语意之战神供。

祖辈兴盛子女供，

母系怀胎药神供，

断界善道神祇供，

寿辈传承神祇供，

木氏传承神祇供，

祖氏传承神祇供，

原始六氏战神供，

藏地十三古神供，

天上白色帝释①供，

地上黑色帝释供，

空中花色帝释供，

内外中间赞神供，

神殿赞妖神祇供，

神族忿怒王供奉，

三百随从小神供，

须弥之山地神供。

住于金山山神供，

住于七乳海神供，

阿里三围②刹神供，

卫藏四茹③刹神供，

朵康六岗④刹神供，

底斯雪山⑤山神供。

住于六沟众神供，

住于虚空众神供，

住于地上众神供，

土地神及眷众供，

地上天女地母供，

执地大手神祀供。

十二年轮众神供，

九大迷宫众神供，

地祇龙念千神供，

阳神战神一起供，

阴神问卦神献供，

战神念神一起供。

指引财宝神献供，

三百六十敌神供，

开胃舌神请受供，

---

③ 卫藏四茹，指伍茹、约茹、叶茹、茹拉，是吐蕃时期的牟政一体化的行政建制。

④ 朵康六岗，指塞莫岗、察瓦岗、玛康岗、勃波岗、玛杂岗和木雅热埔岗。

⑤ 底斯雪山，指冈底斯山脉，在喜马拉雅山脉之北，发脉于昆仑山脉，南行复折而东进，蜿蜒至林芝。其主峰在阿里地区普兰县境内，通称为"灵雪山"即岗仁波齐，是著名苯教、佛教圣地之一，每年由国内外前往朝拜者甚多，尤以马年为更多。

---

① 帝释，梵音，译作乔尸迦、因陀罗、三十三天王。欲界每第二重天界之主。

② 阿里三围，一般指湖水围绕的芒域、土林围绕的古格、雪山围绕的布让三地。

威玛① 三百六十供，
慧眼三百六十供，
三百六十驼牛供，
三百六十牧童供，
昼夜转动太阳供。
夜间值巡明月供，
吾等献供众眷亲。
请预保佑做伴人，
破除一切魔障碍。
顶礼供养祷词为：
成为一切众生主，
能胜一切释迦尊，
至尊五姓如来佛，
顶礼膜拜供一切！
五种佛母宝鬘尊，
顶礼膜拜供一切！
位于十方一切佛，
顶礼膜拜供一切！
过去现在未来佛，
顶礼膜拜供一切！
静猛一切诸本尊，
顶礼膜拜供一切！
三怙主及众眷属，
顶礼膜拜供一切！
圣尊独觉佛等尊，
顶礼膜拜供一切！

饥光尊者罗汉等，
一切声闻大尊者，
迦诺迦跋黎堕等，
十六罗汉大尊者，
虚空藏等众菩萨，
顶礼膜拜供一切！
法身普贤如来王，
一切本续上尊者，
恩扎菩提为首要，
八大成就者尊前，
龙王菩提为首要，
八十成就者尊前，
龙树菩提为首要，
二圣六庄严② 诸尊，
文殊身与莲花语，
金刚杵及事业神，
八大法行诸神灵，
顶礼膜拜供一切！
西边乌仗为首要，
八大寒林之上空，
一切空行母群前，
顶礼膜拜供一切！
圣地以及附近地，
二十四地空行母，

① 威玛，是一位战神。

② 二圣六庄严，二圣谓精通佛教最胜根本即戒律学的两大论师释迦光和功德光；六庄严谓龙树、圣天、无著、世亲、陈那和法称。

以及护法守土神，
顶礼膜拜供一切！
尤其众生启佑师，
邬坚莲花生大师，
顶礼供奉一切物！
祈愿满足一切愿！
敬供正行为：
一切花卉与香木，
食品乐器和朵玛，
一切悦神之香供，
一切过去及未来，
一切护法诸神明，
天龙夜叉食香等，
一切食供示敬意，
甘将血肉敬奉您，
黑色具善诸护法，
玛哈嘎啦众姊妹，
丰盛甘露血与肉，
盘旋空中之大鹏，
甲外双衙等食子，
黑鸦狗狼与棕熊，
眼见各类梵香等，
密主屠夫罗睺罗，
红黑具誓护法等，
供养具誓众护法。
鲜花供奉众天神，
三白朵玛供龙神，
三甘绸缎供年神，

金银珠宝供刹神，
宝瓶供给众天女，
鲜肉朵玛供阎王。
腹行瓶腹及非人，
大鹏鸟等供朵玛，
夜叉风神仙人等，
金银金玉滕竹供。
居士鲜肉酒来供，
妖魔以及天神众，
冤亲债主众敌神，
各需朵玛来敬奉。
八种妖魔神族等，
替身物品来敬奉。
水中八大龙族主，
海马装扮来敬奉。
悬于空中八大曜，
青稞黑羊心来敬。
空中二十八宿星，
金银珠宝粉来敬。
▯▯▯▯▯▯▯
驱魔糌粑团来供。
一切诸部护法神，
各部均需朵玛供。
四门护法及左右，
珍宝绸缎银圆供。
威严天神众护法，
吾等施主及随从，
护佑断障除不利，

913

吉祥如意得成功。
一切三世之诸佛，
通达证悟菩提地，
天竺东西之大山，
夜叉空行母聚地，
达拉山之地祇供。
金刚座之北方地，
灵鹫山之殊胜地，
以及香满之香山，
一切地祇龙念供。
杂日杂工为首要，
天竺东部众圣地，
一切地祇年神供。
清凉寒林等八处，
八大寒林刹主供，
摩揭陀与羊巴坚①，
王舍城等一切处，
大小城池为首要，
地祇念神众神供。
曼达拉与祁连山，
地祇念神一切供。
无热湖等一切湖，
一切神祇念神供。
冈底斯山为首要，
一切藏地山神供。

无热龙念为首要，
地祇龙族一切供，
甘达拉山为首要，
于阗一切地祇供。
江热幕布为首要，
一切色地神祇供。
还有突厥与象雄，
噶尔廓等边缘地，
天竺汉地南昭国，
尼婆罗与于阗国，
一切神祇地祇供。
为吾施主之所需，
护佑主眷除障碍，
实现心愿得满足，
吉祥如意得圆满。
祭祀战神礼赞：
金刚红岩地之涯，
唯一神祇夏美玛，
坐骑三胜火神骡，
心形小团朵玛供。
玛沁崩热地之涯，
唯一地祇琼尊玛，
坐骑白脸高大骏，
心形小团朵玛供。
良好噶才地之涯，
唯一地祇绿巨母，
坐骑青色大海马，
心形小团朵玛供。

---

① 羊巴坚，一指古印度的广严城，二泛指西藏拉萨市的当雄县羊八井一带。

玛哈德瓦地之涯，
唯一地祇衮扎玛，
坐骑青色大水牛，
心形小团朵玛供。
珞瑜德宁地之涯，
唯一地祇雅玛囡，
坐骑无比母花鹿，
心形小团朵玛供。
昂其德仲地之涯，
唯一神祇雅母斯，
坐骑九头之海龟，
心形小团朵玛供。
尼婆罗之赛普涯，
艾噶扎帝佩髻花，
青龙当作神坐骑，
心形小团朵玛供。
纳兰辛兰地之涯，
唯一神祇门吉玛，
坐骑三胜大神骡，
心形小团朵玛供。
工布工普地之涯，
雪山始祖玉崩玛，
花色猛虎为坐骑，
心形小团朵玛供。
芒隅① 芒定地之涯，

无量光佛为至大，
青壮野牛为坐骑，
心形小团朵玛供。
乌茹中央是拉萨，
北方玛定此安家，
高大野牛为坐骑，
心形小团朵玛供。
修行圣地噶才佳，
沟尾伏赞乃女娃，
白胸棕熊为坐骑，
心形小团朵玛供。
上述一切地母神，
赐福吾等布施人，
心想事成愿满足，
万事如意吉祥呈！
吽！一切藏地之神祇，
一切神祇都敬供，
骑狮护法为首要，
后藏叶茹阴阳处，
一切神祇都供奉，
唐拉巴拉① 为首要，
乌如阴阳刹主供，
香布岗桑③ 为首要，
玉茹阴阳之神祇，
羊卓雍措为首要，

---

① 芒隅，西藏阿里普兰至后藏昂仁、吉隆等县一带与尼泊尔接近的地区古名。

---

② 唐拉巴拉，山名。
③ 香布岗桑，山名。

北方纳木措①湖供。
上部拉轨东孜②供，
沃德贡杰山神等，
娘布沃卡地祇供。
岗布白日为首要，
达布地方众神供。
工尊德木③为首要，
工布地方诸神供。
多吉扎杰为首要，
门隅珞瑜等地神，
古拉卡日为首要，
洛扎地方诸神供。
那索水域居士及，
阿拉堆地土地神，
南部荣拉坚赞神，
荣赞卡瓦嘎布神，
旺神门南八大神，
战神破敌旺秋尊，
幕日母赞为首要，
察瓦岗之神众供，
岗地童拉姆续和，

色之白额老骆驼，
吉之巴贵托布及，
大海八大雪山等，
月之神祇念尊主，
龙王白色佑主等，
天神居士为首要，
觉钦东热为首要，
丹地韦德九大神，
直贡阴阳神祇供。
格措山之旺秀神，
五界神祇地神供。
巴杂仙人为首要，
绷波岗④之诸神供。
东边玛沁崩热等，
三百六十玛氏族，
纳娶四十五位妃，
玛琼阴阳神祇供。
赛茹以及毒海及，
东热湖外加黑海，
达伍之地白盐海，
以及青海湖为宗，
宗喀故里青海地，
五位海底战神供。
格日年布等神明，
宗喀之地众神供。

① 纳木措，蒙语称腾格里海。在西藏自
治区拉萨市以北当雄、班戈两县间，
有波曲等水注入，面积1393平方公
里，为西藏第一咸水湖。
② 拉轨东孜，山名。在西藏日喀则市拉
孜县南部，海拔6457米。
③ 工尊德木，工布地方古神祇，也是西
藏十二护法女神之一。

④ 绷波岗，指今四川甘孜藏族自治州南
部和云南西部一带。

巴与哈拉鲜猛禽，

噶与北方神祇供。

巴德猛勇为首要，

神山圣湖众神供。

玛隆昂地为首要，

玛之地方诸神供。

青壮噶地为首要，

哈哈之地神祇供。

雄地拉拉奇为首，

雅木唐之神祇供。

中央大山为首要，

波山红岩山神供。

波志谢隆曲母等，

卓志玛隆扎三等，

玛卓热颂神祇供。

九眼三四刹主供。

聂贡聂玛为首要，

乃贡阴阳神祇供。

扎玛秃鹜为首要，

德曲神祇年神供，

诸多猛男神魔等，

沃德热松地祇供。

极为凶猛守护者，

嘉木绒①地刹主供。

绛日穆波山②神等，

绛域年布神祇供。

五台山等众圣地，

汉地土地神众供。

东部帕若沃地处，

夜叉食香和天龙，

天空九大天神祭，

地上九大念神供。

吾等施主及眷属，

诸事圆满得成功。

另外三千大世界，

地上地下地之灵，

刹主念神等供养，

居于山的山神供；

居于水的水神供，

居于岩的赞神供；

居于中的念神供，

方土神祇念布供；

居于山口神祇供，

居于神殿神祇供，

居于船桥神祇供，

居于道的路神供；

各具神力及神变，

刹主念布众神祇。

各具领域及威望，

---

① 嘉木绒，嘉木察瓦绒的缩写，是脱思麻地区所有三大谷地中，旧时号称大小金川18家土司所在地区的总名。

---

② 绛日穆波山，是云南香格里拉和丽江一带的一座山。

各具业绩和事业，
此外神祇念布神，
磕头供奉各圣品，
祈福为满心愿足，
回忆曾立誓言真，
享用丰盛供品后，
满足吾等诸愿景。
供养应供诸神祇，
吉祥如意事业兴！
此外应供众宾客，
无法分别各位名，
上师本尊空行母，
护法怙主如海尊，
众神居士一切神，
地神财神和家神，
路神念神其他神，
此外三世父母等，
三界六道众生等，
饿鬼以及厉鬼等，
冤债可怜屈死鬼，
忽然所至之客宾。
不分输赢均有得，
完成各自心愿事。
如此一切宾客众，
各自眼前显现同，
在此奉上众供品，
享用虚空宝藏供，
祈愿各圆自所梦，

供养宾客加持丰。
莲花大师敢为先，
制定妙法供神坛，
修建寺院降魔军，
满足赞普之心愿。
吾等法事付心声，
吾等施主及眷亲，
护众除魔息灾障，
福禄寿喜俱降临。
美名厚利皆获得，
时常带头作友邻，
出门每逢路通畅，
峭壁狭路顺利行，
获得成就之大事，
居家外出吉祥呈！
神仙护法等一切，
积德行善从业人，
祈愿享用佛法宝，
遵从佛言做明灯。
诸法其真形幻影，
悟透方能清浊分，
不可实执不可言，
因缘和合而生存，
如此了悟诸佛法，
饶益众生不息停。
但有转世为怙主，
诸如佛法和财物，
布施圆满大资粮，

祈愿一切皆成佛！
任运完成四事业，
拥有利他之力量，
加持正果如宝藏，
祈愿获得普贤德！
居家或者出远门，
争辩打斗或战争，
吾等事业皆顺利，
祈愿获得伟业成！
四面八方众神等，
保护世间扬名声，
希望吉祥如意者，
护佑一切诸合生！
诸等神明之跟前，
吾等布施献供品，
若有错乱及失误，
宽恕一切心意全。
若受主人能力限，
宽恕一切心意全。
君行饶益众生事，
赐予随从成就名，
往生佛国净土后，
祈愿二度人间行。
时间飞逝瞬未来，
在座诸君具为尘，
各自往生净土后，
祈愿再度来人间！
莲花生大师所创《大烟祭供

养》毕。殊胜伏藏《礼赞战神·利他》是根据烟祭仪式而作。祭祀者身披铠甲，佩戴弓箭、刀、茅等武器，坐骑系上白色绸缎，摆上红色血肉朵玛食子、矛幡、三白三甘、牛奶、糌粑酥油以及翠玉饮品等供品。之后，执事人让随从漱口净浴后，燃烧香料并抛洒，再用悦耳动听之声，按照密咒音调唱诵，诵词如下：

如意广袤虚空中，
住有大神护贝龙，
口里水汽如风飘，
飘入天空起云涌，
云上水珠自形成，
水积成海气势宏。
甘露大海在荡漾，
浪花泡沫浮其上，
沫上鸟蛋千百只，
色彩缤纷各色样，
黑色鸟蛋所孵化，
铁人铁马各百名，
手持锋利之武器，
皆为黑色魔战神。
请神显灵临此地。
金色鸟蛋所孵化，
金人金马各百名，
手持锋利之武器，

皆为圣者木战神。
请神显灵临此地
绿色鸟蛋所孵化，
玉人玉马各百名，
手持锋利之武器，
皆为先知果战神。
请神显灵临此地。
银色鸟蛋所孵化，
银人银马各百名，
手持锋利之武器，
皆为先知药战神，
请神显灵临此地。
铜色鸟蛋所孵化，
黄人黄马各百名，
手持锋利之武器，
皆为守城堡战神，
请神显灵临此地。
海螺鸟蛋所孵化，
白人白马各百名，
手持锋利之武器，
皆为风水界战神，
请神显灵临此地。
金色鸟蛋所孵化，
金人金马各百名，
手持锋利之武器，
皆为黑头人战神，
请神显灵临此地。

迎请众神后，《礼赞战神》

的所记载的烟祭的步骤如下：
烟祭身语意战神，
烟祭原世祖战神，
烟祭上天诸战神，
烟祭地祇众战神。
烟祭东部洲战神，
白狮绿鬃毛众等。
烟祭南部洲战神，
玉龙人鬃毛众等。
烟祭西部洲战神，
大象金黄耳众等。
烟祭北部洲战神，
林虎绿鬃毛众等。
烟祭战神穹龙狮，
烟祭圆满愿战神，
烟祭欲望源战神，
烟祭火速行战神，
烟祭勇猛之战神，
烟祭降敌之战神，
烟祭除障之战神，
烟祭如愿之战神。

供奉朵玛食子祷词为：
战神法力无边际，
血肉荤红等供品，
三白三甘等供品，
糌粑奶汁等供品，
各样时鲜等供品，
骁勇救世战神供。

听闻之时耳不聋，
招手之时眼不瞎，
诅咒之时力不穷，
降伏敌人大战神，
身之化身如火烧，
语之化身如雷鸣，
意之化身如闪电，
再化钢铁之雀鹰，
白铜大鹏金翅鸟，
犀之黑红雄老鹰，
粉碎降伏众怨敌，
降伏尘埃众敌手。
威严战神亲随等，
盔甲盾矛三兵器，
各类武器之供品，
居于守舍神之位，
上甲犹如猛狮飞，
甲腰犹如银金刚，
甲下犹如鹏展翅，
命山命堡和命顶，
犹如仙妃出嫁状，
四像装饰之命堡，
立于威猛战神位。
头盔四洲四角具，
头盔东部洲之处，
战神蓝衣长翅住，
头盔南部洲之处，
战神白衣怙主住，

头盔西部洲之处，
战神众生降敌住，
头盔北部洲之处，
战神透明燃灯住，
顶部鸟王雄鹰住，
奇特独一之铁帽，
立于威猛战神位。
坚固无比华丽盾，
荣耀尾巴美丽装，
象征天铁火旺状。
盾牌东部洲之处，
善擒长臂战神住，
盾牌南部洲之处，
速行长腿战神住，
盾牌西部洲之处，
负重大力战神住，
盾牌北部洲之处，
透明具光战神住。
各种光芒射网状，
左右丝绸翻滚样，
奇妙无比之盾牌，
威猛战神座基垫。
能招魔障及厉鬼，
朝天矛尖而矗立，
锋利尖锐战神像。
飞幡飘荡在空中，
能招敌魂战神像，
矛尖插在封顶上，

永恒不变战神像，
茅腰握紧双手札，
善斩怨敌战神像，
轻而长的锐利器，
各种绸缎飞幡饰，
威猛战神座基垫。
殊胜白色之弓弯，
秘密细长弓玄上，
安住众多大战神：
威竹神箭之上面，
速疾大力战神住。
大鹏鸟等护三门，
断锋凶猛战神住。
弹之金刚钻石上，
顶尖断锋战神住。
神奇无比之弓箭，
威猛战神基垫立。
砍断敌人命根处，
南迦巴瓦之宝刀，
顶峰乃是烈焰处，
斩断敌命战神住。
把手威严之照耀，
无碍护法战神住。
长弓犹如梵天像，
永恒不变战神住。
能断宝刀如彩虹，
威严英雄之武器，
威猛战神立基垫。

灵壮骏马之鬃丛，
白色护欠战神住。
机灵骏马之耳洞，
无阻耳闻战胜住。
肩臂风旋车轮上，
雪域冰川战神住。
盆腔之下抖动处，
独父赞之游戏住。
奔腾四蹄之下部，
火速具力战神住。
有求必应达四方，
神速如风之骏马，
威猛战神立基垫。
战神须弥大山王，
神兵犹如茂密林；
战神犹如日月升，
神兵犹如满天星；
战神雪山犹如狮，
神兵犹如鬃毛森；
战神犹如林中虎，
神兵犹如虎花纹；
战神犹如金翅鸟，
神兵犹如展翅翎；
战神犹如大苍龙，
神兵犹如雷电鸣；
战神犹如海浪转，
神兵犹如如意珍。
今日世间战神供，

逃之解脱战神供，
追之捕抓战神供，
坚硬盔甲战神供，
坐骑快马战神供，
畅通无阻战神供，
有求必应战神供。

礼赞秩序如下：

喂！礼赞战神及眷属，
犹如太阳照雪山。
礼赞威猛众战神，
雄狮鬃毛耸立般；
礼赞威猛众战神，
猛虎闪烁花斑般；
礼赞威猛众战神，
鹏鸟空中盘旋般；
礼赞威猛众战神，
玉龙天空雷声般；
战神念布证颂言。
礼赞威猛众战神，
盾牌鹰羽插上般；
礼赞威猛众战神，
宝刀锋利无比般；
礼赞威猛众战神，
箭弦用力换弓般；
礼赞威猛众战神，
箭上三羽点缀般；
礼赞威猛众战神，
大旗空中飘扬般；

礼赞威猛众战神，
湖上夏风抚摸般；
礼赞威猛众战神，
城堡飞幡建立般；
礼赞威猛众战神，
阳光照耀天空般；
礼赞威猛众战神，
如此授位又礼赞。
吾等施主及眷属，
行走四方及八面，
成就一切遂缘事，
铲除魔障和敌怨，
成就事业得圆满。

供奉路神为三白三甘、酥油
和糌粑、奶品，祷词曰：

喂！天空白色之巅上，
青色玉龙路神祭，
白色护贝路神祭，
超越障碍路神祭，
瑞雨布化路神祭，
蓝色狼面路神祭，
亲近圆满路神祭，
紫色柔触路神祭，
白色毒蛇路神祭，
成千上万天兵祭，
俗世英雄路神祭，
坐骑速马路神祭，
盔甲坚固路神祭，

法力无比路神祭，
专横路神尊主祭，
江瑟路神吉祥祭。
烟祭汝等众路神，
消除路途诸灾障，
天兵天将为岗哨，
斩除中间作梗鬼，
祈愿消除诸孽缘。

山顶祭祀顺序如下，东西南北方供养朵玛食子，之后中间朵玛食子供养土地神。如此委托诸事：

喂！山口供品东方处，
洞穴雄踞白狮王。
箭矛白幡作点缀，
立在山口当标帜。
吾等施主及眷属，
祈求保佑做护主。
创世形成山口你，
干净祭酒请受供，
山口供品南方处，
洞穴盘踞青玉龙。
箭矛白幡作点缀，
立在山口当标帜。
吾等施主及眷属，
祈求保佑做护主。
创世形成山口神，
干净供酒请受供，

山口供品南方处，
洞穴盘踞青玉龙。
箭矛白幡作点缀，
立在山口当标帜。
吾等施主及眷属，
祈求护佑做护主。
创世形成山口神，
干净供酒请受供，
山顶供品西方处，
洞穴雄踞斑纹虎。
箭矛白幡作点缀，
立在山口当标帜。
吾等施主及眷属，
祈求护佑做护主。
创世形成山口神，
干净供酒请受供，
山顶供品北方处，
洞穴雄踞野牦牛。
箭矛白幡作点缀，
立在山口当标帜。
吾等施主及眷属，
祈求护佑做护主。
创世形成山口神，
干净供酒请受供，
喂！美丽白色野蒿枝，
山口乃是根基处。
箭矛白幡作点缀，
立在山口当标帜。

吾等施主及眷属，
祈求护佑做护主。
创世形成山口神，
干净供酒请受供，
勿转骏马于赞神，
大鹏玉龙和麒麟，
山口标帜处游戏，
雀鹰老鹰与白鹰，
山口标帜处盘旋，
山口之中帜如林。
护贝龙王洞永恒，
东部白狮洞永恒，
南部青龙洞永恒，
西部猛虎洞永恒，
北部野牛洞永恒。
如此四方四神灵，
乃是四门守护神。
百战无畏大战神，
乃是千万兵路神。
英猛无碍大战神，
乃是战场大略神。
凶猛无畏大战神，
乃是神箭弯弓神。
金色锐眼猫头鹰，
乃是引军之路神。
世间传承之山口，
吾今拔箭起嗦声，
念界狼族九亲等，

祈作吾家守舍神。
心想事成满心愿，
斩断从中作祟灵，
消除逆缘与障碍，
委托事业俱完成。
祈祷如下：
雪山雄狮两相依，
凡人战神莫分离；
林海猛虎两相依，
凡人战神莫分离；
岩山雄鹰两相依，
凡人战神莫分离；
草坪驯鹿两相依，
凡人战神莫分离；
清水鱼类两相依，
凡人战神莫分离；
长矛飞幡两相依，
凡人战神莫分离；
弯弓拉弦两相依，
凡人战神莫分离；
头盔鹰羽两相依，
凡人战神莫分离；
神箭与筒两相依，
凡人战神莫分离；
宝剑剑鞘两相依，
凡人战神莫分离；
身与影子两相依，
凡人战神莫分离；

925

威猛严后诸战神，

吾等施主及眷戚，

无论四面八方散，

时常牵念心不离。

（此战神礼赞由莲花生大师撰写，由掘藏师仁增贵典挖掘迎请）。

祭祀财神的祷词为：

喂！

吉祥圣地集一方，

福禄宝库满愿望，

好比磁石吸针头，

欢喜歌舞溢四方。

金胎青颈转轮持，

闻名链条转轮响，

一切福报之资粮，

赐予福禄及声望。

天神聚集甘露多，

龙王头上宝贝广，

人君德比七政宝，

赐予福禄及声望。

白伞金鱼和宝瓶，

妙莲白螺胜利幢，

金轮吉祥结八宝，

赐予福禄及声望。

净饭王子赐吉祥，

加持万物善行降，

吉祥缘起八圣物，

赐予福禄及声望。

人寿年丰事业旺，

权高福重财源广，

祈赐安乐与幸福，

天天盛宴乐无疆。

祭祀战神祷词《礼赞战神》，实施此仪轨前，首先要准备好礼酒武器等，然后诵：

喂！

宇宙最初是混沌，

广衰无物虚空境，

后有八方风聚集，

形成十字杵状云，

云凝得来水露珠，

水珠汇集大海成，

大海之上成凝胶，

凝胶之力成黄金，

黄金地成咸大海，

须弥山从海中升，

七座金山海水围，

其有八洲大小分，

四周铁山作绕城。

须弥山上藏四宝，

南为琉璃东赤晶，

西为生铜北黄金。

须弥山中长宝树，

称为大香圣树名，

果实俱为如意宝。

须弥山王之根部，
居住修罗净心神。
须弥山王之中心，
帝释天之宫殿升。
话说果实如意宝，
福泽天界所有神，
然而树根却延蔓，
非天阿修罗境界。
非天与天争果权，
与天三尊起纷争。
为此惊怒全天界，
天与非天开战争。
天界开始造武器，
阿修罗界炼刀兵。
天界铁匠大师玛，
开炉炼铁并熔金，
檀香灰碳如山积，
智慧火焰在升腾，
大风箱鼓如山大，
炼制金属质地纯。
宝石上置宝石液，
使用铁钳置宝砧，
金色铁锤来炼击，
金刚钻石钻孔形，
琉璃点缀作装饰，
降妖神器盾牌成，
此器须弥山顶造，
称之喀热哈迪名。

同时须弥山腰处，
盔甲一套亦炼成，
帝王黑暗闪其名。
须弥山王之根部，
盔甲一套亮铮铮，
赐予上部所造名。
阿修罗界诸铁匠，
与此同时也炼成，
宝剑名为魔下颊，
能断敌斧长矛等。
天与非天终开战，
寰宇之间起战云，
早晨阿修罗胜出，
天界丧失多天兵。
傍晚天界帝释天，
诚将金刚手邀请。
帝释天向密主道：
如今天界打败仗，
如何解救指迷津。
听言之后密主应，
只缘天界无战神；
若想天界得胜利，
需要迎请大战神。
为使天界得胜利，
请迎如下诸战神。
天空颜色如白雪，
大地颜色似海蓝，
茫茫大海之中央，

927

安坐九座金色山，
打开九座山崖后，
大鹏金鸟盘旋出；
大鹏东南阳面处，
金刚盔甲堆如山。
金刚法器是峰巅，
一切兵器俱泥丸。
手持法器反其行，
为防箭器护胸前，
银白宝刀闪光亮，
护膝防害及自卫，
护脚武器胜众魔，
盾牌红盖六洲众，
无需铁匠自然成。
其中还有众武器，
世间九种武器在，
所请战神转轮尊，
快刀斩断失戒人，
宝剑斩断壮年汉，
弯弓射穿敌脑门，
神箭犹如雷霹雳，
宝索一抛拴敌身，
长矛刺向敌心脏，
坞朵掷石响雷鸣，
此九兵器乃天成。
在此世间之边境，
先辈光芒穿白云，
龙声雷鸣光电闪，

父王神勇降雷震，
母为龙女护贝母，
子乃九尊战神尊，
九神俱是王妃兄：
老大沉稳英雄名；
老二法力降敌将；
老三诨名如雷声；
老四武功盖世将；
老五称为夺人将；
老六严厉断命将；
老七贤者自装身，
老八青色孔雀将，
老九敌药白翅名。
此谓特种九战神，
虽然住于虚空境，
若能为我助战事，
至诚礼请让安身。
战神到后言之道，
帝释天王请聆听：
天界若想胜非天，
向吾战神立德尊，
向吾战神作供养，
向吾战神礼拜行。
听后帝释天答道：
白色彩箭三节藤，
献与战神之手中，
作为战神安住凭。
盾牌雪山出太阳，

928

今日作位供战神；
覆盖金刚大盔甲，
今日作位供战神；
手持武器显威严，
今日作位供战神；
护胸箭器百战弓，
今日作位供战神；
白银宝刀闪光电，
今日作位供战神；
能防众害之护膝，
今日作位供战神；
盾牌盖之六洲红，
今日作位供战神。
喂！
九位神力大战神，
分别立位彰至尊。
具有千辐之大轮，
今日作位供战神；
火光四射斩敌斧，
今日作位供战神；
黑光卯天之快刀，
今日作位供战神；
宝贝闪烁之弯弓，
今日作位供战神；
猛力鹰羽之神箭，
今日作位供战神；
金光闪烁之绳索，
今日作位供战神；

飘荡飞幡之长矛，
今日作位供战神；
黑白九眼坞尔朵，
今日作位供战神。
喂！
九位神力大战神，
分别立位彰至尊。
高贵贤德具智慧，
才貌双全世无双，
百战百胜常胜将，
将军罗布桑布尊，
今日作位战神尊。
得意骏马孔雀翎，
猛士雄狮威严群，
大象之力具先知，
今日作位供战神。
随风飘荡之军旗，
头顶蓝色虚空境，
悬挂彩旗之头盔，
与再威猛位中心，
喂！

战神再次开口道：
帝释天王听分明，
天兵神将千亿众，
要安八地之军营：
降敌将军军马营，
声如雷声盾牌营；
血迹降雷神箭营，

929

夺人性命铠甲营；
斩断怨敌长矛营，
贤者自装石头营；
钢铁雀鹰营自身，
白翅神勇战神营。
帝释天王一一应，
即令建好八兵营，
房屋华丽多妃嫔，
安住好利立功勋。
于是战神又开口：
吾有八种善藏身：
一藏英雄之心脏，
二藏战马之呼声；
三藏盾牌之细孔，
四藏头盔之托根；
五藏铠甲之雄托，
六藏箭下之鹰翎；
七藏弓弦之下面，
八藏宝剑之青刃。
帝释天王和众尊，
诸神隐藏且安身。
虽然战神叙述详，
一战非天未能胜。
降伏如此敌人时，
该退则退该进进，
跳跃有度要藏形，
密主如是告战神。
战神即刻开口应，

吾将将士六处分：
凡人右肩一部分，
骏马左鬃一部分；
神箭箭头一部分，
弓之线弦一部分；
宝剑利锋一部分，
盾牌角落一部分。
吾等战神八处跃：
先辈战神跃头顶；
久远战神跃心脏，
聪闻战神跃耳根；
锐目战神跃眼帘，
利齿战神跃口心；
怙主战神右边跳，
英勇战神左和鸣；
胜利战神前面跃，
天王帝释铭在心。
帝释天王又言道，
战神首领请聆听：
若要战场伏敌人，
战前应祀众战神；
战前若不祭战神，
无法降伏非天兵。
战神首先怎么请？
何种祭品供战神？
祭祀之词如何诵？
如何祭祀诸战神？
以上所问请示明。

战神恭敬作回应：
首先喂字起呼声；
之后嗦字来祭祀；
最后哈字示心诚。
战神取得敌心脏，
战神获得敌性命，
战神俘获敌财产。
最后帝释天王定：
战神以及众天兵，
既然顶礼祭祀毕，
神奴天兵俱聚集。
天界非天开战前，
战神以及众天兵，
降临须弥山之顶。
吽吽吽咒三呼应，
导光闪闪光芒生；
嗦嗦嗦咒三呼应，
一切皆具勇气升；
哈哈哈咒三呼应，
一鼓作气摧敌军。
砍断上百妖魔头，
切断上百妖女身，
阿修罗军被摧毁，
天界军队得完胜。
挖上敌人之心肺，
奉献九位大战神。
天兵凯旋回天界，
祭祀远古大战神。

喂！
从前天界九战神，
今为财富之神灵。
首先喂字来祈请，
其后嗦字奉供品，
最后哈字示心诚。
战神未升主尊位，
祈求战神位登临。
从前帝释大天王，
如何祭祀九战神，
今日我等来祭祀，
祭祀供养众战神。
喂！
战神九念九兄弟，
体色红白光芒映，
高头大马脚下跨，
天铁神盔头上戴，
身披黄金大铠甲，
脚下蒙古长靴蹬，
右持虎丛怖葫芦，
强弓利剑挂腰身，
手持三节古藤鞭。
钢铁雀鹰旋空中，
右肩旁边雄狮腾，
左肩旁边猛虎驾，
黑狗棕熊后面跟，
天龙八部引导宾。
化身再化难思议，

931

皆为保护善法神，
所有护法战神尊，
今日祈愿此安身。
居于山宫之顶上，
住于一切位之尊，
各种如意宝贝聚，
无量宫中迎贵宾。
作为施主表心诚。
为你建立之尊位，
石开耕地良堡城，
纯净供品储蓄财，
精致铠甲坚固盾，
锋利刀剑精装盏，
锋利长矛猛士性，
装备各种各样等，
今日立位供战神。
五种珍宝密器等，
甜食头道供品等，
鲜花药草藏香等，
今日供养给战神。
祈请战神享供品。
身着金甲佩利剑，
锦缎披风白绸襟，
金银珊瑚绿松石，
骏马金鞍松石辔，
今日供品献战神，
战神莫走享供品。
红白军旗飘风中，

今日供品献战神。
虎豹棕熊诸皮饰，
立为战神彰位尊。
胫骨号筒法螺声，
妙音供养给战神。
祈请战神享供品。
喂！
犹如玉龙舞天空，
战神莫与人离分；
犹如玉龙须毛般，
战神莫与人离分；
犹如雄狮在雪山，
战神莫与人离分；
雪狮鬃毛绽放般，
战神莫与人离分；
如同鹿恋青草坪，
战神莫与人离分；
犹如鹿角长十叉，
战神莫与人离分；
犹如鱼戏河水中，
战神莫与人离分；
犹如鱼有金眼般，
战神莫与人离分；
如同天鹅恋湖泊，
战神莫与人离分；
犹如水牛育牛犊，
战神莫与人离分；
父母爱护子女般，

战神莫与人离分。
战神降临为善缘，
供奉战神要诚心。
大鹏头盔之上面，
立为战神之尊位。
大鹏金翅之下面，
天地战神立尊位。
夺人性命铠甲上，
立为战神之尊位。
护神金刚武器上，
立为战神之尊位。
宝刀白晶阳光闪，
立为战神之尊位。
护膝防护遭伤害，
立为战神之尊位。
盾牌帕玛六洲处，
立为战神之尊位。
具有千辐轮转之，
立为战神之尊位。
火光四射点缀作，
立为战神之尊位。
黄色绳索闪金光，
立为战神之尊位。
矛上飞腾点缀上，
立为战神之尊位。
黑白九眼投石器，
立为战神之尊位。
高贵贤德具智慧，

才貌双全世无伦，
百战百胜无败绩，
将军诺布桑布尊，
立为战神彰位尊。
麒麟得意孔雀翎，
猛士雄狮威严群，
大象具力具先知，
今日作位战神尊。
随风飘扬之军旗，
头上顶色虚空境，
顶天立地立尊位，
祈愿战神威望升！
虚空之下温暖地，
坚固不催立位尊，
永恒不变住战神。
喂！
无边无际高空中，
青色玉龙之声福，
今日招此作福祉。
南部茂密森林处，
猛虎母子之技福，
今日招此作福祉。
承受万物大地上，
黑头凡人之畜福，
今日招此作福祉。
旷野无际草坪上，
野驴母子兴盛福，
今日招此作福祉。

933

岭格萨王将之福，
今日招此作福祉。
波斯国王财之福，
今日招此作福祉。
子孙英勇威猛福，
今日招此作福祉。
盔甲坚固精良福，
今日招此作福祉。
锋利兵器锐利福，
今日招此作福祉。
牦牛犏牛之牛福，
今日招此作福祉。
鬃母牦牛之牛福，
今日招此作福祉。
如愿母牛之乳福，
今日招此作福祉。
白色绵羊之毛福，
今日招此作福祉。
哭喊山羊之羊福，
今日招此作福祉。
白色青稞之粮福，
今日招此作福祉。
柔美衣服之衣福，
今日招此作福祉。
味美食物营养福，
今日招此作福祉，

万千福祉聚在此，
永恒福祉聚在此，
战神随从威势赞，
战神威猛及随从，
吾等以及众眷属，
白昼三时做站岗，
黑夜三时放夜哨，
背后披风添温暖，
前面青铜加稳固，
远走他乡当送客，
回乡之时来迎接，
黑暗之时当明灯，
过河之时当桥梁，
攀岩之时当梯子，
穿过山顶当救主，
安居之时当优待，
敌魔疾病及战争，
闲言辞语等消除。
从此不遭敌和盗，
所愿之事急速成，
战神以及众随从，
前敌定当消灭尽，
后敌定当阻挡之，
当下敌人当粉碎，
祈愿战神得胜利。

第 十 章

派镇山水文化

第 一 节　　派镇镇情

派镇位于米林县城以东 92 公里处的雅鲁藏布江南岸和南迦巴瓦峰北麓。镇政府驻地地理坐标为北纬 26°44′，东经 95°10′，海拔约 3100 米。派镇东、南均与墨脱县交界，北与巴宜区接壤，西与丹娘乡相连。

相传，莲花生大师从桑耶来到此地降伏魔王亚恰纳布时，魔王将双脚踏在雅江两岸，迎击莲

派镇风景　普布多吉摄

派镇境内的河流　扎洛摄

花生大师。莲花生大师幻化成一只小鸟，口诵"哌"字咒语，从魔王的裤裆下飞出钻入到长松叶日的山体里。因此，此地得名"哌"，译成汉语时变为派。

第 二 节　　神山志

一、度母神山

度母神山全名为卓玛玉措次宜日，意为度母玉湖长寿山，位于米林县城东 98 公里处的派镇大渡卡村境内，海拔 7450 米，地理坐标为北纬 26°44′，东经 78°25′。据传，此山有天成二十一尊度母像和一眼名叫艾达的泉水。每年藏历一月三日附近村里的信教群众有集聚在此神山煨桑祭山、唱歌跳舞、祈愿人畜平安的习俗。

936

二、马头明王神山

马头明王神山位于米林县派镇大渡卡村附近的卓玛山的山崖上。据传，马头明王山是马头明王、金刚手、大鹏金翅鸟三本尊的圣地。每年藏历一月三日，附近信教群众有集聚在度母山举行煨桑祭山、转山祈福的习俗。

三、工尊德木神山

工尊德木山位于米林县城以东 103 公里处的派镇格嘎村境内。海拔 7002 米。地理坐标为北纬 29°45′，东经 95°12′。据传，此山为工布女神工尊德木护法神的圣地。

度母神山　洛桑顿珠摄

937

工尊德木神山　洛桑顿珠摄

四、当坚神山

当坚神山别名为尕松班来提列孜，意为金刚明点护法，位于南迦巴瓦山的右侧。此山上部有一条溪流名当坚嘎曲，据传，金刚明点护法神保护着此地的溪流，不让人们随意污染，不让其从桥下流，所以，过去怎么在河上修桥都不成功。人们去此地时，非常注意环境卫生，不随意砍柴，不随意在溪流里洗刷脏东西，不随意喧哗吵闹。

当坚神山　洛桑顿珠摄

938

南迦巴瓦峰前的十二丹玛山　洛桑顿珠摄

五、十二丹玛山

南迦巴瓦峰附近的十二座小山被当地人们视为十二丹玛山。十二丹玛即永宁十二地母。据传，这些山都是南迦巴瓦峰的护法。

六、东王贡拉嘎布山

东王贡拉嘎布山位于南迦巴瓦峰东侧，被认为是南迦巴瓦峰的护法神。

东王贡拉嘎布山　洛桑顿珠摄

阿松圣地　卓玛央宗摄

七、阿松圣地

阿松圣地位于米林县城以东103公里处的派镇格嘎村境内。海拔为7450米。地理坐标为北纬26°44′，东经78°25′。

传说，有一次莲花生大师把自己的坐骑白马拴在达林村的一块巨石上，自己飞到印度去了。莲花生大师从印度飞回来时，拴在石头上的坐骑白马脱绳跑到雅鲁藏布江对岸的阿松去了。莲花生大师一眼看到自己坐骑的同时，也看到了阿松为一殊胜之地，并予以加持。据传，在藏历五月十日，莲花生大师在此地举行了盛大的会供仪式并开启圣山之门。此地有莲花生大师从印度飞回此地取供品时留下的大足印、头印和天成弥勒佛8岁等身像，此地还有中阴狭道、空行母益西措杰的修行洞、莲花生大师的大手印、空行母益西措杰的大足印、天成雌雄金鸡像、印度清凉寒林、聆听印度法音地等。据传，在此地转经可以延年益寿，笨拙的人会变得聪明。

八、厅古如修行洞

厅古如修行洞位于米林县城

以东 92 公里处的派镇吞白村内。海拔约 3100 米。地理坐标为北纬 26°44′，东经 95°10′。修行洞的面积约 150 平方米。

据次仁白觉编辑的《西藏胜迹志选集》中记载：顶礼吉祥三尊，三世诸佛莲花生！由于愿为欲教化藏土民众，吐蕃赞普赤松德赞、大学者毗若杂纳，供奉黄金曼札。迎请到吐蕃莲花生大师降伏八部妖魔，赭面刹土被妖魔霸占，吐蕃赞普赤松德赞，欲建寺院弘扬佛法。因众妖魔各具神通，夜晚将建寺的土木搬回原地。随后莲花生大师言道，东部工布乃是魔鬼之地，首先斩除魔王亚恰纳布，倘若不能把它降伏，这将对佛法兴盛会是最大的祸害。之后，赞普赤松德赞和妃子益西措杰顶礼膜拜，并祈求莲花生大师降妖伏魔。莲花生大师化作一位美若天仙的姑娘，降落在卫蔡林地，从此地驾驭一座虹桥到河对岸，为镇压一切发恶愿者而修建持明佛塔。莲花生大师在林地修行 7 天之后，化作仙人从象雄来到工布降妖伏魔，留下诸多的大足印和身印。此后又变

回天仙美女，在无法通行的妖魔狭道上念诵哄咒粉碎了岩山，被誉为哄如昌，意即哄咒大师。仙女从狭道上走来，被魔王从窗户看见，很好奇如此美丽的姑娘怎么会上狭道？于是就来到了仙女面前，问道："你要去何方？"仙女答："我是过来降伏你的。"魔王愤怒之下想要吃她，仙女化为长着五色彩虹翅膀的猎狗，飞向岩石上方，妖魔跟踪寻找，但没有找到。大师开启金刚童子坛城，在静修之后将诵咒过的金刚杵包裹并投向魔王的魂湖，鬼湖就干涸了，树林山被火烧，魔王的城堡也被捣毁；最后莲花生大师像红色闪电般从天降到魔王身上，将魔王肉体消灭，灵魂迁移到石头上。魔王的魂魄经过雅江两岸的山逃跑，就留下很多大足印和身印，称为妖魔磨石。丁佛化身莲花生大师持法杖将魔山加持为空行母的圣地，举办尸首会供、获得飞人成就，此地也成为获得成就的圣地。莲花生大师同时开启八大法行坛城，亲身来到岩石处，修炼甘露之药，随行的 25 位空行母和 8 持明在莲花

生大师的率领下，将此地加持为金刚童子圣地，并在此埋下无数伏藏。其中，在空行母益西措杰修行洞里，埋下《降魔忿怒母修法》，以利众生；在吽嘎洞里埋下《上师修法》；在胜乐洞里埋下《大鹏鸟修法》；在仙人山顶埋下《长寿修法》；在25君臣洞里，都有清晰的天成"啊"字母像与"吽"字母像。

嘎瓦白泽译师[1]行走岩石如履泥地，留下一串大足印；南卡宁布[2]驾驭虹光而去，在南卡修行洞里著《伏藏目录·解脱众生》，解脱法药装在伏藏箱子里，置于业主佛母身像胸间。加持金刚童子圣地等，将花草树木加持

---

[1] 嘎瓦白泽译师，是"嘎觉祥三人"之一，出生于乌如彭域的一个叫岗的地方，父亲是岗洛丹，母亲是卓妃孜玛。他被莲花生大师授记为化身译师，精通翻译。他从亲教师静命大师出家，是吐蕃"七觉士"之一。

[2] 南卡宁布，种姓为努，出生于涅麦娘嘎下部的香布地方，从亲教师静命出家，后来又受比丘戒。莲花生大师传授灌顶时，南卡宁布获得了成就，常驾着虹光飞行。前往印度，拜谒阿阇黎吽嘎日等许多班智达和成就者，听了许多灌顶和教授后返回吐蕃。

成三根本坛城。绕转一圈此圣地，并念诵13万金刚本尊心咒，加持25大圣地数千小圣地。在圣地之门岩石黑林，有天成佛法僧三宝像。持明常驻如此殊胜无比的净土，无有间断。吉日里众人都能听到响起鼓声海螺声，彩虹时时笼罩圣地。曼达热娃曾在神山右面修行，故有长寿甘露在此流。不管谁顶礼绕转此圣地，都能获得成就。别处修行7年，不如在此圣地修行1个月。跟随莲花生大师的修行者，都要在此修行金刚杵才能获得殊胜成就。

另外，《厅普大密珠巴林的寺志·具缘信徒的种子》中记载：胜过三世诸佛至尊王，人间唯一众生救世主，世称不死莲花生大师，虔诚顶礼天人共同顶饰宝！四圣之母法界普贤母，福德圆满金刚瓦热嘿，开启大密之门措杰妃，顶礼三身主尊空行母！不生不灭莲花生大师。之前认真祈祷之神力，吐蕃法王赤松德赞尊，弘扬佛法修建桑耶寺，迎亲寂护大师净地基，尊为教主地基作加持。然而妖魔鬼怪难调伏，菩提之心未能降伏尽，白天建寺夜里

遭毁坏，为此法王建寺未能顺。寂护面前王臣共商讨，法王御言建寺之利害，乃为现在未来诸众生，寡人罪重如若不加持，为何心愿难以得实现；寂护我是只修慈悲心，息业难治妖魔须诛业，印度菩提迦叶处，住锡邬仗那莲花生大师，精通五大明律诸学问，获得殊胜共通诸成就，降妖伏魔乃是擅长事。若能迎请莲师三世佛，一切妖魔不再作怪事。授记之后寂护又祈祷，法王派遣速行大使者，遣派拔米赤西四译师，得到授记携带众珍宝，以及黄金巴扎赴印度，礼请遍知三世轨范师。返藏后祈请坐在黄金宝座上，藏王频频顶礼并告知，我乃不善赭面人主尊，藏人烦恼粗重性顽固，建立寺院调伏诸妖魔，请求化身加持建寺地。上师欢喜对王如是说，抚养吐蕃大地大王啊，边远吐蕃身在魔鬼域，拦路凶神狼鬼已降伏，东部工布乃是妖魔地，魔王亚恰纳布住此地，若不首先降伏此妖魔，难以弘扬佛陀之正法。说完飞往海波日神山，金刚步法诵吽来慑服，来到仙人山上修7日，谛力祈祷

降伏众妖魔，称为成就谛力大祈愿。莲师化为8岁童子僧，明眸红唇面带甜笑容。此时魔王身处乌云布，化作凡人问僧去何处，大师乃说前去降妖魔。魔王愤怒之下现原形，九头十八臂之大魔王，手持邪恶寒光诸兵器，身着天火烈焰红甲胄，双脚踏足雅江两岸边，魁梧身体顶天又立地，吼叫一声呼唤众魔兵。此刻莲花生大师施分身术，化作小鸟念"哌"咒钻魔底，中了魔王晦气流鼻血，手指沾血塑造夜叉像，并且称为工尊德木神，授位守护雪域护法神。之后忿怒金刚颁鬘师，化作小鸟融于岩石间，以此缘故此地就叫厅（融）。光芒四射通透修行洞，八大法行内外三坛城，尤其事业金刚杵本尊，三座坛城诸神揭面时，出现修法成功诸征兆，飞向空中钻进地底下，修行征兆充满虚空界，金刚杵抛蔚蓝虚空中，直接毁掉魔王之都城，魔王急逃东部藏身地，跳进形如盒子之深沟，以此缘故此地名盒囊。莲师手结金刚禅定印，魔王不由自主钩湖中，烧于降香等木火海中，魔王见师乃是

真佛陀，惊慌失措连连赞颂道：奇哉！无与伦比颅鬘愤怒尊，金刚身乃无生亦无灭，无法承受大师之法力，顶礼无比殊胜化身您！颂赞之后烧于大火中，魔王拜在莲师前乞求，在那烟雾笼罩之天空，愿化作黑身红嘴鸦，只享凡间众生之肉血。大师岂能应此孽事，但为满足天道好生愿，布施魔王虱子身，以此谛力赐魔王，获得虱般蚊蝇身，魔湖干枯成森林。奇哉！此后加持大地情形是，金刚法身莲师颅鬘尊，岩壁上落金刚大加持。古如八大法行三坛城，修法取得亲见本尊面，留下身印足印无数印。古如亲自埋下里外密伏藏128。空行供盘库藏之下方，埋下不动伏藏8大种，埋下世界至宝有8对。修行洞门右上有月亮，左有天成太阳清晰像。还有众多寿财与宝矿，修道君臣25尊神，加持各自修行之岩洞，修行洞中各显诸征兆。降龙忿怒金刚大鹏鸟洞，埋有《红色大鹏内外法》；山顶秘境悬空修行洞，埋有《内外密之密集法》；南方悬空日月光芒洞，埋有《莲花静猛内外密法》。

极畏堆积头骨天葬台，夜燃火焰白天冒青烟，犹如印度清凉天葬台，往生此处绝断三恶道。空母舞场喜乐聚旋处，空行地母留有众足印。结缘此处绝断三恶道，莲师以及益西措杰母，如此承诺留下碰头印。山形佛塔安乐大法座，解脱道梯诸像光芒照。北方犹如宝刀岩石处，啊吽卟哈密语清晰见，埋有佛经本续恶咒法。山顶修行岩洞中间处，益西央巧修习长寿法，不死秘密圣泉自然流，业障清净之人若饮用，饮者获得长寿持明位。岩石犹如毒蛇下坡处，显现怙主中性法器印。外部护法金刚明点尊，内部护法强火烈焰尊，居于极怖金城火山顶。秘密护法工尊德木神，坐骑拴处石头金刚杵。

东面有度母山和度母长寿圣湖，据说度母长寿圣湖是至尊度母的魂湖。度母山上有天成二十一尊度母像；南有仙人功德罗刹山和金刚童子金刚杵坛城；西有金刚亥母5尊神，圣地密法水晶城堡处等胜迹；北部见脱神山玛拉亚，南迦巴瓦奇异现祥兆，内是密宗坛城大宫殿，见者

944

除去堕入三恶道。其他圣地功德难想象，此相不是凡夫所能见，除了业障清净善缘人。但是信仰湖中显明月，佛陀加持殊胜无拦阻。令此圣地功德难思议，烧香拜佛侍奉转经者，此生孽缘障碍皆消除，来世获得天人大福报，终在密严法地身成佛。以此功德善渡诸众生，三身佛陀极乐净土处，祈愿圆满成就佛果位，无误趋向原始解脱地！萨叭哒嘎叭瓦吐吽！开启行善积德百圣地，当初俱全内部缘起地，此乃称为厅普大圣地。开启八大法行诸坛城，以此磨利灭妖金刚杵，消灭外道恶魔亚恰纳布。众多善神获得大胜利，从此敲响神奇大天鼓，雪域佛教正法得昌盛，埋下缘起宝物伏藏处，古如融洞大密修行洲，吐蕃高原唯一魂魄地，所现制服统治三界处，海中诞生第二佛加持，护持见闻觉知金刚地，成为雪域信仰大心塔。

此文清楚地记载了莲花生大师厅普修行洞处的内外密宝护法，尤其是圣地之东南西北的度母圣湖、长寿山、仙人功德山、秘密水晶神山大圣地、南迦巴瓦等都是无比殊胜的胜迹。

在厅古如修行洞，莲师静修优良中三种金刚杵，留有两个修行洞，上部有一个大的天窗，就是莲花生大师把金刚杵抛向天空而形成。修行洞的门口有天成日月像。门口还有天成空行母供盘像，据说，在空行母供盘像之下，有世上无法掘取的 8 种伏藏。修行洞里有一块留有大师大足印的石碑，碑文如下：

世间救渡之首无量佛，灭除一切生死苦谛者，虔诚顶礼无量寿之佛！长命百岁拜谒百尊佛，长寿无病幸福又圆满；生起殊胜大乘出离心，以此吉祥祈愿今顺利！

修行洞中有一座天成海螺像，据说，此地吹螺在印度清凉寒林能听到螺声，附耳在螺上听声音，则能听到清凉寒林的法音。据说，常松神山四周有君臣 25 位的 25 处修行洞，如今可朝见的有 9 处修行洞。另外，常松神山右山上有一处寒林，据说与印度清凉寒林一样殊胜，村中的人们把去世者的遗体放置在此地一晚，祈愿能够从中阴狭道解

945

嘎南修行洞　格桑摄

脱到极乐世界。常松神山边有金刚亥母神山，据说，转此山能够延年益寿，因此，每年藏历五月十五日有转山、转湖和祭祀的习俗。

九、嘎南修行洞

嘎南修行洞位于米林县城以东 98 公里处的派镇达林村境内。海拔约 3300 米。洞内面积约 180 平方米。

修行洞位于恰似莲花盛开形状的山体上。修行洞周围树木青翠，鸟语花香，飘扬的五彩经幡也为此地增加了殊胜的美景。据说此地是莲花生大师降伏众鬼神，令鬼神皈依我佛，立誓护法的地方，故名嘎南，意为下令的地方。莲花生大师讲经说法时，除了众鬼神听法以外，连山岩都在听法，因此修行洞附近的岩山、磐石都面朝修行洞的洞口方向。修行洞中可朝见天成的莲花生大师法帽、大足印、大手印、菩萨猕猴等像。修行洞中的主供为莲花生大师像。莲花生大师和后来许多上师和堪钦都说此地为供奉八大法行之一的赞神之圣地。

每年藏历十月十二日，洞中滴露一种被称为长寿甘露的水滴，被人们视为非常神奇的药水。此圣地有大转及小转两圈转山道，据传，若在此小转道转一圈，其功德犹如念诵莲师心

唐布隆圣地　曲尼多吉摄

咒 600 万遍；转山 330 遍，来世必定往生到铜色吉祥山。嘎南修行洞的大转山道上有两块大石头，被认为是夫妻信徒。另外还传说，此地是莲花生大师为空行母益西措杰讲法之地。从此路继续前行可朝见天成邬坚法帽，此处有块带孔的岩石，据传，从孔中可听见来自印度清凉寒林的法音。

十、唐布隆圣地

唐布隆是加拉巴东的第一个圣地，故得名唐布隆，意为第一沟。其形状天地皆呈三角，似金刚亥母坛城。原来此地有寺庙和佛塔，虽然寺庙遭到过破坏，但寺庙的主供旃檀雕刻的莲花生大师像得到保护，供人朝拜。寺庙背面有扁平的岩石，一半延伸到寺庙里，上面有天成莲花生大师宝座及供桌像，据说，在扁石的宝座上莲花生大师曾闭关修行了 3 年。

寺院主供为旃檀莲花生大师像、空行母益西措杰的大足印、香灯师旺布的大足印等，后来仁增·多吉林巴从河边挖掘到天成莲花生大师大足印、度母像等，现在在寺庙中供奉。另有传说，该寺香灯师旺布曾为寺庙用地与达林村的一位户主产生了矛盾。为了解决这个问题，他俩约好第二天在唐布隆桥边会合。当天旺布睡过了头，因此错过了会

天成雌雄乌龟像　曲尼多吉摄

合的时间，也因此失去了谈判的主动权，后香灯师旺布向达林的户主提出要求，要求给他一箭之地。得到户主的同意后，旺布连射了两支箭，射程都超了原来的地界，并都射在一块扁平的岩石上。至今岩石上还留有香灯师旺布射中的两个箭孔，此地的也称为旺布射箭地。

唐布隆寺庙左侧有一座煨桑台，信教群众一般在此煨桑完毕后，转曲乃地方。曲乃是在河流中间被认为是天成雌雄乌龟像的两块巨石。转完曲乃至仁增神殿，神殿外墙倒塌，在里面的岩壁上有一座名为心想事成塔的天成佛塔，据说在此塔前许什么愿都能实现。到仁增殿可拜谒天成

的开启伏藏之门钥匙像。从钥匙岩过桥后，在一块岩壁上有莲花生大师大手印和法台，法台后有一个岩石孔，人们把手伸进去可摸出各种动物的毛。据说摸出什么动物的毛就说明自己的前生或后世跟此动物有缘。然后到磕头岗，此地有降魔塔。继续向前可到龙孟卓森林，森林里有被称为莲花生大师修行洞的大岩石，此修行洞是只能容纳一人的洞窟。附近有一被称为给药处的断裂岩石，此地以药材丰富闻名。然后可见莲花生大师、空行母益西措杰和明妃曼达热娃的魂湖。魂湖下方有一株巨大的柏树，相传是莲花生大师的法杖。继续往下走有莲花生大师加持过的一处圣

948

水，此水冬暖夏凉，从岩缝中潺潺流出。然后可到被称为中阴狭道的岩石边，岩石上有一人能进的孔道，高约两米，需倒立进入。然后到山下面的沙地上，这里有一供小孩休息的石凳，孩童们到了此地不由自主地玩耍起来。再走几步，一块巨大而光滑的岩石上有鲜红血迹，据说是莲花生大师拖拽魔鬼的地方，有被称为魔鬼心肺的两块石头，一块像肺、一块像心脏。再向右走一段路又有一块巨石，石上有很多动物的脚印，据说是莲花生大师救度众生的遗址。遗址对面有一块据说是空行母益西措杰供盘的巨石，北面有块叫加拉百人百马的岩壁，上有天成人和马的群像，非常神奇，据说上工布贡炯热喔和下工布加拉达嘎尔的分界线在此处。由此往前走有一岩石，用小石头敲击此岩石三次，会产生三种不同声音，此处有天成佛经、马蹄、马鞍和"啊"字母、"吽"字母像，还有空行母益西措杰的修行洞和大足印、玛吉拉珍的大足印。岩石后面依次有天成绿度母像、供奉新麦地、

天成大鹏鸟像、清凉寒林等许多圣迹。往下走，有一株巨松，据传为魔王亚恰纳布的头发。

十一、加拉巴东

加拉巴东位于米林县县城以东145公里处的派镇加拉村境内，海拔7450米。地理坐标为北纬26°44′，东经78°25′。据说，此地是阎罗法王的殊胜之地。

此处有非常壮观的巴东瀑布。据说，瀑布飘落的地方，根据自己的福报大小，会出现不同的幻景。据说，从山顶的湖边到山脚的江边共有108处瀑布和瀑潭，其中有5处似毒湖沸腾、波涛飘起的瀑布潭，民间认为这些是阎罗王的5处显灵之处。

据说，第二和第三瀑潭是拜见阎罗王的主要圣地。高达7层楼的瀑布飞流上，根据个人的福报观见阎罗王的黑、白和红面相。有的人看见阎罗王的手脚、手持各种法器和围着虎皮的下身等千奇百怪的景象。关于第四和第五瀑潭的景观，加拉石碑碑文记载：

阎罗法王的殊胜之地——加拉巴东　普布多吉摄

顶礼万佛化身莲花生大师！简明殊胜圣地志，其说5处瀑潭源，秉承5种佛智慧，末端伏藏出石处，下方黄金河水流，5处瀑潭也此处。往下漂流聚右方，犹如毒海水沸腾。第一漩涡聚集处，解救六道佛陀像，天成佛子显其间；第二漩涡聚集处，阎罗法王现此处，黑色生死怙主住，此处可修阎罗法，一切归于伏藏宝；第三漩涡聚集处，天成六面文殊像，殊胜六面十二臂，手持智慧诸法器，口出可怖"吽"字咒，眼露怖惧大火焰，魁梧身像露獠牙，此乃真实诸佛像，一见解脱轮回苦，祈祷该佛有缘者，除去病魔诸障碍，无碍获得诸成就；第四漩涡聚集处，金刚亥母本尊像，黑色恰噶阎王住；第五漩涡聚集处，阎王父母双尊像，持有辨析善恶镜，祈供勇士空行母！此地往上通天桥，天桥梁面有大手印，未来佛祖之印迹，大师邬坚莲花生，用于降妖和伏魔，息增怀诛坛城像，4个灌顶得圆满。上有天成黑蛇下坡像、猛狮显现腾跃像、鹏鸟空中回旋像、咒语"啊"字母天成像、让迥大师大足印、金刚亥母大足印，观音菩萨天成像。继续迈步向前方，万千悬崖峭壁立，拜此解脱中阴道。此处崖下为漩涡，漩涡名为具畏惧，在此专心触头顶，造孽之事凶恶像，一拜即能消除障。神奇山腰出生者，108面孔像，皆为天成空行母。

石碑的前面刻有这样的文字：奇哉！顶礼莲花生大师，总

950

之从那达玛门，内地扎西刹穆处，伏藏108宝，小型伏藏上千万，大名圣地皆到过，印度菩提迦叶等，路过迅游世间游，塔工①之地犹如盆，工布形似蝎卧躺，此乃地狱之大门，凡人无思修法门，莲花生大师增加持，修习密法之宝地，并做祈祷和发愿。卧躺蝎子右角方，聚集杂日空行母；卧躺蝎子左角方，强昌孜恰圣地处，然帕普琼白色城；卧躺蝎子右旁边，殊胜神鸟强托在；卧躺蝎子

---

① 塔工，是塔布和工布两个区域的旧名称。

左边处，氆氇羌若宝地在；生殖器处贡昌在，圣地德庆色瓦林，多姆龙在蝎子尾，尾巴之上5波流，诸上加持加拉山。

西藏无比殊胜圣地，尤其该地的圣志乃是别具一格。相似山和山顶的有：拉齐圣地和曲瓦圣地，桑耶圣地和钦普圣地，杂日圣地和杂扎圣地，日珠圣地和扎噶圣地，布久寺和杂嘎圣地，扎曲圣地和高曲圣地，加拉圣地和东嘎圣地，岗拉圣地和森当圣地，一切皆为外部像，无比圣地难计数，加拉东嘎最殊胜。

加拉石碑　卓玛央宗摄

951

第 三 节　　神湖和温泉

一、南拉天湖

南拉天湖坐落在大渡卡村背后的卓玛玉措山顶上。传说此湖是度母魂湖，善男信女据自己的福报和机缘，在湖中可以显现不同的湖像。当地民间流传这样一段传说，从前在玉松村有一位叫觉丹的信徒，整天向圣地度母祈祷，祈祷他能拥有巨大财富。在一个月光明媚的晚上，觉丹像往

常一样祈祷之后睡在被窝里，在朦胧中听到有人在呼喊他，于是他从床上站起来走出门外一看，明媚的月光下度母下凡到了人间。

随后度母道："你信仰我多年了，我每日都能听到你的祈祷，所以今日来此，就是让你愿有所获，但是真正能否实现，还要看你的造化。"于是嘱咐觉丹，藏历次月的十五日夕阳西落之前，到达卓玛拉山顶的南拉湖旁

卓玛玉措山顶上的南拉天湖　米林县政协提供

边祭拜祈福，之后立即返回自己的家里，返回途中无论遇到何事或听到何声都不要回头瞻望。觉丹喜出望外，按照度母的指点，在藏历次月十五日的一大早就备好干粮走向度母山顶。虽然沿途是悬崖峭壁和布刺竹林，但是一心祈祷度母，没有受到太多的挫折和劳累。觉丹在夕阳西落之前来到湖边，遵照度母的旨意在南拉湖旁边烧香祈祷，随即返回自己的家里。在返回的途中觉丹听到巨大的风声、岩石的滚动声和大地的震动声，而且感觉到背后有人在跟踪，心里产生无比恐惧而胆战心惊，于是忘记了度母的嘱咐而情不自禁地回了头。竟然发现紧跟随后的都是牦牛，但是牦牛们被他回头吓着后各奔东西，有的往山顶跑，成为野牛，有的却化作石头，最后觉丹只能空手而归。

二、索松坡曲

索松坡曲位于格嘎村雅鲁藏布江对岸的索松村落的派半山腰处。河水颜色青黑。坡曲意为治胃病之水，该圣水可以治愈424种疑难杂症，尤其对胃病有独特的功效。

三、格嘎纳温泉

格嘎纳温泉位于格嘎村沟头树林茂密的地方，相传是普贤菩萨王的修行地，以能治疗424种疑难杂症的多种药水聚集形成纳温泉，对治疗眼病、风湿病和胃病等有着独特的功效。纳温泉闻名于工布，因此前来泡温泉的人络绎不绝。

参考文献

1.（直贡）观确嘉措:《塔布噶举佛教史》,西藏古籍出版社2013年版。

2.丹增嘉措:《圣地杂日神山志净晶山自光》,亚许蹦达尼玛提供。

3.岗布巴·曲吉旺久:《岗布圣地志伏藏大师之信》,索朗提供。

4.《杂日扎圣地志胜利火焰》,手抄古藏经,索朗提供。

5.《莲花记》,1285年,邬坚林巴从前藏桑耶和雅砻协札地下掘出有关莲花生大师的本生传记名,久日追寺白玛提供。

6.《战神祭祀》,手抄经文,孜列寺僧人邬金提供。

7.月光童子文化保护协会编:《法土岗布巴历传如意宝》。

8.洛桑多吉:《塔布上师事迹》,巴尔曲德寺管委会提供。

9.《贵拉钦西热赞布神祭祀文》,巴尔曲德寺旦增赤列提供。

10.《普啦觉沃札赞神祭祀文》,巴尔曲德寺旦增赤列提供。

11.洛桑:《拉多苏喀圣山》,《西藏佛教》(藏文版),2014年第1期。

12.《当坚骑羊神祭祀文》,朗镇江村当木曲提供。

13.郭若扎西著、多吉杰博编:《郭扎佛教史》(藏文版),中国藏学出版社1990年版。

14.东噶洛桑赤烈:《东噶藏学大辞典》(藏文版),中国藏学出版社2012年版。

955

15.《凪间人神钦拉天措的祷祀文》，手抄经文，拉多绿嘎村扎西顿珠提供。

16. 巴沃·祖拉呈瓦：《贤者喜宴》，民族出版社 2006 年版。

17. 祭拜山神和金刚法舞的歌词为民间口述记录。

18.《护法大神颂拜的十一章节》，诵词出自卓玛神山附近民间口传道词。

19. 觉沃伦珠扎西、德木米让巴洛桑曲扎编：《新旧宇妥·云丹贡布大师的传记》，民族出版社 1982 年版。

20. 俄日巴尊巴晋美林巴：《金刚亥母的祭拜之玛尊贵坚》，普察转山者格登珠提供。

21.《山神口诵之秘籍祭拜》，羌纳乡岗嘎村村民扎西次仁提供。

22.《共同吉祥之众神喜乐密语志》，羌纳乡岗嘎村村民扎西次仁提供。

23.《加阔拉日之祭拜山神》，羌纳乡娘龙村村民桑杰提供。

24. 次仁白觉编辑：《西藏胜迹志选编》，西藏古籍出版社 1995 年版。

25.《厅普大密珠巴林寺志·福德信徒之种子》，寺院管家次仁多吉提供。

26. 加拉巴东的圣志依照加拉石碑的记载。

27.《工尊德木的祭拜圆满祈颂》，里龙乡龙达齐玛佛塔管理人边巴提供。

28. 伏藏大师桑杰林巴：《莲花生传记——金串解脱之路》，西藏人民出版社 2002 年版。

后　记

　　《林芝山水文化》是《林芝区域文化丛书》的重要组成部分。本书的资料收集和编辑工作从 2014 年春季开始启动，先以藏文书写成册，由西藏人民出版社出版，后在藏文版的基础上译成汉文版出版，历时三载有余。

　　林芝的山水文化在历史上没有园林、景观小品等内容，主要体现在自然山水与人文层面上。在此之中，宗教特点尤为鲜明，这也是与西藏的文化大环境相对应的。但是，由于林芝幅员较广、山川众多，与之对应的山水文化内容也多。为了方便读者阅读，我们将其分为上、中、下三卷，以林芝每个区、县为单位分篇章，每一篇下又分若干章节，共收录了神山 179 座，湖泊或圣湖 40 面、温泉或圣泉 18 眼、河水或瀑布 42 川，与神山有关的寺庙或佛塔遗迹 23 座、祭祀点 42 个，与神山圣地有关的自然保护区 5 处、神山传说 31 篇、神山胜地的赞词或烟祭（煨桑）祈愿词等诗歌 115 首，反映各种内容的图片 700 多幅。

　　在本书收集资料过程中，基层一线的老教师、干部，部分民族文化爱好者和林芝各区、县编辑室工作人员做了大量工作。特别是一些寺庙里的高僧大德，亲自收集、提供的第一手资料等，为本书奠定了良好的基础。

在编辑过程中,《林芝区域文化丛书》总编室编辑人员反复下基层搜集、核实、考证原始资料,对编辑工作兢兢业业,经常加班加点,为提升本书质量作了极大努力。特别是西藏自治区社会科学院南亚研究所所长、环保专家达瓦次仁对本书藏文版的提纲、资料搜集等提出了很多宝贵意见,并对原稿内容进行了修改审定,我们表示衷心感谢!

本书在翻译过程中动用了大批社会力量,其中,西藏文联副巡视员、民间文艺家协会副主席克珠群佩,日喀则市退休老干部阎生权,西藏自治区档案局退休干部班丹等人付出了大量心血。

借本书出版之际,我们还要对为本书出版提供支持和帮助的著名装帧设计专家宁成春,人民出版社图典分社的侯俊智、侯春等同志表达深深的谢意!

同时,也欢迎广大专家、学者以及各位读者对本书存在的问题和不足提出宝贵意见。

丹　增

2017 年元月于巴宜

958